PORFIRIO DIAZ

SU VIDA Y SU TIEMPO

PORFIRIO DIAZ

SU VIDA Y SU TIEMPO

La guerra
1830–1867

CARLOS TELLO DIAZ

CONACULTA   DEBATE

Porfirio Díaz
Su vida y su tiempo. La guerra

Primera edición: agosto, 2015
Primera reimpresión: septiembre, 2015
Segunda reimpresión: octubre, 2015

D. R. © 2015, Carlos Tello Díaz

Coedición: Consejo Nacional para la Cultura y las Artes
Dirección General de Publicaciones
Penguin Random House Grupo Editorial, S. A. de C. V.

D. R. © 2015, Consejo Nacional para la Cultura y las Artes
Dirección General de Publicaciones
Av. Paseo de la Reforma 175, Cuauhtémoc, 06500, México, D. F.
publicaciones.conaculta.gob.mx

D. R. © 2015, derechos de edición mundiales en lengua castellana:
Penguin Random House Grupo Editorial, S. A. de C. V.
Blvd. Miguel de Cervantes Saavedra núm. 301, 1er piso,
colonia Granada, delegación Miguel Hidalgo, C. P. 11520,
México, D. F.
(Sobre la edición, diagramación y diseño.)

www.megustaleer.com.mx

ISBN 978-607-313-327-2 Penguin Random House Grupo Editorial, S. A. de C. V.
ISBN 978-607-745-083-2 Conaculta

Impreso en México – *Printed in Mexico*

El papel utilizado para la impresión de este libro ha sido fabricado a partir de madera procedente
de bosques y plantaciones gestionadas con los más altos estándares ambientales, garantizando
una explotación de los recursos sostenible con el medio ambiente y beneficiosa para las personas.

Penguin
Random House
Grupo Editorial

Para mis hijas, Betina y Manuela

Contenido

3. Reencuentro con Matías Romero, 283; Epopeya del Ejército de Oriente, 290. **4.** Jefe de la Línea de Oriente, 298. **5.** Maximiliano, 307; San Antonio Nanahuatipan, 313. **6.** Descomposición en Oaxaca, 319; Capitulación, 325. **7.** Prisionero del Imperio, 335; Evasión de Puebla, 344. **8.** En pie de guerra, 350; La Providencia, 353; Prórroga de Juárez, 358; Guerrillero, 362. **9.** La mujer de Huamuxtitlán, 368; El Chato, 374. **10.** Miahuatlán, 379; La Carbonera, 387; Ocupación de Oaxaca, 392. **11.** Preparativos para la campaña, 398. **12.** La sobrina del general, 409; 2 de abril, 417. **13.** Derrota de Leonardo Márquez, 432; La princesa, la monja, la esposa y la hija, 436; Relaciones con Mariano Escobedo, 441. **14.** Rendición de México, 446; Prisioneros de la República, 451; Encuentro y desencuentro, 459.

ANEXOS

Porfirio es el hombre de Oaxaca.

BENITO JUAREZ

Introducción

En el verano de 1914, Porfirio Díaz fue sacudido por un terremoto que cimbró las bases del mundo que conocía, cuyas ondas de expansión llegaron hasta la villa donde residía con su familia, en el balneario de Biarritz. El terremoto demolió lo que restaba de su obra en su país: ese mes de agosto triunfó la Revolución, sus tropas ocuparon la capital de México, y destruyó también el edificio de la civilización en Europa, donde vivía entonces el exilio, pues ese mes de agosto, asimismo, estalló la Gran Guerra: los prusianos avanzaron hacia Francia, detonaron una conflagración nunca antes vista, en la que aparecieron en el cielo, de repente, biplanos de hélice con la capacidad de arrojar más de 100 kilogramos de bombas desde el aire, como el BE-2. Díaz era un hombre ya grande, un anciano: estaba a punto de cumplir ochenta y cuatro años. Con el derrumbe de su obra, con la desaparición de su mundo, llegaba también el fin de su propia vida. Poco después, él mismo entró en un periodo de letargo que lo llevó a la muerte antes de transcurrir un año, sin traumatismos, consolado por los recuerdos de su infancia en la ciudad de Oaxaca.

Eran recuerdos muy remotos. Díaz había nacido en un mundo totalmente distinto al que vio caer en ruinas al ocaso de su vida. Creció en un país que era todavía, en su esencia y su extensión, por sus prácticas y sus costumbres, la Nueva España, aunque desde hacía un puñado de años tenía ya el nombre de México. El país era gigantesco: incluía los territorios de Texas, Nuevo México y la Alta California, y estaba dominado por las instituciones que más peso tuvieron durante la Colonia: la Iglesia y el Ejército. Porfirio pasó su niñez en un mesón arrendado a las monjas del convento de Santa Catarina, en el que a

13

menudo veía él mismo a su padre inclinado sobre una vela de cera, vestido con el hábito de los terciarios de San Francisco. El gobierno del estado —como antes el de la intendencia— estaba encabezado por miembros de las familias más prominentes, las que ostentaban títulos de nobleza desde la Colonia, como los Ortigoza y los Ramírez de Aguilar, sucedidos más tarde por un general formado en el Ejército Realista, don Antonio de León, quien consolidó un cacicazgo largo y estable en Oaxaca, bajo la sombra del régimen del Centro. En ese mundo devoto y rígido, dominado por las oraciones, constreñido por el grito de Religión y Fueros, nació y creció Porfirio Díaz.

Porfirio fue parte de la generación de 1857, la que desafió en su país el legado de la Colonia durante la Reforma, la que derrotó y desmanteló aquel legado para construir en su lugar los cimientos de un México más justo y más libre, a partir de las ideas que defendían los liberales del siglo XIX. Aquella generación estaba dirigida por un grupo de oaxaqueños de talento, liderados por Benito Juárez, que consolidaron su triunfo contra la reacción tras la guerra que los enfrentó con el Imperio de Maximiliano. Al ser restaurada la República, el general Díaz fue uno de los caudillos que disputaron, con las armas en la mano, la herencia de don Benito. Hubo muchos, pero él tenía una ventaja sobre los demás: había aprendido a gobernar —eso todos lo reconocían— en los años de la guerra. Llegó tras un pronunciamiento a la Presidencia de la República, que tuvo que dejar para ser coherente con sus banderas, las cuales postulaban la no reelección, pero a la que volvió después, no obstante esas banderas, para comenzar un gobierno prolongado y firme que contó, por un tiempo muy largo, con el beneplácito de México. Su administración coincidió con una época de orden y progreso que benefició a la mayoría de los países de Occidente. También a México. Pero la estabilidad y el bienestar —que fueron al principio una novedad, una bendición en un país acostumbrado a los horrores de la guerra— tuvieron un precio: la permanencia en el poder de un régimen que no tuvo la capacidad de adaptar sus estructuras a los cambios, que reprimió las libertades de los mexicanos, algo que padecieron todos de formas muy distintas, en particular aquellos, muchos, que no sentían sus intereses representados en el gobierno. Las tensiones estallaron con una insurrección. Don Porfirio, derrocado, partió de su país hacia el exilio, donde fue cimbrado por el terremoto de 1914, que precedió por unos meses su propia muerte. Fue así, en toda su extensión, un hombre del siglo XIX. Vivió con intensidad aquel siglo, el cual transcurrió en parte bajo su sombra, un siglo que comenzó con la Independencia y terminó con la Revolución —más o menos el periodo que abarcó su vida, una de las más longevas en la historia de México.

Esta biografía cuenta la vida de Porfirio Díaz, describe la transformación del tiempo en la que transcurrió, desde 1830 hasta 1915. Su vida y su tiempo. La historia es larga, por lo que está dividida en tres partes, la primera de las cuales es *La guerra (1830-1867)*, seguida por *La ambición (1867-1884)* y *El poder (1884-1915)*. *La guerra* narra la vida del general desde que nace en Oaxaca hasta que ocupa con su ejército la ciudad de México, con lo que pone fin a las hostilidades contra el Imperio de Maximiliano.

Existen más de cien biografías de Díaz. Unas son apologías, otras son diatribas; algunas son ensayos, otras más son narraciones de periodos concretos de su vida. A lo largo del Porfiriato fueron publicadas un sinnúmero de semblanzas del general Díaz, casi todas laudatorias (treinta según Daniel Cosío Villegas, cincuenta y seis según Luis González). A partir de la Revolución, hasta mediados del siglo XX, fueron dadas a conocer varias semblanzas más, casi todas adversas (catorce según Cosío Villegas, veintiocho según González). Cerca de veinte biografías más aparecieron desde entonces hasta el inicio de la década de los ochenta, cuando dio comienzo la revisión del régimen encabezado por don Porfirio. En las últimas dos décadas del siglo fueron publicados más de ciento cincuenta libros que llevan en el título la palabra *Porfiriato*, de acuerdo con Mauricio Tenorio Trillo y Aurora Gómez Galvarriato. Desde esa fecha han aparecido varios libros más sobre su vida, algunos de ellos muy notables.

¿Por qué tiene sentido entonces dar a conocer una biografía más? Porque a pesar de ser más de cien las biografías, ninguna de ellas, ni una sola, registra en detalle la vida de Porfirio Díaz desde su nacimiento hasta su muerte —su vida en todos sus aspectos: el militar, el político y el personal— a partir de fuentes primarias: cartas, diarios, memorias, periódicos, actas, decretos, fotografías, testimonios, manuscritos… Es lo que he querido hacer en esta biografía: contar la historia del general Díaz sobre la base de documentos conservados en archivos o divulgados en libros como los que fueron editados por Alberto María Carreño y Jorge L. Tamayo, donde está documentada una parte de la historia de México en el siglo XIX. Sus fuentes son hechas explícitas a lo largo del texto por medio de las citas, en las que hablan los personajes que fueron testigos o protagonistas de los hechos. Todas ellas remiten a las notas localizadas al final de la obra, que son importantes porque revelan el origen de la información dada a conocer en el libro, así como su credibilidad.

Este libro tiene una deuda enorme con los oaxaqueños. En el curso de la investigación, que duró años, recibí el apoyo del gobierno de Oaxaca, a través de la Secretaría de las Culturas y Artes. En esos años tuve la suerte de visitar el estado todos los meses, como coordinador del ciclo de conferencias *Oaxaca en el debate nacional*. El proyecto fue visto con entusiasmo por mis amigos, entre los que quiero destacar a Diódoro Carrasco. También por los historiadores del estado, que me dieron las claves para poder entender la historia de Oaxaca en el siglo XIX. Quiero dar aquí las gracias en forma muy especial a dos: a Francie Chassen-López, profesora de la Universidad de Kentucky, oaxaqueña por adopción, experta en el Istmo de Tehuantepec, y sobre todo, por supuesto, a Francisco José Ruiz Cervantes, Paco Pepe, investigador de la Universidad Autónoma Benito Juárez de Oaxaca, conocedor a fondo de la historia de su ciudad, una de las más bellas de México. Consulté la mayoría de los archivos de Oaxaca gracias a Penélope Orozco del Fondo Manuel Brioso y Candiani, a Socorro Rodríguez del Archivo Histórico de Notarías, a Consuelo Bustamante de la Fundación Cultural Bustamante Vasconcelos, a Claudia Ballesteros del Fondo Luis Castañeda Guzmán, a Antolín López Ayala del Archivo Histórico del Estado, a Miguel Angel Vázquez Gutiérrez del Archivo Histórico del Registro Civil y a Selene del Carmen García Jiménez, quien me ayudó a conseguir información de difícil acceso en el Archivo de la Mitra de Oaxaca. En la ciudad de México, en fin, donde trabajo en la Universidad Nacional Autónoma de México, quiero agradecer el apoyo que recibí de la doctora María Eugenia Ponce, en mis visitas a la Colección Porfirio Díaz de la Universidad Iberoamericana, y del teniente coronel Miguel Angel Ibarra Bucio, quien me orientó por el Archivo Histórico de la Secretaría de la Defensa Nacional.

CARLOS TELLO DIAZ,
México, 2015

El origen

1

MESON DE LA SOLEDAD

"En la capital de Oaxaca, a 15 de septiembre de 1830, yo, el teniente, bauticé solemnemente a José de la Cruz Porfirio, hijo legítimo de José de la Cruz Díaz y Petrona Mori".[1] Así quedó asentado en el libro 77, folio 164, partida 847 de los archivos de la parroquia del Sagrario de Oaxaca, con la firma de Luis Castellanos, quien años después habría de aspirar al obispado de Antequera, luego de ser vicario del Sagrario y tesorero de la Catedral, así como diputado en el Congreso General de México. El niño que acababa de bautizar en la pila de mármol de la Catedral —la única que había en toda la ciudad, enorme, instalada adentro de la sacristía— llevaba el nombre de su padre, José de la Cruz, aunque también otro más, poco común en México: el del santo del día de su bautizo, San Porfirio. Y la historia lo habría de conocer con ese nombre, el de Porfirio de Tesalónica, el anacoreta del río Jordán, el obispo de Gaza que a fines del siglo IV, con una falange de soldados, destruyó los templos y los ídolos para imponer el orden entre los paganos del Sinaí. Era miércoles, pero el niño, según parece, había nacido la víspera, el martes por la noche ("el nacimiento fue en la noche", asegura una persona que conocería de cerca al niño que acababa de nacer, "el 14 de septiembre").[2] Y había nacido, según parece, no en Oaxaca sino al noroeste de la ciudad, en La Borcelana ("un rancho en el camino de Etla a Oaxaca", afirma el testimonio de un grupo de oaxaqueños que lo supo de palabra del

19

propio don Porfirio).[3] Lo normal en esos tiempos —así sucedió también, de hecho, en el caso de sus hermanos— era que el sacramento del bautismo tuviera lugar al día siguiente del nacimiento. Y La Borcelana era propiedad de la familia de Petrona Mori, quien vivió ella misma hasta su matrimonio en la villa de Etla, donde radicaba todavía su hermana Florentina.

"Fue padrino el señor cura de Nochixtlán", añade la fe de bautismo, "licenciado don José Agustín Domínguez".[4] Domínguez estaba obligado a vivir en su parroquia, a varias jornadas a pie de Oaxaca, en Nochixtlán, donde oficiaba las misas en la iglesia de Nuestra Señora de la Asunción. Tenía su domicilio ahí, en el corazón de las Mixtecas, pero residía en ese momento en la capital del estado ya que, desde hacía un año, formaba parte del congreso de Oaxaca, que comenzaba su periodo de sesiones en septiembre, con la comparecencia del gobernador José López de Ortigoza. Los sacerdotes eran a menudo miembros de los órganos de gobierno del país, incluso de los más altos: la Iglesia y el Estado no estaban separados en México. El licenciado José Agustín Domínguez, cura de Nochixtlán y diputado de Oaxaca, habría de desempeñar un papel fundamental en la vida de José de la Cruz Porfirio. Sería su guía y su protector en los años por venir, hasta el día del rompimiento, cuando le fue revelado a su ahijado, adulto ya, que su destino iba a ser otro.

La familia que formaban José de la Cruz Díaz y Petrona Mori estaba integrada por tres niñas: Desideria, Manuela y Nicolasa, ellas tres nada más, pues tiempos atrás habían muerto en la infancia dos hijos, Cayetano y Pablo, nacidos ambos después de Desideria. Por esa razón, los padres recibieron con gusto el nacimiento del niño que no tenían, el cual sería su orgullo: José Porfirio. La familia vivía al poniente de la ciudad de Oaxaca, en un parador de arrierías llamado el mesón de la Soledad, el único que había en toda la ciudad, por la razón que habría de sugerir más tarde ("la poca entrada y salida de gente en la capital") el historiador don Juan Bautista Carriedo.[5] El edificio del mesón pertenecía al convento de Santa Catarina. Había tenido varios usos a lo largo de los años: cuartel de dragones del Ejército Realista, caballeriza de los insurgentes del Sur, parador una vez consumada la independencia de México. José de la Cruz lo arrendaba, por medio de un intermediario, a las monjas de Santa Catarina. Era lo normal. Por esos años, la ciudad tenía alrededor de mil quinientas viviendas, la mayoría de las cuales, al menos 70 por ciento, era propiedad de la Iglesia —"el relicario de la fe", según un clérigo de Oaxaca.[6] Entre sus propiedades, además de casas, había templos, conventos, hospitales, cofradías, seminarios, capellanías, mesones y congregaciones. Santa Catarina era en este sentido el convento de religiosas más rico de la ciudad, apenas atrás de la Concepción: tenía setenta y cinco propiedades en la capital de Oaxaca.

El mesón de la Soledad estaba localizado en el extremo más oeste de Oaxaca, por la salida del camino real a la ciudad de México. Era una casa de una sola planta, maciza, con muros de adobe revestidos de cantera, el portón flanqueado por pilastras pintadas de cal, la fachada coronada en el techo por una especie de barandilla. Tenía dos patios: el primero con una fuente al centro, al que daban los corredores donde estaban las mesas y las sillas que ocupaban los pasajeros, y el segundo, más al fondo, con un estanque de agua, al que daban los corrales y los cobertizos que guardaban el forraje de los animales. José de la Cruz Díaz tenía en ese patio un banco de herrador, con un horno, un martinete, un yunque y un ventilador que funcionaba con ayuda de agua. Tenía también un hospital de veterinaria para atender a las bestias de carga que llevaban los arrieros. Era herrador y veterinario de profesión, y fue también arriero por un tiempo. Vivía con su familia en una de las habitaciones que daban al patio de la fuente. Ahí mismo, al lado, alquilaba cuartos a los pasajeros más ricos y rentaba catres y petates a los arrieros más pobres, para dormir en comunidad. Todo el comercio que había entre México y Guatemala, entre Veracruz y Chiapas, pasaba por Oaxaca, y todo, casi todo aquel comercio desfilaba por el mesón de arrierías que estaba frente al templo de la Soledad.

El oficio de transportar mercancías a lomo de mula, por un tiempo reservado a los criollos, era por aquel entonces un oficio de mestizos, indios y mulatos. Algunos de los protagonistas de las guerras de Independencia, como Morelos y Guerrero, un mestizo y un mulato, habían sido arrieros en su juventud, experiencia que aprovecharían más tarde para combatir en las montañas del Sur. Eran hombres educados en las lecciones que dan los caminos: debían tener fuerza para resistir la marcha, habilidad para negociar, sentido común para resolver los imprevistos, responsabilidad para concluir el camino con toda la carga. Había por esos años muy pocos caminos de rueda en México. Las mercancías, así, tenían que ser transportadas a lomo de mula por los caminos de herradura. "Millares de mulos y caballos, en largas recuas, cubren hoy los caminos de México", escribió el sabio Alexander von Humboldt.[7] Oaxaca no era la excepción: todos sus caminos estaban llenos de recuas cargadas de mercancías. "Sólo dentro de los límites del gran valle de Oaxaca hay caminos más o menos transitables", observó un discípulo de Humboldt, el ingeniero Eduard Mühlenpfordt. "Aparte de éstos, un carruaje no puede circular hacia ningún lado, pues encuentra solamente angostos senderos para mulas, en su mayoría extremadamente peligrosos".[8] El ingeniero Mühlenpfordt, oriundo de Clausthal, en el reino de Hannover, con estudios en la universidad de Göttingen, vivía por esas fechas en Oaxaca, donde en 1830 realizó dibujos muy notables de las ruinas de Mitla. Trabajaba como técnico en la construcción de caminos para el gobernador López de Ortigoza, con cuyo apoyo habría de realizar un proyecto de carretera —el primero de una lista que sería muy larga— a través del Istmo de Tehuantepec. Es posible que conociera a José de la Cruz Díaz, pues ambos estaban interesados en el progreso de los caminos en Oaxaca, uno como mesonero, otro como ingeniero, y ambos conocían, asimismo, un negocio en el que habían trabajado los dos por varios años: el de las minas de Ixtlán. Tiempo después, Mühlenpfordt habría de planear un camino para carretas de Oaxaca a Tehuacán, que sería cancelado y olvidado por un pronunciamiento que trastornó la vida de México. El pronunciamiento, lamentó, "impidió la continuación de las obras y posteriormente la realización de todo este plan, grandioso y prometedor".[9]

La precariedad de la comunicación en el país hacía que las ciudades, aun las que eran centros de comercio, como Oaxaca, vivieran hacia adentro, aisladas más o menos del resto de México. En ese aislamiento, la presencia más importante era la Iglesia. El mesón que regentaba José de la Cruz Díaz estaba a un costado del templo de la Soledad. Su vida transcurría bajo su sombra. Antes de reanudar la marcha, por la madrugada, los arrieros encomendaban sus almas a la Virgen de la Soledad, patrona de los viajeros en Oaxaca. Le rezaban sus oraciones hincados sobre la calle del mesón, frente a su estatua de piedra. Por eso estaba ahí la estatua, sobre la calle, para que los arrieros no tuvieran que subir con sus bestias hasta el atrio de la iglesia, donde podían ser confundidas con los animales de las otras arrierías. El templo había sido levantado a finales del siglo XVII, en el lugar donde estaban las ruinas de la ermita de San Sebastián. Su portada estaba dividida en cuerpos de columnas dóricas, jónicas y salomónicas, y tenía algunas de las esculturas más hermosas de Oaxaca. Era amarilla, a diferencia del resto del templo, que estaba construido, como el convento, con la piedra verde de las canteras de Santa Lucía del Camino. Había por aquel entonces ocho monasterios para frailes y trece conventos para monjas en Oaxaca. "Entre los conventos de monjas, el más rico es el de Nuestra Señora de la Soledad", escribió Mühlenpfordt. "La santa venerada y milagrosa es la patrona de la ciudad".[10] Los oaxaqueños celebraban su día el 18 de diciembre, para después festejar, con una comida de vigilia, la Natividad del Señor. No había la costumbre de cenar el 24 de diciembre. La gente acudía a la calenda del Niño Dios y, más tarde, luego de comer en la calle turrones y vendimias, a la misa de gallo en la Soledad. Así también debió hacer José de la Cruz Díaz con su esposa y sus hijos, que eran todos muy pequeños, con excepción de Desideria. El más chiquito acababa de cumplir tres meses.

En la ciudad, por esos tiempos, la vida era monótona y silenciosa, centrada sobre todo en la familia más íntima, sin visitas de ningún género. El ambiente de un mesón era distinto: los arrieros iban y venían, entraban, salían, estaban siempre en movimiento con sus animales, noche y día, entre gritos y lamentaciones. En ese ambiente de hostería, tan singular, empezó a crecer José de la Cruz Porfirio —o como lo comenzaron a llamar sus padres con el tiempo, por comodidad: Porfirio.

CALVARIO DEL GENERAL VICENTE GUERRERO

Porfirio había sido concebido a mediados de diciembre de 1829, en el momento en que el general Vicente Guerrero fue depuesto de la Presidencia de la República. Su madre pasó todo su embarazo con el país en guerra. México, de hecho, no conocería desde entonces otra cosa que la guerra: guerra entre centralistas y federalistas, guerra entre mexicanos y norteamericanos, guerra entre liberales y conservadores, guerra entre republicanos y monarquistas, guerra entre porfiristas y juaristas y guerra, más tarde, entre porfiristas y lerdistas. La guerra habría de durar una mitad de siglo, hasta el triunfo de la rebelión de Tuxtepec, cuando dio comienzo el régimen que sería encabezado por el niño —entonces ya general y presidente, y luego dictador— que acababa de nacer en el mesón contiguo al templo de la Soledad.

Vicente Guerrero estaba levantado en armas desde hacía un año en las montañas del Sur cuando fue capturado a traición en Acapulco, donde permanecía refugiado luego de la derrota de Chilpancingo. En enero de 1831 fue llevado por mar hacia Huatulco; después por tierra, vía Ejutla, hasta la ciudad de Oaxaca. El rumor de su aprehensión, que comenzó a correr la víspera del día de la Candelaria, fue más tarde confirmado por *El Oajaqueño Constitucional* en una nota que decía así: "Por extraordinario recibido hoy comunica el comandante del puerto de Huatulco haberse aprehendido en aquel punto al general don Vicente Guerrero".[1] La ciudad estaba impactada. "Como a las cuatro de la mañana del 1 de febrero fuimos entrando a Oaxaca con el mayor silencio, sin ser sentidos de la población, dirigiéndonos al convento de Santo Domingo, donde estaban preparadas las celdas necesarias para recibirnos, quedando separado el general en una con la guardia de oficio", habría de recordar uno de los seguidores de Guerrero, don Manuel Zavala.[2] Al día siguiente, sus compañeros de prisión fueron dejados libres en el claustro del convento, pero el general, en cambio, permaneció incomunicado. Comenzó entonces un juicio que concluyó el 10 de febrero, cuando Guerrero fue condenado a muerte por un consejo de guerra que presidió el coronel Valentín Canalizo. Un día después fue puesto en capilla. "¿Y con el fin trágico de este mexicano que tanto nombre ha obtenido desde la guerra de la Independencia cesará la guerra civil, se consolidará la paz?", se preguntó *El Oajaqueño Constitucional*. "Pluguiese al cielo que sí".[3]

¿Cuál era el crimen del que acusaban sus jueces a Guerrero? ¿Qué había hecho? Algo que habría de marcar aquel siglo: encabezar un pronunciamiento contra el gobierno establecido de la República.

Desde el triunfo de la Independencia había en México dos formas de concebir la relación con las instituciones heredadas de la Colonia. Cada una era defendida por uno de los dos ritos en que estaban divididos los masones. Los *escoceses* deseaban una transición que fuera pausada; los *yorkinos*, a su vez, querían una ruptura que fuera radical. Ambas posturas llegaron enfrentadas a la elección en que los *escoceses* lanzaron la candidatura del ministro de Guerra, el general Manuel Gómez Pedraza, y los *yorkinos* apoyaron las aspiraciones del héroe del Sur, el general Vicente Guerrero. Los sufragios, entonces, no eran emitidos por los ciudadanos del país, sino por las legislaturas de los estados: cada legislatura tenía derecho a un voto, de acuerdo con la Constitución de la República. Así, en esa elección, 9 legislaturas votaron por Guerrero y 11 legislaturas sufragaron por Gómez Pedraza, entre ellas la de Oaxaca. El general Guerrero desconoció el mandato de las legislaturas. Sus partidarios, encabezados por un militar que habría de figurar más adelante, Antonio López de Santa Anna, declararon que una conspiración pro-española, aristócrata, había corrompido la elección en México. Guerrero dio su aval al movimiento. "Echó mano de las vías de hecho, atropellando las de derecho", observaría el *Calendario de Galván*.[4] Desconoció el voto, para confiar a las armas la rectificación de la voluntad de la nación, expresada por los órganos que eran entonces legítimos: las legislaturas de los estados. Asumió la Presidencia de México, aunque sólo por algunos meses, pues fue depuesto por su vicepresidente, el general Anastasio Bustamante, quien poco más tarde tramó su captura con un genovés sin honor, el capitán de marina Francesco Picaluga. Fue Picaluga quien con engaños puso a Guerrero en manos de las autoridades de Oaxaca.

La noche del 13 de febrero de 1831, Vicente Guerrero fue trasladado a una celda en el claustro del convento de Santiago Cuilapan, al sur de Oaxaca. Y esa madrugada, un lunes de San Valentín, escuchó la sentencia que lo condenaba a ser pasado por las armas en el atrio del convento, ante las tropas ya formadas —"puesto de rodillas", según el acta de la ejecución levantada en Cuilapan.[5] Hubo una descarga. Su cadáver recibió después un funeral con misa de cuerpo presente, antes de ser enterrado en el convento.

Guerrero fue sepultado como había muerto, con las ropas que serían descubiertas en su cadáver al ser exhumado años después para ser trasladado a la capilla del Rosario en Oaxaca, donde fue inhumado a la izquierda del altar por el prior del convento de Santo Domingo. Tenía un pañuelo de seda negra amarrado a la cabeza y una banda de burato azul alrededor de la cintura, y estaba vestido con el hábito de la orden de Predicadores. Llevaba también otras prendas: "un cinto de cuero ceñido sobre el hábito y botas de cuero casi deshechas", de acuerdo con un historiador, que agrega este dato: "al exhumar el cadáver, el esqueleto se desarticuló".[6] Las botas *casi deshechas* sugieren el calvario de Guerrero durante las jornadas a pie que tuvo que hacer desde Huatulco hasta Oaxaca. Algunas personas que lo conocieron en la costa llegaron a visitarlo en su celda, antes del proceso. "Vagaba una sonrisa por sus labios", dice Ignacio Candiani, quien lo vio con su padre en Santo Domingo.[7] Es posible que entre esas personas que lo visitaron —posible nada más— estuviera también José de la Cruz Díaz. Es posible porque, entre las tareas de la tercera orden de los franciscanos, a la que pertenecía, estaba la de socorrer a los presos de la cárcel. Y es posible por una razón de más peso: porque lo había tratado él mismo en las montañas del Sur durante las guerras de Independencia. Había sido su capitán.

EL PADRE

José de la Cruz Díaz Orozco era hijo de Manuel Díaz Olivera, hijo a su vez de Alberto Díaz Arjona, hijo por último de Diego Díaz

Ordaz, todos ellos originarios de Oaxaca. Los Díaz eran una familia conocida en el estado. El propio José de la Cruz estaba relacionado con un hombre que sería obispo de Antequera: José Agustín Domínguez y Díaz, y con un personaje que sería gobernador de Oaxaca: José María Díaz Ordaz. Nada es conocido de su vida hasta el momento de sus nupcias con Petrona Mori. Contrajo matrimonio con ella el 4 de mayo de 1809, en la villa de Etla, al noroeste de Oaxaca, "habiéndose proclamado en tres días festivos *inter misarum solemnia*, según lo dispuesto por el Santo Concilio de Trento".[1] José de la Cruz era "español, soltero, de veintinueve años, hijo legítimo de don Manuel Díaz y María Catarina Orozco", y Petrona, a su vez, era "doncella española, de quince años de edad, hija legítima de don Mariano Mori y Tecla Cortés".[2] Así decía el acta de matrimonio: él *español*, ella *española*, pero era falso, pues ambos eran mestizos con rasgos más o menos indios. Es lo que sugieren los retratos de sus hijos, quienes eran todos, además, sanos y fuertes, y sumamente reservados, cualidades que heredaron de su padre. No hay imágenes de él, pero existe una descripción hecha por un historiador de la época, basada en las entrevistas que sostuvo con su hijo. José de la Cruz era, dice, "alto, simétrico, muscular y activo", y también esto: "de mirada autoritativa y seria, ligeramente inclinada a la melancolía".[3]

En el momento de su matrimonio, José de la Cruz trabajaba para una empresa que arrendaba las haciendas de beneficio de metales de Cinco Señores, San José y El Socorro, todas ubicadas en el distrito de Ixtlán, las cuales pertenecían en esos tiempos al hospicio de Oaxaca. "Mi padre era dependiente de confianza de la compañía minera, y con una pequeña escolta que él mismo había armado, conducía plata de las haciendas a Oaxaca, y de retorno, dinero para las rayas", habría de escribir Porfirio Díaz.[4] La base de la riqueza del estado era sobre todo la grana, no la minería. Las minas nunca fueron significativas debido a la inexistencia de yacimientos de importancia y a la dificultad de explotar, por la topografía del terreno, las vetas más pequeñas. Pero aun así había varias explotaciones de minas, sobre todo en la Sierra de Ixtlán. La hacienda de Cinco Señores, una de las que recorría José de la Cruz, destinada al beneficio del oro, la plata y el plomo, estaba situada en una cañada al margen del río Yavesía, a unos 54 kilómetros de Oaxaca. Había sido fundada por un español que descubrió ahí la veta de Santo Tomás. Tenía un acueducto de 3 kilómetros que llevaba por las montañas el agua que movía la maquinaria destinada al beneficio de los metales.

José y Petrona vivían en el pueblo de Santo Tomás Ixtlán, un lugar frío y seco que no congeniaba con ella, acostumbrada al clima más dulce de Yanhuitlán. En parte por esa razón, pero sobre todo porque tenían los dos la ambición de prosperar, abandonaron todo para salir a buscar fortuna en el distrito de Ometepec, hacia la costa, sin más fondos que las mulas con las que salieron de Oaxaca. El viaje debió ser largo y difícil, un viaje de varias jornadas a través de las Mixtecas, primero hacia Etla, Nochixtlán y Yanhuitlán por caminos de herradura, después hacia Mixtepec y Juxtlahuaca, la parte más laboriosa, por senderos trazados por el paso de los indios, en dirección a Tlaxiaco, Putla y San Pedro Amusgos, hasta llegar a Xochistlahuaca, ya cerca de la costa, junto al río del Puente, un afluente del Ometepec. Era un pueblo de un puñado de familias, apenas comunicado por brechas con otros pueblos de la región, como Zacoalpan y Tlacoachistlahuaca. José de la Cruz rentó a la comunidad unos terrenos propicios para sembrar caña de azúcar, a cambio de una libras de cera que pagaba, año con año, para la fiesta del santo del pueblo. "Hizo desmontes y sembró caña", escribió su hijo Porfirio. "Tenía dificultad para pagar mozos porque contaba con poco dinero, y él mismo construyó su trapiche. Era hombre atrevido y emprendedor, y le gustaba afrontar y vencer dificultades".[5]

José de la Cruz vivió ahí, con Petrona, los años de la guerra de Independencia. Era parte de la zona de operaciones de los insurgentes que comandaba el general José María Morelos, quien en la primavera de 1813, en su marcha hacia Acapulco, nombró a Vicente Guerrero comandante del distrito de Ometepec. Guerrero estaba unido a Morelos desde hacía un par de años: con él combatió en la campaña de Puebla y con él participó en la toma de Oaxaca. Entre 1813 y 1815 estuvo activo en Ometepec, donde conoció a José de la Cruz. Le dio ahí el nombramiento de capitán de los insurgentes, aunque los testimonios divergen respecto de los motivos. Por haberle servido, según dice su hijo, "como mariscal o veterinario".[6] O por haberle dado refugio en su finca de Xochistlahuaca, según afirma un historiador del siglo XIX, "una finca rústica azucarera, Cerro Verde".[7]

La lucha fue sangrienta en toda esa región. "Durante el periodo de la guerra, los habitantes de la Costa Chica de Oaxaca tuvieron que sufrir no sólo el espectáculo de las batallas y el azar de las derrotas, sino las venganzas de los vencedores y la feroz crueldad de algunos bárbaros soldados", habría de escribir el historiador José Antonio Gay, quien sería compañero de estudios de Porfirio en el Seminario de Oaxaca. "Frente al templo de Ometepec había un árbol que sirvió a innumerables víctimas de patíbulo: atados a él mandó fusilar Reguera a cuantos insurgentes caían en sus manos".[8] Antonio Reguera, comandante de los realistas en aquella zona de Oaxaca, la Costa Chica, quien hacia el final de las hostilidades abrazó la causa de las Tres Garantías. "Tales actos de barbarie se permitían indistintamente unos y otros, sin que tan indescriptibles escenas de horror, repetidas muchas veces entre aquellos desgraciados habitantes, contribuyesen en lo más pequeño a mejorar la causa que cada partida defendía".[9]

José y Petrona tardaron años en tener hijos: más de diez, hasta fines de la guerra con España, cuando tuvieron a Desideria, Cayetano y Pablo. Entonces emprendieron el camino de regreso. Manuela, Nicolasa y Porfirio nacieron en los Valles. Petrona volvió a concebir a principios de agosto de 1832, así que en septiembre, cuando su hijo cumplió dos años, ella sabía que estaba de nuevo embarazada. Toda la familia vivía en el mesón de la Soledad, que José de la Cruz había tomado en arrendamiento al regresar a Oaxaca. Con los ahorros hechos en Xochistlahuaca, además, había adquirido dos casas: una cerca de la iglesia de Guadalupe, atrás del templo del Patrocinio de María, entonces en litigio, y otra junto al convento de la Merced, a una cuadra del Matadero, que empleaba para curtir las pieles de los animales que eran sacrificados ahí al lado, en el rastro de Oaxaca. Había comprado también un terreno en la hacienda de San Miguel Tlanichico, una de las más prósperas del distrito de Zimatlán, al sur de la ciudad, que pertenecía al propietario José Joaquín Guergué. El terreno estaba sembrado con magueyes de pulque.

La mayoría de las memorias que tuvo Porfirio de José de la Cruz fueron sin duda transmitidas por su madre, Petrona. Era muy pequeño cuando murió su progenitor. Pero hubo quizás un recuerdo no heredado de su madre, sino suyo, fundado en su experiencia de niño: el recuerdo de su padre de rodillas, inclinado, en posición de oración. José de la Cruz rezaba al despertar, al comenzar a trabajar, al comer, al preparar la hora de dormir. "Era un católico muy ferviente", rememoraría su hijo. "Rezaba mucho y aun llegó a usar un traje monacal de los terceros de San Francisco".[10] Así tal vez lo recordaba en el mesón de la Soledad: vestido con el hábito de los terciarios, el sombrero con toquilla de mecate arrollada en la copa, el escapulario colgado hasta la cintura, el capuchón de lana caído en pliegues, también café, similar al que usaban los frailes de San Francisco. José de la Cruz era parte de la comunidad que formaban los franciscanos, como lo había sido el protector de los arrieros, beatificado a fines del siglo XVIII: fray Sebastián de Aparicio.

San Francisco era el convento más vital de la ciudad, después de Santo Domingo. Estaba situado hacia el sur, en la zona más popular, la de los mercados. Tenía por esos años más o menos veinticinco frailes, que vivían de la caridad. El grupo fundador de los franciscanos pertenecía a la Custodia de San Diego, destinada a la evangelización de las Islas Filipinas. "La comunidad se presentaba pobre", habría de recordar un conocido de Porfirio, "aunque poseían regulares recursos, porque la caridad que recibían y la que colectaban en los pueblos, ya solicitándola u organizando misiones, sobrepasaba lo que el convento necesitaba. Lo sobrante lo administraban los miembros de la tercera orden, que eran seglares, hermanos de esta cofradía, y que distribuían los fondos entre los pobres y los presos de la cárcel".[11] Varios personajes en la ciudad formaban parte de la tercera orden de San Francisco, además de José de la Cruz Díaz, herrero, curtidor y veterinario, y responsable del mesón de la Soledad. Entre ellos estaba por ejemplo Antonio Salanueva, conocido suyo, dedicado a la encuadernación de libros, quien habitaba una casa frente al templo del Carmen donde por años había dado alojamiento a un niño de la sierra llamado Benito Juárez.

Los terciarios participaban en todas las actividades de su comunidad. Los viernes de Semana Santa salían de San Francisco, por la mañana, en una procesión con imágenes de Jesús, acompañados de faroles y cuadros de la Pasión: la procesión llegaba a la iglesia de la Sangre de Cristo, al lado de Santo Domingo, para luego volver a San Francisco, al tiempo que los frailes y los terciarios rezaban el *Vía Crucis*. Los jueves de *Corpus*, más tarde, salían de San Francisco con las estatuas de los santos de la orden, la custodia bajo palio: participaba toda la comunidad del monasterio, acompañada por una escolta de la guarnición de la ciudad, que hacía con ella el recorrido hasta la iglesia de San Agustín, al oriente de la Plaza de Armas, para volver después a San Francisco. Era una de las formas en que la ciudad celebraba la institución de la Eucaristía. Había otras. La más importante era la procesión que salía desde la Catedral hasta el Palacio de Gobierno, presidida por el obispo, el gobernador, el ayuntamiento bajo sus mazas y los cuerpos de la guarnición con sus bandas de músicos, entre salvas de cañones. "En este día", recordaba un testigo de la procesión, "el alboroto general era inusitado para estrenar vestidos o cuando menos vestir ropa limpia, pasear y comprar golosinas, ya de empanadas, frutas, helados y dulces que llenaban la Plaza de Armas".[12] La religión estructuraba la vida de los oaxaqueños.

ACEITES Y VINAGRES

En enero de 1833, Ramón Ramírez de Aguilar fue elegido gobernador por la legislatura de Oaxaca, en sustitución de José López de Ortigoza. Uno era *vinagre*, el otro era *aceite*. Ambos eran parte de la aristocracia del estado.

La distinción databa de principios de los veinte, cuando los oaxaqueños más ricos, al adoptar el nombre de *aceites* para contender en una elección, dieron a sus adversarios el mote de *vinagres*, con la idea de que permanecerían ellos arriba, como el aceite sobre el vinagre.

Los propios *vinagres* asumieron el apodo, a pesar de ser peyorativo. ¿Qué los distinguía? Los *aceites* privilegiaban el color de la piel, estaban a favor de la autoridad del Centro; los *vinagres*, en cambio, trabajaban por la igualdad entre las razas, defendían la autonomía de Oaxaca frente a la capital de México. Con respecto de la religión, sus diferencias eran más equívocas: los *aceites* acusaban a los *vinagres* de tener lazos con la masonería, pero ninguno de los dos buscaba limitar la influencia de la Iglesia. En ambos grupos había de todo: sacerdotes, militares, funcionarios, abogados, vendedores. Ramón Ramírez de Aguilar, gobernador, miembro de una familia de propietarios, era *vinagre*. José López de Ortigoza, también gobernador, descendiente de una estirpe de abolengo, era *aceite*. Angel Alvarez, elector, regidor y congresista, ciego desde joven, era *vinagre*. Manuel María Fagoaga, hacendado de renombre, con un apellido que brillaba, era *aceite* (aunque su hermano, el cura Ignacio Fagoaga, era uno de los *vinagres* más conocidos en el distrito del Centro). Las diferencias entre *aceites* y *vinagres* eran agudas por esos días, con motivo de la ley de expulsión de los españoles, acordada por el Congreso General en 1833.

El partido de los *vinagres* dominaba la política de Oaxaca cuando, en la primavera de 1833, la legislatura del estado pidió al gobernador que los restos de Vicente Guerrero fueran exhumados de Cuilapan. Los *vinagres* no habían osado apoyar su guerra contra el Supremo Gobierno, pero lo querían reivindicar en Oaxaca. "Las respetables cenizas del benemérito general ciudadano Vicente Guerrero", dijeron en su periódico, *El Zapoteco*, "van a ser depositadas en la iglesia de Santo Domingo".[1] Todos los días aparecían loas y poemas a Guerrero. Los *aceites* estaban en retirada. Por esas fechas, incluso, el diputado Benito Juárez, identificado con los *vinagres*, propuso en el congreso del estado que la villa de Cuilapan fuera bautizada Guerrerotitlán, algo quizá no tan extraño en una región del país donde había pueblos llamados así: Minatitlán, Abasolotitlán, Hidalgotitlán. Pero la iniciativa fue descartada.

La agitación en Oaxaca sucedía en medio de la tempestad desatada en México por las reformas de don Valentín Gómez Farías. En marzo de 1833, el general Antonio López de Santa Anna fue electo presidente por las legislaturas de los estados, pero quien habría de gobernar en los meses por venir sería su vicepresidente, don Valentín. El general Santa Anna no quería ejercer el poder, como lo admitió él mismo en su respuesta a la carta de felicitación que le mandó uno de sus amigos de México. "Efectivamente que la elección de presidente", le confesó desde su hacienda de Manga de Clavo, donde descansaba, "si bien es muy satisfactoria porque supone en el elegido la confianza de sus conciudadanos, es muy difícil desempeñar y siempre acarrea disgustos al que la desempeña, por cuya razón los amigos no deben felicitarme".[2] Escribía la verdad, aunque le faltó añadir que, por esa razón, no tenía la intención de gobernar. Valentín Gómez Farías habría de ser el presidente en funciones a partir del 1 abril de 1833.

El 6 de abril, Gómez Farías presentó en el Congreso General un proyecto para la creación de las milicias, concebido contra el Ejército, el responsable de las asonadas en México. Luego promovió una serie de reformas que afectaron la influencia de la Iglesia. El Ejército y la Iglesia, los pilares de la Colonia. Valentín Gómez Farías era un médico de provincia que había abrazado la política durante las guerras de la Independencia. A partir de 1833 impulsó una serie de reformas que habría de cambiar la estructura del país, con el aval más o menos ambiguo de Santa Anna. El 17 de agosto secularizó las misiones de California; el 19 de octubre suprimió la Universidad Pontificia, para crear la Dirección de Instrucción Pública; el 27 de octubre prohibió la obligación de pagar diezmo a la Iglesia; el 6 de noviembre suprimió la coacción en el cumplimiento de los votos de los monjes; el 17 de diciembre hizo circular el decreto que mandaba proveer los curatos, en ejercicio del patronato que competía a la nación, para lo cual anunció que castigaría la desobediencia de los obispos con la pena del destierro. Muchos reaccionaron con escándalo a las leyes impulsadas por el Congreso bajo el liderazgo de Gómez Farías, entre ellos el hombre más ilustrado del partido de la oposición, don Lucas Alamán. "Todo cuanto el déspota oriental más absoluto, en estado de demencia, pudiera imaginar más arbitrario e injusto", dijo, "es lo que forma la colección de decretos de aquel Cuerpo Legislativo".[3] A fines de 1833, el general Santa Anna, temeroso de ser identificado con todos aquellos decretos, enfermó de nuevo, pidió licencia y buscó refugio en Manga de Clavo, aunque habría de volver más tarde para revertir las reformas con el nombramiento de Protector de la Nación. Estaban ya latentes, desde entonces, los conflictos que habrían de desgarrar a la nación durante las décadas por venir, en las que hubo de crecer Porfirio.

Las hostilidades estallaron con furor aquel mismo año de 1833. Unos meses antes, el 31 de mayo, el general Gabriel Durán había encabezado en Tlalpan, al sur de la ciudad de México, un pronunciamiento contra las reformas de Gómez Farías que reclamaba el apoyo del presidente Antonio López de Santa Anna. Santa Anna salió de la ciudad en su persecución junto con el jefe de armas de la capital, el general Mariano Arista, quien el 6 de junio, sin embargo, lo declaró su prisionero para forzarlo a aceptar los poderes que le proponía Durán en el Plan de Tlalpan. El pronunciamiento, aun con esa defección, pudo ser sofocado por las tropas leales a Gómez Farías. "Viendo esto el general Santa Anna, quien parece que estaba ya de acuerdo con los planes de los sublevados, y conociendo que la revolución no era tan fácil de realizarse como se lo había figurado, se separó de las tropas de Arista, aparentando salvarse de la prisión, y volvió a México", escribió Miguel Lerdo de Tejada, protegido del general Santa Anna.[4] En julio, Santa Anna salió de nuevo de la capital para combatir a Arista en el Bajío, con lo que reafirmó su apoyo —al menos por un tiempo— a las reformas emprendidas por Gómez Farías. Nadie sabía dónde estaban las convicciones del presidente. "Es un hombre que tiene en sí un principio de acción que le impulsa siempre a obrar", escribió por esos años Lorenzo de Zavala, "y como no tiene principios fijos, ni un sistema arreglado de conducta pública, por falta de conocimientos, marcha siempre a los extremos en contradicción consigo mismo".[5] En el curso de una década, Santa Anna había sido imperialista y republicano, *escocés* y *yorkino*, federalista y centralista.

El pronunciamiento de Durán y Arista tuvo consecuencias muy graves en Oaxaca. En junio de 1833, el general Valentín Canalizo penetró el estado por las Mixtecas bajo la bandera de Religión y Fueros, adherido al Plan de Tlalpan. Hizo varios reclutamientos en

Huajuapan, para marchar después hacia la ciudad de Oaxaca. Sus fuerzas encontraron en la zona de Jayacatlán a las tropas que salieron a su encuentro, encabezadas por el general Isidro Reyes, jefe de la comandancia general de Oaxaca, quien años después habría de llegar a ser ministro de Guerra en México. Canalizo suspendió la marcha en ese punto. Reyes regresó con sus hombres a la capital, donde preparó la defensa de sus posiciones. "Fortificó el convento de Santo Domingo y el del Carmen, así como la cima del cerro de la Soledad, que domina toda la ciudad", recordaría el joven Ignacio Mejía, entonces secretario del general Reyes.[6] En agosto de 1833, Canalizo se detuvo al pie del monte Albán, en la garita de Xoxocotlán, donde los comerciantes pagaban la alcabala por los productos que pasaban a Oaxaca. Ahí atacó el fortín del cerro de la Soledad, un fortín rodeado por un foso, "que tomó favorecido por el peso de la noche", escribió Mejía.[7] Las tropas leales al gobierno subieron entonces un cañón de 8 pulgadas hasta las bóvedas del convento de Santo Domingo. "La manera de dar parte a nuestras tropas de que el fortín del cerro lo habíamos perdido", añadió, "fue haciendo fuego sobre ese punto".[8]

Durante el sitio de Oaxaca, el general Canalizo instaló parte de sus tropas —con él tal vez incluido— en el mesón que regenteaba José de la Cruz Díaz al lado del templo de la Soledad. No es fácil saber qué hizo en aquel trance José de la Cruz, aunque es probable que huyera junto con su familia, porque el mesón estaba en el centro de una guerra que habría de durar todo el verano, la primera que conocía Oaxaca desde la que libró contra Morelos al comienzo de la Independencia. La posada, pues, quedó en manos del jefe de los sublevados, Valentín Canalizo, un hombre que estaba por cumplir los cuarenta años, rubio, blanco, con ojos muy azules, nacido al norte del país, en Nuevo León. Era mayor del Ejército Trigarante al terminar la Independencia, coronel a cargo de la comandancia militar de Oaxaca al presidir el juicio que condenó a Guerrero y general de brigada en el momento de llegar con las banderas de Religión y Fueros hasta los límites de Oaxaca. Pero su carrera, ya brillante, no habría de terminar ahí: años más tarde, a mediados de los cuarenta, ya con el grado de general de división, habría de ser presidente provisional de la República.

La ciudad sufrió durante meses el bombardeo de las fuerzas en guerra, sobre todo alrededor de los conventos del Carmen y Santo Domingo, donde aguardaban las tropas de Reyes, así como en torno de la Soledad, donde estaba el cuartel de Canalizo. Varias casas fueron tocadas por el fuego. El convento de Santa Catarina, que no había sido ocupado jamás, ni siquiera durante las guerras de la Independencia, fue fortificado por el general Reyes. Más al centro, el Palacio de Gobierno, donde el congreso del estado acababa de acordar invertir miles pesos para su reconstrucción, yacía entre las ruinas de las canteras destinadas para su rescate, aprovechadas por los soldados para levantar trincheras contra Canalizo. "Esa campaña duró cuatro meses, batiéndonos todos los días", habría de notar Ignacio Mejía, "hasta que de Zacatecas vino el general Moctezuma con las fuerzas de su estado y las de Guanajuato".[9] A fines de octubre, el general Esteban Moctezuma, leal al gobierno de la República, llegó con alrededor de dos mil hombres a los Valles de Oaxaca. Canalizo levantó entonces el campo para marchar hacia la Costa Chica, por el camino de Jamiltepec, aunque no logró salir indemne de Oaxaca. "En Corral Falso fue alcanzado y derrotado, siguiendo sus restos en dispersión para la Costa Grande", escribió Mejía.[10] Fue el final de la guerra, pero su final coincidió con la etapa más terrible de la epidemia de cólera en Oaxaca.

MUERTE

El mes de mayo de 1833 había comenzado bien para José de la Cruz Díaz. La madrugada del 1 tuvo el honor de velar, junto con su comunidad, los restos de Vicente Guerrero, su general, traídos la víspera de Cuilapan para ser depositados frente al altar de la iglesia de San Francisco, antes de ser llevados en procesión hasta Santo Domingo. Al día siguiente nació un hijo más en su familia, Felipe Santiago, y un par de días después verificó un aniversario más en su matrimonio con Petrona Mori. Pero todo en su vida habría de caer en pedazos a partir de entonces.

El 3 de mayo, un viernes, día del bautizo de su hijo, apareció en el periódico *El Día* una nota que decía así: *Cholera Morbus*. Ese periódico era publicado por el doctor Juan Nepomuceno Bolaños, catedrático de medicina en el Instituto de Ciencias y Artes de Oaxaca. Su nota sobre el cólera daba por primera vez noticia de la epidemia que un mes después habría de penetrar al país por el Golfo de México. ¿Cuáles eran los signos que anunciaban la enfermedad? "Un abatimiento general, una afección de miedo, debilidad, ansia y una inquietud interior", explicaba el periódico.[1] ¿Y sus síntomas? "Evacuaciones y vómitos muy violentos", añadía con dureza. "Espasmos y contracciones en los dedos y los miembros".[2] Desde hacía más de un año, el gobierno de México había empezado a dictar medidas para impedir que llegara por mar a las costas del país el cólera que asolaba Europa, proveniente de Asia. Pero fue en vano. El cólera entró en junio por los puertos del Golfo, después del día de *Corpus*. En julio comenzó a hacer estragos en la capital de México. Las calles, ahí, estaban silenciosas y desiertas, las boticas apretadas de gente, los templos con sus puertas abiertas de par en par, llenos de personas hincadas con los brazos en cruz. "En el interior de las casas todo eran fumigaciones, riegos de vinagre y cloruro", registró un escritor que vio agonizar a su hermano. "Era el año horriblemente memorable del Cólera Morbo".[3]

La epidemia llegó a Oaxaca en el verano, junto con la invasión de las tropas del general Valentín Canalizo. La peste y la guerra. Todos empezaron a temer la enfermedad. Algunos murieron. Hubo que habilitar hospitales y cementerios. La guerra no cedía. El gobernador Ramón Ramírez de Aguilar encabezaba procesiones junto con los sacerdotes de la diócesis, asistía él mismo a las funciones de intercesión celebradas en la Catedral. Los infectados aguardaban en el interior de sus casas, pálidos y sudorosos, cubiertos a menudo por sábanas de lana. Era común darles a beber infusiones de sauco y yerbabuena, y hacerles friegas con paños mojados en espíritu de alcanfor. "Cataplasmas de mostaza, levadura y vinagre, con polvo de cantáridas", decía un periódico, "puestas en la boca del estómago contribuyen mucho al buen éxito".[4] Si los vómitos eran frecuentes, agregaba, había que ofrecer también, cada media hora, "una cucharada de bicarbonato de sodio".[5] Había médicos, incluso, que recomendaban aplicar sanguijuelas en el estómago, aunque nada más a las personas más robustas.

El peor mes fue septiembre, cuando Canalizo estaba aún en posesión del cerro de la Soledad. Había que atender a los enfermos en medio de la guerra. Los hospitales de la ciudad eran insuficientes: el de Belén, el de San Cosme y San Damián, incluso el de San Juan de Dios, que era el más grande de Oaxaca. La gente moría. Llegaron a ser tantos los cadáveres que fue necesario establecer turnos de noche para transportarlos hacia fuera de la ciudad. Los cuerpos eran llevados en carros tirados por mulas, que anunciaban su paso con una campanita. Iban apiñados unos sobre otros, amortajados con una sábana. Muchos eran arrojados sin más a las fosas del panteón de San Miguel, al este de la ciudad, en los llanos de las canteras de Tepeaca. Los sepultureros habían dejado de trabajar, por lo que el gobierno tuvo que ordenar que sus labores fueran realizadas por los reos sentenciados en las cárceles, bajo la vigilancia de la tropa. Murieron en aquellas circunstancias más de dos mil personas en la ciudad de Oaxaca, que tenía entonces una población de "veinte mil habitantes", según *El Día*.[6] En otras palabras, una de cada diez dejó de existir en apenas un puñado de meses. La población fue diezmada.

José de la Cruz Díaz fue una de las personas atacadas ese año por el cólera. Cayó enfermo a mediados de octubre, quizás de regreso en el mesón de la Soledad, desocupado ya por las tropas del general Canalizo. La enfermedad era contagiosa, por lo que quienes tenían contacto con él, como su esposa, debían seguir las recomendaciones hechas para la atención de los coléricos: "evitarán en lo posible respirar las exhalaciones de sus cuerpos y untarán con aceite la cara, las manos y todas las partes descubiertas".[7] Petrona debió estar alarmada, porque los síntomas de la enfermedad de su marido eran inconfundibles: calambres en el estómago, vómitos, diarreas, extravíos de la conciencia.

El 16 de octubre José de la Cruz dictó su testamento en presencia de sus testigos: "En el nombre de Dios Todo Poderoso, Padre, Hijo y Espíritu Santo, digo yo, José de la Cruz Díaz, que hallándome gravemente enfermo, pero en mis sentidos, creo y confieso en el misterio de la Beatísima Trinidad y en todo lo que nos enseña la Santa Fe Católica, que aun cuando por sugestión del demonio, debilidad mía o cualquier otro motivo, o por alguna calentura, pronunciase alguna cosa contra nuestra Santa Fe Católica, la anulo y detesto, poniendo como testigos a Dios Nuestro Señor y a la Virgen María Nuestra Señora y al Patriarca Señor San José".[8] Su testamento es el acto de un hombre enérgico y disciplinado que sabe que va a morir y hace un esfuerzo por dejar en orden sus asuntos, los espirituales y los terrenales. Luego de poner en regla los primeros, prosiguió con los segundos. "Digo yo", continuó, "que hallándome en este estado es mi última voluntad dejar por albacea, heredera y curadora de mis menores hijos a mi esposa doña Petrona Mori".[9] Mencionó a sus cinco hijos ("en quienes repartirá mi dicha esposa conforme le convenga por derecho de justicia") y enumeró las propiedades que dejaba ("una casa situada una cuadra antes del Matadero y un solar a espaldas del Patrocinio"), para luego concluir: "advierto que si falleciese yo y se presentase a mi albacea alguna firma en contra mía de deuda, antes o después de esta fecha, es nula y de ningún valor, pues no reconozco deuda ninguna a nadie".[10] No fue posible llamar a un escribano, por lo que el documento fue sellado y firmado por los testigos, para lo cual hubo que pagar 2 reales —o sea, un cuarto de peso de plata.

Más tarde, José de la Cruz recibió los sacramentos de la Iglesia. El viático salía normalmente de la parroquia a la que pertenecía el enfermo, en general acompañado por dos monaguillos con su farol encendido con velas de cera. "Cuando el enfermo llegaba a la agonía, se mandaba anunciar ésta con campanadas aisladas en el templo o templos más inmediatos", señala un testimonio. "Una vez que el enfermo moría se mandaba anunciar al público por medio de un individuo que con una campanilla recorría las calles".[11] Es posible que así sucediera en este caso, aunque la epidemia del cólera, sumada a la guerra, había trastornado todos los protocolos.

José de la Cruz murió el viernes 18 de octubre. "Falleció de inflamación crónica", dijo el acta de defunción.[12] Su cuerpo fue cobijado por el hábito de los franciscanos —una túnica larga, café, ceñida con un cordón de ixtle— para ser después inhumado en la capilla de la tercera orden de San Francisco, erigida en el siglo XVIII bajo la advocación de San Elceario. Los muertos eran por lo general sepultados en las iglesias y los atrios: aún no existía la ley que obligaba a realizar los entierros fuera de la ciudad, en los camposantos. José de la Cruz no fue la excepción. Había muerto unas semanas antes de que terminara, al fin, la epidemia del cólera que asoló a Oaxaca.

En diciembre apareció de nuevo el periódico de los *vinagres*, los vencedores de la guerra, *El Día*, que había dejado de salir desde mayo de 1833. "Hemos pasado una larga y tenebrosa noche", dijo. "En efecto, las calles y plazas de esta desgraciada ciudad han sido el teatro del horror y de la sangre".[13] *El Día* hacía el recuento de aquellos meses de dolor. "La seguridad individual y la propiedad han sido bruscamente violadas", afirmó. "El comercio, la agricultura, las artes, las ciencias, todo, todo ha sido paralizado".[14] Las tropas que invadieron la ciudad, a pesar de la epidemia, continuaron la ofensiva desde el cerro de la Soledad. "No se movieron a suspender las hostilidades ni aun a la vista del triste y lamentable cuadro que ofreciera una multitud de miserables enfermos".[15] Pero ya todo por fortuna había acabado. "Los editores de este periódico felicitan a los oaxaqueños por la desaparición de las plagas que los agobiaran, y dirigen sus fervientes votos al Ser Eterno, porque jamás vuelva a aparecer entre nosotros el genio de la discordia".[16]

Así llegó el final del año de 1833. Aquel año habría de ser —aunque él no lo podía saber— un parteaguas en la vida de Porfirio Díaz. La iniciativa de reformas de Gómez Farías, así como la reacción a esas reformas por parte de los afectados, el Ejército y la Iglesia, habrían de constituir el marco en el que, con él como protagonista, avanzaría a tientas su país por un tercio de siglo, hasta el final de la guerra de Intervención. Y la muerte de su padre, a causa del cólera, significaría para él tener que asumir desde muy joven la responsabilidad de la familia, algo que lo habría de preparar para la paternidad que después ejercería sobre toda la nación. Ambos sucesos estaban relacionados desde la perspectiva del clero, que declaraba en sus sermones que el cólera era un castigo de Dios por las leyes de Gómez Farías.

2

LA MADRE

"El bienestar en la familia terminó con la muerte de mi padre", escribiría mucho tiempo después Porfirio Díaz, desde la cumbre de la Presidencia. "Los pocos bienes que dejó mi padre los consumió mi madre en la subsistencia y educación de la familia. Recuerdo que ella manejó el mesón algunos años y que esto le ayudaba en sus gastos, y si su aptitud de mujer no le permitió aumentar el haber paterno, su buen juicio y sus deberes de madre le proporcionaron la manera de prolongar por mucho tiempo aquellos escasos recursos".[1] Petrona Mori tenía treinta y nueve años cuando perdió a su marido. Quedó ella a cargo de sus hijos, todos muy pequeños, en particular los niños: Felipe, un bebé de cinco meses, y Porfirio, un chiquillo de tres años, aunque también las niñas, apenas mayores: Nicolasa y Manuela. La única que la podía ayudar, pues empezaba entonces a ser adolescente, era su hija Desideria. Esa fue la suerte que tuvo que enfrentar al terminar la guerra y la peste de 1833: viuda, sola, rodeada de hijos a los que tenía que criar.

En el curso de 1834 la vida volvió a la normalidad en Oaxaca y el mesón funcionó de nuevo como en los tiempos anteriores a la invasión del general Valentín Canalizo. Así lo demuestra un recibo de alquiler firmado por el señor Casimiro Hernández a nombre del convento de Santa Catarina. "Recibí de doña Petrona Mori", decía Hernández, "viuda del finado don José Cruz y Díaz, 62 pesos que es a cuenta del alquiler de la casa nombrada mesón de la Soledad, a favor del monasterio de Santa Catalina de Siena de este estado de Oaxaca".[2] El recibo hacía un descuento a doña Petrona por el mes y los ocho días en que las tropas de Canalizo habían permanecido en el mesón de la Soledad. Y señalaba que la renta, liquidada hasta el 1 de junio, dejaba pendiente la cantidad de 13 pesos. Las monjas entendían: ellas mismas sufrieron la ocupación de su convento por las tropas de la ciudad durante la embestida de los pronunciados. El señor Casimiro Hernández, quien firmaba el recibo, era una persona conocida en la ciudad: aparecía en un censo reciente como dueño de más de ciento cincuenta casas en Oaxaca. Era más bien un presta-nombres de la Iglesia, el conducto por el cual, en el caso del mesón, había que pagar el alquiler al convento de Santa Catarina.

Petrona puso oficiales de confianza al frente del banco de herra-dor y el hospital de veterinaria del mesón. "Uno de aquellos oficia-les fue don Nabor Ruiz, muy inclinado al estudio, y que años más tarde logró recibirse de abogado a título de suficiencia", escribió un historiador que lo conoció en Oaxaca.[3] Don Nabor llevaba a los mu-los al corral, donde se podían revolcar sobre la arena que había ahí amontonada, como en todos los mesones. Los tallaba con estropajo, los herraba si era necesario, les daba de comer pienso de maíz. Era parte de la familia, al igual que muchos otros en aquel mesón, cuyos nombres fueron olvidados por la historia, aunque no por Petrona. Pues con ellos salió adelante en la lucha por la vida.

Era una mujer de carácter fuerte y frío. Había nacido el 31 de enero de 1794 en Magdalena Yodocono, un pueblo de la parroquia de Tilantongo, distrito de Nochixtlán, en las Mixtecas, hija de Ma-riano Mori ("natural de Yanhuitlán, español") y María Tecla Cortés ("mestiza, natural de dicho pueblo de Magdalena").[4] Así decía su fe de bautismo, aunque en realidad sus padres eran otra cosa: él mes-tizo y ella india. Mariano Mori era hijo del español Juan José Mori y la india María Gutiérrez; María Tecla Cortés, a su vez, era hija de dos indios, Pascual Cortés y Juliana Nicolás. "Juliana Nicolás", comenta un biógrafo de la familia, "era una *india riquita*".[5] Es lo que debió haber atraído a Mariano Mori, asturiano de origen, al llegar a Mag-dalena Yodocono hacia fines del siglo XVIII. Un testamento otorgado por Juliana Nicolás en 1824 —seis años antes del nacimiento de su bisnieto, José de la Cruz Porfirio— hace mención de los bienes que le había dejado en dote a su hija, a quien sobrevivió: "Declaro que a mi difunta hija María Tecla, que fue casada con el difunto Mariano Mori, le di una yunta de novillos y una yunta de toros, dos vacas, veinte ovejas, un caballo, una mula, un solar con dos jacales, cuyos jacales y solar se los volví a mercar cuando se fue de este pueblo; también le di un pedazo de tierra que está en el llano de abajo y otra tierra que se nombra Nuticóo".[6]

Mariano Mori casó con Tecla Cortés en Magdalena Yodocono, donde nació su hija Petrona. Más tarde, la familia salió a vivir a Santo Domingo Yanhuitlán, también en las Mixtecas. Ambos poblados eran distintos. Yodocono (*llano hondo*, en mixteco) era sólo un puñado de casas de adobe, algunas encaladas. "Un esbozo de plaza, un portalito, tres o cuatro tiendas, unas cien casas incluyendo jacales y afamadas huertas de duraznos", en palabras de un historiador del siglo XIX.[7] En cambio, Yanhuitlán (*cerca de la cosa nueva*, en náhuatl) había sido durante la Colonia una de las poblaciones más importantes de la intendencia de Oaxaca. Las casas alrededor de la plaza tenían portales sostenidos por columnas. La iglesia construida por los dominicos era portentosa. Yanhuitlán tenía entonces, al vivir ahí Petrona, una población de cerca de mil familias —indígenas, pero también criollas, todas amantes de los bailes y las fiestas, según el alemán Mühlenpfordt, quien añadió este dato sobre su carácter: "son hábiles jinetes, buenos músicos y gustan de ir bien vestidos".[8] En ese pueblo vivió Petrona Mori hasta principios del siglo XIX, cuando su familia estableció su hogar en la villa de Etla, donde tuvo lugar su matrimonio con José de la Cruz Díaz.

OAXACA

En el cerro de la Soledad había un recorrido, inspirado en su origen por los carmelitas, que era ya legendario al comienzo del siglo XIX. Los oaxaqueños lo llamaban *el paseo del cerro*. Había fuegos, bailes y convites. Los sábados abundaban los chachacuales que vendían fruta, tamales y chone ("bebida de maíz teñida con achiote").[1] Algunos llegaban a veces, entre campos de azucenas, hasta el fortín que dominaba el promontorio, razón por la cual el lugar sería más tarde llamado cerro del Fortín. Desde ahí era posible ver, en toda su extensión, el valle de Oaxaca. Al norte, hacia la izquierda, la cordillera imponente y obscura que dominaba la cima de roca de San Felipe; enfrente, tras la línea de árboles que bordeaban el riachuelo de Jalatlaco, el cerro más suave de San Antonio de la Cal; al sur, hacia la derecha, como un hilo de plata que serpenteaba entre los cañaverales, el río Atoyac, y más allá, a lo lejos, verdes y pálidas, las pendientes del monte Albán.

La vista de la ciudad era espléndida desde el cerro de la Soledad. Los campanarios y las cúpulas de los templos destacaban sobre las casas, que eran casi todas de una planta, con techumbres de terrado sostenidos por viguería de encino. La ciudad estaba intacta desde la Colonia. "Casi no había variado de aspecto en el espacio de doscientos años", habría de notar José Antonio Gay, historiador y sacerdote, quien por esas fechas acababa de nacer en Oaxaca.[2] Las calles eran anchas, rectas, empedradas las del centro, divididas en dos por las acequias. Todas llevaban el nombre de los edificios más importantes que las bordeaban, uno por cuadra, como la que sería con los años llamada Independencia, entonces parte del camino real de México a Guatemala. Era la calle donde estaba, en un extremo, el mesón de la Soledad. La gente la llamaba calle del Mesón, del Marquesado, de la Soledad, de la Comisaría, de San Felipe, del Colegio de Niñas, del Obispado, del Correo, de la Nevería, del Coronel, de Guatemala, de los Dolores, de Santa Lucía. Trece cuadras. Aquella calle, que pasaba a un costado de la Plaza de Armas, dividía en dos a la ciudad de Oaxaca. Hacia el norte estaba la parte monumental, dominada por las cúpulas y las bóvedas de los monasterios de Santo Domingo y el Carmen; hacia el sur, en cambio, quedaba la zona popular, consagrada a los mercados, en la que sobresalían sin embargo, entre cipreses y fresnos, los campanarios de algunas de las iglesias más importantes de la ciudad, como la de San Francisco.

"La ciudad recibe agua potable por medio de un acueducto amurallado, una parte del cual se haya apoyada en arcos", anotó Eduard Mühlenpfordt, cuyas observaciones son básicas para reconstruir aquel tercio del siglo XIX. "Lleva un agua extraordinariamente pura y cristalina proveniente de un caudaloso manantial que brota cerca del pueblo de San Felipe del Agua".[3] El acueducto había sido construido a mediados del siglo XVIII por el regidor Juan de la Paz Pascua, quien agotó sus recursos en la conclusión de aquella obra que llevó el agua a Oaxaca. Era posible ver sus arcos desde el cerro de la Soledad, al norte de los huertos del convento del Carmen. La toma estaba localizada más abajo, sobre la Plazuela de la Buena Obra. A partir de ahí, el agua llegaba a todas partes por conducto de un sistema de atarjeas y tuberías de barro que aprovechaba el declive de la ciudad, inclinada por la naturaleza del terreno hacia el sureste. Así rodaba hasta Santo Domingo, la Soledad, Santa Catarina y la Merced, y después la Plaza de Armas, donde brotaba de una fuente de jaspe erguida frente al Palacio de Gobierno. Había entonces nueve fuentes en la ciudad de Oaxaca.

El agua bajaba también por las acequias de las calles más céntricas, desde arriba, hasta llegar a los mercados del sur de la ciudad. Eran mercados muy bien surtidos todos los días, pero en especial los sábados. Los indios de los alrededores acarreaban entonces, en sus burros, frutas, legumbres, aves de corral, pescado salado, carbón, ollas de barro, madera, piedras de río y cal para la construcción. Entraban en general por las garitas del sur de la ciudad, San Pablo Huizo y Xoxocotlán, donde pagaban las alcabalas que les exigía la autoridad para vender sus productos en Oaxaca. La plaza del mercado quedaba a un lado de la iglesia de San Juan de Dios. "Estaba cercada por los cuatro vientos", evoca alguien que la conoció, "con galeras de horcones, carrizo y teja, y el centro se cubría con sombras sueltas de palo y petate que cubrían cada puesto".[4] La gente podía encontrar ahí casi de todo. Pero para comprar maíz y frijol había que ir a la Alhóndiga, y para obtener pan había que ir al norte de la Plaza de Armas, al Portal de Clavería, y para conseguir loza, por último, era necesario ir a la Plazuela de Cántaros, frente al atrio de la Catedral. Los comercios del centro de la ciudad, atendidos a menudo por extranjeros, vendían a su vez abarrotes, telas y artículos de mercería, pero su movimiento era escaso, salvo en los días previos al *Corpus* y la Semana Santa. "El artesanado y los trabajadores manuales se limitan casi exclusivamente a la elaboración de los utensilios más comunes para el uso doméstico", indica Mühlenpfordt.[5] La vida era austera en Oaxaca.

LA FEDERACION Y EL CENTRO

Oaxaca era una de las intendencias en que había sido dividido el virreinato de la Nueva España por las reformas de los Borbones. Surgió como estado en 1824, luego del triunfo de la Independencia. Una década más tarde, al vencer el centralismo, dejó de ser estado para ser departamento. Ello sucedió en junio de 1834, cuando la guarnición de Oaxaca secundó el Plan de Cuernavaca, que convenció al general Santa Anna de echar atrás las reformas de Gómez Farías. Aquel mes, el gobernador Ramírez de Aguilar, *vinagre*, fue sustituido por el *aceite* José López de Ortigoza, quien habría de gobernar el departamento por el resto de la década de los treinta, una de las más llenas de penurias en la historia de esa parte de la República.

El departamento de Oaxaca tenía por esos años cerca de setecientos mil habitantes de acuerdo con un censo, tal vez más: "por lo menos es seguro que la cifra no es menor", afirmó un hombre que sabía.[1] La mayoría era indígena, como en Puebla y Chiapas, y en contraste con departamentos del Bajío donde había tantos criollos como indígenas, como Guanajuato. Los criollos estaban concentrados en la capital del departamento, que tenía entonces una población de alrededor de dieciocho mil habitantes, según información de José María Murguía y Galardi, intendente de haciendas en Oaxaca. La población había estado declinando desde principios del siglo a causa de las guerras y las epidemias, luego de haber conocido la prosperidad con el auge de la grana en el siglo XVIII. En el verano de 1834 hubo de nuevo una epidemia de cólera que causó desolación en la ciudad y, más tarde, en el invierno, sopló con fuerza el viento del oeste, el *aire mixteco*, que provocó, según un testimonio, "constipados y pleuroneumonías".[2]

Las guerras de 1828 y 1833 habían hecho que los oaxaqueños añoraran la paz y vieran el centralismo como una garantía de estabilidad. Así lo vio López de Ortigoza, conservador sobrio y moderado, centralista que pensaba que sólo el orden iba a permitir el desarrollo de Oaxaca. Hubo indicios de que así sería. En el verano de 1835 don Juan Alvarez, seguidor del general Guerrero en las montañas del Sur, ofreció "deponer las armas pocas que están a su disposición y resignar su suerte a las órdenes del gobierno", según anunció *El Regenerador*.[3] Pero el centralismo no garantizó la paz. En junio de 1836 la guarnición de Huajuapan, compuesta por cuatrocientos hombres, se pronunció por la Federación. Los pronunciados estaban encabezados por un cacique de la zona, don Miguel Acevedo. El 29 de junio tomaron posesión de la plaza de Oaxaca, luego de cruzar la garita del Marquesado, al noroeste de la ciudad, que controlaba el paso del camino a la capital de la República. "Saquearon los almacenes y durante varios días de borrachera tuvieron a discreción a todos aquellos que no se habían refugiado en Santo Domingo", comentó un viajero, el conde Mathieu de Fossey.[4] ¿Qué hizo durante todos esos días la familia de Petrona Mori? ¿Encontró también refugio, como muchos otros, en el convento de Santo Domingo, defendido por la guarnición de Oaxaca? ¿O permaneció en el mesón de la Soledad, en el camino por el que llegaron los pronunciados de Huajuapan? Porfirio tenía entonces cinco años, estaba por cumplir seis, ya era capaz de registrar con su mirada de niño lo que pasaba a su alrededor: la confusión, la alarma, el peligro que amenazaba la integridad de su familia.

En julio, las fuerzas de Acevedo embistieron contra las tropas del gobierno de la ciudad, guarnecidas en Santo Domingo. "Pero al llegar al fuerte, los temerarios asaltantes advirtieron que ya habían quemado el último cartucho y les fue preciso retroceder", anotó un cronista. "Supo Acevedo que venían en auxilio de Oaxaca dos mil quinientos hombres mandados por el general Canalizo, e inmediatamente dispuso salir a encontrarlos".[5] El enfrentamiento tuvo lugar en Etla, donde cayó herido Acevedo. Ahí mismo fue fusilado, sobre el campo de batalla. El gobernador López de Ortigoza reveló después que muchos oaxaqueños habían colaborado con los pronunciados. Desde hacía tiempo, los *aceites* y los *vinagres* anhelaban ambos más autonomía del Centro. Pero a partir de entonces, los *aceites* asumieron que serían centralistas y los *vinagres*, a su vez, que serían federalistas. Con los años, los primeros habrían de ser conservadores y los segundos, los más fuertes, liberales. Oaxaca quedaría dividido en dos, como todos los estados del país.

El triunfo del Centro tuvo consecuencias en el resto de la República, que también afectaron a Oaxaca. Aquel año de 1836 vio la secesión de una provincia de relieve en el país: Texas. Por instrucciones del presidente Santa Anna, el gobierno de Oaxaca impuso entre junio y octubre un préstamo para financiar la guerra con Texas. Santo Domingo, el Carmen, San Francisco, la Merced y San José, las corporaciones con fama de pudientes, tuvieron que pagar la cuota más alta: "1 000 pesos".[6] Su reacción, al parecer, provocó la renuncia de López de Ortigoza, quien fue sustituido por unos meses por Ignacio Goytia. Las secesiones continuaron inspiradas por el éxito de Texas, sobre todo en el norte de la República. Así, en agosto de 1837, Nuevo México rechazó también el régimen impuesto por el Centro. La rebelión no tuvo éxito, pero inspiró la simpatía de muchos en la capital de Oaxaca. Uno de los serenos de la ciudad encontró por esos días un pasquín que hacía esta exhortación: "Sigue la necesidad, imitad a Nuevo México".[7] Había federalistas, los más radicales, que aspiraban a la independencia de su territorio y que veían con simpatía la secesión en el Norte, y en particular en Yucatán, que recibía el respaldo de Texas. Y había centralistas, los más radicales, que estaban dispuestos a ceder a Europa parte de su soberanía frente al expansionismo de los Estados Unidos del Norte. Los moderados, que resentían el desmembramiento de su país, observaban con alarma esa tendencia. Un periódico de Oaxaca, dominado por los moderados, comentó por esos años "la inesperada y antiliberal ocurrencia de don José Gutiérrez Estrada proponiendo como remedio para los males que aquejan a la República, la adopción de un príncipe extranjero que viniese a establecer en México una monarquía".[8] Estaban ya sembradas las semillas de la discordia que habrían de germinar una generación después, durante las guerras de la Intervención y el Imperio.

SOLAR DEL TORONJO

El 3 de agosto de 1837, víspera de la función de Santo Domingo, Desideria Díaz contrajo matrimonio en la ciudad de Oaxaca. Tenía diecisiete años. Era la más grande de los cinco hermanos, la que había ayudado a su madre a sacar adelante el mesón de la Soledad. Casó aquel día con Antonio Tapia, un hombre originario de Acatlán, en el sur de Puebla. Era jueves, día de Santa Lidia. "Los matrimonios de las personas acomodadas se verificaban en las casas o en los templos", recordaría un contemporáneo de su hermano Porfirio. "Los primeros tenían lugar en la noche y los segundos a las tres o cuatro de la mañana, y sólo los de personas del pueblo se verificaban a las ocho de la mañana".[1] Eran actos breves y austeros. "Ni unos ni otros exigían los gastos que en la actualidad, porque la vanidad no se había entronizado entre nosotros".[2] Desideria dejó la casa de su familia al contraer matrimonio con Antonio Tapia. Al parecer dejó también la ciudad de Oaxaca. Porfirio no la frecuentó ya más a partir de ese momento. Nunca tendría con ella la relación estrecha y cotidiana —excesiva, incluso— que tuvo durante su vida con sus demás hermanos, aunque con el paso de los años habría de adoptar como suyos a tres de sus nietos.

Todo indica que la familia abandonó por esas fechas el mesón de la Soledad. Así lo señalan los biógrafos más antiguos. "Doña Petrona siguió girando por sí sola el arduo negocio del mesón hasta por el año de 1837", asegura uno de ellos, que mantuvo relación con Porfirio.[3] "Fue hasta 1837 cuando dejó el mesón", añade otro, que escribió sobre su infancia.[4] Desideria, por su matrimonio, no iba a estar ya ahí para ayudar a su madre con aquel trabajo, muy difícil. Manuela, la hija que le seguía, apenas iba a cumplir trece años: era todavía una niña. El mesón, por lo demás, estaba expuesto a la guerra, era vulnerable a los pronunciamientos de las tropas que acosaban a Oaxaca, como en 1833 y 1836, pues quedaba en la entrada del camino que comunicaba a la ciudad con la capital de México. Así, en el verano de 1837, antes o después del matrimonio de Desideria, la familia Díaz dejó el mesón de la Soledad, que seguiría funcionando como parador de arrieros en los años por venir, al menos hasta los sesenta, a pesar de las expropiaciones que sufrieron en la Reforma los bienes del convento de Santa Catarina. La familia estaba en posibilidad de abandonar el mesón porque contaba ya, desde mayo, con otro sitio para vivir: un solar en la calle de Cordobanes.

José de la Cruz Díaz había mencionado, en su testamento, que dejaba a su familia dos propiedades: "una casa situada una cuadra antes del Matadero y un solar a espaldas del Patrocinio".[5] Ambas eran curtidurías. El solar estaba, afirmó, "en litigio", por lo que su esposa debía seguir su secuela "hasta su conclusión".[6] La propietaria original era doña Pascuala María Santiago, quien para garantizar el pago de una cantidad que le debía, muy alta, tenía hipotecado el solar a nombre de don José de la Cruz. Al no poder ella pagar la deuda, según parece, él inició un juicio en su contra, que heredó su esposa en el momento de fallecer, junto con la hipoteca. Aquel juicio concluyó por fin a favor de doña Petrona, quien recibió por adjudicación ese solar por orden de un juez "en 13 de mayo de 1837".[7] El solar estaba localizado al noreste de Oaxaca, en los linderos con el pueblo de Jalatlaco. Para llegar a él, desde la Soledad, era necesario cruzar el norte de la ciudad, entre Santa Catarina y Santo Domingo, y continuar luego por un descampado cubierto de matorrales llamado Llano de Guadalupe. Ahí, a espaldas de la iglesia del Patrocinio, antes de cruzar el arroyo de Jalatlaco, había una calle de tierra que bajaba de norte a sur, habitada en su mayoría por curtidores: la calle de Cordobanes, que sería conocida más adelante como la calle de Libres. "Era la vía troncal del barrio de los Alzados", comentaría un autor. "En ella, en el tercio medio de la actual sexta calle de Libres, acera oriente, estaba el solar del Toronjo".[8] Así era conocida la casa donde, a partir del verano de 1837, al abandonar el mesón de la Soledad, habría de vivir la familia de Porfirio.

Jalatlaco era ya por esos años un barrio de la periferia de Oaxaca. Sus habitantes tenían oficios bastante modestos: "son curtidores, carpinteros, albañiles y sombrereros", informa Mühlenpfordt.[9] Existían ahí obrajes de tenería desde fines del siglo XVIII, que con el tiempo prosperaron también al otro lado del arroyo de Jalatlaco, sobre la calle de Cordobanes. El solar del Toronjo estaba unos pasos abajo del puente que lo cruzaba, en los límites de Oaxaca. "Se componía cuando lo adquirió de 50 varas de oriente a poniente y de 62 de norte a sur", dijo el escribano que lo escrituró para doña Petrona.[10] Incluía una casa de bajos que daba sobre la calle, con tres ventanales cubiertos de herrería, separados por una puerta de madera que tenía, esculpido sobre la clave del dintel, el anagrama de la Virgen María. Hacia el interior, en dirección al arroyo, el solar tenía un patio con árboles de frutas, entre los que destacaba un toronjo. Tenía también un pozo de agua con brocal. "Junto al pozo, unas tinajas de barro empotradas en un banco de argamasa atestiguan que allí, como en tantas otras casas de la ex calle de Cordobanes, se han instalado curtidores", escribió un escritor que la conoció a finales del siglo xix, cuando era ya otra cosa, pues tenía sobre la fachada un letrero que decía *Molinos de maíz*.[11] Al oriente había un muro con pesebres bajo un cobertizo, y más allá, cubierto de carrizales, el borde del arroyo de Jalatlaco. Todo a su alrededor eran tenerías. El solar del Toronjo lindaba, al norte, con la curtiduría de Bernardo Díaz y, al sur, con la curtiduría que tenía ahí el convento de San Pablo.

Don José de la Cruz había aprendido el oficio de curtidor en el sur de Oaxaca. Era una historia que escuchaba de niño Porfirio, quien construyó la imagen de su progenitor a partir de los recuerdos que le hacía su madre, doña Petrona. Cientos de cabras empezaron a morir de repente en la montaña, allá por Ometepec. Su padre, cuando lo supo, reunió a un grupo de gente para salir en busca de los cuerpos de los animales, con el propósito de quitarles la piel antes de que se pudrieran. Acordó con los pastores que conservarían ellos la mitad de todo lo que pudiera rescatar, aunque él mismo, al final, les compró su parte. Obtuvo así cientos de pieles, que trató de conservar. "Estableció allí una curtiduría con muchas dificultades, porque no tenía material con que hacer las tinas ni las substancias necesarias para la operación", relató su hijo en sus memorias. "Labró en una roca una gran taza para las operaciones consiguientes; quemó piedra para hacer cal, y suplió el salvado que se usa en las curtidurías con la fécula del arroz que obtuvo de un molino construido por él mismo y a su manera".[12] En los años por venir, también Porfirio habría de aprender aquel oficio, que practicó en la tenería del solar del Toronjo. "Con algunos centenares de pieles curtidas de que hizo buenos cordobanes", prosiguió su relato, "se dirigió a un lugar de la costa adonde supo que se esperaba un buque contrabandista, al que acudieron otros muchos compradores de mercancías, pues la guerra de Independencia no permitía al gobierno cuidar sus costas; cambió sus cordobanes por varios efectos, y después de haberse provisto de los que necesitaba, puso una tienda en el pueblo de Xochistlahuaca".[13] Fue el origen de su fortuna, con la que compró después el ingenio de azúcar que le permitió vivir ahí durante la guerra de Independencia.

Los métodos de curtido de piel eran tan malolientes, tan malsanos, que las tenerías estaban siempre relegadas a las afueras de la ciudad, por lo general a la parte más pobre. Era el caso de la calle de Cordobanes, en los límites de Oaxaca con el barrio de Jalatlaco. La preparación de las pieles, hasta ser convertidas en cueros, empezaba con una cura de sal. Eran sumergidas en salmuera durante varios días, después enjuagadas en agua para eliminar la sal, luego introducidas en unas tinas con una solución de lechada de cal que servía para ablandar el pelo y la grasa, que había que raspar con un cuchillo. Las pieles, estiradas en marcos de madera, eran sumergidas entonces durante semanas en unas cubas que tenían concentraciones de tanino, para impedir su putrefacción. Así era el trabajo en la tenería de la calle de Cordobanes, donde habitaba Porfirio. Toda la zona olía mal, por los pudrimientos de los restos, los curtientes, las aguas espesas y fétidas de los pelambres que acababan desechados en el Jalatlaco. Su vida, sin duda, era diferente a la de los niños de su edad que habría de conocer más tarde, en el Seminario de Oaxaca. Había pasado su infancia en un mesón, habituado al estruendo de los arrieros, y habría de pasar su niñez y juventud en una tenería, acompañado por el hedor de las curtidurías que poblaban la calle de Cordobanes.

El paso del mesón de la Soledad a la tenería de Cordobanes significó un descenso, una caída para la familia de Porfirio. Estaban por venir tiempos de penuria para ellos, al igual que para el resto de los oaxaqueños. El año había sido duro, como recapitulaba una nota publicada el 31 de diciembre de 1837 por *El Día*. "Algunos terremotos han sacudido fuertemente nuestro pavimento", dijo. "El cielo nos negó oportunamente el beneficio de las lluvias; nos protegió por fin con ellas, y las recibimos a expensas de algunas víctimas desgraciadas de la electricidad atmosférica. Un evento, fatal, hizo desarrollar un incendio devorador, que sin los auxilios de la sociedad, habría funestamente terminado. La falta de aguas (a su tiempo) atrajo el encarecimiento de las semillas".[14] Todos sabían a qué hacía referencia aquella nota: había ocurrido un incendio en la calle de Segovia y había caído un rayo cerca de la Soledad que mató a varios miembros de una familia que vivía en la calle del Peñasco. "¡Qué cuadro tan desconsolador!", prosiguió la nota. "Acaso no habrá un solo oaxaqueño, que si con seria meditación pasa revista a los días de 837, no tenga algún motivo para dejar escapar alguna lágrima".[15] Hubo tal vez quien atribuyó los males al cometa que sobrevoló Oaxaca —quizá visto como de mal agüero— en agosto de 1837, el mes del matrimonio de Desideria. Pero los años de prueba para los oaxaqueños estaban apenas por comenzar.

3

EL DIA Y LA NOCHE

Las viviendas eran por lo general sencillas en Oaxaca: la cama de tablas, el lavamanos de madera, el baúl para la ropa, un anafre para guisar, una mesa con sillas de palo, el altar con las imágenes de los santos, a veces con la Virgen de la Soledad. La vida transcurría en el interior del hogar, en contacto más o menos apartado con el exterior. Las ventanas no tenían vidrio: estaban tapadas con un trozo de lienzo, en ocasiones con una tabla de madera con agujeros, porque servían, informa un autor, "más para recibir luz y aire que para asomarse a ellas".[1] El nombre del autor es Francisco Vasconcelos, contemporáneo de Porfirio, miembro de una familia conocida ya en Oaxaca, que habría de ser ilustre en México. Vasconcelos ocuparía él mismo cargos destacados en su estado: jefe político del Centro, diputado por Jamiltepec y regidor de Oaxaca, donde sería fundador del Hospital de Caridad y la Sociedad de Artesanos, y donde establecería la cárcel y la alcaldía de la ciudad en el convento de Santa Catarina. Ya de viejo dictaría sus memorias a su nieto, para evocar la vida en Oaxaca durante las décadas de los treinta y los cuarenta del siglo XIX.

Las familias amanecían, todos los días, hacia las cuatro de la madrugada. Prendían entonces un candil para ver en la obscuridad, "tomando la luz de la veladora guardada en un tubo de lata con agua para que los ratones no se la comieran ni causaran un incendio", explica Vasconcelos.[2] La veladora debía arder sin cesar, día y noche, para tener siempre fuego a la mano. Después de rezar el Rosario, todos bebían un chocolate con agua, una taza de atole los más pobres, su desayuno, para salir después a misa de cinco a la iglesia más próxima. Hacía frío: iban abrigados. Terminada la misa, las familias volvían a las ocupaciones de la casa, hasta las nueve de la mañana en que servían el almuerzo, que era la comida más importante del día. Había guisados de huevos o cocidos de carnes, según las posibilidades, acompañados de champurrados o atoles de granillo. Los sabores eran muy elementales: había pocos que sorprendían el paladar, acostumbrado a la rutina. Cada quien emprendía sus labores después del almuerzo: las mujeres en el lavadero y la cocina, los hombres en los trabajos más pesados. Algunos comían un pedazo de fruta o un trozo de pan de manteca al mediodía, luego de rezar tres Aves Marías, y todos estaban reunidos de nuevo hacia las dos de la tarde para la comida, que bendecía el jefe de la familia, para después reanudar sus quehaceres hasta la hora de la Oración. "Así se llamaba el toque de campanas de la entrada de la noche en que se rezaban otras tres Aves Marías", revela Vasconcelos, "y a poco el jefe de la casa, reunido con su familia y criados, si los había, rezaba el Rosario".[3] Hacia las siete, luego de terminar con sus devociones, llegaba la hora de la merienda, seguida por un poco de esparcimiento. Era común jugar a las adivinanzas, o bien a los dados. "Se permitía alguna distracción dentro de la casa, interrumpida hasta las ocho en que al toque de Ánimas, que consistía en un doblecito en todas las iglesias, la familia rezaba la estación, y todo concluía a las ocho y cuarto, continuando la distracción hasta las nueve en que se tocaba la queda, que eran campanadas aisladas por media hora en Catedral, pagadas por el ayuntamiento, y era la señal de recogerse o dormir para todos los miembros de la familia".[4]

Era una vida muy austera, centrada en torno del hogar. "Las visitas, y cortas, sólo estaban reservadas entre personas grandes", afirma Vasconcelos, "y muy por el contrario, cuando unos jefes de casa se visitaban quedaban totalmente excluidos los demás de la familia, sin permitirles ni siquiera estar presentes en las conversaciones de los mayores".[5] Los paseos eran por lo general mal vistos, sobre todo en la noche. Pocos salían después de la queda. "Como no había alumbrado público, cada vecino que tenía que salir a la calle a algún negocio, lo hacía con su farolito de mano, con su candil cargado con manteca, y a lo más tropezaba con el del sereno apostado en alguna esquina".[6] Los serenos tenían a su cargo la seguridad de las calles, en particular las del centro, que recorrían a pie desde el obscurecer hasta el amanecer, cuando daban parte de su trabajo al comandante de ronda. Estaban armados con machetes, pues no contaban aún con carabinas. "Para evitar que se durmieran tenían obligación de cantar la hora que daba el reloj de Catedral".[7] Pero no todo era quietud en las noches. "Nunca ha faltado ociosos, trasnochadores y perdularias cuyo inmoral comercio hacían aun en el centro de la población", lamenta el autor de las memorias, "y los otros en las casas de juego y de perdición".[8] Era común ver ese tipo de gente deambular por la Plazuela de Cántaros, al frente de la Catedral.

Francisco Vasconcelos decía que *no había alumbrado público*. Es incorrecto. "Por la noche, las calles y plazas se encuentran bastante bien iluminadas mediante faroles de aceite", afirma el sabio Mühlenpfordt.[9] Desde mediados de los veinte, el ayuntamiento de la ciudad había presentado al congreso del estado una iniciativa para introducir, mediante un impuesto, el alumbrado de los atrios, las plazas y los cruceros de la capital, con faroles de aceite de higuerilla. Estaban a cargo del comandante de ronda, secundado en su trabajo por un grupo de serenos y veladores. Aquellos faroles, colocados en arbotantes de hierro, encendidos del cuarto menguante al cuarto creciente de la luna, daban una luz adecuada a la ciudad. Pero es cierto que sólo las calles del centro permanecían iluminadas durante la noche. La obscuridad reinaba en el resto de Oaxaca, sobre todo en la periferia, donde vivían los más pobres. No sólo la obscuridad: también el silencio. La gente estaba acostumbrada a vivir sin ruido, en una quietud que es hoy difícil de imaginar. Las familias dormían con el sonido de los grillos y amanecían con el barullo los pájaros. El ruido de los vendedores que gritaban en el mercado, los sábados, era quizás el más intenso que escuchaban. Así había sido, de hecho, desde hacía siglos. Pero no iba a ser así por mucho tiempo más. El silencio sería violado con el arribo de las máquinas de vapor a finales de ese siglo —quiero decir, con la llegada del progreso a Oaxaca.

El ritmo de la vida de los oaxaqueños estaba regido por la institución de la Iglesia. Había fiestas, bodas, abstinencias, lutos, procesiones, desagravios, novenas, bendiciones, júbilos, triduos, rogativas y consagraciones. Las campanadas de los templos marcaban las horas de oración y el calendario de la liturgia normaba el curso de los días. Pues así como la religión regulaba la jornada, también estructuraba los meses del año. Las autoridades civiles y religiosas participaban en los actos más importantes, desde el 1 de enero en que la iglesia de Santo Domingo dedicaba el sermón de la misa al ayuntamiento de la ciudad, por el que pedía la bendición de Dios. El pueblo de Oaxaca vivía aún, en aquel entonces, como había vivido durante la Colonia. Y en ese pueblo nació y creció Porfirio Díaz.

El monasterio de Santo Domingo de Guzmán era la casa de la provincia de San Hipólito, que controlaba un centenar de conventos en Oaxaca. "La comunidad la conocí con más de cien miembros existentes aquí, fuera de los ocupados en los muchos curatos foráneos administrados por la orden", recuerda Vasconcelos.[10] Llevaban un hábito con escapulario largo y capucha blanca, y para las asistencias fuera del convento portaban también una capa de lana negra y delgada. Todos lucían una tonsura de más de media cabeza, con una falda de pelo llamada cerquillo. Su convento era por mucho el más rico de toda esa región de México. Las estimaciones más serias calculaban su patrimonio en una fortuna: "9 000 000 pesos".[11] El gasto del convento era gigantesco: había que pagar el sostenimiento del culto, la manutención de la comunidad, el sueldo de los empleados en los talleres. "Además, se repartía a mendigos, diariamente, desayuno a las siete de la mañana, consistente en una taza de atole, una pieza de pan de 2 onzas y un cucharón de frijol guisado, y a las doce del día la comida, consistente en caldo, sopa, un poco de cocido, frijoles y una pieza de pan, igual a la de la mañana, sin más obligación que rezar el Rosario", dice Vasconcelos, para luego agregar: "El Jueves Santo se repartían grandes empanadas de harina y pescado guisado, de un tamaño tan enorme que con dos bastaría para la familia más crecida".[12] Las fiestas de los dominicos eran fastuosas, entre ellas las de Santo Tomás y Santo Domingo, y sobre todo la de la Virgen del Rosario, que vestían con todas sus alhajas, en procesiones encabezadas por el provincial y el prior, seguidos por los dignatarios, los doctores, los predicadores y los coristas del monasterio de Santo Domingo, y con la presencia entusiasta y masiva de la sociedad de Oaxaca.

Esa sociedad tan religiosa, tan piadosa, que rezaba el Rosario y las Ánimas, habría de protagonizar una generación después la expropiación de todos los bienes de la Iglesia, la exclaustración de todas las monjas de la ciudad, la clausura de todos sus conventos, sin excepción, y el destierro de Oaxaca del obispo de Antequera junto con los miembros del cabildo de la Catedral.

GUERRA, SEQUIA Y POBREZA

En el solar del Toronjo vivía doña Petrona con sus hijos, dos niñas y dos niños: Manuela, Nicolasa, Porfirio y Felipe. "Como éramos muy pobres y no teníamos criados, mi madre hacía los servicios de la casa", recordaría Porfirio.[1] Además de los quehaceres del hogar, que realizaba con ayuda de sus hijas, tenía que dirigir ella misma el trabajo de la tenería, que era sin duda la fuente más importante de su ingreso. Acaso cultivaba también nopales de cochinilla en el patio del solar, que cosechaba para vender la grana, como la mayoría de los oaxaqueños. Todo aquello, sin embargo, no bastaba para cubrir los gastos: había que hacer más. Unos afirman que anudaba puntas de rebozos de algodón con ayuda de sus hijos ("a quienes solía poner a cardar lana o algodón, sentados frente a una mesa").[2] Otros aseguran que daba clases a los niños del barrio ("todavía existen viejas vecinas de la sexta calle de Libres que dicen que la madre del general Díaz tenía una *amiga*").[3] Las *amigas* eran escuelas improvisadas en las casas, donde los niños aprendían sus primeras letras: el pago por niño era de alrededor de 2 reales al mes. Estos eran los ingresos con los que contaba la familia Díaz para sobrevivir, junto con la renta que percibía por la casa de bajos que conservaba junto al Matadero.

Todos participaban en los trabajos más pesados de la casa: ayudaban a cargar el agua, a barrer la calle, a traer las compras del mercado. Todos, salvo el más pequeño de la familia, quien por su edad, comenta su hermano, "nos era gravoso".[4] Felipe cumplió cinco años en mayo de 1838. Había sido bautizado por el teniente Luis Castellanos, el mismo que administró los sacramentos a Nicolasa y a Porfirio en la Catedral de Oaxaca. "Aunque la diferencia entre nuestras respectivas edades era insignificante", recordaría su hermano, "siendo yo el varón de más edad de la familia, me trataba y consideraba como padre más que como hermano".[5] Felipe era muy fuerte, más que Porfirio. Pero también menos listo, con las facciones más toscas, sobre todo visibles en la nariz, que tenía ancha y aplastada. Su familia, por esa razón, lo llamaría el Chato. Y la historia, por otro motivo, más intricado, lo habría de conocer con el nombre de Félix —el general Félix Díaz.

Junto con sus responsabilidades en la casa, Porfirio llevaba también una vida de niño, al lado del Chato. Ambos nadaban en las pozas que formaba el arroyo de Jalatlaco al norte de la ciudad, en el sitio donde lo cruzaban los arcos del acueducto de San Felipe del Agua. Era un riachuelo que corría apenas como un hilo de agua en el estiaje, con sus bordes tupidos de carrizales, pero que con las lluvias del verano bajaba como un torrente desde el cerro de San Felipe. Muy distinto al río Atoyac: "el de Jalatlaco es más golpeado por las peñas por donde pasa y, por lo mismo, más fría el agua", meditaba por esos años el historiador, grabador e impresor don Juan B. Carriedo.[6] El agua de las pozas, además de fría, era limpia y zarca, pues no pasaba todavía por las tenerías, que la contaminaban con sus desechos. Muchos en la ciudad aprendieron a nadar ahí. Otros iban a pasear a sus orillas. Es posible que los niños escucharan en sus alrededores las historias del Viejo, el Cancón, los Duendes y la Matlacigua. También es posible que participaran en las peleas a pedradas con los niños que llegaban de otros barrios. El arroyo era la frontera que dividía el barrio de los Alzados del barrio más indio de Jalatlaco. Todos conocían las reglas: "los barrios de la ciudad estaban divididos por los puñales de valentones que no permitían el traspaso de los vecinos de los otros barrios", anota Francisco Vasconcelos, quien habitaba en el centro de Oaxaca.[7] Porfirio pertenecía al barrio de los Alzados, el cual años más tarde, durante la guerra, habría de dar varios soldados al Batallón Libres de Oaxaca, que sería el alma del Ejército de Oriente. Por esa razón, en su honor, la calle de Cordobanes, que partía el barrio en dos, sería llamada con el tiempo —hasta el día de hoy— la calle de Libres.

El 9 de mayo, una semana después del cumpleaños del Chato, miércoles de San Nicolás, los oaxaqueños oficiaron una sucesión de misas para pedir el fin de sus penurias, exacerbadas por una guerra que acababa de estallar con Francia. "Se celebraron con la mayor solemnidad en esta Santa Iglesia Catedral", informó *El Regenerador*, portavoz del gobierno de Oaxaca.[8] Las autoridades las habrían de prolongar por tres días para darles toda la importancia que merecían, pues eran, explicó el periódico, "rogaciones públicas al Todopoderoso por las circunstancias en que se halla la nación".[9] Pocas semanas antes, el 16 de abril, una flotilla con la bandera de Francia había bloqueado el puerto de Veracruz, que así permanecería cerca de un año, encareciendo los productos que llegaban a Oaxaca, una ciudad que vivía del comercio, que era el paso de todo lo que viajaba desde el Golfo de México hasta Centroamérica. El bloqueo dio comienzo porque un grupo de franceses residentes en el país exigieron ser indemnizados por las pérdidas sufridas a causa de las revoluciones y las extorsiones, y por la denegación de justicia en México. Un pastelero de Tacubaya alegaba haber perdido miles de pesos en pasteles, por lo que la querella sería conocida en la historia como la Guerra de los Pasteles. Aquel noviembre comenzaron las negociaciones, pero México rechazó en principio las pretensiones de Francia. Entonces, la escuadrilla sometió a la guarnición del puerto, luego de bombardear la fortaleza de San Juan de Ulúa. En un intento por revertir esa derrota, el general Antonio López de Santa Anna perdió la pierna combatiendo a los franceses en Veracruz. Pero el bloqueo no cedió. Era vital que cediera porque la aduana de Veracruz constituía la fuente de recursos más importante del Ministerio de Hacienda. Sin ella, el gobierno del país no podía funcionar. Así las cosas, el 9 de marzo de 1839 México tuvo que firmar los tratados que pusieron fin al conflicto con Francia. El gobierno pagó una compensación a los franceses y la flotilla abandonó el puerto de Veracruz.

La guerra no fue lo único que perturbó la vida en Oaxaca. Desde hacía un par de años, el departamento estaba en crisis. Por varias razones, sobre todo por el declive de la grana, que había sido la base de su prosperidad durante la Colonia, pero también por otras más de coyuntura: el excedente de monedas de cobre que desequilibraba los precios, el pago exigido por el gobierno del Centro —mucho: 18 000 pesos al año— para financiar las reparaciones de la guerra con Texas y la epidemia de viruelas que azotó a la población en junio de 1839, haciendo estragos en Tlacolula y Tlacochahuaya, pueblos contiguos a la ciudad de Oaxaca.

Pero lo más terrible fue la sequía del verano de 1839. Hacía tiempo que no llovía en Oaxaca. "La falta de lluvias, en el año pasado, nos ha traído una suma escasez de agua en las fuentes y pilas de esta ciudad", comentó *El Día*.[10] Y seguía aún sin llover. El sol ardía en el cielo. Los sacerdotes encabezaban procesiones en la capital para invocar la lluvia, rezaban novenarios a la Virgen de los Remedios. Sin resultado. Entonces, la gente comenzó a bajar de los poblados de la Sierra Norte, en busca de comida en la ciudad de Oaxaca. El hambre golpeaba a todos, observó un testigo, "causando la muerte a muchos infelices y llenando de consternación a todos los vecinos".[11] El 10 de julio, José López de Ortigoza, gobernador de Oaxaca, pidió ayuda al presidente de la República en una carta dirigida al ministro del Interior, que sería publicada en la portada de *El Regenerador*. La carta hacía una reflexión concisa y elocuente de las causas de la crisis, que iban más allá de la sequía. "En estos valles, la mayor parte de lo sembrado está perdido, y en muchos lugares aún no se ha podido comenzar a sembrar por la total falta de lluvias", escribió López de Ortigoza. "Este departamento, uno de los más ricos antes, hoy es seguramente uno de los que están en mayor miseria. Las repetidas revoluciones, la indiscreta expulsión de algunos capitalistas, los grandes estragos de las epidemias, la baja de precio a que se ve reducida la cochinilla, cuyo valor actual casi no da utilidad alguna a los cosecheros, el exorbitante precio a que subieron todas las cosas del comercio extranjero con el bloqueo de los puertos, la falta de pago a todos los empleados públicos, retiros y viudedades; y por último, la disminución de las cosechas que han ocasionado la escasez y carestía de los frutos de primera necesidad, todo, todo ha ido cooperando a la miseria en que hoy se halla este departamento".[12]

El 15 de julio apareció en *El Regenerador* una circular firmada por la Secretaría del Gobierno de Oaxaca. "Las escasez de las lluvias en los años anteriores", explicó, "y muy particularmente en el último, ha ocasionado la disminución de las cosechas y de los aguajes, por cuyo motivo se ha experimentado en este año la escasez y carestía de las semillas y mortandad de ganados".[13] Y concluyó sin rodeos: "No hay existencias de granos".[14] La circular, ante la crisis, daba instrucciones al clero y al gobierno de Oaxaca. Al clero: "que se hagan rogaciones públicas al Ser Supremo para implorar de su piedad y misericordia el remedio de las grandísimas calamidades que nos aguardan si continuase la falta de lluvias".[15] Y al gobierno del departamento: "que obligue a todos los pueblos, y muy particularmente a los de clima caliente y a los que tengan terrenos húmedos o que puedan regar, a que los siembren todos de maíz".[16] Con el tiempo llegó por fin el apoyo del Centro, alarmado por las noticias de la hambruna en Oaxaca. El 24 de septiembre, el presidente Anastasio Bustamante, en respuesta a la solicitud de ayuda hecha por López de Ortigoza, dio a conocer a la nación un decreto aprobado por el Congreso General. "Se auxiliará al departamento de Oaxaca por el Supremo Gobierno por una cantidad que no baje de 10 000 pesos, para atender a las siembras que debe procurar, según sus actuales urgencias", anunciaba el Artículo 1°.[17]

¿Cómo sorteó esos tiempos de miseria la familia Díaz? El arroyo de Jalatlaco, que corría al lado del solar, estuvo seco durante meses en 1839. La tenería no tuvo agua para funcionar. Porfirio pasó hambre, como todos los niños en Oaxaca. Su familia, sin trabajo, carecía de numerario para satisfacer sus necesidades más elementales. El erario seguía en crisis: los empleados del gobierno no percibían haberes desde hacía meses, los soldados de la guarnición sólo recibían su rancho, algunas de las escuelas que dependían del fisco tuvieron que cerrar. Apenas había maíz y frijol en las bodegas de la Alhóndiga. Muchos de los propietarios más prósperos de los Valles tuvieron que poner su cosecha en manos de las autoridades, como José Joaquín Guergué, el dueño de la hacienda de San Miguel Tlanichico. Así fue sobrellevada, pues, la penuria que provocó aquella sequía. "Mañana acaba el año de 1839: sea enhorabuena su conclusión, pues él ha sido malísimo para este departamento", manifestaron los editores de *El Regenerador*.[18] Tenían razón, aunque la crisis habría de sobrevivir el año. "La epidemia de viruelas aún sigue haciendo estragos en los distritos de Teposcolula y Huajuapan", aceptaron. "Miles de familias que por falta de subsistencia en sus pueblos tuvieron que abandonarlos, no regresan todavía a ellos y andan de mendigos en la capital".[19] La crisis de 1839 culminaba un periodo de ruina y deterioro que la región venía arrastrando desde las guerras de la Independencia. Esa ruina y ese deterioro habían tenido un efecto devastador sobre la población de la ciudad de Oaxaca. "El número de sus habitantes, que ascendían a veinticuatro mil a principios del siglo, no pasa de quince mil en el día", registró un viajero que por esas fechas estuvo en la ciudad, el conde Mathieu de Fossey.[20]

4

JOSE MARIA CRESPO, PRECEPTOR DE PORFIRIO

"Cuando tenía yo seis años de edad fui enviado a la escuela de primeras letras, llamada en Oaxaca *amiga*, en que se enseñaba a los niños a leer solamente, reunidos los de ambos sexos y siendo todos de muy tierna edad", recordaría en sus memorias Porfirio. "Allí se aprendía muy poco".[1] Había varias *amigas* en aquella parte de la ciudad. Algunos de los niños que asistían a ellas seguían su educación con los betlemitas, que daban sus cursos ahí acerca, en el convento de Belén, al norte del Llano de Guadalupe; otros continuaban sus estudios en las escuelas que administraba el ayuntamiento de Oaxaca. Fue el caso de Porfirio. "Fui a una escuela municipal", dijo, "donde aprendí a leer y a escribir".[2] Era la escuela del preceptor José María Crespo.

A finales de 1839, cuando la ciudad empezaba a recuperarse de la sequía, apareció un aviso en la última página de *El Regenerador*. Decía así: "José María Crespo, profesor de primeras letras en la capital de la República, y hoy recién examinado y aprobado por el excelentísimo ayuntamiento de esta ciudad, participa a los padres de familia que se dignen confiarle la educación de sus hijos, haber abierto su escuela en la calle del Fiscal número 1".[3] Crespo anunciaba en ese aviso su programa de estudios: lectura, ortología, aritmética, caligrafía, gramática, ortografía, catequismo y dogma y, añadía, "urbanidad y obligaciones de la juventud con respecto a sus superiores y con respecto a sí mismos".[4] Era un programa típico de su tiempo. "También ofrece el citado profesor dar lecciones particulares en las casas, recibir pupilos de dentro y fuera de la ciudad, y abrir un curso de escritura, lectura y aritmética, desde la Oración de la noche hasta las ocho, para todas aquellas personas grandes que gusten aprender; advirtiendo finalmente, que se llevará un moderado estipendio por todo lo expresado".[5]

El sitio donde Crespo daba sus clases estaba localizado en la esquina de la calle del Fiscal y la calle del Colegio de Niñas, frente a la Plazuela de Cántaros. Las daba en un aula que le facilitaba, de hecho, el Colegio de Niñas, un establecimiento de finales del siglo XVII conocido en su origen con el nombre de Colegio de las Doncellas de Nuestra Señora de la Presentación. Los cursos empezaron en enero de 1840. José María Crespo tenía entonces veintiséis años. Acababa de iniciar su trabajo de preceptor apenas unos meses antes en la ciudad de México, por lo que su carrera, en realidad, dio sus primeros pasos en Oaxaca. Llegó a tener renombre como maestro. Un año después, por el éxito de sus clases en la calle del Fiscal, fue nombrado director de la Escuela Lancasteriana, que estaba ya vinculada a uno de los establecimientos de educación de mayor prestigio en la República: el Instituto de Ciencias y Artes de Oaxaca. Crespo daba sus cursos en una de las aulas del Instituto, ubicado en el convento dominico de San Pablo, un par de cuadras al este de la Catedral. En junio de 1841 presentó con orgullo los adelantos de sus alumnos a la autoridad de Oaxaca. "El supremo gobierno del departamento se ha instruido con la mayor satisfacción de lo bien servida que se halla la Escuela Lancasteriana por su actual preceptor don José María Crespo", anunció *El Regenerador*.[6]

Porfirio fue uno de los alumnos de José María Crespo en Oaxaca, tal vez desde las clases en la calle del Fiscal, con seguridad a partir de los cursos que ofrecía en la Escuela Lancasteriana. Es posible que doña Petrona leyera con satisfacción el aviso que publicó Crespo en *El Regenerador*; es seguro, si no, que fuera atraída más adelante por sus logros al frente de la Escuela Lancasteriana. Pues le confió la educación de su hijo. La Escuela Lancasteriana, que recibía fondos del ayuntamiento, proponía un sistema de instrucción basado en monitores que multiplicaban en el aula las enseñanzas del maestro, inspirado en un modelo importado de Inglaterra. "Los métodos lancasterianos", rememoró hacia el final de su vida el educador más importante de México en el siglo xix, "significaron en aquella época un progreso pedagógico al que se debió la educación liberal de una parte de la sociedad".[7] Los alumnos eran niños todavía. Entre ellos estaba Porfirio. Tenía apenas diez años, pero habría de mantener la relación con su maestro por el resto de su vida. José María Crespo era un hombre identificado con los ideales del progreso. Abrazó la causa de los liberales en la guerra de Reforma y uno de sus hijos, Antonio, luchó con el Ejército de Oriente durante la movilización en el país contra el Imperio. "Mi siempre estimado amigo y discípulo", escribió muchos años después el preceptor al alumno, que había crecido con el tiempo. "Desde tu niñez observé que la Providencia te destinaba para algo grande y de provecho".[8] La vida no había sido fácil para él, tenía carencias, pero estaba orgulloso de ser, le dijo, "tu viejo amigo que te ama *ex corde*".[9]

Entre los cuadernos utilizados en las clases de José María Crespo había tratados de aritmética, cartillas, silabarios y tablas de contar que podían ser adquiridos ahí cerca, en la imprenta de Santo Domingo. Había también libros más difíciles de conseguir, por ser más caros, que los alumnos de la escuela debían tener y aprender de memoria. Uno era una novedad: los *Elementos de Gramática Castellana*, manual publicado al comienzo del siglo XIX —*para uso de los niños que concurren a las escuelas, dispuesto en forma de diálogo para la mejor instrucción de la juventud*, según informaba el subtítulo, redactado por Diego Narciso Herranz y Quirós, profesor vinculado al Colegio Académico del Noble Arte de Primeras Letras en España. Otro era un clásico: el *Catecismo Histórico* del padre Jerónimo Martínez de Ripalda, miembro de la Compañía de Jesús, estructurado en forma de preguntas y respuestas, escrito a fines del siglo XVI, que desde entonces era utilizado en todas las instituciones para enseñar a los niños la doctrina de la Iglesia. Ambos eran libros de texto en la Escuela Lancasteriana. El de Quirós tenía un precio de 5 reales en la imprenta de Santo Domingo. Una fortuna.

Porfirio habría de recordar con aprecio a su preceptor José María Crespo. Cuando recibía sus cartas, muchos años después, le pedía a su secretario responderle con "buenas palabras".[10] Estaba también consciente de sus limitaciones, que eran muchas. Oaxaca, en esos años, hacía un esfuerzo por expandir y consolidar la educación. La constitución del estado estipulaba que todos los pueblos debían tener escuelas —"en las que se enseñará a los niños a leer, escribir y contar", decía, "y el catecismo de la religión católica".[11] Había pocas, en realidad, por lo que la mayoría de la población no sabía leer ni escribir: en esos años, el promedio era un adulto letrado por cada diez adultos no letrados. Las que había tenían defectos ("el sistema escolar deja aún mucho que desear", anotó Mühlenpfordt).[12] Incluida la de Crespo, a pesar de ser una de las mejores ("aprendí a leer y a escribir en cuanto esto se enseñaba entonces, es decir, mal", confesaría después el propio Díaz).[13] La educación tenía sin duda carencias y prejuicios. Pero quienes iban a la escuela, con todos sus defectos, pertenecían a una elite: la que estaba destinada a gobernar Oaxaca.

¿Cómo era a esa edad Porfirio? Es fácil imaginarlo: flaco, derechito, austero, muy serio, vestido como todos los niños de la ciudad —o sea, con camisa y pantalón de manta. La producción de textiles era uno de los lazos más importantes de las comunidades con el exterior. Año con año, las mujeres tejían miles de metros de manta, trabajo laborioso pero necesario, pues era la única forma que tenían de producir algo que podían comerciar para socorrer a sus gastos.

Adquirían los capullos de algodón, los limpiaban, les quitaban las semillas y los convertían en hilo: unas vendían el hilo, otras tejían mantas para ofrecer en el tianguis, donde los comerciantes de sus comunidades las llevaban a lomo de mula a los mercados de Oaxaca. Pocos años antes, a mediados de los treinta, habían surgido fábricas de textiles en la ciudad de Puebla. La manta de las fábricas era más barata que la de los pueblos, a pesar de tener que pagar el flete, pero los oaxaqueños la desdeñaban por tener una calidad inferior a la suya.

En la ciudad de Oaxaca, aunque la mayoría de los hombres vestía de blanco, con la manta de algodón que tejían las mujeres de los pueblos, había también un segmento de la población que vestía de forma más europea, con gabán o levita de lana, y con sombrero de copa, sobre todo entre las familias más acomodadas y prominentes, y más vinculadas con España: los Varela, los Fagoaga, los Ortigoza, los Enciso, los Mantecón, los Ramírez de Aguilar. Formaban un grupo pequeño, pero influyente. Eran los que podían ir al teatro, financiado por don Ximeno Bohórquez y Varela, inaugurado de hecho por esas fechas, al sur de la Plazuela de la Sangre de Cristo. Eran también los que podían adquirir con pesos de plata los artículos que llegaban del exterior: porcelana, tejidos de seda, aceite de oliva, vinos de Burdeos. Eran, en fin, los que comían en sus casas los platillos heredados de la Colonia —olla podrida y mancha manteles, por ejemplo— que eran diferentes a los platos que comía el resto de la gente: totopos de sal, tamales envueltos en totomoxtle, tasajos, moles hechos con chilhuacle de la Cañada. Unos bebían vino, otros pulque mezclado con aguamiel ("muy potable", según un viajero que recorrió Oaxaca).[14] La vida era uniforme y modesta en aquellos tiempos anteriores al progreso, pero aun así, en esa uniformidad y esa modestia, había diferencias.

GENERAL ANTONIO DE LEON

En septiembre de 1841 asumió la jefatura del gobierno de Oaxaca el general Antonio de León, en sustitución de López de Ortigoza. Habían terminado las sequías que asolaron la región a finales de los treinta. Ahora el problema eran las lluvias. El río Atoyac estaba muy crecido: acababa de morir ahogada una muchacha unos días antes, después apareció una yunta de bueyes arrastrada hacia abajo por la corriente, más tarde fue descubierto el cadáver de un adolescente sorprendido por las crecidas en San Agustín Etla. La tragedia llegó también a la ciudad de Oaxaca, según informó *El Regenerador*. "Se ahogó un joven en una de las canteras situadas en terrenos del pueblo de Jalatlaco".[1] El accidente debió sobrecoger a la familia de Porfirio, pues sucedió un lunes, víspera del 14 de septiembre, fecha de su cumpleaños, a unos metros del solar donde vivían en la calle de Cordobanes. Había otros problemas no resueltos ese otoño, junto a las inundaciones, en particular uno que amenazaba con provocar un estallido: el asunto de las monedas de cobre. En aquellos tiempos circulaban en el país los pesos fuertes, que eran monedas de plata de 31 gramos, divididas en ocho fracciones llamadas reales, subdivididas a su vez en ocho fracciones más llamadas tlacos. Esas eran las monedas en circulación, aunque también era posible pagar con tabaco y cacao en los mercados de Oaxaca —"cuyos granos equivalían a diez por tlaco", habría de recordar Francisco Vasconcelos.[2] El problema era que, desde hacía varios años, circulaban también monedas de cobre, disponibles en denominaciones más pequeñas que las de plata, muy utilizadas pero fáciles de falsificar, por lo que, a fines de 1841, el gobierno decidió cambiarlas por reales y tlacos, para luego sacarlas del mercado. Hubo pánico en Oaxaca. ¿Qué iba a suceder con quienes tenían monedas de cobre? ¿Iban a perderlas? Los comercios ya no las querían aceptar. Entonces, el gobernador intervino: les ordenó permanecer abiertos al público, aceptar las monedas de cobre a su valor oficial con la garantía de que tendrían a cambio monedas de plata.

Antonio de León era originario de la villa de Huajuapan, al norte de las Mixtecas. Tenía cuarenta y seis años al asumir el gobierno en Oaxaca. La influencia de su familia, mestiza, provenía de los rebaños de cabras que tenía en la cuenca del Mixtepec. Había luchado en las filas de los realistas desde el comienzo de la Independencia hasta el final, cuando adhirió su nombre al Plan de Iguala. Fue más tarde ascendido a coronel, luego de reprimir una rebelión de negros en Jamiltepec. Peleó contra Iturbide, por la República, y ocupó por un tiempo una curul en el Congreso General. Combatió el pronunciamiento de Canalizo contra el gobernador Ramírez de Aguilar, su amigo, con lo que contribuyó al fracaso de la rebelión de Religión y Fueros en Oaxaca. Más tarde, a partir del triunfo del centralismo, ya con el grado de general de brigada, ocupó con frecuencia la comandancia de Oaxaca, desde donde ayudó a pacificar las Mixtecas. Fue partidario toda su vida del general Santa Anna. Su casa en la ciudad, ubicada a un costado del Colegio de Niñas, frente a la Plazuela de Cántaros, acogía los encuentros que tenían los masones de Oaxaca. Era austera y señorial, y desde las ventanas del balcón que corría por el exterior, hacia la izquierda, sus huéspedes podían admirar la fachada de la Catedral.

El general tuvo que luchar desde el principio contra todas las adversidades. Las arcas de su gobierno no tenían fondos para pagar a la tropa, que estaba descontenta; las calles de la ciudad pululaban con legiones de frailes en demanda de limosnas, que nadie podía satisfacer; los grupos opuestos a su administración, numerosos, recibían el apoyo de un personaje de peso, el editor de periódicos don Juan B. Carriedo. Los días pasaban así, en espera de lo peor. El 17 de septiembre de 1842 estalló, al fin, un pronunciamiento contra el gobernador en la ciudad de Oaxaca. Porfirio acababa de cumplir doce años, era niño todavía, aunque es posible que recordara de grande aquel episodio, por la forma en que lo enfrentó el general Antonio de León. "Este pronunciamiento lo desbarató él solo personalmente, arrojándose a que su presencia e influjo daría el resultado que fue real", escribiría más tarde, confuso y pasmado, un memorialista de Oaxaca.[3] Don Antonio de León, en efecto, asistía con su gabinete a una función en la Catedral de Oaxaca. Estaba vestido con uniforme de gala, arrodillado en un cojín de terciopelo rojo, junto a la silla de caoba del gobernador, coronada por un águila de bronce, que para esa ocasión había sido trasladada desde el Palacio de Gobierno. En aquel momento, luego de una descarga, fue informado por un asistente que había estallado una rebelión en el cuartel de la Sangre de Cristo, apoyada por la guarnición de Santo Domingo. El jefe del pronunciamiento era el teniente coronel José Prieto, quien estaba al mando de la guarnición, compuesta por una fuerza de Tehuantepec. Antonio de León lo ignoraba. "Salió de Catedral indicando que volvería, y armado únicamente con el bastón de puño de oro y borlas de seda, subió sin escolta por las calles que hoy se llaman de Juárez", habría de relatar un cronista del siglo xix.[4] Eran las calles que son conocidas ahora con la designación de Macedonio Alcalá: entonces sus nombres eran Seminario, Estanco, Cuartel y Sangre de Cristo. Antonio de León no las subió sin escolta, como dice el cronista, pues iba seguido por unos soldados de Puebla, ajenos a la conspiración, que hacían las funciones de honor en el atrio de la Catedral. Pero eran apenas un puñado de soldados. El general, de hecho, suponía que había estallado un motín, no un pronunciamiento: por eso actuó con ese desenfado. "Al llegar al cuartel situado en la casa número 17", prosiguió el cronista, "el intrépido militar descargó tal bastonazo en el rostro del oficial parado en la puerta del cuartel, que lo hizo rodar por los suelos".[5] Otra versión de los hechos, más austera, dice así en relación con esa parte de los pronunciados: "fue sorprendida por el general, abriéndose paso hasta entrar en el cuartel".[6] Los conspiradores del cuartel pusieron entonces sus tropas a las órdenes del gobernador de Oaxaca. "Acto continuo, seguido de aquellos soldados aturdidos por lo que acababan de ver, se dirigió a Santo Domingo".[7] Lo que pasó entonces sería relatado por el propio Carriedo, quien al parecer era parte de la conspiración contra Antonio de León: "El comandante general pidió capitulación y hablar con el jefe pronunciado, lo que debió siempre haberse evitado, pues era claro que éste, en el momento de apersonarse a aquél, debía ser envuelto, como sucedió".[8] El resto de los agitadores huyó como pudo de la ciudad —"a excepción de tres o cuatro que fueron protegidos por los padres dominicos y perdonados por el gobernador".[9]

En 1843, en un momento de tranquilidad, fue concluida la Alameda del Llano de Guadalupe, hasta entonces un descampado al noreste de la ciudad, paralelo a la calle de Cordobanes. El plano de la Alameda respetó la fuente que ornaba su centro, obsequiada por Morelos a la ciudad con motivo de la fiesta de la Virgen de Guadalupe, pero la rodeó con árboles, sobre todo fresnos, para dar sombra a un paseo que desde sus orígenes había sido un páramo sin vida en Oaxaca. Hubo también cambios en el centro de la ciudad. El 3 de octubre, por ejemplo, fue inaugurada la Alameda de León, como sería llamado el lugar que ocupaba la Plazuela de Cántaros. Era la vista que tenía frente a su casa el gobernador, quien dio la orden de construir la Alameda. Acababa de ser elevado a general efectivo del Ejército a principios de 1843. El ayuntamiento decretó una ley que obligaba a los vagos y los ebrios a trabajar en la obra. Francisco de Paula Heredia, el responsable de los trabajos, mandó construir una barda de columnas de piedra con enverjado de madera, para sembrar en su interior laureles, separados por camellones que convergían en una fuente con una estatua de América. Al lado de esa barda de columnas, entre la Catedral y la Alameda, corría el agua de la acequia que bajaba desde el acueducto de San Felipe del Agua. Todas las familias de la ciudad asistieron a la inauguración del parque aquel martes de octubre. El arquitecto Heredia, su autor, estaba también a cargo de la reconstrucción del Palacio de Gobierno, que llevaba más de diez años en obra, desde antes del pronunciamiento de Religión y Fueros. Los trabajos continuaban todavía, aletargados por el calor del sol, pues no había árboles en la Plaza de Armas. Era un descampado. Por esa razón, la sombra del parque de la Alameda fue apreciada por los habitantes de Oaxaca, que "pueden hallar en él un recreo inocente, una distracción honesta para descansar, disfrutando el fresco de la tarde, sin necesidad de molestarse saliendo fuera de la población", según explicó después *El Regenerador*.[10] Un recreo *inocente* para una distracción *honesta*: el periódico evocaba con esas palabras la mala fama que pesaba sobre el sitio donde había estado, desde hacía siglos, la Plazuela de Cántaros.

5

SEMINARIO CONCILIAR DE LA SANTA CRUZ

Porfirio Díaz acostumbraba pasar sus vacaciones de invierno en un pueblo cercano a la ciudad de Oaxaca llamado San Pedro Teococuilco, en el distrito de Ixtlán. Las pasaba con su primo, el presbítero Ramón Pardo, quien era vicario del curato de aquella parroquia. Con él aprendió sus primeras letras de latín, como preparación para ingresar al Seminario de Oaxaca. La Escuela Lancasteriana que dirigía Crespo no ofrecía esa materia, necesaria en cambio para los seminaristas, pues los profesores del Seminario daban sus clases en latín y los libros de la biblioteca, en su mayoría, estaban también escritos en latín, que era la lengua de la Iglesia.

Petrona Mori deseaba que su hijo siguiera la carrera eclesiástica; quería que fuera seminarista y sacerdote, y que progresara después en la jerarquía de la Iglesia. "Doña Petrona era devota", habría de señalar un autor que basó su investigación en entrevistas con Porfirio Díaz.[1] Don José de la Cruz, el padre, también, de acuerdo con el recuerdo de la familia, que refería que "se hizo muy místico en Oaxaca".[2] El ambiente de su hogar había sido siempre austero y piadoso. Varios de sus familiares eran incluso miembros de la Iglesia. Así, al terminar sus estudios de primeras letras, la decisión estaba ya tomada: Porfirio iba a ingresar al Seminario de Oaxaca con el apoyo de su padrino, el padre José Agustín Domínguez y Díaz.

Don José Agustín era hijo de Francisco Domínguez y Catarina Díaz, quien estaba emparentada con la familia de Porfirio. "El señor Domínguez era primo mío, pero yo por respeto lo trataba como tío", habría de revelar su ahijado, que además era cuarenta años más joven. "Tenía grande influencia y cumplía religiosamente todo lo que prometía".[3] José Agustín había nacido en la hacienda de Prío, jurisdicción de la parroquia de Santa María Zaachila, al sur de Oaxaca. "Era muy joven cuando comenzó a ejercitarse en actos piadosos con detrimento de su salud, bastante delicada a causa de su débil complexión", recordaría su biógrafo, el presbítero Eutimio Pérez.[4] Estudió teología en el Seminario de la Santa Cruz, donde obtuvo las notas más altas, antes de ser ordenado diácono y luego sacerdote en la ciudad de Oaxaca. Por oposición fue cura de Nochixtlán y, más adelante, cura de la parroquia de Tlacolula. A fines de los treinta dejó Tlacolula porque fue electo al cabildo de la Catedral, que era el gabinete del obispo de Antequera. "Permítasenos en desahogo del afecto y gratitud que debe conservar un discípulo a su maestro, manifestar al señor cura Domínguez el placer que nos ha causado el que el venerable cabildo lo haya considerado digno de la mitra de Oaxaca", escribió el doctor Juan Nepomuceno Bolaños, un hombre de bien, profesor de medicina en el Instituto de Ciencias y Artes. "¡Qué cierto es que, *qui se humilliat, ensalsabitur*! Todo Oaxaca conoce el mérito de este sacerdote ejemplar".[5] En aquel entonces, el cabildo estaba formado por nueve capitulares, uno de ellos don José Agustín Domínguez, junto con Antonio Mantecón (el deán), José Mariano Irigoyen (el vicario), Luis Morales (el rector del Seminario), Francisco García Cantarines (el director del Instituto) y Luis Castellanos (también diputado en el congreso de Oaxaca, a quien había tocado ungir con las aguas bautismales al niño José de la Cruz Porfirio). Juntos eligieron por esas fechas al titular de la diócesis de Antequera, que no tenía obispo desde 1827: don Mariano Morales y Jasso, anterior prelado de Sonora y antiguo diputado en las Cortes Españolas, un hombre corpulento de facciones abultadas y cejas negras y tupidas, quien tendría la desgracia de fallecer un par de años después de su elección, en la villa de Tlalixtac, por lo que no llegó a tomar posesión de su mitra en Antequera.

Domínguez fue uno de los candidatos para sustituir al prelado Morales y Jasso, pero resultó electo Antonio Mantecón e Ibáñez, consagrado obispo de Antequera el 9 de junio de 1844, luego de obtener el apoyo del presidente Antonio López de Santa Anna ante la Santa Sede. Mantecón pertenecía a una de las familias más adineradas de Oaxaca, hijo de un comerciante de renombre al final de la Colonia. Luego de terminar sus estudios de derecho en la capital de México, al volver a su tierra, prosperó como abogado y sirvió como alcalde en el ayuntamiento, para después ingresar al sacerdocio, en cuya función fue electo al congreso de Oaxaca y al cabildo de la Catedral. Una vez obispo, Mantecón continuó el apoyo dado al Seminario por su predecesor, Morales y Jasso, quien acababa de publicar, antes de morir, una constitución para revitalizar ese centro de enseñanza de Oaxaca. "Nos causaba profundo dolor observar que el edificio del Seminario se hallaba tan desaseado y sucio que más bien parecía cuartel de reclutas, o casa de locos", comentó la prensa. "También nos dolía ver que los educandos se comportaban en el interior de la casa como gente soez".[6] Los seminaristas deambulaban en la calle como vagos, agregó, "echándola más bien de catrines, de cortesanos ridículos y de románticos despreciables, que de educandos para destinos tan serios".[7] Así, la constitución, además de restringir la cantidad de alumnos, para excluir a "los estudiantes modorros", aumentó el número de cátedras, para incluir derecho público y derecho internacional, y más adelante, también, derecho civil y derecho natural, público y de gentes.[8] Mantecón refrendó ese impulso dado al Seminario. "El fomento y el adelanto de nuestro amado Colegio Seminario", proclamó en una carta pastoral, "no puede hacerse sin el exacto y cumplido pago de las pensiones consignadas a su conservación".[9] Había que proteger lo que era, añadió, "una casa tan necesaria a los intereses de la religión y al bien general de la República".[10] La carta pastoral hacía también un llamado a la ayuda de la sociedad, pues si bien estaba ya prohibida por la ley la coacción para el pago de los tributos al clero, aún permanecía en vigor el quinto de los cinco mandamientos de la Santa Madre Iglesia. Pagar diezmos y primicias.

En este ambiente de renovación, Porfirio ingresó al Seminario de Oaxaca. José Agustín Domínguez, su benefactor, acababa de cumplir cincuenta y cuatro años. Tenía prestigio en aquella institución, no sólo como miembro del cabildo de la Catedral sino como parte de su cuerpo de maestros, pues había sido catedrático de latinidad y filosofía, así como vice-rector propietario y rector interino del Seminario. Y mantenía lazos muy estrechos con la familia Díaz: había sido contemporáneo, amigo y pariente de José de la Cruz, y ahora fungía como protector de su familia, pues él mismo era padrino de Porfirio, y su hermana Rafaela, la mayor, era madrina de bautizo del Chato. Todo eso ayudó a que el ingreso de su ahijado fuera suave y terso.

"Cuando contaba yo trece años de edad, entré al Colegio Seminario Conciliar de Oaxaca", habría de recordar Porfirio Díaz.[11] Comenzó sus estudios en el verano de 1844, a la mitad del curso de mínimos y menores, matriculado con el nombre de José Porfirio. "Por haber entrado a la clase a mediados del año escolar", diría, "no pude examinarme al terminar éste".[12] A principios de 1845, por esa razón, volvió a tomar desde el comienzo, a los catorce años, sus estudios en el Seminario. El bachillerato en artes del colegio estaba entonces formado por dos años de latinidad —el primero llamado de mínimos y menores, el segundo de medianos y mayores— y luego tres años de filosofía: el primero dedicado al estudio de lógica y metafísica, el segundo al estudio de física general y matemáticas, y el tercero al estudio de física particular y ética. Eran así necesarios por lo menos cinco años de estudios para poder ser bachiller en artes en el Seminario. A partir de enero, Porfirio tomó mínimos y menores con el presbítero Francisco López. Entre sus condiscípulos en el aula había muchachos de condiciones muy distintas. Estaba por ejemplo Joaquín Ortiz, amigo suyo, que sería su compañero de armas en la guerra de Reforma: "era hombre de notable valor personal, de muy buen sentido y de grande ilustración para su edad, pero en cambio tenía una constitución física muy débil, y a esa circunstancia debió su muerte", recordaría Porfirio.[13] También estaba José Blas Santaella, más distante, intelectual por temperamento, destinado a ser el poeta de mayor renombre en Oaxaca. Ambos serían de nuevo sus condiscípulos en el Instituto de Ciencias y Artes. Pero tendrían los dos finales muy distintos. Ortiz abrazó la causa de los liberales: moriría en una acción de guerra con el grado de capitán, siendo comandante de Huajuapan durante la Reforma. Santaella, en cambio, siguió al partido de los conservadores en aquella guerra: padecería la prisión y el destierro en Oaxaca, pero habría de fallecer ya grande, al ocaso del siglo, quizá consolado por la sabiduría que inspiró su poema *A la muerte*.

Porfirio conoció también a otros seminaristas, además de los que frecuentaba en el salón de clases. Algunos seguirían más adelante la carrera de la Iglesia, entre ellos Juan Palacios, quien sería luego canónigo de Oaxaca, o José Antonio Gay, ordenado asimismo sacerdote, aunque todos lo conocerían por ser el autor de un libro de epopeya, la *Historia de Oaxaca*. Otros ejercerían más bien la carrera de las armas, como Mariano Jiménez y Martín González, ambos muy cercanos a Porfirio, que serían con los años generales del Ejército y también, los dos, gobernadores de Oaxaca. Pero el amigo más entrañable fue sin duda Justo Benítez. Porfirio lo conoció en el Seminario. "No fuimos condiscípulos", recordó, "pues él tenía un año más de estudios, y en consecuencia no estábamos en una misma clase".[14] Pero llegaron a ser íntimos. Justo era apenas un mes más grande. Tenía un origen incierto: recogido y protegido por el padre Félix Benítez, cura de la parroquia de San Pedro Teococuilco, quien le dio su apellido y lo puso al cuidado de la mujer que fue como su madre, doña Juana Gijón. Fuera del Seminario, Porfirio lo veía también allá, en San Pedro Teococuilco, durante sus visitas al padre Ramón Pardo. "Acostumbraba yo pasar mis vacaciones con él", afirmó, "y así se estrechó más nuestra amistad".[15] Justo era bajito, con la complexión liviana, la mirada solitaria y la nariz larga y puntiaguda de los pájaros. Su fisonomía era frágil, pero tenía un carácter fuerte y dominante, tolerado por Porfirio. Ambos habían sido guiados hacia el Seminario por sus bienhechores dentro de la Iglesia. "Como yo", dijo de su amigo, "pensaba seguir la carrera eclesiástica".[16]

Así comenzaron a transcurrir los días en el Seminario Conciliar de la Santa Cruz. Era un colegio antiguo y venerable, y estar ahí, nadie lo dudaba, significaba un privilegio. Había sido fundado en 1683 por cédula real expedida el 12 de abril de 1673 y autorizada por bula papal del 20 de febrero de 1677, en tiempos de la preponderancia de la orden de Predicadores de Santo Domingo, "siendo obispo de Oaxaca fray Tomás de Monterroso, quien obsequió su casa y la arregló para el objeto", de acuerdo con el cronista don Andrés Portillo.[17] A fines del siglo XVIII fue agrandado con la integración del Colegio de San Bartolo, más antiguo, establecido en 1587, instalado entonces en lo que sería después el cuartel de la Sangre de Cristo. El Seminario Conciliar era un edificio de cantera de dos plantas, barroco, majestuoso, con cuatro ventanales arriba y cuatro más abajo, todos con magníficos herrajes, separados los de arriba por un balcón y los de abajo por un pórtico flanqueado por columnas. Su fachada era espléndida, muy superior de lo que sería luego de su transformación a finales del siglo XIX, cuando llegó la modernidad a Oaxaca.

DELFINA

Los Díaz vivían como siempre en el solar de la calle de Cordobanes, acostumbrados al olor a podrido de las tenerías que bordeaban el río Jalatlaco. A su alrededor predominaba el deterioro, a pesar de la renovación del Llano: el templo del Patrocinio, dañado por los terremotos, estaba cerrado al culto, igual que la iglesia de Guadalupe. Porfirio habitaba en el solar, porque tenía calidad de *capense*. Los seminaristas eran divididos en *colegiales* y *capenses:* los primeros estaban pensionados en el Seminario y los segundos, por mucho la mayoría, vivían con sus familias en Oaxaca. Era el caso de Porfirio, quien todos los días hacía más o menos quince minutos a pie desde su casa hasta el colegio, que estaba en el centro de la ciudad, en la esquina de las calles del Seminario y el Obispado. La gente, al verlo pasar, sabía que era seminarista, pues los estudiantes del colegio llevaban barragán, el nombre que daban a la capa de manteísta: larga hasta los talones, negra, recta, austera, con una especie de media esclavina sobre los hombros. ¿Qué camino tomaba para llegar? Había varias posibilidades. Podía cruzar el Llano de Guadalupe por el sur, seguir por una ruta al descampado hasta llegar a los muros largos y verdes del huerto de los dominicos y entonces, al topar con el Carmen, doblar hacia la izquierda para bajar por las calles de la Avería, Santo Domingo, la Sangre de Cristo, el Cuartel, el Estanco y el Seminario. Esas calles, adoquinadas con piedras en forma de rectángulo tenían una acequia en el medio —el *caño*, le decían— por la que escurría el agua de las lluvias. O podía bajar por las calles de tierra de Cordobanes y Tenerías, o por la calle de la Perpetua, hasta llegar al Jardín del Pañuelito, con la vista de los campanarios de Santo Domingo y la cúpula de la capilla del Rosario, y más atrás el cerro de la Soledad, para luego bajar asimismo por las calles de la Sangre de Cristo, el Cuartel, el Estanco y el Seminario. La mayoría de las casas estaban pintadas con lechada de cal. "Casi todas están enjalbegadas por fuera y por dentro, lo que hace insoportable la reverberación de los rayos solares", lamentaba el viajero Mathieu de Fossey.[1] No había colores en las fachadas de Oaxaca. La ciudad tenía los tonos de la cal, la piedra y la tierra de los Valles.

Así transcurrieron los días. El 9 de marzo de 1845 hubo un terremoto muy fuerte, que habría de pasar a la historia con el nombre de Santa Francisca Viuda. La gente estaba acostumbrada a los temblores de tierra, pero aquel fue peor de lo normal. "Espantoso", diría José Antonio Gay, el compañero del Seminario.[2] Ocurrió un domingo, hacia la una de la tarde. "Su duración no fue quizá de dos minutos, pero sus efectos harán perpetua su memoria", dijo la prensa.[3] Porfirio lo debió de recordar en los años por venir porque fue por esas fechas, justamente, que su hermana supo que estaba embarazada.

Luego de la partida de Desideria Díaz, la hermana más grande era Manuela. Tenía veinte años, cuatro más que Nicolasa. Todo indica que vivía con sus hermanos en el solar de la calle de Cordobanes, donde ayudaba en los quehaceres del hogar a su madre, doña Petrona. Desde hacía tiempo mantenía una relación con un joven de familia que estudiaba medicina en el Instituto de Ciencias y Artes. En aquella primavera supo con un sobresalto que estaba embarazada, y la relación al parecer terminó. ¿Cómo vivió su trance Manuela? ¿Y cómo lo resintió su familia, venida a menos desde la muerte de don José de la Cruz? ¿Como una vergüenza que había que ocultar al mundo? ¿O con tolerancia, humildad y perdón? Era una mancha sobre Manuela, un pecado que hubo que confesar a la Iglesia, tal vez al padre José Agustín Domínguez, por mediación de doña Petrona. Manuela Díaz, con su conducta, había incurrido en el tercero de los siete pecados capitales de la Iglesia y había faltado contra el sexto de los diez mandamientos de la Ley de Dios. El embarazo no deseado de la hermana del seminarista José Porfirio fue quizá, incluso, motivo de burlas y chismes, o silencios y miradas, en el Seminario de Oaxaca. Pero Manuela, aunque estaba embarazada fuera del matrimonio, y aunque había sido abandonada por el progenitor de la criatura, podía ser perdonada por su falta, perdonada por la religión y por la comunidad en la que vivía. El arrepentimiento era, por eso, una experiencia liberadora y bienhechora. Así debió ser también para ella, aunque es imposible saberlo con certeza, pues su vida tuvo un desenlace que fue triste. Contrajo más tarde matrimonio con un hombre llamado Francisco Pacheco. Pero enviudó poco después. Y no tuvo ya más hijos.

Aquel otoño, Manuela dio a luz a una niña, al parecer en el solar del Toronjo. La madre no quiso asistir al bautizo, tampoco el padre, por lo que la niña fue llevada por sus padrinos a la Catedral. "En la pila bautismal de esta parroquia del Sagrario de Oaxaca, a 21 de octubre de 1845", asentó el acta de bautismo, "yo el teniente bauticé solemnemente a Delfina Ursula, quien nació el día anterior, hija de padres incógnitos y expuesta a sus padrinos, don Tomás Ojeda y doña María Antonia Filio".[4] Ambos eran amigos cercanos a la familia. Su ahijada, registrada como *hija de padres incógnitos*, sería conocida en los tiempos por venir como la señorita Delfina Díaz. Nunca habría de celebrar la fecha de su nacimiento: celebraría nada más la de su santo, el 24 de diciembre, día de San Delfino. Tal vez quería mantener al margen el día de su cumpleaños, para no pensar en él, aunque por esos tiempos no resultaba inaudito ser expósito en Oaxaca. Los bautismos eran en su mayoría de hijos legítimos, seguidos de cerca por hijos naturales, pero los había también de hijos expósitos, como en los casos de Justo Benítez y Delfina Díaz. Ante esa realidad, la moral y la religión eran flexibles, sin duda, pero la ley era bastante más rígida: desde su punto de vista, la diferencia entre los hijos reconocidos (legítimos o naturales) y los no reconocidos (expósitos o espurios) era que los últimos no heredaban nada: ni el apellido ni la fortuna del padre.

Delfina viviría los años por venir con su madre, su abuela y sus tíos, y también en contacto más o menos azaroso con su padre. Todos sabían quién era él: un muchacho de veintiséis años, estudiante todavía, aunque poco después obtendría su título de medicina en el Instituto de Ciencias y Artes. Se llamaba Manuel Ortega y Reyes. "Un doctor con predilecciones de anticuario", lo llamó con razón un biógrafo, pues era coleccionista de antigüedades.[5] Manuel tuvo, con el tiempo, una relación de amistad con la familia Díaz. Pero en ese momento era un joven aterrado con la idea de unir su vida con una muchacha pobre y huérfana, que vivía en los confines de la ciudad. Pues sus aspiraciones iban más arriba. Pocos años después habría de contraer matrimonio con la hija de un ex gobernador de Oaxaca, sobrina del obispo de Antequera.

El nacimiento de Delfina complicó sin duda las dificultades por las que atravesaba la economía de la familia Díaz. Sus rentas habían disminuido luego de salir del mesón de la Soledad. El ingreso de la tenería no bastaba. Doña Petrona había tenido que vender las propiedades que le dejó su marido al morir. "Cuando las circunstancias se lo exigieron", recordaría su hijo, "fue vendiendo sus fincas en pequeños abonos, algunas veces hasta de 10 pesos al mes, y así pudimos afrontar las necesidades de la vida".[6] Acabó por liquidar todas sus propiedades, entre las que destacaba la casa solar situada cerca del Matadero, al este de Oaxaca. Su marido había comprado aquella casa en 100 pesos al padre fray José Porres, comendador del convento de Nuestra Señora de la Merced, con el fin de poner en el patio una curtiduría, y a su muerte, al heredar la propiedad, ella misma le había hecho mejoras de consideración para venderla después, con plusvalía, a un señor llamado José Paulino González. No tenía opción: las sequías y las plagas de fines de los treinta habían empobrecido también a su familia. "Careciendo de lo necesario para subsistir", explicó el escribano que le llevó la operación, "resolvió la venta de la expresada casa solar".[7] Pero hubo problemas durante la venta, que fue hecha a plazos. "Se suscitaron diferencias", dijo la propietaria, una viuda que defendía con las uñas, para sus hijos, lo poco que le restaba, "por lo que fue necesario se siguieran autos".[8] Concluidos esos autos, la casa fue por fin vendida al comienzo de la década de los cuarenta en 375 pesos. El comprador, al recibir las escrituras, pagó lo que le faltaba, dijo el escribano, "en pura moneda de cobre".[9] Esa forma de pago debió ser un problema para doña Petrona, pues coincidió con la crisis de las monedas de cobre en Oaxaca. Como fuera, hacía ya cuatro años de esa operación: el dinero de la casa había desaparecido por completo.

Porfirio comenzó también a trabajar por esos días, en las vacaciones de fin de año. Llevaba ya una carga más pesada en el sostén de su familia. "Para obtener más recursos me dediqué a hacer algunos trabajos de mano", dijo, "y comencé por hacer los zapatos de mi familia".[10] Conocía de tiempo atrás al zapatero Nicolás Arpides, quien tenía su taller frente a la Escuela Lancasteriana, en el convento de San Pablo, donde él mismo venía de concluir sus estudios con el preceptor Crespo. En sus ratos de ocio, mientras platicaban, lo veía trabajar. Porfirio le compró algunos de sus útiles de trabajo, que llevó a su casa. Con aquellos útiles: agujas, hormas, tijeras y punzones, y con retazos de paño y pedazos de cuero, empezó a fabricar zapatos para sus hermanas, de acuerdo con lo que recordaba del trabajo de don Nicolás. "Un día que él me visitó", escribió en sus memorias, "vio que había en mi casa obra de zapatería y me preguntó quién hacía zapatos allí. Le dije que yo, y entonces inquirió quién me había enseñado ese oficio. Le contesté que él, y le expliqué cómo los hacía. Examinó la obra y aunque le puso algún defecto, la aprobó en lo general como buena".[11] Los Arpides, por cierto, Pioquinto y Nicolás, además de zapateros eran también patriotas, que en los meses por venir habrían de apoyar con sus ahorros la guerra contra la invasión a México de las tropas de los Estados Unidos del Norte.

INVASIÓN DE LOS *YANKEES*

El 8 de enero de 1846 los alumnos del colegio fueron calificados por sus profesores en la sala rectoral del Seminario, en una sesión presidida por el rector Luis Morales. Entre los sinodales estaba don Vicente Márquez y Carrizosa, vice-rector y catedrático de vísperas, quien sería con los años canónigo de la Catedral y, más tarde, obispo de Antequera. Los profesores anunciaron los resultados de sus alumnos, que fueron consignados en el Libro 2º de calificaciones del Seminario. En la lista de minimistas presentados aquel día para pasar a medianos aparecía, en quinto lugar, "don José Porfirio Díaz, aprobado en segunda clase, *nemine discrepante*".[1] La calificación era mala, sobre todo porque había repetido el año de mínimos y menores con el presbítero Francisco López. "No se me consideró como un joven muy aprovechado en el curso de latinidad del Seminario", habría de confesar el propio Díaz.[2] Y así fue. Tuvo una nota apenas superior a la peor que podía ser otorgada, que era de tercera clase. Pero al menos había pasado de año: era, por fin, medianista. Sus clases empezaron una vez más tras los exámenes, a principios de 1846. Eran clases dichas en latín —quizá mezclado con español— por el presbítero Francisco López, quien fue de nuevo su profesor en el Seminario. Sus notas mejoraron poco a poco en medianos y mayores, y así pasaron los meses. Todo transcurrió sin novedad hasta la primavera, cuando Oaxaca fue sorprendida por una noticia que descompuso la vida de sus habitantes: la noticia de la invasión en el Norte.

La República de Texas, que era independiente de México desde mediados de los treinta, acababa de votar su integración a los Estados Unidos del Norte, como estado de la Unión. El presidente James K. Polk, al tomar posesión del territorio, ordenó movimientos del ejército de su país hacia la frontera con México, al mando del general Zachary Taylor. Ellos provocaron alarma entre los mexicanos, pues involucraban, dijo la prensa, "casi las dos terceras partes del ejército de los Estados Unidos".[3] Polk ordenó después a sus tropas avanzar más allá del río Nueces, hasta el río Bravo, un territorio que México consideraba suyo, porque su frontera con Texas estaba fijada por el río Nueces. El 25 de abril hubo un enfrentamiento al norte del río Bravo, en un lugar llamado Rancho de Carricitos. "Ya en otras veces hemos hecho la reseña de los males que nos han causado nuestros vecinos del Norte, y hoy que insolentemente invaden nuestro territorio y se rehúsan de la manera más positiva a desocuparlo, ¿qué recurso nos resta?", preguntó *La Unión Nacional*, portavoz del gobierno del departamento de Oaxaca. "¿Qué medida de humanidad y de avenencia se puede intentar? Nada más que la guerra, nada más que ese medio tristísimo de obligar a nuestros enemigos a ser justos por la fuerza. Acaso a la hora en que trazamos estos desaliñados renglones, la sangre habrá teñido las aguas del río Bravo".[4] El periódico no sabía —pues las noticias tardaban en llegar— que había sucedido ya el enfrentamiento de Rancho de Carricitos. A partir de entonces, los sucesos ocurrieron con velocidad. El 13 de mayo, el Congreso de los Estados Unidos declaró la guerra a México. Más tarde, sus fuerzas invadieron los territorios de Nuevo México y la Alta California y bloquearon los puertos del Golfo. Yucatán ofreció ser neutral si era suspendido el bloqueo de sus costas, propuesta que fue aceptada por

Polk. Otras regiones del país reaccionaron igualmente, sin patriotismo, a la agresión a sus fronteras. "Muy pocos días lleva de comenzada la guerra con los Estados Unidos, y en esos pocos días ¡cuántos motivos tenemos para lamentar los males de nuestra patria! Y no es solamente una batalla perdida, no es una retirada, la que causa nuestro pesar", deploró *La Unión Nacional*. "Nuestro sentimiento proviene de la apatía, de la indiferencia que se nota en algunos por la causa pública".[5] Así habría de ser: la apatía y la indiferencia predominaron en el país durante la invasión.

Como consecuencia de las derrotas en el Norte, el presidente don Mariano Paredes y Arrillaga fue derrocado por un pronunciamiento en Guadalajara. Con él cayó también el régimen del Centro, que no había sabido conservar la paz y el orden en México. Fue el final de una época, todo cambió: los departamentos volvieron a ser estados con el triunfo de la Federación. En Oaxaca, con ayuda de los *vinagres* que sobrevivían, fue destituido el gobernador José López de Ortigoza. El 9 de agosto, una junta de notables designó en su lugar un triunvirato formado por el general Luis Fernández del Campo, representante del Ejército; el licenciado José Simeón Fernández de Arteaga, promotor del pronunciamiento de Guadalajara contra Paredes y Arrillaga; y el licenciado Benito Juárez, cabeza de los liberales del estado, quien había sido secretario de Gobierno por un tiempo con Antonio de León. La situación era anómala, por decir lo menos. "El Poder Ejecutivo del estado se ejerce por un solo individuo, que se llamará gobernador del estado", decía el Artículo 119º de la constitución de Oaxaca.[6] Por esa razón, el cargo de gobernador recayó poco después en manos de Fernández de Arteaga. La ciudad vivió un momento de patriotismo. El 17 de septiembre, en el marco del aniversario de la Independencia, el padre fray Bernardino Carbajal pronunció un discurso que sería legendario en la Catedral de Oaxaca, y el 4 de octubre, un domingo por la tarde, los oaxaqueños ofrecieron dinero para la defensa de su país en una junta celebrada por la autoridad en el Portal de Clavería. *La Unión Nacional* publicó después la lista de los ciudadanos que cooperaron, entre los cuales había varios familiares de Porfirio, como su primo José María Díaz

Ordaz ("10 pesos por mes durante la guerra") y su pariente José Francisco Valverde ("1 peso mensual"), así como el padre de su sobrina Delfina, el joven Manuel Ortega y Reyes ("4 reales mensuales"), y también algunos conocidos suyos como el zapatero Nicolás Arpides ("1 peso mensual durante el tiempo de la guerra").[7] Porfirio no aportó dinero, pero habría de ofrecer más adelante sus servicios en la guardia nacional.

El general Santa Anna estaba de regreso en el poder en 1846, en alianza de nuevo con Valentín Gómez Farías, jefe del partido de los liberales en México. A finales del año salió hacia el Norte para combatir al general Taylor, que avanzaba con sus tropas, por lo que Gómez Farías, ratificado el 23 de diciembre por el Congreso General, quedó una vez más al frente de la Presidencia. Tenía el encargo de conseguir recursos para sufragar la guerra en el Norte, necesarios con urgencia, pues los Estados Unidos, que acababan de ocupar Tampico, amenazaban con tomar el puerto de Veracruz. Había que detenerlos de inmediato. Gómez Farías buscó el apoyo de los liberales de Oaxaca en el Congreso, entre los que destacaban los diputados Tiburcio Cañas y Benito Juárez, y con ellos impulsó un decreto para subastar propiedades de la Iglesia por un valor de varios millones de pesos, para financiar la guerra contra los Estados Unidos. El decreto fue aprobado el 11 de enero de 1847, votado por los liberales y los moderados, que rompieron al final su pacto con los conservadores, pues los cañonazos sonaban cada vez más cerca. Juárez predicaba con el ejemplo. Tres meses atrás, antes de ser electo diputado, él mismo había cedido su sueldo como regente de la Corte de Justicia de Oaxaca para donarlo, todo, al esfuerzo de guerra en el Norte.

Gómez Farías comunicó el decreto del 11 de enero al gobernador de Oaxaca, don José Simeón Fernández de Arteaga. Pero el gobernador no lo refrendó. "No se atrevió a publicarlo, sino que lo pasó al congreso del estado, para que resolviera lo conveniente", habría de recordar el mayor Ignacio Mejía, quien era entonces jefe de batallón y también diputado en Oaxaca. "En aquel tiempo, los sacerdotes todavía figuraban en los congresos, y en la cámara de diputados de Oaxaca había dos muy amigos míos, el doctor don José Juan Canseco y el bachiller don Fernando Ramírez de Aguilar".[8] Canseco era párroco de Coatlán, había sido ya senador en Oaxaca; Ramírez de Aguilar, pariente del gobernador don Ramón, pertenecía a una de las familias más viejas del estado, con título de nobleza en la Colonia. Ambos confrontaron a Mejía. Sabían que el avance de los protestantes en el país amenazaba también a las instituciones del catolicismo, pero pensaban, al igual que el obispo don Antonio Mantecón, que aquel decreto ponía todo el peso financiero de la guerra sobre la Iglesia. Por eso lo rechazaban, como habían rechazado asimismo el pago que les había sido exigido la década anterior durante la guerra con Texas. La Iglesia, era la verdad, estaba desde hacía tiempo en una posición de fragilidad: sus propiedades y sus vocaciones habían disminuido sin cesar desde fines del siglo XVIII, por las reformas de los Borbones, las guerras de Independencia y los decretos impulsados a mediados de los treinta por el gobierno de la República. Ese año de 1847, Oaxaca tenía apenas trescientos treinta sacerdotes para ciento cuarenta parroquias —es decir, cincuenta sacerdotes menos y cinco parroquias menos que las que tenía al comenzar la guerra de Independencia. En la capital del estado, todos los conventos iban a menos: había alrededor de cien monjes en Santo Domingo y veinticinco en San Francisco, pero apenas cuatro en el Carmen, tres en San Agustín y dos en San Juan de Dios.

El clero buscó revertir el decreto del 11 de enero en alianza con los sectores más conservadores del Ejército. Así, en la capital de México estalló el pronunciamiento de los *polkos*, que clamaba por el regreso de Santa Anna para llegar a un arreglo con la Iglesia. En Oaxaca, a su vez, ocurrió la rebelión del 15 de febrero, cuando la guarnición de la ciudad ocupó los conventos de Santo Domingo y el Carmen, al clamor de *¡Viva la Religión!* El coronel José María Castellanos y el mayor Juan Oledo, leales al gobierno, embistieron con sus fuerzas, pero Castellanos fue rechazado y Oledo resultó muerto en la portería de Santo Domingo. Por su parte, el mayor Ignacio Mejía atacó sin éxito a los alzados del Carmen desde su cuartel del Llano de Guadalupe. Al final hubo un pacto entre los leales y los alzados, que acordó designar gobernador a José Joaquín Guergué, vice-gobernador en tiempos de Fernández de Arteaga. Guergué parecía ser el hombre del momento, "por su moderación, por su riqueza, por el buen concepto que disfruta en el estado, y muy especialmente entre los comerciantes y propietarios", como dijo *La Unión Nacional*.[9] Era miembro de la colonia de franceses en Oaxaca, una muy importante —entre sus apellidos figuraban Dublán, Mauleón, Banuet, Lançon— desde el final de la Independencia. Había sido elegido diputado a mediados de los cuarenta, pero era sobre todo propietario, uno de los más ricos, dueño de las haciendas del Marquesado en el Istmo de Tehuantepec, que compró a mediados de los treinta a los duques de Terranova y Monteleone, herederos del conquistador Hernán Cortés, por medio del apoderado de los duques, el señor don Lucas Alamán.

Por esas fechas, Porfirio Díaz ingresó a la guardia nacional de Oaxaca. Había sido minimista y medianista, y era ya manteísta en el Seminario. Acababa de pasar en primer lugar entre los alumnos presentados para seguir el curso de artes, con esta mención: "don José Porfirio Díaz, excelente".[10] Comenzó su curso de filosofía con el presbítero Macario Rodríguez, profesor de lógica y retórica, con quien habría de tener un trato de amistad en el Seminario. La situación en el país era desesperada. Santa Anna ordenó por esos días el repliegue de sus tropas hacia San Luis Potosí, luego de la batalla de la Angostura. El 29 de marzo, los norteamericanos ocuparon el puerto de Veracruz con una columna al mando del general Winfield Scott, quien acababa de sustituir a Taylor al frente de las tropas de los Estados Unidos. Eran apenas doce mil hombres, no más, pero comenzaron a avanzar hacia el interior del país, por Xalapa, donde sorprendieron al gobierno de México, que hasta entonces concentraba sus fuerzas en el Norte. "Un día", refirió Porfirio, "durante la guerra con los Estados Unidos, mi maestro de lógica, el presbítero don Macario Rodríguez, no se ocupó para nada de la clase sino de llamarnos la atención sobre el deber que teníamos algunos alumnos, ya en edad competente para tomar las armas, de ofrecer nuestras personas al servicio militar para defender al país contra el invasor extranjero".[11] La Iglesia veía con horror el avance de los invasores hacia la capital. El obispo Mantecón, incluso, ofreció fundir campanas para hacer cañones en Oaxaca. La defensa de la patria también era la defensa de la religión. "Sobre esto nos habló nuestro maestro, larga y elocuentemente, dando por resultado que al terminar la clase, yo y algunos de mis condiscípulos fuéramos a presentarnos al señor don José Joaquín Guergué, gobernador del estado, para ofrecerle nuestros servicios".[12]

El encuentro con el gobernador debió ser, si no antes, a principios de abril, luego de la toma de Veracruz, que causó pavor en Oaxaca, donde fue habilitado de inmediato el puerto de Huatulco. Guergué era una persona de apariencia bufona, caricaturesca: grueso, calvo por completo, con las patillas blancas y las cejas negras. Es posible que conociera a Porfirio, al menos de nombre, pues era propietario de San Miguel Tlanichico, la hacienda donde tenía sus tierras don José de la Cruz Díaz. El gobernador ignoraba lo que lo movía, lo que pasaba con esos muchachos que lo llegaban a ver. ¿Qué les había sucedido? ¿Por qué buscaban hablar con él? "Contestamos que era una inspiración espontánea de nuestro deber, fundada en la situación del país", recordó Porfirio. "Mandó tomar nota de nuestros nombres, y al organizarse los batallones de guardia nacional, que se llamaban Constancia y Trujano, fuimos alistados en el último".[13] Aquel batallón llevaba el nombre de Valerio Trujano, natural de Tepecuacuilco, arriero, insurgente, seguidor de Morelos, muerto en combate durante las guerras de la Independencia. "No llegó a prestar más servicio militar nuestro batallón", dijo, "que el hacer ejercicio en los días festivos y dar algunas guardias y patrullas".[14] Cierto. Pero Díaz, que vistió entonces por vez primera de militar, aprendió también a manipular un arma, quizás el mosquete de chispa con bayoneta llamado Brown Bess, británico, ya viejo, utilizado en las batallas contra Napoleón, con cadencia de uno o dos disparos por minuto, que fue durante la guerra con los Estados Unidos el arma más común en el Ejército de México.

La creación de la milicia había sido una de las primeras decisiones tomadas por el triunvirato que llegó al poder en Oaxaca con el derrumbe del centralismo en México. "Se establecerá inmediatamente en esta capital", anunció sin ambages el decreto, "un batallón que se denominará guardia nacional".[15] La milicia era vista como un contrapeso frente al Ejército, que la miraba con desconfianza; como un instrumento necesario para la defensa de la autonomía de los estados ante la prepotencia del Centro; también, claro está, como una exigencia frente a la invasión de los Estados Unidos. En aquella primavera de 1847, cuando Porfirio vio al gobernador Guergué, había alrededor de trescientos hombres en la guardia nacional de Oaxaca. Todos eran mestizos, casi todos. Oaxaca tenía por esos años más de medio millón de habitantes, cerca de 90 por ciento de los cuales eran indios. Los indios tenían que contribuir al ejército con un contingente de sangre, desde luego, pero no era posible cumplir en los hechos aquella disposición. Para ellos, el servicio en las armas significaba la pérdida de su identidad, la muerte, pues equivalía a abandonar para siempre su comunidad. "Tienen tal aversión a la carrera militar en clase de soldados permanentes, que más bien se prestan a pagar cualquier contribución si ella los puede liberar de aquella carga", dijo Juárez a los diputados de Oaxaca.[16] Por esa razón, los ejércitos del país eran mestizos —mestizos en una nación en esencia indígena. Santa Anna habría de reconocer aquella realidad años más tarde, al dispensar a los indios del reclutamiento en las fuerzas armadas de México.

Oaxaca fue uno de los estados que más apoyaron el esfuerzo de guerra en México. Al ocurrir la invasión, meses atrás, el gobierno de la República había solicitado ocho mil hombres al estado de México, cuatro mil a Jalisco, tres mil ochocientos a Puebla, tres mil a Guanajuato y dos mil a Oaxaca. Este último los aportó todos con ayuda de la guardia nacional, a pesar de los cambios en su gobierno, pues hubo siete gobernadores durante los meses que duró la invasión de los Estados Unidos. A fines de mayo, Guergué entregó el mando al licenciado Aurelio Bolaños, en aquel momento regente de la Corte de Justicia. Pero el apoyo a la guerra siguió con él, como habría de continuar más tarde, al acceder al gobierno del estado don Benito Juárez. Todos reconocieron el esfuerzo de Oaxaca, que contrastaba con la indolencia del resto de México. "Un solo estado, Oaxaca, se ha mantenido firme, consecuente y aun heroico, facilitando todo, tropas y dinero, en medio de sus angustias", escribió por esos días, en su correspondencia, el historiador don José Fernando Ramírez.[17] El símbolo de ese heroísmo fue Antonio de León.

Después de ocupar Veracruz, el ejército de los Estados Unidos avanzó hacia el valle de México. Ganó cerca de Xalapa la batalla de Cerro Gordo contra las fuerzas del general Santa Anna, que llegaban al combate desmoralizadas y extenuadas, luego de las derrotas en el Norte. Desde Orizaba, tras el fracaso, los mexicanos, mal armados, emprendieron el camino a Puebla, donde fueron derrotados de nuevo, por lo que Santa Anna, consternado, ordenó la retirada hacia la ciudad de México. El general Antonio de León tenía entonces el mando de una brigada de oaxaqueños, muchos de ellos reclutados por él mismo en las Mixtecas. Con él estaba el mayor Ignacio Mejía, quien lo conocía desde que combatieron juntos en Oaxaca la rebelión de Religión y Fueros. Mejía tuvo con él una entrevista en Puebla. "Después de escribir hasta muy tarde en la noche, cerró sus pliegos y me ordenó marchar al día siguiente para Oaxaca, a entregar al gobierno su informe, en el que le recomendaba que se preparara para la defensa, pues aquella campaña no tenía remedio", recordaría Mejía. "Al despedirme me dio un abrazo y me dijo que no nos volveríamos a ver. Al preguntarle que por qué razón, me contestó: Porque en esta campaña debe uno morir".[18] De León marchó con sus tropas hacia el valle de México, donde tuvieron lugar, en agosto, las batallas de Padierna y Churubusco. Más adelante, el 8 de septiembre, peleó como un león en el Molino del Rey, el nombre de un edificio que databa de la Colonia, en las inmediaciones del bosque de Chapultepec. El escritor Guillermo Prieto, ahí presente, lo habría de recordar —"alto de cuerpo, muy trigueño, recio de carnes, serio al extremo"— en un pasaje de *Memorias de mis tiempos*.[19] Al caer herido durante la batalla, dijo, no sucumbió: disimuló la herida, levantó la voz para vitorear a México. El general fue conducido en una camilla, todavía consciente. Expiró al anochecer.

La noticia de la batalla del Molino del Rey, en la que murieron cientos de soldados de las Mixtecas, provocó consternación en Oaxaca. "¡Pueblo oaxaqueño, la Providencia está probando nuestro valor y nuestro sufrimiento!", clamó el periódico del gobierno del estado.

"¡Guerra eterna al infame *Yankee!*"[20] Antonio de León, el hombre del poder a lo largo de la década, estaba muerto. El periódico exigía no olvidar a quienes habían caído con él: "nuestros caros paisanos, nuestros amigos, nuestros deudos que con tanta bizarría y denuedo repelieron al invasor el glorioso día 8 del actual".[21] Unas semanas después, el 20 de septiembre, Porfirio presentaba sus exámenes de lógica en el Seminario. Sabía que un amigo suyo, apenas un año menor, Mariano Jiménez, acababa de luchar con el general Antonio de León, como lo habría de recordar en sus memorias ("estuvo como subteniente del Batallón Guerrero en el Molino del Rey").[22] Por él conoció después los detalles de la batalla. Jiménez había sido su condiscípulo en el curso de medianos del Seminario, hasta el momento de estallar la guerra con los Estados Unidos. Entonces abandonó sus estudios para formar parte de las fuerzas del estado. Llegó a ser su amigo de confianza durante las guerras de la Reforma y la Intervención. "Era notable por su valor sereno y por su empuje como soldado", comentó entonces Porfirio. "Su carácter era leal e independiente, y tenía gran instinto, más bien que talento militar, y una honradez sin tacha".[23]

Porfirio estudiaba lógica y metafísica en el Seminario; estaba también activo en la guardia nacional con el Batallón Trujano. Pero la situación de la economía en el hogar era mala, como siempre. Y quizás sentía —es razonable— que debía ser útil durante la guerra. Así que por esas fechas, tal vez antes, pero en aquel año, el seminarista pidió trabajo por conducto de su madre en la tienda de don Joaquín Vasconcelos, uno de los comerciantes más ricos en la ciudad de Oaxaca. "Comerciaba en abarrotes por mayor y menor, con un negocio de gran movimiento", relataría su sobrino, quien trabajó con él por varios años.[24] La gente lo conocía muy bien. Su tienda estaba localizada al oeste de la Plaza de Armas, en la esquina del Portal de las Flores, nombrada también Arcada del Señor porque tenía sobre los muros un nicho con una imagen muy venerada de Cristo. Joaquín Vasconcelos descendía de inmigrantes originarios de Portugal, algo normal entre los comerciantes de la ciudad, donde muchos eran extranjeros, como Alejandro Portillo de España, William Duncan de Inglaterra y Eugène Lançon de Francia. Pero su patria era México, por lo que acababa de ofrecer todo su apoyo —"10 pesos mensuales durante la guerra, y además su persona para la guardia nacional, cuando se hagan necesarios sus servicios"— al estallar las hostilidades con los Estados Unidos.[25] Doña Petrona lo fue a ver en busca de trabajo para su hijo. "El señor Vasconcelos ofreció resolver después de tomar informes de mí", escribió Porfirio, "y sea porque no quisiera emplearme o porque creyera que me convenía más acabar mi carrera literaria, contestó que era preferible que siguiera yo mis estudios, y me auxilió regalándome un ejemplar de la obra de Jacquier, que servía de texto en ese año y los dos siguientes de mis cursos, y un barragán que los estudiantes del Seminario tenían obligación de usar y que era para mí artículo muy caro, y por lo mismo difícil de adquirir".[26] Porfirio Díaz recibió así, junto con el barragán, los cuatro tomos de la obra de François Jacquier que servía de libro de texto a los seminaristas, *Instituciones filosóficas*, traducida al español desde su publicación en el siglo XVIII.

La vida dio un giro en aquel otoño de 1847, que sería determinante para la historia de todo el país. El 23 de octubre, el licenciado Marcos Pérez, en su carácter de regente de la Corte de Justicia de Oaxaca, fue llamado al ejercicio del poder ejecutivo, informó *El Espíritu de la Independencia*. Pérez reanudó de inmediato la legislatura del estado, que el 29 de octubre nombró gobernador interino a don Benito Juárez. Ambos habrían de ser, en la década por venir, los dos personajes más importantes en la vida de Porfirio. En ese momento no los conocía. Juárez acababa de llegar hacía un par de meses de la capital de México, que dejó pocos días antes de la entrada de las fuerzas del general Winfield Scott. "Un invasor injusto ocupa la capital de la República", mandó publicar en la prensa el día que tomó posesión del gobierno. "Si el enemigo pisare nuestro territorio, hagámosle la guerra sin descanso, disputémosle palmo a palmo el terreno, incendiemos si fuere necesario nuestras poblaciones, para que sólo reine sobre ruinas".[27] Juárez reforzó la guardia nacional al día siguiente de llegar al gobierno, con el decreto del 30 de octubre. Esa fuerza, que tenía alrededor de trescientos soldados en 1847, habría de llegar a tener más de setecientos sesenta en 1849. Su gobierno, entonces, destinaría cerca de la tercera parte de los ingresos del estado en sufragar los gastos de la guardia nacional. "Aunque la voluntad general y la opinión pública sirven de base a la existencia y conservación de los gobiernos en el sistema democrático", dijo Juárez, "con todo, la fuerza física es siempre necesaria, en cuanto que está destinada a hacer respetar las providencias de la autoridad y a custodiar la vida y los intereses de los ciudadanos".[28]

La guerra continuó por unos meses, en medio de la incertidumbre. En noviembre, alarmado por la noticia de un desembarco en Coatzacoalcos, don Benito obtuvo del inglés Diego Innes la cantidad de 26 000 pesos con el fin de comprar armas y municiones, para lo cual tuvo que hipotecar el edificio del Palacio de Gobierno. Más tarde, en diciembre, durante la bendición de la bandera del Batallón Guerrero, el padre Bernardino Carbajal, amigo suyo, luego de criticar a los Estados Unidos por abrigar "una miscelánea espantosa de sectas heréticas", concluyó así su sermón: "la causa que defendemos, considerada bajo este aspecto, es la causa de Dios".[29] Juárez estableció una alianza con la Iglesia: ordenó a sus funcionarios asistir a las fiestas de la Virgen de Guadalupe y la Virgen de la Soledad, pidió servicios religiosos para las ceremonias cívicas, y mandó publicar en el periódico de su gobierno detalles de los ultrajes cometidos por las tropas de Scott en las iglesias de México. Pero la población no reaccionaba: estaba resignada a la derrota con los Estados Unidos. "Es horroroso el espectáculo que presenta el pueblo de México, indiferente a su suerte, insensible a su oprobio, impávido ante su porvenir", lamentaba *El Espíritu de la Independencia*.[30] Así terminó el año de la vergüenza de 1847.

La noche del 2 de marzo de 1848 el gobierno de Juárez celebró en la Catedral de Oaxaca las honras fúnebres del general Antonio de León, luego de exhumar sus restos en Huajuapan. Un túmulo encendido fue colocado en medio de la nave del templo durante la misa, en la que fueron honrados también los otros oaxaqueños que murieron en la batalla del Molino del Rey. "No todo ha sido pequeño, ridículo y deshonesto en la historia de la guerra americana", comentó la prensa.[31] Las ceremonias siguieron por varias semanas. El 19 de abril, los jefes, oficiales y soldados de la guardia nacional de Oaxaca que lucharon en aquella batalla acudieron a un acto celebrado en la Plaza de Armas ante el gobernador Benito Juárez y el comandante general José María Castellanos. Ahí debió estar Mariano Jiménez, el amigo de Porfirio, como subteniente del Batallón Guerrero —y tal vez también él mismo, en calidad de voluntario del Batallón Trujano. El cielo reventó con salvas de artillería. Juárez pronunció un discurso al entregar las condecoraciones a los soldados.

—Yo os felicito y felicito a la Patria —dijo con solemnidad— porque, cuando en esta época desgraciada, muchos de sus hijos se han cubierto de ignominia por haber esquivado el combate, vosotros aparecéis con un distintivo glorioso por haber hecho frente a las fuerzas numerosas del invasor, sosteniendo el honor de la República.[32]

La noticia de la firma del tratado de paz con los Estados Unidos fue recibida poco después en Oaxaca, durante las celebraciones del Sábado de Gloria. Con sorpresa y con indignación. "Sólo el estado de abatimiento a que nos tienen reducidos nuestros vicios, puede explicar cómo ha podido celebrarse un tratado teniéndose el río Bravo por límite, y enajenándose el inmenso territorio", dijo en su editorial el periódico del gobierno. "No sólo ha habido una venta forzada e ignominiosa, supuesto que la suma a que ascienden los valores de las tierras cedidas al Norte de América es tan exorbitante, respecto de los 15 000 000 que hemos de recibir, que por el mismo hecho queda demostrado, no que vendemos, sino que cedemos un inmenso territorio; no que recibimos indemnización por el que damos, no habiendo sido disputado, sino que damos esa indemnización por que la guerra cese y como si fuéramos responsables de sus males".[33] Una parte de la población expresó su voluntad de continuar la guerra, pero el país estaba derrotado, en términos no sólo morales sino materiales: acababan de morir alrededor de veinticinco mil mexicanos, más del doble de los norteamericanos. El Tratado de Guadalupe, firmado desde principios de febrero, sería ratificado hasta fines de mayo. En él, México perdía de golpe, junto con Texas, los territorios de Nuevo México y la Alta California, más el norte del estado de Sonora y Sinaloa que incluía las fuentes del río Colorado, además de las tierras en disputa al sur del río Nueces, consideradas hasta

92

entonces parte de Tamaulipas. Eran en total 2 378 539 kilómetros cuadrados: 55 por ciento de su territorio. Perdía también a todos los compatriotas —extranjeros de repente en su propio territorio— que vivían en el espacio cedido a los Estados Unidos. Eran cerca de cien mil mexicanos, equivalentes a 1 por ciento de la población. El país, derrotado, envilecido, habría de entrar en una depresión que sería larga y profunda, y que duraría hasta finales del siglo XIX.

Porfirio estaba por cumplir dieciocho años. Era ya un muchacho capaz de apreciar la magnitud de la catástrofe que acababa de sufrir su patria. México había perdido más de la mitad de su territorio. Había sido mutilado. El mapa del país que conoció de niño sería, a partir de entonces, totalmente distinto.

6

EL ROMPIMIENTO

El 13 de agosto de 1848 cayó una tormenta al norte de la ciudad de Oaxaca que desbordó las aguas del río Jalatlaco. El arroyo quedó convertido en un torrente, igual que el camino que corría junto al acueducto de San Felipe del Agua hasta el convento del Carmen. Las casas de la zona sufrieron inundaciones, entre ellas las tenerías de la calle de Cordobanes, localizadas a un lado del Jalatlaco. Los testimonios de aquella tromba registraron troncos que flotaban entre los escombros.

Porfirio Díaz empezó a preparar por esas fechas, tras los aguaceros, sus exámenes de física y matemáticas, correspondientes al segundo año de filosofía, con ayuda de los tomos tres y cuatro de la obra de Jacquier, el filósofo del siglo XVIII que los manteístas estudiaban en el Seminario. El 25 de septiembre logró ser aprobado con la calificación de *excelente*. Oaxaca había dejado atrás el trauma de la guerra: su gobierno pensaba ya más bien en el futuro. El licenciado Benito Juárez, recién nombrado gobernador constitucional por el congreso del estado, acababa de firmar un decreto que impulsaba la construcción de caminos para carretas en Oaxaca. "La apertura de caminos de ruedas de la ciudad de Tehuacán y del puerto de Huatulco para esta capital, es de absoluta necesidad", insistía desde hacía tiempo *La Crónica*, el periódico del gobierno de Oaxaca.[1] ¿Para qué? "Para el adelanto del comercio, de la industria, de las artes, y de la agricultura, no menos que para el progreso de la ilustración de los oaxaqueños".[2] Aquel año, en un informe, don Benito habló de los avances del camino de Oaxaca a Tehuacán, donde participaban con el tequio las comunidades de la Sierra Norte. Contaba para la obra, muy ambiciosa, con el apoyo del conde Anton von Diebitsch-Sabalkanski, un ingeniero originario de Silesia que produjo ese año de 1848, por orden suya, el plano mejor concebido hasta entonces de la capital de Oaxaca. El más detallado y el más hermoso, en el que aparecen dibujados y pintados por el conde, en papel sobre tela de lino, las calles, las plazas y los conventos, los predios, las fuentes y las alamedas, las iglesias, todas las casas de la ciudad, con sus pisos, sus vanos y sus zaguanes de acceso —tan bello que sería después reproducido para vender al público ("al precio de 2 pesos").[3] Según ese plano, la capital tenía entonces mil quinientas cuarenta y ocho casas, ni más ni menos, distribuidas en ciento ochenta y ocho manzanas, las cuales estaban a su vez organizadas en ocho cuarteles. Entre ellas, apenas noventa y ocho eran de dos pisos: las demás eran casas de bajos. Así aparece la ciudad en el plano: horizontal y dilatada, con huertas y corrales en los solares de la periferia, uno de los cuales es el habitado por la familia Díaz. Pues es posible ver el solar del Toronjo en el plano del conde Diebitsch-Sabalkanski: una casa de bajos con su huerta tras el templo del Patrocinio, rematada por unos muros —los pesebres, quizás— en la orilla del Jalatlaco.

Porfirio Díaz combinaba sus estudios de manteísta con trabajos que ayudaban a la economía del hogar. Hacía zapatos para todos los miembros de la familia, como siempre, con los conocimientos adquiridos en el local de los Arpides. También hacía labores de carpintería, en un taller ubicado cerca de la iglesia de San Pablo. Fabricaba mesas y sillas para venderlas a los alumnos de las escuelas, ya que, como indica un autor, "cada alumno tenía que llevar entonces a la escuela la mesa y la silla que necesitaba".[4] Así pasaron los meses. En enero de 1849, luego de las vacaciones de invierno, comenzó sus estudios de física particular y ética, las materias que correspondían al tercer año de filosofía. Estudió a satisfacción de todos sus profesores, que lo examinaron al terminar los cursos, el 19 de septiembre. "Los filósofos de tercer año presentaron a examen la obra del reverendo padre fray Francisco Jacquier, exceptuando la teoría de la luz, que explicaron por el sistema moderno", señala el Libro 2° de calificaciones del Seminario, para después añadir esto: "Manteísta don Porfirio Díaz, excelente, *nemine discrepante*".[5] Había recibido la calificación más alta, por unanimidad. Su profesor durante los tres años de filosofía dejó constancia de ello en un documento del Seminario de Oaxaca. "El señor catedrático don Macario Rodríguez, deseando condecorar a sus discípulos, que concluyeron el curso con aprovechamiento, hizo la asignación de los lugares en la forma siguiente", asevera un acta del colegio. "Segundo lugar *in obliquo*, número tercero, don Porfirio Díaz".[6] A fines de septiembre de 1849, a los diecinueve años, era ya bachiller de artes.

"Al acabar el curso de artes, me inclinaba yo a la teología", escribió Porfirio Díaz, "y hasta había ya comenzado a preparar el estudio en las vacaciones en las obras de texto del primer año, que me regaló el señor doctor José Agustín Domínguez".[7] Entre aquellas obras había dos escritas en latín, la *Summa Theologiae* de fray Tommaso d'Aquino y *De Deo Volente et Predestinante* de fray Miguel de Herce y Pérez, y una más en español, la *Teología moral* del padre Francisco Lárraga, miembro de la orden de Predicadores. Don José Agustín Domínguez y Díaz, su padrino, su pariente, su protector durante todos esos años, deseaba que siguiera en el Seminario. "Era entonces una de las primeras dignidades de la Catedral de Oaxaca", recuerda Porfirio.[8] Así lo confirma su biógrafo, el presbítero Eutimio Pérez. "Habiéndolo nombrado el Venerable Cabildo canónigo de la Santa Iglesia Catedral", señala, "hizo la voluntad de Dios, tomó posesión de la canonjía y después fue ascendido a las dignidades de tesorero y chantre".[9] Ocupaba en ese momento el vicariato general, lugar de honor en la diócesis de Antequera. Domínguez ofrecía por esos días una capellanía a su ahijado, que dejaba libre el cura Francisco Pardo. "No recuerdo el capital que representaba esa capellanía", dice Porfirio, "pero probablemente sería como de 3 000 pesos, porque daba un interés de 12 pesos al mes, cantidad que, aunque pequeña en sí, era en mis circunstancias gran cosa".[10] Una capellanía era una dotación en forma de efectivo para el sostén de un sacerdote, quien a cambio de ese ingreso debía celebrar una serie de misas por el alma del donante. En este caso, además, el beneficiario guardaba parentesco con quien la donaba, don Juan Valerón y Anzures. Así, todo parecía llevar al joven Díaz por el camino de la Iglesia. "Mi madre deseaba ardientemente que yo siguiera la carrera eclesiástica", afirma. "No ejercía presión sobre mí, pues yo me sentía muy inclinado a ese género de estudios".[11] Participaba desde joven en las ceremonias del culto, al igual que todos los seminaristas. Varios de sus familiares eran religiosos. Su amigo más cercano en el colegio, Justo Benítez, había sido ya iniciado en el sacerdocio: estaba tonsurado, fungía como maestro de aposentos en el Seminario. Pero no todo eran certezas. Había dudas. El servicio en el Batallón Trujano durante la invasión de los Estados Unidos, por ejemplo, había planteado la posibilidad de una vida más activa, al margen de la Iglesia.

Fue por esas fechas, aquel año de 1849, que Porfirio conoció a don Marcos Pérez. Desde hacía tiempo, junto a su trabajo de zapatero y carpintero, ofrecía clases al final de cursos, en vísperas de los exámenes, por las que cobraba de 2 a 4 pesos al mes. "Daba yo lecciones de gramática y de otros estudios a varios alumnos, con el fin de poder llevar un pequeño contingente a los gastos de mi familia", explicaría él mismo.[12] Así, aconsejado por un amigo, comenzó a dar clases de latinidad a un hijo de Marcos Pérez, un muchacho llamado Guadalupe. Era su pasante en el Seminario, por lo que resultaba la persona más adecuada para repasar las lecciones en su casa, situada en la calle de Plateros, a un lado de la iglesia de San Agustín. Guadalupe vivía ahí con sus hermanos y sus padres, Marcos Pérez y Juana España. "La señora trató conmigo respecto de las lecciones", rememoran las memorias, "y empecé a darlas al joven. Algunos días después comenzó don Marcos Pérez a concurrir a la clase que daba yo a su hijo, para oír los ejercicios que le hacía y tener idea de mi sistema de enseñanza".[13] Volvería de tarde en tarde, con el ánimo de ver avances, aunque sin esperanzas, "porque el muchacho era de escasa capacidad y su padre dudaba que pudiese aprender el latín".[14]

Don Marcos era entonces magistrado de la Corte de Justicia en Oaxaca; también catedrático de derecho público y constitucional en el Instituto de Ciencias y Artes. Tenía cuarenta y cuatro años. Era originario de San Pedro Teococuilco, en el distrito de Ixtlán, zapoteco por todos los costados, al igual que Miguel Méndez y Benito Juárez. Su padre ("quien tenía algunas proporciones") lo mandó de joven a estudiar a Oaxaca, primero al Seminario, luego al Instituto, por lo que tuvo una trayectoria bastante similar a la de sus paisanos, Méndez y Juárez.[15] Había por aquellos tiempos, entre los indígenas del estado, algunos que eran muy ricos, amos de tierras, dueños de ovejas y chivos. La naturaleza de la conquista en Oaxaca, pacífica en comparación con la que tuvo lugar en otros lugares, significó que los caciques de las comunidades que colaboraron con los conquistadores recibieron autorización para conservar su patrimonio. Durante la Colonia, por lo demás, en contraste con otras partes, la base de la economía no fue la minería sino la grana —es decir, la producción de nopales de cochinilla, cultivada no por los españoles sino por las comunidades, sobre todo las zapotecas y las mixtecas. "Desde hace tres siglos", según un testimonio, "el indio saca de este producto sumas inmensas".[16] Había por ello familias de linaje entre los indígenas de Oaxaca. Don Marcos descendía de una de ellas. Combinaba su trabajo en el foro con su quehacer en la academia, y ambos con su labor en la política del estado. Comenzó de joven su relación con la Corte de Justicia de Oaxaca. A mediados de los cuarenta, luego de una estancia en Jamiltepec, era ya magistrado de aquella Corte, miembro de la junta que dirigía el Instituto y diputado en el congreso de Oaxaca, al lado de conservadores como Guergué y liberales como Díaz Ordaz, y sería después —por unos días, antes que Juárez— gobernador de Oaxaca. El primer indígena en ocupar ese cargo en el estado.

Porfirio Díaz tuvo con él una relación de gratitud y respeto desde el momento en que lo conoció en su casa, durante las lecciones que le daba a su hijo Guadalupe. Su relación llegaría a ser entrañable con el transcurso del tiempo. "Era hombre de claro talento, vasta instrucción, gran pureza de costumbres y extraordinaria rectitud, honradez y fortaleza de carácter", habría de recordar en sus memorias. "Tuve la fortuna de tratarlo íntimamente, de conocer su carácter, de aprender mucho de él, pues lo admiraba, lo respetaba y lo tenía como un modelo digno de imitarse".[17] Don Marcos tenía pelo lacio, piel morena, mirada aguda, nariz prominente, ceño fruncido, complexión angular y severa, incluso demacrada, como la que tienen a veces los santos o los fanáticos. Pérez era un poco las dos cosas. Porfirio lo veía como a un padre, el que no tuvo, a la vez generoso, protector y severo. "Su amistad me sirvió mucho para mejorar mi situación", dejó escrito en sus memorias, "cuando era yo un muchacho pobre y desvalido".[18] Quedaría agradecido con él por el resto de su vida, que sería larga: en febrero de 1911, unos meses antes de ser derrocado, tuvo la disposición de encontrar un puesto en la burocracia para uno de los bisnietos de su mentor, don Marcos Pérez.

"Una noche, al salir de la clase que daba yo a don Guadalupe Pérez, me invitó su padre para concurrir a la solemne distribución de premios que iba a tener verificativo esa misma noche, en el colegio del estado", escribió Porfirio Díaz.[19] El Instituto de Ciencias y Artes terminaba sus cursos en noviembre, para comenzar las vacaciones en diciembre. Así sucedía todos los años. Los alumnos tenían que regresar a finales de ese mes para ser matriculados, luego de la ceremonia de premios con la que recomenzaban los cursos en el colegio. Aquella *solemne distribución de premios* que mencionan las memorias ocurrió el 28 de diciembre de 1849. Un viernes. Porfirio aceptó la invitación de don Marcos, por lo que ambos caminaron juntos la cuadra que los separaba del Instituto. Había ya grupos de personas en la entrada, custodiada por un piquete de tropa del Batallón Guerrero. Algunas saludaron al licenciado Pérez, para después avanzar hacia el claustro del convento de San Pablo, sede del Instituto de Ciencias y Artes.

"Eran las siete, y en medio de una atmósfera tranquila, brillaba la luna apacible y majestuosa", comentó más tarde *La Crónica*.[20] El claustro del colegio, austero, rodeado de columnas bajas y cuadradas, estaba, añadió, "rica y gustosamente engalanado con candiles de cristal, hermosos espejos, cuadros de lujo, cortinas de seda y todo cuanto es necesario y el buen gusto exige".[21] En uno de sus costados había un dosel con la efigie de Minerva, diosa de la Sabiduría, flanqueada por los retratos al óleo de dos ex directores, ambos sacerdotes, Florencio del Castillo y Francisco García Cantarines. Hacia su derecha, en un rincón, estaba colocada la orquesta de Nabor Alcalá, el hermano de Macedonio. Había cirios encendidos en el patio, candiles de velas que colgaban en el techo. Entre los asistentes estaban, anotó la prensa, "hombres de todas creencias políticas: personas del muy ilustre y venerable cabildo eclesiástico; prelados de las comunidades religiosas; individuos del clero secular y regular; magistrados de la excelentísima corte; miembros del soberano congreso; médicos, abogados, militares, artesanos, y lo más florido y encantador del bello sexo oaxaqueño".[22] No estaban presentes, sin embargo, el obispo de Antequera, don Antonio Mantecón, y el vicario general, don José Agustín Domínguez. Porfirio lo debió notar, como tuvo que advertir también la presencia de mujeres, algo que jamás veía en el Seminario.

A las siete y media de la noche, el gobernador del estado, don Benito Juárez, entró al recinto acompañado por el secretario del colegio, el doctor Lope San Germán. Iban seguidos por la junta directiva del Instituto, entre cuyos miembros estaba Marcos Pérez. Tomaron sus asientos al frente del dosel que tenía la efigie de Minerva. "Una pequeña campanilla anunció que comenzaba lo más interesante de la función", observó *La Crónica*. "La orquesta la abrió con una rumbosa y bien ensayada obertura; y acto continuo, el secretario del establecimiento subió a la tribuna".[23] Don Lope San Germán, director interino que sería después, por unos días, gobernador de Oaxaca, leyó las calificaciones de los alumnos del Instituto. Al terminar, luego de un paréntesis a cargo de la orquesta, subió al estrado para pronunciar unas palabras el doctor Antonio Falcón, médico de renombre del Instituto. Porfirio escuchó los discursos con atención. Le parecieron elocuentes: "discursos muy liberales", dijo, "discursos en que se trataba a los jóvenes como amigos, como hombres que tenían derechos".[24] Ellos fueron seguidos por una lectura de poemas a cargo de Félix Mariscal y Félix Romero. Al final de la función, el gobernador de Oaxaca otorgó los premios —coronas de laureles— a los estudiantes más sobresalientes del Instituto.

"Terminada la distribución de premios", dijo un cronista, que notó que las mujeres permanecían en sus asientos, "la música continuó, la concurrencia se manifestó complacida, los hombres formaron grupos más o menos pequeños".[25] Don Marcos aprovechó la ocasión para llamar a Porfirio. "En ese momento me presentó con el señor don Benito Juárez, que era entonces gobernador", habría de recordar él mismo en sus memorias. "Me sedujo el trato abierto y franco de estos personajes, cosa que no había yo visto en el Seminario, en donde no se podía ni saludar a los profesores, y mucho menos al rector ni al vice-rector, si no era haciéndoles una reverencia".[26] Marcos Pérez era amigo y colega de Juárez, a quien conocía desde sus años en el Seminario. Habían seguido juntos en el Instituto y habían entrado después, uno tras otro, por las puertas del gobierno de Oaxaca. Ambos eran compañeros de partido, ambos eran incluso compadres. Zapotecos los dos, Pérez tenía rasgos más afilados y más angulosos, y era también, a juicio de Díaz, algo difícil de creer: "acaso más severo que Juárez".[27] Porfirio intercambió algunas palabras con don Benito, en presencia del licenciado Pérez. Después se despidió. La función de premios terminó poco después, hacia las diez de la noche. Así sería el encuentro, breve y austero, pero trascendente, entre quienes estaban destinados a ser los personajes más importantes de la mitad del siglo que, en ese momento, estaba por comenzar: Benito Juárez y Porfirio Díaz.

Aquella noche de diciembre, fresca y clara, Porfirio salió del Instituto de Ciencias y Artes. Estaba radiante, transformado por lo que acababa de vivir. Caminó por las calles mal alumbradas del norte de la ciudad, solo, bajo la luna, hasta la casa donde vivía con su familia, en Cordobanes. "Y entusiasmado entonces por lo que había visto y oído, formé la resolución de no seguir la carrera eclesiástica", afirmó en sus memorias. "Luché conmigo toda la noche, y no pudiendo soportar el estado en que me encontraba, comuniqué a mi madre mi resolución al día siguiente".[28] La entrevista con ella, ese sábado, fue dramática. "Mi madre, como era natural, se afligió mucho, me consideró un muchacho perdido, y creyó que mi conducta no podría ser buena, puesto que había operado en mí un cambio tan radical".[29] No hubo acuerdo entre los dos. Todo era incierto y confuso. Porfirio tenía que tomar una decisión si quería ingresar ese año al Instituto. Pero no sabía qué hacer. En esos momentos de prueba, abatido por el remordimiento, debió implorar ayuda —hincado, adusto, como acostumbraba desde niño. "Después de haber pasado dos o tres días en ese estado violento, y cuando vi que mi madre lloraba y se apenaba mucho por mi resolución y que nada la consolaba, le dije que había cambiado de propósito", reveló, "que aceptaría lo que ella quisiera y que seguiría la carrera que me indicara; y entonces, reponiéndose tanto como pudo en su semblante y dándome una prueba de abnegación, me hizo notar que me vendrían grandes dificultades, puestas las cosas como estaban, de no seguir la carrera eclesiástica, porque en ese caso perdería la capellanía que se me había ofrecido, una beca de gracia que se me iba a dar en el Seminario, y de la categoría de San Bartolo, que eran las más estimadas, y eso para mí era mucha pérdida y especialmente para mi madre. Sin embargo de todo esto, ella me estimulaba a no seguir la carrera eclesiástica sino la que más me agradara, y decidido ya a abandonarla, tomó mi madre a su cargo la tarea de notificar mi resolución a mi protector el señor Domínguez, lo cual era para mí muy terrible".[30]

José Agustín Domínguez era un hombre que inspiraba miedo. Por la dignidad de su cargo, pero también por la severidad de su carácter, la gente de su alrededor lo trataba con cautela y sumisión. Era muy delgado, calvo por completo, con el cabello ya gris en las sienes, y tenía las cejas delgadas y los ojos ojerosos y hundidos, y una expresión de disgusto en los labios que parecía que le alargaba la cara. Así lo muestra su retrato en la sala capitular de la Catedral de Oaxaca. Doña Petrona, su comadre, le solicitó esos días una entrevista para comunicarle la decisión de su hijo, a quien había ayudado a lo largo de su vida, a quien apoyaba entonces para concluir con éxito la carrera de la Iglesia. "El señor Domínguez se mostró muy disgustado en esa entrevista y manifestó que estaba yo perdido, que me había prostituido", habría de recordar su ahijado, Porfirio Díaz. "Exigió que le devolviera sus libros que me había regalado para el estudio de teología, y terminó notificando a mi madre que ya no me cumpliría nada de lo que me había prometido".[31] Le anunció también, por último, que a partir de aquel momento no quería tener ningún trato con su hijo: "que no lo volviera yo a ver".[32] Porfirio no lo volvería a ver jamás, en efecto, porque su padrino nunca se lo permitió, aunque tendría la pena de notificarle por escrito, en vísperas de la Reforma, la expropiación de las haciendas de beneficio que conservaba el hospicio de Oaxaca en la Sierra de Ixtlán.

El rompimiento resultó traumático para la familia Díaz, que perdió a su protector en la Iglesia. Pero los problemas que surgieron a partir de entonces eran tantos que hubo que centrar en ellos toda la atención, para resolverlos. Fue necesario conseguir por esos días la matrícula de Porfirio en el Instituto. Fue necesario pensar, de inmediato, en otras fuentes de recursos, para remplazar el ingreso que significaban la capellanía y la beca de gracia de San Bartolo. Y para ello fue necesario tomar una decisión respecto al solar del Toronjo. Petrona Mori optó por vender la propiedad, en parte porque era indispensable conseguir dinero para enfrentar la situación y en parte porque la casa estaba en un estado sin remedio. Conservaba nada más, según un documento, "dos piezas habitables y una destruida".[33] Doña Petrona vivía en ese par de piezas con toda su familia. No podía seguir así, sobre todo sin la perspectiva de un ingreso, por lo que determinó vender la propiedad —"antes de su completa ruina, pues se halla en mucho menoscabo", explicaría ella misma al escribano Juan Pablo Mariscal.[34] Hubo que comenzar a buscar un comprador, sin tener claro su destino. La familia, quizás, iba a tener que vivir dispersa. "Entonces comprendí que debería atenerme a mis propios esfuerzos y me propuse trabajar para auxiliar a mi madre, serle útil y ayudarle a mantener a sus hijos", escribió Díaz, optimista a pesar del rompimiento con el padre Domínguez. "La suerte que me había privado de un protector eclesiástico me deparó otro de carácter civil, en la persona del licenciado don Marcos Pérez".[35]

INSTITUTO DE CIENCIAS Y ARTES

El Instituto de Ciencias y Artes había sido fundado por un decreto votado el 26 de agosto de 1826 por la legislatura de Oaxaca, que afirmaba lo siguiente: "se establecerá en la capital del estado una casa de enseñanza pública, que se denominará Instituto de Ciencias y Artes" (Artículo 1º), "en este Instituto se dará gratuitamente la enseñanza en idioma vulgar" (Artículo 2º) y "la enseñanza será diaria, sin más interrupción que la de los días festivos, religiosos y nacionales" (Artículo 3º).[1] El Instituto abrió sus puertas en la calle de San Nicolás, en lo que fuera la residencia del filántropo Manuel Fernández Fiallo. Ahí asistieron a clase sus primeros alumnos, pero en 1833 el convento de San Pablo, donde existía ya la imprenta de la ciudad, ofreció uno de sus claustros al Instituto. San Pablo era el más antiguo de los conventos fundados por los dominicos en Oaxaca, dedicado a la conversión de los indios y al estudio del zapoteco, el mixteco y el náhuatl desde el siglo XVI. Al comenzar el siglo XVII fue reedificado por fray Francisco de Burgoa, luego de sufrir un terremoto que lo destruyó, y al empezar el siglo XVIII fue concluido, al fin, con la bendición de la capilla del Rosario. Para financiar esos gastos, los frailes tuvieron que vender los terrenos de la huerta y el atrio, por lo que el convento terminó escondido en el interior de la manzana, rodeado por casas de habitación. Estaba localizado al este de la Plaza de Armas, entre las calles de San Nicolás y la Nevería, aunque el acceso de honor era por la calle de San Pablo, que tenía una acequia en el medio, por donde corría el agua que llegaba del cerro de San Felipe.

El director del colegio era nombrado por el gobernador del estado, a partir de una terna propuesta por el legislativo. Sus directores fueron todos al principio sacerdotes: el fraile Francisco Aparicio (prior del convento de Santo Domingo, amigo de Morelos), el prebendado Florencio del Castillo (líder de la independencia de Costa Rica), el canónigo José Juan Canseco (diputado en el Congreso General) y, más tarde, el doctor Francisco García Cantarines (obispo de Hyppen, favorable a la separación de la Iglesia y el Estado). A partir de su fundación, varios alumnos del Seminario que no querían seguir la carrera de la Iglesia continuaron sus estudios en el Instituto. Fue el caso de Benito Juárez, quien recordó sus años en ese colegio en los *Apuntes para mis hijos*. "Porque el clero conoció que aquel nuevo plantel de educación, donde no se ponían trabas a la inteligencia para descubrir la verdad, sería en lo sucesivo, como lo ha sido en efecto, la ruina de su poder", dijo, "le declaró una guerra sistemática y cruel, valiéndose de la influencia muy poderosa que entonces ejercía sobre la autoridad civil, sobre las familias y sobre toda la sociedad. Llamaban al Instituto *casa de prostitución* y a los catedráticos y discípulos, *herejes* y *libertinos*. Los padres de familia rehusaban mandar a sus hijos a aquel establecimiento y los pocos alumnos que concurríamos a las cátedras éramos mal vistos y excomulgados por la inmensa mayoría ignorante y fanática de aquella desgraciada sociedad".[2] Pero el Instituto no era anticlerical en esos años, como dice Juárez. No lo fue por lo menos hasta principios de los cincuenta. Tampoco padecía el acoso de la Iglesia que, por el contrario, había ayudado a fundar aquel colegio para ejercer influencia en la educación no religiosa de Oaxaca. Los *vinagres*, precursores de los liberales, dominaron la legislatura que fundó la institución, es cierto, aunque cerca de la mitad de aquella legislatura estaba de hecho formada por clérigos —"eclesiásticos muy notables por su instrucción y por sus virtudes", en palabras de un hombre que habría de llegar a ser director del plantel.[3] Por iniciativa de los dominicos, hay que recordar, el Instituto estaba ubicado en el claustro del convento de San Pablo. No había nada raro en ello. "La comunidad de Santo Domingo se componía casi siempre de hombres notables por su ciencia, porte y elegancia", escribió Francisco Vasconcelos, él mismo alumno del Instituto.[4] Sus directores fueron todos sacerdotes de renombre hasta finales de los cuarenta, como García Cantarines, y varios de sus profesores, incluso en los cincuenta, eran clérigos, como el presbítero Francisco Apodaca y el fraile Bernardino Carbajal. Muchas de las ceremonias del colegio, en fin, estaban dedicadas a los santos de la Iglesia.

La relación del Instituto con la Iglesia empezó a cambiar a principios de la década de los cincuenta, en el momento en que ingresó Porfirio. Eran los tiempos anteriores a la Reforma. El colegio, partidario de la autonomía del estado, liberal en sus convicciones, había sufrido ya el embate del régimen del Centro. Un registro de su situación por esas fechas fue hecho por Juan B. Carriedo, quien acababa de publicar sus *Estudios históricos y estadísticos del estado oaxaqueño*, donde hablaba del Instituto. "Este establecimiento científico", escribió, "que a pesar de los recios golpes que la aristocracia, el despotismo y la brutal ignorancia le han dado continuamente, progresa, aunque estén sus catedráticos sin rentas y sin premios los alumnos, ha producido, hasta hoy, inteligencias cultivadas en honor de Oaxaca".[5] Carriedo mencionaba, en el intento por mejorar su situación, "los esfuerzos del licenciado Juárez, catedrático del mismo Instituto".[6] Resultaron en verdad notables los esfuerzos del gobernador en favor de su progreso. El Seminario había tenido siempre una matrícula superior a la del Instituto. A principios de los treinta, por ejemplo, había en aquel colegio alrededor de doscientos cincuenta seminaristas, entre *colegiales* y *capenses*, mientras que había entonces apenas más de cien alumnos en el Instituto. Pero todo cambió en la víspera de la llegada de Porfirio. Ese año, su matrícula se triplicó: los alumnos pasaron de más de cien a más de trescientos. Hubo un salto en la inscripción que debió preocupar a la Iglesia. Quizás entonces, el clero pensó que el Instituto podía ser, en efecto, "la ruina de su poder", como decía Juárez.[7]

El Instituto de Ciencias y Artes habría de ser más tarde, en el curso de la década de los cincuenta, un baluarte de los liberales de Oaxaca. Sobre todo a partir del juramento de la Constitución. Ese juramento provocaría, entonces, un desgarramiento en el cuerpo de sus catedráticos. Así sucedería con dos de los profesores más eminentes del colegio, el licenciado Manuel Iturribarría y el padre Bernardino Carbajal. En enero de 1850, ambos eran miembros de la junta que dirigía la institución, junto con Marcos Pérez y Cenobio Márquez. Don Manuel Iturribarría, miembro de una familia muy distinguida, liberal de tendencia más bien moderada, era profesor de derecho natural, había sido diputado con Juárez en el Congreso General durante la guerra con los Estados Unidos. Fray Bernardino Carbajal, por su parte, quien vestía el hábito de los dominicos, muy cercano a don

Benito, era uno de los oradores más afamados de Oaxaca. Pero ambos habrían de evolucionar en sus opiniones hacia lugares distintos a finales de los cincuenta: Iturribarría dejaría poco a poco a los liberales, violentado por su postura contra la Iglesia, mientras Carbajal, por el contrario, abandonaría la Iglesia para dedicar todo su tiempo y su entusiasmo a la causa de los liberales en Oaxaca.

"Al formar la resolución de no seguir la carrera eclesiástica", anotó Porfirio Díaz en sus memorias, "no tenía más alternativa que optar por la de abogado, porque estas dos y la de medicina eran las únicas que se enseñaban entonces en Oaxaca, y no me sentía yo con vocación especial para la última".[8] Había una alternativa más, la militar, que sería de hecho la carrera por la que optó su hermano, el Chato. Pero él nunca la contempló porque su intención era ingresar al Instituto de Ciencias y Artes. Así lo hizo en enero de 1850. El acceso al colegio era por unos callejones rematados por arcos que daban a las calles de la Nevería, San Nicolás y San Pablo. Porfirio ingresaba normalmente por la Nevería cuando llegaba del solar de Cordobanes. Asistía todos los días. Tomaba la clase de dibujo con el profesor Lucas Villafañe, fundador de la Sociedad Artística de Beneficencia en apoyo a los artistas en un momento en que la cátedra de dibujo, por gravosa, estuvo a punto de desaparecer en el Instituto. Villafañe era autor de uno de los cuadros más reveladores de la vida de Oaxaca en el siglo XIX, el de la Alameda de León. En su juventud, contaba la gente, había ayudado al prior de Santo Domingo a ocultar de sus enemigos los restos del general Guerrero en una oquedad tras el retablo de la capilla del Rosario. Porfirio tomaba con él sus clases en el aula 2, consagrada al departamento de dibujo, al lado del aula 1, donde estaba la Escuela Lancasteriana de Crespo, integrada al Instituto en el convento de San Pablo. Entre sus condiscípulos estaban José Blas Santaella y Francisco Vasconcelos. Porfirio tenía un talento notable para dibujar. Al final del año recibiría la calificación más alta: "primer grado, *nemine discrepante* y superior lugar", y con el paso de los años sería incluso sinodal en los exámenes de dibujo en el Instituto.[9]

Además de dibujo, Porfirio estudió derecho público con Marcos Pérez y derecho natural con Manuel Iturribarría. En ambos cursos hizo amistad con un muchacho bastante más joven, a quien había conocido de vista, sin tratarlo, en el Seminario. Su nombre era Matías Romero. "Fuimos condiscípulos", habría de recordar en sus memorias, "y después nos ha unido una cordial amistad".[10] Matías tenía entonces apenas trece años, seis menos que Porfirio, quien tenía diecinueve años cumplidos al ingresar al Instituto. Era originario de la ciudad de Oaxaca, donde vivía con sus padres en la calle del Colegio de Niñas, a un lado de la Catedral. Los Romero eran prósperos: tenían propiedades y rentas en el estado. En 1850, Matías llevaba ya dos años en el Instituto, al que ingresó luego de transitar muy joven por el Seminario. Era diligente, religioso y ordenado, y tenía problemas de salud: sufría vértigos y desmayos, y también padecía crisis de epilepsia, que él llamaba "ataques cerebrales".[11] Era una persona, desde entonces, bastante extravagante: inapetente ("nunca tuve mucho apetito") y soñolienta ("en mi niñez y en mi juventud dormía profundamente, tanto que podía hacerlo mientras montaba a caballo"), que acostumbraba leer en la azotea de su casa, con vista a los laureles de la Alameda de León.[12] Su amigo del alma —hasta su muerte, pocos años después— era el poeta Luis Bolaños, condiscípulo suyo en las clases de derecho natural y derecho público que tomaba con Porfirio en el instituto. Ambos eran ya, Matías y Porfirio, parte del grupo de estudiantes de derecho que rodeaba al licenciado Marcos Pérez. Todos estaban destinados a brillar en sus carreras. ¿Quién hubiera dicho, por ejemplo, que Matías —aquel joven excéntrico, blanco de piel y bajo de estatura— sería con los años el más destacado representante de su país en los Estados Unidos y el primer secretario de Hacienda en cerrar el año sin déficit en el México del siglo XIX?

El ambiente en el Instituto debió ser estimulante para Porfirio sobre todo por las personas que conocía, aunque quizá también —su temperamento no era intelectual— por los autores que leía, entre los que destacaban el catalán Jaume Balmes y el suizo Eméric de Vattel, el inglés Jeremy Bentham y el norteamericano Thomas Jefferson. Estaba sin duda contento, pero también preocupado. Había perdido la capellanía y la beca de gracia que le ofrecía Domínguez en el momento de dejar el Seminario. No contaba todavía con un ingreso con que compensar aquella pérdida. El solar donde vivía con su familia desde niño había sido puesto en venta por su madre, dividido en dos para facilitar la operación. La venta dio inicio el 13 de abril, en la ciudad de Oaxaca. Petrona Mori vendió ese día la parte del solar que daba al sur —"por precio y cantidad de 60 pesos", indica la escritura— al señor Isidro Colmenares, quien habría de instalar ahí mismo una curtiduría, junto a la del convento de San Pablo.[13] Más adelante, en junio, vendió lo que restaba del solar, su parte más importante, la que incluía la casa donde vivía la familia, con una superficie de 52 varas de oriente a poniente y 28 varas de norte a sur. "El día 15 del corriente", refiere la escritura, "vendió doña Petrona Mori a don Francisco Mora un solar ubicado en esta ciudad detrás del templo de Nuestra Señora del Patrocinio".[14] Lo vendió, añade, "por el precio y cantidad de 200 pesos al contado".[15] Don Francisco, el comprador, era una persona muy pobre que pudo adquirir el solar, explicó, pues acababa de heredar una cantidad que le permitió pagar en moneda de plata. Doña Petrona declaró que le vendió a él porque de plano, dijo, "no halló quien más le diese".[16] Con esa venta terminó de liquidar las propiedades que le había dejado su marido.

Al dejar el solar, parece ser, la familia optó por seguir rumbos diferentes. Ya no vivieron todos en una misma casa. Porfirio trabajaría más adelante como apoderado del cura Francisco Pardo, pariente suyo, haciendo viajes a caballo para llevarle documentos a su coadjutor, quien estaba a cargo de la parroquia de Chilapilla, en la Mixteca. "Por esos servicios", explicaría, "me daba una casa para vivir y alguna remuneración pecuniaria".[17] Es probable que su hermano, el Chato, quien acababa de cumplir diecisiete años al salir del solar, residiera con él: había pasado unos meses en el Seminario, que no le gustó, y pasaría después algunos años en el Instituto, apoyado por Porfirio, donde empezaría sus estudios de filosofía con un sacerdote, el presbítero Francisco Ceráin. Es probable que su hermana Nicolasa, todavía soltera, habitara por su parte con su madre, doña Petrona. Y es posible que Manuela, la mayor, fuera ya viuda de Francisco Pacheco, y viviera junto con su hija, entonces una niña de cuatro años: Delfinita. Porfirio comenzó a mantenerlos a todos con su trabajo en el foro. "Tomé a mi cargo", afirman sin ambages sus memorias, "la subsistencia y educación de la familia".[18]

Poco después de la venta del solar, en agosto, tras la llegada de las lluvias, estalló una epidemia de cólera en Oaxaca. El licenciado Benito Juárez, al frente de su gobierno, encabezó en las calles las procesiones que pedían la intercesión de Dios, junto con el obispo de Antequera, un hombre ya grande, don Antonio Mantecón e Ibáñez. Pero todo fue inútil. Aquella epidemia habría de matar a más de diez mil oaxaqueños a lo largo del estado. Era la misma que había invadido un año atrás los puertos del este de los Estados Unidos, la misma que había decidido a muchos a salir hacia el oeste, a buscar "el oro de California", entonces ya parte de la Unión.[19] Llegó a México como llegaba siempre: por los puertos del Golfo, y desapareció como solía desaparecer: con la llegada del invierno. Los oaxaqueños estaban acostumbrados a convivir con esas oleadas de muerte. Porfirio Díaz preparó sus exámenes cuando la epidemia había ya desaparecido por completo. El 31 de diciembre de 1850, día que concluyó uno de los años más importantes en su vida, fue examinado en cuatro materias: dibujo ("primer grado, *nemine discrepante* y superior lugar"), derecho natural ("primer grado, *nemine discrepante*"), francés ("primer grado, *nemine discrepante*") y derecho público ("primer grado, *nemine discrepante*").[20] Las notas eran buenas. "En el Instituto", diría más tarde, "alcancé las primeras calificaciones, aunque no llegué a obtener ningún premio ni acto público que se daban a los estudiantes más sobresalientes".[21]

LUCHA POR LA VIDA

El 1 de enero de 1851 Porfirio Díaz asistió a la función de premios del Instituto de Ciencias y Artes. La ceremonia siguió el modelo de otros años, aunque hubo esta vez una novedad. "Para aumentar la función", dijo un cronista, "varias jóvenes de lo mejor de nuestra sociedad quisieron tomar parte en esta lucida escena, y cantaron unas excelentes y armoniosas piezas de música, y otras tocaron en el piano difíciles y sentidas variaciones".[1] Las mujeres, poco a poco, empezaban a estar presentes en la vida de Porfirio, quien por esas fechas comenzó a llevar bigote y barba, cosa que tenía prohibida en el Seminario. Ese mes retomó la cátedra de derecho público que daba Marcos Pérez en el Instituto. También comenzó a trabajar en el foro bajo su dirección. Debió ser más o menos por esos días, primero en la ciudad de Oaxaca, después en los pueblos donde tenía asuntos pendientes el despacho, por ejemplo Ejutla, Ocotlán y Zimatlán, todos ellos localizados al sur de los Valles. Aquel era su trabajo más importante, que combinaba con sus estudios en el Instituto. "Al fin tuve el poder del pueblo de Valle Nacional, que me fue lucrativo porque entonces se pagaban viáticos además de los honorarios, que eran dobles por tratarse de comunidad", recordaría Porfirio.[2] San Juan Bautista Valle Nacional era un pueblo localizado al norte del estado, sobre la cuenca del río Papaloapan. Estaba inmerso en un cañón rodeado de montañas, al que había que llegar por un camino de herradura que atravesaba los bosques y las selvas de la Sierra Norte de Oaxaca. Hasta allá llegaba el pasante de don Marcos. Su nombre, *Valle Nacional*, habría de simbolizar las crueldades del Porfiriato a raíz del triunfo de la Revolución. Entonces era un pueblo que contrataba los servicios de un muchacho que, en esos viajes de trabajo, comenzó a descubrir un territorio que más tarde, como guerrillero, habría de conocer como la palma de su mano.

Por aquellos tiempos había una red de veredas y extravíos alrededor de la capital, que la mantenía comunicada con su entorno más inmediato. Había también caminos de rueda (llamados *carreteros* —o sea, para carretas) hacia el norte, a Ixtlán, y hacia el sur, a Huixtepec y Ejutla, que recorrían todos los Valles, hasta Mitla. Pero no había nada más. Para llegar al resto de los poblados del estado había que viajar a caballo por caminos de herradura, a veces a pie por brechas abiertas por los indios. Porfirio viajaba a caballo para atender los asuntos del despacho de don Marcos Pérez. Según el testimonio de un viajero, los caballos de la región eran bajos y resistentes, por lo general de pelajes muy variados: bayos, roanos y tordillos, que comían y bebían por la noche, después del trabajo, cuando sus dueños los llevaban a bañar al río. "La mayoría anda sin herraduras", habría de notar, muy intrigado, aquel viajero, un austriaco que vivió en México.[3] Por esa razón no hacían ruido cuando andaban por las calles. Montado en uno de ellos, Porfirio caminaba por los caminos de rueda de los Valles, entre recuas y boyadas, y por los caminos de herradura que subían, más aislados, por las montañas de la Sierra Norte. Los viajes duraban varios días, por lo que había que dormir con frecuencia al descampado. Y había bandoleros en algunas zonas, así que era recomendable viajar armado.

La comida de los pueblos era distinta a la de la ciudad: pozoles, tamales, atoles, totopoxtles, combinados a veces con asados de venado o armadillo. Era común cazar en la montaña. Porfirio comenzó a hacer por necesidad algo que habría de hacer por afición el resto de su vida. Sabía manejar armas de fuego desde joven, al menos desde sus años en el Batallón Trujano. "Era yo", dijo en sus memorias, "muy afecto a las armas".[4] Las empezó a fabricar con los desechos —cañones de escopeta, baquetas, llaves de chispa— que compraba en el mercado de fierros del Portal del Señor. "Me puse a hacer buenas armas para mí y para mi hermano", escribió, "y al ir a las cacerías, en las inmediaciones de Oaxaca, me encontraba con indios cazadores del Valle Grande".[5] Les mostraba su escopeta, que les agradaba. "Me daban las suyas, se las componía y arreglaba a su gusto, y al domingo siguiente se las llevaba, recibiendo el pago respectivo".[6] No todos veían con placer su vida entre cazadores. "La caza puede ser diversión del hombre de mérito, pero sólo llega a ser pasión para un hombre de ingenio inculto", dijo por esas fechas un periódico de Oaxaca. "El verdadero cazador, el cazador por oficio, es una especie de ser brusco que sólo se trata con gente agreste, trata con aspereza a sus hijos, desprecia a su mujer y sólo tiene cariño a sus perros".[7]

Los meses pasaron sin sobresaltos, dedicados al trabajo y al estudio. En el otoño de 1851, una noticia llamó la atención de la familia Díaz, relativa al padre de Delfinita. El 8 de octubre, Manuel Ortega y Reyes contrajo matrimonio en la capital de Oaxaca con Serafina Fernández de Arteaga y Mantecón. Desde hacía un año, Manuel era profesor de disección en el Instituto, donde tenía un contacto más o menos frecuente con Porfirio. Su relación era cordial, según parece, a pesar del desenlace que tuvo su amorío con Manuela Díaz. Hacía ya seis años de eso. Serafina era una muchacha de alcurnia que vivía con sus padres en la Plaza de Armas, al lado de la Catedral, sobre el Portal de Clavería. Era hija de José Simeón Fernández de Arteaga, el ex gobernador de Oaxaca, y sobrina de Antonio Mantecón e Ibáñez, el obispo de Antequera. Don José Simeón estaba caído en desgracia en el momento de la boda, pues unos meses antes la guardia de prevención había dirigido un pronunciamiento a su favor, contra el gobierno de Benito Juárez. "Pero en el mismo día fue destruido el movimiento y preso y encausado Arteaga", recordaría un compañero del Instituto.[8] Fernández de Arteaga viviría a partir de entonces en la capital de México, donde más adelante habría de secundar al general Santa Anna.

No hubo más noticias que perturbaran la calma de Oaxaca. Los cursos terminaron en noviembre, luego de los exámenes. Hubo una ceremonia de fin de año, en la que uno de los oradores fue Matías Romero. Todos en el colegio tomaron entonces el mes que les correspondía de vacaciones, para reanudar sus quehaceres el 1 de enero de 1852, con una función de premios en el Instituto que tuvo lugar en el claustro de San Pablo, presidida por el gobernador del estado, don Benito Juárez. Era jueves. Porfirio debió también estar ahí. "Quedó el patio principal de la casa convertido en un magnífico salón diestramente adornado, enriquecido con lujosos cuadros, hermosos espejos, candiles, quinqués y asientos de todas clases", reseñó la prensa. "A las oraciones de la noche se iluminó el salón y el edificio todo. Una comisión compuesta de dos catedráticos y ocho alumnos salió del Instituto alumbrada con hachas de cera y se dirigió al colegio Seminario por su digno rector y cuerpo académico, que ya la esperaban".[9] El rector y el director tomaron sus asientos frente al gobernador. Hubo discursos de apertura, declamación de poemas, música de orquesta y lectura de calificaciones, hasta el retiro del rector del Seminario. A pesar del protocolo, manifiesto en esta ceremonia, empezaba a ser tensa la relación del Instituto con la Iglesia. El colegio era ahora más secular, más celoso de su independencia. Su director no era ya García Cantarines, muerto desde finales de los cuarenta, luego de ser designado obispo auxiliar de Antequera, sino un médico ligado también a su fundación, el doctor Juan N. Bolaños. Todavía por esos años había sacerdotes entre los profesores, como los encargados de las cátedras de filosofía y derecho canónico, que iban y venían con sus sotanas por el convento de San Pablo. Pero a diferencia del pasado, el grueso de los profesores, presididos por el director, no eran ya personajes de la Iglesia.

Desde hacía unos años, asimismo, iban en aumento los estudiantes que dejaban el Seminario por el Instituto —algunos incluso peleados con la Iglesia, como Justo Benítez, el amigo de Porfirio. Benítez había sido iniciado en el sacerdocio, estaba tonsurado, llegó a dar cátedras a los seminaristas, pero salió también de aquel colegio. El estallido sucedió durante un acto en el que, luego de afirmar que sus convicciones eran liberales, criticó el papel de la Iglesia en la educación de los indios de México. Al no hacer una rectificación en público, el rector del Seminario lo expulsó del colegio, por lo que Justo continuó sus estudios de derecho en el Instituto. En 1852 estaba por concluir la carrera, pero tuvo de nuevo problemas con las autoridades. Su examen de derecho fue aprobado por mayoría de votos, no por unanimidad, pues uno de sus sinodales votó en contra, el profesor Juan Ezeta. Benítez le devolvió el cargo de falta de preparación a Ezeta, ante lo cual el jurado que lo calificaba, juzgando irrespetuosa su respuesta, demandó su confinación en Oaxaca. Ella no tuvo lugar por recomendación del propio Juárez, quien no encontró en ese acto la comisión de un delito —por el contrario, nombró a su autor oficial mayor en el gobierno de Oaxaca. Benítez trabajaría a su lado en los años por venir, hasta romper también con él, pues su carácter era intransigente, con todo el mundo. "No me admitía contradicción de ningún género", comentaría por ejemplo Porfirio, aunque él mismo reconocía que su amigo tenía, sin duda, "buena instrucción y buenas facultades mentales".[10]

En 1852 el Instituto era más laico, más independiente, más propenso a recibir en sus aulas a los tránsfugas del Seminario, a quienes orientaba en una dirección que para muchos era contraria a las enseñanzas de la Iglesia. Pues sus profesores, liberales en su mayoría, eran con frecuencia, además, masones. También sus estudiantes. El tercianista Porfirio Díaz, en concreto, fue iniciado por aquellas fechas —unos dicen que ese año, el "2 de abril"— en los secretos de la masonería.[11] Al parecer fue presentado por Marcos Pérez, quien era venerable maestro de la Logia Cristo de Oaxaca. Esa logia pertenecía al Rito Nacional Mexicano, el único que existía desde el declive de los *escoceses* y los *yorkinos* en toda la República. Durante las reuniones con sus hermanos de la Logia Cristo, Porfirio descubrió, acaso con sorpresa, a muchos de sus más respetados profesores en el Instituto, como Benito Juárez y Cenobio Márquez, y también a varios de sus condiscípulos, entre ellos Francisco Vasconcelos. Unos eran aprendices, otros compañeros, algunos maestros, los tres grados de la masonería. El venerable maestro Benito Juárez había sido iniciado durante los cuarenta, en la ciudad de México. "Perteneció al Rito Nacional Mexicano", escribió un biógrafo que lo conoció de cerca, también masón, "en el que obtuvo el grado noveno, que es el más alto y equivale al trigésimo tercero del Rito Escocés".[12] Su nombre en la hermandad era *Guillermo Tell*. Era una de las figuras más consideradas de la Logia Cristo en el momento en que ingresó Porfirio.

Los masones tenían raíces muy profundas en Europa. Eran en sus orígenes una cofradía de albañiles (*masons* en inglés, *maçons* en francés) que abrieron sus puertas a individuos no pertenecientes a la profesión en el siglo XVII. La primera logia presidida por un maestro fue creada en Londres: promulgó un código que obligaba a sus miembros a practicar la fraternidad y reconocer la existencia de Dios. A partir del Reino Unido, los masones extendieron sus ideales de fraternidad entre las clases más ilustradas de Francia y España. Eran en general favorables a la tolerancia religiosa, lo que los enfrentó con la Iglesia. Los primeros que llegaron a México hacia finales del siglo XVIII procedían en su mayoría de Francia. Algunos fueron perseguidos por la Inquisición. Traían con ellos los símbolos de la masonería: el mandil, el compás y la escuadra, y añadieron con el tiempo, luego de la Independencia, el águila que devoraba la serpiente en la bandera de México. El Rito Escocés dominaba por esos años la masonería, aunque a mediados de los veinte su hegemonía desapareció con la fundación del Rito Yorkino. Ambos fueron más tarde disueltos por el Congreso General, por considerar que atentaban contra la tranquilidad de la República. Entonces surgió el Rito Nacional Mexicano, compuesto por cinco *escoceses* y cuatro *yorkinos* con el objeto de eliminar las disensiones, bajo la autoridad del Supremo Gran Oriente.

La logia más antigua de Oaxaca fue fundada a fines de los veinte por el venerable maestro Antonio de León, con el nombre de Esfuerzo de la Virtud. Los masones acudían a su casa junto a la Catedral, con discreción, pues estaban ya asediados por la Iglesia. El papa León XII acababa de dar a conocer hacía un par de años la bula que proscribía la masonería, llamada *Quo Graviora*. Desde entonces era común escuchar en los sermones ataques a esa sociedad, en los que los sacerdotes condenaban a los masones —"hombres que, despreciando los ritos más edificantes de la Iglesia de Dios, adoptaron las ridículas ceremonias de una sociedad secreta y se honraron con un mandil", como dijo un clérigo desde el púlpito de la Soledad.[13] Pero la masonería no desapareció. Las logias tenían una serie de atributos que las hacían atractivas: estaban organizadas, eran discretas, contaban con partidarios a lo largo de la República. Funcionaban como espacios de intercambio de ideas, como partidos en los que era posible hacer política, incluso conspirar si era necesario contra el orden establecido. En ellas convergieron durante los cincuenta los liberales que protagonizaron la Reforma en Oaxaca, encabezados por Benito Juárez y Marcos Pérez, y secundados por partidarios más jóvenes, como Díaz y Vasconcelos. Porfirio Díaz, en lo personal, dejaría con el tiempo el Rito Nacional Mexicano para seguir el Rito Escocés —o como sería llamado luego, el Rito Escocés Antiguo y Aceptado. Habría de ser un masón de relieve en aquella fraternidad, donde alcanzaría la jerarquía más alta —el grado 33— con el nombre de *Pelícano*.

7

DON BENITO JUÁREZ

En agosto de 1852, al dejar el gobierno de Oaxaca, don Benito Juárez asumió de nuevo la dirección del Instituto de Ciencias y Artes. Era también desde principios del año profesor de la cátedra de derecho civil, entre cuyos alumnos más notorios estaban Matías Romero, Porfirio Díaz y José Blas Santaella. Porfirio había terminado ya dos años consagrados al derecho natural y al derecho público, y ahora, según el plan de estudios, empezaba dos años más, dedicados esta vez al derecho civil y al derecho canónico. No hay duda de que tomaba en serio sus estudios. *La Crónica* acababa de publicar por esos días la lista de los estudiantes del Instituto que, en el mes anterior, habían tenido faltas "sin ningún aviso", para luego agregar esto: "Porfirio Díaz, ninguna".[1] Era serio y aplicado, al igual que su amigo Matías, pues resultaba común, según esa lista, que los estudiantes faltaran hasta la mitad del mes a sus cursos en el Instituto.

El ex gobernador Benito Juárez permanecía, como siempre, en el centro de la vida de Oaxaca. Porfirio lo veía todas las semanas en las clases de derecho civil que tomaba con él en el Instituto. En ocasiones lo frecuentaba también en privado. "Varias veces vi al señor Juárez antes de que fuera desterrado por la administración del general Santa Anna, y siempre en la casa de don Marcos Pérez", escribiría en sus memorias. "Como en ella se me trataba como amigo, el día de alguna fiesta de familia concurría yo, y allí encontraba al señor Juárez".[2] Don Benito vivía unas cuadras más arriba, en la calle de Vega, cerca del convento de Santa Catarina. Tenía entonces cuarenta y seis años, así que le doblaba la edad a Porfirio. Vestía con austeridad, siempre de negro, muy riguroso, en conformidad con su carácter. Las miradas de los asistentes estaban a menudo puestas en él durante las reuniones en aquella casa. Su rostro nunca revelaba lo que pasaba en su interior: era duro, pero tenía algo que transmitía confianza. "Era afable en su trato, gustaba oír conversar a las personas de ingenio", señala una persona que lo conoció. "Nunca reía, pero celebraba con una sonrisa las buenas ocurrencias".[3] Y algo notable: "Tenía excelente memoria".[4] Muchos de esos rasgos eran parecidos a los que tenía entonces en ciernes —los acentuaría con el paso de los años— su discípulo en el Instituto. Ambos eran austeros, parcos, serios, incapaces de reír, muy duros, impenetrables, exactos en su memoria, conocedores de los resortes que mueven a los hombres. Don Benito llegó a apreciarlo en todo su valor. Así lo habría de reconocer de grande don Porfirio, golpeado por la nostalgia, tal vez incluso por el remordimiento de haber roto con él al triunfo de la República. "Tuvo siempre gran cariño y predilección por mí", escribió, "hasta que desgraciadamente nos separaron los sucesos políticos".[5]

Nadie tenía manera de saber entonces que, en apenas un puñado de años, Juárez, desterrado de México por Santa Anna, volvería a su país para ser de nuevo gobernador de Oaxaca, titular de la Suprema Corte de Justicia, ministro de Gobernación y, más tarde, presidente de la República, puesto que habría de conservar por el resto de sus días, luego de triunfar en las guerras de la Reforma y la Intervención. ¿Cómo había sido su vida hasta entonces? Había nacido en San Pablo Guelatao, un pueblo de no más de veinte familias, todas ellas zapotecas, al sur de la Sierra de Ixtlán. Porfirio llegó a conocer poco a poco su historia, que era extraordinaria. A los tres años quedó huérfano de padre y madre, y a los doce años huyó del hogar de su tío Bernardino para marchar a pie hasta la ciudad de Oaxaca, donde llegó por la noche a la casa en que trabajaba su hermana María, propiedad de un comerciante originario de Génova pero fincado en Oaxaca llamado Antonio Maza. Benito estuvo un tiempo dedicado al cuidado de los nopales de grana en casa de los Maza, hasta que conoció al hombre que le permitió sobrevivir en el mundo de los blancos, en Oaxaca. Vestía el hábito de los terceros de San Francisco. "Era un hombre piadoso y muy honrado que ejercía el oficio de encuadernador y empastador de libros", rememoraría. "Me recibió en su casa ofreciendo mandarme a la escuela para que aprendiese a leer y a escribir".[6] Su nombre era Antonio Salanueva. Apoyado por él, Benito, que hablaba sólo zapoteco, que nunca había ido a la escuela, ingresó al Seminario Conciliar, para continuar más tarde sus estudios, contra el deseo de su protector, en el Instituto de Ciencias y Artes.

Al salir del Instituto con el grado de bachiller, Benito Juárez asumió una serie de cargos: regidor de la ciudad, diputado en la legislatura del estado y ministro de la Corte de Justicia de Oaxaca. Fue ayudante del general Isidro Reyes al momento de la rebelión de Religión y Fueros. Defendió a una comunidad de los abusos del cura de San Agustín Loxicha. Aceptó ser secretario de Gobierno con el general Antonio de León, no obstante sus ideas contrarias a las del régimen del Centro. Trabajó por muchos años en el bufete de Tiburcio Cañas, con quien colaboró más adelante en el Congreso General, donde votó la ley que ordenó hipotecar una parte de los bienes del clero para ayudar a la defensa del país, invadido por los Estados Unidos. A su regreso, impulsado por los liberales, asumió el gobierno de Oaxaca. Su administración fue austera y honrada, respetuosa de la ley y el orden, aunque incapaz de lograr la pacificación del Istmo de Tehuantepec. Entonces ya todos lo conocían en el estado. Era un hombre de costumbres muy sobrias. "Se levantaba al amanecer y tomaba un baño de agua fría, tanto en verano como en invierno", comenta un autor. "Hacía un ligero ejercicio y después se entregaba a sus labores, despachando sin precipitación, pero con constancia. Sus comidas eran sencillas y en poca cantidad".[7] No siempre sería así: con el tiempo llegó a necesitar el alivio de los vinos de Burdeos. Pero entonces no los necesitaba. Dormía la siesta en paz, para luego proseguir con sus tareas. "Era sumamente aseado en su cuerpo y en su traje", revela el mismo autor.[8] Sus hábitos fueron siempre estrictos. En 1852 llevaba cerca de diez años casado con Margarita Maza, hija de don Antonio, con quien había tenido ya cinco hijas, todas ellas mujeres, una de las cuales murió durante su gestión al frente del gobierno de Oaxaca, aunque ese otoño, el 29 de octubre, nació por fin un hijo, su primero, el único que lo sobreviviría: Benito. Ese era el hombre que estaba entonces al frente del Instituto de Ciencias y Artes de Oaxaca.

Juárez era un profesor estricto. Porfirio no tuvo con él las calificaciones más altas, como las que obtuvo con el resto de los catedráticos. A pesar de su aplicación, sus notas en derecho civil fueron irregulares: el 3 de noviembre recibió un "primer grado, *nemine discrepante*", pero el 5 de diciembre sufrió un "segundo grado, *nemine discrepante*".[9] Con esos resultados, Porfirio retomó sus cursos en el Instituto en enero de 1853. Estudió gramática castellana con Félix Romero y derecho canónico con Francisco Apodaca, y siguió la cátedra de derecho civil con Benito Juárez, al lado de su amigo Matías Romero. Ninguno de ellos imaginaba que, en apenas un par de años, sus vidas habrían de dar un vuelco junto con la de toda la nación, y que serían una década más tarde —ellos, quienes coincidían en ese salón de clases: Juárez, Díaz y Romero— los protagonistas más grandes de la guerra contra la Intervención. Pero no fueron los únicos en destacar. Por los muros del Instituto pasaban entonces muchos de los hombres que habrían de moldear la historia de México en el siglo xix. La lista habla con elocuencia: Benito Juárez, Porfirio Díaz, Marcos Pérez, Ignacio Mejía, Matías Romero, Justo Benítez, Manuel Dublán, Ignacio Mariscal, Félix Romero... Dos presidentes de la República, un gobernador de Oaxaca, un ministro de Guerra, un embajador ante los Estados Unidos, dos secretarios de Hacienda, un titular de la Cancillería y, en fin, un presidente de la Suprema Corte de Justicia... El Instituto les inculcaba la confianza de mandar, la seguridad en sí mismos necesaria para el liderazgo que, con los años, habrían de ejercer sobre toda la nación. Por su conducto, aquel colegio tuvo una influencia que abarcó al resto de la República. Así lo vislumbró el pronunciamiento que triunfó por esos días, en el que los conservadores llevaron al poder al general Santa Anna. Pues una de sus primeras acciones fue golpear a los catedráticos del colegio, que después habría de clausurar.

En la madrugada del 6 de enero de 1853 el presidente Mariano Arista abandonó la ciudad de México. Acababa de triunfar el Plan del Hospicio, así llamado por haber sido proclamado en el Hospicio de los Pobres de Guadalajara. Ese pronunciamiento, iniciado hacía unos meses, involucró a varios de los estados del centro y el norte del país a favor del regreso al poder del general Santa Anna. Consiguió a su vez el apoyo de los generales más poderosos que residían con sus tropas en la capital de México. En Oaxaca, el general Ignacio Martínez Pinillos, comandante de la plaza, secundó también el Plan del Hospicio. Acababa de marchar con sus tropas para sofocar una rebelión en el Istmo de Tehuantepec cuando supo la noticia de la renuncia del presidente Arista. Eso cambió todo. "Y con las fuerzas pronunciadas que había ido a reprimir se vino a esta ciudad", relataría un testigo de los hechos.[10] En febrero, en efecto, Martínez Pinillos marchó de regreso hacia Oaxaca con alrededor de mil quinientos hombres reclutados en Tehuantepec. El teniente coronel Ignacio Mejía, quien acababa de renunciar al gobierno del estado, no quiso encabezar la defensa de la ciudad incluso cuando el propio Juárez hizo el viaje a pie hasta San Felipe del Agua, donde residía, para pedir su apoyo contra el Plan del Hospicio. El 7 de febrero, así, Martínez Pinillos fue nombrado gobernador por la legislatura de Oaxaca.

Benito Juárez fue una de las víctimas más visibles del triunfo del pronunciamiento. Fue removido de inmediato de la dirección del Instituto. Sufrió la hostilidad de los pronunciados. "Aunque yo no ejercía ya mando ninguno en el estado", escribió, "fui sin embargo perseguido, no sólo por los revoltosos que se apoderaron de la administración pública, sino aun por los mismos que habían sido mis correligionarios".[11] Las cosas empeoraron en la primavera. El 20 de abril, luego de desembarcar en Veracruz, proveniente de Turbaco, Colombia, donde había estado consagrado a la cría de gallos de pelea, el general Santa Anna prestó juramento como presidente de la República. Entonces recordó a Oaxaca. Por órdenes suyas, don Benito fue aprehendido en Etla el 27 de mayo, para ser llevado por un piquete de soldados a la villa de Xalapa, en el estado de Veracruz, y después a la fortaleza de San Juan de Ulúa. Había conocido ya la cárcel y el destierro. Esa vez fue deportado a La Habana, ciudad en la que permaneció los días necesarios para conseguir pasaje a Nueva Orleans, donde habría de residir en una pensión muy humilde al lado de otros exiliados, entre ellos Melchor Ocampo, hasta la proclamación del Plan de Ayutla en las montañas del Sur.

AVENTURAS CON EL CHATO

"Mis ideas liberales, en que me había iniciado don Marcos Pérez, me hicieron formar la resolución de hacerme hostil al gobierno del general Santa Anna".[1] Porfirio comenzó a conspirar, en efecto, contra el presidente de la República. Una de sus tareas era recoger la correspondencia en clave que don Marcos mantenía con los legisladores de Oaxaca ante el Congreso General, entre ellos Manuel Ruiz y José García Goytia. Pero las cosas no salieron bien. Ruiz cayó preso en el verano, junto con Juárez. La correspondencia acabó descubierta. A finales de octubre, el propio don Marcos fue reducido a prisión en Oaxaca. "Yo debí haber caído preso entonces y me liberté por una verdadera casualidad", habría de revelar Porfirio. "Don Marcos Pérez me había encargado que sacara yo del correo la correspondencia revolucionaria que venía con un nombre supuesto, y siempre la sacaba yo; pero la impaciencia de don Marcos Pérez por recibir la correspondencia un día al llegar el correo hizo que no me esperara sino que mandara a sacarla a Remigio Flores, su concuño, quien fue, por supuesto, su compañero de prisión".[2]

Porfirio Díaz trabajaba entonces como cobrador en una casa donde estaba alojado el coronel Pascual León, fiscal en la causa formada contra el licenciado Pérez. Así pudo conocer los documentos del proceso, que decidió hacer del conocimiento de su protector. Don Marcos permanecía encerrado en un calabozo de Santo Domingo situado en lo más alto del convento, atrás de la iglesia, en un sitio conocido como La Torrecilla. En el curso de noviembre, quizás desde fines de octubre, Porfirio lo vio ahí con ayuda de su hermano, el Chato. "Subimos a cosa de la medianoche a la barda de la huerta, que tendría como 4 metros de altura", escribió, "y andando sobre ella llegamos a la azotea de la panadería del convento. A esa hora estaban trabajando los panaderos, y como esta gente acostumbraba cantar durante su trabajo, no era fácil que nos sintieran".[3] Ambos iban vestidos de gris, para no ser notados por los centinelas en la obscuridad. Siguieron de frente, armados con cuerdas, hacia la bóveda del templo de Santo Domingo. Llovía sin cesar. "De la azotea de la panadería subimos a la azotea de la cocina de la comunidad, que era el escalón más alto que teníamos que ascender; los cocineros estaban durmiendo a esa hora".[4] Después atravesaron el patio de la celda del provincial, para llegar por fin a la azotea más elevada del convento, la de La Torrecilla. No detectaron guardias ahí, salvo uno apostado bajo la ventana de barrotes donde estaba preso Marcos Pérez. Pero como su ventana también era de barrotes, aquel guardia, advirtieron, no podía asomar la cabeza para ver hacia arriba. Decidieron entonces descender con una cuerda.

"Mis condiciones especiales", anotó Díaz, "eran buena salud, buena talla, notable desarrollo físico, grande agilidad y mucha inclinación, aptitud y gusto para los ejercicios atléticos".[5] Había llegado a sus manos un libro de gimnasia —uno de los primeros en arribar a Oaxaca— con el que improvisó un gimnasio en su casa, donde hacía ejercicio con el Chato. Fue lo que les permitió subir con cuerdas por los muros del convento en una peripecia que, ahora leída, evoca las novelas de aventuras que por esos años escribía el francés Dumas. "Cuando teníamos que subir una altura que no excediera de 3 metros, uno de nosotros se subía sobre los hombros del otro, y una vez arriba echaba una cuerda al que quedaba abajo para que subiera", explicó después, "y cuando la altura era mayor, tirábamos la cuerda sobre uno de los ángulos del edificio para que quedara asegurada, y uno de nosotros la sostenía mientras el otro subía".[6] Aquella noche no paraba de llover. Porfirio, empapado, bajó por la pared con ayuda de la cuerda que le sostenía su hermano hasta llegar a la ventana de la celda del licenciado Pérez, donde permaneció un instante aferrado a los barrotes, para que pudiera descansar el Chato. Entonces, suspendido en el aire, arrojó mezcla de la pared por la ventana de don Marcos. "Una vez que nos sintió la primera noche que le hablamos y notó algún movimiento por la ventana se sentó, se puso sus botas y en camisa comenzó a pasearse, a rezar en latín unos salmos de David y a acercarse a la ventana con mucho disimulo", escribió Porfirio. "El centinela le decía que se acostara, porque el cólera estaba haciendo muchos estragos".[7] La epidemia de 1853 fue una de las más devastadoras en la historia de la ciudad. "Había de cincuenta a sesenta muertos por día en Oaxaca, que solamente tenía de quince a veinte mil habitantes", señaló Díaz.[8] Era la verdad. Fueron inhumadas ese año, según los registros, "dos mil setecientas cuarenta y cuatro personas" en el panteón de San Miguel.[9] Más o menos 15 por ciento de la población de la ciudad. Por eso estaba tan preocupado el centinela que velaba la celda de La Torrecilla. "Cuando don Marcos me conoció", añadió Porfirio, quien disfrutaba relatar sus aventuras en Santo Domingo, "me dijo, hablándome en latín, que era muy peligroso hablar; que procurara poner en sus manos un lápiz y un pedazo de papel. Dos noches después volví, y entonces le llevé lápiz y papel, y además un papel escrito por mí, diciéndole lo que me parecía más importante".[10] Con el tiempo, ayudado por sus amistades, Porfirio logró que don Marcos fuera transferido hacia una parte del convento llamada La Rasura, a una celda que daba al atrio de Santo Domingo. En esa celda le comunicó después —con señas, desde la azotea de enfrente— que iba a ser beneficiado por una amnistía.

Así transcurrió el resto del año. El 29 de diciembre, Díaz pasó su examen general de derecho, con estos resultados: "aprobado en primer grado por tres votos contra dos que resultaron en segundo".[11] Unos días más tarde, su nombre sería anunciado con esa nota —primer grado, aunque sin unanimidad— en un acto de premios en el Instituto, donde habría él mismo de concentrar sus actividades por el resto de 1854. Todo sucedía con celeridad en esos días. Su hermano Felipe, el Chato, estaba a punto de partir a la ciudad de México. Llevaba ya cerca de un año planeando esa partida. "Estaba estudiando el primer año de filosofía en el Instituto", habría de recordar su hermano, "cuando me manifestó decidida vocación por la carrera militar, al grado de ir a presentarse como voluntario a un batallón de artillería que mandaba en esa época el teniente coronel don Alejandro Espinosa".[12] Porfirio lo convenció de que lo mejor era dejar el batallón para cursar estudios en forma en el Colegio Militar. Y Marcos Pérez, unos meses antes de su aprehensión, lo apoyó con sus relaciones en la capital de México. El Chato partió así el 6 de febrero de 1854, con una carta de recomendación escrita por el propio general Martínez Pinillos, ignorante por supuesto de sus lances en las azoteas de Santo Domingo. "Don Felipe Díaz es uno de los jóvenes de las cualidades requeridas en la suprema orden circular del 14 de julio último para alumno del Colegio Militar, admitido ya por esta Comandancia General", comunicó Martínez Pinillos al titular del Ministerio de Guerra. "Hoy marcha de esta capital para la de la República a presentarse a usted con objeto de reunirse a la corporación".[13]

El Chato fue dado de alta el 20 de febrero en el Colegio Militar de Chapultepec, al poco de llegar a la ciudad de México. Sus jefes

123

lo retrataron con estas palabras en su hoja de servicios: "Ojos: *negros*. Nariz: *chata*. Color: *blanco*. Frente: *regular*".[14] Y luego con estas otras: "Valor: *se le supone*. Capacidad: *poca*. Aplicación: *ninguna*. Instrucción en táctica y ordenanza: *nada*. Conducta militar: *mala. Idem* civil: *regular*. Salud: *buena*".[15] La salud era lo único satisfactorio que tenía, de acuerdo con sus jefes. "Mi hermano era muy afecto a todos los ejercicios atléticos, y como su constitución era robusta y muscular y se había dedicado a la gimnasia, llegó a adquirir una gran fuerza física", dijo Porfirio.[16] Así lo muestran, en efecto, todas las fotografías. Pero el Chato poseía también cualidades que lo harían un soldado de renombre en las guerras por venir, donde llegaría a obtener el grado de general de brigada en el Ejército de la República. Y poseía, asimismo, un trato que lo volvería popular entre la tropa, que respetaba su audacia y disfrutaba su sentido del humor. El Chato, en aquellos años, hizo amistades que habría de conservar por el resto de la vida. Era primitivo y burdo, sin muchas letras, pero también era un hombre que radiaba calidez. "Tenía talento natural aunque poco cultivado", señaló su hermano. "Era jovial, y a veces y en momentos solemnes hasta chocarrero".[17]

Los alumnos del Colegio Militar estaban por esos años divididos en dos grupos. La 1ª Compañía la formaban alrededor de noventa cadetes, entre ellos los sargentos José Montesinos y Manuel González Cosío, quienes serían más tarde titulares en el Ministerio de Guerra. El Chato formaba parte de esta compañía, que estaba al mando de un hombre que habría de destacar, con luces y sombras, en la historia del país: el capitán Miguel Miramón. Miramón tenía un pasado brillante: había luchado contra la invasión de los Estados Unidos en las colinas de Chapultepec, que sería superado por su porvenir: habría de ser, apoyado por los conservadores, el presidente más joven en la historia de México. "Un hombre bastante alto, joven, muy atractivo", escribió de él un viajero que lo conoció. "Habla con voz fuerte, camina derecho, mira a los ojos de su interlocutor".[18] El Chato lo habría de seguir al estallar la guerra de Reforma, junto con el resto de sus compañeros del Colegio Militar —es decir, lo habría de secundar en su lucha contra el presidente que, por su lado, sostenían los liberales, un hombre que conocía él mismo de sus años en Oaxaca, apoyado por su hermano: don Benito Juárez.

Porfirio trabajó en el Instituto durante los meses que pasó el Chato en el Colegio Militar. Fue sinodal en la cátedra de dibujo y sustituto del bibliotecario, y luego suplente del profesor de derecho natural. El trabajo en la biblioteca era el más absorbente, ya que implicaba remplazar todo el día a su titular, Rafael Unquera —"a quien daba yo la mitad de los 25 pesos mensuales asignados a este empleo", escribió Porfirio.[19] El sueldo al año del bibliotecario era en efecto de "300 pesos", según el Artículo 14º del Capítulo IV de la Ley Orgánica del Instituto.[20] "Este fue el primer sueldo que tuve, y él, aunque pequeño", dijo, "vino a mejorar grandemente mi situación pecuniaria".[21] La biblioteca del Instituto, que crecía día con día, tenía entonces unos tres mil volúmenes, más o menos los que tenía la biblioteca del Seminario, aunque mucho menos de los que conservaba la biblioteca de Santo Domingo. La Ley Orgánica enumeraba las obligaciones del bibliotecario, la más elemental de las cuales era ésta: "Tener abierta la biblioteca de ocho a doce de la mañana y de tres a cinco de la tarde, bajo su más estrecha responsabilidad de que por ningún motivo ni pretexto se extraigan del establecimiento libros, periódicos y demás papeles que le pertenezcan".[22] El trabajo en la biblioteca estructuraba la jornada de Porfirio. Así sería durante meses, hasta que tuvo que renunciar a él por una indiscreción de Cenobio Márquez, profesor en el Instituto, quien era el jefe en Oaxaca del movimiento contra el general Santa Anna. Don Cenobio supo que Porfirio había tenido contacto con Marcos Pérez en La Torrecilla. Lo comentó en su entorno, para alardear la hazaña. El comentario llegó a oídos del coronel Marcial López de Lazcano, quien estaba a cargo de la seguridad de Santo Domingo. "Con este motivo se me comenzó a tener muy marcado", señaló Díaz, "y tuve que separarme de la biblioteca del Instituto".[23] Era la primavera de 1854. Por esas fechas, el 6 de abril, Marcos Pérez fue desterrado a Tehuacán, con lo que siguió los pasos de Benito Juárez, Ignacio Mariscal, Manuel Ruiz y José García Goytia, entre varios otros, que también fueron exiliados por el general Martínez Pinillos. Porfirio Díaz permaneció él mismo en la ciudad, pero en una situación incierta. "Después de dos años de práctica que prescribía la ley y que hice en el gabinete del mismo don Marcos Pérez", recapituló al evocar los hechos de 1854, que iban a transformar su vida, "pasé mi examen general de derecho, pero los sucesos posteriores no me permitieron recibirme de abogado".[24]

La Reforma

1

PLAN DE AYUTLA

El pronunciamiento fue concebido por el general Juan Alvarez en una reunión que tuvo lugar en la hacienda La Providencia, cerca de Acapulco, en la que también participó Ignacio Comonfort, coronel de milicias retirado del Ejército. Juan Alvarez era por aquel entonces un hombre ya grande, seguidor de Morelos y Guerrero durante las guerras de la Independencia, que había conocido a Comonfort hacía pocos años, durante la invasión de los Estados Unidos, a la que combatieron ambos durante las batallas del valle de México. Ignacio Comonfort, a su vez, era un comerciante de Puebla que había sido diputado en el Congreso General y más adelante, hasta hacía muy poco, administrador de la aduana de Acapulco. Santa Anna lo corrió de la aduana, pero Alvarez, gobernador del departamento de Guerrero, le dio el mando de la guarnición de Acapulco. Los dos ayudaron a redactar el pronunciamiento contra el gobierno de Santa Anna que el coronel Florencio Villarreal, comandante de la Costa Chica, proclamó en el pueblo de Ayutla, distrito de Ometepec, el 1 de marzo de 1854. Su texto era sencillo. "Cesan en el ejercicio del poder público don Antonio López de Santa Anna y los demás funcionarios que, como él, hayan desmerecido la confianza de los pueblos", anunciaba el Artículo 1º.[1] El general Alvarez encabezó el pronunciamiento con el llamado Ejército Restaurador de la Libertad, y Comonfort, luego de justificarlo el 11 de marzo, lo secundó junto con la guarnición de Acapulco. Ambos declaraban estar dispuestos a llevar hasta el final ("proclaman y protestan sostener hasta morir si fuere necesario") el plan de la revolución de Ayutla.[2]

El Plan de Ayutla fue proclamado contra la amenaza de volver al centralismo que representaba el general Santa Anna. Fue la expresión de la hostilidad de los caciques del Sur hacia el resurgimiento del poder del Centro. Condenaba por todo eso el reclutamiento de los campesinos, el impuesto de capitación que pesaba sobre las comunidades, pero no hacía referencia a la necesidad de limitar los privilegios del Ejército y la Iglesia. Pues sus autores sabían que era necesario lograr en la nación el consenso más amplio para derrocar a Santa Anna. Ese seductor de la patria —aquel "don Juan de nuestras guerras intestinas", como lo llamó Justo Sierra— estaba de nuevo al frente de la Presidencia, ésta vez rodeado de conservadores, con el título de Su Alteza Serenísima.[3]

La rebelión ardió en el norte de Oaxaca y en el sur de Michoacán, donde obtuvo el apoyo de otro caudillo que había luchado por la Independencia, don Gordiano Guzmán. También prendió en otras regiones. En mayo, Santiago Vidaurri, cacique de Nuevo León y Coahuila, levantó a la guardia nacional de Lampazos contra el régimen de Santa Anna. Vidaurri había sido secretario de Gobierno en Nuevo León desde los treinta, así como también, desde los cuarenta, comandante de las fuerzas encargadas de contener y reprimir las ofensivas de los comanches que bajaban de Texas. Tenía una fuerza considerable en toda aquella parte del país. La revolución de Ayutla, a partir de ese momento, unió a los caciques del Norte y a los del Sur, y propició la participación de los liberales que estaban hasta entonces desterrados en Nueva Orleans, como Melchor Ocampo, quien estableció contacto con Vidaurri, y Benito Juárez, quien viajó hacia Acapulco por la vía de Panamá para colaborar con Alvarez. En el curso del verano, además, varios personajes de relieve en el país, algunos cercanos a Santa Anna, proclamaron el Plan de Ayutla. Estaban entre ellos Félix Zuloaga en Michoacán, Manuel Doblado en Guanajuato, Santos Degollado en Jalisco y Antonio Haro y Tamaríz en San Luis Potosí. La revolución de Ayutla no fue así nada más una rebelión del Sur.

Tampoco un movimiento dominado sólo por los liberales. En ella estaban representadas todas las fuerzas (desde Zuloaga hasta Juárez) que luchaban en todos los estados (desde Nuevo León hasta Oaxaca) contra el gobierno personalista y centralista de Su Alteza Serenísima.

El éxito de la revolución obligó a hacer concesiones al general Santa Anna. El 20 de octubre, su ministro de Gobernación, don Ignacio Aguilar, dirigió una circular a todos los gobernadores para anunciar un plebiscito a fines de 1854. El propósito del plebiscito era conocer el sentir de la nación respecto de la permanencia en el poder del presidente de la República. "Deben concurrir todos los mexicanos, de cualquiera clase y condición que sean, que estén en el pleno ejercicio de sus derechos", declaraba la circular, "con objeto de que en el mismo día se expresen con plena y absoluta libertad y en el concepto de que serán inviolables sus opiniones en este acto solemne".[4] El general Santa Anna buscaba con esa consulta desmovilizar el apoyo de la población, creciente y alarmante, hacia los pronunciados por el Plan de Ayutla. Pretendía deslegitimar el recurso de las armas de los rebeldes, al abrir la posibilidad de una ruta no violenta hacia su separación del poder, en caso de no recibir el apoyo de los mexicanos para continuar en la Primera Magistratura. La nación entró en suspenso. ¿Era real esa posibilidad?

La noticia del plebiscito llegó a finales de octubre a Oaxaca, en el momento en que hacía su entrada a la ciudad el ilustrísimo y reverendo señor doctor don José Agustín Domínguez y Díaz, quien acababa de ser ordenado obispo de Antequera, luego de haber sido consagrado en la colegiala de Guadalupe. Unos años atrás, al morir su antecesor, don José Agustín, chantre dignidad y vicario capitular en sede vacante, había sido nominado para esa responsabilidad por el cabildo de la Catedral. El gobernador de Oaxaca, que era entonces Benito Juárez, envió la nominación, junto con su apoyo, al gobierno de México. Y el papa Pío IX lo nombró después obispo de Antequera. Así, el 30 de octubre de 1854 José Agustín Domínguez entró como obispo a la ciudad de Oaxaca. "Fue recibido por el pueblo oaxaqueño con demostraciones de júbilo", escribió su biógrafo, "y el Venerable Cabildo Eclesiástico lo condujo procesionalmente desde el santuario de la Soledad hasta la Santa Iglesia Catedral, en medio de arcos y cortinas que adornaron las calles por donde pasó: llegando al templo se cantó un solemne *Te Deum*".[5] Todos estaban presentes para la ocasión. Fue quizá la última vez que lo vio de lejos su ahijado Porfirio. Esa noche fueron iluminadas con hachas de cera las iglesias de la ciudad, así como también los muros del Palacio Episcopal y el Palacio de Gobierno. El obispo José Agustín, nombrado por Santa Anna consejero honorario del Estado, sería distinguido por él con la cruz de comendador de la Orden de Guadalupe. Estaba complacido, veía con esperanza el futuro, ignorante de lo que le deparaba. Pues le hubiera aterrado saber. Acababa de asumir la responsabilidad de su diócesis en la antesala del acontecimiento más dramático en la historia de la Iglesia en México.

PLEBISCITO DE SU ALTEZA SERENISIMA

"Hoy es el día designado por la suprema circular de 20 de octubre último para que el pueblo mexicano manifieste libre y espontáneamente su voluntad, acerca de una cuestión de la más vital importancia para la Patria", anunció el 1 de diciembre el *Periódico Oficial* del gobierno de Oaxaca.[1] Era un viernes. Oaxaca había vivido tiempos muy difíciles. En mayo, el terremoto de Santa Francisca derrumbó los campanarios y las bóvedas de varias iglesias, sobre todo en Tlaxiaco y Jamiltepec, y después, en junio, la plaga de la langosta invadió el estado, en especial Ejutla y Miahuatlán, que abastecían a la ciudad de Oaxaca. La gente imploraba en las calles maíz para comer, por lo que, para evitar la especulación de los comerciantes, el precio del grano fue congelado por órdenes del general Martínez Pinillos. La crisis no era sólo provocada por la naturaleza; también por la política. Unos días atrás, en noviembre, juchitecos y tehuantepecanos, apoyados por el Centro, acababan de proclamar la erección del Istmo en territorio federal, independiente de Oaxaca. En este contexto de alarma tuvo lugar el plebiscito de Su Alteza Serenísima.

La versión más lúcida del plebiscito es la que produjo un francés, el filibustero Ernest Vigneaux, miembro de la expedición de

Raousset-Boulbon, que recorrió por esas fechas, como prisionero, una parte bastante considerable del territorio de la República. "El 1 de diciembre de ese año fue marcado por un acontecimiento memorable", escribe en su libro *Souvenirs d'un prisonnier de guerre au Mexique*. "El mandato dictatorial de Santa Anna expiraba y el pueblo mexicano había sido invitado algunas semanas antes, por circular oficial, a dar ese día su opinión sobre las cuestiones siguientes, por medio del voto universal: primero, el actual presidente de la República, ¿debe continuar en el poder supremo con las mismas amplias facultades de que hoy está investido?, y segundo, en caso de que no deba continuar ejerciendo las mismas amplias facultades, ¿a quién debe entregar inmediatamente el mando?"[2] La votación fue hecha de acuerdo con el método impuesto por las autoridades. "Se habían suprimido las cédulas y las urnas", agrega, "y se les había reemplazado por grandes registros en blanco. Al frente de una página había un Sí; en la opuesta, un No. Por supuesto que todos podían aproximarse *libremente* y con la misma *libertad* firmar en una o en otra página".[3] En esas circunstancias salieron a votar los mexicanos. "Los soldados votaron obligatoriamente por mano de sus coroneles, los monjes por mano de sus priores, los indios de los pueblos por la de sus curas, los peones o siervos de las haciendas por la de sus amos", añade el testimonio de Vigneaux. "Sólo a algunos que ambicionaban la palma del martirio se les ocurrió manchar con sus nombres la blancura inmaculada de la página negativa. Estos fueron sacados de su domicilio a la noche siguiente, por soldados".[4] Ernest Vigneaux observó el plebiscito en Guadalajara, pero sus palabras describen también lo que sucedió en Oaxaca.

Todos los departamentos en Oaxaca votaron, por unanimidad, a favor del general Santa Anna. Todos los ciudadanos en la capital sufragaron también por él, con excepción de dos personas. Así lo dijo más tarde el *Periódico Oficial* del estado, en su editorial de la página 3. "Más de seis mil personas, las más notables de nuestra sociedad, han sufragado a favor de Su Alteza Serenísima el General Presidente", afirmó, para luego comentar las excepciones. "La voz pública designa a dos votantes que eligieron, el uno al cabecilla don Juan Alvarez, y el otro al señor don Juan Bautista Ceballos".[5] Ceballos había sido, meses atrás, el sucesor de Mariano Arista en la Presidencia. "Respecto al segundo nada tenemos que objetar", dijo, "porque en esa elección se usó de un derecho y de una franquicia que da la misma ley".[6] Su nombre era Miguel Ruiz. "Pero respecto al primero, juzgamos que ese voto encierra un crimen", sentenció la editorial. "Elegir para los cargos públicos a un hombre que carece de los requisitos que la ley exige, no trae otro mal que la nulidad de la elección; pero elegir a un criminal contra quien se halla levantada la espada de la Justicia, elegir al que se halla en rebelión con la sociedad, al que ha desconocido a un gobierno constituido por la nación, es un crimen".[7] Acababa de pronunciar su dictamen el órgano del gobierno: estaba condenado ese votante, un muchacho que daba clases en el Instituto, que tenía un taller de carpintería en su casa de Oaxaca. "Compadecemos since-ramente al joven artesano que, seducido quizá por algún mal genio, se lanzó incautamente a cometer un hecho de que, en medio de la calma y de la reflexión, se habrá arrepentido".[8] Aquel *joven artesano* era Porfirio Díaz.

Porfirio habría de recordar el incidente con lujo de detalles. Aca-baba de renunciar a su puesto en la biblioteca, presionado por la au-toridad, pero trabajaba aún como interino en una clase que daba el Instituto. "Obtuvo el interinato de la cátedra de derecho natural y de gentes, para cuyo desempeño lo propuso su titular, el licenciado Ma-nuel Iturribarría", recordaría un nieto de don Manuel.[9] El Instituto tenía en esos años un director, dieciocho catedráticos, un secretario, un bibliotecario y un ayudante de la academia de dibujo, junto con un bedel y un portero. Todos esos empleos eran vitalicios, salvo los últimos dos. El sueldo de los catedráticos giraba alrededor de los 40 pesos al mes, una parte de los cuales percibía entonces Porfirio. "Es-taba yo supliendo la cátedra de derecho natural, cuando el director del Instituto, que lo era entonces el doctor don Juan Bolaños, citó a todos los catedráticos para ir a votar en cuerpo el 1 de diciembre de 1854", recordaría Díaz.[10] Juan Nepomuceno Bolaños era un hombre respetado en la ciudad. Había sido discípulo de José Agustín Domín-guez en el Seminario, miembro del ayuntamiento de Oaxaca, dipu-tado en la legislatura del estado, director de *El Día* —el periódico de los *vinagres*— y médico en el Hospital de San Cosme y San Damián. Había firmado el acta de instalación del Instituto de Ciencias y Artes. Porfirio lo conocía desde chico, pues el doctor Bolaños solía vacunar a los niños en su domicilio de Oaxaca. Ese año, además, acababa de tomar la cátedra de bella literatura que daba don Juan, una cátedra fundada por Juárez cuando estaba al frente del Instituto.

El plebiscito tuvo lugar en el Portal del Palacio, frente a la Plaza de Armas. La plaza era entonces una explanada sin árboles ni jardineras, apenas adoquinada, golpeada con dureza por el sol del mediodía. Tenía una fuente de jaspe en el centro, que surtía agua por una granada de bronce, flanqueada por las columnas donde había sido instalado hacia principios del siglo el alumbrado más antiguo de la ciudad. Estaba cercada al oeste por el Portal de Flores, al este por el Portal de Mercaderes, al sur por el Portal del Palacio y al norte por el Portal de Clavería, también conocido como el Portal de la Nevería. El Palacio de Gobierno estaba todavía inconcluso. Las obras duraban desde principios de los treinta, cuando fue aceptado el proyecto para reconstruir el edificio en un estilo más moderno, neoclásico, a diferencia del que predominaba en el resto de la ciudad, que era barroco. El edificio acogía ya las oficinas del gobernador, la sala municipal, los juzgados, la prisión y la guardia de seguridad que formaban los serenos.

La votación fue presidida por el general Ignacio Martínez Pinillos, gobernador de Oaxaca. El general era un hombre de cabello tupido y obscuro, a pesar de su edad, con las patillas largas y gruesas, como la caricatura de un caudillo de la Independencia. Vivía entonces el final de su carrera, dedicada por completo a las armas, que lo había llevado por la comandancia general de los estados de Tabasco, Chiapas y Oaxaca. Estaba reunido con sus colaboradores bajo los portales en el momento en que llegó Porfirio Díaz, poco antes que el resto de los catedráticos del Instituto. "El jefe de la demarcación donde yo vivía, don Serapio Maldonado, se presentó diciendo que votaba por la permanencia del general Santa Anna por tantos individuos varones que eran vecinos de su demarcación", escribió Díaz.[11] Serapio Maldonado, zapatero de oficio, policía de su demarcación, vivía en el sur de la ciudad, donde residía también Porfirio. "Entonces supliqué a la mesa que descontara un voto de ese número", continuó, "porque yo no quería ejercer el derecho de votar".[12] El general Martínez Pinillos, contrariado, lo consultó con su secretario, quien le confirmó que, en efecto, votar era un derecho, no una obligación. El gobernador no tenía animadversión por él: había apoyado a su hermano para ingresar al Colegio Militar. Pero el plebiscito hacía imposible la conciliación. "En seguida llegó el cuerpo académico del Instituto y todos los catedráticos votaron a favor del general Santa Anna", añadió Díaz.[13] Al terminar de votar, Francisco Enciso, profesor de derecho civil en sustitución de Juárez, le preguntó si no votaba, a lo que él respondió de nuevo que no, que votar era un derecho, no una obligación. "Sí, me contestó Enciso, y uno no vota cuando tiene miedo", recordó Porfirio. "Este reproche me hizo tomar la pluma que se me había ofrecido; me abrí paso entre los concurrentes y puse mi voto a favor del general don Juan Alvarez, que figuraba como jefe de la revolución de Ayutla".[14] Martínez Pinillos le dijo que él era el primero en votar en esa forma. Sería también el único, aunque eso aún no lo sabía cuando abandonó el Portal del Palacio.

Transcurrió quizás una semana, tal vez dos semanas más, en un ambiente hostil y amenazador hacia Díaz. "Después de haber votado decidieron que había yo cometido un delito", recordó, "por haber dado mi voto a un sedicioso".[15] El 7 de diciembre, en efecto, su gesto fue reprendido por el *Periódico Oficial* de Oaxaca. Después, el 11 de diciembre, fue condenado de forma oficial por una circular del Ministerio de Guerra. "Con sorpresa e indignación ha sabido Su Alteza Serenísima que algunos individuos, haciendo alarde de sus ideas anárquicas e insultando con escandaloso descaro a la suprema autoridad de la Nación, han osado votar para presidente de la República en la elección verificada del 1 al 3 del presente, por las juntas populares, al cabecilla de los rebeldes don Juan Alvarez. En consecuencia", manifestaba, "ha dispuesto Su Alteza Serenísima que todos los que hayan emitido semejante voto sean aprehendidos y juzgados como conspiradores, supuesto que con él han demostrado su adhesión a la rebelión".[16] La represión aumentó. El Instituto fue disuelto por una ley que promulgó Santa Anna. Más tarde, el *Periódico Oficial* anunció que habían sido desterradas ("como promovedoras de un trastorno político") las personas más destacadas del partido liberal en Oaxaca, entre ellas Cenobio Márquez, Joaquín Ruiz, Ramón Cajiga, Manuel Dublán, Tiburcio Montiel, Esteban Calderón y Luis Carbó.[17] Ya para entonces, Porfirio Díaz también había tenido que dejar Oaxaca.

"Estaba yo en la Alameda con Flavio Maldonado", relató Porfirio, evocando a su amigo del Seminario y el Instituto, "cuando nos dijo Serapio Maldonado, que era agente de policía, que tenía orden de aprehenderme, y que la misma orden se había dado a otros muchos, y siguió su camino para que no lo vieran cerca de nosotros. Entonces me fui a la casa de don Marcos Pérez".[18] Caminó a un lado de la Catedral, hacia la calle de Plateros, junto al templo de San Agustín. "Me llevé unas pistolas chicas de don Marcos y me fui en seguida para mi casa".[19] Vivía entonces al sur de la Plaza de Armas, al parecer cerca del río Atoyac, en la parte más pobre de la ciudad: la del mercado, el matadero, la carnicería, el desagüe, la Alhóndiga. Caminó con sus armas hacia el Palacio de Gobierno, para luego seguir rumbo al Atoyac. "Al pasar por la calle de Manero, estaba en la puerta de la tienda el joven dependiente Pardo, quien me hizo una seña para que viera a Marcos Salinas, uno de los policías, quien venía en pos de mí", recordó Porfirio. "Salinas no creyó prudente arrestarme, sino que siguió toda la calle, y al torcer corrió en busca de otros policías".[20] Entonces él aprovechó para correr también las cuadras que lo separaban de la casa de su amigo Flavio Maldonado. Ahí mandó decir a su mozo que le enviara sus espadas y sus pistolas escondidas en un canasto de basura, y que sacara su caballo como si lo llevara a beber al río. Y luego mandó llamar a un muchacho que sabía partidario de la revolución, una especie de bandido llamado Esteban Aragón, quien llegó a la casa montado en uno de los caballos que tomaban agua en el Atoyac. Ambos salieron así de la ciudad, para vadear sobre sus monturas la parte más baja del río, rumbo a las montañas.

"Nos fuimos por Ocotlán y Santa Catarina hasta Ejutla, donde vimos a don Pablo Lanza, gobernador del distrito, amigo personal mío y partidario de la revolución", relató Porfirio.[21] Ahí supo que el caballo de su compañero era robado, por lo que lo entregó a la autoridad del pueblo, que lo dejó amarrado en la plaza para que su dueño, si tenía noticia, lo pudiera reclamar. Díaz y Aragón pernoctaron en Ejutla, con don Pablo. "Caminamos todo el día siguiente; en la noche atravesábamos las poblaciones, y así continuamos hasta llegar a la Mixteca".[22] Buscaron ahí al capitán Francisco Herrera, quien unos días antes, cerca de Huajuapan, acababa de pronunciarse al grito de *¡Viva la Libertad! ¡Muera Su Alteza! ¡Viva Alvarez!* Sus fuerzas estaban entonces concentradas en el cerro del Capulín. Eran en su mayoría indios armados de machetes, hachas y otros instrumentos de labranza, algunos de ellos provistos con escopetas de caza. "La turba de criminales que acaudilla Herrera será breve y ejemplarmente escarmentada por las fuerzas del Supremo Gobierno", anunció el 28 de diciembre el *Periódico Oficial* del gobierno de Oaxaca.[23] Una columna de cincuenta infantes y cerca de cien caballos salió entonces a batir a los pronunciados.

Los días pasaban agitados y nerviosos en aquella región de las Mixtecas. "Yo me iba haciendo dueño de la voluntad de Herrera", escribió Porfirio, quien superaba, por sus estudios, la capacidad del jefe de los pronunciados de Huajuapan.[24] Conocía algo del arte de la guerra: había tenido la experiencia del Batallón Trujano, había tomado la cátedra de estrategia y táctica, creada por Juárez, que daba en el Instituto el teniente coronel Ignacio Uría. En esas circunstancias, Herrera, aconsejado por él, dispuso enfrentar la columna del gobierno en un aguaje de la cañada de Teotongo. Díaz suponía que esa columna, al llegar ahí, detendría la marcha para que bebieran los soldados. Y así sería. "Nosotros habíamos aflojado muchas piedras en el cerro", dijo, "dispuestas con trancas para hacerlas rodar en un momento dado. Cuando los soldados estaban bebiendo agua, les hicimos una descarga y a la vez les cayó una avalancha de piedras".[25] Los soldados salieron dispersos en fuga, pero luego, repuestos, dispararon a los rebeldes —y entonces ellos también huyeron en desbandada. "Este fue el primer combate en que me encontré".[26]

Esa noche, muy tarde, llegaron Díaz y Aragón a Tlaxiaco, donde buscaron al cura Manuel Márquez, un dominico amigo suyo, hermano de don Cenobio, quien desde fines de los cuarenta dirigía uno de los institutos de educación creados por Juárez fuera de la capital, el de las Mixtecas. Fray Manuel no los quiso alojar en su casa, tenía miedo, pero les ofreció un solar que estaba vacío, con alimento para ellos y forraje para sus caballos. Ahí descansaron un poco. "Después de medianoche vino el cura Márquez a preguntarme si estaba seguro de que hubiéramos sido derrotados, porque él creía lo contrario", relató Díaz. "Yo no supe verdaderamente si había corrido antes de ser debido, pero recordaba que toda nuestra gente venía corriendo tras de mí, y mucha adelante, y que cada uno tomó el rumbo que pudo".[27] Aquello fue una desbandada. Pero quedaba la duda, porque en ese momento arribaban a Tlaxiaco los heridos y dispersos de las fuerzas enviadas de Oaxaca. ¿Habían sido derrotados en Teotongo? ¿O habían ganado? Antes de la madrugada volvió fray Manuel Márquez con una carta de recomendación para el padre Martín Reyes, cura de Chalcatongo, quien ayudó a Porfirio a continuar su camino hasta Cuanana. Ahí habría de permanecer cosa de un mes, bien atendido, pues era, una vez más, amigo del cura del pueblo, el padre Ignacio Cruz. Los sacerdotes estaban a menudo del lado de los liberales. Y también los bandidos, como Esteban Aragón. Durante la Intervención, años más tarde, Aragón habría de ser el jefe de una guerrilla que apoyó a Porfirio con cientos de hombres para la defensa de Oaxaca. Su final sería narrado por un autor que conoció su historia, al parecer por Díaz. "Una noche en que estaba jugando baraja con un compañero de armas en un pueblo del departamento de Jamiltepec", dijo, "les sorprendió un contra-guerrillero Luna. Aragón, que no era hombre para rendirse como quiera, descargó sin resultado dos tiros de su pistola sobre Luna. Este, de un terrible machetazo suriano, hendió la cabeza del guerrillero".[28] Así murió quien era entonces el compañero de armas más antiguo del ya general de división Porfirio Díaz.

JEFE POLITICO DE IXTLAN

Los días transcurrieron sin sobresaltos en el pueblito de Santa Catarina Cuanana, al sur de las Mixtecas. Porfirio encontró ahí a su amigo de medianos en el Seminario, el teniente Mariano Jiménez, uno de los dispersos en la acción de Teotongo. Mariano había vuelto a Oaxaca al terminar la guerra con los Estados Unidos, luego de combatir en el Molino del Rey, para seguir con su batallón hacia Tehuantepec. Ahí lo sorprendió el triunfo del Plan del Hospicio. "Como soldado leal, y liberal de convicciones, no quiso tomar parte en ese movimiento revolucionario y se vino para Oaxaca, en donde estuvo postergado durante la administración del general don Antonio López de Santa Anna".[1] Fue parte sin embargo de la columna que combatió en Teotongo, sin saber que los sediciosos que tenía órdenes de liquidar estaban dirigidos por su amigo Porfirio. "Permanecimos juntos, hasta que se nos avisó que el general don Ignacio Martínez Pinillos había sido relevado en el gobierno y comandancia militar de Oaxaca por el general don José María García".[2] Aquel relevo ocurrió el 2 de febrero de 1855.

Muchos de los desterrados volvieron entonces a Oaxaca, entre ellos don Cenobio Márquez, liberal y masón, quien dio seguridades a Porfirio de que no sería perseguido si regresaba de las Mixtecas. Así, a fines de febrero, comienzos de marzo, el muchacho que había sufragado contra Santa Anna salió a caballo de Cuanana hacia la ciudad de Oaxaca. Ahí tuvo la oportunidad de conocer al general José María García, un hombre que rozaba los cuarenta años de edad, oriundo de la ciudad de México, veterano de la campaña de Texas, general de brigada desde los tiempos de la invasión de los Estados Unidos. Durante esa invasión, García combatió en la Angostura y el valle de México, donde fue herido de una pierna —que luego hubo que amputar— en la batalla de Padierna. Porfirio simpatizó con él, aquel cojo de guerra, aunque no lo trató mucho porque tuvo que dejar de nuevo la ciudad hacia mediados de marzo, al volver al gobierno del estado don Ignacio Martínez Pinillos. "El general García me dio aviso anticipado de ese cambio", recordó, "y con ese motivo tuve que salir otra vez de Oaxaca".[3] Regresó a las Mixtecas, donde meses después recibió la noticia del triunfo del Plan de Ayutla.

Don Antonio López de Santa Anna abandonó el país el 8 de agosto, al vislumbrar el pronunciamiento de la guarnición de la ciudad de México por el general Juan Alvarez. Fue sustituido por una junta de gobierno presidida por un jefe del Ejército, la cual ordenó a Martínez Pinillos proclamar el Plan de Ayutla. Así lo hizo el 18 de agosto, con el apoyo de la población de Oaxaca. Porfirio regresó por esos días a la ciudad junto con su amigo Mariano Jiménez, para asumir la jefatura del distrito de Ixtlán, que formaba parte del departamento de Villa Alta. Su nombramiento fue firmado el 27 de agosto por el general Martínez Pinillos, el mismo que apenas unos meses antes había ordenado su arresto por votar contra Su Alteza Serenísima. El general dejó entonces el gobierno de Oaxaca. "Fue mandado en su lugar el general ciudadano José María García", escribió un testigo de los hechos, "que habiéndose manejado muy bien y de muy distinta manera que Pinillos, creó algunas simpatías que lo trajeron al gobierno después del movimiento del Plan de Ayutla".[4] Don Ignacio Martínez Pinillos vivió desde entonces en la obscuridad más absoluta: un año, cuatro meses y dos semanas después, olvidado por todos, murió sin pena ni gloria en la ciudad de Oaxaca.

Porfirio fue nombrado jefe político de Ixtlán con el apoyo de Cenobio Márquez, a cargo entonces de la Secretaría de Gobierno en Oaxaca. Tenía que prestar juramento en Villa Alta, cabeza del departamento al que pertenecía Ixtlán. "Pero para cumplir con esa disposición será indispensable emprender un viaje de seis días de camino, tres de ida y tres de venida, pues tantos deben emplearse para ir de Ixtlán a Villa Alta", hizo notar Díaz en un oficio a don Cenobio, en que también evocó la situación de los caminos por las lluvias. "La dilación que ocasionaría tal viaje, no sólo cedería en perjuicio personal mío, sino también en el del partido que va a estar bajo mi cuidado. Por tales razones suplico a Vuestra Señoría se sirva dar cuenta con esta comunicación al excelentísimo señor gobernador, a efecto de que tomando a aquellas en su alta consideración, se digne resolver que preste yo juramento ante la república de Ixtlán".[5] Porfirio fundaba su solicitud en el reglamento que estaba en vigor antes del triunfo de Santa Anna —el federalista, no el centralista— y dejaba saber, también, su deseo de permanecer a las órdenes del gobernador de Oaxaca, no del jefe del departamento de Villa Alta. La petición tuvo éxito. "Que jure ante el juez de paz", instruyó don Cenobio.[6] Aquél fue el primer documento que firmó Díaz como funcionario del Estado. Poco después salió a caballo hacia Ixtlán, por los caminos de la Sierra Norte. Estaba contento, sin duda. Su salario como jefe político —150 pesos al mes— le habría de permitir, por primera vez en su vida, mantener sin sacrificios a toda su familia.

Ixtlán era una región poblada sobre todo por indígenas, hombres arraigados a sus comunidades, vestidos con la ropa de manta que hilaban sus mujeres. Díaz organizó con ellos —"teniendo ya mucha afición por la milicia"— una guardia nacional para el distrito.[7] Lo hizo contra el deseo del responsable de su departamento, por lo que la participación en ella no era obligatoria sino voluntaria. Quienes ingresaban a sus filas podían por ejemplo hacer uso de un gimnasio creado sólo para ellos, o asistir a los bailes de la guarnición, o ser recluidos (en caso de ser arrestados) en el corredor del edificio que servía de cuartel a la guardia nacional, en vez de la cárcel de la cabecera del distrito. Así empezaron a pasar los meses. Hacia mediados de diciembre, Porfirio supo que don Juan Alvarez, llevado al poder por el Plan de Ayutla, venía de renunciar a la Presidencia de la República luego de ejercerla por apenas unos meses, para ser remplazado por el general Ignacio Comonfort. Los tiempos eran difíciles. Acababa de ser votada una ley que restringía la jurisdicción de los tribunales del Ejército, la cual ocasionó disturbios en la guarnición de Oaxaca. Ellos habrían de precipitar, poco después, el regreso a su tierra del licenciado Juárez, hasta ese momento ministro de Justicia. Pues don Benito sería una vez más gobernador del estado, por disposición del presidente Comonfort.

Los disturbios en Oaxaca fueron descritos en detalle por un primo de Porfirio, el coronel José María Díaz Ordaz. "Comenzaba apenas el estado a reorganizarse, en medio de las azarosas circunstancias de aquellos meses, cuando el día 11 de diciembre la mayor parte de la guarnición, con motivo de la ley que restringía los fueros, dio el escándalo de rebelarse y de atacar a los que fieles a sus principios habían encerrádose en la fortaleza de Santo Domingo".[8] Los rebeldes tenían el apoyo de José María García (explicable, según unos, "porque aunque era bueno fue débil").[9] Díaz ofreció su versión de los hechos en sus memorias. "Recibí una comunicación del general García, en la que me avisaba que para evitar efusión de sangre en la capital del estado, había tenido necesidad de aceptar una contrarrevolución provocada por los conservadores, y me ordenaba la secundara".[10] Pero él no acató la orden del gobernador, a quien confrontó. Le indicó, para fundamentar su rebeldía, que contaba con elementos de fuerza para contribuir a restablecer el orden en la capital del estado, hacia donde marchaba con alrededor de cuatrocientos hombres de la guardia que tenía en Ixtlán. Las noticias de la capitulación de los insurreccionados lo sorprendieron en el camino a la ciudad, por lo que regresó con sus fuerzas a Ixtlán. Pero el malestar permaneció latente. "El día 2 de enero de 1856 una parte de esa misma guarnición, encerrada en Santo Domingo, se pronunció", señaló Díaz Ordaz.[11] Entonces, Porfirio retornó a Oaxaca con sus tropas, a las que instaló en el convento de San Agustín. El general García le ordenó que volviera a Ixtlán, pero él unió sus fuerzas a las de los liberales que comandaban Luis Carbó y José María Díaz Ordaz. "De esa manera me sustraje por completo de la obediencia del general García", escribió, "y le manifesté que procedía así en virtud de órdenes recibidas del gobernador del estado, nombrado por el gobierno general, que era el señor Juárez".[12] El 10 de enero, en efecto, don José María García hizo entrega a don Benito del gobierno de Oaxaca. Habría de tener una trayectoria muy distinta a la de su sucesor. El general García lucharía con los conservadores durante la Reforma y la Intervención: sería ministro de Guerra con el general Félix Zuloaga y de nuevo ministro de Guerra con el emperador Maximiliano, quien lo nombró comendador de la Orden Imperial de Guadalupe, y habría de morir de viejo, retirado en Atzcapotzalco, en un país que vivía ya bajo la sombra de aquel muchacho con el que simpatizó, a pesar de sus ideas —ese que en el año ya remoto de 1856 había tenido el descaro de no acatar sus órdenes en Oaxaca.

El licenciado Benito Juárez, gobernador por orden del Centro, detentaba también el cargo de comandante de las fuerzas de Oaxaca. Con esa autoridad decretó, a mediados de enero, la disolución del ejército permanente en el estado. Muchos soldados marcharon entonces con sus cuerpos hacia la capital del país; otros fueron dados de baja; unos más acabaron transferidos a la guardia nacional, que fue así fortalecida por el gobernador para contrarrestar la influencia del Ejército. Don Benito dispuso entonces que las guardias de distrito regresaran también a sus lugares de origen, entre ellas la de Ixtlán. Porfirio lo vio en sus oficinas, al rendir las cuentas de su tropa. Sabía de su prisión en San Juan de Ulúa, de su destierro en Nueva Orleans, de su regreso por mar al país, de su liderazgo al frente del Ministerio de Justicia durante la administración del general Alvarez. Debió verlo con admiración y respeto, y recibir con beneplácito sus instrucciones, pues coincidían con sus deseos de formalizar la milicia: los oficiales de su guardia llevarían un uniforme, tendrían las armas que necesitaban, recibirían un sueldo del gobierno del estado. Con esa promesa regresó a la Sierra Norte. "Como mis oficiales no sabían contar y no podía reemplazarlos porque eran los indios de más prestigio en los pueblos", escribió en sus memorias, "tuve que enseñarles la documentación militar, ordenanza y algunas maniobras de infantería, y con este objeto establecí una academia nocturna que daba yo mismo en los salones de la escuela de niños".[13] Aquellos serranos iban a ser fundamentales en las batallas por venir, por la posición que ocupaban sus comunidades entre Oaxaca y la ciudad de México. Y también, desde luego, por sus cualidades para la guerra. Gozaban de una puntería que no fallaba, pues todos eran cazadores. Porfirio los habría de utilizar a menudo para disparar de lejos, como francotiradores —o para fusilar sin dolor. Serían con el tiempo sus aliados más imprescindibles, aunque no siempre los más fieles.

Una de las prioridades de Juárez al llegar al gobierno, junto con la reorganización del ejército, fue la elección de los diputados de Oaxaca que habrían de conformar en 1856 el Congreso encargado de redactar una nueva Constitución, de acuerdo con lo pactado en el Plan de Ayutla. Entre esos diputados —siete en total— había dos conocidos de Porfirio, ambos sus contemporáneos, Félix Romero e Ignacio Mariscal. Los dos daban clases en el Instituto de Ciencias y Artes, que don Benito reabrió por esas fechas, en febrero, bajo la dirección de su amigo Marcos Pérez, entonces de nuevo regente de la Corte de Justicia de Oaxaca. En la convocatoria al Constituyente, el presidente Comonfort había querido dar lugar a los moderados del partido liberal —incluso en un momento a los sacerdotes y a los oficiales del ejército de Santa Anna. Pero predominaron los radicales, encabezados por el compañero de exilio de Juárez, el ex seminarista Melchor Ocampo. Sus trabajos habrían de concluir en la Constitución de 1857, sucesora de la de 1824, con la que el país dejaría de vivir, poco a poco, bajo las instituciones heredadas de la Colonia, aunque luego de una guerra que habría de desgarrar a toda la República.

Los trabajos del Constituyente provocaron, en todo el país, un enfrentamiento con la Iglesia. En Oaxaca, el obispo José Agustín Domínguez acababa de ofrecer un *Te Deum* en la Catedral, cantado por él, para dar la bienvenida al gobernador Benito Juárez. Así lo dictaba la tradición y así lo aconsejaba, también, su voluntad de ser conciliador. Eran personajes muy diferentes: uno mestizo, católico y conservador, otro zapoteca, masón y liberal. Pero había sin duda semejanzas. Ambos eran austeros y estrictos, y muy puros en sus costumbres. El obispo era autor de un edicto pastoral que, entre otras cosas, prohibía la ausencia de los curas de sus parroquias, exigía el uso de manteo y sotana, sin lujos, y negaba a los clérigos la libertad de asistir a teatros, juegos y bailes. "Por donde quiera se descubría la rigidez de un prelado devotísimo", señaló un autor, "que empleaba las horas que le dejaba libres el despacho de los negocios en la oración y en la penitencia, a pesar de que se encontraba siempre extenuado por sus enfermedades y hábitos austeros".[14] Al principio, el obispo trabajó en armonía con el gobernador: los curas de las parroquias, por ejemplo, apoyaban a las autoridades para promover en sus comunidades los caminos de rueda que el gobierno quería construir hasta Tehuantepec y Santa Cruz de Huatulco. Pero al final, ambos convivieron en discordia. Domínguez veía con preocupación y alarma los trabajos del Constituyente. El Artículo 13° prohibía los fueros de las corporaciones, por lo que afectaba a la Iglesia. Era grave, aunque no tanto como la propuesta de texto para el Artículo 15°, relativo a la tolerancia religiosa, que provocó un escándalo en México. El obispo de Antequera pidió al Congreso desechar esa propuesta, a petición del cabildo de la Catedral. Argumentaba que los indios del estado, sin la protección del clero, corrían el riesgo de volver a sus ritos paganos o ser invadidos por sectas protestantes. La propuesta fue, a fin de cuentas, rechazada, pero los legisladores aprobaron en su lugar una resolución que daba al gobierno facultades para intervenir en materia de culto religioso y disciplina eclesiástica (Artículo 123°). Monseñor Domínguez había querido purificar y fortalecer a la Iglesia, pero había recibido, en ese momento, una bofetada del Estado.

Las relaciones con la Iglesia empeoraron en el verano, con la promulgación de la Ley de Desamortización, conocida también como Ley Lerdo, obra de Miguel Lerdo de Tejada, ministro de Hacienda del presidente Comonfort. Aquella ley, muy drástica, fue dada a conocer el 3 de julio de 1856 en Oaxaca. Argumentaba la necesidad de impulsar la economía del país, al poner en movimiento los bienes que detentaban las llamadas *manos muertas*, aunque también pretendía restringir la influencia de la Iglesia. No estipulaba la expropiación, pero exigía la venta de las fincas de los religiosos a quienes las arrendaban. Ellos mismos tenían prohibido comprar aquellos bienes, que para fomentar el mercado debían pasar a manos de particulares. En apenas un puñado de días fueron así vendidas muchas de las fincas más prósperas de los Valles. El 29 de julio, la hacienda de Dolores, propiedad de los dominicos, fue vendida en 11 002 pesos a Juan María Carlios, médico y profesor del Instituto; el 30 de julio, la hacienda del Rosario, también de los dominicos, fue vendida en 28 500 pesos a José María Díaz Ordaz, abogado de renombre, coronel de la guardia nacional en Oaxaca; el 1 de agosto, la hacienda del Carmen fue vendida en 80 000 pesos a Ignacio Urda, un hombre distinto a los demás, conservador y piadoso, que confesó después que había sido prestanombres de los carmelitas, por lo que la propiedad fue rematada a un miembro del partido liberal, el coronel Cristóbal Salinas. Otras fincas terminaron asimismo en manos de los liberales, entre ellas la hacienda de Montoya que compró Gabriel Esperón y la hacienda de Crespo que adquirió Ramón Cajiga. Así pasó en todo el país. Los liberales luchaban por los principios en los que creían: a favor del progreso de la economía, en contra de los privilegios de las corporaciones, pero también trabajaban en beneficio de sus intereses, para favorecer su posición en la sociedad y en el gobierno. Ellos fueron, desde luego, los beneficiarios más claros de la desamortización de los bienes de la Iglesia.

La mayoría de las fincas que fueron vendidas estaban localizadas en el distrito del Centro. Pero no todas. Los dominicos tuvieron que vender la hacienda de Dolores en el distrito de Teposcolula; los carmelitas, la hacienda de San Juan Bautista en el distrito de Zimatlán; las agustinas recoletas, la hacienda de la Compañía en el distrito de Tlacolula; y el hospicio de Oaxaca, la hacienda de Cinco Señores en el distrito de Ixtlán. "Siendo el señor Domínguez obispo de Oaxaca y yo jefe político de Ixtlán", consignó Porfirio Díaz en sus memorias, "tuve la pena de notificarle por escrito la denuncia de las haciendas de beneficio de la sierra, hecha por don Miguel Castro".[15] Eran las haciendas de San José, Cinco Señores y El Socorro, situadas en la Sierra de Ixtlán. Ahí había trabajado, tiempos atrás, su padre, don José de la Cruz Díaz. El hombre que las denunciaba ahora era Miguel Castro, minero en ciernes, ya desde entonces uno de los oaxaqueños más adictos a Juárez. Don José Agustín debió resentir como una puñalada en la espalda aquella comunicación de Porfirio. Era su pariente y su padrino, y había sido su protector a lo largo de su vida. Y así le pagaba. "No recibí respuesta a mi notificación", señaló Díaz, quien sintió quizás un espasmo de remordimiento hacia monseñor Domínguez. "No lo volví a ver sino después de muerto, porque no consintió que lo viera antes".[16] La Ley de Desamortización habría de causar disturbios en un sinfín de estados, entre ellos Puebla, Michoacán y Querétaro. Varios sacerdotes circularon pastorales en su contra. Pero Domínguez guardó silencio en Oaxaca.

"Permanecí cerca de un año como jefe político del distrito de Ixtlán", anotó en sus memorias Porfirio, aunque en realidad estuvo ahí más de un año, "y habiendo sido electo teniente por una de las compañías del 1er Batallón de guardia nacional de Oaxaca del que era coronel el licenciado don José María Díaz Ordaz y mayor el licenciado José María Ballesteros, supliqué al señor Juárez que me permitiera entrar al servicio activo militar y dispusiera de la jefatura política de

Ixtlán".[17] Don Benito dijo que no, entre otras razones porque el salario de teniente era cuatro veces menor, pero al final aceptó. "Para que esta diferencia no me fuera tan perjudicial, me nombró el señor Juárez capitán, con el sueldo de 60 pesos al mes".[18] El nombramiento fue suscrito el 22 de diciembre en el Palacio de Gobierno. "Usando de las amplias facultades de que me hallo investido", expresó Juárez, "y atendiendo a la aptitud de don Porfirio Díaz, he tenido a bien confiarle el empleo de capitán de la compañía de infantería, guardia nacional del partido de Ixtlán".[19] Díaz no lo comenta, pero es posible que una razón más para dejar Ixtlán fuera la repercusión que tuvo sobre los indios de aquella zona la Ley de Desamortización. La ley afectaba a las corporaciones que poseían tierras, sobre todo a las religiosas, pero también a las civiles, en particular a las que formaban los indígenas en sus comunidades. Los liberales entendieron de inmediato que aquella legislación tenía implicaciones muy peligrosas para un estado poblado de indios, como Oaxaca. El propio Juárez escribió con insistencia al presidente Comonfort para saber si las comunidades podían distribuir las tierras disponibles entre sus miembros, antes de que el gobierno diera prioridad a los arrendatarios, como acababa de suceder en un caso de la familia Esperón. La respuesta fue ambigua, como siempre lo sería. Los liberales sufrirían desde entonces ataques de conciencia muy serios respecto de las consecuencias de la ley para los indígenas, ataques que debió sufrir también Porfirio, quien acaso tuvo, por eso, una razón adicional para no permanecer en Ixtlán. El impacto social de la doctrina liberal sería duradero y profundo, y habría de resurgir con violencia al estallar la Revolución.

Porfirio Díaz estaba ya en la ciudad de Oaxaca, con su familia, para las fiestas de la Natividad del Señor. Su hermana Manuela había fallecido en la primavera, joven aún, con él en Ixtlán. "Recibió los santos sacramentos y se sepultó en el panteón", de acuerdo con el acta de deceso.[20] Había contraído matrimonio luego de su relación con el padre de su hija; más adelante había perdido también a su marido, el señor Francisco Pacheco. Era viuda en el momento de morir. Su hija Delfinita quedó huérfana, niña todavía, al cuidado de su hermana Nicolasa, quien ya grande, a los veintiocho años de edad, seguía soltera en Oaxaca. Desideria, la mayor de todas, radicaba desde su matrimonio fuera de la ciudad. También Felipe. Había dejado hacía años el Colegio Militar, como alférez del 3er Regimiento de Caballería, con sede en Durango y Zacatecas. El Chato, que montaba desde chico, tenía una atracción por los caballos que habría de conservar toda la vida. Su hermano recibió noticias suyas por un amigo, Maximiliano Bolaños, quien había solicitado su baja del 3er Regimiento para regresar a Oaxaca. Por esas fechas, el Chato era ya teniente de caballería en su regimiento, con sede en San Luis Potosí, donde poco después habría de repudiar, junto con sus compañeros de armas, la Constitución de 1857. "No recuerdo", escribió su hermano, años más tarde, "episodios importantes de su carrera en ese periodo, aunque le oí referir varios muy notables, especialmente uno en que le tocó defender un convento en San Luis Potosí".[21] Sus enemigos, en aquel entonces, no eran todavía los liberales. Eran otros. "Se ocupaba de la guerra contra los indios bárbaros", como llamaban entonces a los apaches que bajaban de Texas y Nuevo México a los estados del Norte. "Sé que hizo una campaña muy activa con los indios, y que le quedaba una cicatriz de herida causada por jara".[22] El Chato había sido flechado en la guerra contra los apaches.

2

IXCAPA

El 5 de febrero de 1857 fue aprobada la Constitución Política de la República Mexicana, que significó el triunfo de los liberales contra los dos males que percibían en el país: la supremacía del Ejecutivo y la predominancia del Centro. Para lograr sus objetivos, los constituyentes disolvieron el Congreso General, conformado por dos cámaras, una de diputados y otra de senadores, donde los miembros del clero podían ocupar un escaño, y lo reemplazaron por un Congreso de la Unión, constituido por una sola asamblea, laica y todopoderosa: la Cámara de Diputados. Con este cambio, la legislatura, ahora unificada, quedó fortalecida en su relación con el Ejecutivo. Y los gobernadores, a su vez, que eran quienes designaban a los diputados, salieron robustecidos en su trato con el Centro. Todo sería distinto con la Constitución. Era la base para dar, creían sus autores, un paso a la modernidad. Los liberales que la concibieron luchaban por la igualdad ante la ley, contra los privilegios; por la supremacía del individuo, contra los fueros de las corporaciones; por el gobierno civil, contra la preponderancia militar y la influencia eclesiástica; por la propiedad en manos de los empresarios para dinamizar la economía, contra la riqueza en posesión de *manos muertas* como las de la Iglesia.

El 22 de marzo, la Constitución fue jurada por el gobierno de Oaxaca en el Portal del Palacio. Por la noche hubo una fiesta en la Alameda de León, "decorada con farolillos de colores, chinescos y venecianos colgados de los árboles", escribió Félix Romero, uno de los diputados que participaron en el Constituyente.[1] Entre los actos organizados para conmemorar la ocasión hubo también un *Te Deum* en la Catedral. El gobernador Benito Juárez había solicitado al obispo de Antequera, la víspera, tomar las providencias para la jura de la Constitución. La respuesta fue cortante. "Aunque este gobierno eclesiástico ha hecho protesta ante el supremo de la República, por conducto del ministerio respectivo, contra algunas materias comprendidas en artículos de la misma Constitución, y que ahora reproduce y extiende a cuanto se oponga a los sagrados cánones, supuesto que vuestra excelencia desea que se solemnice el juramento que van a prestar las autoridades, desde luego dictaré las providencias convenientes para que en la Santa Iglesia Catedral se disponga lo necesario al efecto", escribió José Agustín Domínguez.[2] El obispo era un hombre severo, pero sin fuerzas: no quería la guerra que estaba a punto de estallar contra el Estado. El 23 de marzo, así, en un esfuerzo por no confrontar al gobierno, el cabildo ofreció un *Te Deum* para celebrar el juramento a la Constitución, aunque no cantado por el obispo sino por un prebendado de la Catedral.

No todos los funcionarios del gobierno juraron respetar la Constitución. Algunos prefirieron renunciar a sus puestos. Don Manuel Iturribarría, profesor de derecho natural en el Instituto, presentó su dimisión a la Corte de Justicia de Oaxaca, junto con otros dos magistrados, y don Cenobio Márquez, jefe de la revolución contra Santa Anna, hermano de sacerdotes, uno de ellos muy prominente, encabezó la oposición a Juárez. Ambos eran personajes cercanos a Porfirio, quien como capitán de la guardia nacional —y desde luego como liberal— había jurado de inmediato lealtad a la Constitución. La nación, en realidad, estaba dividida en dos. En ambos lados había gente de bien, junto con la de mal, aunque los grupos tendían a estar divididos conforme a sus profesiones. El descontento entre los sacerdotes, en particular, era considerable. Apenas una semana después del *Te Deum*, el 1 de abril, el obispo de Antequera, sin poder ya resistir la presión del cabildo, tomó partido contra los liberales en una circular que dirigió al clero de su diócesis, en la que prohibió a los sacerdotes jurar la Constitución. Hizo más: "mandó que los curas no absolvieran a los liberales en el artículo de muerte", como lo revelaría más tarde un testigo de los hechos.[3] Ese mismo día, el gobierno de Comonfort envió una comunicación a los gobernadores de los estados en la que pedía que los clérigos acusados de alterar el orden fueran enviados, para ser castigados, a la ciudad de México. Los mexicanos quedaron atrapados en medio —todos, en especial los funcionarios y los sacerdotes. Pues quienes no juraban podían ser sancionados por el gobierno de la República y, a la vez, quienes sí juraban podían perder la protección que les daba la Iglesia. No había manera de quedar bien con ambos lados.

Benito Juárez ganó las elecciones de gobernador en mayo, por encima de Cenobio Márquez. Su toma de posesión estaba prevista para el 30 de junio, con el canto de un *Te Deum*. Pero esta vez, contra la costumbre, no habría ceremonia, pues el obispo resolvió cerrar al gobernador las puertas de la Catedral. "No me es posible acceder al pedido de vuestra excelencia", le escribió la víspera don José Agustín, "porque no sería consecuente con las providencias que he dictado, a fin de que la Iglesia no reconozca, con sus actos religiosos, el juramento de la Constitución".[4] Juárez insistió el día de su protesta, a las diez de la mañana, para ordenar que el *Te Deum* fuera cantado ese mediodía; Domínguez reiteró su negativa una hora después; Juárez mandó entonces una nota para comunicarle que, por violar la ley, lo multaba con 100 pesos, más otros 50 pesos por cada uno de los canónigos de la Catedral. Fueron horas tensas, que el gobernador habría de recordar por el resto de su vida. "Aunque contaba yo con fuerzas suficientes para hacerme respetar", escribiría más tarde, ya viejo, "resolví, sin embargo, omitir la asistencia al *Te Deum,* no por temor a los canónigos, sino por la convicción que tenía de que los gobernantes de la sociedad civil no deben asistir como tales a ninguna ceremonia eclesiástica, si bien como hombres pueden ir a los templos a practicar los actos de devoción que su religión les dicte".[5] Así no lo pensaba en el momento de solicitar la ceremonia, pero así lo pensaría después. Pues al triunfo de los liberales, con él al frente, los actos de los gobernantes de México no volvieron a incluir, para ser solemnizados, una ceremonia de la Iglesia.

La guerra estaba a punto de estallar entre los mexicanos. Poco después de la toma de posesión del gobernador, en julio, el coronel José María Salado se pronunció contra la Constitución en el departamento de Jamiltepec, una zona de negros y mulatos, hostil a los liberales, lindante con el departamento de Guerrero. Juárez ordenó combatir a los alzados con una columna de la guardia nacional de Oaxaca, al mando del teniente coronel Manuel Velasco, y ordenó también la incorporación de una fuerza de cosa de doscientos hombres de la guardia nacional de Guerrero. La marcha fue dificultada por las lluvias, abundantes en aquel verano. El 13 de agosto, hacia la una de la tarde, la columna de Velasco llegó al pueblo de Santa María Ixcapa, en Jamiltepec, sin poder unir sus fuerzas a las de Guerrero. En aquella columna marchaba también el capitán Porfirio Díaz, al frente de una compañía de granaderos. Los guías destacados por el mando descubrieron al enemigo en un paraje llamado El Limón. Eran alrededor de setecientos hombres, calcularon, que avanzaban en columnas hacia Ixcapa. Velasco los mandó hostilizar, mientras colocaba al grueso de sus elementos alrededor de la iglesia y el curato. Ahí esperó el asalto de las tropas del coronel José María Salado.

"Se rompió el fuego a las cuatro y cuarto de la tarde", afirmó en su parte de guerra el teniente coronel Velasco. "El grueso de la tropa contraria acometió desesperadamente y de la manera más arrojada por el flanco izquierdo y el frente, que cubrían las fuerzas mandadas por el capitán don Porfirio Díaz".[6] Porfirio cargó con sus hombres contra la columna que descendía por la colina, pero al cruzar una bocacalle a la salida del pueblo fue sorprendido por otra fuerza más, a la que tuvo que enfrentar. En ese choque murió de un balazo, a su lado, el joven subteniente Manuel Parada. Entonces, de pronto, él mismo cayó herido. "El tiro me derribó, pues fue tan cerca que quedaron incrustados en el tejido de mi ropa algunos granos de pólvora", recordó, "pero me repuse violentamente y como lo exigía la presencia del enemigo me levanté".[7] La fuerza que lo atacó por la izquierda, rechazada, reforzó entonces a la columna que descendía por la colina, encabezada por el coronel Salado. Díaz vio morir al jefe de los pronunciados en aquella carga. "Se nos vino encima con machete en mano", escribió en sus memorias, "y al pegar al sargento de mi compañía Anastasio Urrutia un machetazo en la cabeza que le abrió el cráneo, de cuya herida sobrevivió, le disparó Urrutia a quemarropa su fusil, que estaba cargando, y sin haber tenido tiempo de sacarle la baqueta, lo pasó con ella y con la bayoneta, quedando muerto Salado".[8] Así habría de coincidir el parte de Velasco. "Don José María Salado", dijo, "que venía con su ejemplo animando a su gente en el grupo más grueso del frente, recibió un balazo en el corazón que le causó la muerte en el acto".[9]

La muerte de Salado hizo que sus tropas huyeran en desorden, perseguidas, hacia el río Verde. Los primeros en llegar subieron a unas canoas, pero los rezagados ya no las encontraron: tuvieron que nadar. Algunos fueron alcanzados por las balas, otros murieron ahogados en las aguas crecidas de agosto, unos más fueron atacados por los caimanes del río, excitados con la sangre de los heridos. La batalla duró más de dos horas. Era ya de noche cuando terminó, por lo que los muertos permanecieron abandonados en el campo. "A la falta de luna se agregaba", según el parte de guerra, "la obscuridad absoluta causada por nubes densas, que desde aquella hora comenzaron a producir una lluvia abundante que duró toda la noche".[10] El cadáver del coronel Salado fue identificado con ayuda de los alcaldes de los pueblos que iban con Velasco. "Por nuestra parte hay que lamentar la muerte, única en toda la sección, del subteniente don Manuel Parada, y estar herido el capitán don Porfirio Díaz, no de gravedad", informó el teniente coronel Velasco, quien mencionó también, entre los "heridos de machete", al sargento Urrutia.[11]

Ixcapa fue una victoria importante para la guardia nacional de Oaxaca, importante y sorpresiva, pues sus fuerzas eran inferiores en número a las de José María Salado. Fue también el bautismo de fuego de Díaz. Su vida pudo haber acabado ahí, antes de cumplir veintisiete años de edad, con un balazo en el costado, bajo las costillas, en el cenagal de Ixcapa. Tuvo suerte, porque en esos tiempos una herida así, en el abdomen, era por lo general mortal. La bala siguió una trayectoria rara, hacia abajo, a través de toda la cavidad de los intestinos: "del hipocondrio izquierdo a la cresta ilíaca derecha, midiendo algo más de 30 centímetros", en palabras de un cirujano de la época.[12] Los granos de pólvora que ardían le causaron quemaduras en la piel; una de las esquirlas que quedó alojada en el abdomen le produjo una peritonitis; pero la bala no le afectó los intestinos. Tuvo suerte.

Al día siguiente, con la llegada de la guardia nacional de Guerrero, la columna de Velasco siguió hacia Jamiltepec. Los heridos, a su vez, fueron llevados por una escolta al pueblo de Cacahuatepec, que ofrecía más recursos que Ixcapa. Porfirio llevaba sobre la herida una aplicación de hilas en forma de lechinos, para detener la hemorragia. Estaba mal. El padre Nicolás Arrona, cura del pueblo, que había sido su maestro de latinidad en el Seminario, le dijo que había un indio que entendía algo de medicina en Cacahuatepec. Aquel curandero aplicó sobre la herida un ungüento hecho con grasa, huevo y resina de ocote, el cual provocó una infección que estuvo a punto de matar al capitán Díaz. Había que hacer algo. Entonces él, desesperado, ordenó a sus hombres regresar a Oaxaca. Fue una imprudencia, pero tuvo la felicidad de tropezar en el camino con el doctor Esteban Calderón, quien por instrucciones de Juárez acababa de salir para atender a los heridos de Ixcapa. Calderón era un médico graduado en el Instituto, discípulo del doctor Bolaños, que vivía en su rancho de Tlaxiaco. Llevó a los heridos a una hacienda de la zona, Pie de la

Cuesta, cuyo administrador, amigo suyo, era también conocido de Porfirio. Ahí le hizo dos operaciones en busca de la bala, una en el abdomen y otra en la cadera. "La segunda incisión me hizo mucho bien", recordó Díaz, "porque permitió la salida de gran cantidad de pus y de varias esquirlas".[13] Pero el doctor no halló la bala, que permaneció oculta en algún lugar de la cadera.

Al cabo de unas semanas, con los heridos ya recuperados, la columna emprendió la marcha hacia Tlaxiaco. Le tomó tres días. Porfirio no podía caminar ni montar, por lo que sus ayudantes lo llevaron a cuestas en una silla de manos. Pero no duró mucho con ellos. "Lo malo de los caminos y lo lluvioso del tiempo hizo que en una de las marchas resbalaran y me soltaran", refirió, sin olvidar aquel golpe, "y eso me decidió a montar a caballo, adicionando mi montura con almohadas".[14] Díaz permaneció en Tlaxiaco un par de semanas, atendido en el rancho del doctor Calderón. Su salud y su fuerza lo salvaron, con ayuda del azar. A finales de septiembre estaba ya de regreso en la capital del estado, donde acabó de convalecer en el cuartel de su batallón, ubicado en el convento de Santo Domingo. No quedó repuesto del todo, pues los médicos que lo revisaron jamás dieron con la bala. Habría de permanecer dos años y dos meses con ella incrustada en el hueso de la cadera, sobre la pierna. Por esta razón —y también porque sería de nuevo herido por un tiro en esa misma pierna, la derecha— estuvo condenado a cojear en los años por venir, durante la guerra de Reforma. Las personas que lo rodeaban terminaron acostumbradas a verlo caminar así, de costado. "Mi amadísimo cojito", lo llamaría de cariño una pariente suya de Jamiltepec.[15]

Porfirio vio al licenciado Juárez en la ciudad de Oaxaca. Platicó con él de Ixcapa. Acaso criticó también al teniente coronel Manuel Velasco, quien había querido retirar a sus tropas sin pelear, ante la superioridad de las fuerzas de Salado. Así lo sugiere al decir que el gobernador, en sus palabras, "no publicó el parte de la acción sino después de que yo le di informes imparciales respecto a ella".[16] Esto es falso, porque el parte de Velasco fue publicado en *La Democracia*, el órgano del gobierno, una semana antes de su regreso a Oaxaca.

Pero es probable que el teniente coronel haya pensado en efecto en replegar sus fuerzas ante la superioridad del adversario. Don Benito Juárez, al ver a Díaz, acababa de ser electo presidente de la Suprema Corte de Justicia, lo que lo colocaba en la antesala de la Presidencia de la República. Más tarde, el presidente Comonfort le ofreció también el Ministerio de Gobernación, que él aceptó el 24 de octubre, cuando solicitó licencia como gobernador al congreso de Oaxaca. Los legisladores nombraron en su lugar a José María Díaz Ordaz, recomendado por Juárez. El coronel era, señaló, "persona de mi estimación que conducirá la nave del estado durante mi ausencia".[17] El 27 de octubre, así, don Benito emprendió el camino hacia la capital de México. Estaba destinado a no volver a pisar la tierra de Oaxaca.

PLAN DE TACUBAYA

El licenciado José María Díaz Ordaz tenía sólo treinta y cinco años de edad al tomar posesión del gobierno de Oaxaca. Descendía de una familia con raíces muy profundas en el estado, lo cual inspiraba respeto en su gobierno, pero también era un romántico, un idealista, algo que causaba desasosiego a su alrededor. Realizó sus estudios de derecho en la ciudad de México, gracias al dinero de su familia, para luego volver a Oaxaca. Ahí fue uno de los fundadores de la organización que tenía por objeto, explicó, "defender y patrocinar a las personas verdaderamente miserables, que por falta de recursos no pudiesen promover sus derechos ante los tribunales".[1] Defendió las causas en las que creía como juez de primera instancia y fiscal de la Corte de Justicia, y más adelante como diputado en la legislatura de Oaxaca. Al prestar juramento como gobernador ante esa legislatura dijo que lucharía contra "los antiguos privilegios de las minorías", ya que, añadió, "el gobierno es de todos, para todos".[2] En el invierno de 1857 tuvo que enfrentar la agresión con la que estalló en Oaxaca la hecatombe que los historiadores llamarían guerra de Reforma.

Unas semanas después del juramento de Díaz Ordaz como gobernador del estado, el general José María Cobos, pronunciado contra la

Constitución, invadió la región de las Mixtecas. En unos días capturó Huajuapan y Nochixtlán, y siguió hacia el valle de Etla, rumbo a Oaxaca. Cobos era español de nacimiento, pero llegó de niño a México, donde hizo sus estudios en el Colegio Militar. Al estallar la guerra, aquel invierno, tomó partido por los conservadores, como todos los oficiales del Ejército. El 10 de diciembre circuló el rumor de que sus tropas estaban a las puertas de Oaxaca. Y estalló el pánico. La gente corría por las calles con sus cosas, en busca de refugio; los comerciantes desalojaban sus locales; la guardia nacional confiscaba mulas y carretas para sacar los archivos fuera del Palacio de Gobierno. Díaz Ordaz resolvió ceder el sur de la ciudad, para cavar trincheras y levantar barricadas en las calles del norte, alrededor de los monasterios del Carmen y Santo Domingo y junto al convento de Santa Catarina. Mandó llevar abastecimientos a sus posiciones; ordenó refuerzos a las guardias de los distritos; decretó el estado de sitio y la ley marcial en la ciudad, y decidió imponer a los propietarios, por medio de un decreto, "un subsidio extraordinario de 30 000 pesos para sostener el orden social, amenazado por la reacción".[3] El 15 de diciembre, el *Boletín Oficial*, que sustituyó por esas fechas a *La Democracia* como órgano del gobierno, publicó las seguridades dadas al gobernador por la diócesis de Antequera de que la Iglesia no apoyaría al general Cobos. Díaz Ordaz era sobrino del obispo José Agustín por el lado de su madre, que también era Domínguez. Su relación parecía cordial, no obstante que José María pertenecía al ala más radical de los liberales en Oaxaca, la de los *rojos*, y a pesar de que acababa de adquirir la hacienda del Rosario, una de las más ricas de los Valles, que los dominicos habían tenido que venderle como resultado de la Ley Lerdo.

Las fuerzas del general Cobos incautaron caballos, vehículos y provisiones en los poblados del valle de Etla. Exigieron también un impuesto de guerra a los propietarios y los comerciantes. Pero sus tropas permanecieron fuera de la capital. Ello le dio tiempo al gobierno de preparar la defensa, ya con la conciencia de la magnitud del reto que debía enfrentar, pues justamente por esas fechas, el 20 de diciembre, llegó a Oaxaca la noticia de que el general Félix Zuloaga, quien tenía el mando en la capital, acababa de proclamar el Plan de

Tacubaya. En él, Zuloaga expresaba con sobriedad lo que pensaba una parte de la nación, que incluía al propio Comonfort. "Considerando que la mayoría de los pueblos no ha quedado satisfecha con la carta fundamental que le dieran sus mandatarios porque ella no ha sabido hermanar el progreso con el orden" y "considerando que la República necesita de instituciones análogas a sus usos y costumbres" y, por último, "considerando que la fuerza armada no debe sostener lo que la nación no quiere", el Plan de Tacubaya declaraba lo siguiente: "Desde esta fecha cesará de regir en la República la Constitución de 1857" (Artículo 1º).[4] El presidente Comonfort, agregaba, "continuará encargado del mando supremo con facultades omnímodas, para pacificar a la nación" (Artículo 2º).[5] Era conocido el malestar del presidente hacia la Constitución, aunque sorprendió su adhesión al Plan de Tacubaya, como también la detención de Juárez esa misma noche por orden de Zuloaga. Díaz Ordaz proclamó entonces el Decreto número 21: "Entretanto los poderes federales se encuentren impedidos para ejercer sus funciones, por el plan proclamado en Tacubaya el 17 del corriente, el estado de Oaxaca reasume su soberanía y se gobernará por sus leyes especiales".[6]

El 27 de diciembre, José María Cobos ocupó con alrededor de mil hombres el sur de la ciudad de Oaxaca, para establecer su cuartel en el Palacio de Gobierno. Las fuerzas del gobierno, por su lado, aseguraron sus posiciones en el monasterio de Santo Domingo. Acababa de llegar de Tehuantepec el coronel Ignacio Mejía para asumir el mando de la guardia nacional, por ser el oficial de mayor jerarquía en Oaxaca. Rozaba los cuarenta y tres años y tenía, sin duda, experiencia militar y política. Había peleado en Oaxaca con el general Isidro Reyes durante la rebelión de Religión y Fueros y había luchado en Puebla bajo las órdenes del general Antonio de León contra la invasión de los Estados Unidos. Había sido incluso gobernador de Oaxaca por algunos meses, hasta el triunfo del Plan del Hospicio. Díaz Ordaz y Mejía sostuvieron por aquellos días una reunión para discutir la defensa de la ciudad, en la que estaba presente Porfirio Díaz. El capitán Díaz los conocía a los dos. Tenía una relación difícil con Mejía, pero fácil con Díaz Ordaz, quien además era su primo, pues ambos compartían un mismo tatarabuelo en Oaxaca. El coronel Díaz Ordaz, un hombre de piel muy blanca, con la barba rala, sin bigote, ostentaba el cargo de gobernador, pero tendía a descansar sobre Mejía. "Por no tener educación militar y ser un hombre modesto, aunque de muy buenas disposiciones", recordaría su primo, "vacilaba en seguir sus propias inspiraciones".[7] En aquella reunión, el capitán Díaz, quien cojeaba, fue nombrado comandante del convento de Santa Catarina. José María Díaz Ordaz tomó a su cargo el monasterio de Santo Domingo, Cristóbal Salinas el monasterio del Carmen y Luis Fernández del Campo la iglesia de la Sangre de Cristo. Todos eran coroneles.

Los víveres empezaron a escasear en los conventos al cabo de un par de semanas de sitio, pues los comercios, los mercados, los depósitos de granos estaban localizados en el sur de la ciudad. Hubo saqueos. Los sitiados concentraron entonces sus esfuerzos en la búsqueda de víveres. Díaz propuso asaltar, frente a su línea, una barricada que observó que estaba levantada con sacos de harina y salvado, y su propuesta fue aprobada por el coronel Mejía. Pero todo le salió mal, al grado de que murieron la mayoría de los trece hombres que participaron con él en esa acción. Y reaccionó furioso contra el coronel en jefe. "No me había ayudado de la manera que habíamos convenido", dijo, "y me propuse cometer la descortesía de no darle a él, como debía hacerlo, el parte del resultado de mis movimientos, sino directamente al gobernador del estado".[8] Unos días después tuvo más fortuna. Acostumbraba comer con José Antonio Gamboa, médico próximo a los liberales, diputado en el Constituyente, amigo suyo, quien vivía con su esposa junto a la trinchera que defendía, cerca de Santa Catarina. Con el paso de los días, al escasear las despensas, notó la dificultad que tenía ella para servir los alimentos. La situación no mejoró cuando llegó con una pierna de puerco, adquirida fuera del perímetro defendido por sus fuerzas. "Notando que no se ponía en la mesa", dijo, "supe que había salido con triquina, y esto me mortificó mucho".[9] Entonces la suerte dio un vuelco a su favor: asaltó una casa que tenía gallinas en el patio —"gallinas que presenté, ufano, a la señora Gamboa".[10]

A mediados de enero, la situación hizo crisis. No había ya víveres, las municiones eran también escasas. José María Díaz Ordaz convocó entonces a un consejo de guerra, en el que la mayoría de los jefes, con la excepción del coronel Mejía, votó por romper el sitio para salir hacia el norte, rumbo a Ixtlán. Los oficiales más jóvenes, sin embargo, al conocer esa postura, clamaron por asaltar la plaza. Díaz Ordaz tuvo entonces, en privado, una reunión más con Mejía. En ella revisaron las alternativas: rendir su posición, romper el sitio o atacar la plaza, y ambos optaron por atacar la plaza. Los coroneles adversos a la toma de la ciudad acataron la orden a regañadientes. Sabían, además, que no estaban en condiciones de someter a sus oficiales más jóvenes, insubordinados contra toda decisión que no fuera el asalto. "Creyeron preferible castigarnos, poniéndonos a la cabeza de las columnas que debían asaltar la plaza", recordaría Porfirio.[11] Es posible que así fuera, ya que, a diferencia de Mejía, los jefes de las posiciones —Díaz Ordaz, Salinas y Fernández del Campo— no participaron en el ataque al Palacio de Gobierno.

Las fuerzas de los liberales fueron concentradas durante la noche en el monasterio del Carmen, sobrio y elegante, erguido por los carmelitas descalzos a fines del siglo XVII en la parte más alta de la ciudad, sobre la antigua ermita de la Cruz. Otras permanecieron en el convento de Santo Domingo. Estaban todas organizadas en tres columnas, más una de reserva. La primera debía partir de Santo Domingo para seguir de frente por las calles de la Sangre de Cristo, el Cuartel, el Estanco y el Seminario; la segunda debía salir del Carmen para bajar, a su vez, por las calles del Viacrucis, Echeverría, Canalizo, la Cárcel y el Fiscal; la tercera, por último, debía asimismo salir del Carmen hacia el oeste, por la calle del Placer, para doblar de inmediato hacia el sur por las calles del Salto, la Barranca, la Solfa, Jalapa y el Carmen de Abajo. La columna de reserva iba a ser comandada por el coronel Ignacio Mejía. El capitán Porfirio Díaz era el segundo al mando de la columna que tenía instrucciones de llegar al Carmen de Abajo, para luego converger con las demás frente al Palacio de Gobierno.

El 16 de enero de 1858 tuvo lugar el asalto a la plaza. "La acción comenzó a las seis de la mañana, saliendo nuestras columnas del con-

158

vento del Carmen y dirigiéndose hacia las calles que conducen al centro", habría de escribir en su parte el coronel Mejía.[12] El rumor de que los sitiados tratarían de romper el cerco para salir rumbo a Ixtlán ayudó a los asaltantes, porque Cobos, para cortarles la retirada, había colocado toda su caballería en el norte de la ciudad, por el Llano de Guadalupe. La columna del teniente coronel José Batalla recibió el impacto del fuego disparado desde las alturas del Estanco: él mismo fue herido, y luego moriría, y su segundo fue también herido, pero la columna continuó hasta la Plaza de Armas a las órdenes del capitán Mariano Jiménez. El teniente coronel Manuel Velasco, a su vez, marchó sin sufrir bajas al frente de su columna por la calle del Placer, pero al doblar hacia el sur resintió el golpe de los fusileros situados en el campanario del Carmen de Abajo. Velasco cayó herido al llegar con sus fuerzas al Portal de Flores, por lo que Díaz asumió el mando de la columna ahí mismo, en la Plaza de Armas. Sus hombres disparaban contra el Palacio de Gobierno cuando supieron que el coronel Mejía acababa de ser alcanzado por un tiro en el pecho en la Alameda de León. Pero la bala no lo mató, pues quedó enredada entre los pliegues del jorongo que llevaba puesto. El coronel en jefe, repuesto del susto, ordenó entonces el asalto contra las fuerzas que permanecían aún en el Palacio de Gobierno.

El primero en penetrar la trinchera del Portal del Palacio fue el capitán Luis Mier y Terán, seguido por las avanzadas de las columnas que mandaban Díaz y Jiménez. Luis era uno de los capitanes más jóvenes de la guardia nacional: tenía apenas veintidós años. Había nacido en Guanajuato, en el seno de una familia ilustre durante la Independencia. Ilustre y trágica: el abuelo murió por su propia espada poco antes de su nacimiento y el padre, a su vez, falleció poco después de su llegada al mundo. "La madre", escribió un historiador, "quedó viuda muy joven y vino a Oaxaca con la protección de un hermano, trayendo a su hijo Luis de muy corta edad".[13] Su familia residió en una calle del centro, entre el convento de San Agustín y la Plaza de Armas. En la adolescencia, sin recursos, tuvo que dejar sus estudios para trabajar como ayudante en un comercio de Oaxaca. "Era conocido como un joven honrado", evocaría un amigo, "dependiente de la casa del señor don Manuel Sánchez Posada".[14] A los diecinueve años comenzó su carrera militar, como subteniente de infantería en la guardia nacional de Oaxaca. Era ya capitán al triunfo de la revolución de Ayutla. Fue ahí, en las milicias, donde hizo amistad con Porfirio. Ambos descendían de familias parecidas: venidas a menos, dominadas por la figura de la madre, y ambos compartirían un mismo ideal en los años por venir: el de los liberales de Oaxaca. Los dos fueron, además, hermanos de la masonería. "Luis Terán era un hombre notable por sus cualidades personales, de suma honradez, muy generoso, de muy buen corazón, muy leal", escribió en sus memorias Porfirio Díaz.[15] Así lo habría de recordar también en el momento de su muerte. "Aunque los hermanos no debieran elogiarse entre sí", expresó en un homenaje, "yo me permito decir de él que lo fui suyo fascinado por sus cualidades de buen ciudadano, valiente soldado, buen compañero e inmejorable amigo".[16] Decía lo que sentía. Pues ese muchacho que conoció de joven estaba destinado a ser su amigo del alma —tal vez el mejor de los que tuvo a lo largo de la vida: su hermano.

Todo acabó hacia las ocho de la mañana. El enemigo, protegido por su caballería, huyó hacia el sur por la calle de Manero, rumbo al Atoyac. Sus muertos permanecieron tirados entre los escombros, junto a los heridos. "En el patio de Palacio corría la sangre, hasta el grado de haberse empapado en ella la suela de mis zapatos", habría de recordar el coronel Mejía.[17] Acababan de ser asaltadas, ese día, alrededor de treinta barricadas en el corazón de la ciudad. "La pérdida del enemigo ha sido inmensa", afirmaron los liberales. "Sus muertos enterrados hasta el día de ayer pasaban de ochenta".[18] Los conservadores escaparon hacia Tlacolula, donde saquearon y quemaron las haciendas de la Labor y el Rosario, propiedades de Luis Fernández del Campo y José María Díaz Ordaz. También amenazaron de muerte, según una crónica de la época, "a la familia del capitán Porfirio Díaz".[19] Pero todo, poco a poco, volvió a la normalidad. El Palacio de Gobierno, dañado por el asalto, fue de nuevo habilitado como sede de los poderes del estado; el alumbrado de las calles, instalado apenas unos años antes, fue restablecido con ayuda de un impuesto a los propietarios de la ciudad. Más tarde fueron reabiertos los comercios y las escuelas. Y los sacerdotes que desobedecieron la instrucción del obispo de Antequera de no apoyar a Cobos, diez en total, terminaron recluidos en las celdas del claustro de Santo Domingo. La victoria de los liberales en Oaxaca, sin embargo, coincidió también con el triunfo del Plan de Tacubaya en la ciudad de México. Pues el 28 de enero de 1858 —depuesto ya don Ignacio Comonfort, quien marchaba entonces hacia Veracruz, traicionado por el Ejército— el gobierno *de facto* del general Félix Zuloaga publicó cinco decretos, entre ellos uno que derogaba la Ley de Desamortización y otro que restablecía los fueros del Ejército y la Iglesia al estado que tenían al triunfar el Plan del Hospicio. Al día siguiente, el arzobispo de México dio las gracias a Zuloaga.

En Oaxaca, el general José María Cobos llegó con sus fuerzas a Miahuatlán, para seguir después hasta Tehuantepec. Fue bien recibido por los tehuantepecanos, por lo que el gobierno del estado mandó en su persecución una columna de alrededor de setecientos hombres al mando del coronel Mejía. El capitán Porfirio Díaz, recién electo regidor en el ayuntamiento de Oaxaca, iba con él al frente de una compañía de granaderos y cazadores del 2º Batallón. Al pasar la hacienda de San Cristóbal, su columna fue advertida de que los conservadores, al mando de Cobos, estaban pertrechados en el pueblo de Jalapa. Era el 25 de febrero. "Los enemigos ocuparon para defenderse el convento de dominicos de este lugar, obra fuerte y de construcción propia para sostenerse, sin comparación mejor que el de Tehuantepec", habría de observar Mejía.[20] Las fuerzas de Cobos, guarecidas en ese convento, estaban también atrincheradas en los montículos que rodeaban el poblado. Pero fueron derrotadas. "El combate fue muy reñido, pues duró más de una hora", anotó el capitán Díaz, "y el número de heridos, tanto del enemigo como nuestros, nos obligó a permanecer dos días en Jalapa".[21] Ahí supieron, mientras atendían a sus heridos, que toda la oficialidad de Cobos acababa de ser exterminada en la hacienda del Garrapatero.

La madrugada del 26 de febrero, una partida de juchitecos al mando del jefe don Pedro Gallegos llegó a la hacienda del Garrapatero, por donde Cobos debía pasar en su fuga hacia la Sierra de Huamelula. Encerraron en el corral unas vacas de ordeña, como señuelo, para luego permanecer emboscados a su alrededor. Una parte de los oficiales de Cobos pasó de largo, a las órdenes del capitán Manuel González, quien sería con los años compadre de Porfirio, general de división y presidente de la República. El resto murió a manos de los *tecos* de Gallegos. "A excepción de tres hombres que azorados por el fuego se echaron a nado en un estero", escribió Mejía, luego de recibir el parte de los sucesos, "los demás quedaron muertos".[22] Eran en total dieciséis oficiales, más dos sacerdotes. Las fuerzas del general Cobos, desmoralizadas por la masacre, sufrieron la deserción de los *patricios* reclutados en Tehuantepec. "Parece que la mano de Dios cayó sobre la gente inquieta de esta tierra", escribió fray Mauricio López a su amigo don Benito Juárez. "Una partida de *tecos* alcanzó en la hacienda del Garrapatero a los cabecillas de Tehuantepec, en donde murieron los dos Condes, el padre Ramos, el cura de Tenzaltepec y el capataz de los *patricios*, y otros hasta el número de dieciocho".[23] Juárez había sido liberado por el presidente Comonfort antes del triunfo del pronunciamiento de Zuloaga. Con la remoción de Comonfort, traicionado por los pronunciados, don Benito, en su calidad de titular de la Suprema Corte de Justicia, había asumido la Presidencia de la República. Había salido de inmediato con su gobierno hacia Querétaro y Guanajuato, y había seguido después hasta Guadalajara. Cuando recibió la carta de su amigo fray Mauricio estaba ya en camino de Veracruz, donde habría de permanecer atrincherado con su gobierno durante los tres años que duró la guerra de Reforma.

3

COMANDANTE DE TEHUANTEPEC

"Permanecimos cerca de tres semanas en Tehuantepec", escribió Porfirio Díaz. "Hicimos algunas salidas en persecución de las agrupaciones del enemigo, salidas que no tuvieron éxito alguno, porque éste se escondía en los montes cuando lo sorprendíamos".[1] Ignacio Mejía trataba de reorganizar el gobierno del departamento cuando, a mediados de marzo, recibió órdenes de regresar a Oaxaca con su brigada porque debía socorrer al presidente Juárez a su llegada a Veracruz. "Antes de abandonar Tehuantepec", dijo el coronel Mejía, "nombré comandante de aquella demarcación al capitán de granaderos del 2º Batallón don Porfirio Díaz, dejándole las compañías de preferencia de su cuerpo y la orden de que diera de término ocho días a los que se habían refugiado en los bosques para presentarse y volver a su casa sin hacerles cargo alguno, pero que a los que no cumplieran con esta prevención los ejecutara donde lograra aprehenderlos; en seguida marché con las demás tropas para Oaxaca".[2]

Porfirio Díaz daría más tarde una versión distinta de su nombramiento. El coronel Mejía propuso la comandancia del departamento de Tehuantepec al teniente coronel José María Ballesteros, quien era el más antiguo de los jefes con mando de fuerza que estaban con él en el Istmo. Pero Ballesteros declinó. Entonces, Mejía propuso la comandancia al teniente coronel Alejandro Espinosa, quien era el jefe de filas que le seguía a Ballesteros. Pero Espinosa también declinó. Al final volteó hacia el capitán Porfirio Díaz —"rodeando su indicación de muchos encomios", recordó él, "ofreciendo que pronto vendrían auxilios eficaces en mi favor"— para de nuevo proponer la comandancia de Tehuantepec.[3] Díaz le señaló que las fuerzas del enemigo, superiores a las suyas, permanecían en pie de guerra; que conservaban sus armas; que contaban para volver a la ofensiva con la simpatía de los pueblos del departamento, hostiles a la autoridad de Oaxaca. "Le manifesté, por último, que sin embargo de estos serios peligros, aceptaba el mando que me ofrecía, y que haría cuanto estuviera en mi poder para sostener allí la autoridad y la honra del gobierno".[4] En esas circunstancias fue nombrado comandante del departamento de Tehuantepec, con el apoyo de las dos compañías del batallón —no más de ciento sesenta hombres— que tenía a su mando desde Oaxaca. El propio Mejía conocía muy bien el tipo de peligro al que iba a estar expuesto, pues él mismo había sido años atrás jefe de las fuerzas de Tehuantepec, nombrado por Juárez para combatir a los alzados contra el gobierno de Oaxaca. "Había sido trato formal al encargarme de tan peligrosa e importante comisión que, si no moría en ella, quedaría libre de todo servicio para el porvenir", recordaría Mejía.[5]

Oaxaca estaba entonces dividido en ocho departamentos, subdivididos a su vez en veinticuatro distritos, llamados también partidos. El departamento de Tehuantepec estaba compuesto por los partidos de Tehuantepec, Juchitán y Petapa. A fines de marzo de 1858, sin embargo, la legislatura del estado resolvió cambiar el esquema de ocho departamentos por una división de veinticinco distritos, cada uno dirigido por un jefe político designado por el gobernador. Era una forma de centralizar el poder en la capital de Oaxaca. Así, a partir de abril, el capitán Díaz —primero como comandante militar y luego, también, como jefe político— habría de tener bajo su responsabilidad el distrito de Tehuantepec.

El Istmo de Tehuantepec era, por su posición, uno de los centros de comercio más activos de Oaxaca. Durante la Colonia, los españoles introdujeron el cultivo de la caña de azúcar y fomentaron la producción de la grana y el añil, tintes que contribuyeron a su vez al auge del comercio de telas entre Oaxaca y Guatemala. Las salinas de las lagunas de la costa, en el sur, facilitaron por su lado la materia prima necesaria para conservar la carne que producían las haciendas y los pueblos del interior, cuyas tierras estaban desmontadas para la cría de ganado. La prosperidad de la región, sin embargo, terminó con las guerras de la Independencia. Hacia mediados de los veinte, el gobierno del Centro, necesitado de recursos, concedió el monopolio sobre los depósitos de sal al comerciante y funcionario don Francisco Javier Echeverría. Ello provocó la reacción de las comunidades de la zona —zapotecas, chontales, huaves y zoques— que dependían para sus ingresos del comercio de la sal, sobre todo a raíz del declive de la grana y el añil. En el curso de los treinta, la situación de las comunidades empeoró, cuando las ocho haciendas ganaderas fundadas por Hernán Cortés, marqués del Valle de Oaxaca, fueron vendidas a don José Joaquín Guergué. Ello generó una disputa de tierras con las comunidades vecinas a las haciendas. A comienzos de la década de los cuarenta, los ánimos estaban ya muy excitados. Juárez no logró calmarlos durante su gobierno, que fracasó por ignorar los resortes que movían a los istmeños, por subestimar también los agravios que pesaban sobre las comunidades. En esos años, de hecho, perdió el control de todo el territorio. El general Santa Anna decretó la separación del Istmo del estado de Oaxaca, decreto que luego revocarían los liberales, aunque sin poder impedir que los habitantes de la región consolidaran su alianza con los conservadores, dirigidos por los *patricios*, el nombre que daban a los españoles antiliberales radicados en Tehuantepec. Así, al asumir Juárez la Presidencia de la República, la región optó por el partido de Zuloaga. Esa fue la situación que heredó en la primavera de 1858 el capitán Porfirio Díaz.

"Apenas se retiró de Tehuantepec la columna del coronel Mejía, cuando comenzó a ser tiroteada la guarnición durante el día y la noche en los suburbios de la ciudad", hubo de recordar Porfirio.[6] Los *patricios* estaban apertrechados en la hacienda Las Jícaras, al otro lado del río, a un par de kilómetros de Tehuantepec. Amagaban con atacar la plaza, por lo que la noche del 12 de mayo, con el objeto de rebasar sus posiciones a través de la montaña, para sorprenderlos por su retaguardia, el capitán Díaz salió con el grueso de sus tropas hacia Las Jícaras. Al escribir sus memorias, años más tarde, él mismo afirmó que, cuando despuntaba la luz, asaltó por sorpresa a las fuerzas que cubrían la retaguardia del enemigo. "Pude dar un asalto rápido y vigoroso", refirió ahí, "al grado de encontrar casi dormidos a muchos de los principales jefes".[7] Pero su parte de guerra, escrito al calor de los hechos, lo desmiente. "El día 12 del presente ha tenido lugar en el paraje llamado Pozo del Zorrillo, distante una legua poco más o menos de esta ciudad, un hecho de armas entre una partida de nuestras tropas mandada por mí, y los revoltosos que recorren hace tiempo las inmediaciones de la misma", escribió. "Los sediciosos tenían ya noticia del movimiento de nuestra fuerza, y por lo mismo estaban preparados. Nos dispusieron una emboscada en el camino".[8] Sus hombres, sin embargo, reaccionaron con rapidez. Sabían que esa guerra era de vida o muerte. Luego de un combate que duró cerca de media hora, los *patricios* escaparon hacia la montaña, dejando tendidos en el campo los cadáveres del coronel José María Conchado y el sargento Manuel García.

La victoria de Pozo del Zorrillo —o Las Jícaras, como sería recordada esa batalla— fue decisiva para el porvenir de Porfirio Díaz en Tehuantepec, pues en esa acción murió el jefe más capaz que tenían los *patricios* en el Istmo. El coronel José María Conchado era español, partidario de los carlistas en las guerras de su país contra la sucesión de doña Isabel de Borbón. Tenía un pasado honroso en Oaxaca, como lo recordó *La Democracia* al anunciar su muerte en el Istmo. "Sentimos verdaderamente el fin desastroso del señor Conchado", manifestó. "Como comandante de batallón de la guardia nacional del estado, fue modelo de valor y de lealtad, y como empleado civil en la subprefectura de Petapa, se manejó con honradez".[9] Al estallar la guerra, el general José María Cobos, su paisano, lo convenció de luchar en sus filas a su paso por Tehuantepec. Entonces él secundó la causa de los conservadores junto con otros españoles radicados en el Istmo, entre ellos Miguel Conde, uno de los muertos en el Garrapatero. Convocó a los *patricios* agrupados en Las Jícaras, planeó con ellos el asalto de la posición de Díaz, pero cayó en combate en Pozo del Zorrillo. La causa de los conservadores perdió, con él, a su dirigente más importante. Por su lado, el gobierno de Oaxaca mandó después, en reconocimiento de su victoria, el despacho de comandante de batallón a Porfirio Díaz. Ese despacho estaba firmado por su primo, José María Díaz Ordaz, quien unos días antes de Las Jícaras acababa de vencer a Marcos Pérez en la elección a gobernador del estado de Oaxaca. Ambos eran liberales, ambos *rojos* y ambos conocidos de Porfirio, aunque él, sin duda, debió haber preferido la victoria de don Marcos.

TIEMPOS DE PRUEBA

La ciudad estaba formada por un conjunto de barrios más o menos separados por colinas, las únicas que había en toda esa región. El río Grande, como lo llamaban, que nacía en la Sierra de Mixtepec, pasaba por en medio del poblado, dividido en cientos de arroyos que regaban los huertos y las sementeras, para seguir luego su curso hasta su desembocadura en la bahía de La Ventosa. Las chozas de los indios eran de carrizo con techos de palma, sin ventanas, rodeadas por chozas similares que servían de cocina, almacén y corral para los animales, y las casas de los criollos, construidas con adobe, encaladas, con techos de teja, daban a las calles de tierra que rodeaban la Plaza de Armas. La ciudad tenía entonces alrededor de trece mil habitantes, en su mayoría zapotecos del Istmo. Algunos de los más acomodados eran franceses, españoles, alemanes y norteamericanos, dedicados todos al comercio que prosperaba aún en esa zona, a pesar de la guerra. El calor era insoportable durante todo el año. Luego de caer el sol, las campanas de las iglesias tocaban el *Angelus*. Las gentes volvían a sus hogares. En otros tiempos aguardaban en el umbral de la puerta, a tomar el fresco bajo las estrellas. Ya no era posible. En punto de las ocho de la noche, los clarines de la guarnición, seguidos por los tambores, anunciaban la retreta. Las noches eran peligrosas en Tehuantepec.

El comandante Porfirio Díaz residía en una casa del centro, cerca del convento de Santo Domingo, que servía de cuartel a la guarnición de Tehuantepec. Aquel monasterio, elevado en una especie de terraza de 3 metros sobre el nivel de la calle estaba ubicado en una plaza que lindaba con la del Palacio de Gobierno. "Su soberbia y maciza apariencia da más la idea de una fortaleza que de un monumento religioso", comentó un viajero.[1] Era cierto, aunque todo estaba en ruinas: las escaleras, las bóvedas, los terraplenes, los muros de clausura de la explanada. En su interior habitaban las tropas de la guarnición, cerca de doscientos hombres, casi todos oaxaqueños, algunos juchitecos, la mayoría sin uniforme, recostados sobre sus petates en las galerías del claustro. "Jamás he visto nada tan inmundo", exclamó aquel viajero. "Los vi bajo la galería que sirve de pasaje entre la sacristía y la iglesia, acostados con sus mujeres, en una promiscuidad obscena, a la puerta misma del santuario".[2] Todos vivían ahí con sus esposas y sus niños, y algunos con sus concubinas. Con ellos había que defender la honra del gobierno de Oaxaca.

"Mi situación en Tehuantepec era extraordinariamente difícil", afirmó Díaz, "pues estaba incomunicado con el gobierno, sin más elementos que los que yo podía facilitarme en un país belicoso y enteramente hostil".[3] Estaba todo el tiempo en movimiento, por lo general de noche, por las veredas, pues los caminos de herradura seguían bajo el poder de los *patricios*. Sus tropas controlaban nada más el centro de la población. "Para recibir la correspondencia de Oaxaca", reveló, "tenía que salir con una fuerza armada".[4] El único de los barrios afines a los liberales —catorce en total— era San Blas Atempa. Porfirio Díaz contaba también con unos cincuenta hombres del pueblo de mixes de Santiago Guevea, al norte de Tehuantepec. "Cuando necesitaba de mayor fuerza", explicó, "podía disponer de cien o doscientos hombres armados y municionados de Juchitán, quienes me servían por pocos días y a quienes pagaba su haber correspondiente".[5] Juchitán estaba localizado a unos 20 kilómetros al noreste de Tehuantepec, sobre el río de los Perros. Díaz pasaba ahí temporadas más o menos largas. "Sus habitantes, alrededor de seis mil, son industriosos y trabajadores, y al mismo tiempo muy guerreros, involucrados en todas las luchas políticas que ocurren constantemente en este desventurado país", escribió el explorador Mathias G. Hermesdorf.[6] Aquellos zapotecos eran peligrosos, estaban a menudo ebrios antes de los combates, resultaban siempre muy difíciles de controlar, por indisciplinados y por impredecibles. Luchaban en el bando de los liberales, señaló con lucidez un observador, "sin otro motivo que su aversión por la sangre española".[7] Fue algo que vio y entendió, y que manipuló con enorme destreza el comandante Díaz. "La amistad de los juchitecos no era muy sólida ni estaba basada en principios", diría él mismo más tarde, "sino en su gran enemistad y rivalidad con el pueblo de Tehuantepec".[8] Los juchitecos eran hostiles a los tehuantepecanos y, sobre todo, enemigos a muerte de los *patricios*. El comandante de los liberales usó a su favor ese sentimiento —y no sus convicciones respecto de la Constitución, que no tenían— para sobrevivir en el Istmo de Tehuantepec.

Porfirio acabó por enfermar en aquel verano de 1858. "Teniendo que sostener casi diariamente un combate con el enemigo", dijo, "la fuerza de mi cuerpo había disminuido considerablemente".[9] Vivía sofocado por el calor y la humedad del Istmo, acostumbrado al clima más benigno de los Valles. Sufría fiebres. Le salió por esas fechas un mechón de canas en la cabeza, sobre la frente. El 23 de agosto dictó a su secretario una carta propia de su situación, escrita en sepia sobre un papel delgado y diminuto, dirigida al titular de la Tesorería de Oaxaca. En ella enumeraba las razones por las que, decía, no había podido cumplir una instrucción: "el estado continuo de alarma en que se encuentra esta jefatura política por causa de la revolución, los trabajos y trastornos que esas alarmas ocasionan, y la prolongada y grave enfermedad que he estado y aún estoy padeciendo".[10] Era evidente el esfuerzo que hacía en esa carta por no levantar la voz, por guardar el decoro, revelador del dominio que ejercía sobre sí mismo. Aquel día, bastante más tranquilo, tuvo el placer de escribir a don Benito Juárez, quien le acababa de mandar de Veracruz unos ejemplares del periódico *Progreso* donde encomiaba su labor en el Istmo. "En este empleo como en el que antes desempeñaba", le manifestó, con un poco de grandilocuencia, "sé muy bien que de hecho y por precisa obligación estoy a las órdenes de usted; sin embargo, además de esa obligación quiero crearme otra, ofreciendo a usted mi espada para la defensa de los sagrados derechos de nuestra Patria".[11] Juárez estaba desde hacía unos meses establecido con su gobierno en Veracruz. El puerto, además de ser un bastión de los liberales, tenía el control de la aduana y dominaba el acceso a la capital, y era desde luego —tras sus muros, entre médanos de arena— una de las plazas más inexpugnables en toda la República.

Durante las escaramuzas, Porfirio hacía con frecuencia prisioneros, que ponía en libertad a cambio de la promesa de no volver a combatir. Pero era común capturarlos de nuevo con las armas en la mano, lo cual hacía que la guerra fuera interminable. Hubo que cambiar de conducta. Los comenzó a fusilar. "Cuando di parte al gobierno del estado de la ejecución de los prisioneros pertinaces o reincidentes", explicó, "el gobernador don José María Díaz Ordaz, que era primo mío, desaprobó mi conducta en carta particular, y me previno que no volviera a fusilar a ninguno; pero convencido de que no era posible hacer una guerra civilizada en aquellas regiones, sino que era indispensable hacerla sin cuartel, contesté al gobernador de Oaxaca, también en carta particular, diciéndole que no me sería posible cumplir sus órdenes, y que si él insistía en ellas, mandara otro jefe que se hiciera cargo de la campaña. Nada me contestó a esa carta el señor Díaz Ordaz, y tomé esta falta de respuesta como la aprobación tácita de mi conducta".[12] El gobernador sabía que lo necesitaba. Así que no lo censuró, sino le ratificó y le extendió su nombramiento en el otoño, no sólo como comandante militar sino también como jefe político de aquella región del Istmo. "José María Díaz Ordaz", anunciaba ese documento, "atendiendo a las circunstancias que concurren en el ciudadano Porfirio Díaz, ha tenido a bien nombrarlo jefe político del distrito de Tehuantepec, con sueldo de 1 500 pesos anuales".[13] Porfirio acababa de cumplir veintiocho años, no más, pero vivía transformado por la experiencia del Istmo. Había estado dispuesto, como soldado, a morir y matar en el campo de honor, por supuesto, pero ahora era distinto: en calidad de jefe, sin nadie más en quien compartir esa responsabilidad, había también *ordenado* matar.

"Mi situación se hizo muy difícil a fines del año de 1858, porque el gobierno del estado no me mandaba ningún recurso, ni aun el reemplazo de los hombres que yo perdía. Como mi fuerza había quedado reducida a cosa de ciento treinta hombres, consideré indispensable hablar personalmente con el gobernador del estado para describirle mi situación, con objeto de remediarla".[14] Muchos de sus soldados, sabía, permanecían con él por amistad y lealtad. "Un día los saqué de Tehuantepec y los traje hasta San Carlos Yautepec, como si se tratara de una de tantas expediciones periódicas que hacíamos para proteger el correo, sin decirles cuál era el objeto del movimiento. En Yautepec los formé, les informé de la situación y del propósito de mi marcha a Oaxaca".[15] Les garantizó, ahí mismo, que estaría de regreso antes de una semana. Su fortaleza lo mantenía de pie, pero estaba flaco y demacrado, y cojeaba más que de costumbre. Marchó a la capital a caballo, acompañado por una escolta. En Oaxaca tuvo un encuentro con Díaz Ordaz, quien debió comprender de inmediato la magnitud de la urgencia, pues dio la instrucción de mandar a Tehuantepec un refuerzo de tropa a las órdenes del coronel Cristóbal Salinas, a pesar de las amenazas que pesaban sobre la capital del estado, amenazas que por aquellas fechas aparecieron negras en el horizonte de la Cañada. "Cobos", anunció el gobierno. "Otra vez el infatigable enemigo de la paz pública, que en diciembre del año pasado trajo al estado los terribles estragos de la guerra, se ha presentado en Teotitlán del Camino".[16] El gobernador, para enfrentar ese reto, acababa de publicar un decreto que pedía algo que resultaba inaceptable. "Todo oaxaqueño de dieciséis a cincuenta años", afirmaba, "tiene obligación de inscribirse en la guardia nacional y de prestar servicio activo".[17] El decreto había causado una conmoción.

En el tiempo que pasó en la ciudad, Porfirio visitó sin duda a su madre, antes de regresar a Tehuantepec. Doña Petrona Mori era una señora ya grande, a punto de cumplir sesenta y cinco años, que debió ver con gusto a su hijo, saber que estaba a salvo. Aquella sería la última vez que lo recibiría de pie, pues habría de caer enferma muy poco después. Hay una fotografía —la única que existe— que la representa como era por aquel entonces. Es un retrato en tarjeta de visita, algo que costaba en esos días una fortuna, 1 peso, pero que pudo costear porque contaba ya con el apoyo de su hijo. Doña Petrona, sentada, con el brazo recargado sobre un taburete, está vestida de blanco, con un rebozo de color sobre los hombros. Lleva aretes de argollas, tiene un abanico doblado sobre su regazo, mira con desconfianza en dirección a la cámara. El cabello —negro y lacio, sin canas, con una raya en medio— está recogido sobre la espalda. Sus rasgos son indios y mestizos, como los de sus hijos. Pero hay una diferencia. Nicolasa y el Chato tenían las facciones toscas, hasta vulgares; Porfirio en cambio era de líneas más finas, como las que muestra con claridad este retrato de la madre. Desde principios de los cincuenta pasaban de vez en cuando por la ciudad franceses itinerantes que hacían daguerrotipos, en ocasiones incluso fotografías. Aquella es notable por su calidad. ¿Quién la tomó? Existe la posibilidad, remota pero no descartable, pues eran contados los fotógrafos que llegaban a la ciudad, de que fuera Désiré Charnay, el primero que utilizó la fotografía para registrar las ruinas del Nuevo Mundo. Pues Charnay permaneció varios meses en la ciudad de Oaxaca en aquel invierno de 1858, hospedado por un conocido de doña Petrona, según lo relató después él mismo —"fui recibido en casa del señor Lançon"— en su libro de aventuras *Cités et ruines américaines*.[18] Era el francés Eugène Lançon, quien tenía una mercería junto al Sagrario.

Porfirio regresó por esos días a Tehuantepec, quizás con la columna que mandaba el coronel Cristóbal Salinas, él mismo originario del barrio de San Sebastián, en el Istmo. Su permanencia en la ciudad debió provocar tensiones con el comandante Díaz, inferior en rango, pero a cargo del distrito de Tehuantepec. El coronel Salinas, comoquiera, luego de permanecer apenas un par de semanas con él, abandonó la zona para salir en dirección a Teotitlán del Camino con el objeto de unir sus fuerzas a las del gobernador Díaz Ordaz, quien avanzaba al frente de un ejército para batir a José María Cobos. Estaba ya cerca la Natividad. "Cuando se retiró el coronel Salinas se empeoró grandemente mi situación", reveló Porfirio, "porque los juchitecos comenzaban a entenderse con los sublevados de Tehuantepec".[19] Ese coqueteo tenía ya tiempo, como lo sabía él mismo. Meses atrás, para sofocar una rebelión, había pedido tropas al distrito de Juchitán —sin esperanzas de éxito, según lo comunicó entonces a Oaxaca. "Creo muy difícil que el auxilio de aquel distrito tenga efecto", dijo, "pues habiéndolo pedido ya en estos días con este mismo motivo, se me ha contestado simplemente que siendo ésta la época en que tienen lugar las funciones llamadas *velas* en la cabecera del distrito, no puede venir la fuerza".[20] Era un indicio más de que algunos de sus dirigentes mantenían una alianza con Tehuantepec. Díaz maniobró para deshacer aquella alianza de inmediato, porque su seguridad dependía del apoyo que le daban los juchitecos. A finales de diciembre instaló su cuartel en Juchitán. Y ahí, poco después, fue bendecido por un golpe de suerte.

El 1 de enero de 1859 centenares de familias de Juchitán concurrieron a las fiestas del inicio de año que celebraban en Tehuantepec. Al regresar a su terruño en sus carretas, que según los rumores estaban cargadas de municiones, fueron asaltados por una partida de *patricios*. El comandante Díaz los defendió y los escoltó hasta Juchitán. "Pasamos la noche en aquella ciudad, y convoqué a una reunión popular, para hacerles presente la necesidad de exterminar a los pronunciados. Por este medio logré que se alistaran como dos mil hombres, que distribuí en pequeñas fracciones para hacer una batida a todo el territorio".[21] Fueron detenidos varios de los sublevados y fueron decomisadas sus armas, pero, sobre todo, fue eliminado el riesgo de la mancomunidad de acción de los juchitecos con los tehuantepecanos. Los zapotecos de Juchitán permanecieron del lado del gobierno, aunque sin garantías para Porfirio. Algunos eran de hecho sus enemigos, como Apolonio Jiménez, llamado *Binu Gada*, quien, ello no obstante, sería después integrado con grado de capitán en un batallón de juchitecos formado por el propio Díaz.

COMPAÑIA LOUISIANA DE TEHUANTEPEC

"Estimado amigo, he visto una tabla sinóptica del derecho internacional de México hecha por usted, y deseo mucho un ejemplar de esta buena pieza, importante para mí que tanto trabajo con extranjeros", le escribió Porfirio Díaz a su amigo del colegio, Matías Romero, quien entonces residía con Juárez en la ciudad de Veracruz.[1] Romero debió leer aquellas palabras con regocijo. Había terminado la *Tabla sinóptica de los tratados de México con otros países* desde los tiempos anteriores al pronunciamiento de Zuloaga. Había después insistido durante años con todos sus jefes, Benito Juárez, Melchor Ocampo y Sebastián Lerdo de Tejada, sin éxito, para que fuera publicada por la imprenta del gobierno de la República. Había podido al fin imprimirla, por su iniciativa, en un folletín del periódico *El Demócrata* de Tabasco. Y ahora recibía la petición de un ejemplar desde Tehuantepec. "Recomiendo a usted muy particularmente que no permita al señor presidente olvidar mi pedido de rifles de Sharp que le hice, advirtiéndole que por economía pedí cien, pero que me mande los que guste, que para todos tengo muy buena gente", agregó Díaz en la carta que escribió a Romero, para insistir por su conducto en la solicitud al presidente Juárez.[2] Todos ellos tenían una amistad que databa de sus años en el Instituto. Y esa familiaridad hacía que su relación fuera siempre muy fluida, para beneficio de su causa, pues los tres habrían de tener las responsabilidades más altas en los años por venir.

Matías había dejado Oaxaca a mediados de los cincuenta para radicar en la ciudad de México, con una recomendación de Marcos Pérez dirigida al licenciado Juárez, quien lo ayudó a entrar como meritorio en el Ministerio de Relaciones Exteriores. Era un joven de dieciocho años de edad que estudiaba inglés y francés, iba a rezar a la iglesia con regularidad y disfrutaba también, por las noches, la ópera y el teatro. Tenía entonces una barba profusa y negra, y comenzaba a perder el pelo. Permaneció un par de años en el Ministerio, hasta el golpe de Zuloaga. Ofreció entonces sus servicios a las fuerzas que sostenían a Juárez en el convento de San Pedro y San Pablo, bajo las órdenes inmediatas del coronel Ignacio Zaragoza, uno de los jefes de guardia nacional que, como Mariano Escobedo, acababa de levantar don Santiago Vidaurri en los estados de Coahuila y Nuevo León. Romero llegó a participar en algunos combates en la capital. Partió hacia Guanajuato con el gobierno de Benito Juárez, a quien siguió después hasta Guadalajara. Ahí fue aprehendido con él por una parte de la guarnición, pronunciada por el Plan de Tacubaya. Pensó que moriría, pero sobrevivió. Siguió a don Benito hasta Manzanillo, donde emprendió con sus ministros el viaje que los habría de llevar —por la ruta de Panamá, La Habana y Nueva Orleans— hasta el puerto de Veracruz. Hizo amistad en ese viaje con Melchor Ocampo, quien lo nombró secretario particular al establecer, ahí, el Ministerio de Relaciones Exteriores. Una vez en el puerto, Matías reanudó su relación con Porfirio. Parecía extraña aquella relación, pues en un sentido muy elemental los dos eran opuestos: un intelectual y un hombre de acción. Pero los unían otros lazos, además de sus recuerdos de juventud, anudados con fuerza en torno de sus convicciones a favor de la Reforma.

Porfirio Díaz trabajaba todo el tiempo con extranjeros, como decía la carta que le mandó a Romero. Por eso quería tener un ejemplar de su obra, que era un resumen de los tratados firmados por su país con las potencias del exterior. El Istmo estaba por aquellos tiempos lleno de americanos empleados por la Compañía Louisiana de Tehuantepec, que buscaban conectar por ferrocarril el Pacífico con el Atlántico. La iniciativa no era nueva. Por lo menos desde la década de los veinte, según el alemán Eduard Mühlenpfordt, quien trabajó en esa idea, "existía la opinión de que era posible una conexión marítima entre el Golfo de México y el Mar del Sur, por medio de los ríos Coatzacoalcos y Chimalapa".[3] Hacia fines de los cuarenta, con la anexión de la Alta California, aquella opinión adquirió popularidad en los Estados Unidos. El Istmo era el paso que más cerca le quedaba al país para transitar entre ambos mares —más cerca que la ruta de Panamá. En Nueva Orleans, así, un grupo de empresarios apoyó los estudios que fueron luego publicados, con mapas y litografías, en un libro titulado *The Isthmus of Tehuantepec*. No era posible navegar a través del Istmo, concluyeron los estudios, pero era factible cruzarlo por ferrocarril, entre Minatitlán y La Ventosa. Durante los cincuenta, para realizar ese proyecto, fue creada en Nueva Orleans la Compañía Louisiana de Tehuantepec. El gobierno de Comonfort le dio la concesión para comenzar las obras en el Istmo. "En cuanto empezaron los trabajos, la ciudad pareció despertar un momento", escribió Charnay respecto de Tehuantepec, sin ocultar su aversión por los norteamericanos. "Los trabajos avanzaron con la rapidez que distingue al *Yankee*".[4] Proliferaron los hoteles. Fue trazado un camino para carretas entre Tehuantepec y La Ventosa, y fue levantado un faro en la boca del Coatzacoalcos. Después fue abierta la vía del tránsito por el Istmo: una línea de barcos de vapor de Nueva Orleans a Minatitlán, un vapor de río a El Súchil, un camino de rueda a La Ventosa y otra línea de barcos de vapor a San Francisco de California, ya en el Pacífico. "Compañía Louisiana de Tehuantepec. Línea de la mala", decía un anuncio que apareció por esas fechas. "El hermoso vapor *Quaker City*, de 1 500 toneladas, saldrá de Minatitlán dos veces cada mes, el 2 y el 17, para Nueva Orleans, con pasajeros y la mala".[5]

A principios de 1859, la concesión de Comonfort fue prolongada por dos años por el presidente Juárez, a pesar de que su gobierno no había sido todavía reconocido por los Estados Unidos. Fue el detonador. El 5 de marzo, la Compañía Louisiana de Tehuantepec inauguró los trabajos del ferrocarril del Istmo. Aquel sábado, temprano por la mañana, la comisión encargada de la ceremonia partió a caballo de Tehuantepec, encabezada por el capitán William H. Sidell, jefe de los ingenieros de la Compañía. Hizo más de una hora de camino hasta Huilotepec, un pueblo de indios por el que iban a pasar las vías del tren, sobre los bordes del río Grande de Tehuantepec. Estaba escoltada por un destacamento de la guarnición, al mando del comandante Porfirio Díaz. La crónica de la ceremonia sería publicada en la prensa de los Estados Unidos. El primero en hablar fue el propio Sidell, quien tenía a su derecha a Porfirio.

—Este trabajo a que damos principio —dijo— reúne aquí hombres de muy diversos y distantes países, americanos, franceses, alemanes e ingleses, con el único propósito de abrir una comunicación más corta, más segura y más rápida a las diferentes naciones que habitan los bordes del Pacífico y las costas del Atlántico.[6]

William Sidell era un hombre de cerca de cincuenta años de edad, nacido en Nueva York, habituado a los pantanos, pues acababa de trabajar en el delta del Mississippi, con rango de capitán en el ejército de los Estados Unidos. Sus palabras fueron seguidas por las de fray Mauricio López, el amigo de Juárez, "mexicano de cosa de cincuenta años de edad, que tiene una fisonomía inteligente y espiritual", según el cronista de Huilotepec.[7]

—Como ministro de Dios —alzó la voz fray Mauricio, vestido todo de blanco, con el hábito de los dominicos— mis más fervientes oraciones, y las de todos los sacerdotes de mi parroquia durante el santo sacrificio de la misa, serán dirigidas al Cielo para que este trabajo sea bendecido en el nombre del Padre, del Hijo y del Espíritu Santo. Amén.[8]

Al final habló Porfirio Díaz —"dirigiéndose particularmente a los soldados y a los ciudadanos mexicanos que asistieron a la ceremonia", señaló el cronista.[9] Recordó que sus hombres trabajaban en el ferrocarril, que tenían la instrucción de proteger. Estaba al tanto de los esfuerzos del presidente Juárez por obtener el reconocimiento de los Estados Unidos, fundamental para la guerra que libraban los liberales contra las instituciones más poderosas del país, el Ejército y la Iglesia. Sabía también que el gobierno de Washington, luego de romper sus relaciones con Zuloaga, estaba inclinado por reconocer a Juárez.

—Como mexicano interesado en los adelantos de mi país, que están identificados con el triunfo de las ideas liberales, considero esta empresa como de una alta importancia para la prosperidad de México —manifestó Porfirio, al evocar los trabajos del ferrocarril del Istmo—. La República de los Estados Unidos del Norte es como la hermana mayor de la República Mexicana. Ella le ha precedido en la carrera del progreso y de las ideas liberales, y nuestras instituciones se han modelado por las suyas. Tenemos, pues, una identidad de movimientos y de principios políticos.[10]

Porfirio hizo una pausa. La ceremonia de Huilotepec tenía lugar un mes antes de las negociaciones previstas en Veracruz con el representante del gobierno de Washington. ¿Conocía la magnitud de las concesiones que estaba dispuesto a hacer su gobierno —que incluían la cesión de la Baja California— para conseguir el apoyo de los Estados Unidos? No las conocía, pero es difícil saber qué hubiera pensado. ¿Que significaban una traición a la patria? ¿O que constituían más bien un sacrificio necesario para el triunfo de la causa del progreso? No lo dijo nunca. Su discurso, ese día, era de conciliación.

—Simpatizamos con los amigos —concluyó— que al abrir nuevas vías al comercio de ambos mundos, facilitando las comunicaciones entre los diversos pueblos de nuestra República, habrán contribuido poderosamente a desarrollar los recursos de México.[11]

Después de la ceremonia, los invitados asistieron a un brindis en la tienda de lona de los ingenieros. Un lujo en medio de la selva. "Se sirvieron con profusión el champaña, el ponche y otros licores y bocados exquisitos que fueron debidamente apreciados", anotó la prensa.[12] Porfirio era parco en sus gustos de comer, pero estaba sin duda impresionado por el despliegue de riqueza de los Estados Unidos en el Istmo. También él quería llevar a su país ese progreso, el que descubrió en Tehuantepec. Así lo proclamó con todas sus letras en aquel discurso que pronunció en la selva, el primero que sería registrado por la historia. Estaba interesado, manifestó, en *los adelantos de mi país*, en *la prosperidad*, en *abrir nuevas vías al comercio*, en *desarrollar los recursos de México*.

A mediados del siglo xix, la admiración de los liberales hacia los Estados Unidos era universal, a pesar de las mutilaciones sufridas entre 1836 y 1848. Porque ni siquiera la pérdida de la mitad del territorio mermó su confianza en el vecino del Norte. Así lo vio con lucidez un editorial publicado por esas fechas en el *Times* de Londres, que comentaba la situación en México. "La anarquía crónica de este país se ha convertido en una división de partidos", afirmó, "que aspiran a seguir las huellas, el uno de los Estados Unidos y el otro de la vieja España".[13] Era verdad: los conservadores miraban hacia Europa, los liberales hacia América de Norte. También era cierto que los españoles y los norteamericanos, por su lado, correspondían a esas simpatías. A mediados de marzo de 1859, el presidente que sostenían los liberales, Benito Juárez, permaneció sitiado varios días en el puerto de Veracruz por las fuerzas del general Miguel Miramón, el sucesor de Zuloaga al frente del gobierno que los conservadores, a su vez, apoyaban en la ciudad de México. Miramón avanzó hasta los médanos que rodeaban las murallas y los baluartes de Veracruz, pero comprendió que no podía tomar la plaza por asalto, por lo que regresó con sus fuerzas a la ciudad de México. Un año después trataría de nuevo de asaltar la plaza, esta vez también por mar, con ayuda de los vapores *Marqués de La Habana* y *General Miramón*, ambos tripulados por españoles, que serían batidos frente al litoral de Veracruz por los norteamericanos que comandaban la corbeta *Saratoga* y el vapor *Wave*. El episodio sería célebre. Pero el involucramiento de los Estados Unidos apenas comenzaba en aquella primavera de 1859.

"Hoy amaneció en este puerto el *Quaker City* trayendo a bordo al señor Lane, que según todos los datos que tengo reconocerá inmediatamente al gobierno constitucional", escribió el 1 de abril Benito Juárez a su amigo Pedro Santacilia, uno de los cubanos que frecuentó durante su destierro en Nueva Orleans.[14] Don Benito no estaba equivocado: su gobierno sería reconocido poco después por Robert MacLane, ministro extraordinario y enviado plenipotenciario de los Estados Unidos en México. MacLane sostuvo a partir de ese momento conferencias muy intensas con su contraparte, Melchor Ocampo, ministro de Relaciones Exteriores. Quería la cesión de un territorio entonces despoblado: la Baja California. Nada menos. El gobierno de Juárez estaba en bancarrota, necesitaba recursos con urgencia, llegó a aceptar la posibilidad de ceder ese territorio —a pesar de sus dudas y sus remordimientos— por una cifra, en dólares, que osciló esos días entre 20 000 000 y 10 000 000. La operación, sin embargo, no prosperó. A finales de abril, el general Miramón, luego de denunciar el reconocimiento de Juárez, protestó de antemano contra toda cesión de territorio a los Estados Unidos. El escándalo que estalló en la prensa, la consternación en las conciencias, la incertidumbre de una guerra cuyo resultado nadie podía predecir, todo eso hizo que dejara de ser factible la venta de la Baja California. Las partes optaron entonces por una solución más viable: el derecho de tránsito a perpetuidad —incluido el de los militares— por el Istmo de Tehuantepec. Juárez podía ofrecer ese tránsito porque tenía el control del Istmo, el cual le garantizaba el comandante Porfirio Díaz, quien por primera vez en su vida desempeñaba un papel que tenía un impacto de profundidad en la vida de toda la República. MacLane, por su lado, senador por Maryland, tenía una razón adicional a su misión para estar satisfecho con la concesión de Juárez: era amigo de los accionistas de la Compañía Louisiana de Tehuantepec, entre quienes estaba su colega John McLeod Murphy, senador por Nueva York. Los acuerdos culminarían al concluir aquel año con un tratado que sería conocido con el nombre de MacLane-Ocampo, cuyo Artículo 1° decía lo siguiente: "La República Mexicana cede a los Estados Unidos en perpetuidad, y a sus ciudadanos y propiedades, el derecho de vía por el Istmo de Tehuantepec".[15] A cambio, el gobierno de los Estados Unidos ofreció 4 000 000 dólares al gobierno de México, en efectivo y en crédito, junto con el compromiso de proteger su territorio contra una agresión, incluso si venía de Europa.

Para los conservadores era más claro que el agua: los liberales estaban dispuestos a vender el país a los Estados Unidos, por lo que muchos comenzaron a pensar entonces, con seriedad, que la única manera de proteger la integridad de la nación era con el apoyo de una potencia de Europa. El asunto también causó polémica entre los liberales, al grado de que varios llegaron a sentir que habían sido traicionados por su gobierno, en particular por Ocampo. "Deseaba con infinita vehemencia el triunfo de sus ideas", señalaría uno de los más ilustres, "hasta el grado de confundir la noción del deber patriótico y la del deber político".[16] En realidad, el gobierno de Juárez, sitiado en Veracruz, sin más recursos que los de la aduana, con el centro del país en manos de los conservadores, optó por conceder por la diplomacia lo que temía que los norteamericanos consiguieran por la fuerza, con el beneficio de ganar además su compromiso de apoyar con las armas al país en caso de ser agredido por una potencia, de acuerdo con lo convenido con MacLane. Ese compromiso fue juzgado excesivo por el Senado de los Estados Unidos, que no ratificó el tratado, para fortuna del prestigio de Benito Juárez.

Al comenzar las reuniones con MacLane, el gobierno de Juárez acababa de sufrir el acoso del ejército del general Miramón en Veracruz. Para socorrer a su gobierno, don Santos Degollado, al frente de las fuerzas liberales, emprendió un ataque contra la ciudad de México, desguarnecida por la ofensiva en Veracruz. Pero su ejército fue aniquilado en las afueras de la capital por el general Leonardo Márquez, uno de los jefes más diestros y más brutales en el mando de los conservadores, quien ordenó fusilar a los prisioneros y a los heridos, incluso a los médicos que los atendían en Tacubaya. La derrota, que culminó en esos asesinatos, rodeó de un aura de perdedor a don Santos. Su tropa decía que, en la prisa por atacar la capital, había dejado expuestos sus flancos; criticaba su clemencia con el enemigo; rumoraba que debía renunciar al mando del Ejército. Era común escuchar ese tipo de reproches contra el ministro de Guerra y Marina del presidente Juárez. Al tomar posesión de su cargo, él mismo había confesado, dijo, "mi falta de pericia militar".[17] Don Santos, como todos lo llamaban, nacido en Guanajuato, huérfano desde su niñez, había sido durante veinte años escribiente en la haceduría de la Catedral de Michoacán, donde tuvo la ocasión de conocer a Melchor Ocampo, quien lo hizo secretario del Colegio de San Nicolás. Era un hombre cultivado y fervoroso, que militó en la revolución de Ayutla y fue luego diputado en el Congreso Constituyente. Al frente de los liberales, don Santos —"adorado como caudillo, desconceptuado como general"— combatió sin fortuna en las batallas de Techaluta, Colorado y San Joaquín, para concluir su rosario de derrotas con la tragedia de Tacubaya.[18]

El 20 de mayo de 1859 Degollado zarpó de Manzanillo hacia el Istmo en un vapor de la Compañía Louisiana de Tehuantepec. "Logró desembarcar en La Ventosa, en donde se encontró con un joven oficial a quien se había confiado el gobierno de Tehuantepec y en quien tenía singular confianza el presidente Juárez", escribió Justo Sierra, que conocía de primera mano este episodio mal conocido de la Reforma. "El nombre del oficial era Porfirio Díaz".[19] Don Santos estuvo nada más unas horas en Tehuantepec, atormentado por la catástrofe de Tacubaya. "Después de haber recibido los cumplimientos de condolencia por parte de los amigos de su partido", registró un testigo, "pasó a Lachivela en el más estricto incógnito, con el fin de llegar a Minatitlán".[20] Lachivela era el nombre de una hacienda que estaba a una jornada de Tehuantepec, donde tenían sus oficinas los ingenieros de la Compañía, en una construcción llamada la Casa Grande. Porfirio instaló ahí al general Degollado, quien viajaba con su consejero, Benito Gómez Farías, hijo de don Valentín, colega suyo en el Constituyente. Los tres debieron evocar la derrota en las colinas de Tacubaya. Pero todos debieron también callar una parte de lo que sabían. Porque Porfirio sabía que su hermano el Chato era miembro del Estado Mayor del general Leonardo Márquez, así que presentía que había peleado contra don Santos en la batalla de Tacubaya. Y don Santos sabía, debió saber, que no era cierto lo que Benito Gómez Farías repetiría en los años por venir: que su acción había salvado a Veracruz, que sus fuerzas habían peleado en Tacubaya —Benito así lo afirmó por escrito— "en cumplimiento del compromiso pactado por el gobierno general de continuar las hostilidades sobre la capital aun cuando fueren derrotados, a fin de lograr que Miramón levantara el sitio que tenía emprendido sobre Veracruz".[21] Esta afirmación no era creíble, pues el sitio contra Veracruz había sido levantado hacía ya tiempo al llegar los liberales a Tacubaya. Así lo debieron entender todos los que estaban reunidos ahí, en la Casa Grande. Pasó más de una semana. El comandante Porfirio Díaz escoltó entonces a los miembros de la comitiva hasta El Súchil, donde Degollado partió con Gómez Farías en el vapor de río de la Compañía que bajaba por el Coatzacoalcos una vez a la semana hasta Minatitlán, para tomar después un paquebote a Veracruz.

Porfirio Díaz no menciona en sus memorias el paso de Santos Degollado por el Istmo de Tehuantepec. Es extraño, pues don Santos era ya un personaje de renombre y sería, luego de su muerte, uno de los mártires de la Reforma. Lo vería de nuevo al terminar la guerra, en el momento de entrar con el ejército de la victoria a la ciudad de México, y luego todavía después, por última vez, en la Cámara de Diputados, cuando don Santos, caído en desgracia, sujeto a proceso en la capital, solicitó permiso a la legislatura para salir a batir a Leonardo Márquez, el Tigre de Tacubaya.

4

ALIADOS, AMANTES Y ESPÍAS

El abad Charles Etienne de Brasseur era un hombre culto, audaz y refinado, que hasta el momento de recibir las órdenes había sido autor de novelas escritas por encargo, con el pseudónimo de Ravensburg. Nacido en Bourbourg, al norte de Francia, llegó a México por primera vez a fines de los cuarenta, como capellán de la legación de su país, con el objetivo de conocer también los países de Centroamérica. Su interés en la civilización de los mayas, adquirido en Guatemala, cristalizó con los años en un conjunto de hallazgos —el *Popol Vuh* y el *Rabinal Achi*— que culminarían más tarde con el descubrimiento de la *Relación de las cosas de Yucatán*, la obra de fray Diego de Landa. Brasseur encontró el manuscrito de casualidad, empolvado, perdido entre los anaqueles de la Biblioteca de la Real Academia de Historia, en Madrid. Leyó sus páginas con avidez y con asombro, y fue por un momento feliz. Porque en ellas conoció el nombre que daban los mayas a los días y los meses de su calendario, así como también los glifos con que los representaban en sus códices y sus inscripciones, y entonces intuyó que la *Relación* estaba destinada a ser —como lo fue— la clave para descifrar la escritura de los mayas: el equivalente de la Piedra de Rosetta.

En el verano de 1859 Brasseur viajaba de nuevo por el sureste de México, con el apoyo del Ministerio de la Educación de Francia. Había ya leído y traducido el *Popol Vuh* y el *Rabinal Achi*, pero no había hecho todavía el hallazgo de la *Relación de las cosas de Yucatán*. Aquel viaje sería el argumento de su libro *Voyage sur l'isthme de Tehuantepec*, que habría de publicar a su regreso a Europa. Zarpó de Nueva Orleans en un vapor de la Compañía Louisiana de Tehuantepec con destino a Minatitlán, donde tuvo la oportunidad de conocer a Robert MacLane, el ministro de la legación de los Estados Unidos en México. Remontó el río Coatzacoalcos hasta El Súchil, para seguir a caballo a Lachivela, donde pasó la noche en un cuarto que puso a su disposición William H. Sidell, el jefe de los ingenieros de la Compañía. El 6 de junio de 1859, seguido por un mozo de camino, cruzó los huertos y las sementeras de los barrios, entre palmeras y bananeros, y entró a caballo al atardecer por las calles de arena de Tehuantepec, hasta llegar a la plaza donde estaba el Hotel Oriental. El abad Brasseur, agobiado por el calor, sin poder dormir en toda la noche, buscó al amanecer a la persona para quien tenía una carta de presentación, la cual acababa de regresar de tomar un baño en el río Grande. Era don Juan Avendaño, quien luego de leer aquella carta lo invitó de inmediato a su casa, ubicada cerca del Hotel Oriental.

Don Juan era hermano de Josefa Avendaño, la madre de Matías Romero. Vivía en una de las casas más grandes de la ciudad, frente a la plaza del mercado, sobre la calle del Comercio. Era originario de Oaxaca, pero radicaba desde hacía tiempo en Tehuantepec. "Es un hombre bajo, entre treinta y cuarenta años, sencillo y de modales espontáneos y corteses", observó el abad Brasseur. "Se le consideraba como uno de los más poderosos apoyos del partido liberal y de los extranjeros. Era banquero y proveedor general de los norteamericanos, quienes lo apreciaban mucho".[1] Avendaño vivía solo en su domicilio, pues había mandado a su esposa y a su hija a la casa de sus suegros en Chiapas, con el fin de protegerlas de los disturbios de la guerra y, al parecer, también de las costumbres más ligeras de las mujeres de Tehuantepec.

Una vez instalado en su casa, Avendaño salió con Brasseur para visitar al prior de Santo Domingo, fray Mauricio López, quien residía cerca de ahí, a un lado del convento, sobre la plaza de Tehuantepec. Brasseur simpatizó de inmediato con él. Era muy obscuro de piel, notó, algo que hacía resaltar el hábito que vestía. "Posee una instrucción superior a la de la mayoría de los sacerdotes que he conocido en estos lugares de México".[2] Fray Mauricio, de hecho, había sido el director de uno de los institutos de enseñanza creados fuera de la capital del estado —el de Tehuantepec— por iniciativa de Benito Juárez. Tenía con él una relación antigua y estrecha. "Mucho le pido a Dios", le escribió, "que te dé el acierto debido para que hagas la felicidad de la Patria, te conserve la vida y a mí se me cumpla el deseo de que seas el hombre de la Nación".[3] Sufrió el destierro al triunfar el Plan del Hospicio y fue, más tarde, uno de los sacerdotes que apoyaron la Constitución, contra la postura que adoptó la Iglesia. "La religión católica no está realmente en juego en esta partida sangrienta, sino más bien los restos de la influencia española", reflexionó Brasseur sobre la guerra de Reforma. "En el estado de Oaxaca, incluso los sacerdotes han tomado las armas y luchan, los unos por una causa, los demás por la otra, según el color más o menos obscuro de su piel. En Tehuantepec mismo, el prior del convento de Santo Domingo, fray Mauricio López, el único dominico que su orden decrépita pudo enviar de Oaxaca, es uno de los jefes más activos del partido liberal".[4] Su caso no era excepcional. Varios sacerdotes del estado llegaron al extremo de renunciar a la Iglesia para secundar a Juárez al ser jurada la Constitución, entre ellos el fraile Bernardino Carbajal, el diácono Manuel Mendoza y los presbíteros Eligio Vigil y Manuel Gracida. Todos ellos militaban con los liberales.

Brasseur platicó un momento con fray Mauricio, en presencia de Juan Avendaño. Ambos le sugirieron visitar al jefe político de Tehuantepec. Le dijeron que vivía también cerca de ahí, así que los siguió a la calle, bajo el sol del mediodía. El comandante Porfirio Díaz estaba entonces más solo que nunca en el Istmo. Ya no tenía el apoyo del gobierno del estado, pues el coronel Díaz Ordaz, su primo, había sido destituido por la legislatura de Oaxaca. Sus relaciones con su sucesor eran bastante menos estrechas. Ahí mismo, en su distrito, estaba completamente aislado. Juan Avendaño y Mauricio López eran, habría de confesar, "mis únicos amigos en la ciudad de Tehuantepec".[5] Tenía otros más, como el administrador de correos, Juan Calvo, y el supervisor de alcabalas, José María Ortega. Pero no muchos: eran todos. "Sin estas amistades a quienes debí servicios muy oportunos y distinguidos, y sin una policía secreta que establecí", diría Porfirio, "hubiera ignorado absolutamente cuanto pasaba en Tehuantepec, porque todos me eran enemigos, y por lo mismo mi situación habría sido insostenible".[6]

Introducido por quienes eran sus aliados más cercanos, Brasseur conoció ese día de junio de 1859 a Porfirio Díaz, el comandante de Tehuantepec. "Su aspecto y su porte me impresionaron vivamente", recordó más tarde, no sin solemnidad, en su libro de viaje por el Istmo. "Ofrecía el tipo indígena más hermoso que hasta ahora he visto en todos mis viajes: creí que era la aparición de Cocijopij, joven, o de Guatimozín, tal como me lo había imaginado a menudo. Alto, bien hecho, de una notable distinción; su rostro de una gran nobleza, agradablemente bronceado, me parecía revelar los rasgos más perfectos de la antigua aristocracia mexicana".[7] Brasseur lo volvería a ver, pues Porfirio comía todos los días en casa de Avendaño, con dos o tres oficiales de la guarnición de Tehuantepec. "Pude así estudiar perfectamente su carácter y su persona", dijo el abad, para añadir una frase que sería con los años citada en todos los libros de historia de México: "Sin tocar para nada las ideas políticas, puedo decir que las cualidades que mostraba en la intimidad no hacían sino justificar la buena opinión que tuve de él, a primera vista, y que sería de desear que las provincias de México fueran administradas por hombres de su carácter".[8]

Juan Avendaño tenía una tienda en la esquina de su casa, que daba al mercado de la plaza. "Junto a la tienda había una cantina y,

185

en el gran salón contiguo, se encontraba un billar", escribió el abad Brasseur. "El billar reunía cada noche, en casa de Avendaño, a los notables de la ciudad, incluidos el gobernador y el prior de Santo Domingo".[9] Eran puros hombres, pero había también una mujer que frecuentaba ese billar, uno de los tres que existían en la ciudad. "Se mezclaba con los hombres sin la menor turbación", notó Brasseur, "desafiándolos audazmente al billar y jugando con una destreza y un tacto incomparables. Era una india zapoteca, con la piel bronceada, joven, esbelta, elegante y tan bella que encantaba los corazones de los blancos, como en otro tiempo la amante de Cortés. No he encontrado su nombre en mis notas, ya sea que lo he olvidado, o que nunca lo haya oído; pero me acuerdo que algunos, por broma, delante de mí la llamaban la *Didjazá,* es decir, la Zapoteca".[10] Charles Etienne de Brasseur quedó impresionado con ella la noche que la conoció. "Llevaba una falda de una tela a rayas, color verde agua, simplemente enrollada al cuerpo, envuelto entre sus pliegues desde la cadera hasta un poco más arriba del tobillo", recordó. "Una especie de camisola con mangas cortas caía desde la espalda velando su busto, sobre el cual se extendía un gran collar formado con monedas de oro".[11] Aquella mujer le inspiró una mezcla de fascinación y deseo —deseo combinado, también, con algo de desprecio. "No me extenderé acerca de su reputación: estaba al nivel del de la mayor parte de las señoras de Tehuantepec".[12]

¿Quién era la *Didjazá?* Brasseur atribuye en su obra reacciones muy diversas a los hombres que tenían relación con ella. Unos, dice, "la respetaban como a una reina", otros "la consideraban loca", algunos más "la temían teniéndola por bruja".[13] ¿Quién era? ¿Una mujer de verdad o un arquetipo de la imaginación? Reunía todos los atributos del ideal de la tehuana: bella, seductora, audaz, sensual, liviana, provocativa, rica, misteriosa… Todo indica, así, que era un arquetipo, un retrato compuesto por el abad a partir de varias de las mujeres que conoció en Tehuantepec. ¿Quiénes eran, pues, esas mujeres que inspiraron la figura de la *Didjazá?* Una de ellas, sin duda, era la muchacha que vendía cigarros y puros a los soldados de la guarnición, en la plaza del convento de Santo Domingo. Era pobre, así que no pudo haber lucido un collar de monedas de oro en el pecho, pero era también, en cambio, diestra para el billar, que jugaba en efecto en la casa de Avendaño, según el testimonio de quienes la conocieron, entre ellos el cronista de la época Gustavo Toledo Morales. Esa mujer, entonces muy joven, estaba destinada a ser una de las leyendas más poderosas y más perdurables del Istmo de Tehuantepec.

Juana Catarina Romero tenía veintiún años de edad en aquel verano. Había sido bautizada como "niña ladina" (o sea, mestiza) de "padres desconocidos", según el acta de bautismo, que indica que nació en el barrio de Jalisco, aunque no menciona que era la hija no legítima de María Clara Josefa Romero.[14] Aprendió a hablar español y zapoteco de niña, pero nunca fue a la escuela, por lo que tuvo que aprender a leer y escribir ya grande, con la fuerza de su voluntad. Para sobrevivir, desde muy joven, torcía puros y vendía cigarros con hoja de maíz en la plaza del mercado, a veces también entre las tropas que habitaban el convento de Santo Domingo. Algunos dicen que llegaba a jugar a las cartas con los soldados. Es posible que sí. Estaba relacionada con los liberales de la ciudad, como Juan Avendaño, por lo que conocía desde hacía ya tiempo, más de un año, al comandante de Tehuantepec. Porfirio Díaz no la menciona en sus memorias, donde habla sin embargo de *una policía secreta*. Juana Cata era parte de esa policía secreta. Desde la ribera del río Grande, según los escritos de Toledo Morales, su contemporáneo, hacía señales de fuego a Porfirio, acampado con sus tropas en el cerro de Guiengola, varios kilómetros arriba del río, en observación de los *patricios* que merodeaban por Tehuantepec. Así lo confirman otras fuentes que en principio son también confiables, aunque posteriores a los hechos. "Durante la guerra", dice una de ellas, "prestó algunos servicios al señor general Díaz".[15] Por lo demás, ella habría de ser por el resto de su vida —en las cartas en clave que le escribía desde el Istmo, que sobreviven— su informante minuciosa y constante de Tehuantepec.

Las tehuanas eran celebradas por su belleza a lo largo de la República. Todos los autores que viajaron por la región las evocan en sus libros. El americano John McLeod Murphy, accionista de la Compañía Louisiana de Tehuantepec, escribió en 1859, el año de su viaje, que las tehuanas eran "delicadas, ligeras, voluptuosas y llenas de vivacidad".[16] El francés Désiré Charnay, fotógrafo de las ruinas de Oaxaca, afirmó por esas mismas fechas que le parecían "muy seductoras", para concluir así: "gozan de rostros llenos de carácter, firmeza de carnes y contornos admirables".[17] Más tarde, el austriaco Teobert Maler, capitán de voluntarios de Maximiliano, escribiría también sobre las "bellas tehuanas".[18] ¿Cómo era Juana Cata, la espía del comandante Díaz? Existe una fotografía que la muestra de joven, más o menos por esos años: lleva enaguas de enredo ajustadas a la cadera, aparece delgada, bajita, seria, vivaz, muy derecha. Existe también otra fotografía más, un poco posterior, en la que está vestida de tehuana. ¿Era bonita, como la *Didjazá*? No del todo, de acuerdo con las fotografías. Así lo confirma, igualmente, la impresión de un hombre que la conoció de grande, para describirla con estas palabras: "cuerpo bajo, ojos pequeños y mirar de lince, sin llegar a la belleza".[19]

¿Era Juana Cata, la espía, también la amante de Porfirio Díaz? Brasseur, que los observó de cerca, no dice que lo fueran. Tampoco hay cartas de amor entre los dos: Juana Cata no sabía escribir cuando conoció a Porfirio, algo que aprendería más tarde, durante la guerra de Intervención. Pero ella tenía veintiún años de edad, él tenía veintiocho: convivían en el billar y colaboraban en la guerra, y pudieron ser amantes. Los rumores son antiguos. En un informe que sería redactado varias décadas más adelante, en el año en que murió Porfirio, un partidario de la Revolución en Tehuantepec diría lo siguiente respecto de Juana Cata: "fue cuartelera y concubina del general Díaz en tiempos de la Santa Guerra de Reforma".[20] Quizá los revolucionarios, que luchaban por destruir su cacicazgo en el Istmo, gigantesco todavía, la convirtieron antes en la amante del Dictador. O quizá, nada más, hacían eco de un rumor que persistía en esa región. Juana Cata no tenía miramientos para vincular su vida con los hombres que detentaban el poder, como lo haría después con Remigio Toledo, el prefecto de Maximiliano en Tehuantepec. Estaba acostumbrada al trato de cerca con los hombres, que no le daban miedo. Frecuentaba incluso a los soldados de la guarnición, a los que les vendía tabaco. "Con su voz ronca que artificiosamente dulcificaba", escribió un hombre que la conoció, pero que también la detestó, "con habilidad atraía a sus presas en sus años mozos de placer".[21] Así que es probable que Juana Cata hiciera sugerencias al comandante de Tehuantepec. ¿Cuál pudo ser, entonces, la reacción de Porfirio? ¿Aceptó su insinuación? ¿O prefirió tenerla al margen, utilizarla sólo como espía? "El amor no ha intervenido en su vida más que como un apetito regulado, a menudo subyugado", afirmó con franqueza (y con acierto) un hombre que lo conoció de cerca, para de inmediato añadir lo siguiente: "En Tehuantepec, el joven jefe tuvo que encerrarse a ese respecto en estricta temperancia, porque abundaban las hembras que servían al enemigo de anzuelo".[22] No es posible saber con certeza si fueron o no fueron amantes. Pero no importa, no demasiado. Porque Juana Cata trascendió en su vida como aliada y como espía, no como amante.

Las lluvias estaban retrasadas en aquel verano. El sol ardía en el cielo. Brasseur visitaba por las mañanas el mercado y frecuentaba, por las noches, el billar de la casa de Avendaño, donde coincidía a menudo con el jefe político de Tehuantepec. Ahí escuchó el rumor de que una banda de *patricios* amenazaba la ciudad. "El gobernador", escribió, "se puso él mismo en marcha con sus soldados, con la intención de ir a desalojar al enemigo del camino de Oaxaca".[23] Brasseur evocaba lo que sería la acción de la Mixtequilla, en la que Porfirio dispersó a los *patricios*, que persiguió después hasta el rancho Los Amates, el 17 de junio de 1859. La acción le valió el grado de teniente coronel de infantería de la guardia nacional, con facultades para nombrar oficiales —"que entiendo se debió más bien al deseo que tenía el gobierno de Oaxaca de ascenderme, que al resultado práctico de la acción", afirmaría el propio Díaz.[24] Era cierto: había el deseo de ascenderlo. Su posición estaba fortalecida luego de su encuentro con Degollado, en el contexto de la negociación de Ocampo con MacLane en torno al tránsito en el Istmo. Con la noticia del ascenso, de hecho, el jefe político de Tehuantepec recibió también, deleitado, una notificación que le envió el gobierno de Oaxaca. "Quedo enterado de que el excelentísimo señor gobernador del estado ha tenido la bondad de facultarme extraordinariamente en los ramos de guerra y hacienda, con la misma amplitud que tiene esa superioridad y sin otra limitación que la que ella misma reconoce, para que en el caso de que se verifique la invasión que amenaza el estado pueda yo aumentar mis fuerzas y proporcionarme los recursos necesarios para sostenerlas", manifestó. "Su excelencia puede estar seguro de que sus patrióticos deseos serán obsequiados, o mi cadáver acreditará que no he omitido esfuerzos para conseguirlo. La misma resolución hay en todos mis subordinados".[25]

Díaz obtuvo aquel mes, por último, algo insólito: ayuda en efectivo del presidente Juárez. Dictó en el acto una carta de agradecimiento a Degollado, el ministro de Guerra. "Con la muy apreciable nota de usted de fecha 3 del corriente", dijo, "me ha entregado el señor comandante de batallón don Francisco Loaeza la cantidad de 2 000 pesos, con que el excelentísimo señor presidente ha tenido a bien auxiliar a esta guarnición. La referida cantidad queda destinada a su objeto, como verá usted por el adjunto certificado, y esta guarnición muy agradecida por tan importante como oportuno auxilio. Tenga usted la bondad de manifestarlo al excelentísimo señor presidente, y aceptar las seguridades de mi particular aprecio y subordinación que por primera vez tengo la honra de ofrecerle. Dios y Libertad, Tehuantepec, junio 25 de 1859, Porfirio Díaz".[26] Todo ello —el ascenso y el dinero, así como los poderes en los ramos de guerra y hacienda— fue recibido por Porfirio en el momento más delicado de la guerra: en vísperas de la proclamación en julio de las leyes de Veracruz.

LEYES DE VERACRUZ

"Los bienes del clero", proclamaba el titular de *La Democracia*, periódico del gobierno de Oaxaca. "La bancarrota en que se encuentra la hacienda pública, causada por la lucha que ha sostenido el gobierno contra el partido clerical, no deja otro recurso para salvar la situación que nacionalizar los bienes de manos muertas".[1] La nota databa de comienzos de 1859, pero los liberales pensaban desde mucho atrás en esa nacionalización, a la que daban este nombre: la Reforma. Juárez hablaba de ella desde los tiempos del gobierno de Comonfort; Ocampo incluso desde antes, desde los años que sucedieron a la invasión a México de los Estados Unidos. El golpe de los conservadores agudizó la discusión entre los liberales. "En Veracruz, muchas veces el mismo pensamiento de Reforma fue objeto de conferencias y discusiones particulares", recordaría el autor de la ley que expropió los bienes del clero, el oaxaqueño Manuel Ruiz, ministro de Justicia, Negocios Eclesiásticos e Instrucción Pública del presidente Juárez. "En julio de 1859 era ya irresistible el clamor público. Toda la nación pedía la Reforma".[2] Las negociaciones con MacLane, entonces en curso, ponían las cosas en perspectiva: para obtener fondos para la guerra, razonaba Juárez, era preferible expropiar al clero, con todas sus consecuencias, que vender la Baja California a los Estados Unidos. Así lo manifestó también Santos Degollado, su ministro de Guerra, al regreso de su viaje por el Istmo. Y así lo sostuvo Miguel Lerdo de Tejada, su ministro de Hacienda, quien deseaba conseguir un crédito en Washington, garantizado por los bienes de la Iglesia.

El presidente Juárez quería desarmar a la Iglesia, que era el pilar de sus enemigos: privarla de su riqueza, utilizarla para su causa, pero sin herir el sentimiento religioso del pueblo de México. "El temor gravísimo de Juárez consistía en que el clero y la población católica, en una inmensa mayoría, asintieran plenamente en la necesidad de una guerra santa, de una contienda religiosa", escribió su biógrafo más lúcido, el historiador liberal Justo Sierra.[3] Era un temor que, al final, resultó infundado, como lo vería a su vez otro mexicano de renombre, el historiador conservador José Fernando Ramírez. La cuestión religiosa, diría él después, sólo era importante para una parte de la élite, no para el pueblo —"cuando ese pueblo no se ha conmovido con los atentados y las sacrílegas expoliaciones ejecutadas durante la administración de Juárez y, antes bien, tomaba en ellas la parte que se le daba".[4] Esa reacción no la podía prever don Benito cuando el 12 de julio, luego de explicar sus motivos en un manifiesto a la nación, expidió una serie de leyes en Veracruz. La primera decretaba la nacionalización de los bienes del clero; la segunda, la separación de la

Iglesia y el Estado; la tercera, en fin, la exclaustración de las monjas y los frailes y la extinción de las corporaciones eclesiásticas en México. Serían el núcleo de las leyes de Reforma. El objetivo de la primera, vital para su causa, era confiscar —sin indemnización, a diferencia de la Ley Lerdo— todos los bienes raíces poseídos por la Iglesia.

El sábado 23 de julio fueron publicadas en Oaxaca las leyes de Veracruz, con la firma del gobernador Miguel Castro, el sustituto de Díaz Ordaz. "Entran al dominio de la nación todos los bienes que el clero secular y regular ha estado administrando con diversos títulos", decía el Artículo 1º.[5] El decreto del gobernador detonó un proceso que, en menos de tres semanas, habría de despojar por completo a la Iglesia en Oaxaca. En ese tiempo, los frailes tuvieron que evacuar los conventos de Santo Domingo, el Carmen, San Felipe, San Agustín, San Pablo, la Merced y San Francisco. Comenzó su exclaustración. "El gobierno ocupó enseguida esos edificios", escribió un cronista que vivió los hechos, "lo mismo que el Colegio Seminario, a donde se trasladó el Instituto de Ciencias y Artes del Estado".[6] Las monjas, por el momento, fueron exceptuadas. Pero el golpe resultó devastador. Una de sus víctimas —la primera, la más notable— fue el obispo de Antequera. "Defunción", anunció *La Democracia*. "Ayer a las tres y media de la tarde falleció el ilustrísimo señor obispo de esta diócesis, doctor don José Agustín Domínguez".[7] El día que falleció, aquel 25 de julio, acababa de ser instalada en el Palacio de Gobierno la Oficina de Liquidación de Bienes Eclesiásticos. Su muerte fue provocada, diría la gente, "por la sensación profunda que le causaron las leyes de Veracruz".[8] Es cierto, en parte, aunque la verdad es más compleja. Estaba enfermo, muy enfermo, desde hacía meses. "El Jueves Santo de 1859, después de consagrar los santos óleos, sufrió un síncope en el altar", habría de recordar un prelado de Oaxaca.[9]

Los preparativos del funeral de monseñor Domínguez comenzaron en el momento de su muerte, en el Palacio Episcopal de Oaxaca. Era un edificio austero y majestuoso, en ese entonces de una planta, construido en el siglo XVI con piedras rojas y con elementos geométricos que recordaban los templos de Mitla. Estaba situado a un lado de la Catedral. Ahí, en una de sus habitaciones, el cadáver procedió a ser embalsamado por los médicos de la Iglesia. Don José Agustín Domínguez sería sepultado con sus vestiduras de obispo en una de las bóvedas localizadas bajo el altar mayor de la Catedral de Nuestra Señora de la Asunción de Oaxaca, al lado de sus predecesores, don Mariano Morales y don Antonio Mantecón e Ibáñez. Fue vestido por sus asistentes con un roquete blanco con encajes en los bordes, ataviado con una capa morada con esclavina, con el solideo sobre la cabeza ya calva, bajo la mitra, las ínfulas dobladas hacia atrás, el anillo de obispo en el índice de la mano derecha y, junto a la cruz, la condecoración de caballero de la Orden de Guadalupe. En Oaxaca, durante los funerales de un obispo, de acuerdo con un testigo, "el cadáver era acompañado de los alumnos de las escuelas, las cofradías del Rosario, los miembros del clero que estaban en la ciudad, las comunidades religiosas, los miembros de los colegios de infantes, del Seminario, el cabildo entero, el cadáver previamente embalsamado, con sus vestiduras episcopales; el gobierno y sus empleados, con el ayuntamiento, que abría mazas para todos, y las fuerzas de la guarnición con banda y música a sordina y armas a la funerala, cerrando el cortejo coches de los particulares".[10] En este caso quizás estuvo ausente el gobernador del estado, junto con sus empleados. Porque todo comenzaba a ser distinto desde la Reforma. En los funerales del obispo José Agustín, de hecho, la Iglesia habría de solemnizar también su propia muerte en Oaxaca.

Una de las personas que vieron embalsamado a monseñor Domínguez fue, parece ser, su ahijado, su protegido durante los años del Seminario: el entonces teniente coronel Porfirio Díaz. "No lo volví a ver sino después de muerto", afirma en sus memorias.[11] La frase sugiere que no lo vio de nuevo en vida, luego de su rompimiento, pero que lo vio ya muerto. Es muy probable que sí. Porfirio estaba por aquellos días, a finales de julio, en la capital del estado. "Las necesidades del servicio", dice, "me hicieron venir a Oaxaca".[12] No revela cuáles eran esas necesidades, pero están documentadas. Don Miguel Castro, el gobernador de Oaxaca, acababa de publicar, a mediados del mes, un decreto que imponía al estado un préstamo de 100 000 pesos, 4 000 de los cuales debían ser cubiertos por el distrito de Tehuantepec. Justificaba la medida por las necesidades de la guerra. "Los jefes políticos distribuirán la suma que toque a su distrito", estipulaba en el decreto, "asignando a cada pueblo dos meses adelantados de capitación, y lo que faltare para completar la cuota designada, lo distribuirán entre los comerciantes y propietarios".[13] El teniente coronel Díaz había recibido ya una petición similar, hacía apenas unos meses. Tenía ahora que realizar de nuevo la recaudación en su distrito, a más tardar tres días después de recibir esa noticia. Una vez hecha la recaudación, muy resistida, marchó con el dinero hacia la ciudad de Oaxaca. Es posible que haya sido sorprendido, ahí, por el anuncio de la nacionalización de los bienes de la Iglesia. Muchos no podían dar crédito a lo que veían: el mundo que conocían desde niños caía en pedazos frente a sus ojos. Los monasterios de la ciudad fueron todos al final, el 11 de agosto, clausurados por un decreto del gobierno del estado.

Durante aquellos días de sacudidas y derrumbes, Porfirio tuvo la oportunidad de ver una vez más a su madre, doña Petrona, quien vivía aún en Oaxaca. Era una mujer ya grande; estaba desde hacía unos meses delicada de salud. Le comunicó, cuando la visitó, que acababa de ser ascendido a teniente coronel. Le habló de los peligros en el Istmo. Le informó —era evidente, porque cojeaba— que aún tenía la bala metida en el cuerpo. Debió comentar con ella la muerte del obispo, su padrino. "La encontré enferma", señala, "pero ignoraba su gravedad, por una parte, y por otra, las exigencias del servicio militar no me permitieron diferir mi marcha. No tuve el consuelo de verla morir, pues falleció dos días después de mi salida de Oaxaca".[14] Petrona Mori, viuda de Díaz, murió el 24 de agosto de 1859. "Recibió los santos sacramentos", afirma el acta de defunción, en un momento en que la Iglesia era golpeada con violencia por el gobierno de Oaxaca. "Se sepultó en el panteón".[15] Ahí la iría a ver su hijo al regresar a la ciudad, un año más tarde: al panteón de San Miguel, ubicado entre el río Jalatlaco y la cantera de Tepeaca, donde los muertos de la ciudad eran sepultados desde la década de los cuarenta, cuando fue dada a conocer la Ley de Panteones que, por razones de salud, prohibía las inhumaciones en los templos de Oaxaca. Tenía miles de nichos abiertos en los muros que lo circundaban —"adornados de inscripciones correctas, en lápidas hermosas y de buen gusto", comentó don Juan B. Carriedo.[16] En uno de ellos, al parecer, fue sepultada doña Petrona. Había una leyenda grabada sobre el pórtico del panteón: *Postraos: aquí la eternidad empieza, es polvo aquí la mundanal grandeza.*

Todo eso estaba todavía por delante al salir Porfirio a caballo hacia Tehuantepec. Acababa de ver el cadáver de su padrino, el obispo de Antequera. ¿Qué sentimientos lo sacudieron al contemplar así a su protector, postrado, vencido por la Reforma? Acababa de ver, también, el cuerpo ya indefenso de su madre, que sería asimismo doblegado por la muerte. Es probable que presintiera, que supiera que no la volvería a abrazar. Caminaba a caballo, con una escolta, por el camino de Tehuantepec, vuelto un lodazal por las lluvias de agosto, tan estrecho que la vegetación amenazaba con hacerlo desaparecer ("no es más que una brecha para mulas de la clase más rudimentaria", anotó por esas fechas el alemán Hermesdorf).[17] Díaz pensaba sin duda en todo eso mientras andaba sobre su caballo. O quizá pensaba en otra cosa: tal vez tenía noticias ya de la revuelta que acababa de estallar entre sus aliados de Juchitán.

En el transcurso de agosto fueron publicadas en Oaxaca las leyes de Veracruz que instituían el registro civil para los actos de nacimiento, matrimonio y defunción. Aquellas leyes, junto con las anteriores, fueron recibidas con indignación por los pueblos del Istmo —incluido, esta vez, Juchitán, que las consideró un atentado contra la religión, por lo que desconoció, con un pronunciamiento, al gobierno de Oaxaca. Era el espectro de la guerra de religión que tanto había temido Juárez. Los juchitecos no nada más estaban sublevados por las leyes; debieron también estar impresionados con las victorias de Miramón, quien entonces amenazaba con sus fuerzas a la capital de Oaxaca. Había en ese momento dos gobernadores en el estado: uno sostenido por los liberales, el licenciado Miguel Castro, y otro respaldado por los conservadores, el general José María Cobos. La suerte de ambos pendía de un hilo. Porfirio no podía prescindir de Juchitán, su aliado contra Tehuantepec, pero tampoco podía enfrentarlo: lo tenía que convencer de apoyar las leyes de Veracruz. Con ese fin emprendió el camino hacia allá, acompañado por un ayudante y un ordenanza y por el cura fray Mauricio López. "Al llegar al pueblo dejé a mis acompañantes en los suburbios y entré solo con el propósito de meterme en la casa de don Alejandro de Gives, antiguo vecino y rico comerciante francés, que estaba muy apreciado y bien relacionado en ese lugar, con el propósito de llamar allí a los cabecillas y procurar entenderme con ellos, pero antes de llegar a esa casa encontré una partida de los pronunciados, ebrios y armados", recordó Díaz. "Logré contenerlos, diciéndoles que como amigo que era yo de ellos, iba a acompañarlos y a seguir su suerte".[18] Con los ánimos más calmados, todos caminaron hacia la plaza del pueblo, donde tuvo lugar una reunión con las autoridades, entre los perros y los pollos que deambulaban por el mercado.

Díaz tranquilizó a los juchitecos, les explicó que no llevaba tropas, que nada más iba con fray Mauricio, a quien recordaría con afecto —"dominico, istmeño de nacimiento, hombre bastante ilustrado de ideas liberales, de muy buen sentido y muy estimado entre los indios"— al poner en orden las memorias de sus años en el Istmo.[19] Era enigmática la colaboración del fraile, pues en la ciudad de Oaxaca, luego de la muerte del obispo, la Iglesia sufría con todo su rigor la embestida de la Reforma. El canónigo Vicente Márquez, sucesor de Domínguez, había sido desterrado a Veracruz y el padre José María Alvarez y Castillejos, sucesor de Márquez, había sido a su vez exiliado hasta Panamá. La Oficina de Liquidación de Bienes Eclesiásticos, con la diócesis así descabezada, acababa de expropiar, en el curso de agosto, la mayoría de las propiedades que tenía el clero en Oaxaca. Mauricio López, sin embargo, apoyaba sin chistar a los liberales. Estaban reunidos con él, esa vez, todos los mandos de Juchitán. "Les explicó fray Mauricio, en lengua zapoteca, que la ley del registro civil en nada afectaba la religión, y que si fuera así, él habría sido el primero en tomar las armas en defensa de la fe", comentaría Porfirio, quien no hablaba zapoteco, aunque lo debió entender, pues era la lengua del Istmo.[20] Fray Mauricio pronunciaba su alegato cuando Apolonio Jiménez, uno de los cabecillas de Juchitán, propuso de repente que el sacerdote fuera ejecutado ahí mismo —porque los iba a convencer, dijo— junto con el jefe político de Tehuantepec. La tensión en la plaza estuvo a punto de estallar, pero no reventó. "Uno de los ancianos, que son allí muy respetados del pueblo, regañó y castigó severamente a Jiménez, lo cual permitió que fray Mauricio terminara su peroración", dijo Porfirio, para señalar más adelante que los juchitecos fueron, en efecto, convencidos por su amigo de aceptar las leyes de Reforma. "De esta manera logré salvarme de uno de los mayores peligros que tuve durante mi permanencia en Tehuantepec".[21]

5

TRAVESIA POR EL ISTMO

El 6 de octubre de 1859, hacia las diez de la noche, un terremoto sacudió con violencia el suelo de Oaxaca. Aquella sacudida precedió por unos días la aventura de Porfirio a través del Istmo de Tehuantepec. Hacia mediados del mes, el cirujano de un buque de guerra de los Estados Unidos le extrajo la bala que permanecía incrustada en el hueso de su cadera desde la acción de Ixcapa. Aquel barco fondeaba en La Ventosa, el puerto que había sido abierto por el presidente Comonfort en los terrenos de la hacienda de Huazontlán. Estaba localizado en la desembocadura del río Grande de Tehuantepec, al este de la salina de la Santa Cruz, resguardado por un fortín en la cima del cerro del Morro. Su profundidad era notable: 16 metros en promedio, y sus orillas estaban cubiertas por manglares, por lo que abundaba la pesca: robalos, lisas, mojarras, sardinas. No había más que chozas, hasta que construyó ahí sus bodegas la Compañía Louisiana de Tehuantepec.

Luego de la operación, Díaz recibió en La Ventosa un pliego de instrucciones del gobierno de Veracruz, conducido por el comandante de escuadrón Mariano Viaña. Sus órdenes eran precisas. "Se me prevenía que escoltara y condujera desde Minatitlán hasta el puerto de La Ventosa", habría de revelar, "un armamento de ocho mil fusiles, algunas carabinas y sables, muchas municiones labradas, dos mil barriles de pólvora a granel y muchos quintales de plomo en lingotes, consignado todo al general don Juan Alvarez".[1] Miramón amenazaba de nuevo con tomar el puerto de Veracruz, por lo que, para distraer su atención, concentrada desde los comienzos de la guerra en esa parte del Atlántico, el presidente Juárez acordó mandar armas a la costa del Pacífico, destinadas al general Juan Alvarez, caudillo de la Independencia, jefe de la revolución de Ayutla y ex presidente de la República. La responsabilidad de pasar esas armas por el Istmo de Tehuantepec cayó en manos del jefe político de la región, el teniente coronel Porfirio Díaz.

Al conocer la noticia del envío de las armas, el gobierno de Miramón mandó una columna de Orizaba con orden de interceptarlas, mandada por el coronel Juan Argüelles. Los *patricios* también actuaron para impedir el desplazamiento del convoy por el Istmo. Díaz marchó a caballo desde La Ventosa hasta Tehuantepec, para seguir después hacia el norte, por las faldas de la Sierra de Niltepec. Iba a caballo con sus hombres —o quizás en mula, mejor adaptada para sufrir las condiciones de la selva. Sus fuerzas eran respetables. Llevaba sin duda una carga de posol y totopoxtle, para el rancho de la tropa. Al arribar al río de la Puerta supo con alarma que, a partir de ahí, no había más vías que las fluviales para llegar a Minatitlán, pues había sido devorado por la selva el camino abierto por los norteamericanos hasta El Súchil. Encontró un cayuco amarrado en la orilla, que él llama canoa en sus memorias: un tronco de caoba ahuecado con fuego por los indios de la región, sin quilla, en el que era fácil zozobrar. "Resolví dejar allí mis fuerzas, a las órdenes de los capitanes Juan Omaña e Ignacio Castañeda, y entré en la canoa acompañado del teniente coronel Pedro Gallegos y de nuestros dos asistentes, sin ningún boga, y sin que ninguno de nosotros supiera remar", escribió Porfirio.[2] El teniente coronel Gallegos —*Che* Pedro, como lo llamaban— era el jefe de las fuerzas de Juchitán. Había dirigido la emboscada contra los *patricios* en la hacienda del Garrapatero y había luego sufrido la muerte de dos de sus hermanos en la guerra del Istmo. Habría de combatir, más tarde, en la batalla del 5 de mayo en Puebla. Era en ese momento el hombre de confianza de Porfirio Díaz.

"Llevados por la corriente, que en el río de la Puerta es fuerte", relataría Porfirio, "y evadiendo las rocas para no estrellarnos en ellas, llegamos al río Coatzacoalcos".[3] La travesía les debió tomar al menos un día, quizá más. El río de la Puerta, llamado también Jumuapa, estaba crecido con las lluvias del verano, abundantes en el Istmo. "Este río sale en cascadas desde las montañas de Guichicovi", observó Brasseur.[4] Bajaba a golpes por las piedras que rodaban de los montes, entre troncos arrancados a la ribera. "Tiene curvas tan pronunciadas y tan numerosas que debe ser difícil y peligrosa su navegación", opinó Hermesdorf.[5] No había pueblos sobre las orillas, apenas unas chozas cubiertas con hojas de palmera. Díaz y Gallegos llegaron a su desembocadura con las manos hechas pedazos, llenas de ampollas provocadas por los canaletes de los bogas, que utilizaban como podían para no ser arrastrados por la corriente. Así confluyeron, por fin, en el río Coatzacoalcos, que tenía raudales en su parte más alta, algunos peligrosos, pero no comparables a los que venían de sortear en el río de la Puerta. Unos 10 kilómetros más abajo había un poblado, el único en toda esa región. Ahí pudieron descansar.

El Súchil tenía dos o tres edificios levantados con tablones de madera, que servían de bodegas a la Compañía Louisiana de Tehuantepec. Tenía también una barraca dividida en tres compartimentos: la posada. "En el más grande estaba el dormitorio, compuesto de veinte catres de tijera, cada uno con su mosquitero", refirió un viajero.[6] Ahí pasaron la noche Díaz y Gallegos. Había toda clase de alimañas, algunas gigantescas. Un americano que pernoctó en aquel lugar recordaría haber visto, afirmó, "la más grande, la más fuerte, la más corpulenta cucaracha que jamás cruzó por mi vista horrorizada".[7] Todo debió tener ahí un aire de ruina, con ingenieros sin trabajo, hambrientos, que no hallaban cómo salir, pues estaba a punto de ser declarada en quiebra, esos días, la Compañía Louisiana de Tehuantepec. Entre los americanos encallados en El Súchil estaba un capitán de barco que trabajaba para la Compañía, apellidado Wolf, al que le urgía llegar a Minatitlán. Díaz y Gallegos acordaron hacer todos juntos el trayecto en el cayuco, con sus asistentes como bogas, bajo las instrucciones del señor Wolf. La distancia de El Súchil a Minatitlán, por río, era de 160 kilómetros, según el explorador Hermes-dorf: el equivalente a la mitad de la longitud del Coatzacoalcos, que él mismo estimó en 320 kilómetros en su ensayo sobre el Istmo de Tehuantepec. Viajaban cinco personas en ese cayuco, por lo menos. Debieron haber llevado con ellos sus víveres y debieron haber navegado sin contratiempos, por lo que tuvieron que haber avanzado a un promedio de 5 o 6 kilómetros por hora, ayudados por la corriente del río, que estaba por aquel entonces muy crecido. Y no debieron haber navegado, a pesar de su prisa, más de diez horas por jornada. En otras palabras, tuvieron que haber hecho una travesía de tres, quizá cuatro días hasta Minatitlán.

El río Coatzacoalcos, que nace en las alturas de los Chimalapas, es uno de los más caudalosos de México. Permanecía despoblado a la mitad del siglo xix. "Ambas riberas están tachonadas de selvas exuberantes, con varios tonos de verde", escribió Hermesdorf. "Cuando su lecho está lleno de agua, el río asume un aspecto realmente hermoso".[8] Al bajar en cayuco con ayuda de la corriente, sin el peligro de los raudales, Díaz y Gallegos, como Wolf, pudieron acaso levantar la vista, para contemplar en su esplendor la selva del Coatzacoalcos. Debieron advertir en las orillas, si ponían atención, entre las palmas y los helechos, los troncos claros y delgados de los árboles más pequeños, como el guarumbo, y arriba de sus ramas los árboles más grandes, llamados con nombres que no conocían: macayos, amates, majaguas, figaras, jobillos y cascalotes, cubiertos por una red de lianas sobre la que destacaban los troncos de los árboles más corpulentos, algunos gigantescos, como las ceibas, llenos de líquenes y musgos y flores en espiga, y abrazados por bejucos muy antiguos. Debieron observar todo eso. Y debieron escuchar también, si hacían alto para descansar en la ribera, los ruidos de la selva: el sonido de los insectos, el rugido de los saraguatos, los alaridos de las guacamayas que volaban por el cielo, acaso también los bramidos del jaguar, el *tigre*, que escapaba a la mirada de los hombres, pero que dejaba sus huellas en el lodo de los arroyos. Tal vez Wolf fue más receptivo a esa belleza, como era habitual entre los extranjeros, a quienes fascinaba la selva ("la magnitud y la riqueza colosal de los bosques, el brillo, la variedad del follaje, el esplendor inusitado del sol", en palabras de uno de ellos).[9] ¿Y Porfirio? ¿Fue sensible a ese paisaje? ¿Le dio serenidad? ¿O estaba sólo preocupado, más bien, en llegar a tiempo al puerto de Minatitlán?

Al atardecer tuvieron que acercar el cayuco a la orilla, prender fuego, calentar la comida de los viajes, por lo general totopoxtle con sal, para luego pernoctar alrededor de la fogata. Continuaron la travesía al amanecer. Las riberas del Coatzacoalcos estaban ahí pobladas de monterías que explotaban la caoba de aquella cuenca, a menudo dirigidas por españoles, como en el caso de La Vacaqueña. Esa caoba era el producto más codiciado de la región. Las trozas bajaban por aquellos días de finales de octubre con la crecida de los ríos. Cientos de trozas flotaban hacia su destino, seguidas a veces por los monteros en sus balsas, que desatoraban las que quedaban varadas en las ciénagas de la ribera. En un sitio llamado La Horqueta, más o menos a mitad de trayecto, el río seguía su curso dividido en dos brazos: el de la izquierda daba un rodeo largo y sinuoso, así que había que tomar el de la derecha, nombrado por los lugareños Brazo Apogongo. Había ranchos de ganado y, más abajo, pueblos rodeados de milpas. Es posible que Díaz y Gallegos pernoctaran con Wolf y sus asistentes en uno de ellos, para seguir de nuevo su camino con la madrugada. El día que pensaban llegar —o quizás el siguiente, muy temprano— divisaron a su derecha la boca del Choachapa y, poco después, la desembocadura del Uspanapa, el afluente más importante del Coatzacoalcos. Su boca estaba a sólo 5 kilómetros de Minatitlán. Habían llegado por fin a su destino.

Minatitlán era el nombre que los mapas y los forasteros daban al puerto de río que la gente del lugar llamaba, en cambio, La Fábrica. Estaba situado en la margen izquierda del Coatzacoalcos, a 30 kilómetros de su desembocadura en el Golfo de México. Había una aduana y una oficina de correos, y varias casas de comercio, sobre todo americanas. Las viviendas que bordeaban la calle del puerto estaban construidas, en su mayoría, con tablas de caoba, aunque las chozas de los indios que poblaban los alrededores eran por lo general de adobe, con techos de guano que terminaban en punta. Había mangos, naranjos y cocoteros, sembrados ahí por los franceses que colonizaron ese sitio poco después de la consumación de la Independencia. "Minatitlán tiene una ubicación encantadora", notó un autor, "sobre una colina descubierta que domina el río entre dos valles pantanosos, ricos en bosques. La ciudad se compone, por así decirlo, de una sola calle que avanza subiendo desde el puerto hasta el pie de una colina".[10] Aquella calle estaba llena de tabernas que ofrecían toda clase de licores —"abominablemente falsificados bajo los títulos engañosos de cognac, ron y vino de Burdeos".[11] A pesar de su altura sobre el río, y no obstante su lejanía de los manglares, el clima era tórrido y húmedo, y abundaban las enfermedades, sobre todo la malaria y el vómito.

Por esas fechas, con la crecida de los ríos, había siempre en Minatitlán una decena de buques de carga en espera de las trozas de caoba que bajaban por el Coatzacoalcos. La goleta contratada por el gobierno de Juárez, la que conducía las municiones y los barriles de pólvora, fondeaba ya a la mitad del río, pero no arribaba aún el vapor que transportaba el material no inflamable —o sea, los fusiles, los rifles, las carabinas, los sables adquiridos en Nueva Orleans. Había que actuar con rapidez. "Engañando al jefe político y militar de Minatitlán, que lo era el teniente coronel don Francisco Zérega", habría de relatar Porfirio Díaz, "lo mismo que al administrador de la aduana, don Francisco Soto, y teniendo sólo por confidente al contador don Francisco Mejía, que merecía toda mi confianza y la del gobierno, y quien fue después secretario de Hacienda bajo la administración del señor Lerdo de Tejada, hice preparar cuarteles y rancho para mi fuerza, que suponía en número exagerado y que dije venía en quince canoas que debían llegar muy poco después, procedentes de la Puerta".[12] Porfirio debía crear la ilusión de estar respaldado por toda su fuerza, pues sabía que las autoridades del lugar podían ser tentadas a transar con los conservadores, que avanzaban procedentes de Orizaba, a pocos kilómetros de ahí, bajo las órdenes del coronel Argüelles. "Sostuve esta situación toda la noche y parte del día siguiente, mientras duró el trasbordo de la goleta al vapor de río *Súchil*, de poco calado, que podía subir el río, y que en esos momentos me prestó la

Compañía Louisiana de Tehuantepec".[13] El *Súchil* estaba atracado al muelle de desembarco construido por los americanos en un playón situado río arriba del puerto, donde los monteros aserraban las trozas de caoba. En ese vapor, cargado con dos mil barriles de pólvora, Díaz remontó el río para volver a El Súchil. Había transcurrido una semana desde su partida. Ahí estaban ya sus fuerzas, las cuales, en cumplimiento de las órdenes que les dio al marchar, habían logrado sortear los bejucales y los pantanos del río de la Puerta para reabrir a machetazos el camino de la Compañía que unía el Llano de Saravia con El Súchil. Porfirio supervisó la descarga del vapor, que sus tropas abordaron al día siguiente para bajar, con él, hasta Minatitlán. Al llegar al puerto, esta vez rodeado de soldados, llenó de nuevo las bodegas del *Súchil* con el cargamento del barco que traía las armas, un vapor llamado *Havana*, que acababa de arribar a Minatitlán. Y entonces, a salvo ya, subió una vez más por el río Coatzacoalcos.

Díaz permaneció cerca de una semana en El Súchil. El lugar estaba transformado por la dimensión del cargamento que debía transportar por el Istmo. Junto con sus tropas, juchitecas y oaxaqueñas, contaba también con un ejército de arrieros procedentes de San Juan Guichicovi, un pueblo de mixes localizado en las montañas, al norte de Petapa. Esos indios eran sus aliados en la guerra del Istmo. "Estaban orgullosos de tener mulas, tantas como les fuera posible", comentó Hermesdorf.[14] En aquella ocasión, por órdenes suyas, reunieron alrededor de mil para transportar el armamento hacia Tehuantepec. Pero surgió un problema: las cajas en que las armas hicieron la travesía por mar —hechas para veinte fusiles— resultaron demasiado grandes para ser transportadas a lomo de mula en el viaje por tierra, sobre todo porque los animales, además, carecían de aparejos. "Entonces, con madera y clavos facilitados por la Compañía Louisiana de Tehuantepec, con las tablas y cepos de las cajas en que habían venido las armas, y con los carpinteros que había entre mis soldados, me puse a hacer nuevas cajas de diez fusiles", explicó Porfirio.[15] Aquella labor tomó varios días, durante los cuales sus hombres —soldados, arrieros, carpinteros— permanecieron concentrados en El Súchil. No estaban acostumbrados al clima de la selva, ni al tormento de los mosquitos, que era lo peor: torbellinos de zancudos y chaquistes les devoraban los pies y las manos, y nubes de rodadores, negros y diminutos, se les metían por la boca, la nariz, los ojos y los oídos. En aquellos días de espera, además, debieron de pasar hambre. Había plantíos de plátanos y piñas en ese lugar, y había también algo de caza en la montaña, tepezcuintle sobre todo, pero lo que les dio de comer fue la pesca, abundante en El Súchil, situado en la confluencia del Jaltepec con el Coatzacoalcos. Así pasaron los días. El convoy emprendió por fin la marcha por el camino que acababa de ser reabierto por las tropas de Díaz. Avanzó poco a poco, con todas las precauciones, en una columna de cientos de mulas cargadas con armas, hasta llegar al Llano de Saravia. Ahí, en aquel descampado, las autoridades de Tehuantepec habían situado ya doscientas carretas tiradas por bueyes y los directores de la Compañía habían facilitado ya también veinte de sus guayines para ser utilizados como carros hasta la capital del Istmo. Todo fue más fácil a partir de entonces.

Durante su periplo, Díaz contó siempre con el apoyo del sobrecargo de la goleta que condujo las municiones a Minatitlán. Era cubano, miembro del partido que luchaba por la independencia de su país —"hombre inteligente y decidido y de carácter enérgico", diría más tarde sobre aquel insurgente con el que hizo amistad en el Istmo.[16] Su nombre era Luis Eduardo del Cristo. Le gustaba platicar de sus años de lucha en Cuba. Recordaba por ejemplo que, acusado de sedición, había sido condenado a morir en el garrote, pero que, en el momento de subir al cadalso, había sido notificado de la gracia concedida por la reina de España. "Los que lo acompañaban al suplicio le propusieron, al notificarle su indulto, que vitoreara a la reina, y él contestó, según me refirió: Si la reina me concede la vida, sería una ingratitud de mi parte no decir que viva".[17] Salió desterrado hacia Nueva Orleans, donde trabajó con otros cubanos también en el exilio, como Pedro Santacilia y Domingo de Goicuría. Las armas que ayudó a transportar por esos días, de hecho, habían sido compradas en la casa de comercio que dirigía Goicuría, en asociación con Santacilia. Ambos eran muy cercanos a Juárez, sobre todo (entonces) Goicuría. "Facilitó al gobierno mexicano casi todos los elementos de guerra con que la plaza de Veracruz pudo hacerse fuerte, y todavía más, proporcionó un buen armamento al estado de Guerrero (en donde nos hallábamos entonces)", habría de escribir Ignacio Manuel Altamirano, partidario del general Alvarez.[18] Ambas cosas son ciertas: Goicuría era el propietario del *Indianola*, un vapor que participó en la derrota de los españoles en Veracruz, y Goicuría, asimismo, era el origen de las armas que pasaron por el Istmo hacia el Pacífico. Pero Altamirano calla algo que también es cierto: que Alvarez, al recibir las armas, permaneció en Guerrero, sin acudir en defensa del gobierno de Juárez en Veracruz.

Las armas destinadas a la costa del Pacífico habían sido adquiridas por el general José María Pérez Hernández, enviado por el presidente Juárez a Nueva Orleans. Era él quien iba formalmente al frente del convoy, aunque el mando de hecho lo ejercía Porfirio Díaz. En el momento de llegar con las armas a Tehuantepec, hacia el 10 de noviembre, el general Pérez Hernández recibió un oficio del Ministerio de Guerra. "El señor presidente ha tenido a bien disponer que del armamento que tiene usted en esa ciudad para remitirlo a Acapulco, separe usted quinientos fusiles, un cajón de rifles y cincuenta mil casquillos fulminantes y los entregue al señor teniente coronel don Porfirio Díaz".[19] Así lo hizo. Marchó después a La Ventosa, donde fue sorprendido por la noticia de que no llegaba aún la embarcación que debía llevar el cargamento de armas hasta Guerrero. Contrariado, Pérez Hernández decidió viajar al puerto de Acapulco para dar aviso al general Alvarez, por lo que Díaz lo embarcó en un bote muy pequeño —el único que había— al mando del comandante Octaviano Marín.

Pérez Hernández acababa de partir cuando, la mañana del 12 de noviembre, Díaz escribió un oficio a don Santos Degollado, el ministro de Guerra. "Hoy he tenido noticia de que el enemigo con fuerzas respetables ha ocupado la capital y destacado fuerzas para este Istmo con el fin de apoderarse de los convoyes", le dijo, para luego explicarle que los carros que contenían las armas estaban, de hecho, "almacenados por falta de embarcación que los conduzca a su final destino".[20] La situación era en verdad catastrófica. El coronel Ignacio

Mejía había sido derrotado por completo en Teotitlán del Camino —con todo su ejército: alrededor de dos mil soldados— por el general José María Cobos, con lo que, sin poder organizar la defensa de la capital, el gobierno de Castro había tenido que escapar hacia la Sierra de Ixtlán. Un primo de Cobos, el general Marcelino Ruiz Cobos, español también, acababa de ocupar con sus tropas, sin balazos, la ciudad de Oaxaca. "En vista de la situación", continuó Díaz, "he dispuesto pasar a Juchitán el armamento y municiones de que soy depositario y custodio. Para poder hacerme capaz de defensa contra la fuerza que ha de batirme, he dispuesto que una parte del armamento, municiones y equipo antes mencionados se ponga en manos de los juchitecos. Vuestra Excelencia comprenderá que en la situación que voy a ocupar no puedo proporcionarme recursos pecuniarios si quiero conservar bien sentada la merecida fama del Supremo Gobierno, y que son muchos los que necesito para el socorro de la fuerza que, con recursos o sin ellos, debo crear; en tal virtud, espero que conocida por Vuestra Excelencia la necesidad indicada no necesitaré pedir su satisfacción".[21]

Aquel día, por la tarde, Porfirio recibió una comunicación del presidente Juárez en la que, alarmado por las noticias que le llegaban de Oaxaca, le daba la orden de destruir el armamento que conservaba en caso de no poderlo mantener a salvo —hacerlo estallar con pólvora o ponerlo a pique en el Pacífico. "En vista de esta comunicación", respondió Porfirio, "procedo autorizado hoy mismo a la práctica de lo que, animado de los mismos deseos que Su Excelencia, había resuelto como verá Vuestra Excelencia en mi oficio de esta mañana, con la única diferencia de que no destruyo el armamento sobrante porque aún puedo salvarlo y me limito a colocarlo en un buen escondite con escolta y sobre 25 quintales de pólvora, para volarlo a última hora".[22] Estas disposiciones habrían de recibir el beneplácito de don Benito, quien así lo comunicaría a Díaz por medio de su ministro de Relaciones, don Melchor Ocampo. "Su Excelencia se ha servido aprobar todas esas medidas y disponer además que este Ministerio recomiende al de Fomento, como hoy lo verifica, prevenga a la agencia de Coatzacoalcos que ponga todos sus productos libres a disposición de usted. El Supremo Gobierno cuenta con el inteligente celo y decisión de usted".[23]

Díaz pidió, por extraordinario, todas las carretas disponibles en Juchitán. Mientras tanto, con las que mantenía con él comenzó a transportar el armamento hasta San Blas, al noreste de Tehuantepec. Al día siguiente, proveído ya con cerca de doscientas carretas, movió el resto del convoy hacia Juchitán. Ahí abrió una brecha por la selva hasta lo más espeso de la vegetación, que cubrió con árboles talados por sus hombres, para ocultar las armas. Estableció un cuerpo de juchitecos al mando del teniente coronel Pedro Gallegos, su segundo en el mando, al que bautizó Batallón Independencia. Estaba aún en Juchitán cuando José María Cobos llegó a Oaxaca para, a partir de ahí, organizar una ofensiva en forma sobre Tehuantepec. Porfirio tuvo noticia de ella el 24 de noviembre, hacia las diez de la mañana. Supo que setecientos infantes procedentes de Oaxaca y Pochutla, dirigidos por Eustaquio Manzano, y cien caballos procedentes de Puebla, mandados por Mariano Trujeque, acababan de ocupar los cerros de Liera y Tagolaba, en Tehuantepec. Estaban todos a las órdenes del coronel Ignacio Ojeda. No ocuparon el centro de la ciudad, pues corrió el rumor de que el convento había sido minado con barriles de pólvora, por lo que establecieron sus cuarteles en el barrio de Santa María.

Ese día, Porfirio salió de Juchitán con trescientos cuarenta y dos infantes, seguido por el teniente coronel Tiburcio Montiel como segundo en jefe, con el resto de su fuerza a cargo del convoy que acababa de atravesar el Istmo. Montiel era su contemporáneo, su compañero de estudios en el Instituto, al que ingresó luego de combatir en el Molino del Rey. Peleó a su lado en la batalla de Ixcapa, donde lo curó para detener la hemorragia de su herida, con los conocimientos de medicina que adquirió en el Instituto. Asaltó después la plaza de Oaxaca, también a su lado, para más tarde secundar al gobierno de Juárez en Veracruz, donde sin embargo, atemorizado por los estragos del vómito, pidió su baja, lo cual fue mal visto por el gobernador Castro. "Deseando vindicarse se fue a Tehuantepec", recordaría Porfirio. "Me ofreció sus servicios en circunstancias en que yo necesitaba de jefes de sus condiciones. Los acepté desde luego y le di el empleo de teniente coronel".[24] Don Tiburcio Montiel habría de ser con los años, ya como general de brigada, aliado de la rebelión de Tuxtepec, la cual llevó a su compañero de armas al poder, y fundador más tarde del Partido Socialista Mexicano, junto con Manuel Serdán, padre de los hermanos Serdán que organizarían en la ciudad de Puebla, medio siglo después de los incidentes del Istmo, el movimiento con el que estalló la Revolución.

El teniente coronel Díaz, apoyado por Montiel, avanzó todo el día al frente de sus hombres hacia La Ventosa, por el camino del Monte Grande, en una maniobra concebida para llegar por la retaguardia del enemigo a Tehuantepec. Aquel rodeo, que era laborioso, tenía por adición la ventaja de que, al marchar por la montaña, sin mezcal a la mano, los juchitecos, que tenían la costumbre de beber hasta quedar embriagados antes de combatir, estarían esta vez sobrios, atentos a las órdenes del comandante en jefe. Su plan de acción era temerario. Los conservadores esperaban ser embestidos por el noreste, desde Juchitán, donde tenían agrupada su caballería; no por el sur, desde La Ventosa, por donde avanzaba en silencio Porfirio. Sus hombres pasaron esa noche al descampado. La madrugada del 25 de noviembre, todavía en la obscuridad, dieron de pronto con una avanzada del enemigo situada en el sur, aún dormida en torno de la fogata, por el camino de La Ventosa. Porfirio bajó del caballo con cuatro de sus oficiales: el grupo cruzó a pie por una milpa, despacio, con absoluta cautela, para sorprender a la avanzada sin disparar un tiro, sin dejar escapar a nadie, como era indispensable para que los conservadores no tuvieran noticia del ataque por su retaguardia. Díaz informó entonces a sus jefes de columna que la señal para atacar sería el toque de diana del enemigo en sus cuarteles del barrio de Santa María. Así, a las seis de la mañana en punto, al resonar la diana, sus fuerzas acometieron la plaza de Santa María, mientras el resto de sus hombres avanzó por los cerros de Liera y Tagolaba. Por el noreste, como había dispuesto para apartar la atención en su contra, embistieron a su vez alrededor de sesenta sanblaseños en un sitio llamado Portillo de San Blas, por el camino de Juchitán. El enemigo fue to-

1. El mesón de la Soledad, en la salida del camino real a México, hogar de Porfirio Díaz entre 1830 y 1837.

2. Retrato al óleo del general Vicente Guerrero, jefe de la Independencia, ejecutado en Oaxaca en 1831.

SELLO TERCERO   DOS REALES

Para los años de mil   ochocientos treinta
y dos y ochocientos   treinta y tres.

En el nombre de Dios Todo Poderoso, Padre, Hijo y Espíritu Santo, Digo yo José de la Cruz Díaz que hallándome gravemente enfermo pero en mis sentidos, creo y confieso en el misterio de la Beatísima Trinidad y en todo lo que la Sta. Fe católica nos enseña, que aun cuando por sugestión del Demonio, debilidad mía ó cualquiera otro motivo, ó alguna calentura pronunciase alguna cosa contra nuestra Santa Fe Católica, lo anulo y detesto, poniendo por testigos á Dios Ntro. Sr. y á la Virgen María Ntra. Sra. y al Patriarca Sr. S.n José:

Digo yo, que hallándome en este estado es mi última voluntad dexar por albacea, heredera, y cuxadera de mis menores hijos á mi esposa M.a Petrona Mori, que son mis hijos Desideria Josefa Díaz, Manuela Josefa, Nicolasa Macedonia, José Cruz Porfirio, y Felipe Santiago de la Cruz, en quienes repartirá mi dicha esposa conforme le convenga por derecho de justicia: siendo de advertir, que queda en litigio una casa situada una cuadra antes del Matadero, y un solar á espaldas de Patrocinio, de las que seguirá su secuela hasta su conclusión, y juntamente que cobre varios piquitos de reales que se me deben

También advierto, que si falleciere yo y se presentare á mi albacea alguna firma en contra mía de deuda, antes ó después de esta fecha, es nula y de ningún valor pues no reconozco deuda ninguna á nadie.

Por tanto, y siendo todo esto verdad, lo hicieron á mi súplica, ruego

3. Testamento del padre de Porfirio Díaz: "Digo yo, José de la Cruz Díaz, que hallándome gravemente enfermo, pero en mis sentidos, creo y confieso en el misterio de la Beatísima Trinidad y en todo lo que nos enseña la Santa Fe Católica".

4. El solar del Toronjo, en la calle de Cordobanes, hogar de Porfirio Díaz entre 1837 y 1850.

5. Fachada del Seminario Conciliar de la Santa Cruz en Oaxaca, donde Porfirio inició la carrera de la Iglesia.

6. Retrato al óleo del obispo José Agustín Domínguez y Díaz, padrino, protector y pariente de Porfirio.

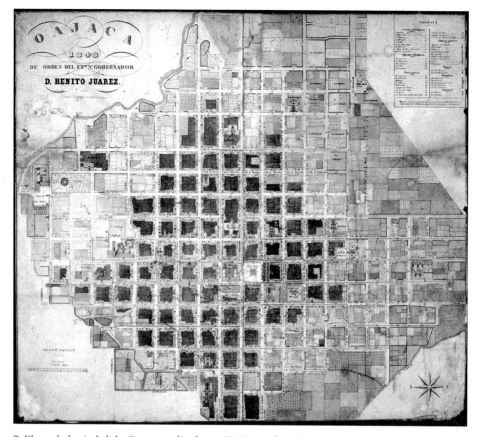

7. Plano de la ciudad de Oaxaca realizado en 1848 por el conde Anton von Diebitsch-Sabalkanski, por instrucciones del gobernador Benito Juárez.

8. Retrato al óleo del general Antonio de León, gobernador de Oaxaca, muerto en la batalla del Molino del Rey durante la invasión de los Estados Unidos.

9. Retrato al óleo del licenciado Marcos Pérez, abogado de Oaxaca, catedrático del Instituto y protector y amigo de Porfirio.

10. Fachada del convento de San Pablo, sede del Instituto de Ciencias y Artes de Oaxaca.

11. Su Alteza Serenísima, el general Antonio López de Santa Anna.

12. La Torrecilla del convento de Santo Domingo, donde estuvo prisionero Marcos Pérez.

13. Porfirio Díaz en traje de civil, peinado de raya, con barba de candado.

14. Fotografía de la Plaza de Armas de Oaxaca tomada por Teobert Maler.

15. Tarjeta de visita de Petrona Mori, la madre de Porfirio.

16. El presidente Ignacio Comonfort, derrocado por el Plan de Tacubaya, con el que estalla la guerra de Reforma.

17. El general José María Cobos, jefe del partido de la reacción, enemigo de Díaz en Oaxaca.

18. Plano de la campaña de Díaz en el Istmo de Tehuantepec.

19. Juana Catarina Romero, informante de Porfirio, vestida con traje de tehuana.

20. Vista de la ciudad de Tehuantepec con las colinas al fondo, al margen del río Grande.

21. Don Benito Juárez, dirigente del partido liberal, presidente de la República.

22. El licenciado Matías Romero, representante de México ante los Estados Unidos.

23. El general conservador
Miguel Miramón.

24. El general liberal Jesús Gonzáles Ortega.

25. Porfirio Díaz, diputado por el distrito de Ocotlán en la segunda legislatura del Congreso de la Unión.

26. Litografía de la Plaza de Armas de la ciudad de México realizada a mediados del siglo XIX por Casimiro Castro.

27. Interior de la Cámara de Diputados ubicada en el patio de honor del Palacio de Gobierno, en la ciudad de México.

28. El diputado Ignacio Manuel Altamirano, novelista de renombre, originario de Guerrero.

29. El diputado Vicente Riva Palacio, político de abolengo, militar, jurista y escritor de México.

30. Don Melchor Ocampo,
mártir de la Reforma.

31. El general Leandro Valle, fusilado en
junio de 1861 en el Monte de las Cruces.

32. El general Santos Degollado, inmolado en junio de 1861 en el Llano de Salazar.

33. Litografía del Hotel de Iturbide realizada a mediados del siglo xix por Casimiro Castro.

34. El diputado Porfirio Díaz en traje de paisano.

35. El general Ignacio Mejía en traje de gala.

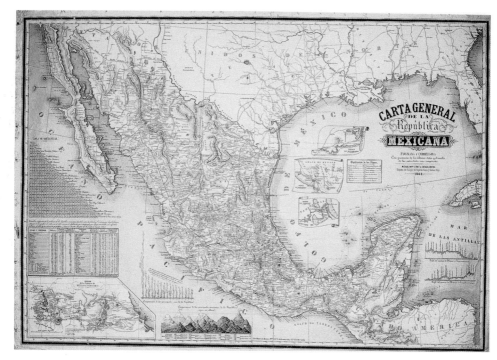

36. Carta de México elaborada en 1862 por la Imprenta Litográfica de Decaen.

37. Primera plana del periódico *El Monitor Republicano*, que comenta en su editorial la ley del 17 de julio de 1867 que suspendía el pago de la deuda contraída por México, utilizada por Francia como pretexto para la Intervención.

talmente sorprendido. La sorpresa resultó tan grande que, al ocurrir el asalto, varios de los miembros de su guardia permanecían todavía acostados en el zaguán de sus cuarteles. "Lo reñido y más interesante de este hecho de armas, que comenzó a las seis de la mañana, duró quince minutos", señalaría en su parte Porfirio.[25] Fue el tiempo que duró la confusión de la embestida. Los conservadores, superiores en fuerzas, pero pillados por atrás, huyeron hacia la montaña, dejando diecisiete muertos, veintinueve fusiles, nueve cajones de parque y cinco prisioneros, dos de los cuales fueron pasados por las armas: uno por ser oficial, otro por ser traidor (el nombre que los liberales daban a quienes cambiaban de bando).

Al hacer la relación de las bajas del enemigo, Tiburcio Montiel mencionó a doña Isidora Jijón, la esposa del coronel Eustaquio Manzano —"a quien se auxilia eficazmente", dijo en una nota rubricada por Díaz.[26] La señora Jijón montaba una mula que la derribó durante la refriega, al ser herida ella en la pantorrilla por una bala que golpeó también al animal. Trató de huir cuando otro balazo, más grave, la dejó tendida en la montaña. "Le entró en la espalda entre los hombros y le salió por el pescuezo", escribió Porfirio, quien evoca en detalle aquel episodio de la batalla de Santa María. "Grande dificultad tuve para salvarle la vida, pues acostumbrados los juchitecos a hacer una guerra sin cuartel, querían matarla a todo trance. El teniente coronel Montiel se declaró su sobrino para ponerla a cubierto".[27] Doña Isidora habría de sobrevivir al trance, aunque entonces aún lo ignoraba su marido, el coronel Manzano, quien evocaría después aquel incidente (al mencionar de pasada —en un orden de prioridades que resulta cómico, por invertido— "la pérdida de mi mula de carga que conducía 769 pesos y todos mis papeles y ropa, y además mi señora") en el parte de guerra que mandó al general José María Cobos para comunicarle, dijo, "la desagradable noticia de nuestros acontecimientos de armas en el barrio de Santa María de Tehuantepec".[28]

A finales de noviembre, Porfirio supo que estaba ya en La Ventosa la goleta que, por las señales que hacía, era la que había mandado el general Juan Álvarez de Guerrero. Ordenó sacar el convoy de su escondite en Juchitán, mandó reunir el número de carretas necesario para su transporte y reparó el camino de rueda que cruzaba por la hacienda del Zapotal, para luego marchar él mismo con todas las armas hasta La Ventosa. En aquella goleta no viajaba el general Pérez Hernández, responsable del armamento, por lo que Díaz tuvo que enviar todo bajo la custodia del hermano más grande de Matías Romero, don José, quien vivía en Tehuantepec. Con él iba también, en esa travesía, el cubano Luis Eduardo del Cristo, acompañado por sus hijos, un niño y una niña, y por su esposa, doña Carlota, quien había ayudado a curar a la mujer del coronel Manzano. Del Cristo entregó las armas al general Alvarez en Zihuatanejo, para seguir adelante hasta San Francisco de California. Viviría en los Estados Unidos por un tiempo, pero habría de volver a México para combatir, con el grado de coronel, durante la guerra de Intervención. Es posible que tuviera entonces contacto de nuevo con Porfirio. Marchó después a Cuba para luchar en la guerra de Diez Años, donde consagró su talento en proveer armas a los rebeldes que peleaban en la Isla contra la dominación de España. Su final sería trágico. Habría de ser aprehendido por los españoles, para ser ejecutado poco después que el propio Domingo de Goicuría, con quien había colaborado, en los años de la Reforma, a llevar a su destino las armas de los liberales que cruzaron por el Istmo.

La acción de Santa María de Tehuantepec provocó consternación en el gobierno del presidente Miguel Miramón, quien conoció los detalles a principios de diciembre, en México. "Tengo el pesar de transcribir a Vuestra Excelencia la comunicación que acabo de recibir del señor coronel don Ignacio Ojeda", escribió a su ministro de Guerra, desde Oaxaca, el general José María Cobos. "Para neutralizar los efectos de este desgraciado acontecimiento, he tomado prontas y enérgicas medidas".[29] Miramón estaba enfurecido con la noticia. "El excelentísimo señor presidente se ha impuesto con sentimiento de la nota de usted de 29 de próximo pasado", le contestó a Cobos el ministro de Guerra. "No concibe Su Excelencia cómo se permitió a la fuerza enemiga que circunvalase a la que mandaba el señor Ojeda".[30] Y le volvió a reiterar lo que ya sabía: "La ocupación y pronta sujeción del Istmo de Tehuantepec es de suma importancia en el orden político y militar, como repetidamente le he manifestado y usted comprende muy bien".[31] Por su parte, los liberales de Oaxaca celebraron desde las montañas aquella victoria, con la que culminó la travesía del cargamento de armas hasta La Ventosa. "Se tiene noticias de que el señor teniente coronel don Porfirio Díaz está perfectamente en el Istmo, con fuerzas respetables", anunciaron en el *Boletín de la Sierra*, que redactaban a mano desde la Sierra de Ixtlán.[32] Las noticias llegaron también —finalmente, luego de más de tres semanas— al puerto de Veracruz, donde fueron recibidas con regocijo por el presidente Juárez. "Se ha enterado el señor presidente con mucha satisfacción del triunfo alcanzado por las tropas de su digno mando", le escribió a Porfirio don Melchor Ocampo. "Siendo muy grato a Su Excelencia el honroso comportamiento de los jefes, oficiales y guardias nacionales que también han sabido combatir en esa jornada, ha acordado les dé usted las debidas gracias a nombre del Supremo Gobierno por su decisión y patriotismo, como en lo particular las recibirá Vuestra Señoría de Su Excelencia".[33] Don Benito expresó su agradecimiento al día siguiente, en efecto, con una comunicación al gobierno de Oaxaca: "El presidente de la República recomienda especialmente al gobernador del estado de Oaxaca dé el ascenso inmediato al teniente coronel Porfirio Díaz por su brillante comportamiento en el ataque de Tehuantepec el 25 de noviembre".[34] En su prisa por premiarlo, el ascenso fue firmado por su propio ministro de Guerra, no por el gobernador del estado, como procedía, ya que Díaz era miembro de la guardia nacional de Oaxaca.

Porfirio tuvo su bautismo de fuego en el Istmo de Tehuantepec. Ahí descubrió que podía administrar un territorio, cosa que no era fácil, pero sobre todo algo más: que podía gobernar a los hombres, que podía organizarlos y conducirlos, porque había aprendido a conocer sus resortes, los hilos que los mueven. Muchos años más tarde, ya viejo, habría de recordar aquella prueba. "Tuve en mi juventud duras experiencias que me enseñaron muchas cosas", dijo. "Hubo un tiempo en el que por seis meses no recibí de mi gobierno ni instrucciones, ni consejos, ni apoyo de ningún tipo. Debí pensar por mí mismo y tuve que ser yo mi propio gobierno, y encontré entonces a los hombres iguales a como los encuentro hoy".[35] Díaz gobernó el departamento de Tehuantepec con las facultades más amplias, dada su incomunicación con el resto de Oaxaca. Vivió sin más recursos que los propios: el impuesto de capitación, más 5 por ciento de los productos de la aduana del puerto de La Ventosa. Así tuvo que enfrentar a miles de enemigos: algunos armados, los *patricios*, que permanecían en control de los caminos, y otros desarmados, pero temibles: el grueso de los habitantes de los barrios. Para enfrentarlos contó siempre con el apoyo que le dio la Compañía Louisiana de Tehuantepec. Gracias a ella descubrió algo que era una novedad en el mundo: el progreso, el uso de la tecnología para transformar en riqueza los recursos de la naturaleza, visible en el ejemplo de los Estados Unidos. Y comprendió —joven aún: tenía veintinueve años de edad cuando recibió la orden de abandonar el Istmo— que él también quería eso para México.

6

CAMINO A LOS VALLES

En diciembre, por instrucciones de Juárez, el coronel Porfirio Díaz organizó una columna para salir en defensa del gobierno de Oaxaca, refugiado en la Sierra de Ixtlán. Reorganizó el Batallón Independencia de Juchitán, recibió un destacamento de Chiapas y reforzó las compañías que tenía de la guardia nacional de Oaxaca. El 5 de enero de 1860 salió con su columna de Tehuantepec en dirección a los Valles, primero por el camino de San Carlos Yautepec, a partir de ahí por la cañada de Narro, para no dar al enemigo indicios de su movimiento hacia Oaxaca. Avanzó despacio. Sus tropas marchaban, dormían y hacían el rancho en la montaña. El 20 de enero pernoctó en las afueras del pueblo de San Lorenzo Albarradas. Ahí sintió, por el ambiente del campamento, que debía hacer una proclama a sus fuerzas, renuentes a dejar atrás su territorio. "¡Oaxaqueños y juchitecos, chiapanecos y valientes hijos de la Sierra!", proclamó. "Habéis fraternizado como buenos ciudadanos, marcháis a la campaña como ardientes patriotas. ¡Yo os saludo! Mañana estaremos en el valle de Oaxaca; allí nos esperan nuestros hermanos del Sur, de la Mixteca y de la Cañada".[1] Al emprender el sábado 21 la marcha para Tlacolula, a pesar de la proclama, notó síntomas de insurrección en el Batallón Independencia. Su comandante le manifestó que los juchitecos habían cumplido con acompañarlo hasta los Valles de Oaxaca, que era su objetivo; que ahora ellos iban a regresar a Juchitán. Eso equivalía a una rebelión frente al enemigo. Díaz mandó terciar armas a la tropa, pero todos los juchitecos permanecieron impasibles frente a la orden. "Pareciéndome prudente no tomar la cuestión de una manera colectiva", refirió, "me dirigí particularmente al sargento que cerraba su costado derecho y después de darle algunos golpes lo mandé parar en la fila y le ordené terciar. Obedeció mi orden y entonces la di a todo el batallón, y fue también obedecida por todos".[2] Díaz situó a los chiapanecos en la vanguardia y a los juchitecos en el centro, y a las compañías de oaxaqueños, ubicadas en la retaguardia, les dio la orden de pasar por las armas a todos los que retrocedieran —en voz alta, para que los juchitecos escucharan.

La columna de Porfirio fue atacada en ese momento por la avanzada de Marcelino Ruiz Cobos, que venía de Tlacolula. Resistió el choque, para después ocupar una colina a un lado de la hacienda de Xagá, cerca del pueblo de Mitla. Pero fue inútil. Los juchitecos huyeron, seguidos por varios chiapanecos, incluso por algunos oaxaqueños, hasta que él mismo abandonó también el campo de batalla. Era el 23 de enero. "Esta fue la primera derrota que sufrí en mi carrera militar", dijo, "que por supuesto me mortificó mucho".[3] El comandante de la fuerza que lo derrotó en esa colina escribió aquella noche su parte de la batalla. "El enemigo que venía de Tehuantepec en número de mil doscientos hombres, entre chapanecos, oaxacos y tehuantepecanos", dijo, "ha sido completamente derrotado, dejando en poder de las fuerzas de la brigada de vanguardia, que fue la que dio la acción, todo el parque, algún armamento y una pieza de artillería".[4] En Oaxaca circuló más adelante la noticia de la muerte del jefe que mandaba la columna de los liberales, como consecuencia de las heridas que recibió durante aquella función de armas. "Nosotros hemos querido dudar de la muerte de Porfirio Díaz", insinuó *El Orden Social*, para luego afirmar sin ambages lo que sigue: "Personas respetables y dignas de mayor crédito confirman la noticia de la muerte de ese hombre funesto y que ha sido tan perjudicial al departamento de Oaxaca. Dicho cabecilla ha sido sepultado en el pueblo de San Juan del Río".[5] El periódico que propagaba la noticia de su muerte circuló por supuesto en la ciudad de Oaxaca, donde residían su hermana Nicolasa y su sobrina Delfina. Y un ejemplar llegó también, parece ser, a manos del Chato, su hermano, quien acababa de ser liberado en México luego de permanecer detenido por un tiempo, acusado de insubordinación en el Ejército.

El coronel Díaz, derrotado en Mitla, continuó su camino hacia la Sierra de Ixtlán, en busca del gobernador de Oaxaca —su primo, José María Díaz Ordaz, quien acababa de volver a tomar las riendas del gobierno del estado, en sustitución de Miguel Castro. Díaz Ordaz había residido por un año en Veracruz, hasta que obtuvo el apoyo de Juárez para regresar a Oaxaca. No a todos les gustó su vuelta en el poder. Manuel Dublán, entonces secretario de Gobierno, renunció para marchar a Veracruz; Bernardino Carbajal, segundo en importancia de Dublán, abandonó también su cargo para salir hacia Tehuantepec, con la intención de convencer a Porfirio de asumir, él mismo, el gobierno de Oaxaca, aunque cambió de opinión a la mitad del camino, resignado a reconocer al gobernador que había impuesto su amigo, don Benito. En Ixtlán, Díaz Ordaz levantó la moral de los liberales, que encabezó para bajar hacia los Valles, con el objeto de recuperar la capital de Oaxaca. El 24 de enero enfrentó a José María Cobos al pie de las montañas, en un encuentro que tuvo lugar en Santo Domingo del Valle. Obtuvo la victoria, pero cayó herido ahí mismo, poco después de concluida la contienda, cuando sus tropas empezaban la celebración del triunfo. Fue conducido a su cuartel en una parihuela, extenuado por la hemorragia que le provocó la herida. Esa noche, por la madrugada, falleció. Sus restos serían llevados más tarde a Oaxaca para ser inhumados en una tumba a la entrada del panteón de San Miguel, bajo un obelisco de cantera sellado con una placa de alabastro que tiene esta inscripción: *Al benemérito del estado licenciado coronel José María Díaz Ordaz. Murió en la batalla de Santo Domingo del Valle el 24 de enero de 1860.*

¿Es cierto lo que dice la inscripción? Porfirio supo la noticia de su muerte el 26 de enero, al llegar a Tlalixtac. Ahí también debió conocer los detalles de su fin, bastante turbios. Su primo, en efecto, cayó *después* de la batalla de Santo Domingo del Valle. "Se dijo que no había sido a manos del enemigo", escribió un contemporáneo de los hechos, "sino por una traición en su mismo campo, pues las balas del enemigo no llegaban al sitio de la dirección".[6] José María Díaz Ordaz era un liberal muy radical, un *rojo* que tenía inquietos a los moderados, los *borlados*, por su temperamento idealista y vehemente, que lo llevaba a imponer sacrificios de consideración (más impuestos, mayor conscripción) a todos los oaxaqueños. Los *borlados* eran a menudo hombres de industria que no querían que los *rojos*, con su frenesí, les descompusieran las cosas. Primero quisieron contenerlo con la legislatura, dominada por ellos; después conspiraron para removerlo del cargo, con éxito. Al volver al poder, sin embargo, quedaron sin opciones. ¿Fueron responsables del tiro que lo derribó? No es posible saberlo con certeza. Porfirio supo los pormenores de su muerte junto con la noticia del ascenso al gobierno del estado de su mentor, el licenciado Marcos Pérez. El cargo le correspondía, como regente de la Corte de Justicia de Oaxaca. Pero don Marcos era *rojo*, igual que Díaz Ordaz —era de hecho el dirigente de esa facción en Oaxaca. Y los *borlados*, como era previsible, lo tratarían de liquidar también.

En Oaxaca, la guerra no fue una disputa entre liberales y conservadores alrededor de la Reforma. Los oaxaqueños eran casi todos liberales, unos *rojos* y otros *borlados*, que fueron de hecho quienes protagonizaron esa guerra en el estado. Juárez mantuvo juntos a los grupos en pugna durante su administración: Manuel Dublán (*borlado*) era su concuño, su secretario de Gobierno, y Marcos Pérez (*rojo*) era su amigo de los años en el Instituto, el hombre que le abrió las puertas al gobierno de Oaxaca. Pero al salir hacia la capital, los antagonismos dividieron el estado, ya sin don Benito. La diferencia de fondo entre ambos grupos era de método, más que de principios: los dos creían en la necesidad de reformar a la nación para suprimir los privilegios heredados de la Colonia, pero los *borlados* querían conseguirlo de manera paulatina, sin amenazar el orden y la propiedad, mientras los *rojos* eran impacientes, ambicionaban hacerlo de forma más acelerada. Los primeros eran por lo general abogados, hombres de reflexión (Manuel Dublán, Bernardino Carbajal, Ramón Cajiga, José Esperón, Juan de Mata Vázquez), aunque también había en sus filas militares de peso (como Cristóbal Salinas). En cambio, los segundos eran en su mayoría guerreros, hombres más de acción (José María Díaz Ordaz, Ignacio Mejía, Porfirio Díaz, Tiburcio Montiel), aunque también había en sus filas políticos muy hábiles (como Marcos Pérez, Justo Benítez y Félix Romero). Unos estaban encabezados por Dublán, otros por Marcos Pérez.

Hacia finales de enero, al ocurrir la sucesión en el mando del gobierno de Oaxaca, estallaron las diferencias entre el licenciado Marcos Pérez y el coronel Cristóbal Salinas. Uno era el gobernador interino, apoyado por los *rojos*; otro era el jefe militar, secundado por los *borlados* en su intento por asumir, en su lugar, la jefatura del estado. Don Marcos, al tanto de la conspiración, mandó a su tesorero a Tlalixtac con un pliego de instrucciones para Porfirio, donde le ordenaba arrestar al coronel Salinas para llevarlo a Ixtlán, la sede del gobierno de los liberales en Oaxaca. Díaz era parte del bando de los *rojos* (a los que también llamaban *puros*, *exaltados*) y era, por supuesto, como todos lo sabían, el hombre de confianza del licenciado Pérez. Pero no estimó prudente esa instrucción, que ponía en riesgo la unidad de los liberales en vísperas del comienzo de la ofensiva contra la ciudad de Oaxaca. Así lo dijo al enviado del gobernador, con la petición de que no insistiera en ella. "No quedó satisfecho de mi conducta don Marcos Pérez, pero tampoco insistió en su orden", escribió después Porfirio. "Probablemente Salinas tuvo noticias de esto, porque lo encontré muy contrariado en la noche de ese día. Tuve una explicación personal con él, y supe que efectivamente todo había llegado a su conocimiento".[7]

Salinas y Díaz salieron el 1 de febrero de las lomas de Tlalixtac para emprender la marcha hacia Oaxaca. El 2 pasaron por la hacienda de

San Luis y el pueblo de San Felipe del Agua, y el 3 tomaron posesión de la cortadura del cerro de la Soledad, realizada por los españoles durante la Independencia. "Hicieron avanzar su gruesa artillería bajo las bombas reaccionarias de Santo Domingo, que ningún mal causaron, y sin combate formal tomaron el fortín", anunció con bombos y platillos el *Boletín de la Sierra*.[8] Comenzaron los preparativos del sitio ahí mismo, en el fortín del cerro de la Soledad. Pero ninguno de los dos estaba destinado a dirigir la ofensiva contra Oaxaca, en posesión de las fuerzas de José María Cobos. Pues el presidente Juárez, al tanto de la tensión entre *rojos* y *borlados*, había optado por nombrar a un militar ajeno a esas intrigas en sustitución de Salinas, el general Vicente Rosas Landa, quien asumió el mando el 12 de febrero en el cerro de la Soledad. "Ningún trastorno ha ocurrido en las tropas con motivo de las diferencias que comenzaban a surgir entre los señores Pérez y Salinas", escribió al llegar, para complacer a don Benito.[9] Rosas Landa era un oficial graduado en el Colegio Militar, amante del orden y la disciplina, acostumbrado a mandar tropas en forma, cercano en otros tiempos a Comonfort. Un hombre de fuera —"apreciable e inteligente militar", lo llamaron entonces los oaxaqueños, con quienes habría de permanecer apartado sin remedio en los meses por venir, como el aceite del agua, incapaz de comunión con ellos.[10]

El sitio de Oaxaca duraría más de tres meses, sin llegar al éxito, a pesar de que los habitantes de la ciudad eran en su mayoría afines al gobierno de Marcos Pérez. Todos los bandos sufrían ahí, además, las injusticias del general Cobos. Sus oficiales extorsionaban a los sectores que simpatizaban con los conservadores (acababan de imponer un préstamo de 100 000 pesos al clero) y humillaban, con saña, a las familias de los liberales (cortaban el cabello a sus esposas y sus hijas, según un testimonio, para luego colgarlo a los faroles, como trofeo). La gente estaba harta. Pero el general Rosas Landa no autorizó el asalto de Oaxaca. Parecía desanimado por la fortaleza del enemigo: "Sus parapetos son sumamente altos y gruesos, sus fosos anchos y sembrados de estacas agudas".[11] Estaba desconsolado por su falta de recursos: "La carestía de todo lo necesario para hacer la guerra y la índole de estas tropas me tiene en un estado de verdadera desesperación".[12] Y vivía así lleno de impotencia: "No puedo estar contento en la cima del cerro a la intemperie, careciendo de todo y viendo a la tropa desnuda y sin socorro".[13] En una ocasión bajaron Díaz y Rosas Landa por las tierras del Marquesado, hasta una pradera llamada el Petatillo, al oeste de Oaxaca. Porfirio le quería explicar qué manzanas atacar para tomar posesión de San Juan de Dios y la Alhóndiga. Entonces, una bala de cañón pasó de pronto entre los dos. "Rosas Landa se hizo tanto para atrás, que tropezó con el tronco de unos nopales que estaban a su espalda, y al caer se espinó con ellos. No recuerdo qué hice yo, pero probablemente me reí", contó Díaz. "Algunos oficiales presenciaron la ocurrencia y formaron una anécdota de este hecho, que circuló entre ellos y llegó hasta los soldados, en la que se ridiculizaba al general Rosas Landa. Desde entonces me empezó a coger mala voluntad".[14] En este ambiente transcurrió el sitio de Oaxaca.

Los días pasaban sin novedad cuando Porfirio recibió, con extrañeza, la noticia de que el Chato estaba ahí, en las afueras de Oaxaca. Era el mes de marzo. Llevaba seis años de no ver a su hermano Felipe. Sabía que había seguido a los conservadores al estallar la guerra de Reforma, al igual que el resto de sus compañeros del Colegio Militar; que había sido alférez, más adelante teniente de caballería, activo en Durango, Zacatecas y San Luis Potosí, y después en el estado de Jalisco. El Chato le contó su vida en el norte del país, le mostró la cicatriz de la herida de flecha que tenía, causada allá, en la guerra de exterminio contra los apaches y comanches —una guerra menos cruel, menos conocida, pero similar a la que por esas mismas fechas era librada sin cuartel en los Estados Unidos del Norte. Le comentó también que había leído la noticia de su muerte —impresa en *El Orden Social*, o tal vez en un periódico de la capital que basaba su información en ese órgano del general Cobos. "Esta noticia que mi hermano vio en el periódico", escribiría Porfirio, "lo decidió a separarse de las filas reaccionarias".[15] Es probable que así haya sido, pero también es posible que haya existido otra razón. ¿Cuál? Porfirio debió suponerla cuando el Chato le informó, para sorpresa suya, que su nombre no era ya Felipe, sino Félix.

Desde los meses anteriores a la Reforma, el Chato había sido miembro del Estado Mayor del general Leonardo Márquez, quien tenía su cuartel en la capital de Jalisco. Ahí estuvo activo todo ese año hasta que, junto con dos de sus compañeros, fue detenido por orden del Ministerio de Guerra, acusado de haber interceptado —cerca de Zapotlanejo, en los Altos de Jalisco— un extraordinario con comunicaciones que el presidente Miramón dirigía a la ciudad de México. Su detención acababa de ocurrir hacía apenas unos meses. Fue instruida una causa en su contra, pero duró poco en cautiverio. "He dispuesto que queden en libertad bajo su palabra de honor, sin perjuicio de que se les continúe su causa, el teniente coronel don Félix Díaz y comandantes don Otón Verástegui y don Alejandro Barroso, ayudantes del excelentísimo señor general Márquez", manifestó el comandante del valle de México.[16] La causa fue al final sobreseída. Félix quedó libre de cargos en la capital del país, donde hacia mediados de marzo fue de nuevo dado de alta en el Ejército, aunque con dudas respecto de su rango ("de Félix Díaz que se nombra teniente coronel no hay en este Estado Mayor ningún antecedente de que haya obtenido aquel empleo", indicó en un oficio la Jefatura del Estado Mayor del Ejército).[17] Esta era la historia del Chato Díaz en el momento de llegar a los alrededores de Oaxaca.

¿Era o no era culpable de interceptar la correspondencia del presidente Miramón? ¿Y era o no era, para comenzar, teniente coronel en el Ejército? ¿En qué momento, por lo demás, había decidido cambiar su nombre por el de Félix? Las respuestas tienen que ver con el carácter del Chato, que no era recto, era torcido, había sido así siempre, desde sus años en Oaxaca. Es probable por ello que haya interferido, en efecto, la correspondencia del presidente, el general Miramón, su compañero de estudios en el Colegio Militar. Y es posible que en esa coyuntura, confrontado por una acusación que era grave, haya querido buscar refugio en otra identidad: la del teniente coronel Félix Díaz. Sabía que la farsa iba a ser descubierta por la superioridad, tarde o temprano. Entonces, en ese momento, al ser liberado en la ciudad de México, donde permanecía sin embargo bajo sospecha, llegó a sus manos el ejemplar del periódico que comentaba la muerte de su hermano Porfirio en el combate de Mitla. No podía saber si la noticia era cierta o falsa, pero debió resentirla como un agravio más de parte del Ejército. Y tomó así la decisión de desertar, para volver a Oaxaca. Tenía veintiséis años de edad. Félix sería su nombre de lucha a partir de ese instante, al reinventar su vida como liberal.

TOMA DE OAXACA

El 27 de abril de 1860 el general Rosas Landa ordenó una ofensiva contra el convento de la Concepción, un cuadrángulo de cantera levantado por los jesuitas en contraesquina de la Plaza de Armas que, desde su expulsión, habitaban las concepcionistas de Oaxaca. La relación del general con sus subordinados acababa de tocar fondo a principios del mes, a propósito de un episodio que ocurrió el día de su santo. "Cuando el general Rosas Landa regañaba", hubo de escribir a ese respecto Porfirio, "usaba un lenguaje tan poco delicado que avergonzaría a una placera".[1] Pero debió él, aquella vez, obedecer sus instrucciones —por insensatas que le parecieron. Rosas Landa ordenó a su jefe de ingenieros dinamitar los muros del oeste del convento: abrir una brecha para que pudiera ser asaltado por sus fuerzas. La víspera del ataque fueron colocadas las minas, pero los muros del convento resistieron la explosión, que desfogó por la calle, donde levantó las banquetas. Las tropas de Díaz, a pesar de todo, intentaron el asalto con las escaleras del alumbrado, en las que treparon hasta las azoteas, a un costo muy alto, en cumplimiento de las órdenes de Rosas Landa. Esa noche las monjas tuvieron que ser trasladadas al convento de las Capuchinas Indias, pero la Concepción permaneció en manos del general Cobos. Rosas Landa estaba furioso. "Si la plaza de Oaxaca no fue tomada el 27 de abril, que dispuse su ataque, fue porque el señor coronel don Porfirio Díaz, a cuyas órdenes puse las mejores tropas, faltó a su deber y a las prevenciones que por escrito le fueron comunicadas", informó después al Ministerio de Guerra. "No avanzó un solo paso, ni disparó un cartucho, cuando a él, excelente señor, había confiado el éxito de aquella jornada, descansando en la fama que disfrutaba de entendido y de valiente".[2]

A principios de mayo, el gobierno de Miramón, establecido en México, despachó a Oaxaca una columna de más de mil hombres, en la que uno de los cuerpos iba mandado por su hermano, el coronel Mariano Miramón. Rosas Landa decidió entonces levantar el sitio, pero tuvo al respecto una discusión muy agria con Salinas y Díaz, contrarios a dejar Oaxaca. La discusión tardó varios días, hasta que fue claro que ya no era posible atacar la columna que avanzaba. El 11 de mayo comenzó la retirada. Porfirio hizo la marcha hacia Ixtlán por Teococuilco —una marcha larga y penosa, con la artillería, por las montañas, en caminos que el comienzo de las lluvias había vuelto un lodazal. Los oaxaqueños estaban furibundos con el repliegue. Rosas Landa sintió incluso que su vida peligraba, por lo que optó por seguir hacia Veracruz. "Un auxilio respetable de mil y tantos hombres venido al enemigo ha puesto fin a esta difícil y penosa campaña", comunicó al ministro de Guerra. "Yo no podía con dos mil y quinientos hombres, de los cuales más de doscientos estaban fuera de combate, guardar los cerros fortificados, conservar la extensa línea quitada al enemigo y hacer frente a la nueva y última necesidad que surgió".[3] Después consideró que debía dar al ministro una explicación más amplia. "Una retirada, excelente señor, es en todo caso una maniobra", dijo. "Sin embargo, a la que yo mandé ejecutar de acuerdo con los jefes principales de la división, que previamente la aprobaron, se le ha dado el carácter de una traición y se han despertado con mayor vehemencia las odiosidades que la maldad creó desde un principio contra mí".[4] Más tarde anunció al presidente Juárez que regresaba con sus oficiales a Veracruz. "Voy en camino para esa plaza, después de haber sufrido de los oaxaqueños los mayores ultrajes y corrido los más grandes riesgos".[5]

El 15 de mayo tuvo lugar un combate muy sangriento en los arrabales de Ixtepeji, donde los liberales derrotaron a una columna que acababa de salir en su persecución de la ciudad de Oaxaca. "El enemigo, que después de replegado parecía dispuesto a defenderse en el templo, huyó precipitadamente rumbo a la capital, perseguido muy de cerca por la fracción del teniente coronel don Félix Díaz", afirmó en su parte de guerra Porfirio. "En el camino han quedado veintisiete cadáveres del enemigo, muchas huellas de sangre, tablas ensangrentadas que parecen haber servido para cargar heridos, muchos tercios de totopoxtle, carne seca, arroz y maíz".[6] Era la primera vez que Díaz llamaba por escrito así a su hermano: *Félix*. Ese mismo día, con la rúbrica del coronel Salinas, mandó con un asistente el parte de guerra a Veracruz, para que el triunfo en Ixtepeji fuera conocido por el gobierno de Juárez antes del arribo del general Rosas Landa. Así habría de ser, por lo que los informes del general, relativos a la insubordinación de los oaxaqueños, fueron leídos sin empatía por Pedro Ampudia, el sucesor de Santos Degollado en el Ministerio de Guerra. "Se ha recibido en esta Secretaría la nota de usted en que avisa la retirada de la división a su mando a la Sierra", le escribió con frialdad Ampudia a Rosas Landa, para luego ampliar la nota: "Sentimos que Vuestra Señoría se hubiera visto precisado a tomar aquella resolución".[7] Vicente Rosas Landa tendría con los años un final poco glorioso. Sirvió al Imperio de Maximiliano hasta su detención, al triunfo de la República. Porfirio Díaz lo volvió a ver en el convento de Santa Brígida, donde fueron concentrados todos los generales del emperador que cayeron presos en la capital de México. Rosas Landa fue después rehabilitado por Juárez, quien lo nombró comandante de celadores de la aduana de Mazatlán. Pero sería suspendido del cargo por incurrir en el delito de peculado, junto con el administrador de aquella aduana.

Los liberales renovaron sus fuerzas en la Sierra de Ixtlán, donde estaba instalado desde hacía meses el gobierno de Marcos Pérez. En el curso de junio, los empleados que trabajaban con él en Ixtlán fueron transferidos a otros pueblos, porque informaban de más en las cartas que escribían a sus familiares en Oaxaca. Era necesaria la discreción, ya que los liberales planeaban volver a la capital del estado, a raíz de la salida de la columna que había llegado de México en apoyo del general Cobos. A fines de julio, luego de organizar una brigada en el Istmo, el coronel Porfirio Díaz bajó con sus tropas de las montañas, por San Felipe del Agua. El 4 de agosto ocupó la hacienda de San Luis, luego la hacienda de Dolores, ambas localizadas a un par de kilómetros de Oaxaca. Ahí rechazó, al despuntar el alba, las ofensivas de José María Cobos (sobre San Luis) y Marcelino Ruiz Cobos (en contra de Dolores). El coronel Cristóbal Salinas, al mando de las fuerzas de los liberales, dispuso entonces, para no dar respiro al enemigo, atacar la Plaza de Armas de Oaxaca. El ataque dio inicio poco antes de las nueve de la mañana de aquel 5 de agosto. Las tropas de los liberales fueron divididas en dos columnas sobre la marcha: una, comandada por el coronel Salinas, avanzó por el convento del Carmen, y la otra, dirigida por el coronel Díaz, atacó por la iglesia del Patrocinio, ambas en dirección de la Plaza de Armas. En aquel asalto, sangriento para todos los bandos, habrían de morir alrededor de cien soldados. Porfirio bajó a pie por las calles del centro hacia el corazón de la ciudad, vio caer a varios de sus hombres —él mismo recibió un balazo que le atravesó la pantorrilla, aunque sin afectar el hueso, por lo que pudo continuar a caballo hasta tomar la plaza. Félix estaba ahí con él. "A las diez del día", escribiría en su parte el coronel Salinas, "nuestras valientes tropas coronaban las alturas de la ciudad fortificada por el enemigo, que había quedado reducido a los conventos del Carmen y Santo Domingo".[8] Díaz dedicó el resto de esa jornada a horadar dos líneas de manzanas con dirección a los conventos —casa por casa, con obras de zapa— para acercar sus fuerzas a cubierto del fuego del general Cobos. Pero antes de dar el asalto, el 6 de agosto por la madrugada, supo que Cobos había huido con cerca de mil hombres por el huerto de Santo Domingo, hacia Zimatlán. Salinas ocupó entonces el convento con sus tropas, pero no lo persiguió.

La alegría que produjo la toma de Oaxaca no excluyó del todo cierto malestar por haber permitido la huida del general Cobos con sus fuerzas, que marcharon en dirección de Tehuacán. Félix Díaz fue uno de los que manifestaron su descontento, con la violencia que lo caracterizaba. Sus palabras de censura llegaron a los oídos del coronel Cristóbal Salinas, quien por ese motivo, molesto, le ordenó perseguir al enemigo con una columna mal municionada, compuesta por un puñado de tropas de Oaxaca. El Chato, sin embargo, acató feliz aquella orden. "Para que sus soldados no se desmoralizaran por la escasez de parque", relató su hermano, "llenó de ladrillos unas cajas de municiones vacías y las llevó consigo, teniendo cuidado por supuesto de evitar que llegaran a abrirse. Alcanzó a Cobos el 9 de agosto de 1860, lo batió en Las Sedas, tomando diez cañones y un gran número de prisioneros, entre los cuales había cerca de cien soldados de los regimientos de guías y granaderos a caballo, que había derrotado. Con esta base organizó su regimiento con el nombre de Lanceros de Oaxaca".[9] La derrota de Cobos en aquel poblado del distrito de Etla, tan sorpresiva, hizo que a partir de ese momento todos vieran con respeto al Chato. "Estaba dotado de cualidades especiales para soldado y siempre dio pruebas de ellas en todos los combates que sostuvo", afirmó con orgullo Porfirio. "En los instantes de mayor peligro le ocurrían los arbitrios más felices y los ardides más ingeniosos y de mejores resultados".[10] Félix habría de recibir más tarde, por su triunfo en Las Sedas, el grado de teniente coronel del Ejército. Y Porfirio, hasta entonces miembro de la guardia nacional, habría de refrendar a su vez, también, el grado de coronel en ese mismo Ejército, que le mandó el gobierno desde Veracruz. "Este joven jefe que en poco tiempo de servicio en las armas pisa ya los umbrales de una brillante carrera, debe estar orgulloso con su grado y con la herida que lo postra", afirmó el periódico del gobierno del estado, *La Victoria*.[11] Y el presidente Benito Juárez exclamó, asimismo, desde Veracruz: "Porfirio es el hombre de Oaxaca".[12]

Félix y Porfirio habrían de mantener sus carreras en ascenso durante los tiempos por venir, en contraste con los hombres que acababan de vencer en Oaxaca. Porque José María Cobos sería fusilado por los republicanos en Matamoros, por abrazar la causa del Imperio, y Marcelino Ruiz Cobos, luego de ser abatido por un pelotón de fusilamiento en San Antonio Calpulalpan, habría de ser ultrajado por los liberales: en un acto de infamia, su cadáver fue decapitado por sus verdugos, que mandaron su cabeza en una canasta a la ciudad de México.

En agosto, el gobierno de Marcos Pérez quedó por fin establecido en la ciudad de Oaxaca. Con el triunfo de los liberales, sin embargo, estallaron de nuevo los pleitos entre *rojos* y *borlados*. La situación fue agravada por los nombramientos de jefes políticos que hizo don Marcos en los distritos de Zimatlán (Juan Escobar) y San Carlos Yautepec (Juan Hernández). Ambos cometieron abusos en esos distritos, los cuales, exagerados por sus adversarios, ocasionaron quejas que provocaron el desprestigio de la administración del licenciado Pérez. "Estando todavía enfermo de mis heridas en Oaxaca", recordó Porfirio Díaz, "dije a don Marcos Pérez un día que me visitó que él era un hombre muy respetable y muy correcto, pero que le perjudicaba mucho la manera con que consentía a sus jefes políticos, contra quienes había multitud de quejas. Me contestó que no tenía más noticia de esas faltas que simples rumores sin pruebas que las justificaran".[13] Díaz entonces le ofreció su apoyo —"porque mis antecedentes y relaciones con él me obligaban a proceder así"— pero le indicó que no iba a poder garantizar su integridad al salir de Oaxaca.[14] El licenciado Pérez, por subestimar el peligro que representaban los *borlados*, quedó tal vez decepcionado de Porfirio, su protegido durante los años en el Instituto, quien no lo había sostenido, antes, en su intento de arrestar al coronel Salinas y quien coincidía, ahora, en las críticas hechas contra los jefes políticos nombrados por su gobierno en Oaxaca. Una especie de culpa es posible advertir, también, en las memorias de Díaz —una culpa por lo que sucedió más adelante, pues don Marcos sería, en efecto, derrocado por el partido de la Borla.

Porfirio estaba de nuevo en el ámbito del hogar, al lado del Chato, con su hermana Nicolasa, quien ya desde entonces vivía con Delfina. Podía dormir otra vez en una cama, bajo un techo, o disfrutar en una mesa la comida que le gustaba: tasajo, quesillo y frijoles de Etla. En el curso de septiembre quedó restablecido de sus heridas en la pierna, con el cuidado sin duda de su sobrina Delfina. Porfirio la había visto nacer. La vio crecer en el solar del Toronjo, donde convivió con ella todos los días, año con año, hasta que ingresó al Instituto. La perdió de vista en el momento de partir a Tehuantepec —ella era entonces una chiquilla de doce años— pero la volvió a ver ese verano, al tomar la plaza de Oaxaca. Delfina no era ya una niña. Porfirio la debió mirar entonces, acaso por primera vez, como mujer. Recuperado del asalto a la ciudad, contento al lado de su familia, dedicó su tiempo a organizar una columna de mil doscientos hombres que debía situar en Tehuacán bajo el mando del general Pedro Ampudia, el ministro de Guerra de Juárez. Cojeaba de nuevo, con otra cicatriz en la pierna, la derecha una vez más. El 20 de octubre salió a caballo con sus tropas de la ciudad de Oaxaca. Delfina cumplía ese día quince años.

HACIA LA CIUDAD DE MEXICO

En el otoño de 1860 el coronel Porfirio Díaz salió por primera vez del estado de Oaxaca. Era mayor de órdenes en la brigada del estado. Debió cargar en las alforjas de su caballo, en esa calidad, los mapas necesarios para la orientación de sus fuerzas. Había varios a su disposición. Llevaba con él, sin duda, la carta geográfica de Oaxaca que Manuel Ortega y Reyes, el padre de Delfina, acababa de publicar en 1858. Y quizá tenía con él también un libro de quinientas páginas titulado *Itinerarios y derroteros de la República Mexicana, publicados por los ayudantes del Estado Mayor del Ejército,* dado a conocer en 1856 por Rafael Durán. Este documento, básico para la geografía del siglo XIX, era un manual de referencia para los estrategas del Ejército. Durán ofrecía información sobre las ciudades, las distancias y las existencias de ríos y pastizales en los caminos, y también sobre el tipo de terreno por el que pasaban (pedregoso, montañoso, pantanoso…) en cada uno de los veintidós estados y seis territorios en que estaba dividido México. Los caminos, aclaraba, tenían árboles en las orillas, para evitar la erosión. Algunos estaban adoquinados, como el de México a Veracruz. Los más importantes permanecían en principio bajo el control del Ministerio de Fomento. Eran muy escasos. Hacia mediados del siglo XIX la población del país sumaba alrededor de ocho millones de habitantes, en su mayoría dispersos en un territorio inmenso, mal comunicado.

Resultó difícil la marcha hasta Tehuacán. Hubo problemas de deserción entre los soldados de Oaxaca, renuentes por tradición a salir del estado, al grado de que había un refrán que decía así: *Los oaxaqueños son valientes hasta el Marquesado.* Frente a las deserciones, el mayor de órdenes de la brigada repartió a los soldados entre sus oficiales, a quienes hizo personalmente responsables de mantener el orden, bajo la amenaza de ser degradados. Así avanzaron hacia la frontera con Puebla, perseguidos sin embargo por los rumores que les llegaban de Oaxaca. Los *borlados* acababan de dar un golpe contra don Marcos Pérez, desprotegido por la salida de los militares que lo secundaban, encabezados por el coronel Díaz, seguido por el teniente coronel Montiel. Encontraron el pretexto que necesitaban cuando el gobernador dejó de rendir su informe a la legislatura, como exigía la constitución del estado. Los legisladores, en su mayoría *borlados*, acordaron en secreto votar en favor de su destitución, para sustituirlo por Ramón Cajiga, uno de sus dirigentes, quien a su vez nombró a José Esperón, abogado y comerciante, al frente de la Secretaría de Gobierno. El decreto que separaba a Pérez del gobierno del estado fue firmado el 8 de noviembre. Juárez tuvo que reconocer el hecho consumado contra su compadre, igual que los oficiales más *rojos* que lo sostenían en la guardia nacional. "No pudo sobrevivir don Marcos a la decepción que le causó este procedimiento", habría de recordar Porfirio.[1]

La división del general Ampudia recibió a los oaxaqueños en Tehuacán, para más tarde seguir hacia Pachuca, con el objeto de reforzar el Cuerpo de Ejército que mandaba el general Jesús González Ortega. La balanza de la guerra había cambiado en el curso de 1860: estaba ya inclinada a favor de los liberales. Miramón había recurrido a sus oficiales más diestros para tratar de tomar el puerto de Veracruz. Con esa decisión, ineludible, dejó desprotegidos a los estados que permanecían sometidos a su gobierno, los cuales poco a poco cayeron en manos de los liberales, como Jalisco, Zacatecas y San Luis Potosí. Los conservadores mantenían en su control ya sólo las ciudades más tradicionales del centro del país —en particular dos, Puebla y México. Surgió además en aquel tiempo, mientras caía don Santos Degollado, el liderazgo de un militar de excepción, improvisado durante la Reforma. Periodista al comienzo de la guerra, diputado en la legislatura del estado, jefe de la guardia nacional, por fin gobernador de Zacatecas, el general González Ortega era ya, en apenas un par de años, comandante en jefe del ejército de la Reforma. Tenía fama de ser un incendiario, un perseguidor de clérigos, aunque su personalidad era desde luego más compleja. Con estas palabras lo habría de retratar un hombre de su tiempo: "audaz, arrebatado, lleno de fervor y exaltación, poeta a ratos, profundamente sensual y galante, pero capaz de actos de suprema energía en el campo de batalla y de generosidad suprema en el campo de victoria".[2]

Al finalizar el año de 1860, el general Miramón dejó la ciudad de México para salir al encuentro de su destino: apostó todo lo que tenía en una batalla que, si ganaba, le abriría de nuevo el camino a Veracruz, y, si perdía, le cerraría para siempre las puertas de la capital de la República. No todo estaba perdido: venía de batir a una fuerza de liberales en Toluca, el 8 de diciembre, en la que tomó prisionero a Santos Degollado. Iba entonces con sus tropas de avanzada, al lado de sus generales, entre los que destacaban José María Cobos y Leonardo Márquez. Era un ejército inferior en número pero superior en calidad al de González Ortega, con quien estaban, a su vez, algunos de sus oficiales más aptos, como Ignacio Zaragoza y Leandro Valle. El enfrentamiento ocurrió el 22 de diciembre en Calpulalpan, un par de jornadas al noroeste de la ciudad de México. La víspera, González Ortega tuvo comunicación con Ampudia, quien debía cortar la retaguardia de la columna que avanzaba en dirección de Jilotepec. Pero todo fue precipitado por las circunstancias. "Llegamos a Tula siguiendo la huella de Miramón, en momentos en que éste había sido derrotado en Calpulalpan", lamentó Porfirio Díaz.[3] Sus tropas perdieron la ocasión de pelear en esa batalla, decisiva, aunque capturaron a los soldados que huían en dirección a la capital, con ayuda de la caballería del Chato, para luego seguir hacia el campamento de González Ortega. La ruina del enemigo, ya sin fuerza, fue inmediata. El 24 de diciembre, el general Miramón renunció a la Presidencia de la República para salir hacia Veracruz, donde escapó del país en un buque de guerra que enarbolaba la bandera de España. Más tarde, Jesús González Ortega entró al frente de sus tropas a la ciudad de México. Durante su entrada, cuenta la historia, reconoció en un balcón a don

Santos Degollado. Lo hizo bajar, lo abrazó y le dio la bandera, entre fanfarrias y vivas de la multitud. La capital, en el momento de ser vencida, había sido convertida por los liberales. Muchos descubrieron entonces, con asombro, a los soldados del ejército de la Reforma. Marchaban sucios, sin uniforme, a veces descalzos, muchos de ellos desarmados.

El coronel Porfirio Díaz entró a la ciudad de México el 4 de enero de 1861. Jamás habría de olvidar aquel viernes —lo recordó en sus memorias— en que vio por vez primera la capital de su país. Junto con el resto de los oaxaqueños estuvo instalado en el convento de San Fernando, al oeste de la Alameda. Desde ahí debió recorrer una parte de la ciudad, construida entre los lagos de Xochimilco, Chalco, Texcoco, Zumpango y San Cristóbal. Era muy diferente a todo lo que conocía. "México es una de las ciudades más bellas del mundo, con grandes plazas rodeadas en su mayoría por casas con arcadas y cubiertas de grandes árboles, calles anchas y limpias, y una animada vida", escribió por esos años un viajero de Europa. "Varios amplios canales navegables atraviesan las poblaciones de las afueras y se comunican con los lagos de Texcoco y de Chalco. Cientos de embarcaciones cargadas de frutos y de flores e impulsadas con remos por los indios les dan vida y una encantadora y muy particular apariencia a estas partes de la ciudad".[4] Era sin duda una visión idealizada y romántica de una realidad que describió con palabras muy distintas el escritor Guillermo Prieto, quien habría de ser meses después compañero de Porfirio en la Cámara de Diputados. "El bajo pueblo, que vivía en los alrededores y en algunos puntos centrales de la ciudad", escribió en *Memorias de mis tiempos*, "guardaba condiciones de miseria que por fortuna hoy nos parecen de todo punto increíbles".[5] Los indios residían sobre todo en lugares como Tarasquillo, Santiago Tlatelolco, Tepito, San Antonio Abad, Ixtacalco y Santa Clarita. Sus jacales estaban hechos de caña y adobe, y tenían techos de tejamanil. Prieto no juzgó fantástica esa realidad, que habría de evocar con estas palabras: "los muros desnudos, los perros sarnosos, la llaga, la momia ambulante, y seres deformes, como jorobados, rostrituertos, patizambos y epilépticos…"[6]

El general González Ortega, en atención a sus méritos, fue nombrado ministro de Guerra por Juárez. En esa calidad, mientras preparaba la recepción del presidente, tomó medidas de rigor con respecto de los cerca de treinta mil soldados que tenía el ejército de la Reforma. "Me comunicó que iba a licenciar a todos los voluntarios, dándoles 5 pesos y sus caballos y armas, para que marcharan a sus casas a disfrutar de la paz en el goce de la familia", habría de recordar el coronel Ignacio Mejía.[7] Ordenó también, por acuerdo del presidente, que todas las guardias nacionales regresaran a sus estados. Así, luego de unos días en la capital, Porfirio volvió también con sus tropas a Oaxaca. En el camino a Puebla tuvo un encuentro con don Benito Juárez, quien venía con su gobierno desde Veracruz. El encuentro debió ser muy poco antes del 11 de enero, en que el presidente hizo su entrada a la ciudad de México. Porfirio lo había visto por última vez en su tierra, en vísperas del pronunciamiento que detonó la guerra de Reforma. Hacía de eso una eternidad: tres años y tres meses que los habían transformado por completo, a los dos. ¿Hablaron de Oaxaca? ¿Comentaron las elecciones que acababan de ser celebradas hacía apenas unos días, para elegir a los diputados de la segunda legislatura emanada de la Constitución, así como al presidente de la República? Juárez continuó hacia la capital de México. Díaz siguió con sus tropas hacia la ciudad de Oaxaca, donde el 27 de enero entró al frente de la brigada del estado, con el coronel Cristóbal Salinas. "Las calles del tránsito estaban lujosamente adornadas con arcos, flores y colgaduras", escribió un cronista de la época. "Un inmenso gentío las llenaba; en cada semblante se retrataba el júbilo".[8] Sus palabras eran cursis, pero ciertas.

Díaz cayó enfermo al llegar a Oaxaca, con fiebres muy altas, escalofríos, náuseas, diarreas, vómitos y dolores en el abdomen. Llevaba meses en campaña —meses de comer entre moscas y piojos, de beber agua de arroyos revueltos por el paso de la tropa. Estaba infestado de tifo, al igual que todos los soldados del ejército que había combatido por la Reforma. Los médicos de la ciudad lo curaron con masajes en el cuerpo, con infusiones de hierbas de la montaña, como la flor de clavera y la malva. Porfirio descubrió entonces que muchos habitantes de la ciudad habían sido contaminados por la brigada del estado. "Cuando volví a tener el uso de la razón", escribió en sus memorias, "supe que la brigada había sido puesta en asamblea, en cuya condición quedaba yo también; supe a la vez que había sido electo diputado al segundo Congreso de la Unión".[9] Con esa noticia terminó de convalecer.

A principios de marzo ocurrió un robo en el rancho de Calderón, hacia el poniente de Oaxaca, sobre el camino real a México. Fue robado un cargamento del alemán Rudolf Wilhelm, dueño de una mercería en Oaxaca. Estaba implicada una gavilla de decenas de asaltantes. Era indispensable restablecer la ley y el orden en las vías de comunicación del país, necesarias para el comercio y la prosperidad, por lo que el general Jesús González Ortega acababa de publicar un decreto que condenaba a muerte a todos los que robaran en camino real, sin formación de causa, con el solo requisito de identificar sus personas. El gobierno del estado ordenó su persecución al coronel Porfirio Díaz, quien llevó con él a un asistente para las actuaciones judiciales que tendría que hacer, y así, el 15 de marzo, salió con sesenta caballos de Oaxaca. Una semana más tarde dio con los asaltantes y con todo lo robado, que estaba en el lugar donde le señalaron ellos mismos, y un día después mandó fusilar a doce de los responsables del asalto —entre ellos a su cabecilla, don Pedro José Navarrete— en el pueblo de San Juan del Estado. "El gobierno del estado aprobó mi conducta y me dio las gracias por el éxito que obtuve en esa comisión", presumió luego Díaz. "En virtud de este procedimiento, eficaz y enérgico, se restableció por completo la seguridad en Oaxaca".[10] El procedimiento fue, en efecto, enérgico, por decir lo menos, pero no eficaz, pues no restableció la paz en los caminos. En junio, por ejemplo, serían ejecutados dos asaltantes más por un oficial de la milicia en Oaxaca y luego, en agosto, habrían de ser ajusticiados diecinueve salteadores por el jefe político de Ocotlán, todo con disposición al decreto del general González Ortega. Los robos en los caminos serían, de hecho, uno de los efectos más duraderos de la guerra de Reforma. Para combatirlos, el presidente Juárez fundó por esos días el Cuerpo de Policía Rural, un total de ochocientos elementos divididos en cuatro agrupaciones que tenían la responsabilidad de velar por la seguridad de los caminos, conocidos más tarde con el nombre de Rurales. Muchos eran individuos armados por su cuenta que el gobierno, en vez de reprimir, optó por organizar y legitimar bajo el mando del Ministerio de Gobernación.

7

DIPUTADO EN EL CONGRESO DE LA UNION

Porfirio Díaz salió en abril de 1861 hacia la ciudad de México, para ocupar su curul en la segunda legislatura del Congreso de la Unión. Por decisión del presidente Juárez, quien redactó la lista de los candidatos de Oaxaca, era diputado por el distrito de Ocotlán. Hizo el viaje a la capital en varios días, por valles y montañas, y por desiertos. Primero tuvo que andar a caballo, pues no había camino para carretas en la Sierra Norte; después tuvo la opción de continuar en diligencia, a partir de Puebla. Las diligencias que venían del sureste del país —como la suya, si viajó así— entraban a la ciudad de México por la garita de San Lázaro, para seguir por la calle del Coliseo Viejo. La casa de las diligencias estaba ubicada sobre el callejón de Dolores. Ahí, el movimiento era siempre intenso: las mulas ya enjaezadas, las covachas llenas de equipaje, los cocheros y sotacocheros en sus pescantes. Porfirio estuvo hospedado en el Hotel de Iturbide, sobre la calle de Plateros. "Es bastante bueno", observó un viajero que lo conoció.[1] Aquel hotel, así llamado por haber sido habitado por Agustín de Iturbide, era el ejemplo más brillante del barroco no religioso en México. Había sido proyectado por el arquitecto Francisco Guerrero y Torres hacia fines del siglo XVIII para los marqueses de Jaral de Berrio, cerca del palacio de azulejos de los condes del Valle de Orizaba. Guerrero y Torres construyó el edificio con cantera y tezontle, los pisos muy altos, su fachada con pilastras, atlantes y medallones. El palacio, que tenía en el interior un patio señorial con arcos de medio punto, había sido después adaptado como hotel por el arquitecto Emilio Dondé.

La legislatura tardó varios días en tener el quórum necesario. El 20 de abril había nada más —era un escándalo— cincuenta y ocho diputados en la ciudad de México. Hubo que excitar a los gobernadores para que enviaran a sus representantes a la capital. Al fin, el 1 de mayo fue posible, con noventa y siete diputados, instalar el Congreso de la Unión. Pero la apertura de sesiones habría de tardar una semana más. Porfirio tuvo por esos días una audiencia con don Benito. "Anoche estuve con el señor presidente y entre otras cosas hablé de tu despacho como teniente coronel del Ejército", escribió a su hermano el Chato, "y se sorprendió mucho cuando supo que aún no lo tienes, porque él recuerda que cuando recibió el parte de las acciones de Las Sedas te mandó expedir el despacho".[2] Porfirio Díaz practicaba con frecuencia el papel de mediador, que era uno de los cimientos de la influencia que por esos años empezó a tener. Sus familiares, sus amigos y sus conocidos, civiles o militares, sabían que lo podían buscar para obtener ayuda: para conseguir un empleo, para resolver un problema. Díaz era una de esas personas —son raras— que *podía* hacer un favor, porque tenía los contactos, la disposición, el tacto y la perseverancia para dar seguimiento a los asuntos en cuestión. Esa vez, su mediación con el presidente tuvo éxito: el despacho de teniente coronel de su hermano fue rubricado menos de una semana después por el propio Juárez. Más tarde, sin embargo, la burocracia del Ejército supo que el nombre del Chato no era Félix, sino Felipe. "Este ciudadano sirvió a la reacción siendo ayudante de Márquez; protestó en Guadalajara el 19 de agosto de 1859 contra las leyes de Reforma; no está rehabilitado, y no hay antecedentes de sus empleos anteriores, pues sólo aparece extraoficialmente que fue teniente del 3° de Caballería cuando se pronunció en San Luis por la reacción", apuntó un oficial en una nota para el general Ignacio Zaragoza, ministro de Guerra en sustitución de González Ortega, quien renunció por diferencias con el presidente Juárez.[3] El Chato empezó así los trámites para conseguir su rehabilitación, con la ayuda que su hermano Porfirio le prestó tanto en el Ejército como en la Cámara de Diputados.

El 9 de mayo, el presidente Juárez leyó el mensaje con que fueron inauguradas las sesiones del Congreso de la Unión. El diputado Porfirio Díaz estaba ahí, vestido de civil, sombrero de copa en la mano, cabello peinado con raya de lado, barba de candado, según muestran los retratos. Había sido electo por un periodo de dos años, como el resto de sus colegas. "¿Qué fue lo que hizo el militar oaxaqueño en aquella memorable legislatura?", preguntó Nemesio García Naranjo, él mismo diputado en el Porfiriato, para responder así: "Nada".[4] Es parcial la respuesta de don Nemesio, porque pudo haber dicho lo contrario: Todo. Porfirio Díaz no brilló como parlamentario: carecía desde ese entonces de talento para expresar sus ideas en público, talento que nunca tuvo pero que con el tiempo llegó a suplir con la experiencia. Sus labores como diputado, además, fueron interrumpidas con frecuencia por sus obligaciones como militar. Al mismo tiempo, sin embargo, nadie ahí, como él, aprovechó la oportunidad que significaba estar inmerso, por un momento, en el corazón de la inteligencia política del país. Acababa de salir apenas de su estado cuando conoció de un golpe, en aquella legislatura, a los hombres que trabajarían a su lado en las décadas por venir, porque tuvo la capacidad de conducirlos a su causa. Muchos de ellos habrían de marcar la historia de México en el siglo XIX. Formaban parte de esa asamblea varios de los escritores más talentosos de su tiempo, como Ignacio Manuel Altamirano, Guillermo Prieto y Vicente Riva Palacio, y algunos de los empresarios más acaudalados del país, como Rafael Dondé y José Landero y Cos. Entre sus miembros, además, junto a los generales más viejos, como Pedro Ampudia, destacaban militares jóvenes y brillantes, en primer lugar Ignacio Zaragoza, el ministro de Guerra, y Leandro Valle, el comandante de la ciudad de México. Nada más en la bancada del Distrito Federal estaban agrupados ya los políticos que más influencia tendrían en los tiempos por venir: Sebastián Lerdo de Tejada, José María Iglesias, Manuel Romero Rubio, Francisco Zarco, Ignacio Ramírez y Juan José Baz, junto con otros dos más que no eran miembros de esa bancada, pero que figuraron a su lado: Manuel María de Zamacona (diputado por Chihuahua) y Ezequiel Montes (legislador por el estado de México). Entre los oaxaqueños, en fin, destacaban algunos de los hombres más ilustres del estado, como Manuel Ruiz, Ignacio Mariscal y Manuel

Dublán. Todos ellos, salvo dos, serían aliados de Porfirio Díaz. Muchos de ellos, además, serían miembros de su gabinete. Uno de ellos, incluso, sería su suegro —y otro más, su biógrafo: el diputado Salvador Quevedo y Zubieta, hermano de Miguel Angel de Quevedo. Más que una legislatura, aquello parecía un consejo de notables que reunía, en una sola asamblea, los mundos de la cultura, el ejército, la industria, el periodismo y la política de altura.

La mayoría de los legisladores fue, desde el comienzo, rebelde frente al presidente Juárez. En la sesión del 29 de mayo, el diputado José María Aguirre censuró a don Benito por haber avalado el tratado de MacLane-Ocampo. Manuel Ruiz lo defendió con pasión, pero los diputados exigieron el expediente del tratado, junto con la presencia de Ocampo. Porfirio sintió, tal vez, que estaba involucrado: él era por esos tiempos el comandante de Tehuantepec. Pero el asunto quedó olvidado por completo cuando, el 3 de junio, un lunes, los habitantes de la capital conocieron la noticia de que don Melchor Ocampo acababa de ser secuestrado en su hacienda de Pomoca, en Michoacán. Los conservadores, después de Calpulalpan, estaban reagrupados en torno del general Leonardo Márquez, con su base de operaciones en el Bajío. Márquez acababa de vencer ahí al coronel Mariano Escobedo en Río Verde y al general Manuel Doblado en Cerro del Huizache, y estaba ya por esos días en los estados que lindaban con el norte de la ciudad de México. Los secuestradores de la hacienda de Pomoca llegaron hasta su cuartel en Tepeji del Río. Le mostraron su presa. Y ahí, sin formación de causa, Márquez ordenó matar a Ocampo, en secreto, para atribuir la responsabilidad a quien era, una vez más, el presidente que reconocían los conservadores, Félix Zuloaga. Don Benito aprendió la noticia al día siguiente, el martes 4 por la mañana. Acababa de ser ejecutado —asesinado— quien había sido su mentor en la Reforma.

Aquel martes, por medio de un ministro de Juárez, el Congreso supo con estupor ("se oye en las galerías y en los bancos de los diputados un rugido de indignación", notó el acta de sesiones) que había sido asesinado Melchor Ocampo.[5] La asamblea votó por dejar fuera de la ley a Márquez y a Zuloaga. Había gente que exigía a gritos matar a los conservadores que permanecían presos, como represalia, por lo que la autoridad ordenó que fueran protegidos de la multitud por Leandro Valle. Acababan de ser declarados sin garantías los asesinos de don Melchor cuando ocurrió una aparición en el Congreso. "El señor Degollado se presenta en el salón", consignó el acta. "La asamblea se pone en pie, las galerías prorrumpen en aplausos prolongados y vivas estrepitosos".[6] Porfirio debió recordar, al verlo, los momentos que pasó con él en el Istmo, cuando era todavía incierta la victoria de los liberales en México. Ahora estaba sujeto a una investigación por haber retenido, para sufragar la guerra, una cantidad muy alta de dinero que había sido confiada al honor del ejército de la Reforma. "Restablecido el silencio, el señor Degollado toma la palabra", prosiguió el acta, "para que se le declare reo o se le absuelva en la causa que se le instruye y para que se le permita ir, no como jefe sino como simple soldado, a combatir a la reacción".[7] Los diputados, conmovidos, le permitieron salir a batir a los asesinos de su bienhechor. Un par de días más tarde, el jueves al anochecer, luego de asistir al funeral de Ocampo, don Benito dispuso la partida de Degollado, quien a la mañana siguiente, sin hacer acopio de armas, marchó con una columna de caballos y rifleros en persecución de Márquez. Transcurrió poco más de una semana, hasta que sucumbió al fin, como habían vaticinado quienes sabían que buscaba la muerte y la redención. Fue inmolado él solo, sin nadie a su lado, pues sus tropas desertaron en el Llano de Salazar. Al bajar de su montura, don Santos, quien llevaba a su caballo de la brida, recibió un balazo en la cabeza, seguido por un lanzazo, por un tumulto de bayonetazos. Era el 15 de junio de 1861, un sábado. El martes, la noticia de su muerte fue anunciada en el Congreso, el cual, horrorizado por su calvario, lo liberó de sus cargos para declararlo Benemérito de la Patria.

Ocampo y Degollado acababan de morir por la causa de la Reforma. Para vengar su muerte, el general Leandro Valle dejó la capital el 22 de junio rumbo a Toluca. Al día siguiente fue emboscado y destrozado por Leonardo Márquez en el Monte de las Cruces. El general Valle era cadete del Colegio Militar al combatir, siendo casi niño, la invasión de los Estados Unidos; era amigo del alma del general Miguel Miramón, quien a pesar de haberlo enfrentado durante la guerra de Reforma le confió la protección de su familia al partir hacia el exilio en Cuba; era por aquel entonces el general más joven del Ejército, diputado por Jalisco en el Congreso de la Unión, responsable de velar por la seguridad del Distrito Federal. El día del enfrentamiento luchó como fiera durante cuatro horas —incluso con la bayoneta— antes de caer prisionero en el Monte de las Cruces. Esa misma tarde murió fusilado por la espalda, por órdenes de Márquez, en un paraje llamado Maromas. Tenía apenas veintiocho años de edad. Su cuerpo fue vejado, colgado de los brazos en un árbol, con un letrero a sus pies que decía así: *Jefe del Comité de Salud Pública*. El ministro de Guerra de Juárez, general Ignacio Zaragoza, dio cuenta de su muerte el 25 de junio en un informe al Congreso de la Unión. Su cadáver, recuperado por los liberales, sería trasladado en una cureña de artillería a la ciudad de México, para ser inhumado en el panteón de San Fernando, acompañado por las palabras de uno de sus compañeros, el diputado Vicente Riva Palacio. Aquel mes, Márquez había liquidado, uno tras otro, a tres de los hombres más puros de la Reforma.

El día que Zaragoza informó al Congreso de la muerte del general Leandro Valle, ese 25 de junio, comenzó a circular entre los diputados, al comienzo de la tarde, el rumor de que la ciudad había sido atacada al poniente, en la garita de la Tlaxpana, por las tropas de Leonardo Márquez. El Congreso discutía, entonces, un dictamen para reorganizar a la Suprema Corte de Justicia. Su presidente pidió a los diputados no dejar sus asientos, pero uno de ellos respondió que no podían seguir la discusión cuando era amenazada la capital del país. Entonces Cristóbal Salinas y Porfirio Díaz, ambos coroneles, secundados por el mayor José Antonio Gamboa, todos diputados de Oaxaca, pidieron autorización para salir del Congreso, situado a un costado del patio de honor del Palacio de Gobierno. Los tres cruzaron la Plaza de Armas, para remontar la calle de Plateros hacia el Hotel de Iturbide. Díaz tomó ahí un rifle de manos de su mozo. Un reportero lo describió vestido de levita, con sombrero de chistera, sobre su caballo. Así salió hacia el convento de San Fernando, donde estaban las fuerzas del ya general Ignacio Mejía, para seguir luego por el Puente de Alvarado hacia la Ribera de San Cosme. Percibió un movimiento, pero al entender que la capital no era atacada regresó a su hotel, vestido todavía de civil. Hubo tiros, incluso unos muertos, según los informes. "Sabemos que fue sólo una avanzada de Márquez que vino a llamar la atención mientras él pasaba hacia el norte", informó al día siguiente el *Diario Oficial*.[8] El Ministerio de Guerra, sin embargo, no permitió ya que sus oficiales dejaran el Ejército, aunque fueran parte del Congreso. "Conforme a la autorización concedida por la Cámara para que puedan ser empleados los militares miembros de ella", afirmó el acta de la sesión del 28 de junio, "lo ha sido el señor coronel don Porfirio Díaz".[9] Y así, sin más trámite, Díaz abandonó su curul en la Cámara de Diputados.

JALATLACO

El 2 de julio de 1861 el general Jesús González Ortega salió de la ciudad de México por el sur, en dirección a Puebla. Iba al frente de una división de las tres armas; estaba en lo más alto de su gloria; era aún el comandante en jefe del ejército de la Reforma. Un joven que viajaba hacia la capital para comenzar ahí sus estudios en latín —un campechano de nombre Justo Sierra— lo vio por aquellos días en San Martín Texmelucan. "En traje gris de charro mexicano, sobriamente bordado de plata, el vencedor de Calpulalpan, todavía en esos momentos el hombre más popular de la República, sometió a los pasajeros de la diligencia a un interrogatorio sobre lo que habíamos visto en Puebla", habría de recordar. "Su tez morena, clara, pálida, sus hundidos ojos penetrantísimos y brillantes, risueños y dulces a veces; su cabello negro y rizado por su barbero; los bigotes muy engomados bajo los gruesos pómulos y sobre la boca sensual, daban a su figura un sello inolvidable".[1] El general González Ortega continuó hacia el oeste de Puebla con sus oficiales, uno de los cuales era el coronel Porfirio Díaz, quien iba al mando de la Brigada de Oaxaca. Por más de un mes persiguieron a Márquez en la zona del río Balsas, luego en los alrededores de Ixtlahuaca y San Felipe del Obraje, en la cuenca del río Lerma, para después —fatigados, enfermos de malaria— descansar unos días en Toluca.

González Ortega fue notificado en Toluca que las fuerzas de Márquez estaban ahí cerca, unos kilómetros al este de la ciudad, por lo que dio la orden al coronel Díaz de salir en su persecución, bajo el mando de Antonio Carbajal, entonces general del Ejército, en otros tiempos gavillero de Tlaxcala. Carbajal y Díaz salieron con sus fuerzas la tarde del 13 de agosto. Pasaron por la hacienda de Atenco para arribar, ya de noche, al pueblo de Santiago Tianguistengo, donde los alcanzó González Ortega. Ahí supieron que Márquez acampaba con sus tropas en Jalatlaco, un poblado al borde de las montañas de Ocuilán. El comandante en jefe dispuso en ese momento —eran las nueve de la noche— que avanzaran hacia allá todas las compañías de caballería, más la brigada de infantería compuesta por las fuerzas de Oaxaca. Carbajal conocía el terreno, por lo que marchó por una vereda sin ser visto por la avanzada del enemigo, seguido del coronel Díaz. Hizo alto de pronto en la obscuridad, para ser alcanzado por el oaxaqueño que venía detrás. ¿Los veía? "Desde una pequeña altura, a tiro de fusil de la plaza, me enseñó los puntos que ocupaba el enemigo en el pueblo de Jalatlaco y que se marcaban por los fuegos que servían para condimentar su rancho".[2] Cerca de la medianoche, Porfirio recibió la instrucción de bajar a hostigar a las tropas de Márquez, para estorbarlas mientras llegaba el resto de la división del general González Ortega.

El enfrentamiento tuvo lugar alrededor del atrio de la iglesia de Jalatlaco. Habría de durar más de tres horas, en la obscuridad de una noche sin luna, bajo un aguacero que persistió sin amainar hasta el amanecer. Díaz atacó el atrio con el grueso de sus tropas a la medianoche de aquel 13 de agosto. En la confusión del combate, sin poder ver lo que sucedía, uno de sus capitanes, al escuchar su voz entre los disparos del enemigo, supuso que había sido rodeado, que había sido aniquilado por la infantería de Márquez. Así lo informó al general González Ortega, quien ordenó a su columna hacer alto a la vista del poblado, para concentrar su fuego, desde ahí, sobre la iglesia de Jalatlaco. El general en jefe supo después que era incorrecta la suposición del capitán, pues recibió la petición de no hacer fuego sobre el atrio, donde combatían sus tropas. Al comienzo de la madrugada, el coronel Díaz sorprendió a unos oficiales que trataban de escapar de Jalatlaco. Por ellos averiguó, al interrogarlos por separado, que las fuerzas de Márquez acababan de recibir la orden de salir en una columna rumbo a las montañas de Ocuilán. Cortó entonces en dos a esa columna, con lo que obligó a la infantería a regresar con sus cañones y sus bagajes a Jalatlaco. Así reducida, la pudo vencer, secundado por un batallón de Zacatecas y con el apoyo de las compañías de caballería del general Carbajal. Todo acabó hacia las tres de la madrugada. Cientos de prisioneros (setecientos según Díaz, trescientos según González Ortega) fueron colocados en el atrio de Jalatlaco. "Cuando los tuve a todos desarmados", escribió Porfirio, "pecho a tierra en el atrio y amarrados los jefes y oficiales que en total eran dieciocho, salí personalmente a dar parte al general en jefe".[3]

Díaz debió haber dado el parte de guerra a su jefe más inmediato. Pero acababa de ocurrir un incidente. Mientras sus hombres inmovilizaban a los prisioneros, concentrados en el atrio, escuchó un altercado entre el general Antonio Carbajal y el capitán José María Barriguete. La relación entre los dos era tensa desde antes del enfrentamiento —y entonces reventó. Barriguete estaba a cargo de los detenidos. Pero Carbajal actuó con la seguridad de ser el que mandaba. "Avanzó adonde tenía yo a los prisioneros amarrados y pretendió matarlos él mismo con su pistola, comenzando por el teniente coronel Azpeitia", recordó luego Porfirio, "y sin la consideración que merecía porque el caso era urgente, le quité de las manos la pistola y lo obligué a salir del atrio".[4] No sería la última vez que iba a tener disputas con ese jefe, mitad oficial, mitad bandolero, con el que nunca simpatizó. ¿Quién era en el fondo? Antonio Carbajal fue quien hizo posible la victoria de Jalatlaco, por su conocimiento del terreno, que permitió sorprender al enemigo, y fue quien unas semanas más tarde mandó fusilar a Marcelino Ruiz Cobos, y luego decapitar, para después enviar su cabeza a la Cámara de Diputados —la cabeza del "gachupín ex general", acaso como un obsequio para Díaz, quien estaba presente ahí ese día en la ciudad de México.[5]

Aquel episodio de horror estaba lejos todavía cuando Porfirio Díaz llegó al cuartel de González Ortega. "La división estaba toda sentada con el fusil dentro de las rodillas, y muchos de los jefes y oficiales acostados bajo sus capas de hule, porque toda la noche había llovido copiosamente y aún no había cesado la lluvia en esos momentos", afirmó al evocar las circunstancias en que rindió su informe al comandante en jefe. "Le manifesté que todo había acabado, que era yo dueño de diez cañones, de todo el bagaje y de muchos prisioneros que creía llegarían a mil, pero que al contrario resultaron setecientos".[6] El general González Ortega —sorprendido, incrédulo— salió a caballo de su posición, guiado en la obscuridad por un pañuelo que llevaba sobre la espalda el coronel Díaz. Redactó su parte esa misma madrugada, antes del amanecer, sentado sobre una caja de guerra en el cementerio de Jalatlaco. "La fuerza de Oaxaca, a quien cedí la gloria de ir a la vanguardia y batirse primero, se condujo de una manera heroica", informó al Ministerio de Guerra.[7] Después ordenó a Díaz reunir a todos sus oficiales en su alojamiento, para felicitarlos en persona por la acción de Jalatlaco. Partió hacia Lerma, para continuar hasta la ciudad de México. Ahí escribió un informe con más detalles, en el que solicitaba al gobierno de la República, dijo, "el ascenso inmediato al señor coronel don Porfirio Díaz".[8] Su solicitud fue atendida por el ministro de Guerra, general Ignacio Zaragoza, quien ordenó expedir el despacho de general de brigada al coronel Díaz, "por sus buenos servicios prestados en la acción de Jalatlaco".[9] Porfirio tenía treinta años de edad: había iniciado su carrera con el grado de capitán y había ascendido a mayor, teniente coronel, coronel y general de brigada por méritos en campaña.

No todo fue motivo de alegría en ese verano. Por los días en que recibió la noticia de su ascenso, de hecho, Porfirio conoció también otra comunicación: la de la muerte del licenciado Marcos Pérez. Acababa de fallecer a los cincuenta y seis años, en Oaxaca. El gobierno del estado quiso rendir honores a su cuerpo, pero la esposa no accedió: sabía que su marido había muerto amargado por la conspiración de los *borlados*, algunos de los cuales reputaba como sus amigos. Don Marcos fue velado en la Logia Cristo de Oaxaca. Porfirio lo debió haber visitado luego de su defenestración, al regresar a la ciudad con el final de la guerra. Su deuda con él era gigantesca, pero durante las disputas entre *rojos* y *borlados*, cuando podía tomar partido a su favor, nunca permitió que sus sentimientos de gratitud determinaran la conducta que pensaba debía seguir en los asuntos del estado. Quizás hubo reproches de parte del licenciado Pérez. Es posible. Díaz era muy cuidadoso en sus formas, pero extraordinariamente frío en sus decisiones. Ese rasgo de su carácter sería uno de sus defectos más lamentables como persona y, también, uno de sus atributos más esenciales como estadista.

El 7 de septiembre tuvo lugar una sesión llena de caos en la Cámara de Diputados. Porfirio estaba presente. En un documento que reflexionaba sobre los problemas del país, cincuenta y un diputados pidieron al licenciado Juárez su renuncia a la Presidencia de la República. Entre los firmantes destacaban Ignacio Manuel Altamirano, Manuel Romero Rubio, Vicente Riva Palacio y Trinidad García de la Cadena. Algunos eran partidarios de González Ortega, quien tenía ambiciones a la Presidencia como regente de la Suprema Corte de Justicia; otros eran más bien *exaltados* que sentían una antipatía muy honda por don Benito. Jamás en la historia del país había ocurrido una rebelión así en el parlamento, aunque ya meses atrás había tenido el presidente que lidiar con los diputados más reacios, al ser calificada la legalidad de su elección. Hubo insultos ese día. "El señor ministro de Hacienda dice que desprecia al señor Altamirano", asentó el acta de la sesión, "y el señor Altamirano dice: Yo soy el que desprecia altamente al señor ministro de Hacienda".[10] La intentona no recibió el apoyo del resto del Congreso, pues ese mismo día cincuenta y dos diputados —entre los que sobresalían los oaxaqueños Manuel Dublán, Ignacio Mariscal y Porfirio Díaz— votaron por la continuidad de Juárez. Y fracasó porque no fue secundada por los gobernadores más influyentes. "El gobierno está en una situación desesperante", lamentó Juárez con su amigo el general Mejía. "Tiene en las manos todas las facultades y no logra hacerse obedecer en ninguna parte".[11]

A mediados de octubre, los restos de la columna del general Márquez merodeaban por la zona de Pachuca. La Brigada de Oaxaca recibió orden de salir a batirlo, por lo que Mejía acudió al Ministerio de Guerra para recibir instrucciones, acompañado de Porfirio. Ignacio Zaragoza estaba en su oficina, absorbido por sus deberes. Era norteño, un hombre de la frontera: joven, lampiño, fuerte y grave, vestido siempre de gris, la mirada cubierta por sus antiparras ovaladas y diminutas. "Entreabrió la puerta de su despacho para hablar con el general Mejía, y creyendo yo que tendría que decirle algo reservado, me alejé de ellos, pero percibí que el general Zaragoza preguntaba con empeño al general Mejía si lo acompañaría yo en la expedición", recuerda Díaz, quien tenía una relación de respeto con el ministro de Guerra.[12] Fue nombrado mayor de órdenes de la Brigada de Oaxaca. Pidió de nuevo licencia, que resultó esta vez muy criticada en la Cámara de Diputados. El 18 de octubre, su brigada estaba ya formada desde la mañana en la Plaza de Armas, aunque sin medios de transporte, por lo que fue necesario ocupar varios coches de sitio por la fuerza, para salir a Pachuca. Los oaxaqueños pernotaron en Tizayuca. "Antes de medianoche continuamos nuestra marcha", evoca en sus memorias Porfirio. "Caminamos el resto de la noche, sufriendo los jefes y oficiales que íbamos a caballo un frío intenso que nuestros abrigos eran insuficientes para remediar, y no nos quedaba más arbitrio que marchar a pie, para que el cuerpo entrara en calor. Cuando llegamos a Pachuca a cosa del mediodía del 20, comenzó la batalla. Muchos de nuestros soldados estaban materialmente muertos de fatiga, y se necesitó un gran esfuerzo de su parte para que pudieran entrar en acción y pelear con el brío y decisión con que lo hicieron".[13] El general Mejía destacaría también el agotamiento de los oaxaqueños, al describir el ataque que hicieron contra las tropas de Márquez que remontaban el camino a Real del Monte. "En la subida", escribió, "se caían muchos soldados, desmayados por el cansancio, el hambre y la sed que los devoraba".[14]

Entre las bajas que sufrió la Brigada de Oaxaca, el general Díaz hubo de lamentar una en especial: la de José María Barriguete, quien acababa de ser ascendido a mayor por sus méritos en la acción de

Jalatlaco. El enemigo había dejado Pachuca, para reorganizar sus fuerzas en un cerro llamado Cruz de los Ciegos, camino a Real del Monte. Díaz hizo ahí una pausa para hablar con Barriguete, a quien conocía de sus años en Oaxaca. Eran parientes. "Había tenido una juventud borrascosa, pero siendo de gran empuje y sangre fría se distinguió mucho en la carrera militar", escribió Porfirio, para luego recordar que le dio la orden de permanecer al pie de una cuesta, con instrucciones de organizar ahí a la tropa que arribaba hasta que fuera requerida para asaltar la Cruz de los Ciegos. "Cuando necesité de su auxilio fui a llamarlo personalmente y me encontré que una bala perdida del enemigo lo había matado. Su pérdida nos fue muy sensible porque Barriguete era un jefe de porvenir".[15] La batalla duró hasta la caída de la noche. Los oaxaqueños estaban consumidos, pero el enemigo había sido derrotado por completo. Después de un par de días en Real del Monte, para enterrar a los muertos y curar a los heridos, regresaron a la ciudad de México. "Yo doy a usted, en nombre de la Patria", escribió Zaragoza al general Mejía, "los plácemes y felicitaciones más expresivas, suplicándole haga lo mismo en el mío con todos los valientes de Oaxaca y especialmente con el ciudadano general Porfirio Díaz".[16] Los vestigios del ejército del general Márquez habían sido aquel día liquidados para siempre, pero la guerra habría de continuar durante varios años más —entonces nadie lo podía saber— con la internacionalización de un conflicto que no estaba todavía resuelto en México.

MORATORIA

La historia los conoció con el nombre de liberales y conservadores. Los primeros estaban arraigados sobre todo en los estados del sur y el norte, y también en los puertos del este; los segundos permanecían concentrados en el interior del país, y mantenían el control de la ciudad de México. Unos era abogados, rancheros, curas a veces, miembros de las clases que más resentían los privilegios transmitidos desde la Colonia; otros eran oficiales del Ejército, dignatarios de la jerarquía del clero, hacendados de abolengo, mexicanos que no querían cambios porque sabían que estaban protegidos por las estructuras del Estado. La influencia de los liberales, creciente al comienzo de la década de los cincuenta, provocó la reacción de los conservadores que cristalizó en la dictadura de Santa Anna. El triunfo de la rebelión de Ayutla los llevó al poder, desde donde trataron de imponer su programa de gobierno, respaldados por una Constitución, radicalizados por una guerra de tres años en México. Así estaban las cosas en 1861. Pero la historia del país no ocurría en el vacío; dependía en un grado muy alto de lo que sucedía más allá de sus fronteras, en el resto del mundo. Y ese mundo hizo irrupción cuando México declaró la suspensión del pago de la deuda que tenía con las potencias de Europa. Inglaterra, Francia y España, para defender sus intereses, mandaron tropas a las costas de Veracruz. Francia, además, intervino en el país —algo que le fue posible, a su vez, porque los Estados Unidos, opuestos por principio a la intervención de Europa, estaban inmersos desde la primavera en una guerra entre los unionistas del Norte y los confederados del Sur.

En 1861 era insostenible la situación del gobierno del presidente Juárez. No tenía recursos para cumplir sus compromisos más básicos: pagar los sueldos, saldar las deudas, cubrir los gastos destinados al Ejército para garantizar la seguridad de los habitantes de la República. La administración estaba en crisis, la economía del país estancada luego de una década de trastornos. Los gobiernos de los estados habían sido autorizados, durante la guerra, a cobrar los impuestos de la federación para sostener a las tropas que luchaban contra los conservadores. Ya no tenían ese derecho, pero los funcionarios encargados de cobrar esos impuestos eran resistidos en los estados. Para colmo de males, por convenios firmados en el pasado, había sido pactado con los acreedores en el extranjero destinar un porcentaje de los ingresos de las aduanas para amortizar la deuda, que era alta, superior a los 80 000 000 pesos, pues incluía la contratada por Miramón. Ello dejaba márgenes muy estrechos al gobierno, que podía contar apenas con 15 por ciento de lo que entraba por las aduanas. No era posible seguir así, por lo que en el verano de 1861 Benito Juárez presentó en el Congreso una iniciativa de ley que buscaba suspender el pago de la deuda contraída por México con varios países de Europa, sobre todo con Inglaterra. La ley fue propuesta a los legisladores a pesar de la renuencia de quien era su ministro de Relaciones, el diputado Manuel María de Zamacona. Y es que era necesario dar ese paso. "Mientras hemos podido hacer frente a nuestros gastos aun durante la lucha de tres años", reflexionó don Benito, "nos hemos abstenido a recurrir a este medio, pero hoy nos es ya imposible vivir. Salvar a la sociedad y reorganizar nuestra hacienda para poder satisfacer más adelante nuestros compromisos con la debida religiosidad, es el objeto que nos ha guiado a decretar la suspensión".[1] La ley fue aprobada con entusiasmo —112 votos a favor, 4 en contra— por los miembros del Congreso de la Unión.

El Artículo 1º de la ley de Juárez afirmaba que quedaban —decía— "suspensos por el término de dos años todos los pagos, incluso el de las asignaciones destinadas para la deuda contraída en Londres".[2] Para explicar las razones del gobierno, Zamacona habló con el ministro de Francia, Alphonse Dubois de Saligny, y el representante de Inglaterra, Charles Wyke. Meses atrás, por sus vínculos con los conservadores, había sido expulsado del país el embajador de España. Saligny y Wyke optaron por suspender su relación con el gobierno de México, al no ser derogada la ley por el Congreso. Todo avanzó así hacia la conflagración. El 31 de octubre, Inglaterra y Francia suscribieron, junto con España, la llamada Convención de Londres, donde acordaron mandar fuerzas a la costa de Veracruz para tomar el control de sus fortificaciones (Artículo 1º), aunque sin intervenir en México (Artículo 2º). En el curso de noviembre, Saligny rompió por completo con el gobierno de Juárez, pero Wyke, más conciliador, mantuvo el diálogo con Zamacona. Ambos firmaron a fines del mes un convenio que detallaba la manera de cubrir los adeudos de México con Inglaterra. El acuerdo era trascendental: si los ingleses dejaban la coalición, los franceses y los españoles iban a permanecer aislados. La noche del 22 de noviembre tuvo lugar la deliberación en el Congreso, centrada en el debate que sostuvieron el diputado Sebastián Lerdo de Tejada, duro y elocuente, y el canciller Manuel María de Zamacona.

Porfirio Díaz había estado ausente del Congreso al ser votada —meses atrás, en el verano— la ley que suspendía el pago de la deuda, pues marchaba entonces con sus tropas en persecución de Márquez, a quien venció más adelante en Jalatlaco. Pero aquel 22 de noviembre votó en la Cámara de Diputados, bajo la presidencia de Manuel Dublán. Votó a favor de ratificar el convenio del gobierno de Juárez con la legación de Inglaterra, bien dispuesta hacia los liberales de la Reforma. El convenio, sin embargo, fue rechazado con una diferencia de 53 votos por la Cámara de Diputados. Zamacona intentó hacer rectificar a los legisladores, pero sin éxito, por lo que el 25 de noviembre renunció al Ministerio de Relaciones. Ello desató una crisis en el gabinete de Benito Juárez.

No era posible para el presidente Juárez gobernar sin el respaldo de la Cámara de Diputados. Así acababa de ser demostrado en el voto que echó abajo el convenio suscrito por su gobierno con la legación de Inglaterra. "La oposición sistemática que el Congreso declaró al Ejecutivo", señaló el general Ignacio Zaragoza, escandalizado, "no cesó ni con el amago de una guerra extranjera que amenaza con hundir a la República".[3] El sistema de gobierno en el país era presidencial, no parlamentario, pero don Benito tuvo que hacer concesiones a la realidad —es decir, incorporar en su gobierno a una parte de la oposición en el Congreso. El 6 de diciembre le ofreció el Ministerio de Relaciones y Gobernación al general Manuel Doblado, quien aceptó con la condición de nombrar él mismo a todos los ministros, sin excluir al titular de Guerra. La condición le fue concedida. Doblado era el jefe de los moderados, incluso de los conservadores que tenían trato con el partido liberal. Con su nombramiento, así, surgió en el país una especie de gobierno de coalición. Juárez mejoró de inmediato su relación con el Congreso.

Las circunstancias ayudaron, también. La ofensiva de las potencias era un hecho. En esos momentos avanzaban por el Atlántico las naves de guerra que comandaban los jefes de los españoles (general Juan Prim), los ingleses (comodoro Hugh Dunlop) y los franceses (vicealmirante Edmond Jurien de la Gravière). No nada más eso. Había también informes en la prensa relativos al ofrecimiento del trono de México a diversos candidatos en Europa. Un manifiesto dado a conocer entonces por *El Siglo XIX* decía que el príncipe Juan de Borbón acababa de rechazar esa corona desde Londres. Una noticia repetida con insistencia por aquellos días sugería, en cambio, que la corona había sido ya aceptada por un archiduque de la Casa de Habsburgo. Los rumores relacionados con la creación de una monarquía en el país circulaban desde hacía años —décadas, incluso— pero eran ahora un indicio más de que las reclamaciones de las potencias podían significar una intervención en los asuntos de la República. Ante la agresión, los mexicanos tuvieron que cerrar filas. Su gobierno fue más plural, su cuerpo de legisladores estuvo más cerca de su presidente. También su generosidad parecía más grande. Por esas fechas, en efecto, fue aprobada por el Congreso una Ley de Amnistía que amparaba a (casi) todos los jefes que lucharon con los conservadores en la guerra de Reforma. Porfirio Díaz votó a favor de la amnistía más amplia, con la mayoría de los diputados de Oaxaca, para incluir en ella a los verdugos de Tacubaya (Leonardo Márquez) y a los presidentes de los conservadores (Félix Zuloaga y Miguel Miramón). La moción fue derrotada por apenas 11 votos en el Congreso, pero la Ley de Amnistía, así restringida, fue promulgada en México. Dicha ley le permitió combatir a muchos de los oficiales más aptos de los conservadores, entre ellos uno que muy pronto habría de cubrir su nombre de gloria en Puebla: el general Miguel Negrete.

Hacia comienzos de diciembre, una junta de generales fue convocada en la capital para formular el plan que había que seguir para la defensa del país. Porfirio Díaz debió de estar ahí, junto con otros generales que tendrían destinos muy diversos —buenos y malos— en los tiempos por venir: Ignacio Zaragoza, Manuel Doblado, Pedro Hinojosa, Ignacio Mejía, José López Uraga. "Después de varias conferencias, y tomando en consideración que carecemos absolutamente de marina, calificó la junta como indefendible la plaza de Veracruz", escribió Benito Juárez, para luego resumir las instrucciones dadas al Ejército en la defensa de la ciudad de México. "Si a pesar de todos nuestros esfuerzos no podemos impedir que los invasores se posesionen de la capital, les continuaremos, sin embargo, la guerra por cuantos medios estén a nuestro alcance".[4] Don José López Uraga fue puesto al frente de una fuerza de unos diez mil hombres. Era el general más antiguo del Ejército, michoacano de origen, cercano a Santos Degollado durante la guerra de Reforma. Tenía cincuenta y un años. No era liberal, tampoco conservador: era un soldado, un veterano de la guerra contra los Estados Unidos, muy amigo de Manuel Doblado, a quien le debía tal vez su posición en el Ejército. El 9 de diciembre llegó con sus fuerzas a Veracruz, donde permaneció una semana con el objeto de evacuar la plaza, luego de desartillar la fortaleza de San Juan de Ulúa. Actuó de prisa, pues quería evitar un triunfo fácil del enemigo, una retirada humillante de las fuerzas del gobierno. Estableció después su cuartel en la ciudad de Córdoba, para dar ahí instrucciones de situar los cañones sustraídos de Veracruz en el pico del Chiquihuite y el cañón de Cerro Gordo, por donde los invasores tenían que pasar si avanzaban hacia la capital de México. Todos entonces rendían pleitesía al señor Uraga, como le decían, entre ellos el general Díaz, uno de sus admiradores, mayor de órdenes en la división de don Ignacio Mejía. "Reciba usted finas expresiones de Porfirio", le escribió Mejía en una carta que le mandó desde Orizaba.[5] Era la navidad de 1861. Todo estaba a punto de cambiar en México.

El Congreso acababa de clausurar hacía unos días su periodo de sesiones. Toda la nación estaba en movimiento para la defensa de su territorio. "El gobierno espera que en la guerra con que está amagada la República, se dejarán escuchar la razón, la justicia y la equidad, y que antes que con el poder de las armas, el peligro se conjure con un arreglo justo y equitativo, compatible con el honor y dignidad de la nación", decía en su mensaje a los legisladores don Benito Juárez.[6] Zaragoza marchaba con sus fuerzas hacia Tejería; Mejía llegaba a Córdoba; Díaz tomaba posesión de San José Camarón; González Ortega organizaba la resistencia desde Zacatecas; Doblado aguardaba al lado del gobierno, en la capital de la República. A finales de diciembre, los españoles, los ingleses y los franceses desembarcaron en Veracruz. Los ejércitos de Europa pisaban ya el territorio de México. "Pero los hombres que estaban al frente de la situación tenían la costumbre de ver el peligro de frente, habían luchado contra la reacción cuando estaba más poderosa con los recursos del clero y con las espadas de los militares más aptos", escribió un autor que fue testigo de los acontecimientos. "Eran valientes hasta la temeridad, eran serenos, eran firmes, eran tenaces, y estaban engreidísimos con el mando, de modo que no había forma de que se desmoralizaran, ni decayeran, ni temblaran por más grandes que fueran los peligros que se amontonaran sobre sus cabezas".[7]

La Intervención

1

INTERVENCION DE FRANCIA

Los primeros en desembarcar fueron los españoles, seguidos más tarde por los ingleses y los franceses. El 10 de enero de 1862 publicaron desde Veracruz un manifiesto para dar a conocer sus intenciones a los habitantes de México. Formaban una expedición de cerca de diez mil soldados. Estaban ahí, afirmaban, para apoyar los compromisos quebrantados por el gobierno de Juárez y para defender la integridad de sus compatriotas, amenazada por el caos que padecía la República. Nada más. "Os engañan los que os hacen creer que detrás de tan justas como legítimas pretensiones vienen envueltos planes de conquista, de restauración y de intervención en vuestra vida política", declaraban en el manifiesto.[1] Los liberales suponían entonces que los españoles, aliados de los conservadores en la guerra de Reforma, eran la presencia más peligrosa en Veracruz. Fueron los primeros en llegar, con un contingente de seis mil soldados, por mucho el mayor de la coalición. Pero nadie sabía cuáles eran de verdad sus móviles. El manifiesto hacía poco por despejar las dudas. La nación, así, preparaba sus armas para la guerra. El 25 de enero, el presidente Juárez decretó en el Palacio Nacional una ley que castigaba con la pena de muerte una infinidad de crímenes, entre ellos los siguientes: "el servicio voluntario de mexicanos en las tropas extranjeras" (Artículo 1º, Fracción ii) y "la rebelión contra las autoridades legítimamente establecidas" (Artículo 3º, Fracción ii).[2] Esta disposición, llamada por

251

sus enemigos *Ley mortuoria* por aplicar la pena con tanta liberalidad, sería el fundamento legal de todos los fusilamientos ordenados en el futuro por el gobierno de la República.

El 2 de febrero, los representantes de las potencias enviaron una nota al gobierno de Juárez para notificarle que, con el fin de tener un campamento sano para sus soldados, planeaban avanzar a mediados del mes hacia Orizaba y Xalapa. Veracruz era mortal para ellos, a causa de las fiebres. El canciller Manuel Doblado les respondió el 6 de febrero en nombre del gobierno para decir que no permitiría el avance de tropas antes de que fueran conocidas las intenciones de la coalición. Ese mismo día, el general Ignacio Mejía ordenó a Porfirio Díaz entrar en acción con la 2ª Brigada de la 3ª División, para marchar sobre la línea de Xalapa con el fin de enfrentar a los aliados que avanzaran sin autorización desde Veracruz. "Todo esto es a prevención", le puntualizó, "por si nuestro gobierno no accede a las pretensiones de los aliados".[3] Pero los aliados respondieron de inmediato: invitaron a Doblado a viajar hacia Veracruz para conferenciar con su representante, el general Juan Prim, conde de Reus. Así aclaradas las cosas, el 19 de febrero Doblado y Prim firmaron en el pueblo de la Soledad los preliminares de un acuerdo en virtud del cual el gobierno de México permitió a los aliados dejar el puerto de Veracruz (*le jardín d'acclimatation*, lo llamaban los franceses con humor) para negociar sus dificultades en Orizaba. Estarían así fuera de la zona de la costa donde prevalecían las fiebres, con la condición de que, en caso de que las negociaciones no fueran satisfactorias, permanecían obligados a regresar a su campamento de Paso Ancho. Unos días después, los españoles ocuparon Orizaba, los franceses Tehuacán y los ingleses Córdoba.

Las columnas que formaban el ejército de Juárez comenzaron su repliegue hacia el poniente al ser ocupadas las ciudades del interior por las potencias de la Convención de Londres. El 6 de marzo, una brigada de Oaxaca, compuesta por tres batallones, arribó al pueblo de San Andrés Chalchicomula, en la frontera de Puebla con Veracruz. En el curso de esa tarde, la brigada tomó posesión del edificio de la colecturía, en cuyo patio estaban depositados 460 quintales de pólvora, transportados ahí desde la fortaleza de San Carlos de Perote. Al caer la noche, las mujeres de los soldados, varias de ellas acompañadas por sus niños, comenzaron a prender fogatas para calentar sus alimentos. Soplaba el viento de marzo. Eran las ocho de la noche con doce minutos cuando el pueblo fue cimbrado por el estallido. Unas horas después, a las dos de la madrugada, el general Ignacio Mejía recibió la noticia en la cañada de Ixtapa, donde pernoctaba junto con la 2ª Brigada de Oaxaca, al lado del general Porfirio Díaz. Ambos cabalgaron toda la noche para arribar, al amanecer, a San Andrés Chalchicomula. Debieron cubrir sus rostros con un pañuelo empapado en agua. "Presencié un espectáculo horroroso que me desgarró el corazón", le escribió Mejía al presidente Juárez. "Los soldados que tantos años me acompañaron, combatiendo por la libertad, yacían bajo los escombros del edificio de la colecturía".[4] Murieron destrozados por la explosión mil cuarenta y dos soldados y cuatrocientas setenta y cinco soldaderas, acompañadas por un número no determinado de niños, y desaparecieron asimismo más de quinientos pobladores que estaban próximos al lugar del estallido, junto con alrededor de treinta vendedoras de comestibles. Hubo más de doscientos heridos entre los soldados: la mayoría falleció sin recobrar el conocimiento, por fortuna, pues los que sobrevivieron quedaron cojos, mancos o ciegos. Los muertos sumaron más de dos mil. "Una verdadera hecatombe", exclamaría Díaz, quien conocía a muchos de ellos porque habían combatido con él en la guerra de Reforma, algunos desde Tehuantepec.[5] Acababa de desaparecer, en una noche, toda la 1ª Brigada de Oaxaca: la sexta parte del Ejército de Oriente. Los días que siguieron fueron un infierno. "En las calles no se veían más que fogatas de 10 en 10 varas, con el objeto de purificar la atmósfera", recordaría un testigo. "Las gentes estaban encerradas en sus casas, unas para llorar las pérdidas que habían sufrido y otras para no ser testigos de las escenas de desolación y horror producidas por la explosión, tales como carros cargados de cadáveres fétidos y mutilados, o miembros despedazados y tirados en las calles".[6] La mayoría de los oficiales, que en el momento de la explosión buscaba sus alimentos fuera de la colecturía, sobrevivió, entre ellos Mariano Jiménez, el compañero de Porfirio en los tiempos del Seminario. Los franceses, al conocer la noticia, mandaron un cuerpo de médicos desde Tehuacán. Las cenizas de los difuntos serían depositadas en cajas de zinc para ser llevadas a Oaxaca.

La noticia de la catástrofe de San Andrés Chalchicomula fue conocida pocos días después en la ciudad de Oaxaca. Algunos la debieron ver como un castigo de Dios a los oaxaqueños, por haber hecho exclaustrar a las monjas de Santa Catarina. La víspera de la tragedia, en efecto, hacia la medianoche, trece hermanas dominicas fueron exclaustradas para ser llevadas en carruajes al convento de la Concepción, a un costado de la Plaza de Armas. Algunas eran viejas: vivían ahí desde los tiempos de la Colonia. Una de ellas era muy joven: la novicia Martina Castañeda, quien salió del convento con un recetario que sería célebre, sin llegar a profesar a causa de la exclaustración. Las monjas iban vestidas, aquella noche, con sus tocas blancas y sus capas negras, y varias llevaban en el pecho un escudo de la Virgen del Rosario. El responsable de la exclaustración, compañero de Díaz en el Istmo, entonces presidente del ayuntamiento, fue don Tiburcio Montiel, quien tenía órdenes de convertir una parte del convento en la cárcel de Oaxaca. El acto provocó una conmoción en la ciudad. Los frailes habían sido ya exclaustrados desde hacía tres años de sus monasterios, pero las religiosas no. Las catarinas fueron, esa noche, las primeras.

A principios de marzo, mientras esto sucedía, el general Charles Latrille, conde de Lorencez, desembarcó con alrededor de cuatro mil quinientos hombres en Veracruz, para marchar de inmediato hacia Tehuacán. Los franceses tenían ya, con él, una fuerza de más de seis mil soldados, superior a la del resto de la coalición. Ese hecho fue juzgado por sus aliados como un indicio más de que preparaban el terreno para una intervención. Así lo vieron también los mexicanos. "Ahora se asegura que la Francia insiste en inferirse en los asuntos interiores de nuestro país", escribió Zaragoza al presidente Juárez, "separándose de lo pactado en la alianza con la Inglaterra y la España".[7] Era cierto. Las desavenencias entre las potencias signatarias de la Convención de Londres, perceptibles al ser firmados los preliminares de la Soledad, hicieron crisis con la llegada de Lorencez a Veracruz. Los franceses pedían satisfacción a don Benito por la suspensión del pago de la deuda, por su rechazo a reconocer los bonos del banquero suizo Jean-Baptiste Jecker, inclusive por los insultos que decían haber sido hechos a Francia en la persona de Dubois de Saligny. Sus reclamos estaban concebidos para ser inaceptables. Sabían que no podía suscribir ningún acuerdo con Juárez —los preliminares de la Soledad los tomaron por sorpresa— pues ello significaba reconocer, en los hechos, al gobierno de la República. Y su propósito era otro: imponer una monarquía en México. Era ya conocido, incluso, el nombre del pretendiente que apoyaban: el archiduque Maximiliano de Habsburgo, segundo en la línea de sucesión de Austria. Los delegados de Inglaterra y España, al comprender que Francia guiaba sus acciones con la lógica del invasor, no del acreedor, comenzaron los preparativos para replegar sus tropas hacia la costa de Veracruz. La Intervención (con mayúscula) sería desde entonces responsabilidad de Francia.

El hombre detrás de la Intervención en México era el emperador Napoleón III de Francia. Estaba entonces en la cumbre de su poder. Tenía fama de ser aliado de masones y socialistas, y como su tío, el emperador Napoleón Bonaparte, enemigo de las injusticias de la Francia de los Borbones. Muchos hombres de ciencias y letras lo secundaban, entre ellos Louis Pasteur y Prosper Mérimée, aunque varios otros lo detestaban, encabezados por el poeta Victor Hugo. ¿Qué podía explicar su interés por un país tan remoto, entonces tan exótico? Napoleón vivía apasionado desde joven por el Continente Americano. Había planeado construir un canal a través de Nicaragua, para unir el Atlántico con el Pacífico; había incluso contemplado, por un instante, la posibilidad de gobernar en el Ecuador. "La prosperidad de América no le es indiferente a Europa", dijo entonces, "porque es ella la que alimenta nuestra industria y hace vivir nuestro comercio".[8] En la primavera de 1862 tuvo la ocasión de realizar su sueño, facilitado por el recrudecimiento de la Guerra Civil en los Estados Unidos. "Deseamos ver a México pacificado y dotado de un gobierno estable", escribió. "Con su regeneración formaría una barrera infranqueable a la invasión de la América del Norte".[9] Las represalias contra el gobierno de Juárez para obligarlo a reanudar el pago de la deuda eran, en este sentido, la justificación para conseguir otro fin, muy superior: instaurar una monarquía en México, liberal y católica, bajo la hegemonía de Francia, para contener el avance de los Estados Unidos y promover, al mismo tiempo, la industria, el comercio y la gloria del Segundo Imperio.

Había también razones menos grandiosas, más mezquinas, en el interés que tenía Napoleón por México. Entre ellas destacaba la de los llamados bonos Jecker. El gobierno de Miguel Miramón, durante la guerra de Reforma, había conseguido del banquero Jean-Baptiste Jecker, residente en México, un préstamo en efectivo y en especie de cerca de 4 000 000 francos, por el que prometió pagar una cantidad en bonos del gobierno que fue con el tiempo fijada en 75 000 000 francos. Un disparate. Cuando Juárez rechazó pagar esa cantidad, Jecker, quebrado, le ofreció al duque Charles de Morny una comisión de 30 por ciento de todo lo que pudiera ser recuperado de los bonos, a cambio del apoyo de Francia. El duque de Morny, medio hermano de Napoleón III, presidente del Cuerpo Legislativo, era uno de los personajes más influyentes del Segundo Imperio. A raíz de su relación con Jecker fue también uno de los más entusiastas partidarios de la Intervención en México. Su hombre de confianza en el país era nadie menos que el ministro Dubois de Saligny, quien acataba instrucciones suyas para que los bonos Jecker fueran incluidos en la deuda que México tenía con Francia.

El 9 de abril, España, Inglaterra y Francia dieron a conocer el final de su coalición en Orizaba. Los españoles y los ingleses anunciaron el reembarco de sus tropas, luego de recibir garantías del gobierno de Juárez respecto del pago de la deuda, pero los franceses, a pesar de las críticas hechas por sus aliados, hicieron saber su resolución de permanecer en México. El presidente Juárez publicó entonces un manifiesto dirigido a la nación, a la que convocaba a defender el territorio ante la decisión adoptada por los emisarios de Francia, quienes, subrayó, "rompen no sólo la Convención de Londres sino los preliminares de la Soledad, faltando a sus compromisos con México y también a los que los ligaban con la Inglaterra y con la España".[10] ¿Qué iba a suceder ahora?

El Ejército de Oriente estaba reducido a siete mil soldados, ya bajo las órdenes del general Ignacio Zaragoza. Sus hombres, lo sabía, permanecían hambrientos, sin recursos, sin pasturas para sus caballos. Todo le dificultaba su tarea. Acababa de perder él mismo a su esposa, muerta de una pulmonía en la capital de México. Hacia mediados de abril, los ingleses y los españoles emprendieron su desplazamiento rumbo a Veracruz. También los franceses, que abandonaron Tehuacán para concentrar sus hombres en Córdoba, aunque dejaron más de quinientos soldados —*enfermos*, decían— en la ciudad de Orizaba. Había que estar muy atentos con ellos. "Mañana marcha Porfirio con un batallón, un escuadrón y tres piezas de montaña para el Ingenio, sin recursos ni rancho, porque es fuerza ocupar aquel lugar", anotó el general Zaragoza, "porque se confirma la noticia de que a la salida de los españoles habrá un motín llamando a los franceses, que aún están en Córdoba".[11] Había en efecto información de que un grupo de mexicanos planeaba proclamar en Orizaba su adhesión a la Intervención Francesa, para justificar el avance de Lorencez. Fue necesario mandar hacia allá una brigada, con el fin de inhibir con su presencia esa proclamación. Desde su cuartel en el Ingenio, reunido ya con Díaz, el general Zaragoza escribió una nota al conde de Lorencez para requerir el retiro de sus tropas en Orizaba. Los mexicanos podían cuidar a los enfermos, le dijo, hasta su traslado a Córdoba. Esa nota dio a Lorencez el pretexto que necesitaba para no regresar a la costa, sino volver sobre sus pasos. Así, el 19 de abril, con el argumento de proteger a sus enfermos, los cuales decía en peligro, contramarchó hacia Orizaba. Francia acababa de violar, ese instante, los acuerdos hechos en la Soledad. "Esa violación de la palabra empeñada produjo un deplorable efecto", señalaría después el conde Emile de Kératry. "Un pueblo civilizado, que se jactaba de llevar a una nación casi bárbara el respeto al derecho y a los compromisos contraídos, comenzaba hollando así una promesa solemne".[12]

El día que los franceses rompieron los acuerdos de la Soledad, el general Porfirio Díaz presenciaba en Orizaba la salida de los españoles, que después acompañó con sus tropas hasta Escamela. "Mandé seguir sus movimientos y en su observación al teniente coronel don Félix Díaz", afirmó en sus memorias, "porque esas órdenes había yo recibido del general Zaragoza".[13] Con una fuerza de caballos muy pequeña —cincuenta según Díaz, sesenta según Zaragoza— el Chato guió a los españoles hasta el Fortín, punto intermedio entre Orizaba y Córdoba. Ahí, sin embargo, su columna tropezó con la avanzada de los franceses que contramarchaban desde Córdoba, en dirección a Orizaba. Eran las cuatro de la tarde del 19 de abril. Félix les hizo alto, pero, al no ser obedecido, retiró su tropa hasta topar con los españoles que caminaban en su dirección, comandados por Lorenzo Millans del Bosch, el jefe del Estado Mayor del general Prim. Millans le dijo que lo esperara ahí, que él mismo hablaría con la avanzada de Lorencez. Félix así lo hizo, pero los franceses lo alcanzaron y lo apresaron, en presencia de sus fuerzas, que lo vieron caer, herido en el pecho. "En lugar de echarse encima del enemigo para salvar a su jefe", comentó el parte de guerra, "vuelven caras y se retiran a escape; los franceses los siguen y les toman más de veinte prisioneros".[14] El Chato permaneció toda la tarde bajo su custodia, desmontado y desarmado, con los otros prisioneros, en un sitio donde una barda de piedra cercaba un cultivo de plátanos. Ahí lo vio Millans y ahí lo vio, asimismo, la esposa del general Prim, quien viajaba también a Córdoba. Ambos intercedieron por él con los franceses, sin éxito. Millans entonces distrajo a la guardia para ayudar al Chato, quien pudo montar su caballo y saltar la barda de piedra, para huir a galope hacia Coscomatepec. "Dos días después se me incorporó en Acultzingo", recordó su hermano, "habiendo dado vuelta por el camino del volcán de Orizaba".[15] Era el primer mexicano en cruzar sus armas con los franceses.

A finales de abril, el ejército de Napoleón III salió de Orizaba hacia la capital de México. Los franceses marchaban con la soberbia de la invencibilidad de un ejército que no había sido derrotado desde Waterloo: vencedor en Argel, en Crimea, en la guerra de Lombardía. "Tenemos sobre los mexicanos tal superioridad de raza, de organización, de disciplina, de moralidad y de nobleza de espíritu", le escribió Lorencez a su ministro de Guerra, "que le ruego a Su Excelencia le diga al emperador que desde ahora, a la cabeza de seis mil soldados, soy el dueño de México".[16] Esta arrogancia le habría de costar muy caro. El general Charles Latrille, conde de Lorencez, estaba a punto de cumplir cuarenta y ocho años en aquella primavera en que avanzaba con su columna hacia las Cumbres de Acultzingo. Era un militar típico de su país y de su tiempo, con estudios en la Escuela de Saint-Cyr y experiencia en las campañas de Africa y Crimea, frente a fuerzas inferiores a las de Francia. Regresaría a su país al cabo de menos de diez meses en México, luego de contraer las fiebres en Veracruz, para luchar en la guerra contra Prusia, donde sería hecho prisionero en Metz, y habría de morir en un pueblo de los Pirineos con el ocaso del siglo, meditando sobre el declive del Ejército Francés.

Los franceses avanzaron el 28 de abril por el paso de las Cumbres de Acultzingo, donde colisionaron por vez primera, formalmente, con el Ejército Mexicano. El combate duró varias horas, hasta la noche, a un costo alto para el invasor, de acuerdo con Ignacio Zaragoza, quien acepta sin embargo que sus fuerzas perdieron a su comandante en jefe, herido en una pierna, el general José María Arteaga. Su repliegue, como lo tenía previsto, fue conducido en orden hasta la cañada de Ixtapa. "El general Díaz con su brigada cubrió nuestra retaguardia y protegió perfectamente nuestra retirada, conteniendo el avance de los franceses", escribió al presidente Juárez.[17] Sabía que sus fuerzas no podían enfrentar al enemigo en descampado. Al día siguiente, por ello, ordenó la marcha rumbo a Puebla, donde llegó sin contratiempos por el camino de Amozoc. "El Cuerpo de Ejército a mi mando, ahora que se ve reunido, ha recobrado todo su entusiasmo y tiene confianza en sí mismo", afirmó desde Puebla.[18]

5 DE MAYO

"El 3 de mayo en la noche, día de nuestro arribo a Puebla, el general en jefe don Ignacio Zaragoza detuvo en su alojamiento a los generales que sucesivamente llegábamos a darle parte de las novedades del día y de la marcha", escribió Porfirio. "Cuando nos habíamos reunido los generales don Ignacio Mejía, don Miguel Negrete, don Antonio Alvarez, don Francisco Lamadrid, don Felipe B. Berriozábal y yo, nos manifestó el general Zaragoza que la resistencia presentada hasta entonces era insignificante para una nación como México".[1] Zaragoza tenía su cuartel en la iglesia de los Remedios, al este de la ciudad, por la salida del camino a Amozoc —una iglesia fortificada como todas, en la que apenas era posible entrever el esplendor del barroco del siglo XVIII. Durante la plática que tuvo con sus oficiales, vestidos todos de casaca y pantalón de paño azul obscuro, con botones y galones de oro en los hombros y los puños, el general en jefe agregó que una nación de más de ocho millones de habitantes no podía permitir que el invasor llegara sin oposición hasta la capital, que por eso debían combatir hasta el final, hasta el sacrificio, si no para vencer, cosa difícil, al menos para causar en el enemigo el daño suficiente para obligarlo a permanecer en Puebla, con el fin de dar a la nación el tiempo necesario para preparar la defensa del resto de la República. Todos los jefes ahí presentes respondieron animados de los mismos sentimientos.

Los templos y los conventos de Puebla, unidos por una serie de trincheras, servían de puntos de apoyo para la defensa de la plaza, que además estaba protegida, fuera de ese perímetro, por los fuertes de Loreto y Guadalupe, situados al noreste de la ciudad, sobre la cresta del cerro de San Cristóbal. Zaragoza empleó la noche del 3 de mayo en mejorar las fortificaciones del interior, en hacer trabajos de zapa alrededor de los fuertes, para lo cual mandó expropiar los instrumentos de labranza de las haciendas en las inmediaciones de Puebla. Después artilló los fuertes del cerro con lo que tenía, que no era lo mejor. Sus cañones parecían antiguos: había que cargarlos por la boca, con balas en forma de esfera, potentes, pero muy poco certeras. La desproporción entre las fuerzas enfrentadas en esos momentos era gigantesca. Los fusiles de los franceses tenían, en promedio, un alcance de 800 metros; los de los mexicanos, en general, un alcance de 300 metros. Existe la leyenda de que muchas de las armas utilizadas por Zaragoza databan de los tiempos de la batalla de Waterloo. Es posible, pues entre ellas estaba el mosquete llamado Brown Bess, inglés, común a fines del siglo XVIII, usado en la campaña contra Napoleón el Grande, después en India y en Africa, vendido por los ingleses a México durante la invasión de los Estados Unidos, por lo que circulaba todavía al estallar la guerra de Intervención. Aquel mosquete no era de chispa sino de pedernal, con la cabeza del martillo hecha de sílex. Pesaba cerca de 5 kilogramos, sin la bayoneta.

La madrugada del 4 de mayo, Ignacio Zaragoza ordenó al general Miguel Negrete ocupar los fuertes del cerro de San Cristóbal. Ambos eran templos levantados a mediados del siglo XVIII —uno en honor a la Virgen de Guadalupe, otro en homenaje a la Virgen de Loreto— que durante las luchas por la Independencia fueron convertidos en fuertes por los realistas, función que no dejaron de ejercer durante la guerra de Reforma. Negrete quedó al mando de los dos, Loreto y Guadalupe. Era poblano, originario de Tepeaca. Abrazaba desde joven la carrera de las armas: peleó contra los norteamericanos en Veracruz, Puebla y México, y luchó más tarde con los liberales por el Plan de Ayutla, proclamado contra la dictadura de Santa Anna. Al ocurrir el golpe de Zuloaga, sin embargo, dio su adhesión a los conservadores, con los que combatió durante toda la guerra de Reforma. Derrotado en Calpulalpan, exiliado Miramón, aceptó entonces la amnistía que ofreció a los vencidos el gobierno de Juárez, amenazado por la Intervención. En Puebla, con el enemigo enfrente, no obstante haber combatido junto al partido del clero, Zaragoza confió en él, al grado de que le dio el mando de una de las posiciones más importantes de la plaza ("no encuentro mérito para dudar de la lealtad del ciudadano general Negrete").[2] Tuvo razón en darle su confianza, como lo habría de acreditar la historia. Porque Negrete tenía defectos, muchos, pero era un patriota. "Yo no soy de esos hombres que se venden a todos los partidos sino de los que se sacrifican a su patria", escribió por esas fechas. "Porque antes que partidario soy mexicano".[3]

El general Porfirio Díaz pasó la noche junto a su columna, con armas en pabellón en la plazuela que estaba frente a su cuartel. Ahí dormía cuando, la madrugada del 5 de mayo, el general Ignacio Zaragoza dio sus instrucciones a los jefes de brigada por medio de sus ayudantes en el Estado Mayor. "A las dos de la mañana llegó a darme órdenes el teniente coronel don Joaquín Rivero", recordó el general Díaz, quien puso de inmediato en pie a toda su columna. "Seguí con ella a Rivero, quien me condujo a la ladrillera de Azcárate, que es el último edificio de la ciudad sobre el camino de Amozoc".[4] Era una fábrica de ladrillos situada en el punto más al este de la plaza, donde todos esperaban el ataque de los franceses. A su derecha, al sur, fue colocada la brigada del general Antonio Alvarez, y a su izquierda, al norte, hacia el fuerte de Guadalupe, la brigada del general Felipe Berriozábal, seguida a su vez por la brigada del general Francisco Lamadrid. Un momento antes del amanecer, Zaragoza llegó junto con su Estado Mayor para decir unas palabras a los soldados de Oaxaca. Porfirio tenía bajo su mando cinco batallones, con el Batallón Morelos, aunque el 1° y el 2° no llegaban entre los dos a cien hombres, pues los formaban los restos de la catástrofe de San Andrés Chalchicomula. El Batallón Guerrero estaba a las órdenes de su amigo de la infancia, el teniente coronel Mariano Jiménez, y el Batallón Independencia, al mando de su compañero del Istmo, el coronel Pedro Gallegos. Su hermano Félix, quien acababa de cumplir veintinueve años de edad, comandaba una fuerza de caballería, los Lanceros de Oaxaca. Eran en total mil hombres.

Hacia las nueve de la mañana, los mexicanos, desde su posición en Puebla, vieron brillar las bayonetas de los franceses en la cumbre del cerro de las Navajas, muy cerca de la hacienda Los Alamos. Había polvo de pisadas, humo de disparos de la caballería que los hostigaba en su avance. Díaz los observaba desde la ladrillera de Azcárate. "Siguieron el camino que conduce de Los Alamos a la hacienda de la Manzanilla, con la intención al parecer de rodear la ciudad más bien que de atacarla por su frente, pues habían dejado la carretera que conduce de Amozoc a Puebla".[5] Comprendió, entonces, que los franceses no iban a chocar con él, sino con los fuertes de Loreto y Guadalupe. El general Lorencez hizo avanzar hacia allá un cuerpo de dos mil quinientos hombres, según información del Ejército de Francia (cuatro mil, en el cálculo de Zaragoza). Los franceses hicieron un alto de veinte minutos para comer su rancho, pan y café, y luego, al mediodía, avanzaron con una columna de infantería en dirección al cerro de San Cristóbal. Zaragoza tenía ese día un telégrafo de metal colado y madera tallada, muy pequeño, en su cuartel de la iglesia de los Remedios. Dio entonces instrucciones de enviar un telegrama al Ministerio de Guerra, en la ciudad de México. Decía así: "Son las doce del día y se ha roto el fuego de cañón por ambas partes".[6]

El general Ignacio Zaragoza, sorprendido por el ataque al punto mejor protegido de la plaza, ordenó que las brigadas de Berriozábal y Lamadrid subieran al trote hacia el norte, rumbo al cerro, para reforzar los fuertes de Loreto y Guadalupe, a las órdenes del general Negrete. Porfirio vio el humo de los tiros de cañón a su izquierda, allá en el cerro. "Durante los primeros ataques que la infantería enemiga dio a los fortines de Guadalupe y Loreto", comentó, "las columnas que estaban a mis órdenes permanecieron en quietud puesto que, según instrucciones superiores, no llegaba aún el momento de moverlas".[7] Más tarde, desde la ladrillera de Azcárate, observó que, al dejar los accidentes del camino para salir al descampado, los franceses resentían la artillería de Negrete, que los golpeaba de frente, junto con el fuego de fusilería de Berriozábal. Algunos empezaron a retroceder. Lorencez ordenó entonces un asalto más, ejecutado por la tropa que llevaba de reserva, la cual salió en refuerzo de la columna de avanzada. Los zuavos lograron pasar los fosos de la capilla de la Resurrección, empezaron a escalar las trincheras del fuerte de Guadalupe. El curso de la batalla estaba incierto. Porfirio Díaz fue arremetido en ese instante por una columna de cazadores de Africa y de Vincennes que atacó sus posiciones en la ladrillera, por el camino de Amozoc. Era considerable. "Venía sobre el llano y plantío de cebada", escribió, "atacando directamente las posiciones que yo ocupaba al oriente de la ciudad, sobre la carretera".[8] La enfrentó con el Batallón Guerrero al mando de Mariano Jiménez, que avanzó hacia Amozoc. Eran cerca de las tres de la tarde cuando, de repente, estalló una tormenta de granizo sobre Puebla. Todos en el cerro detuvieron los combates. "Las pendientes se hicieron tan resbaladizas que los hombres apenas podían mantenerse en pie", indica el testimonio de un francés, "y el general Lorencez dio la orden de batirse en retirada".[9] Porfirio los vio bajar desde su posición en la ladrillera. "Se convirtieron en torrentes de fugitivos que veloces descendían del cerro y parecían pretender cortar a los que combatíamos en el valle", afirmó en su parte de guerra a Zaragoza.[10] Un torrente de zuavos con casacas azules y pantalones rojos y bombachos, introducidos bajo las polainas blancas que cubrían sus botas.

Los zuavos que descendían por el cerro, a la izquierda del general Porfirio Díaz, enfilaron su repliegue hacia la hacienda de San José Rentería, igual que los cazadores que acababan de ser repelidos en el llano por el Batallón Guerrero. Era ya tarde. Díaz mandó entonces reforzar su flanco más amenazado, el izquierdo, para marchar, con él al frente, sobre los franceses que retrocedían hacia la hacienda. En esa persecución, sus hombres utilizaron sus mejores armas, entre las que sobresalía el fusil Enfield, inglés, popular en el Ejército de México durante la guerra de Reforma. Este fusil de chispa funcionaba con cartuchos de papel, igual que los fusiles de los franceses. Porfirio llevaba uno también, sin duda. Era un arma de avancarga, como todas las que fueron usadas aquel 5 de mayo. Sus soldados, al avanzar, tenían que hacer una pausa en el terreno. Entonces destapaban el cartucho con los dientes, echaban la pólvora, la bala y el resto del cartón por el tiro de su fusil, y luego sacaban la baqueta y le daban la vuelta, para atacar el cañón hasta dejar todo compactado. Una vez terminada esta operación, muy laboriosa, ponían de vuelta la baqueta en su lugar, para después sacar una de las láminas de fulminato de mercurio que llevaban en la cartuchera: la colocaban en la recámara del fusil, apuntaban con precisión y disparaban. Había siempre una pausa de segundos antes de la detonación. Así también debían hacer los franceses. Un fusilero con talento llegaba a disparar hasta dos tiros en un minuto.

"Cuando en esta forma perseguía al enemigo recibí repetidas órdenes para hacer alto y lo verifiqué dejando a mi retaguardia el sitio del combate y con el enemigo al frente en el más completo desorden y distancia de 700 metros", escribiría Díaz en su parte de guerra a Zaragoza.[11] Pero la realidad fue distinta. "Cuando había avanzado en persecución del enemigo más allá del alcance de los cañones de Guadalupe", recordaría con los años, en sus memorias, "recibí una orden del general en jefe con el capitán Pedro León, uno de sus oficiales de órdenes, en que se me prevenía suspendiera la persecución. Contesté negativamente y que yo explicaría mi conducta. En seguida se me presentó el jefe del Estado Mayor, coronel don Joaquín Colombres, intimándome que no insistiera en dicha persecución y que de no obedecer esa orden tendría que explicar mi conducta, no al general en jefe, sino a un consejo de guerra".[12] El general Díaz le expuso que si detenía su ofensiva, el enemigo, reorganizado, suspendería su retirada, podría incluso embestirlo; que su columna era pequeña, estaba demasiado lejos de los fuertes para ser auxiliada con oportunidad; que faltaba ya poco para que obscureciera, momento en el que podría hacer, con menos peligro, su movimiento de retroceso. "El coronel Colombres estimó justas mis observaciones y me dijo que, aunque eran otras las órdenes que traía del general en jefe, siguiera yo ejecutando mi propósito, y que él se lo explicaría. Ejecutada mi retirada hasta mi antigua posición, que era la ladrillera de Azcárate, me presenté al general Zaragoza en el atrio de la capilla de los Remedios".[13] Era ya de noche. Ignacio Zaragoza, radiante de felicidad, aprobó todas sus acciones. Y unos días más tarde, al escribir su parte de guerra, aludió con discreción y generosidad a esa desobediencia, en el momento de hablar de los franceses refugiados en la hacienda de San José Rentería. "Yo no podía atacarlos", dijo, "porque, derrotados como estaban, tenían más fuerza numérica que la mía; mandé, por tanto, hacer alto al ciudadano general Díaz, que con empeño y bizarría los siguió, y me limité a conservar una posición amenazante".[14] El general en jefe, temeroso de perseguir a los franceses, ordenó parar al oaxaqueño, quien, sin embargo, los siguió —*con empeño y bizarría*. Porfirio Díaz estaba, como todos los oficiales presentes ese día, orgulloso de su papel en aquel drama. Tanto que mandó a Oaxaca, para la sala de su casa, un croquis de la batalla del 5 de mayo que tenía inscrito el parte del general en jefe del Ejército de Oriente.

Todo había concluido con el anochecer. "Las armas del Supremo Gobierno se han cubierto de gloria", acababa de telegrafiar a la capital el general Ignacio Zaragoza.[15] El silencio reinaba de nuevo en el campo que rodeaba a la ciudad de Puebla.

"Esta victoria fue tan inesperada que nos sorprendimos verdaderamente con ella", recordaría con los años Porfirio, "y pareciéndome a mí que era un sueño, salí en la noche al campo para rectificar la verdad de los hechos con las conversaciones que los soldados tenían al derredor del fuego".[16] En torno de esas fogatas, al platicar con aquellos hombres, escuchó muchos de los episodios de la batalla que sucedieron fuera de su alcance, en los fuertes de Loreto y Guadalupe. Así conoció las hazañas del coronel Juan Nepomuceno Méndez, quien mandaba las fuerzas de indios de Tetela y Zacapoaxtla, organizadas en un batallón de guardia nacional de Puebla. Eran serranos, vestidos con huaraches de cuero y camisas y pantalones de manta, algunos con huipil de lana teñido de café, y armados con machetes. Defendían el espacio descubierto entre Loreto y Guadalupe. Díaz acababa de conocer a Méndez la víspera, ahí en Puebla. Supo que durante la batalla resultó herido en un brazo, herida que lo puso al borde de la muerte. Era un indio de las montañas, minero y maestro, soldado por necesidad, hombre de principios, muy honrado, que sería con los años uno de los personajes más cercanos a él, sobre todo durante la rebelión de Tuxtepec, al grado de que le daría su apoyo para ser, por unos meses, presidente de la República.

El 10 de mayo, Porfirio escribió a su hermana Nicolasa, quien residía en Oaxaca con su sobrina Delfina. Nicolasa tenía ya treinta y tres años de edad, pero no estaba aún casada, ni tenía hijos. "El día 5 del corriente llegó el deseado momento de sacudir los mamelucos colorados, y con el gusto rebosando a punto de ahogarnos comenzamos el sainete a las once de la mañana", le dijo Porfirio. "Hemos tenido pérdidas muy considerables, pero hemos matado muchos, muchos *monsieurs*".[17] El núcleo de la batalla duró, en realidad, más o menos cuatro horas, durante las cuales murieron alrededor de doscientos cincuenta y cuatro hombres: ochenta y tres mexicanos y ciento setenta y un franceses. Un promedio de más de sesenta combatientes por hora: un muerto cada minuto, durante cuatro horas... Hubo también heridos, muchos, cuatrocientos treinta y seis en total: ciento treinta y dos mexicanos y trescientos cuatro franceses. Un promedio de cerca de ciento diez soldados por hora: dos heridos cada minuto, durante cuatro horas... Las batallas eran sangrientas en aquellos tiempos, con tácticas napoleónicas de choque frontal entre las líneas.

Díaz tuvo que lamentar dos muertos: el capitán Manuel Varela, autor de unos versos que había recitado a sus compañeros la víspera de la batalla, y el subteniente Miguel González, muy joven, abanderado del 2° Batallón de Oaxaca ("hijo de doña Ana", le informó un oficial al presidente Juárez).[18] Porfirio Díaz habría de conservar por el resto de sus días la bandera de ese batallón, que defendieron ambos hombres con sus vidas. Jamás olvidaría aquella jornada. "Yo nunca había tenido más gusto ni día más grande que el día memorable 5 de mayo, día grande y de gloria", le confió a Nicolasa. "No hay soldados como los nuestros. Que no nos cuenten batallas de Magenta, Solferino, Austerlitz y Crimea, que todas estas cruces y preseas han venido a adornar el pie de la bandera mexicana. Ruega a Dios que no me vuelva loco de gusto, da un abrazo a Delfina y manda a tu hermano que te quiere, Porfirio".[19] El general Díaz dobló en cuatro el papel de la carta para anotar, en el reverso, el nombre y la dirección de la destinataria: *señorita doña Nicolasa Díaz, Oaxaca.*

En el campo de los franceses imperaba un sentimiento de amargura después de la batalla. "El general Lorencez sintió un intenso pesar por el fracaso que había sufrido", recordaría un oficial del Cuerpo Expedicionario.[20] Echó la culpa a Dubois de Saligny, quien lo había engañado, dijo, con respecto de las emociones favorables a la Intervención en la ciudad de Puebla. "¡Soldados y marinos! Su marcha a México se detuvo", proclamó en un bando. "Se les había repetido cien veces que la ciudad de Puebla estaba ansiosa de su presencia y que su población correría a su encuentro para cubriros de flores. Con la confianza que nos dieron esas certezas engañosas nosotros nos presentamos en Puebla".[21] Sus oficiales hicieron eco de esas palabras. "Nos engañaron sobre el verdadero estado de las mentes", escribió uno de ellos. "Mejor hubiera sido no venir nunca".[22] Pocas ciudades odiaban tanto a los liberales como Puebla, baluarte de los conservadores durante la guerra de Reforma. Su población, por eso, deseaba el éxito de los franceses, pero esa simpatía por ellos no podía ejercer influencia en el resultado de la batalla. El descalabro de los franceses, de hecho, fue vivido como un trauma por la ciudad, uno que ni siquiera trató de disimular. "Qué bueno sería quemar a Puebla", exclamó con furia el general Zaragoza. "Está de luto por el acontecimiento del día 5. Esto es triste decirlo, pero es una realidad lamentable".[23] El general Díaz tenía la misma opinión, expresada con la misma fuerza, como lo habría de recordar años después un amigo, él mismo originario de Puebla. "Dijo que hubo una época en la que hubiera hasta arrasado con sus propias manos la ciudad".[24] Todos, ahí, estaban con los franceses. Ese era el sentir de la población de una ciudad que, por un decreto de Juárez, habría de ser llamada más adelante *Puebla de Zaragoza*.

Por un momento, Lorencez pensó en recomenzar el ataque por otro punto, pero al final decidió la retirada hacia Orizaba. No quería exponer a su ejército, que era pequeño, a otro descalabro. El 10 de mayo salió de Amozoc rumbo a Tepeaca, para seguir de frente hacia Acatzingo, Quecholac y Palmar. Sus hombres marchaban cabizbajos. El capitán de artillería Paul Guinard escribió el 22 de mayo, ya desde Orizaba: "Cuando dejamos Francia, todo el mundo hablaba de nuestra expedición como de un juego. Un paseo nada más, ¿no es cierto? Tan sencillo como ir un domingo a Saint-Cloud".[25] Todo comenzaba a ser visto con menos inocencia. Quedaba ya claro que la Intervención en México, para tener éxito, implicaba multiplicar los elementos del Cuerpo Expedicionario. Esa fue la decisión que tomó en aquel verano el emperador Napoleón III, junto con la de relevar del mando al general Lorencez. Estaba molesto con su conducción de la batalla, furioso por las consecuencias que todo eso tenía sobre sus planes. El descalabro en Puebla habría de retrasar por un año la llegada de los franceses a la capital de la República. En ese tiempo, la nación tuvo el tiempo que necesitaba para preparar la resistencia.

2

CELEBRACION Y DUELO

A fines de mayo de 1862, el general Porfirio Díaz recibió instrucciones de situar su brigada en Tehuacán, al sureste de Puebla, con el objetivo de acoger los reemplazos para su tropa que llegaban de Oaxaca, trescientos hombres de la guardia nacional del estado, para después participar con ellos en un movimiento contra las posiciones de los franceses en Orizaba. Porfirio permaneció unos días en Tehuacán. "El Chato y yo estamos buenos y juntos", le escribió a su hermana Nicolasa.[1] Ambos esperaban ahí sus órdenes. Zaragoza planeaba una ofensiva sobre Orizaba, con el propósito de forzar a Lorencez a retroceder hasta la zona de fiebres del Golfo. A principios de junio, el general Jesús González Ortega, quien marchaba al frente de una fuerza de respeto desde Zacatecas, llegó a Palmar, donde puso a sus tropas a las órdenes de la comandancia del Ejército de Oriente. Zaragoza instruyó a González Ortega ocupar el cerro del Borrego, que dominaba la ciudad de Orizaba. Así lo hizo. Pero el 14 de junio, sus hombres, agotados por el cansancio de una marcha a través de las montañas, extenuados, fueron sorprendidos mientras dormían por una columna de reconocimiento enviada por Lorencez. Despertaron con un sobresalto, dispararon en la confusión a sus propios compañeros, cundió el pánico, fueron derrotados por completo en el cerro del Borrego. Zaragoza estaba furioso, desconsolado: había tenido que cancelar el ataque a Orizaba. "No puede usted figurarse lo amuinado que estoy porque cada vez veo más la brillante oportunidad que hemos perdido", le confió al ministro de Guerra.[2] Pero insistió en la ofensiva. Nombró a Porfirio Díaz, uno de sus oficiales de confianza, general en jefe de la división organizada por Ignacio de la Llave, el gobernador de Veracruz. Con ella salió Díaz hacia Xalapa. Tenía instrucciones de cortar la comunicación entre Orizaba y Veracruz, por lo que estableció su campamento en Huatusco. Ahí habría de permanecer por el resto del verano, con problemas de dinero para cubrir las necesidades de sus tropas. El ejército que hostigaba a los franceses requería, diariamente, alrededor de 5 000 pesos, de acuerdo con el general Zaragoza, algo difícil de tener en momentos en que el gobierno de la República no contaba ya con los recursos de la aduana de Veracruz.

El 28 de agosto, Porfirio escribió de nuevo a Nicolasa desde Huatusco. "Me llama mucho la atención que me digas que no te escribo seguido, cuando todo mi afán consiste en que ustedes no estén con cuidado y les escribo muy seguido".[3] Díaz escribía una vez a la semana —aunque fueran sólo notas en papel azul cuadriculado— para decir que *estaba bueno*. Tenía contacto, también, con el resto de su familia. Había mandado un mensaje a una tía que residía en Tehuacán, doña Antonia Labastida, para solicitarle que suspendiera el viaje que tenía planeado a Huatusco. Sin éxito, como le confesó a Nicolasa. "Querida hermana, he tenido días fatales: ha llegado aquí doña Antonia Labastida, cuya presencia es más molesta que un chayote en el ojo", le comentó, con un sentido del humor denso y farragoso, revelador de un hombre que no estaba acostumbrado a las bromas. "Cuando se me presentó he tenido más sorpresa que si hubiera entrado a mi alojamiento una columna de zuavos. En el acto le dije que si estaba demente, que volviera por donde vino y que se cuidara de ponerse en ridículo".[4] Doña Antonia permaneció en su cuartel de Huatusco. "Para no marchar ha pretextado que está mala de un brazo y que aquí se queda", explicó él en su misiva. "Por fortuna, nosotros tenemos que irnos y yo haciendo ese sacrificio le he dejado algo con que pueda vivir mientras se alivia para que vuelva a su casa. En el camino se le ha metido, según me cuenta, al general González Ortega, a todos los que ha podido contándoles que es mi tía".[5] Antonia Labastida era nativa de Jamiltepec, aunque vivía desde joven en Oaxaca, donde tenía amistad con los dirigentes de la Reforma. "El señor Juárez le dispensaba consideraciones tanto en el gabinete de la Presidencia como en el hogar de su familia", señaló un cronista del siglo XIX.[6] Durante la guerra de Reforma, años atrás, había ayudado a huir a su familia en unos burros, con los niños más pequeños escondidos en canastas, hasta llegar a Ixtlán. "La notable y entusiasta dama", agregó el mismo cronista, "profesaba gran cariño y respeto al señor don Porfirio Díaz desde cuando era coronel".[7] Doña Antonia lo solía llamar, en sus cartas, *Mi amadísimo cojito*.

A principios de septiembre, el general Díaz salió de Huatusco con sus tropas hacia San Andrés Chalchicomula. En el camino debió recibir noticias de que el general Ignacio Zaragoza estaba enfermo en la ciudad de Puebla. Las noticias eran alarmantes. Zaragoza tenía tifo, deliraba desde hacía unos días, era de hecho incapaz de reconocer a su madre y a su hermana, quienes estaban en esos momentos a su lado. Las acababa de ver él mismo hacía apenas unos días en la capital, donde pudo ver también a su hijita ("mi chiquita", le decía).[8] Ambas eran hoy, para él, unas desconocidas. El desenlace tomaría por sorpresa a todos los jefes del Ejército de Oriente. Pues Ignacio Zaragoza falleció el 8 de septiembre en la casa donde fue alojado al comienzo de su enfermedad, en la calle de la Santísima. Tenía treinta y tres años, cinco meses y quince días. "A la noticia de su gravedad, muchos jefes y oficiales del Ejército de Oriente, de paso en esta ciudad los unos y acantonados en ella los otros, corrimos a rodear el lecho de muerte de nuestro adorado general", habría de recordar un testigo de su agonía, el mayor Manuel Santibáñez, adversario de Porfirio en los años del Istmo, ahora su compañero en el ejército de Zaragoza. "Dirigiéndose a todos, preguntó: ¿Pues qué, tienen también prisionero a mi Estado Mayor? ¡Pobres muchachos! ¡Ingratos! ¿Por qué no los dejan libres? Esas fueron sus últimas palabras. Después de una hora de fatiga lenta y al parecer no muy penosa, entregó su alma al Creador".[9] El cuerpo, inyectado, salió el 11 de septiembre hacia la ciudad de México, donde fue sepultado en el panteón de San Fernando, luego de recibir honores del gobierno de la República.

México acababa de perder a uno de sus generales más talentosos y más populares —uno que, si hubiera vivido, habría opacado la carrera de los otros oficiales que brillaron en aquella guerra, como Porfirio Díaz. La pérdida fue gigantesca, pero el enemigo estaba enfrente: había que actuar con rapidez. Así, el presidente Juárez nombró a Jesús González Ortega general en jefe del Ejército de Oriente. Ya no era posible atacar a los franceses en Orizaba, luego de la derrota en el cerro del Borrego, ante los refuerzos de Europa que por aquellos días empezaban a desembarcar en Veracruz. El general González Ortega canceló por ello los planes de Zaragoza en el momento de tomar el mando del Ejército de Oriente. Decidió no atacar Orizaba sino concentrar sus fuerzas en Puebla, donde mandó trasladar sus cañones y luego sus tropas, y donde reforzó los trabajos de fortificación iniciados por Ignacio Zaragoza.

A mediados de septiembre, el general Elie Forey, comandante en jefe del Cuerpo Expedicionario en sustitución de Lorencez, desembarcó en el puerto de Veracruz. Todo iba a cambiar a partir de ese momento. Forey llegaba al frente de un ejército de alrededor de treinta mil soldados, facultado con los más amplios poderes militares y civiles. Era un hombre ya grande: tenía cerca de sesenta años de edad, consagrados en su mayor parte al servicio de las armas. Bonapartista de cepa, muy influyente, secundó el golpe de Estado que llevó al poder a Napoleón III, quien lo premió con el grado de general de división del Ejército de Francia. Luchó con distinción en el sitio de Sebastopol y en las batallas de Montebello y Solferino, y fue hecho senador del Segundo Imperio. Al ser confirmada la noticia de su desembarco, el general Porfirio Díaz recibió la orden de replegar sus tropas hacia Puebla, por el camino de Tlaxcala. Todos los ejércitos comenzaron sus movimientos. A mediados de octubre, Forey avanzó con sus soldados hacia Orizaba. Por aquellas fechas arreciaron, también, los trabajos de fortificación en Puebla. La sección de ingenieros levantó planos de la ciudad. El general González Ortega solicitó pólvora, salitre y plomo al gobierno de Juárez. "Por lo que respecta a víveres", añadió, "le diré que debe calcularse asertivamente que comen diariamente cuarenta mil hombres".[10] El general en jefe estaba concentrado en equipar, organizar y fortificar, y quería tranquilizar a don Benito. "Yo estoy ayudando a usted y no conquistando simpatías o popularidad, sino hiriendo pasiones e intereses para marchar al nivel de una época extraordinaria y satisfacer las exigencias de la situación".[11] Resultaba necesario dar esa tranquilidad, porque Jesús González Ortega era, desde hacía unos meses, presidente de la Suprema Corte de Justicia en México, una investidura que lo colocaba en la antesala de la Presidencia.

Con el objetivo de alentar a los soldados de la República, a quienes debía entregar sus condecoraciones, junto con sus pagos y sus uniformes, el presidente Juárez salió de la capital en diligencia hacia la ciudad de Puebla. Ahí conversó con sus generales y examinó los trabajos de fortificación hechos por González Ortega. La ceremonia para distribuir las medallas tuvo lugar el 4 de diciembre en el fuerte de Guadalupe. Don Benito Juárez habló ante cientos, quizá miles de soldados, la mayoría de los cuales, por la distancia, no podía escuchar su voz.

—Soldados, vengo a saludaros en nombre de la Patria que tan gloriosamente habéis servido —dijo el presidente—. Vengo a felicitaros por la espléndida victoria que lograsteis contra los enemigos de la independencia nacional. Vengo, en fin, a condecoraros con las insignias que la República os ofrece para premiar vuestro valor.[12]

Los soldados veían, a lo lejos, al presidente de la República. Hacía frío. El viento soplaba en el cerro aquella mañana de invierno.

—Vencedores del 5 de mayo, defensores todos de la independencia nacional, un enemigo injusto nos trae la guerra y avanza ya sobre nosotros, porque nos cree débiles y degradados: aprestaos al combate y probad al orgulloso agresor que México vive —alzó la voz el presidente, para terminar—. ¡Viva la Independencia! ¡Viva la República![13]

La Medalla del 5 de Mayo, creada por decreto unas semanas después de la batalla, era pequeña y ovalada, y pendía de una cinta de tela con los colores de México. Llevaba inscritas estas palabras en el anverso: *Triunfó gloriosamente del Ejército Francés delante de Puebla el 5 de mayo de 1862.* La de los jefes de brigada era de oro, coronada por una guirnalda de laureles. Porfirio Díaz recibió la suya de manos de don Benito. Un óvalo de 2 milímetros de grueso. La llevó en el pecho en los meses por venir, aunque su diploma, acompañado por un retrato suyo, lo envió de inmediato a Oaxaca, a la casa que tenía con su hermana Nicolasa.

Porfirio había mandado ya otros retratos a Oaxaca —uno de ellos para colocar en la sala de su casa, según estas indicaciones: "encima del croquis de la batalla del 5 de mayo que tiene escrito en castellano y francés el parte del general Zaragoza".[14] Había mandado también algunas fotografías, tomadas igualmente en la ciudad de Puebla. Los mexicanos que combatían a los franceses, como él, estaban muy conscientes de sí mismos: querían reproducir su imagen para la posteridad, posibilidad que les ofrecía, por vez primera, la fotografía. Algunos de sus jefes acudían al taller de Manuel Rizo, en el número 2 de la calle de las Cruces, como lo hizo por ejemplo su hermano, el ya coronel Félix Díaz. Ahí, en su estudio, el señor Rizo tenía sus cámaras de fuelle, sus lentes, sus tripiés, sus vidrios y sus portaplacas, así como también los elementos con que revelaba las imágenes en la obscuridad: cianuro de potasio, nitrato de plata, yodo y bromo para el colodión. En una foto, muy serio, Porfirio aparece vestido con la levita que le había mandado su hermana de Oaxaca; en otra foto, en cambio, aparece sentado con uniforme de general, el óvalo del rostro alargado hacia abajo, la piel curtida por el sol y los ojos negros y almendrados, con sus tres medallas colgadas en el pecho, la de Pachuca, la de las Cumbres de Acultzingo y la del 5 de Mayo. Tenía entonces el pelo cortado al rape, una peca de canas en la cresta, la boca enmarcada por un bigote con piocha. La piocha la abandonaría con el tiempo, pero el bigote lo habría de conservar por el resto de su vida.

CORONEL MANUEL GONZALEZ

Al comenzar el año de 1863, las divisiones que formaban el Ejército de Oriente estaban ya concentradas en la ciudad de Puebla. Eran una multitud, miles de soldados originarios de todos, casi todos los estados del país: Oaxaca, Veracruz, México, Puebla, Michoacán, Tlaxcala, Chiapas, Jalisco, Querétaro, Zacatecas, Guanajuato, Aguascalientes, Guerrero, Durango, Chihuahua, San Luis Potosí... Las tropas llegaron de sus estados a pesar de las distancias, sin recursos, por caminos de herradura, a veces incluso por mar. Porfirio tenía contacto en la ciudad con los jefes de todas las columnas, como lo evocaba en sus cartas a Oaxaca, donde sabía que desde enero residía también su hermana Desideria. "Dile a Fina que el general Berriozábal me ha regalado una rica montura y que cada rato me regala distintas cosas y que yo para corresponderle le ofrecí un quepí bordado porque le gustó mi cachucha", le pidió a Nicolasa. "Que sea paño azul y sobradito el paño para que se le pueda dar la figura que se quiera".[1] Entre los jefes de brigada presentes en la ciudad, Díaz estableció una amistad que sería duradera con el general Felipe Berriozábal. Pero conoció también a muchos otros oficiales, entre ellos a varios coroneles que con el paso de los años habrían de ser protagonistas en la historia del país —uno de ellos, incluso, presidente de la República: don Manuel González.

Porfirio jamás olvidaría la fecha de su encuentro con el coronel Manuel González. Fue en febrero de 1863, en la ciudad de Puebla. Lo conocía de nombre, quizás de vista, pues ambos lucharon enfrentados, uno con los liberales y otro con los conservadores, a lo largo de la guerra de Reforma. González era uno de los sobrevivientes de la matanza del Garrapatero. Había peleado contra Díaz en la ciudad de Oaxaca, en Teotitlán del Camino, en la Sierra de Ixtlán y en el Istmo de Tehuantepec, y después también en las batallas de Jalatlaco y Pachuca. Ante la invasión de su país, derrotada ya su causa, optó por dejar el ejército de la reacción para ofrecer sus servicios contra las fuerzas que ocupaban México. "Personas de su familia me habían hablado para que me interesara yo con el gobierno, a efecto de que fuera admitido en nuestras filas", relataría Porfirio, en alusión a la mujer de González, a quien conocía desde Oaxaca por ser hermana de la esposa de Manuel Ortega, el padre de Delfina. "Yo me había negado a hacerlo, pero un día, poco antes de que los franceses cerraran el sitio de Puebla, se me presentó".[2] González no había podido ser rehabilitado en el Ejército de la República. Pero no era ya eso lo que pedía, sino algo más elemental: un lugar y un fusil en las tropas que luchaban contra la invasión de Francia.

¿Quién era Manuel González? Era norteño, tenía veintinueve años de edad, estaba casado con Laura Fernández de Arteaga y Mantecón, hija de un ex gobernador de Oaxaca. Había nacido él mismo en el puerto de Matamoros, Tamaulipas. Creció en el rancho de ganado de la familia, El Moquete, hasta la invasión de su país por los Estados Unidos, cuando, a la edad de trece años, participó en la defensa de la garita de San Fernando. Ahí vio morir a su padre, herido en el cuello por las fuerzas que comandaba el general Zachary Taylor. Su madre falleció poco después. Manuel quedó huérfano con sus hermanos, al cuidado de uno de sus tíos. Trabajó en una tienda de abarrotes, más tarde en la cantina de un español. A los veinte años, luego de pasar por la guardia nacional de su estado, ingresó al Ejército como soldado del 1er Batallón de Línea del puerto de Matamoros. Ascendió poco a poco en el escalafón: fue soldado, cabo y sargento, luego subteniente, teniente, capitán, mayor, teniente coronel y coronel en el Ejército. Peleó con los conservadores hasta el final de la guerra de Reforma, a las órdenes del general Leonardo Márquez.

Entonces todo cambió. "Habiendo llegado a mi noticia la injusta invasión que tres poderosas potencias intentaban hacer del territorio mexicano, inmediatamente me separé de las filas reaccionarias", escribiría González al presidente Juárez.[3] Así había sido, en efecto. Al conocer las amenazas hechas en la Convención de Londres, ese otoño, tomó la decisión de ofrecer su apoyo al gobierno de la República. Decidió no desertar junto con su batallón de rifleros (algo que le hubiera permitido, según las reglas de su tiempo, que los liberales le reconocerían el rango de coronel); decidió no abandonar tampoco, él solo, su campamento de guerra; en su lugar, decidió enfrentar al general Márquez. Esa decisión le pudo haber costado la vida, pero su jefe lo entendió, le dijo que marchara con su venia. Ya libre, sin compromisos, buscó la gracia que por esas fechas ofreció el Congreso, con el fin de pedir su rehabilitación en el Ejército. Pero no pudo: era una de las excepciones que marcaba la Ley de Amnistía. González había combatido con Leonardo Márquez, el Tigre de Tacubaya, durante el año de sangre de 1861. Estaba en Tepeji del Río el 3 de junio, cuando fue ejecutado don Melchor Ocampo, colgado luego de la rama de un pirú de la hacienda de Caltenango; estaba en el Llano de Salazar el 15 de junio, cuando fue perforado a bayonetazos el cuerpo de don Santos Degollado; estaba también en el Monte de las Cruces el 23 de junio, cuando fue fusilado por la espalda el joven y bravo general Leandro Valle. En vísperas del avance de Lorencez hacia Puebla, aún relegado, redactó la carta donde le pedía a Juárez ser rehabilitado en el Ejército. "Hoy que todo mexicano está obligado a defender el honor y dignidad de la nación, ocurro a la bondad del Supremo Gobierno para que me otorgue la referida rehabilitación y me destine al punto donde crea útiles mis servicios", le dijo a don Benito.[4] No tuvo respuesta del presidente, por lo que meses después ofreció personalmente sus servicios al general Díaz.

Porfirio lo vio de cerca, por primera vez, aquel día de febrero. Era muy blanco de piel, los ojos claros y luminosos, las cejas pobladas, el bigote atusado, la barba partida en dos —excepcionalmente guapo. Tenía el rostro fuerte y abierto, aunque solía voltear hacia la izquierda, como para ocultar la cicatriz de una herida recibida en ese lado de la cara, sobre el pómulo. González era célebre por su audacia, que llegaba incluso a la temeridad. Había sido herido en las acciones de Jamapa, Tamasola y Calpulalpan, y lo sería después en muchas otras más, hasta Tecoac. "Al presentarme al general Díaz para servir a su lado en las fuerzas de Oaxaca", diría en una carta, al evocar su frustración con los políticos, "fui acogido con la franqueza de un soldado, y con marcadas muestras de simpatía, allanó las diferencias que se presentaban con los patrioteros, y por fin fui adscrito a su Estado Mayor en Puebla".[5] El general Jesús González Ortega lo vio con asombro dirigir una maniobra en los alrededores de la ciudad, ante la presencia del Cuerpo Expedicionario. Díaz lo presentó con él, para luego despacharlo. "Referí al general en jefe la manera con que ese oficial se me había presentado", relató en sus memorias, "y entonces dio orden al cuartel maestre, que se hallaba presente, para que González fuera dado a reconocer como coronel".[6] El general en jefe lo quiso incluso incorporar a su Estado Mayor, pero Díaz le suplicó que le permitiera conservarlo con él en la Brigada de Oaxaca. Manuel González, a partir de ese momento, permanecería a su lado por el resto de la vida.

SITIO DE PUEBLA

"Ahora sí tenemos ya cerca a los franceses y parece que ya vienen de veras a recibir su trancazo", le escribió Porfirio Díaz el 4 de marzo de 1863 a su hermana Nicolasa. "Cada día tengo más seguridad de que les pegaremos y de que en lo sucesivo México será respetado por el valor de sus hijos, por la sabiduría y justificación de su gobierno y por la gloria que para la patria vamos a ganar".[1] Había llegado el momento de la verdad. "Si acaso espero salgo limpio de ésta, tendré el noble orgullo de haber cumplido con mi deber sagrado, mas si por el contrario no veo el fin, puedes jurar que no quedaré deshonrado y que nunca tendrás que inclinar la cabeza cuando hablen de

tus hermanos", le aseguró. "Dios lo sabe y hablo en su presencia".[2]
La carta era más larga que las otras, más solemne, una especie de
testamento en el que hacía su despedida, en presencia de Dios. "Da
un fuerte abrazo a Fina y Desideria lo mismo que a sus hijas", concluyó con fatalismo, "recibiendo el cariño de tu hermano que desea
vivir para ustedes".[3] Aquel 4 de marzo, el presidente Juárez estaba
de nuevo de visita en Puebla. Acababa de revisar, la víspera, las fortificaciones construidas en el interior de la ciudad, una de las cuales
estaba al mando del general Díaz. Quizás entonces pronunció alguna
palabra sobre la necesidad del sacrificio, que pesó en el ánimo de los
soldados. El presidente recorrió, una vez más, los fuertes del cerro de
San Cristóbal, para regresar en la madrugada a la ciudad de México.

Puebla fue declarada en estado de sitio una semana después, el 10
de marzo. El general González Ortega publicó entonces un decreto
que ordenaba evacuar la ciudad a todas las personas no aptas para
combatir, en primer lugar las mujeres y los niños, aunque también los
franceses que residían en ella, pues no podía garantizar su seguridad
una vez iniciados los combates con el Cuerpo Expedicionario. El 18
de marzo, con el amanecer, los franceses avanzaron hacia Puebla.
Porfirio los observó desde el punto que mandaba. "Marcharon todo
el día con la intención visible de envolver a la ciudad en una línea que
iban estableciendo fuera de tiro de cañón", escribió, "con intención
también muy marcada de estrechar después su diámetro y tomar en
la nueva línea posiciones definitivas".[4] Ese día, la ciudad quedó sitiada. Todo cambió a partir de entonces. González Ortega dejó de
tener contacto con el exterior, en especial con el Ejército del Centro,
al mando del general Ignacio Comonfort, rehabilitado por Juárez
ante la inminencia de la invasión de Francia. Para finales del mes, las
necesidades de los sitiados eran ya notables. "Se me han acabado los
víveres y el dinero", le escribió González Ortega a Comonfort. "Los
pocos que estoy comprando de los primeros, es a peso de oro. No
se sabe ni quién tiene dinero ni dónde viven los comerciantes, pues
el bombardeo lo ha trastornado todo".[5] Después agregó en un aumento: "Dígale usted esto al señor presidente reservadamente; dígale
también que voy a comenzar a matar mulas".[6]

La madrugada del 3 de abril, el general Díaz rechazó un asalto de los franceses en la plazuela del convento de San Agustín, a un costo alto para su brigada: ocho muertos y treinta y cuatro heridos, uno de los cuales era el coronel Manuel González. "Fui herido de una pierna", recordaría él mismo, años más tarde, "y a pesar de que la ambulancia quiso llevarme al hospital, rehusé y permanecí más de quince días sin moverme en la brecha".[7] Todos los oficiales tenían la voluntad de pelear hasta el final, a pesar de las privaciones. Félix Díaz era uno de ellos. "Deseoso de participar de las glorias que están adquiriendo mis compañeros que se encuentran inmediatos al enemigo", le escribió al general en jefe al día siguiente de la acción de San Agustín, "y deseando, por último, correr la suerte de mi hermano, suplico a usted encarecidamente dé sus órdenes para pasar a utilizar en algo mis servicios en la línea que manda".[8] La ciudad estaba en ruinas —incluso desde antes del inicio de los bombardeos, pues para ser defendida las casas habían sido aspilleradas, las calles desembaldosadas, los mismos huertos destruidos, convertidos en trincheras por el Ejército de Oriente. El 25 de abril, los franceses intentaron una vez más tomar la plaza por asalto, pero fracasaron por completo: sufrieron veintisiete muertos, ciento veintisiete heridos, ciento setenta y seis desaparecidos y ciento treinta prisioneros, entre ellos siete oficiales. "Después de este nuevo fracaso, el general en jefe convocó una vez más a los generales de división y a los comandantes de artillería y de ingeniería", escribió un oficial del Ejército de Francia. "Por cuarta ocasión en esta guerra de calles, las tropas llegaban a toparse con obstáculos insuperables; cada vez su fracaso había costado la sangre de sus mejores soldados. Finalmente se decidió abandonar el sistema de avances progresivos".[9] Forey decidió no tomar la plaza por asalto, sino concentrar su atención en el cuerpo que la apoyaba desde fuera: el Ejército del Centro. Así sería. El 8 de mayo, las tres divisiones que formaban el ejército de Comonfort, al intentar romper el sitio para reaprovisionar la plaza, fueron derrotadas por las tropas del general Achille Bazaine en San Lorenzo, cerca de Cholula. Esta batalla selló la suerte de la ciudad de Puebla. Todo fue cuestión de días a partir de entonces.

La noche del 15 de mayo, el general Jesús González Ortega reunió a sus jefes de brigada —entre los que estaban Ignacio Mejía, Felipe Berriozábal y Miguel Negrete, pero no Porfirio Díaz— con el fin de acordar las condiciones que debían pedir al general Forey para rendir la plaza de Puebla. El jefe de su Estado Mayor, general José María González de Mendoza, él mismo poblano, veterano de la guerra con los Estados Unidos, salió en la madrugada hacia el cuartel del general en jefe del Cuerpo Expedicionario. Ahí, Mendoza le comunicó a Forey sus condiciones: dejar salir la guarnición de Puebla con sus armas y sus equipajes, y otorgarle los honores de guerra y la libertad de replegar sus fuerzas hacia la ciudad de México. Forey rechazó esas condiciones: dijo que concedería los honores de guerra, pero que los oficiales de la guarnición —los cuales debían deponer sus armas para rendir la plaza— serían considerados en ese momento sus prisioneros. Mendoza regresó, ya tarde, a dar parte de su comisión a González Ortega. "Oído el informe que me diera", escribió a su vez el general en jefe, "cité una junta de guerra para la noche de ese mismo día, 16 de mayo, a la que concurrieron los generales que se hallaron en la precedente y, además, los generales don Porfirio Díaz y don Pedro Hinojosa".[10] Jesús González Ortega, al comentar la respuesta de Forey, argumentó que las opciones eran dos, fundamentalmente: romper el cerco para salir de la ciudad o disolver las fuerzas después de destruir el armamento, y que él optaba por la segunda, pero que estaba dispuesto a seguir la primera si la mayoría de los generales la respaldaba. El general Mejía, ahí presente, relataría en sus memorias la discusión que ocurrió aquella noche. "La opinión del señor general Mendoza fue la de que se rompieran los fusiles, se hicieran reventar los cañones, se licenciara la tropa para que se mezclara con el pueblo, y que generales, jefes y oficiales nos reuniéramos en el edificio del Palacio", habría de recordar. "Mi opinión fue que reuniéramos toda nuestra fuerza y cargáramos sobre un punto de la circunvalación frente a la sierra de la Malinche en que seríamos más fuertes que el enemigo; que si lográbamos alcanzar esa sierra, allí dividiríamos las fuerzas en distintas direcciones, y que de esa manera lograríamos salvar el todo o la mayor parte de nuestro ejército. Así opinaron también los generales don Porfirio Díaz y don Felipe Berriozábal".[11] La Malinche, al noreste de la ciudad, era un macizo de bosques poblado por venados, y también pumas y jaguares, inaccesible para los sitiadores de Puebla. Representaba una posibilidad de salvación. Pero la mayoría de los oficiales optó por la propuesta del general Mendoza, respaldada por González Ortega. Entonces cambió el tono de la discusión, porque era necesario cerrar filas. "Los señores Berriozábal y Díaz", señaló en su parte el general en jefe, "manifestaron que modificaban su voto y se adherían al plan que acababa de adoptarse porque así pensaba la mayoría de sus compañeros".[12]

La junta de oficiales concluyó hacia la una de la madrugada. El general González Ortega dirigió entonces a sus hombres una orden del día, la cual estaba ya preparada. "No pudiendo seguir defendiéndose la guarnición de esta plaza por la falta absoluta de víveres y por haber concluido las existencias de municiones que tenía", dijo, "oído además, por el señor general en jefe, el parecer de muchos de los señores generales que forman parte de este ejército, cuya opinión va de absoluta conformidad con el contenido de esta orden, dispone el mismo señor general en jefe que para salvar el honor y decoro del Cuerpo de Ejército de Oriente y de las armas de la República, de las cuatro a las cinco de la mañana de hoy se rompa todo el armamento".[13] Después giró estas instrucciones a sus oficiales: "A las cinco y media de la mañana se tocará parlamento y se izará una bandera blanca en cada uno de los fuertes y en cada una de las manzanas y calles que dan frente a las manzanas y calles que ocupa el enemigo. A la misma hora estarán presentes los señores generales, jefes y oficiales de este ejército en el atrio de Catedral y Palacio de Gobierno, para rendirse prisioneros, en el concepto que, respecto de este punto, el general en jefe no pedirá garantías de ninguna clase".[14] Al amanecer, González Ortega mandó al cuartel del enemigo una nota en la que ponía la plaza a disposición del general Forey. Poco después entraron los franceses —unos por su cuenta, desarmados y curiosos, y otros a nombre del Estado Mayor, en busca del jefe del Ejército de Oriente. Le comunicaron que otorgarían garantías a los prisioneros, no por haberlas solicitado, sino porque siempre las daban a las fuerzas que combatían con valor. La guarnición había resistido un sitio de bombardeos y batallas calle por calle, casa por casa, aunque no con el dramatismo que sugería González Ortega, de acuerdo con el general Forey. "El enemigo ha dicho, para explicar la rendición de la ciudad, que no tenía ya ni víveres ni municiones", señaló en el parte que escribió a su gobierno. "Esto no es exacto. La ciudad ofrece todavía recursos importantes".[15] Para esclarecer esa capitulación, él mismo destacó el desaliento causado en la guarnición por la derrota de Comonfort en San Lorenzo. El 19 de mayo Forey ordenó izar dos banderas en los campanarios de la Catedral de Puebla: la de Francia y la de México. Entonces hizo su entrada a la ciudad, donde el cabildo lo recibió con un *Te Deum*.

Al rendir la plaza de Puebla, el general González Ortega recibió, para ser firmado, un documento redactado por los franceses según el cual los jefes del Ejército de Oriente, hechos prisioneros, asumían el compromiso de no luchar contra la Intervención. Todos lo rechazaron en el acto, con una nota que decía lo siguiente: "Los generales prisioneros que suscriben, pertenecientes al Ejército mexicano de Oriente, no firman el documento que se les ha remitido la mañana de hoy del cuartel general del Ejército Francés, tanto porque las leyes de su país les prohíben contraer compromiso alguno que menoscabe la dignidad del honor militar, como porque se lo prohíben sus convicciones y opiniones particulares".[16] Los generales fueron recluidos en una casa situada en la calle de Herreros, propiedad del jefe del Estado Mayor del Ejército de Oriente. Forey anunció la decisión de mandarlos a Francia. Eran en total veintiséis, pero serían embarcados nada más trece: la mitad. Forey no ejerció en realidad vigilancia sobre ellos, como puede ser visto en el relato de la fuga del propio Díaz. "El 21 de mayo, víspera de nuestra marcha para Veracruz, me quité mi uniforme a todo riesgo, en los momentos en que entraban y salían los deudos y amigos de los prisioneros para despedirse de ellos", escribió en sus memorias. "Comprendí que era fácil que no me distinguieran entre los entrantes y salientes".[17] Bajó las escaleras y llegó a la calle, y un amigo lo condujo a la casa donde estaba refugiado el general Berriozábal. Ambos salieron a caballo de la ciudad, con ayuda de un oficial de la reacción que habían sobornado para hacerles el servicio. Caminaron toda la noche por los montes, para evitar los caminos, por lo que perdieron el rumbo: al amanecer del 22 estaban todavía frente a la ciudad de Puebla. Pero lograron escapar en dirección de Tlaxcala y Apan, para continuar después hasta la capital de la República.

3

REENCUENTRO CON MATIAS ROMERO

El 29 de mayo de 1863 el gobierno de la República expidió un decreto para trasladar la sede de los Supremos Poderes de la Unión a San Luis Potosí. No era factible permanecer en la capital por más tiempo —aunque, una semana antes, el presidente había dicho que la defendería *hasta la última extremidad.* El partidario de la defensa de México, el general Miguel Blanco, renunció entonces al Ministerio de Guerra, por lo que fue sustituido por el general Felipe Berriozábal. Para muchos, el éxodo resultó dramático. "No se veía el día 30 por todas las calles más que preparativos de viaje; carros y mulas con baúles y colchones, que salían para el interior; personas a caballo que marchaban en la misma dirección y coches de camino con familias de generales y de altos funcionarios públicos, llevando el mismo rumbo que los primeros", escribió un testigo, el historiador Niceto de Zamacois.[1] El 31 de mayo, al mediodía, Benito Juárez pronunció el discurso con que clausuró las sesiones del Congreso de la Unión. Fue un discurso hondo y dramático, aunque sencillo y austero, hecho con palabras sentidas y simples, expresadas acaso con torpeza. El presidente dijo que la adversidad no lo desalentaba, que ella estaba engrandecida por el heroísmo de la nación. Habló de las fuerzas materiales y morales que conservaba México. No mencionó que partiría de la ciudad aquella misma noche. Los diputados lo escuchaban en silencio, acostumbrados a la manera de hablar del presidente. "Juárez no fue nunca un orador, sino un pensador", escribió un autor que lo

283

conocía, "y cuando hablaba exponía con brevedad y claridad, porque quería ser comprendido, y no aplaudido".[2] Era cierto, aunque la idea podía ser expresada con más reservas. "Fue siempre excesivamente tímido para hablar en público", dijo otro autor que también lo conoció. "Cuando algunas veces se veía obligado a pronunciar fórmulas trilladas de aclamación patriótica en las fiestas cívicas, acertaba a encontrar el modo de balbucear, de detenerse, de enmudecer a veces".[3] Juárez salió con su familia y sus ministros a la medianoche, en dirección a Querétaro. Viajó en un carruaje muy austero: todo negro, con dos faroles, el techo de cuero, las puertas galoneadas con el escudo de la República. Así viajaría por más de una semana hasta llegar al fin a San Luis Potosí.

A principios de junio, luego de acompañar al presidente en su salida de la capital, Porfirio Díaz partió hacia Contadero, donde asumió el mando del Cuerpo de Ejército del general Juan José de la Garza, quien siguió él solo con su escolta hacia Toluca. Pero las cosas salieron mal. Díaz tuvo que enfrentar la deserción de cientos de sus hombres en la retaguardia, con la sublevación de uno de los batallones de la guardia nacional de México —abandonado por su comandante, el coronel José María Rangel. La deserción ocurrió en el Monte de las Cruces, a pocas jornadas del lugar donde estaban las fuerzas del Cuerpo Expedicionario. "Perseguí a los sublevados, matando a algunos y aprehendiendo casi a todos", escribió con desparpajo el general Díaz, "y diezmándolos después en el Llano de Salazar".[4] El general mandó *diezmar* a los desertores frente a sus tropas formadas en línea —es decir, ordenó fusilar a uno de cada diez, como escarmiento. Debieron ser varias decenas. El episodio causó una conmoción, por supuesto, pero no por el castigo —que era la sanción prevista por la ordenanza para los casos de insubordinación— sino por el hecho mismo de la deserción. Don Manuel Doblado, por ejemplo, haría referencia en una carta al "pronunciamiento y desbandamiento del batallón del señor coronel Rangel en el Monte de las Cruces", para después añadir que era "la consecuencia forzosa de la inmoralidad y anarquía propias de un país destrozado a un tiempo por la guerra civil y por la invasión extranjera".[5] Habría otros ejemplos más de insubordinación entre la tropa del Ejército de México. El caso más dramático fue el que le costó la vida al general Ignacio de la Llave, asesinado de un balazo en el pecho por su propia escolta en el camino de la hacienda de Trancas, poco después del episodio del Monte de las Cruces. La traición estuvo a punto de costar también la vida al general González Ortega.

El 30 de junio, Porfirio Díaz recibió en Querétaro la visita del ministro de Guerra, su compañero de fuga, el general Felipe Berriozábal, quien lo nombró jefe del Ejército de Operaciones, con la instrucción de instalar su cuartel en Acámbaro. El nombramiento no lo tomó por sorpresa. Desde finales de mayo, en efecto, al hablar con el presidente Juárez en la capital, Díaz había sido notificado que sería ministro de Guerra o general en jefe del Ejército, según lo conviniera con Berriozábal. Pues uno iba a ser ministro, el otro general en jefe, le reveló en ese momento don Benito. Porfirio le respondió que había generales con más méritos; que él era demasiado joven para que, con voluntad, fuera aceptado por los oficiales más viejos como general en jefe del Ejército. No estaba contento con un nombramiento que iba a acrecentar sus responsabilidades en el gobierno, que iba también a limitar sus posibilidades en el campo de batalla. Así lo había dicho ya a Juárez y así lo habría de repetir a su amigo Matías Romero, quien estaba entonces en San Luis Potosí. Romero le acababa de escribir una carta para anunciarle que deseaba servir a sus órdenes. Díaz le respondió el 3 de julio desde su campamento, donde le describió su entrevista con Berriozábal. "El señor presidente ha dispuesto que me encargue del mando del Ejército, y aunque el ministro me indica que será provisionalmente, creo mi deber manifestar mi incapacidad al señor presidente, y lo elijo a usted mi órgano o mi apoderado para que se acerque a él".[6] Albergaba todavía la esperanza de no ser él mismo el general en jefe, pero recibía con beneplácito la noticia de que su paisano deseaba servir bajo sus órdenes en Acámbaro.

Porfirio Díaz había tenido comunicación con Matías Romero después del triunfo en Puebla, al estallar las hostilidades con Francia. Le pidió entonces su opinión respecto de la postura de los Estados Unidos ante la Intervención, con los datos que podía obtener en Washington. "He visto a la prensa de ese país muy animada en contra de la intervención extranjera", le escribió a su amigo del Instituto, "y doblemente opuesta al establecimiento de una monarquía en México; pero la prensa pública de mi país no nos da datos oficiales en qué poder fundar un juicio tal como el que yo quisiera tener, pues aunque no dudo que ese gobierno desaprueba la conducta del gobierno francés, mi deseo es saber hasta qué punto será capaz de protegernos y qué clase de protección podremos esperar".[7] Era una pregunta sumamente pertinente, cuya respuesta su amigo sabía ya, convencido de que el apoyo de los Estados Unidos no sería grande, pues el país estaba inmerso en una guerra de secesión contra los estados del Sur. Por esa razón, de hecho, Matías solicitó regresar a México —por eso estaba ahora en San Luis Potosí.

Matías Romero había sido enviado como secretario de la legación de México en los Estados Unidos durante la guerra de Reforma, con el apoyo de Melchor Ocampo. A los ocho meses de su llegada, el ministro José María Mata dejó su cargo para regresar a su país, luego de poner los negocios de la legación en manos de Romero. Así pasaron los años, hasta el comienzo de la Intervención. Al conocer la noticia del desembarco de las tropas de Forey, el encargado de negocios solicitó renunciar a su trabajo en Washington. Llevaba meses sin percibir sueldo, lo que no ayudaba, pero estaba sobre todo ansioso de luchar por su país, convencido de que no era factible conseguir el apoyo de los Estados Unidos contra Francia mientras durara la Guerra Civil. Su solicitud fue rechazada, pero al hacerla de nuevo, un año más tarde, el gobierno de Juárez le concedió una licencia para regresar a México. Matías tomó un vapor en Nueva York rumbo a Nueva Orleans, para seguir a Matamoros, donde abordó un barco que lo llevó hasta Tampico. Al tocar puerto supo de la caída de Puebla y de la salida del gobierno de la ciudad de México, por lo que siguió a caballo a través de la Huasteca, hasta llegar a San Luis Potosí. Ahí encontró al presidente Juárez. "Le manifesté", consignó en su diario, "que no deseaba yo volver a los Estados Unidos, que ni el clima me asentaba, ni estaba yo contento allí, y que preferiría servir en el Ejército a las órdenes de Porfirio Díaz".[8] En ese sentido, autorizado por el presidente, escribió a su amigo Porfirio. La respuesta fue favorable, por lo que habló de nuevo con Juárez. "Me dijo que fuera yo y que si quería quedarme en el Ejército, se lo comunicara para que me mandara un despacho. Le contesté que no deseaba despachos, grados, ni empleos", añadió con candidez en su diario, "que deseaba servir como soldado raso y que si me distinguía yo, tiempo habría de promoverme".[9] La contaduría le dio 400 pesos para el viaje a Acámbaro. El presidente Juárez le transmitió luego sus instrucciones ("que me dijo no quería confiar a la pluma") para el general Díaz.[10]

Antes de partir, el licenciado Romero renunció a su empleo en la legación de su país en los Estados Unidos. El 17 de julio abordó una diligencia en San Luis Potosí. Pasó por Dolores, San Miguel y Querétaro, y tres días más tarde llegó a Celaya. Ahí tomó con sus acompañantes unos caballos en alquiler, para continuar hacia Acámbaro. Cabalgaron bajo la lluvia, arribaron al atardecer, hallaron con dificultad un alojamiento en ese pueblo que parecía lo que era: un cuartel. "Tomamos chocolate y a las siete fui a ver a Díaz", escribió el 20 de julio en su diario. "Me recibió muy bien. Estuve platicando con él hasta las once sobre asuntos públicos. Me hizo quedarme con él y mandé traer mi equipaje. Dio alojamiento en otra casa a mis compañeros de viaje".[11] Matías había visto por última vez a Porfirio hacía ocho años ya, en Oaxaca. Ambos eran jóvenes, aunque uno había perdido el cabello y el otro tenía un mechón de canas sobre la cabeza. Díaz debió comentar con su amigo sus problemas, que iban desde los más grandes, relacionados con la jefatura de las fuerzas de la República, hasta los más pequeños, relativos al acontecer de todos los días en el Ejército. Venía de recibir, por ejemplo, una nota de Guillermo Prieto que decía así: "Cogieron de leva a un niño que no tiene aún nueve años dizque para corneta y su familia me ha visto rogándome, como ruego a usted, se ponga libre al muchacho".[12]

A la mañana siguiente, Romero pasó revista con Díaz a las fuerzas acantonadas en Acámbaro. Quedó mudo con lo que vio: "menos de tres mil hombres, mal vestidos, mal armados, mal disciplinados, con muchos reclutas y con muchos enfermos".[13] Así eran las tropas del Ejército de la República. Con ellas iba a permanecer. Porfirio le mostró la carta que acababa de escribir al presidente Juárez, en la que le pedía un despacho de coronel de infantería para su amigo, a quien nombró jefe de su Estado Mayor. Al final del mes, ambos salieron a caballo hacia Querétaro, adonde llegaron al Hotel del Aguila Roja. "Arreglé con Díaz que me iría mañana para León a ver a Uraga con objeto de proponerle que aceptara el empleo de cuartel maestre del Ejército", escribió Romero la noche del 2 de agosto, ahí en Querétaro. "A las ocho tomamos chocolate y enseguida llevé a Díaz al teatro; tomé un palco y vimos la representación de *Los franceses en México*, drama de don Luciano Frías y Soto. A las once y media se acabó la función; acabé de arreglar mi equipaje y a las doce me acosté".[14] Frías y Soto, su contemporáneo, era dramaturgo y periodista, originario de Querétaro, partidario del presidente Juárez. Su obra era una pieza de propaganda. Romero pospuso su viaje a León para poder ver antes al presidente, por lo que salió en diligencia hacia San Luis Potosí. "Que usted tenga feliz y pronto regreso", le escribió Porfirio, sin imaginar que tardaría más de cuatro años en volver a ver a su amigo de Oaxaca.[15]

El presidente Juárez, para mostrar que la pérdida de la capital era un incidente sin importancia, que el gobierno continuaba en funciones, tenía el deseo de que la Suprema Corte de Justicia y el Congreso de la Unión sesionaran en San Luis Potosí, y que tuvieran ahí su sede los diplomáticos acreditados en México. La Corte estaba ya instalada, pero el Congreso no tenía quórum, con apenas poco más de treinta diputados, y los diplomáticos permanecían en la ciudad de México. El presidente, de hecho, estaba aislado, su gobierno protegido y prisionero en el interior de un triángulo de cacicazgos formado por los generales Manuel Doblado (Guanajuato), Santiago Vidaurri (Nuevo León) y Jesús González Ortega (Zacatecas). "Al llegar aquí me he encontrado con una crisis ministerial; la oposición de Doblado al gabinete actual ha sido tal que ha obligado al ministerio a renunciar", escribió Matías Romero al general Díaz. "Esto me lo han dicho de una manera muy reservada y yo se lo comunico a usted porque conviene que sepa todo lo que ocurre".[16] Agregó que tenía por ello la intención de permanecer un tiempo en San Luis Potosí. Díaz le respondió desde San Juan del Río. "Es necesario que el señor presidente sepa que la renuncia de los ministros no es un secreto", alertó. "Es necesario que lo sepa para que pronto se resuelva a adoptar un partido cortando con su determinación el estado de alarma y de violencia en que todos están".[17] La carta estaba escrita por él mismo, en el papel que le había dejado su amigo al partir, membretado con las iniciales *MR*. "Me parece muy bien que usted no venga sino cuando la crisis haya pasado", dijo, "tanto porque nada podrá arreglarse antes como porque es necesario que usted presencie el arreglo definitivo y sus condiciones para saber a qué ajustar nuestra conducta".[18] Para finalizar, Díaz insistió con Romero en que le reiterara al presidente que no quería ser general en jefe del Ejército, sobre todo si eso iba a provocar un choque con Doblado, quien era sabido que deseaba colocar en su lugar al general López Uraga. Don Benito tenía que ceder. "Si él se empeña en sostenerme dando lugar con esto a la intriga, me perjudica".[19] Romero le leyó la carta al presidente Juárez. Coincidía con ella. Díaz no deseaba presidir el Ejército sin tener el respaldo de quienes constituían los cimientos del poder de la República, entre los cuales estaba, sin duda, el general Doblado.

Don Manuel Doblado, gobernador de Guanajuato, dirigente de los moderados en el partido liberal, asumió la cartera de Relaciones y Gobernación en el gabinete de Juárez. Su incorporación tuvo un efecto no previsto en la vida de Porfirio y de Matías, al vetar el nombramiento de Juan Antonio de la Fuente, quien acababa de ser designado ministro de su país en Washington. Entonces don Benito, con la anuencia de Doblado, propuso en su lugar a Romero, quien el 2 de septiembre, molesto pero resignado, fue nombrado enviado extraordinario y ministro plenipotenciario de México en los Estados Unidos. Tenía sólo veintiséis años de edad, pero habría de ser el representante más eficaz de su país en la historia de esa relación. Su nombramiento tuvo lugar en el momento exacto, pues Doblado renunció poco después a su responsabilidad en el gobierno de Juárez. Un nuevo gabinete hubo de ser nombrado. Estaría encabezado esta vez por Sebastián Lerdo de Tejada, ministro de Relaciones y Gobernación; José María Iglesias, ministro de Justicia; Ignacio Comonfort, ministro de Guerra, y José Núñez, ministro de Hacienda.

EPOPEYA DEL EJERCITO DE ORIENTE

La capital de México acababa de ser ocupada ese verano por las tropas del general Elie Forey, con el alivio de sus habitantes, que salieron ilesos de la guerra que el gobierno de Benito Juárez enfrentaba con el Cuerpo Expedicionario de Francia. Forey fue nombrado mariscal, permaneció por un tiempo en la ciudad, donde impulsó una junta de notables, seguida por una regencia que proclamó el establecimiento de una monarquía en México. La regencia estaba formada por un triunvirato que ejercería el gobierno durante los meses por venir, dominado por un general de la reacción, don Juan Nepomuceno Almonte, y un prelado de la Iglesia, don Pelagio Antonio de Labastida y Dávalos. En Europa, esos días, una delegación de mexicanos emprendía a su vez el camino hacia el castillo de Miramar, en el Adriático, con el objeto de ofrecer la corona de México al archiduque Maximiliano de Habsburgo, hermano del emperador de Austria. Los mexicanos iban encabezados por José Gutiérrez Estrada, el mismo que había propuesto, hacía ya más de cuatro lustros, la adopción de una monarquía en México —"como remedio para los males que aquejan a la República".[1] Esa idea, que parecía entonces inconcebible, comenzaba a ser ahora realidad. En todo el territorio parecía que triunfaba el Imperio, daba la impresión de que era derrotada la República. El gobierno de Juárez perdería poco después una de las pocas fuentes de financiamiento que aún le restaban: el puerto de Matamoros, por donde salía hacia Europa el algodón de los Estados Unidos que producía el Sur, bloqueado durante la Guerra Civil por las fuerzas del Norte.

En ese momento de repliegue tuvo lugar una reunión que sería determinante para el desarrollo de la guerra en México. A mediados de septiembre, el general Porfirio Díaz fue convocado a San Luis Potosí, donde volvió a ver al presidente Juárez. Estaba rodeado por los ministros de su gabinete, en el que destacaban Sebastián Lerdo de Tejada y José María Iglesias. Díaz los conocía, pues ambos, como él, fueron miembros de la segunda legislatura del Congreso de la Unión. No los olvidaba: eran dos de las inteligencias más brillantes del país. Don Benito había estado a lo largo de su vida —era raro, pero cierto— rodeado por hombres que tenían una inteligencia superior a la suya. Estuvo subordinado, intelectualmente, a Marcos Pérez en Oaxaca, a Melchor Ocampo en Veracruz, a Manuel María de Zamacona en la ciudad de México, ahora a Sebastián Lerdo de Tejada y a José María Iglesias en San Luis Potosí. Porfirio los observaba —observaba la acción que ejercía la personalidad del presidente, impasible y severa, sobre los dignatarios que lo rodeaban. Todos ellos, más inteligentes, aceptaban sin chistar el liderazgo de Juárez. ¿Por qué? Por la fuerza de su voluntad y su carácter. Algo similar ocurriría más tarde —ocurría ya— con el propio Díaz. Pues él también habría de dominar, con su temperamento, a colaboradores que eran intelectualmente superiores: más cultos, más refinados, más profundos. Porfirio estaba consciente de sus limitaciones en este terreno. "Yo mismo me reprocho", escribió a un amigo, "mi poca inteligencia".[2] Dudaba de su capacidad y su talento, igual que don Benito. Pero imponía su autoridad, como él, con la fuerza de su temple.

Durante el tiempo que permaneció en San Luis Potosí, en el seno del gobierno, el general Díaz tuvo contacto sobre todo con Ignacio Comonfort, el ministro de Guerra. Lo trató entonces por primera vez. Don Ignacio había sido uno de los dirigentes del Plan de Ayutla, que traicionó después al secundar el Plan de Tacubaya. Ahora estaba reconciliado con don Benito. ¿Qué impresión le causó a Porfirio? ¿Cómo era? "Tenía la frente ancha y despejada, y su cara, picada de viruelas, era generalmente seria", recordaría una persona que lo conoció, para añadir que poseía una barba tupida y un cuerpo alto y grueso, y que, sobre todo, "estaba dotado de gran benevolencia, nunca agotada por los desengaños más crueles".[3] Todo era correcto en el retrato, pero faltaban las sombras. Porque Comonfort, en opinión de las personas que lo trataron, acaso por exceso de benevolencia, era también un hombre débil y frágil. El 22 de septiembre terminó su conferencia con el general Díaz, quien fue entonces relevado de la jefatura del Ejército de Operaciones, el responsable de contener el avance de los franceses hacia San Luis Potosí. El ministro de Guerra escribió en seguida a José López Uraga. "Debiendo separarse el ciudadano general Porfirio Díaz del Ejército de Operaciones con la 1ª División para un objeto importante del servicio", le dijo, "el ciudadano presidente de la República ha tenido a bien nombrarlo a usted general en jefe de dicho Ejército".[4] Aquel *objeto importante del servicio*, a que hacía referencia Comonfort, era la apertura de un frente de combate al sur de la ciudad de México. Díaz tenía que marchar con una fuerza hacia Oaxaca —a través del Bajío, la Mesa Central y las montañas del Sur— para crear, allá, el Cuerpo de Ejército de Oriente. Su misión era formar un ejército a partir de los grupos que permanecían dispersos para hostilizar a los franceses en su retaguardia, con el fin de obstaculizar su movimiento hacia San Luis Potosí. Porfirio tendría para ello jurisdicción sobre los estados de Puebla, Tlaxcala, Veracruz, Oaxaca, Chiapas, Tabasco, Campeche y Yucatán. Iba a operar en el Sur, no en el Oriente, pero el gobierno deseaba aprovechar el prestigio del nombre que tenía la fuerza que había vencido a los franceses frente a Puebla: el Ejército de Oriente.

El 6 de octubre, el general Porfirio Díaz emprendió la marcha desde San Juan del Río. Su división estaba formada por tres brigadas y una sección de artillería, y entre sus oficiales estaban el general Mariano Escobedo, el coronel Manuel González, el teniente coronel Juan Espinosa y Gorostiza, y el mayor Jerónimo Treviño. Todos ellos habrían de desempeñar un papel de relieve en los años por venir. La división tenía un total de dos mil ochocientos hombres. Eran todos combatientes probados en la guerra, salvo los de la Brigada de Sinaloa ("del primero al último están convencidos ellos mismos de que no han nacido para soldados", lamentó Porfirio).[5] En el momento de partir de San Juan del Río con destino a Amealco, temprano por la mañana, una confusión hizo que la comisaría del ejército quedara de pronto rezagada, junto con la escolta del general Díaz. "Mi escolta se componía de cosa de cuarenta hombres que no tenían los mejores antecedentes", relataría él mismo, "pues por el contrario algunos habían pertenecido probablemente a bandas de camino real, pero eran hombres todos de valor, decisión, conocedores del terreno y muy útiles para combatir en aquellas circunstancias. Estaban mandados por Vega, hombre de malos antecedentes".[6] La comisaría del ejército tenía 70 000 pesos en efectivo —54 000 en pesos fuertes y 16 000 en oro— para pagar el haber de los soldados durante la marcha, que estaba previsto habría de durar un mes. Treinta mulas cargaban los cajones de pesos fuertes y una mula más las monedas de oro. ¿Qué hacer? ¿Mandar llamar a una parte de la columna que estaba en la avanzada, con el riesgo de llamar la atención del enemigo, o seguir con el dinero protegido por una escolta que no inspiraba confianza? Díaz optó por lo segundo, diciendo a los miembros de su escolta que las cajas contenían parque. Al caer la noche, para no perderlas, le encargó a cada uno de sus hombres el cuidado de una de las mulas. "Yo estaba en la inteligencia de que la escolta creía que las mulas conducían parque, pero al pasar junto al soldado que llevaba la mula cargada de oro, me dijo en tono sarcástico: Aquí va la de oro, mi general, lo que me hizo comprender que la escolta sabía perfectamente lo que llevaba".[7] Hacia la medianoche llegó a Amealco. Muy satisfecho con la lealtad de su escolta, por fin a salvo, dio una gratificación a todos los soldados —"y especialmente al que había conducido la mula cargada de oro".[8]

El Ejército de Oriente siguió más o menos la ruta trazada desde San Juan del Río para llegar a Oaxaca. Atravesó los estados de Querétaro, Michoacán, México y Guerrero. Pasó por Amealco y Molinos de Caballero, por Pomoca, Senguío, Angangueo, Zitácuaro y Orocutín, y luego por Tlalpujahua, San Martín Lubianos, Tejupilco, Soltepec, Arcos, Zacualpan y Tetipac. Todos padecieron la travesía. Caminaban sin conocer el terreno, por bosques y desiertos, y al final por selvas. Atravesaban cañadas y barrancas por caminos extraviados de los pueblos, y dormían a menudo al descampado, sedientos y hambrientos. Los soldados veían con indiferencia, acaso con hastío, las flores que tapizaban el campo, como todos los otoños. Tenían que cargar ellos mismos los cañones de su artillería por las cuestas de las montañas, sin más ayuda que las correas de las fornituras. Y tenían hambre, mucha hambre. Siempre. Las tropas dependían para su manutención de los recursos que encontraban en los pueblos por los que pasaban. Pero los recursos eran insuficientes. "El malestar aumentaba", recordó Adrián Valadés, un oficial del 2° Batallón de Sinaloa, "y a punto estuvo de ocasionar un desastre".[9] Valadés afirma que los jefes de la Brigada de Sinaloa (él mismo era uno de ellos) trataron de desertar en Zacualpan, antes de llegar a Guerrero. Llevaban ya tres semanas de marcha: estaban desesperados. Díaz fue advertido por uno de sus oficiales. "Sin recurrir a ninguna violenta determinación para evitar dicho intento, sino, al contrario, aparentando la mayor ignorancia de lo que se trataba, hizo ostensibles solamente ciertas precauciones", escribió Valadés. "Esa actitud hizo vacilar a los jefes de la Brigada de Sinaloa".[10] Las fuerzas del enemigo, que los hostilizaron a lo largo de la travesía, les dispararon en el momento de vadear el río Mixteco por el paso de Pungarancho. Hubo un tiroteo. Fue necesario cruzar el río 9 kilómetros más abajo, por el paso de la Guacamaya. Al penetrar en Guerrero, la sed y el hambre, y las enfermedades, hacían estragos en la tropa, que así, exhausta, arribó por fin a las inmediaciones de Taxco la tarde del 27 de octubre de 1863.

Taxco era una población habitada sobre todo por mineros, muy religiosa, hostil al resto del Sur, partidaria del Imperio, que había que someter porque representaba un foco de desobediencia al gobierno de la República. También era, claro, una oportunidad para terminar con el decaimiento, para interrumpir la monotonía de la marcha, para ganar una batalla al enemigo. El general Díaz estableció su campamento frente a la ciudad, luego de dar órdenes de contener a la guarnición de Iguala, fuerte de más de mil hombres, con una brigada de caballería al mando del general Escobedo. Así logró aislar a Taxco. "Invité al enemigo a que se rindiese", afirma su parte de guerra, "poniéndole por plazo la llegada del día siguiente, y habiéndoseme puesto condiciones que consideré perplejas, atendida la situación de ambas fuerzas, comencé mis operaciones al día siguiente".[11] Por la mañana ordenó a su artillería disparar sobre la plaza. El fuego destruyó las casas que poblaban el perímetro de la ciudad, por lo que la guarnición buscó refugio en el interior del convento de San Diego. En el ataque al convento murió de un balazo en el pecho el comandante Cirilo Tolsá, miembro del Estado Mayor del Ejército de Oriente. Los defensores mostraban un valor con el que no contaban los atacantes. Díaz suspendió el fuego por la noche, para preparar el asalto, pero en la madrugada del 29 de octubre llegó hasta su campamento una comisión para rendir la plaza, que pedía sólo la garantía de la vida. El general afirmó que estaba obligado por la legislación de su país —la llamada *ley de 25 de enero*, decretada por Juárez— a fusilar a todos los que fueran aprehendidos, con armas en la mano, en actitud de rebelión contra el gobierno de la República. Parecía alterado por la resistencia de Taxco, la cual supuso muertes en el Ejército de Oriente. Pero ofreció no ejecutar a los defensores de la plaza sino, reducidos a prisioneros, dejar su suerte en manos del Supremo Gobierno. Sobre estas bases fue orillado a rendir la ciudad —contra su voluntad— el comandante de la guarnición, un muchacho valiente y fervoroso llamado Marcos Toledo.

La ciudad de Taxco fue saqueada por las fuerzas de Porfirio Díaz. Así lo habrían de revelar los testimonios de sus habitantes, publicados en *El Cronista de México* a partir de un texto aparecido en *L'Estafette*. Ambos periódicos eran favorables a la Intervención y al Imperio, y tenían el propósito de desprestigiar al gobierno de la República. Pero los testimonios son ciertos: fueron confirmados por los propios republicanos. Díaz no quiso —o no pudo— garantizar el orden durante la ocupación de Taxco. Sus fuerzas tomaron por asalto la iglesia de Santa Prisca. Robaron la custodia, los cálices, las patenas, el lienzo de los sacerdotes. Las casas de los taxqueños fueron también asaltadas. "El mismo Porfirio Díaz había dado la señal del saqueo, mandando brutalmente que fuese arrasada la casa del señor Jecker", informó *El Cronista de México*, en referencia al banquero asociado con Francia: Jean-Baptiste Jecker. "Hoy, Taxco está desierto y devastado: varios habitantes han sido asesinados, tratando de preservar sus casas del saqueo".[12] Porfirio permaneció un par de días en la ciudad, para seguir después por el camino del Sur. Llevaba alrededor de doscientos setenta prisioneros. "Salieron sin zapatos, sin víveres y medio desnudos, en dirección de Iguala", publicó *El Cronista de México*, que aseguró que el mismo general les había dado la promesa de *dejarles en libertad* al tomar Taxco. "Si Díaz, que pasaba por ser uno de los más valientes y leales jefes juaristas, viola así las leyes de la guerra y su propia palabra, ¿qué no harán los demás?"[13] Esta información es disconforme con el parte del general Díaz, el cual asegura que los defensores de la plaza, en el momento de capitular, aceptaron ser puestos a disposición del Supremo Gobierno. Ello era congruente con la legislación entonces en vigor: la *ley de 25 de enero*. "Como para la práctica de mis operaciones me serían demasiado estorbosos los prisioneros", explicó Díaz a Comonfort, "he dispuesto remitirlos al ciudadano gobernador de este estado para que haga de ellos lo que ese Ministerio se sirva ordenarle".[14] Tenía la intención de llevarlos a Tepecoacuilco para entregarlos al general Eutimio Pinzón, hombre de confianza de don Juan Alvarez, el gobernador de Guerrero. ¿Qué sucedió con ellos?

El Ejército de Oriente pasó de largo por Iguala, sin combatir a la guarnición, pues era imposible pelear con las filas cargadas de prisioneros, luego de la toma de Taxco. No nada más eso. "Los soldados", refiere un oficial, "caminaban agobiados con los despojos del botín: ropa, alhajas, libros, instrumentos de agrimensura y de minería y otra infinidad de cosas".[15] En Tepecoacuilco, el general Díaz hizo alto para dar ascensos a los jefes de los batallones de Sinaloa que encabezaron el asalto a Taxco. Eran los mismos que habían querido desertar —razón por la cual recibían ahora, para darles ánimo, esos ascensos. Díaz tuvo una conferencia con el general Pinzón, el representante del gobierno de Guerrero. Le entregó dieciocho prisioneros, entre jefes, oficiales, curas y regidores. Pinzón no esperó instrucciones del Ministerio de Guerra allá en San Luis Potosí. No podía. Dio en su lugar, con el aval de Díaz, la orden de fusilar al jefe de la guarnición de Taxco, el joven Marcos Toledo. Con él murieron ejecutados dos hombres más, uno de ellos un cura. "El resto de los prisioneros fueron divididos en todos los batallones", afirmó un testigo, "y empleados en conducir en hombros las cargas de armamento sobrante, en cuyas penosísimas fatigas sucumbieron algunos".[16] Porfirio habría de silenciar todo eso al evocar en sus memorias la toma de Taxco. No había nada en ella que pudiera recordar con orgullo. Sus soldados, al salir del poblado, atravesaron el rancho de Tetelilla para cruzar el río Mezcala, con su botín a cuestas, en dirección de Apango.

El 8 de noviembre, Díaz le escribió al presidente Juárez desde Apango. "No tengo palabras con qué manifestar a usted mi agradecimiento por tanta confianza".[17] Acababa de recibir el despacho de general de división, seguido por un pliego que le daba plenitud de facultades para la guerra y la administración, así como también instrucciones a las que debía ajustar su conducta en Oaxaca. Tenía sólo treinta y tres años de edad, un poder enorme por delante, así que debió ser optimista, no obstante todas sus vicisitudes. La guerra contra la Intervención apenas comenzaba en los estados del Oriente.

Porfirio calculaba que en una semana llegaría a Huajuapan. Le habría de tomar el doble de tiempo. La moral estaba mal de nuevo. Sus oficiales bebían, jugaban a la baraja con copones, cálices y fragmentos de las custodias de la iglesia de Santa Prisca. Pasaron unos días en Chilapa, para seguir después por Petatlán, El Mesón, Ayotzinapa, Atlixtac y Tlapa, y luego por Ixcatiopan, Yucuyachi y Santo Domingo Tonalá, ya en las Mixtecas. Algunos de esos pueblos estaban deshabitados, así que era difícil encontrar alimento para la tropa —menos aún para los prisioneros que sobrevivían. Sus habitantes los abandonaban por el terror que les infundían los soldados, los cuales los saqueaban o los arrastraban, con la leva, fuera de sus comunidades. Las cosas no podían seguir así. "Por la orden general se previno que se impondría la pena de muerte al que cometiera el más insignificante robo en las poblaciones que se consideraban adictas", comentó un jefe de columna, "aunque las circunstancias mismas de la marcha tenían que invalidar la aplicación de tan terrible pena".[18] Era imposible castigar a quien robaba comida para no morir de hambre.

El Ejército de Oriente llegó el 21 de noviembre a Huajuapan. Estaba disminuido en una tercera parte, a causa de las deserciones. Durante aquella marcha, que fue infernal para la tropa, hecha por caminos apenas transitados, sin víveres, Díaz permaneció mal comunicado con el resto de México. Pero es posible que recibiera por extraordinario las noticias más importantes que ocurrían en el país. Supo tal vez que el general José María Cobos, su enemigo durante la guerra de Reforma, acababa de ser fusilado en el puerto de Matamoros luego de un motín contra el gobierno, acusado de proclamar al Imperio. Supo acaso que el general Achille Bazaine, sucesor de Forey, acababa de salir por esos días de la capital para tomar el mando de una expedición hacia el interior, que tenía por objetivo la ciudad de San Luis Potosí. Y supo sin duda que el general Ignacio Comonfort, ministro de Guerra, a quien venía de conocer él mismo, acababa de morir a manos de una partida de bandidos por el camino de Chamacuero, en el Bajío. Había que tomar precauciones, pues aquel camino estaba lleno de bandoleros. "Así lo expliqué al general Comonfort, al relevarme en el mando de Cuerpo de Ejército que había estado a mis órdenes", recordaría Díaz en sus memorias, "pero no dio importancia a mis informes, y a los pocos días de mi separación, intentó hacer una travesía en coche, con cincuenta caballos de escolta, de San Miguel Allende para Celaya".[19] Los testimonios confirman que, en efecto, el ministro rechazó la protección que le fue ofrecida, que no hizo caso de las noticias de forajidos en aquella parte del Bajío. Murieron ocho miembros de su comitiva. Pero eso no fue todo. "Los bandidos se cebaron en el señor Comonfort", refirió luego un testigo, "pues hasta le arrastraron su cadáver, después que le desnudaron completamente, dejándole únicamente una camisa de abrigo".[20]

4

JEFE DE LA LINEA DE ORIENTE

"Querida hermana", decía la nota, "te saludo y te aviso que pasado mañana jueves, a más tardar a mediodía, tendré el gusto de darles un abrazo".[1] Era el 24 de noviembre de 1863. Porfirio había vivido sobre la marcha, montado en un caballo, cerca de dos meses. Llegó con su escolta a la capital del estado, él solo, pues el resto de su columna permaneció en Huajuapan a las órdenes del general Rafael Benavides. Pasó por Tamazulapan, Tlaxiaco, Nochixtlán, Huitzo y Etla, ya en los Valles de Oaxaca. Había residido casi tres años fuera del estado. Todo había cambiado desde entonces. Tuvo una entrevista con Ramón Cajiga, el gobernador, y con José Esperón, el secretario de Gobierno. Eran los responsables del golpe contra don Marcos Pérez. Mantenían ahora una especie de tregua con los franceses, que comprendieron iban a tener que abandonar con la llegada de Díaz. Cajiga le dijo que le resultaban inconstitucionales las órdenes que llevaba del presidente, que por esa razón no las pensaba acatar; luego le preguntó —ingenuo, quizá— si estaba dispuesto a hacer uso de las armas en su contra. Porfirio Díaz habría de recordar el incidente en sus memorias. "Contesté que en aquellas circunstancias las armas no tenían más objeto que defender a la nación del invasor extranjero y de los traidores, y que consideraba en el segundo caso a todo el que se resistiera a cumplir las órdenes del gobierno federal".[2] Cajiga renunció a su cargo ante la legislatura del estado, que a su vez quedó disuelta. Pero ése no iba a ser el fin para Porfirio. El enfrentamiento con los *borlados*, que apenas empezaba, lo habría de perseguir hasta el final.

El general Díaz asumió el gobierno de Oaxaca después de la renuncia de Ramón Cajiga. Para la Secretaría de Gobierno, que era esencial, pensó en su amigo de juventud, el licenciado Justo Benítez. Hacía tiempo que no lo veía. Había sido su compañero en el Seminario y el Instituto, y había sido su aliado durante los años que fue oficial mayor de la Secretaría de Gobierno. La guerra de Reforma los separó: Díaz marchó hacia el Istmo, Benítez permaneció en la ciudad de Oaxaca, donde escribió al presidente Juárez ("con la vehemente aspiración de servir a su lado en cualquier escala, sin ninguna ventaja que me aliente, fuera de la satisfacción de merecerle algún aprecio") para ponerse a sus órdenes en el puerto de Veracruz.[3] El presidente no lo requirió. Justo, entonces, continuó en el cuerpo de catedráticos del Instituto, consolidó su bufete de la calle de Lazo, comenzó a colaborar en el periódico *La Democracia* y trabajó, en fin, como secretario de la legislatura de Oaxaca. Porfirio lo volvió a ver, empleado por el coronel Cristóbal Salinas, al regresar del Istmo. "Fue entonces más cordial nuestra amistad", habría de referir en sus memorias, "llegando a ser íntima cuando militamos juntos".[4] Benítez estuvo con él en la campaña que culminó con la toma de la capital de México y meses después, también, en la segunda legislatura del Congreso de la Unión. Al estallar la guerra contra los franceses volvió a su tierra, donde vivió las hostilidades de lejos, pero con intensidad. Brindó la suma de 1000 pesos —a cuenta de sus alcances— para las víctimas de la tragedia que acabó en una noche con la 1ª Brigada de Oaxaca, pues estaba, dijo, "profunda y dolorosamente impresionado por la noticia de la horrible catástrofe que tuvo lugar en Chalchicomula".[5] Ofreció con insistencia sus servicios para la guerra con el extranjero —primero al gobernador Ramón Cajiga, después al general Porfirio Díaz, quien acababa de ser nombrado responsable de una división en Veracruz. Pero ocurrió entonces el avance de los franceses hacia Puebla, la evacuación de la ciudad de México y el repliegue del gobierno en San Luis Potosí.

Justo Benítez habría de evocar su rencuentro con Díaz en una carta que le dirigió varios años después, al revivir con emoción aquellos tiempos de lucha en Oaxaca. Era un lunes, cerca de la medianoche. Estaban los dos en la obscuridad, solos, alumbrados por una vela. Afuera empezaba el invierno. "Tú recordarás", le escribió, "que en la noche del 30 de noviembre al 1 de diciembre de 1863, invitado por ti para ayudarte en la empresa que tomamos a nuestro cargo, te dije: Yo sé que me expongo a perder la tierra y no tener en el porvenir más recompensa del destino que la miseria y el cadalso, pero tú adquirirás un gran nombre y esa conquista será mi recompensa. Tú me contestaste, casi llorando, que en cualquier situación de la vida seríamos dos hermanos dispuestos a partir el pan, a consolarnos en la desgracia, a gozar de la dicha siempre juntos, y sobre todo, a amarnos con la efusión de nuestra alma".[6] Benítez tenía bigote con piocha y estaba calvo como bola de billar, con el cabello de los lados ralo y despeinado. No había cambiado desde la adolescencia, aunque su mirada parecía nublada —así lo muestran las fotografías— por una sombra de desconfianza, como si previera un desencanto. "Yo por mí", añadió en la carta, "jamás me he arrepentido de haber corrido y seguir tu suerte".[7] Aquella noche aceptó el cargo de secretario de Gobierno de Oaxaca. Con ello nació una alianza que marcó el siglo XIX, pues juntos emprendieron una lucha que habría de culminar en la Presidencia de la República.

"A la entrada de don Porfirio Díaz al poder se temían medidas enérgicas, como la de hacer salir a las monjas de sus conventos", escribió *La Victoria* en enero de 1864, al comentar los sucesos más recientes en Oaxaca, entre los que destacaba dos: "el progreso que las ideas intervencionistas adquieren en el estado" y "la templanza y moderación de Cajiga".[8] Así decía la publicación, que era oficial. Sus palabras muestran el grado en el cual, al mes de haber asumido el gobierno del estado, hasta los periódicos a sus órdenes, como *La Victoria*, estaban alineados con los *borlados*, a favor incluso del Imperio. "Los extranjeros residentes en Oaxaca opinan abiertamente a favor de la Intervención", añadió la nota, "y se asegura que los indígenas de Ixtlán, patria de Juárez, son los más decididos por Fernando Maximiliano".[9] Todo esto era la verdad, una verdad que Díaz tuvo que enfrentar en Oaxaca. Los liberales estaban dominados por los *borlados*, quienes a su vez simpatizaban con las ideas de progreso que veían reflejadas en la Intervención y el Imperio.

El general en jefe de la Línea de Oriente tenía bajo sus órdenes a los gobernadores de los estados que estaban bajo su jurisdicción, con facultades adicionales sobre las rentas federales y las guardias nacionales en Oaxaca, Puebla, Veracruz y Tlaxcala. El presidente Juárez, amenazado por el avance de las fuerzas de Tomás Mejía, había tenido que salir de San Luis Potosí, junto con su gobierno, hacia la ciudad de Saltillo. Porfirio Díaz perdió el contacto con él, por lo que tuvo que gobernar, él mismo, todos los estados que formaban la Línea de Oriente. Chiapas fue uno de los que primero exigió su atención, ya que desde hacía meses permanecía bajo el control de una fuerza levantada en Guatemala, partidaria del Imperio. Fue necesario, para restablecer el orden, mandar una columna de setecientos hombres al mando del ya general Cristóbal Salinas, quien a fines de enero tomó posesión de la ciudad de San Cristóbal. Porfirio nombró entonces gobernador del estado al coronel José Pantaleón Domínguez, a quien había conocido y tratado durante el sitio de Puebla, y mandó hacer, más adelante, reconocimientos en Frontera y Jonuta, en el interior de Tabasco, y en Minatitlán, Ajalpan y Petalcingo, al sur de Veracruz. Había que proteger los puertos del Golfo que aún estaban en posesión de la República.

Los franceses concentraban entonces sus fuerzas en el Bajío, pero comenzaban a preparar la campaña contra el Ejército de Oriente con la construcción de dos caminos de rueda: uno de Tehuacán a Oaxaca, por la Cañada, y otro de Acatlán a Huajuapan, a través de las Mixtecas. El 15 de febrero, con ellos en mente, el general Díaz dirigió una carta en español y francés, muy ingenua, al Cuerpo Expedicionario de Francia. En ella invitaba a los jefes y oficiales a pasar a sus filas —sin desconocer su rango, con la promesa de tierras de labor en la zona de su elección. "La República Mexicana, que está firmemente resuelta a convertir en pavesas sus más ricas ciudades y en desiertos páramos sus floridos campos antes de someterse al poder del austriaco, os recibirá con gratitud como sus defensores", les aseguró Díaz.[10] Al día siguiente de firmar la carta, él mismo renunció al gobierno de Oaxaca para nombrar en su lugar al general José María Ballesteros, con el fin de dedicar su tiempo a la organización del Ejército de Oriente. Realizó también algunos cambios en la secretaría del cuartel general. "Como yo tenía la más grande confianza en la aptitud, honradez, patriotismo y amistad para conmigo del licenciado don Justo Benítez, y como lo consideraba más competente que yo para negocios de carpeta y de administración, por haber tenido práctica en ese ramo que a mí me faltaba, puse enteramente en sus manos lo que podía considerarse como la parte administrativa de la campaña".[11] La relación no era fácil, por el carácter impaciente y dominante de Benítez. "Pero la buena amistad que nos ligaba, y mi posición superior, contribuyó mucho a hacerlo condescendiente".[12]

En el curso de marzo hizo crisis la relación de los *borlados* con el general Porfirio Díaz, quien llegó a temer un pronunciamiento en su contra en la capital de Oaxaca. Aquel mes expulsó de la ciudad a dos parientes de Juárez, su cuñado y su concuño: José Maza, hermano de Margarita, y Manuel Dublán, marido de Juana Maza, la hermana de Margarita. La prensa comentaría, más tarde, "el formal desacuerdo sobrevenido entre Porfirio Díaz y algunos de los principales personajes de Oaxaca".[13] Dublán encabezaba, desde hacía ya tiempo, el partido de la Borla. Era de origen francés, al igual que varios otros abogados, políticos y propietarios en el estado. Había conocido a Díaz en el Instituto de Ciencias y Artes; había colaborado con él a lo largo de la guerra de Reforma, desde la Secretaría de Gobierno; había incluso compartido su bancada, ya en México, durante los trabajos del Congreso de la Unión. Y ahora, en el contexto de la tensión entre los liberales del estado, los *rojos* y los *borlados*, le hizo llegar un mensaje de quien habría de ser el representante del emperador Maximiliano en Oaxaca. Era una invitación a sumar su nombre al Imperio, sin perder el mando de los estados que formaban la Línea de Oriente. "Me indigné de ver que no obstante sus relaciones personales y de familia con Juárez", dijo Díaz, "se prestara Dublán a hacerse instrumento de esa invitación; y considerándolo como enemigo, mandé ponerlo preso, para fusilarlo después como espía".[14] Justo Benítez intercedió a su favor, por lo que fue liberado de su prisión para ser, en su lugar, desterrado de México. Partió hacia Guatemala, pero alegó problemas de salud con el fin permanecer en Tehuantepec, donde sería protegido más tarde por el general Salinas —otro *borlado*— a su regreso de la campaña de Chiapas.

El general Díaz no mencionó su desencuentro con Manuel Dublán al escribir, esa primavera, a su amigo Matías Romero, quien estaba ya a cargo de la legación de México en Washington. Sus cartas son interesantes porque describen los planes de campaña que tenía a principios de 1864. En la primera le hacía un recuento de sus actividades desde su arribo a Oaxaca. "Habiendo llegado en diciembre después de una peregrinación enojosa y tardía con cosa de dos mil hombres mal armados, pésimamente vestidos, me he dedicado con asiduidad a la reorganización y aumento de la fuerza armada, a la pacificación de Chiapas, Tabasco y Costa de Sotavento de Veracruz, y a contener al enemigo en los límites de Puebla de Zaragoza. Todo hasta ahora me ha salido perfectamente, cuento con seis mil hombres y seis baterías de artillería".[15] Después le revelaba sus planes. "Muy pronto me pondré en marcha sobre la Mesa Central, si antes no me invade una expedición que han estado preparando en México para ese objeto, al decir de los periódicos de la capital".[16] Díaz quería consolidar sus fuerzas en Oaxaca, tener bajo control el resto de su retaguardia, para después mover sus columnas hacia el valle de México. "He duplicado el número de fusiles, construido bayonetas y fabricado chimeneas para volver de percusión los de chispa, y dando la mano a los indígenas de Teotitlán del Valle he llegado a vestir a los soldados de paño gris", escribió en otra carta. "Creo que durante la estación de aguas, el estado estará libre de toda expedición y que yo tendré tiempo para completar mi obra, y poder lanzarme sobre el centro de la República".[17]

El objetivo acordado con el Ministerio de Guerra en San Luis Potosí, meses atrás, era abrir un frente de combate al sur de la ciudad de México. No había cambiado. En ese sentido trabajaba Díaz. Su problema más apremiante era ahora la escasez de armas. Tenía unos cuatro mil fusiles, el doble de los originales, pero le hacían falta por lo menos otros dos mil para armar a sus tropas. Podía fabricar explosivos y municiones, pero no fusiles, por lo que todas sus esperanzas estaban puestas en Matías Romero, quien tenía acceso al mercado de los Estados Unidos. "Es tan vital y tan urgente la necesidad en que me hallo", le dijo, "que vuelvo a instar a usted porque no me olvide y que a cualquier riesgo y a toda costa se digne recabar del señor presidente los recursos necesarios".[18] Romero insistía en ese sentido con Juárez. Pero el presidente estaba agobiado de problemas. Un par de meses atrás, en Saltillo, un grupo de gobernadores había pedido su renuncia, entre ellos Doblado y González Ortega, y más adelante, en Monterrey, había sufrido la defección de Santiago Vidaurri, el gobernador de Nuevo León y Coahuila. Era imposible en ese momento situar recursos en los Estados Unidos para comprar las armas que había que destinar a Oaxaca. "Son muchas y apremiantes las cargas que pesan sobre el gobierno", le explicó Juárez a Romero, por lo que le sugirió buscar a las autoridades de Sinaloa, en control de la aduana de Mazatlán, "para que cuanto antes manden a Porfirio dos mil fusiles, como ya repetidas veces se los tengo encargado en mis cartas a esos señores".[19] La escasez de armas era un problema —el más urgente sin duda, pero no el único ni, en el fondo, el más importante en el Ejército de Oriente.

A mediados de abril regresó a Oaxaca la columna del general Salinas, cuyo mayor de órdenes era el teniente coronel Adolfo Alcántara, joven de veintiséis años, sonorense, oficial de la Brigada de Sinaloa. "Era uno de los jefes de más valor y arrojo que había en el

Ejército de Oriente", recordaría Díaz, "pero desgraciadamente abusó de su posición en la expedición de Chiapas".[20] Volvió de ella desplegando un lujo que resultaba ofensivo para sus compañeros, los cuales vivían en la miseria en Oaxaca. Su traje de charro tenía la botonadura de plata y su silla de montar estaba ribeteada de oro y decorada con joyas robadas de las iglesias. Porfirio le llamó la atención por conducto del jefe de la Brigada de Sinaloa, el coronel Apolonio Angulo. Pero la amonestación no surtió efecto, por lo que, para desaprobar por su medio la conducta de los jefes de mayor graduación que también robaban, le mandó quitar todas sus alhajas, que ordenó fundir para acuñar monedas con las cuales poder socorrer a las tropa. Alcántara fue dado de baja, expulsado de la Línea de Oriente. Pero era un soldado y era un patriota, aunque fuera también un bribón. Habría de combatir en Michoacán y Colima, y luego en Sonora y Sinaloa, para volver a luchar con Díaz tres años después en la campaña que culminó con la toma de Puebla y la ocupación de la ciudad de México. Tenía aún el grado de teniente coronel, a pesar de sus méritos en campaña, pero fue ascendido a coronel al triunfo de la República, por recomendación de Porfirio. Estaba destinado a morir poco después, ya con rango de general, en defensa del gobierno de Benito Juárez.

El caso de Alcántara no fue excepcional en el Ejército de Oriente. Al contrario. La inacción ejercía una influencia muy perniciosa en el ánimo de los soldados. Varios de los oficiales dedicaban sus horas de asueto al alcohol, a los juegos de azar, en detrimento de la disciplina. La desmoralización afectaba a todos, en particular a la tropa, que estaba mal alimentada por sus jefes. No era posible resolver el problema de raíz porque tenía que ver con la dificultad de mantener una masa de soldados enorme, gigantesca, en la inactividad, lejos del contacto con el enemigo. Su mantenimiento costaba alrededor de 100 000 pesos al mes, cantidad financiada con dificultad por las rentas del estado. Aquel ejército estaba dividido en dos cuerpos: uno en Huajuapan, comandado por el general Benavides, y otro en Oaxaca, bajo las órdenes del general Díaz. Juntos multiplicaban el ocio, el abuso y el caos. "Las violencias con los habitantes pacíficos y los raptos estaban a la orden del día", comentó un oficial, "no sólo en las poblaciones chicas, sino también en la misma capital, habiendo llegado a tal grado de desarrollo la prostitución en este respecto, que el general Díaz tuvo varias juntas de oficiales superiores en las cuales se trató de buscar un remedio a tanta inmoralidad".[21] Muchas iglesias fueron saqueadas, algunas muy ricas, como la de Yanhuitlán. Multitud de muchachas fueron raptadas de sus comunidades por los soldados del Ejército de Oriente. Todo ello hirió los sentimientos de los pueblos, que aguardaban en silencio la llegada de los franceses (con quienes más tarde, en efecto, habrían de colaborar). Porfirio trataba de poner orden, él mismo, en la tropa. Dio ascensos a jefes de valor, como el coronel Diódoro Corella. También despidió a los oficiales que no tenían honor, como los subtenientes del Regimiento Morelos. "He dispuesto queden dados de baja del servicio de las armas", ordenó en un oficio, "Ramón Velasco, por abandonado en el servicio, José María Valle, por inepto, y Melchor Delgado, por ebrio consuetudinario y escandaloso".[22] Eran los problemas con los que tenía que lidiar, todos los días, el general en jefe de la Línea de Oriente —"nuestro Porfirio", como lo llamaba de cariño Juárez.[23]

El 5 de mayo, para reanimar el ánimo de sus soldados, el general Díaz celebró en Oaxaca el aniversario de la batalla de Puebla. Aquel jueves comenzó por la mañana con salvas y dianas, y siguió al mediodía con un desfile civil y militar presidido por el general en jefe, saludado por las bandas de música de los pueblos de los alrededores. La tarde fue consagrada a un simulacro de la batalla en las lomas de San Luis. Hubo tiros de cañón y cargas de lanceros entre Oaxaca y San Felipe del Agua. La Alameda de León, frente a la Catedral, estaba decorada con guirnaldas y linternas venecianas, y con un altar a la Patria presidido por el retrato del general Ignacio Zaragoza. A las diez de la noche, Díaz subió a la tribuna para leer el parte de guerra del general, que mandó publicar en *La Victoria*. El coronel Juan Espinosa y Gorostiza habló después, a nombre del Ejército de Oriente. Era un joven culto y refinado, guapo, jefe del 1er Batallón de México. Su discurso reseñó con elocuencia las causas de una guerra que Napoleón III —precisó— les hacía a los mexicanos a nombre de Francia.

—Hace dos años —afirmó el coronel Espinosa y Gorostiza— los campos de Puebla presenciaron uno de los más grandes hechos de nuestra independencia. Los soldados de Francia, los vencedores de cien batallas, volvieron azorados las espaldas a los nuestros, eran acribillados a balazos, y depositaban los laureles de Magenta y Solferino a los pies de nuestro inmortal Zaragoza.[24]

Entre quienes escuchaban ahí había un número bastante considerable de veteranos de la batalla, casi todos oaxaqueños: Porfirio Díaz, Félix Díaz, Mariano Jiménez, Juan de la Luz Enríquez, Manuel Santibáñez, Pedro Toro, José Guillermo Carbó...

—Veo entre los que me oyen algunos de mis compañeros que llevan con orgullo las medallas que la Patria reconocida les concedió por su valor en este memorable hecho de armas —observó Espinosa y Gorostiza—. Yo os respeto y os admiro.[25]

5

MAXIMILIANO

"El 28 de mayo de 1864, dos horas después del mediodía, pasamos frente al fuerte de San Juan de Ulúa, que se levanta sobre la roca de una pequeña isla, y allí anclamos, a la vista de la ciudad de Veracruz".[1] Así lo registró una de las personas que viajaba en el séquito de Maximiliano de Habsburgo, el hombre que acababa de ser declarado, antes de zarpar de Trieste, emperador de México. Los viajeros llevaban ya más de seis semanas en ruta. Hicieron una escala en Italia, pasaron por Algeciras y Madeira, y después emprendieron la travesía por el Atlántico. Maximiliano ordenó distribuir una proclama en el momento de arribar a Veracruz. "¡Mexicanos, vosotros me habéis deseado!", dijo. "Yo me entrego con alegría a este llamamiento".[2] Nadie podía decir que había sido engañado. Unos días antes de aceptar la corona recibió la visita del licenciado Jesús Terán, plenipotenciario de Juárez en Europa. Terán le habló sobre la legitimidad del gobierno de la República; sobre la impostura de las actas de adhesión al Imperio; sobre la fragilidad de su trono, sostenido por los soldados de Francia. Pero sus advertencias no fueron escuchadas. El emperador pasó la noche de su llegada en la *Novara*, una fragata de 1 500 toneladas, construida con tres palos cruzados por masteleros y armada con cincuenta cañones entre los dos puentes de mando, que llevaba el nombre de la victoria de Austria sobre el Piamonte. Esa fragata, que lo llevó a Veracruz, volvería tres años después, con su cadáver, a la bahía de Trieste.

¿Quién era Maximiliano? ¿Cuál era su historia? ¿Qué razones tenía ese austriaco para abandonar su patria? ¿Cómo era posible que desembarcara con su corte aquel día de mayo en Veracruz, con el título de emperador de México?

Maximiliano estaba a punto de cumplir treinta y dos años de edad en esa primavera. Había nacido en el palacio de Schönbrunn, en el seno de una familia —la de los Habsburgo— que reinaba en Austria desde el siglo XIII. Recibió de niño una educación generosa y estricta. Descubrió el mar, viajó por los países del Mediterráneo, aprendió las lenguas del Imperio. Fue hecho muy joven comandante en jefe de la flota de Austria, para lo cual estableció su residencia en Trieste, un pueblo de astilleros y comerciantes en la costa del Adriático. Por esos años viajó a Francia con la misión de sondear al emperador Napoleón III, partidario de la unificación de Italia, respecto de sus intenciones hacia las provincias de la Lombardía y el Véneto, que eran parte de los dominios de los Habsburgo. "El emperador me dio la seguridad de querer marchar siempre en concierto con Austria", escribió con candidez.[3] Tres años después, los franceses barrerían a los austriacos fuera de la Lombardía, luego de vencerlos en las batallas de Magenta y Solferino. El propio Max había sido, hasta ese momento, gobernador de la Lombardía y el Véneto, provincias que administró de acuerdo con sus convicciones humanistas y liberales, contrarias a las de su hermano, el emperador Francisco José.

Al terminar la guerra, Max volvió a Trieste, donde comenzó a construir el castillo de Miramar. Acababa de perder la Lombardía. Vivía marginado de la corte de Viena. En el ámbito del hogar, para colmo, empezaba su distanciamiento con su esposa, la princesa Carlota. Por esos días, en aquel contexto, crecieron los rumores sobre el trono de México. En vísperas de la Convención de Londres —la que detonaría la expedición a Veracruz, en protesta por el incumplimiento del pago de la deuda— el ministro de Asuntos Exteriores de Austria visitó el castillo de Miramar. Su misión era saber, a nombre de Viena y París, si el archiduque Maximiliano estaría dispuesto a aceptar la corona de México. No fue una sorpresa. El archiduque tenía conocimiento de las voces que lo mencionaban para reinar en aquel país desde fines de los cincuenta, cuando con ese fin los monarquistas residentes en Europa lo buscaron en Milán. Francisco José estaba interesado en su candidatura, pues Max, popular y liberal, viviría lejos de los dominios de Austria. Napoleón también estaba interesado, pues Max era miembro de una potencia no marítima, con la que podría buscar una reconciliación luego de la guerra de la Lombardía (y de paso ganar el agradecimiento de Bélgica, la patria de su esposa Carlota). Maximiliano, en fin, estaba él mismo caído en desgracia, alienado de su mujer, aburrido en el castillo de Miramar. En su respuesta, así, manifestó su simpatía por el proyecto de México.

En los meses que siguieron, el aspirante a la corona de México conoció la noticia de la toma de Veracruz, la caída de Puebla y la ocupación de la capital de la República. "Lo que hace falta en México", escribió Napoleón, "es una dictadura *liberal*, es decir, un poder fuerte que proclame los grandes principios de la civilización moderna, tales como la igualdad ante la ley, la libertad civil y religiosa, la probidad de la administración y la equidad de la justicia".[4] Ello coincidía con su forma de pensar. Estaba tan contento con el proyecto que ya no quería escuchar voces en su contra. Carlota atizaba la flama de su ambición. Al recibir, al fin, a la delegación de mexicanos que le ofrecieron formalmente la corona en Miramar, él mismo pronunció una condición para aceptar: el beneplácito de México. A fines del año, luego de conocer la votación de la junta de notables, favorable a la monarquía, hizo saber que estaba listo para asumir sus responsabilidades.

Maximiliano viajó con su esposa hasta París, donde fue recibido con honores en el palacio de las Tullerías. Pactó con Napoleón los términos del apoyo de Francia, junto con los compromisos que tendría con ella el Imperio Mexicano, compromisos que habrían de ser plasmados en la Convención de Miramar. Al regresar a Viena tuvo una discusión muy agria con su hermano Francisco José. El emperador le entregó un documento que le pedía firmar, el llamado Pacto de Familia. En caso de aceptar el trono de México, le informaba, tendría que renunciar a todos sus derechos en Austria. Francisco José pensaba, con razón, que su reino no podía ser gobernado por un monarca ausente —o peor todavía: destronado. Maximiliano, a su vez, que argumentaba que sus derechos le pertenecían por nacimiento, amenazó con renunciar al trono de México. Su hermano solicitó entonces la mediación de Napoleón, quien reaccionó con furor a la noticia de la renuncia del archiduque de Austria. "Qué pensaría usted de mí si Vuestra Alteza Imperial estuviese ya en México", preguntó, sin imaginar que eso mismo habría de suceder, "y yo le dijese de repente que ya no podía cumplir las condiciones a las que me había comprometido".[5] Eran muchas las presiones que pesaban sobre su ánimo, muchos ya los compromisos asumidos en su relación con el país de su adopción. Así, obligado por su sentido del honor, comunicó a su hermano que estaba dispuesto a firmar el Pacto de Familia. Entonces, en Miramar, fue nombrado con solemnidad emperador de México. Estaba tan débil durante la ceremonia que parecía no tener en su persona nada sólido, aparte de la Gran Cruz de San Esteban. A los pocos días abordó la *Novara* para salir hacia su destino, que lo llevó a Veracruz.

"La costa es plana, arenosa y sin vegetación", afirmó la condesa Paola Kolonitz, al describir a Veracruz. "Es uno de los lugares más maléficos y malsanos del mundo".[6] Kolonitz era canonesa del capítulo de nobles de Saboya, viajaba como dama de honor de la emperatriz Carlota; habría de publicar un libro para recordar los detalles de la llegada de los emperadores a México. Maximiliano y Carlota desembarcaron hacia las cinco de la madrugada del 29 de mayo, ante la indiferencia de los habitantes de Veracruz. La ciudad era conocida por sus ideas liberales y republicanas. Tomaron un tren muy pequeño, cuyas vías acababan de tender los franceses para escapar (lo más rápido posible) de los miasmas pestilentes y mortíferos del puerto. Los carros tenían asientos de mimbre y persianas en las ventanas. "El camino atraviesa los pantanos y entra a lugares desiertos donde no se ven más que estropeados e inclinados arbustos y algunos cactus. Así viajamos por una larga hora hasta llegar a la Soledad".[7] Ahí terminaba la vía del tren. Los emperadores fueron acomodados en un *coupé* inglés, que los llevó sanos y salvos hasta Puebla. Kolonitz subió a su vez en una calesa. "Los otros se habían amontonado en ciertas diligencias cubiertas y altísimas donde cabían doce y hasta quince personas. Estos vehículos eran transportados por ocho mulas: dos adelante, cuatro en medio y otras dos atrás".[8] Los cocheros, notó, llevaban todas las riendas de las mulas en las manos, apoyados por un solo ayudante. "El ayudante baja y sube incesantemente de la caseta ya para recoger nuevas piedras, ya para examinar el camino, ya para frenar o detener la carroza, ya para regular los arreos".[9] Al subir al altiplano, el campo aparecía cultivado de maíz, cebada y trigo, pero eran visibles los estragos de la guerra, sobre todo al arribar a Puebla. "En medio de grandes masas de ruinas yacen destruidas iglesias y pueblos enteros, espectáculo muy triste de verdad".[10] La ciudad recibió con júbilo al emperador: los poblanos lo festejaron con un banquete de mole, que él degustó con agrado, aunque —luego confesó— "para esa comida es necesario acostumbrarse, como con el queso suizo y la mostaza inglesa".[11] Siguieron el viaje hacia los volcanes, ascendieron por el paso de las diligencias, donde contemplaron, admirados, el paisaje que aparecía a sus pies. Su reacción fue la misma que la de todos los europeos que arribaban a ese punto, desde los tiempos de los conquistadores del siglo XVI. "¡Oh maravilloso encantamiento! Aquí se desplegaba un cuadro estupendo y solemne: el valle de México", escribió la condesa Kolonitz, al observar las montañas azules a la distancia, los volcanes cubiertos de nieve, los lagos claros y apacibles, los pueblos que salpicaban aquel valle de color. "No hay en el mundo ciudad cuya posición sea más encantadora y más imponente que la de México".[12] Los caminos eran mejores, las haciendas parecían más prósperas, sin las ruinas que ensombrecían los alrededores de Puebla. Poco después, el 12 de junio, un domingo, el emperador Maximiliano entró a la ciudad de México.

La noticia del arribo de Maximiliano —el *austriaco*, le decían los liberales— llegó también a la ciudad de Oaxaca. El general Porfirio

Díaz convocó entonces a los oficiales del Ejército de Oriente para firmar un documento que llamó *Protesta de la guarnición de la capital contra el Imperio.* La firma tuvo lugar el 21 de junio, en el salón de actos del Palacio de Gobierno. Los oficiales reunidos aquel día protestaron con solemnidad, uno, "que sostendrán la independencia de México contra cualquier nación, raza u hombre que pretenda avasallarla", y, dos, "que desconocen al austriaco que se llama emperador de los mexicanos, y que contra sus absurdas pretensiones sostendrán la república democrática representativa", para agregar al final, tres, algo que resultaría a la larga innecesario, pues el austriaco era un liberal: "que sostendrán la supremacía del poder civil y la tolerancia religiosa establecidas por las leyes de Reforma".[13] La protesta de la guarnición contenía nada más estos tres artículos. Entre los que la firmaron estaban varios de los hombres que serían con el tiempo los partidarios más fieles del general Díaz, encabezados por Manuel González y Carlos Pacheco. Estaban también algunos que distinguirían sus nombres con los años, pero en oposición a Díaz, como por ejemplo Diódoro Corella. Y estaban, en fin, los oficiales que comenzaban apenas la carrera de las armas, patriotas más que militares, que tendrían lealtades muy variadas durante la restauración de la República, entre ellos el subteniente Antonio Crespo, hijo de don José María, el preceptor que le había enseñado a leer y a escribir a Porfirio.

Una semana después de ser firmada la protesta de la guarnición, a finales de junio, un emisario de Maximiliano llegó a la ciudad de Oaxaca con una misiva para Díaz, que lo invitaba a aceptar en paz el Imperio. El general lo mandó apresar, para luego publicar una circular en la que, al evocar el ejemplo de la Revolución Francesa, justificaba las medidas de rigor adoptadas por el gobierno de la República. A todos sorprendió su decisión. "Este general ordena que el emisario del supuesto emperador de los mexicanos sea pasado por las armas en el término de veinticuatro horas", anunció con sequedad en aquella circular, que dirigió a Maximiliano.[14] El emisario fue sacado de su prisión para ser ejecutado en la Plaza de Armas, como lo revelaría un periodista del *New York Herald* en México, para luego añadir lo siguiente: "Me es muy satisfactorio informar que la sentencia no se llevó a cabo debido a la intervención de distinguidas personalidades y de algunos familiares del propio general Díaz".[15] El jefe de la Línea de Oriente no estaba dispuesto a reconocer al Imperio.

El resto de junio pasó sin mayores sobresaltos, pero a principios de julio la ciudad fue estremecida con la noticia del suicidio del joven Ignacio María Mejía. Era capitán de artillería, acababa de firmar la *Protesta de la guarnición de la capital contra el Imperio*. Todos especulaban sobre las razones de su muerte, que serían más tarde reveladas por el periódico *La Victoria*. "Se hallaba enamorado de una joven", afirmó. "No encontrando en ella correspondencia a su apasionado amor, comunicó a sus amigos el proyecto que había formado de suicidarse; se ciñó su espada, se dirigió al rumbo de la atarjea y allí, resuelto a poner término a sus días, se hirió en el estómago".[16] El capitán agonizó en el dolor más atroz, durante seis horas, en las inmediaciones del acueducto de San Felipe del Agua. No era un oficial como los otros: era el hijo del general Ignacio Mejía, quien desde hacía un año vivía desterrado en Europa. Don Ignacio fue uno de los generales que, al caer Puebla, salió prisionero hacia Veracruz para ser embarcado en el *Darien* con destino al puerto de Toulon, en Francia. Vivió un tiempo recluido en Evreux, cerca de París, sin reconocer al emperador Maximiliano, a pesar de la presión de Napoleón. Sobrevivió con los recursos que le mandaba el gobierno de Juárez hasta que, relajada la custodia, obtuvo un pasaporte para salir a Inglaterra. Estaba ahí cuando murió su hijo en Oaxaca. El general Mejía supo la noticia al llegar a Nueva York, por conducto del ministro Matías Romero. Uno de sus sobrinos fue a ver al ministro para acordar con él —anotó en su diario— "la manera de darle a su tío la noticia de la muerte de su hijo".[17] Parecía que había llegado el fin de todo. La tragedia coincidió, en el ámbito de su familia, con el declive de la causa de la República.

SAN ANTONIO NANAHUATIPAN

En julio de 1864, al concluir con éxito la campaña en el Bajío, el general Achille Bazaine centró su atención en el Sur: ordenó el avance

de dos columnas a Oaxaca. Una debía salir de Puebla hacia Huajuapan, en las Mixtecas, y la otra debía partir de Orizaba en dirección
de San Antonio Nanahuatipan, en la región de la Cañada. Ambas
arribaron a sus destinos al comienzo de agosto, por los caminos de
rueda que construían desde la primavera. Con esa maniobra, Bazaine esperaba aislar en Oaxaca al jefe del Ejército de Oriente. Porfirio
Díaz concibió entonces un proyecto temerario: embestir por sorpresa
la columna de San Antonio Nanahuatipan para, una vez destruida,
regresar a batir la columna de Huajuapan. Sin revelar sus intenciones,
partió de la ciudad al frente de sus fuerzas hacia el noroeste, por las
Mixtecas, con el objetivo de hacer pensar al enemigo que iba a atacar
Huajuapan. Pero al llegar a Tamazulapam cambió de rumbo: salió
al anochecer hacia el noreste, por la montaña, sin parar en los poblados, luego de dejar el mando de una parte de sus fuerzas al general
Mariano Escobedo. Porfirio marchó así, en la obscuridad, con una
contingente muy respetable de soldados (dos mil según unos, tres mil
según otros) hacia su objetivo, en el corazón de la Cañada. Supo por
sus exploradores que los franceses tenían dispersas sus fuerzas en esa
zona, con un puesto de avanzada más al sur, en la hacienda de Ayotla.
Entonces dio instrucciones al coronel Juan Espinosa y Gorostiza de
asaltar Ayotla con su batallón para llegar con él, más tarde, a San
Antonio Nanahuatipan. "El movimiento fue bien ejecutado", escribiría después uno de los oficiales del Ejército de Oriente, "pero en el
momento decisivo, la irresolución del general Díaz trajo como consecuencia inmediata que una compañía francesa de ciento y tantos
hombres hiciera fracasar a tres mil soldados mexicanos en su primero
y único movimiento hostil".[1]

¿Cómo pudo suceder eso?

El 10 de agosto, hacia las nueve de la mañana, Díaz llegó a los
alrededores de San Antonio Nanahuatipan. No encontró señales de
Espinosa y Gorostiza, quien tenía órdenes de estar ahí, pero decidió
atacar por sorpresa a los franceses, que a la sazón se bañaban en el
río Salado. Muchos corrieron en mallas, otros incluso desnudos, en
dirección a la plaza del pueblo, donde recogieron sus fusiles para
buscar refugio en la iglesia. Sus equipajes, sus tiendas de campaña y

sus carros con provisiones fueron abandonados. Díaz tenía a su lado al teniente coronel Guillermo Haaf y Mejía —"verdadero caballero de la Edad Media, joven de cosa de veintiocho años, de muy buenas condiciones personales"— que formaba parte de su Estado Mayor.[2] Era hijo de Wilhelm Haaf, un ingeniero nativo de Alemania, administrador de minas, y de Josefa Mejía, la hermana del general de la República. Vivía él mismo desde joven con holgura, gracias a su trabajo como tenedor de libros de la casa de banca Diego Innes & Company, en Oaxaca. Esa mañana, el general Díaz le dio orden de batir un platanar que ocupaban los zuavos, junto a la iglesia del pueblo. Guillermo fue herido en el estómago por una bala de los franceses, que solían utilizar fusiles Minié. Las balas de aquellos fusiles hacían boquetes por donde penetraban. "Cuando lo vi herido le dije, por animarlo, que su herida no era nada, y encargué a su ordenanza que lo condujera a Oaxaca", rememoraría Porfirio. "Lo montaron en su caballo, y sentándose su ordenanza en las ancas, lo condujo a un pequeño jacal, distante cosa de dos leguas del pueblo de San Antonio".[3] Guillermo permaneció en el jacal. No pudo ya seguir, a causa de los dolores que le provocaba la herida. Ahí falleció, sin alimentos ni atenciones, él solo, y ahí mismo fue sepultado por su ordenanza.

Los franceses permanecían encerrados en la iglesia, sin poder salir, rodeados por un enemigo muy superior. En la plaza, su convoy quedó a merced del Ejército de Oriente. Los soldados del Regimiento Morelos —hambrientos, agotados por la marcha— se lanzaron en desorden sobre aquel botín, acaso convencidos de que habían triunfado. Los jefes del regimiento trataron de contenerlos, pero entonces sucedió algo: *los soldados dispararon contra sus propios jefes.* "Se oponen con las armas a los oficiales que tratan de reducirlos al orden, para reorganizarlos, y se hace imposible conseguirlo", en palabras de un mayor del Ejército de Oriente.[4] Estalló una sedición en medio de la batalla. En ese momento, alertada por un mensajero, regresó al poblado la compañía de zuavos que acababa de ser relevada, aquella mañana, por los franceses refugiados en el interior de la iglesia, los cuales formaban parte del 7° Batallón de Línea. Ambas fuerzas hicieron contacto, para volver a la carga. La compañía tomó posiciones

315

alrededor de la plaza, donde acribilló a las tropas abalanzadas sobre el convoy. Los refugiados aprovecharon la confusión para salir de la iglesia, recuperar sus equipajes y batir al enemigo, al que persiguieron 400 metros fuera del poblado. Todos habrían de comentar aquella batalla en los meses por venir. "Sesenta hombres del 7° de Línea, a las órdenes del heroico capitán Noyer, enfrentaron durante un día entero a dos mil quinientos hombres comandados por Porfirio Díaz en persona", diría un oficial del Ejército Francés.[5]

El general Díaz tuvo que retirar a sus hombres con pérdidas muy considerables en oficiales y soldados. Sufrió cerca de cuatrocientos muertos, de acuerdo con el testimonio del enemigo. La jornada fue, en palabras de uno de sus compañeros de armas, "sangrienta y desastrosa".[6] En el ataque contra Ayotla, supo luego, sus fuerzas padecieron también decenas de muertos —y cientos de deserciones— bajo el mando de Espinosa y Gorostiza, quien por esa razón no pudo acudir a San Antonio Nanahuatipan. Díaz se reunió con él en Tecomavaca, para marchar hacia la ciudad de Oaxaca. Iba ensombrecido por el fracaso, por la muerte de sus hombres, en particular Haaf y Mejía. Sus memorias pasan por alto la sedición del Regimiento Morelos. No sugieren tampoco la magnitud de la derrota, que fue gigantesca, sobre todo por sus consecuencias, pues canceló de golpe los proyectos que tenía desde su llegada a Oaxaca. Hubo que buscar un culpable, un chivo expiatorio —y ése habría de ser Espinosa y Gorostiza.

"La retirada del coronel Espinosa y Gorostiza ante la guarnición francesa de Ayotla", escribió Díaz en sus memorias, "se consideró por sus camaradas como un acto de cobardía, principalmente porque el capitán Cenobio Pérez, alias el Gallo, natural de Ixtepeji, que mandaba una pequeña compañía de la Sierra de Ixtlán, contrariado al saber que el teniente Reguera había dejado la artillería en poder del enemigo, regresó con su compañía, sin avisárselo al coronel Espinosa, contuvo solo a los franceses y recobró las dos piezas perdidas".[7] Por ese motivo, la tropa consideró que no había sido bastante el empuje del coronel para, como tenía ordenado, incorporar sus fuerzas a las del general Díaz. Le nació una reputación de cobardía, inmerecida en realidad, pero en apariencia fundamentada. "Esa reputación mortificaba grandemente a Espinosa y Gorostiza, que era hombre de mucho pundonor y notable valor", agregó Díaz.[8] Juan era un muchacho de veintiséis años de edad que descendía de una familia de alcurnia. Por el lado de su padre era nieto de Juan Espinosa de los Monteros, el más grande jurisconsulto de principios del siglo, y por el lado de su madre era nieto del soldado y dramaturgo Manuel Eduardo de Gorostiza, y bisnieto del general de brigada Pedro Fernández de Gorostiza, gobernador de la provincia de Veracruz a finales de la Colonia. Espinosa y Gorostiza combatía él mismo desde joven en las filas de los liberales. Estuvo presente en la derrota de Tacubaya y en la victoria de Calpulalpan, y más tarde en la catástrofe de San Lorenzo, que le permitió a los franceses ocupar la ciudad de Puebla. Al ser evacuada la capital unió sus fuerzas a la columna que mandaba Porfirio Díaz, para marchar con él hacia el Bajío. Fue ascendido a coronel luego de la toma de Taxco. Pronunció el discurso que conmemoró el aniversario de la batalla de Puebla en Oaxaca, donde declaró esto: "sembremos de cadáveres de franceses los vastos campos de nuestro país", y profetizó esto: "la destrucción del Ejército Francés en México será el preludio de la caída de Napoleón".[9] Meses después, al claudicar Oaxaca, cuando todos los jefes mandaban a Díaz comunicaciones en el sentido de que no podían mantener el orden en sus tropas, el único que no dirigió jamás una comunicación así, a pesar de que su situación era igual a la de los demás, fue el coronel Espinosa y Gorostiza. Pero la fama de cobarde adquirida en San Antonio Nanahuatipan —alimentada con insidia por el propio Díaz, quien lo culpó de la derrota— lo habría de perseguir en los años por venir como una maldición, hasta su muerte prematura y trágica en las lomas de Mixcoac.

El 17 de agosto, alentado por el triunfo en San Antonio Nanahuatipan, el general Henri Brincourt avanzó hasta Nochixtlán. Era el general más joven del Ejército Francés. Creía poder tomar, él solo, la ciudad de Oaxaca, pero muy a su pesar tuvo que detener la marcha por orden de Bazaine, quien no tenía suficientes fuerzas para secundarlo en caso de un descalabro, atado todavía por el desenlace de la guerra en el Bajío. Aun así, el éxito de la ofensiva provocó júbilo en la ciudad de México, como es posible vislumbrar en una carta de la emperatriz Carlota, que hacía el recuento de las campañas emprendidas contra Juárez. "En cuanto a Oaxaca", escribió en francés a su aliada, la esposa de Napoleón, "se dice que el general Brincourt ha avanzado para vengar a la bandera francesa y a nuestro gobierno de los insultos de Porfirio Díaz. El combate de San Antonio, en el que el capitán Noyer del 7º de Línea y sesenta soldados rechazaron victoriosamente a dos mil hombres comandados por este jefe, contará entre los más hermosos hechos de armas del Ejército Francés".[10] Carlota había oído hablar del jefe de la Línea de Oriente desde el momento de llegar a México. Al pasar por Orizaba le llegó —en palabras de su dama de honor— "la noticia de que Díaz, un jefe guerrillero, se ocultaba en una hacienda por la cual debíamos pasar y donde pretendía asaltar al emperador".[11] Era un rumor sin sustento, pues Porfirio —aunque vigilaba el tránsito de Veracruz a México— radicaba entonces en Oaxaca.

La derrota de San Antonio Nanahuatipan transformó por completo los planes del general Díaz. "Tuvo inmensas consecuencias, en el número de material de guerra y moral de toda la fuerza", refirió un testigo de los hechos. "Pero sobre todo, lo más grave fue que desde entonces nuestra fuerza se consideró inferior a la francesa e incapaz de disputarle el triunfo".[12] Ya no era posible emprender la marcha sobre la Mesa Central, para abrir un frente de combate al sur de la ciudad de México; ahora resultaba necesario permanecer en Oaxaca. Lo segundo era consecuencia de lo primero, aunque no lo parecía en las arengas de los jefes. El 22 de agosto el gobierno de Oaxaca dio a conocer una proclama en la que hacía referencia a esa batalla, que llamaba "doblemente prueba de un grande arrojo y una ardiente bravura", para después informar a los oaxaqueños que el general en jefe acababa de ordenar "hacer base principal de sus operaciones esta ciudad y sus suburbios".[13] ¿Por qué, si la batalla había sido un triunfo, el general replegaba sus tropas hasta la ciudad? Porfirio lo trató de explicar en otra proclama, dirigida también a los oaxaqueños, donde les anunciaba que su fuerza —"no en medrosa fuga como si hubiera sido vencida, sino con la calma y entereza de una operación meditada y prudente"— estaría a partir de entonces concentrada en la capital del estado.[14] Los cerros del poniente de la ciudad empezaron a ser fortificados, en anticipación del sitio. Todo el mundo comprendió que estaba decidida la resistencia en la ciudad, por lo que comenzó el éxodo de las familias hacia las fincas de los alrededores.

6

DESCOMPOSICION EN OAXACA

Hasta agosto de 1864, el Ejército de Oriente estaba formado por tropas de los estados de México, Oaxaca, Sinaloa, Nuevo León y San Luis Potosí. Su desmembramiento empezó con la derrota de San Antonio Nanahuatipan. Uno de los jefes que primero abandonaron el mando fue el general Mariano Escobedo. Al tener noticia de la derrota, trascendió más adelante, Escobedo intentó desconocer al jefe del Ejército de Oriente en las Mixtecas, allá en Tamazulapam, con el propósito de desertar con sus fuerzas hacia la frontera del Norte. La maniobra, al final, no prosperó. Porfirio Díaz tuvo conocimiento de ella a su regreso a Oaxaca, pero no tomó represalias contra su autor, a quien prefirió retirar sin violencia de su empleo con el pretexto de mandar en comisión a pedir armas y recursos al presidente Juárez, en Monterrey. Sabía que su posición era frágil en el Ejército de Oriente. Y sabía también que el enemigo estaba cerca, que avanzaba en la construcción de caminos por las Mixtecas y por la Cañada. Los franceses, que necesitaban esos caminos para conducir sus cañones y sus trenes, para acopiar sus elementos de guerra, eran apoyados en ese trabajo por los pueblos que habían sido ultrajados, durante un año, por el Ejército de Oriente.

En esos días de incertidumbre, los oaxaqueños conocieron la noticia de que Juan Pablo Franco acababa de ser nombrado prefecto del Imperio. La conocieron sin duda con agrado. "Nuestro augusto soberano se ha dignado honrarme con el mando político de este departamento", dijo, "no ciertamente porque concurran en mí los méritos y circunstancias que tanto recomiendan para un puesto de esta naturaleza, sino porque exento por carácter, y por las ocupaciones a que he estado consagrado, de odios de partido".[1] Franco era un comerciante, un hombre de carácter afable y conciliador, alejado de la política del estado, aunque identificado con los liberales del partido de la Borla. Díaz permitió que la noticia de su nombramiento fuera publicada en el periódico del gobierno. Lo conocía: él mismo había recibido cartas suyas que lo exhortaban (sin éxito) a ofrecer su adhesión al Imperio. "Nada de común puede haber entre los dos mientras se halle usted al abrigo de la bandera del invasor", le respondió con severidad. "Devuelvo a usted, por tal motivo, las dos cartas que se ha servido dirigirme".[2]

En el curso del otoño, huyendo de la guerra, los oaxaqueños salieron de la ciudad hacia las fincas de los alrededores. Incluso los miembros del ayuntamiento, *borlados* en su mayoría, dejaron sus cargos para salir ellos también de la ciudad. "Me fui encargando de todas las comisiones abandonadas", recordaría Francisco Vasconcelos, secretario del ayuntamiento por disposición de Díaz, su compañero del Seminario. "La ciudad y aun el estado habían paralizado los negocios por la alteración del orden".[3] Entre las familias que partieron hacia las fincas de los Valles estaban asimismo la del general Porfirio Díaz y la del coronel Manuel González. Ambas quedaron a cargo del doctor Manuel Ortega, quien era padre de Delfina Díaz, la sobrina de Porfirio, y cuñado de Laura Fernández de Arteaga, la esposa de Manuel. Delfina y Laura tenían la misma edad, vivían ambas desde niñas en Oaxaca. Su relación era ahora más estrecha por los vínculos que mantenían las dos con los jefes del Ejército de Oriente.

Las obras para la fortificación de la ciudad dieron comienzo con la reconstrucción del fortín en ruinas que quedaba en el cerro de la Soledad, el cual sería bautizado con este nombre: el Zaragoza. En la parte más alta de la misma cordillera fueron levantados otros dos fortines: el Libertad y el Dominante. Entonces comenzó la destrucción. Porfirio Díaz mandó demoler las casas de los suburbios que rodeaban la ciudad. Justificó la destrucción —enorme y salvaje, y al final inútil— con el argumento de que había que derribar todos los edificios que limitaran la visibilidad de su sistema de amurallamiento. Ordenó construir dos murallas en la ciudad, que tenían ambas como eje, al norte, la fortificación de Santo Domingo: una interior, entre el monasterio de San Pablo y el templo de San Felipe Neri, y otra exterior, entre la iglesia de la Merced y el convento de la Soledad. Estableció más tarde una red de vías de comunicación a cubierto, multiplicada por zanjas y barricadas, así como también un cerco de parapetos con troneras en las azoteas de los edificios más expuestos. Al final hizo colocar depósitos de pólvora en los conventos que dominaban los ejes de su sistema de amurallamiento. Los habitantes de las casas derruidas en la periferia —que veían con odio esa labor de destrucción— fueron reubicados a la fuerza en las casas abandonadas del centro de la ciudad. La zona más afectada fue la del Marquesado. Ahí, al parecer, Porfirio ordenó también la demolición del edificio que lo vio nacer: el mesón de la Soledad. Estaba en ruinas al ser desocupado por su madre, hacia fines de los treinta. Fue transformado por el mesonero que lo arrendó a las catarinas, el cual anunció después haber reedificado, dijo, "en toda forma y al estilo de las de Puebla y México, una casa de alojamiento para pasajeros junto al convento de Nuestra Señora de la Soledad".[4] Estuvo así en funciones hasta pocos años antes de su derrumbe.

La destrucción de Oaxaca sería descrita en un informe redactado por don Manuel Gamboa, hombre de confianza del emperador Maximiliano. "El aspecto que la capital del departamento presentaba antes de la ocupación era bien triste, entregado a la poca pericia del señor Díaz como jefe militar", escribió Gamboa.[5] Era escandalosa la magnitud de la demolición llevada a cabo por los soldados del Ejército de Oriente. "Arrasaron manzanas enteras a fin de colocar en ese terreno sus obras principales", prosiguió. "Dispusieron el incendio de las fincas que estaban enfrente de sus obras, orden bárbara".[6] La población, observó, estaba enfurecida. Había una mezcla de estupidez, impotencia y resentimiento en toda esa destrucción, que los oaxaqueños no habrían de olvidar. Porque los oficiales encargados de los trabajos de zapa cometieron, además, toda clase de atropellos. "Esa calificación de valiente y honrado que se da al señor Díaz tampoco es de peso para mí", concluyó Gamboa, "porque yo no concibo cómo un hombre valiente y honrado puede, si no ser autor, al menos tolerar los desmanes de sus subordinados".[7] El robo era común entre los oficiales y soldados encargados de la demolición de las casas de los oaxaqueños. Y la demolición, para colmo, hecha a contrapelo de los planes del general Díaz al llegar a Oaxaca, que eran avanzar con sus columnas hacia la Mesa Central, comenzó demasiado tarde, al grado de que estaba condenada a quedar inconclusa en el momento del asalto del Cuerpo Expedicionario.

Los trabajos de demolición avanzaron en septiembre y en octubre, exacerbando el resentimiento de la población contra el general en jefe de la Línea de Oriente. Pero eso no fue todo. El resentimiento creció también entre los oficiales que tenían tropas en Oaxaca, promovido por los dirigentes del partido de la Borla. Así, por ejemplo, el coronel Rafael Ballesteros, jefe del Regimiento Morelos, fue desterrado de la ciudad porque, estando en el teatro, habló mal del general Porfirio Díaz. "Compañías enteras defeccionaban", refirió un oficial. "En vano se dictaban leyes terribles, como la del *jurado para los desertores*, con la cual, sin necesidad de instruir causa alguna, y en un término de dos horas, previa la sola identificación del acusado, se le condenaba a la pena capital".[8] Todo siguió igual. Un promedio de tres desertores eran ajusticiados, cada semana, en el Ejército de Oriente. "Parecía que el general en jefe ignoraba el estado de cosas imperante a su alrededor, dada la indiferencia con que las veía", agregó el oficial, "pero lo cierto es que, aun sabiéndolo, su idea de la conservación de la tropa lo obligaba a condescender con los causantes de aquellos graves desórdenes".[9] Las rapiñas y las deserciones fueron seguidas por algo más: la corrupción en el Ejército de Oriente. Para tratar de remediarla, el general Rafael Benavides, segundo en el mando, intentó hacer una inspección de las cajas de todos los cuerpos, pero varios coroneles, que las tenían especialmente desarregladas, amenazaron con dimitir bajo el argumento de que la inspección ultrajaba su dignidad. "Díaz llevó su debilidad hasta nulificar una orden general, impidiendo que aquélla se practicara, lo que motivó la separación del general Benavides".[10]

El 15 de noviembre, Porfirio Díaz escribió a su amigo Matías Romero una carta que le hizo llegar por medio de su hermano, pagador en uno de los cuerpos del Ejército de Oriente. Romero era su contacto más estable fuera de Oaxaca, el más importante para sus actividades, pues Benito Juárez —a la deriva, perseguido— estaba siempre demasiado lejos: radicaba desde hacía un mes en Chihuahua, luego de tener que huir de Monterrey. "Como usted sabe", escribió Díaz, con algo de amargura, "el señor Juárez me ha ofrecido varias veces armamento y otros efectos de guerra, y sin embargo aun no he recibido un solo fusil. Encerrado en este rincón, rodeado por tierra de inaccesibles cordilleras y numerosos enemigos, sin medios de transporte por agua y hallándome escaso de recursos, que aquilatados apenas alcanzan para el pan del soldado, estoy expuesto a perder en una sola jornada todos los elementos con que cuenta la República en la Línea de Oriente".[11] La deficiencia de sus armas era, como siempre, uno de los problemas más apremiantes. "Tanto nuestras bocas de fuego como nuestros fusiles, son inferiores en mucho a los del enemigo", explicó en la carta, para subrayar que eran armas hechas con pedazos traídos de todas partes, muy defectuosas, igual que sus cápsulas, igual que sus explosivos, todo lo cual lo tenía en un estado de "profunda aflicción".[12] Porfirio tocó entonces el tema de las patentes de corso, que solicitaba al presidente Juárez. "Este es el único medio que se me ocurre para establecer relaciones entre nuestros puertos y San Francisco de California", le dijo a Romero.[13] El Artículo 85° de la Constitución facultaba al presidente para conceder esos documentos, facultad que habría de conservar hasta bien entrado el siglo xx. Y una casa de San Francisco de California había ofrecido dar armas a Díaz a cambio de patentes de corso que le permitieran hostilizar al comercio de Francia. Juárez dio su autorización, pero las patentes —veinte en total— fueron emitidas cuando ya todo estaba perdido.

Hacia finales del otoño llegó a Oaxaca el coronel Luis Alvarez, quien había sido jefe del Estado Mayor de Porfirio Díaz en el Ejército de Operaciones. Luis, que entonces era ayudante del general José López Uraga, llevaba una carta suya para invitarlo a ofrecer su adhesión al Imperio. El general López Uraga había asumido el mando del Ejército de Operaciones luego de la muerte de Comonfort; había replegado sus tropas al avanzar los franceses por el Bajío; había perdido, sin dar batalla, las plazas de Guanajuato, Morelia y Guadalajara; había defeccionado por fin al Imperio, tras renunciar al mando del Ejército. Era injusto llevar a la muerte a los soldados, prolongar el sufrimiento de los mexicanos a sabiendas de que el sacrificio sería inútil, pensaba el general. Y era claro para entonces, además, que Maximiliano estaba dispuesto a defender las conquistas de la Reforma, con el apoyo de Francia. "Nuestra causa es la causa del hombre que amante de su país y de su soberanía", escribió, "no ve sino la salvación de su independencia y de su integridad. Está aquí, combatiendo con honor y lealtad por nuestros mismos principios".[14] Luis Alvarez, al entregar la carta a Porfirio, le ofreció, a nombre del Imperio, permanecer en el mando de los estados que formaban la Línea de Oriente. Y le ofreció, además, que los soldados a sus órdenes serían todos mexicanos.

Díaz debió leer esa propuesta con sentimientos encontrados. Tenía estimación por López Uraga —calvo y cojo, veterano de la guerra contra los *Yankees*, combatiente por la causa de los liberales, su propio candidato para dirigir al Ejército. Convocó a una junta a los generales y coroneles que tenían colocación en las filas, en parte porque gustaba dar solemnidad a sus actos y en parte porque deseaba templar el ánimo de sus subordinados. Leyó la propuesta, que nadie por supuesto quiso aceptar. El 27 de noviembre, entonces, Porfirio escribió su respuesta a don José López Uraga. Era sorprendentemente suave. "Mi antiguo general y estimado amigo", le contestó. "Yo no seré el que me constituya juez de los actos de usted, porque me faltaría la necesaria imparcialidad, y antes que someterlo a juicio, lo abrazaría como a un hermano y lo comprometería a volver sobre sus pasos".[15] Parecía conmovido. "Al presentárseme un mexicano con las proposiciones de Luis", le dijo, "debí hacerlo juzgar con arreglo a las leyes, y no mandar a usted en contestación, más que la sentencia y la noticia de la muerte de su enviado; pero la buena amistad que usted invoca, los respetos que le guardo, y los recuerdos de mejores días que me unen tan íntimamente a usted y a ese común amigo, relajan toda mi energía y la convierten en la debilidad de devolverlo sano y salvo".[16] Aquel mismo día hizo pública, en términos más severos, la defección de López Uraga, por medio de una carta dirigida al gobernador de Oaxaca. En ella decía que ("dominando la indignación") había perdonado a López Uraga y a Alvarez ("a quienes me hallaba estrechamente unido por la más sincera y afectuosa amistad") y que así lo quería comunicar al gobierno (para que "no haya motivo de dudas y sea el primero que con severidad me juzgue si llegare a faltar a mis juramentos").[17]

El general José López Uranga habría de sobrevivir a la guerra de Intervención. No presenció el fin del Imperio en México sino en Europa, pues fue miembro de la comitiva que acompañó a la emperatriz Carlota en el viaje que emprendió para reclamar el apoyo de Napoleón III. En Roma, el general vio a la emperatriz de México meter los dedos a la taza de chocolate que tomaba con Su Santidad, aterrada de que la fueran a envenenar los esbirros del emperador de Francia. Volvió a América. Sobrevivió gracias a la caridad de sus amigos en Nueva York. Juárez nunca le perdonó su defección, pero Díaz, al llegar a la Presidencia, lo nombró cónsul de México en San Francisco de California. Ahí habría de morir a mediados de los ochenta. "Ninguna circunstancia me hará olvidar que debo a usted la vuelta a mi país y la subsistencia que ya me faltaba", le manifestó, agradecido y postrado, el viejo ex general de México.[18]

CAPITULACION

Antes que nada era necesario abrir una ruta para los convoyes del Cuerpo Expedicionario de Francia. No había caminos de ruedas: hubo que abrirlos para transportar los trenes de artillería hasta Oaxaca. Los franceses estaban concentrados en esa labor desde principios del año. Ampliaron los márgenes de los caminos, atenuaron las cuestas más empinadas, tuvieron que construir puentes sobre algunos ríos. En noviembre retomaron sus planes de ofensiva. Una columna, la más grande, marchó por el camino de ruedas abierto de Puebla a Yanhuitlán y otras dos, más pequeñas, avanzaron hacia Oaxaca desde sus posiciones en Orizaba y Cuernavaca. Su marcha sería narrada por un joven del Servicio Topográfico, el capitán Gustave Niox, hijo de militar, huérfano desde niño, egresado con una beca de la Escuela de Saint-Cyr, que al término de la campaña de Oaxaca habría de recibir la misión de organizar los archivos del Cuerpo Expedicionario, a partir de los cuales escribió uno de los relatos mejor documentados de la guerra de Intervención: *Expédition du Mexique, 1861-1867: récit politique et militaire.* "El 12 de diciembre, el general Courtois d'Hurbal llegó a Yanhuitlán", escribió Niox. "Más allá de ese puesto, la ruta aún no estaba abierta; para descender al valle de Oaxaca era necesario atravesar una sierra difícil".[1] Charles Courtois d'Hurbal, comandante de la artillería del Cuerpo Expedicionario, a la cabeza de todas las columnas, habría de tardar un mes en llegar hasta los Valles. A lo largo de aquel mes, sus columnas —formadas por húsares, zuavos y cazadores de Africa— recibieron sin cesar el apoyo de las comunidades de la Sierra Norte. Los indios estaban resentidos con los soldados de la República, que saqueaban sus iglesias para fundir el oro y la plata y robaban sus campanas para fabricar con ellas las balas de cañón del Ejército de Oriente. Varios de sus dirigentes más importantes habrían de colaborar más tarde con el Imperio —uno de ellos, Francisco Meixueiro, sería incluso nombrado subprefecto de Ixtlán.

En el curso de diciembre, los franceses emprendieron la marcha hacia los Valles. Movieron sus cañones y sus carretas con atelajes de bueyes, avanzaron poco a poco entre las montañas, pero no les fue posible subir la carga por la pendiente más pronunciada de la Sierra Norte. Tuvieron que parar, para luego recomenzar. "Hubo que vaciar los arcones de artillería y transportar los proyectiles y los cartuchos a lomo de mula hasta la cima de la pendiente", escribió Niox. "Se uncieron cuatro y algunas veces cinco pares de bueyes para cada pieza; de cuarenta a cincuenta hombres empujaban las ruedas o tiraban con las cuerdas tensas el yugo de los bueyes y las asas de los cañones. Sin la ayuda de numerosos auxiliares hubiera sido probablemente imposible vencer las dificultades excepcionales que se presentaron".[2] El capitán Niox afirma que el Cuerpo Expedicionario gastó cerca de 2 000 000 francos (1 866 000, para ser exactos) en el transporte para la expedición a Oaxaca. Con ello contribuyó a concluir una obra que estaba pendiente. Tiempos atrás, al ejercer el gobierno de su estado, Benito Juárez había dado prioridad a la construcción de caminos para carretas en la Sierra Norte. Promovió que las comunidades trabajaran en ellos. Y ahora eran los franceses quienes abrían esos caminos de rueda, ayudados por las comunidades, para trasladar los cañones que requerían para combatir a Juárez. La guerra que emprendieron contra su gobierno contribuyó así —con la construcción de ferrocarriles en Veracruz y caminos en Oaxaca, por ejemplo— al desarrollo de la infraestructura en México.

El 17 de diciembre, la vanguardia del general Courtois d'Hurbal bajó por la Sierra Norte. "Ha caído al valle", comunicó Díaz a Matías Romero, para repetir que necesitaba armas y numerario, y concluir así: "Teniendo usted noticia de mi posición y sabiendo lo que ha pasado en toda la República comprenderá cuánto importa que no se me abandone y las fatales consecuencias que tendría la ocupación de esta plaza por el enemigo".[3] Al día siguiente, su hermano Félix sorprendió a una avanzada de húsares en la hacienda de San Isidro. "Participo a usted", escribió en su parte, "que acabo de tener un rudo choque con la caballería del enemigo, a la que se le han hecho veinte muertos, varios heridos y algunos prisioneros".[4] Entre los muertos estaban varios oficiales, que fueron sepultados en Etla. Pero el éxito le impidió al Chato volver a la ciudad al frente de los Lanceros de Oaxaca: perseguido por el enemigo, tuvo que buscar refugio en la garita del Marquesado. Porfirio perdió con él una parte de su caballería, lo cual lo dejaba sin movilidad. Habría de perder el resto un par de semanas después, cuando el ya coronel Jerónimo Treviño, al mando de mil hombres a caballo, miembros de la Legión del Norte y los Lanceros de San Luis, desapareció para escapar hacia Puebla por las Mixtecas. Impotente, el general Díaz ordenó publicar en todas las provincias bajo su jurisdicción un manifiesto que dirigió al gobierno de Oaxaca. "No es la presente guerra una simple diferencia doméstica; es una gravísima cuestión de esclavitud y conquista por una parte, y de justicia, independencia y libertad por otra", trató de hacer comprender, exasperado, a los habitantes del país.[5]

La defensa de Oaxaca estaba dispuesta en tres líneas sobre la muralla del exterior, encargadas a los coroneles Manuel González (monasterio de San Francisco), Francisco Carreón (iglesia de la Merced) y Juan Espinosa y Gorostiza (convento de la Soledad). El propio Díaz tenía movilidad, aunque la base de sus operaciones estaba en los fortines que dominaban Oaxaca. "Pasaba generalmente las noches y una parte de los días en la línea de los cerros", recordó un testigo, "bajaba a eso de las cuatro de la tarde o a las ocho de la mañana a visitar los otros puntos de la Soledad, San Francisco y la Merced".[6] Comía lo que fuera, para después volver a los fortines, donde él mismo trabajaba en la construcción de las trincheras y la provisión de los obuses y los cañones de sus artilleros. Su estrategia todavía no estaba definida. "Para salir de la penosa disyuntiva entre el sitio y el abandono de la plaza", reveló después, "me ocurrió seguir haciendo todos los preparativos de sitio, pero no con el propósito de llevarlo a cabo sino de librar una batalla campal al llegar el enemigo a la plaza".[7] Concibió una línea de batalla entre el monte Albán y el cerro de la Soledad, con la ciudad en la retaguardia, pero al dar a conocer ese proyecto sintió que no era recibido con entusiasmo por los oficiales del Ejército de Oriente. Así dice que lo notó en las conferencias que desde hacía un año daba los jueves y los sábados en el salón de actos del Instituto, que estaba ya localizado en la sede del Seminario. Sus oficiales tenían de hecho toda la razón. Era necesario defender la plaza porque no había suficientes mulas para transportar los cañones, las municiones, los talleres y las carretas con los haberes y los víveres de los soldados. En caso de perder la batalla que quería dar el general en jefe, todo el material de guerra tendría que ser abandonado en la ciudad. Las tropas acabarían dispersas y desmoralizadas, derrotadas sin necesidad de ser vencidas por el enemigo. Por esas razones hubo que aceptar el sitio. Díaz mandó entonces cerrar las calles con un cerco de trincheras hechas con el material proveniente de los edificios que acababa de demoler. Ordenó limpiar los pozos de la ciudad, perforar otros más, en previsión de la clausura del acueducto de San Felipe del Agua. "Nunca imaginé que el resultado final del sitio fuera una victoria", escribió después, "pero sí creí que sería largo y que haría mucho perjuicio al enemigo, porque estaba seguro que la plaza no podía ser tomada por asalto, si a mis soldados les hubiera durado el vigor que tenían al comenzar el sitio, vigor que decreció sucesivamente desde que se supo la retirada de la caballería con el coronel Treviño, la defección de la guarnición de Tehuantepec, que era una de las que debían maniobrar por fuera, y la disolución de todas las demás guardias nacionales".[8] En realidad, el ánimo estaba mal desde hacía ya varios meses, como él mismo lo sabía.

El 15 de enero de 1865 Achille Bazaine se reunió en Etla con Courtois d'Hurbal, luego de marchar durante doce días desde la ciudad de México. Acababa de ser elevado al rango de mariscal de Francia. "El mariscal resolvió tomar el mando de esta operación, cuya importancia se revelaba a diario cada vez más", escribió el capitán Niox, quien lo acompañó en la expedición a Oaxaca.[9] Bazaine era originario de Versalles, donde nació en el seno de una familia de talento (su hermano, por ejemplo, era uno de los ingenieros más notables de Francia). Empezó su carrera militar como soldado raso. Fue ascendido a subteniente y a teniente en la campaña de Africa, y formó parte de la Legión Extranjera que, hacia fines de la década de los treinta, el rey de Francia ofreció a la reina de España para combatir a los carlistas, el nombre de los seguidores del pretendiente al trono don Carlos de Borbón. Regresó a Africa, donde fue hecho capitán, mayor, teniente coronel y coronel, siempre por méritos en campaña. Luchó después en la guerra de Crimea, contra Rusia, donde participó, ya como general de brigada, en el sitio de Sebastopol. Más tarde, durante la campaña de Italia, brilló contra los austriacos en la batalla de Solferino. Llegó a México con el grado de general de división para relevar a Forey. Tenía cincuenta y tres años de edad al emprender la expedición contra Oaxaca. Era popular entre la tropa, por su valor y su pericia, pero malquerido por muchos de los oficiales. "Se le veía lo taimado en la cara gruesa y los ojillos penetrantes", anotó uno de ellos en su diario. "De cuerpo es un enano, gordo e informe como un gnomo, además la barba rala, la enorme calva: realmente una figura espantosa".[10] Los propios oficiales de su país lo llamaban *le palefrenier manqué* —el palafrenero malogrado.

El mariscal Bazaine instauró su cuartel en la hacienda de Montoya, al suroeste de Oaxaca. El 17 de enero comenzó a rodear la ciudad por el norte y por el sur, y ese mismo día mandó cortar el acueducto de San Felipe del Agua. Bazaine contaba para el sitio con cuatro mil hombres de infantería, doscientos zapadores, quinientos jinetes y ochocientos artilleros: un total de cinco mil quinientos hombres, según Niox (nueve mil, en el cálculo de Díaz). Sus armas eran muy superiores a las del enemigo. Los franceses tenían cañones rayados de retrocarga, potentes y certeros, con proyectiles en forma de ojiva que ofrecían poca resistencia al aire; los mexicanos, en cambio, tenían cañones lisos de avancarga con balas en forma de esferas, obsoletas y erráticas. Las murallas que rodeaban la ciudad, sin embargo, daban la impresión de ser infranqueables. "El sistema de defensa de Oaxaca era análogo al de Puebla", escribió Niox. "Casi toda la población había dejado la ciudad, que estaba cubierta de atrincheramientos y de barricadas. Como las casas del recinto exterior se habían demolido, sus escombros, amontonados en las casas de la segunda línea, formaban inmensos parapetos de mampostería en los cuales sólidos conventos servían de reducto".[11] La suerte de la batalla iba a ser definida por la voluntad de resistencia de las fuerzas sitiadas en Oaxaca. Tenían la capacidad, pero no era claro que tuvieran también la voluntad.

Porfirio Díaz estaba consciente de la magnitud del sacrificio que significaba, para los habitantes de la ciudad, su decisión de fortificar la plaza de Oaxaca. "Ha sido preciso sobreponerse a toda consideración, a todo respeto, a todo escrúpulo y, a tal grado", dijo, "que si la victoria no viene a disculpar el rigor de mis providencias, no habrá quien no se crea con derecho a arrojarme una piedra".[12] Sabía que el sacrificio era gigantesco, pero estaba equivocado con respecto a la voluntad de los oaxaqueños de aceptarlo como algo imperioso y necesario: no lo era para ellos, incluso en el escenario de la victoria. Todos lo comenzaron a abandonar. Los días transcurrieron así, tensos, hasta el enfrentamiento de la hacienda de Aguilera, al norte de Oaxaca. Sus hombres iban ahí a tomar agua, a dar de beber a sus caballos, pues la sed hacía estragos en la ciudad desde el corte del acueducto. El 22 de enero los franceses atacaron el lugar, donde

fueron rechazados al cabo de varias horas de combate por una fuerza mandada por él mismo. Estuvo al frente de sus soldados durante
toda la batalla, en desafío de las balas del enemigo. "Creyóse generalmente que buscaba la muerte", afirma un testimonio.[13] Pero no
permaneció en la hacienda; replegó sus tropas hacia Oaxaca. Estaba
decidido a resistir hasta el final en la ciudad, donde tomó la resolución más extrema: para reforzar sus defensas, enloquecido por la
fatalidad de la derrota, dio la orden de quemar las casas que estaban
fuera del perímetro de las murallas. "La antorcha y el betún fueron
utilizados durante siete días consecutivos en los barrios de Consolación, los Príncipes, San Francisco, el Marquesado, la Concepción
y Guadalupe", escribió un oficial del Ejército Francés, que veía de
noche el resplandor del fuego desde el pueblo de San Felipe, algo que
llamó, dijo, "el impresionante espectáculo de una parte de la ciudad
incendiada por las tropas de Porfirio Díaz".[14]

A principios de febrero quedaron agotados los víveres reservados
para las familias que permanecían en el interior de la plaza. "Aunque
eran pocas, se quejaban con escándalo, y en constantes manifesta-
ciones públicas hacían alarde de su situación insostenible, quebran-
tando así el ánimo de los soldados que ya estaba bastante decaído",
habría de relatar Porfirio.[15] La ciudad estaba rodeada, las tropas mal
armadas y municionadas, sin alimentos, sin más agua que la de los
pozos, aisladas del exterior por la defección de la caballería, sin el
apoyo de las guardias nacionales del estado, entonces ya todas adhe-
ridas al Imperio. Los jefes que defendían los puntos del sistema de
amurallamiento mandaban notas para decir que no podían mantener
la disciplina de los soldados. Comenzaron las deserciones. Desertó
el teniente coronel Modesto Rodríguez, quien pereció a manos de
las avanzadas de los franceses, que lo tomaron por un espía; desertó
el capitán Manuel Alvarez, miembro del Estado Mayor del general
Díaz; desertó el teniente Luis Aldeco, a punto de ser linchado por
sus propias tropas al incitarlas a salvar el foso que los separaba de las
posiciones del Ejército Francés. El escándalo de las deserciones llegó
a las páginas de los periódicos de la capital. "Setecientos soldados de
Díaz se pasaron a los franceses", informó el 7 de febrero *El Cronista*

de México.[16] Había ya menos de mil hombres para defender la plaza de Oaxaca. "La deserción", comentaría Adrián Valadés, mayor del 2º Batallón de Sinaloa, "ascendía poco antes de terminar el sitio a doscientos o trescientos hombres todos los días, lo que concluyó por hacer imposible la defensa".[17] El mismo Valadés desertó con sus oficiales, al frente de cerca de doscientos soldados, durante un ataque de los franceses contra el fortín Libertad.

El 8 de febrero, el general Porfirio Díaz convocó a una junta de guerra en la casa donde habitaba su secretario, el licenciado Justo Benítez. Acababa de ocurrir, ese día, la defección del mayor Valadés. Desde principios del mes, la ciudad sufría sin cesar los bombardeos de los franceses, que avanzaban con sus obras de zapa hacia las murallas, para estrechar el círculo. Díaz entendió que el asalto de la plaza era inminente: los zuavos estaban ya reunidos en las trincheras que formaban su línea de combate. Sus hombres no parecían en condiciones de resistir. Estaban con él en aquella junta, además de Benítez, los generales Cristóbal Salinas y José María Ballesteros, así como los coroneles Manuel González, Francisco Carreón y Juan Espinosa y Gorostiza, jefes de las líneas de defensa en Oaxaca. Carreón y González acababan de comunicarle que no podían responder de sus tropas. El propio González había sufrido ya —hacía un año, en Tlaxiaco— la deserción en masa de los cerca de mil soldados que tenía el 2º Batallón de México. Conocía los signos que anunciaban esas crisis. "En este estado de completa desmoralización y cuando ya la defensa no era posible", dijo Porfirio, "me pareció que no debía yo permitir que corriera más sangre".[18] Decidió rendir la plaza, con el aval de la junta. Dictó con ese fin una carta de capitulación al mariscal Bazaine.

Pasadas las siete de la noche, al caer el sol, el coronel Apolonio Angulo salió de la ciudad en dirección del cuartel del mariscal Bazaine, en la hacienda de Montoya. Llevaba con él la carta del general Porfirio Díaz, quien aguardó la contestación en el punto de San Francisco. Esperó ahí varias horas, en uno de los cuartos del monasterio que perteneciera a los franciscanos, donde estaba la tumba de su padre. Hacia la medianoche llegó por fin la respuesta: el mariscal exigía su presencia, de acuerdo con los términos ofrecidos por él mismo en su misiva. Así, sin previo armisticio, dejó la ciudad para salir hacia su destino, acompañado sólo por dos hombres, los coroneles Apolonio Angulo e Ignacio Echeagaray —"a quienes intencionalmente llevé conmigo para que presenciaran mi entrevista con el mariscal Bazaine".[19] Iba armado con su espada, que llevaba a rendir, aunque también cargaba tres pistolas de cilindro en la cintura, que juzgó necesarias para su defensa en caso de un ataque. A la una de la madrugada, luego de recibir el fuego de un puesto de avanzada, al que hubo que contener, el general Díaz llegó ante el subteniente de zuavos Jules Lebourg, comandante de una guardia de la calle de la Consolación. "El oficial que estaba encargado de ese puesto me mandó con un destacamento a otro que estaba en la margen izquierda del río Atoyac; de allí pasamos a otro destacamento que estaba al otro lado del río, y éste nos llevó hasta Montoya".[20] La hacienda quedaba por el camino que llevaba al monte Albán. Ahí tuvo lugar, en la madrugada del 9 de febrero, su entrevista con el jefe del Cuerpo Expedicionario.

Díaz y Bazaine conversaron en español, lengua que el mariscal hablaba bien, pues había residido en España y había estado casado por años con una española (María Juaria, suicidada en La Habana poco antes de zarpar con él a Veracruz). Nada es conocido sobre el contenido de la entrevista que sostuvieron ambos esa madrugada, salvo lo que refirió después Porfirio. "Al manifestar al mariscal Bazaine que la plaza no podía defenderse ya y que estaba a su disposición", relató en sus memorias, "y creyendo que ello equivaldría a mi sumisión al Imperio, me dijo, en respuesta, que se alegraba mucho de que volviera yo de mi extravío, que él calificó de ser muy grande, pues dijo que era criminoso tomar uno las armas contra su soberano. Contesté que consideraba de mi deber explicarle que yo ni me adhería ni reconocía al Imperio; que le era tan hostil como lo había sido detrás de mis cañones; pero que la resistencia era imposible y el sacrificio estéril, porque ya no tenía hombres ni armas".[21] Entonces el mariscal ("imprimiendo súbitamente a su semblante los rasgos del desagrado") le reprochó haber roto su palabra.[22] ¿Qué palabra? Porfirio afirma que Bazaine pensaba —equivocadamente, como se lo pudo demostrar ahí mismo— que había firmado un documento, al caer Puebla, en el que prometía no volver a tomar las armas contra la Intervención. Es posible. Pero puede ser, también, que el mariscal hiciera referencia a otra cosa: a la carta de capitulación que le acababa de mandar. ¿Qué decía esa carta? Díaz no la menciona en sus memorias. Bazaine la habría de evocar muchos años después, para amenazarlo con darla a conocer. "Si hubiera yo hecho publicar su carta", le diría, "carta que está en mi poder, no hubiese usted llegado a la Presidencia".[23] A lo que el ya presidente le respondería con tranquilidad: "Hago memoria de habérsela dirigido y aunque no tengo presentes con perfección los términos en que está concebida, sí puedo asegurar que no me deshonran, sencillamente porque tanto en mi conciencia de hombre como de militar, no recuerdo ningún hecho que pudiera avergonzarme".[24] ¿Era deshonrosa, para él, aquella comunicación?

"Excelentísimo señor mariscal", dice la carta de capitulación que escribió Díaz a Bazaine el 8 de febrero de 1865. "Creo que en una conferencia personal, por medio de comisiones nombradas al efecto, podríamos dar término a esta situación molesta que agrava los males del país. Si usted fía, como espero, en mi lealtad, le suplico que se digne darme su contestación al lugar, hora y modo que juzgue más a propósito, bajo el concepto de que seguro de la caballerosidad de Vuestra Excelencia, no vacilaré un momento en pasar a ese campo, así como Vuestra Excelencia encontrará en esta plaza las debidas atenciones. Protesto a Vuestra Excelencia con tal motivo las consideraciones de mi distinguido aprecio, Porfirio Díaz".[25] La carta es confusa, pero no deshonrosa. Está escrita por un hombre sin fuerza, vencido, confundido, descuidado con las palabras, que sugieren la posibilidad de llegar a un acuerdo con el enemigo —para no agravar más, como dicen, *los problemas del país*— pero que, a pesar de todo, están limitadas a dar a conocer la decisión de rendir la plaza de Oaxaca. Ese fue de hecho el objetivo que cumplió.

Porfirio Díaz pasó el resto de la noche en un cuarto que puso a su disposición el mariscal Bazaine, junto con Angulo y Echeagaray. Ahí permaneció como prisionero, sin saber cuál sería su suerte. Al amanecer salió a la ciudad junto con Juan Pablo Franco, el prefecto del emperador Maximiliano, acompañados ambos por una escolta de cazadores de Africa. Tras ellos marchó el general Brincourt al frente de un regimiento, hasta llegar al Palacio de Gobierno. "Eran las seis de la mañana del día 9 de febrero de 1865 cuando el general Díaz regresó a Oaxaca escoltado por las fuerzas francesas", escribió un testigo de la rendición, coronel de la Línea de Oriente. "El general Díaz, con voz trémula por la emoción, ordenó al valiente Ejército Mexicano formase en la Plaza de Armas y se entregase incondicionalmente prisionero. Apenas se oía su voz".[26] Estaba muy débil: llevaba días de no dormir. Ordenó suspender el fuego de los cerros por medio del coronel Angulo. La bandera de Francia fue entonces izada en uno de los fortines, el Dominante. Hubo *vivas* al emperador de México. Franco asumió el poder, ese día, como prefecto del departamento. "Oaxaca ha capitulado", dijo Bazaine a Maximiliano. "Porfirio Díaz y la guarnición se rinden a discreción. Todo el armamento queda en nuestro poder. Tengo el honor de ofrecer mis felicitaciones a Vuestra Majestad".[27]

7

PRISIONERO DEL IMPERIO

Achille Bazaine ofreció a los prisioneros un almuerzo en la hacienda de Montoya, para luego despacharlos hacia Etla, escoltados por una compañía de zuavos a las órdenes del comandante Jules Japy. Díaz iba en medio de sus guardias, flanqueado por la caballería. Hizo amistad con Japy, escritor, dibujante y soldado, transferido poco después a Argelia, que habría de llegar al rango de general de división en el Ejército Francés. En Etla siguió hacia las Mixtecas por el camino de Acatlán, tras los pasos del mariscal Bazaine, quien marchaba de regreso a la ciudad de México. Bazaine llegó a fines de febrero a la capital, donde comenzó su romance con Josefa de la Peña y Azcárate, Pepita, una muchacha de dieciséis años que sería su esposa, para sorpresa de la corte de Maximiliano. Por su lado, Díaz arribó a la ciudad de Puebla, donde fue encerrado en el fuerte de Loreto con el resto de los generales y coroneles del Ejército de la República. Habría de pasar más de cinco meses recluido en aquel sitio. "Estando presos en el fuerte de Loreto", comentó, "nos volvieron a amonestar para que protestáramos no tomar las armas contra la Intervención ni el Imperio".[1] Todos los jefes y oficiales juraron en ese sentido, con apenas un puñado de excepciones, entre ellas la suya. El capitán José Guillermo Carbó, su amigo desde los tiempos del Instituto, su compañero de armas en la defensa de Puebla, anunció que no iba a protestar, pero le fue dicho que en ese caso sería fusilado a la medianoche, por lo que al final juró también no tomar las armas contra Maximiliano. José Guillermo era el hijo de don Luis Carbó, uno de los liberales más destacados de Oaxaca, dueño de una botica en la calle de San Nicolás, entonces también adherido al Imperio.

En la primavera de 1865, Bazaine tenía una fuerza que sumaba cerca de sesenta y cinco mil soldados: en cifras redondas, veintiocho mil franceses, veinte mil mexicanos, seis mil austriacos y dos mil belgas, más ocho mil Rurales. Puebla era la base del Cuerpo de Voluntarios de Austria, que estaba bajo las órdenes de Maximiliano (no de Bazaine). La lengua oficial de estos voluntarios era el alemán, pero los húsares hablaban húngaro y los ulanos hablaban polaco, y durante los combates había gritos en ruteno, checo, croata, esloveno, italiano y otras lenguas de la monarquía del Danubio. Todos estaban bajo el mando del general Franz Thun, hermano del embajador de Austria en México, un conde de abolengo muy rancio en Bohemia. No era elegante ni carismático. "Tampoco es muy listo", anotó en su diario uno de sus oficiales, Carl Khevenhüller, quien vivía instalado junto con su caballería en un convento de monjas en Puebla.[2] Los austriacos estaban en el país por toda clase de razones: el propio Khevenhüller por deudas de honor (debía 150 000 florines, cuando su sueldo como capitán era de 62 florines al mes) y un primo suyo, bastante joven, el conde Theodor Széchényi, por penas de amor ("le dio calabazas la bella Hanna Erdödy").[3]

El conde Carl Khevenhüller era el primogénito de una de las familias más ilustres del Imperio de los Habsburgo, originaria de

Franconia pero establecida en Carintia desde el siglo XI, con propiedades en Austria, Bohemia y Hungría. Siempre fue mediocre para el estudio, pero brillante en cambio para el ejercicio (era un esgrimista y un jinete de renombre). Pesaban en él preocupaciones muy diversas en su hogar —entre ellas un proyecto de matrimonio no aprobado por su familia— pero sobre todo deudas, muchas deudas, por lo que su padre lo quiso alejar del país mientras llegaba a un acuerdo con sus acreedores. Llegó a México a bordo del *Floride*, junto con el general Thun. Maximiliano lo nombró capitán de caballería de los húsares, basado en Puebla. "Era un joven de buen ver de veinticinco años de edad", escribió José Luis Blasio, secretario del emperador. "Pronto se convirtió en el héroe de un sinnúmero de lances amorosos, algunos duelos y otras aventuras ardientes. Dueño de inmensa riqueza, como hijo mayor de una de las más antiguas familias de la aristocracia húngara, derrochaba el dinero con el desdén de los aristócratas europeos del siglo XVIII".[4] Khevenhüller no tuvo éxito con las poblanas ("son muy reservadas, su conversación es nula y pasan todo el día fumando cigarros en la hamaca") pero su elegancia y su porte atraían a todo mundo en México.[5] Una fotografía lo muestra cruzado de piernas, vestido con el uniforme de los húsares: pantalones rojos ajustados a la cadera, chaqueta verde con cordeles de plata, un sombrero de fieltro tocado con una pluma de águila. Maximiliano lo conocía desde hacía tiempo, pues frecuentaba a su madre, con quien mantenía una correspondencia, y a su padre, con quien compartía su interés por la botánica y la zoología.

Khevenhüller habría de publicar más tarde el diario que mantuvo durante su estancia en México. Es posible, con base en él, recrear el ambiente de la ciudad en que estuvo recluido Porfirio Díaz durante la mayor parte de 1865. Puebla estaba rodeada de campos de trigo, con la vista de los volcanes al fondo, siempre nevados: el Popocatépetl y el Iztaccíhuatl. "Es una ciudad grande y atractiva, muy limpia, de ochenta mil habitantes", escribió en su diario Khevenhüller. "Casi una de cada dos casas está pintada de rojo, o sea, perteneció a la mano muerta hasta que el gobierno liberal bajo Comonfort le quitó todo".[6] La *mano muerta* era la Iglesia. Puebla estaba llena de templos y conventos, que servían entonces de cuarteles y presidios. Muchos estaban en ruinas, como las haciendas y los pueblos de los alrededores, varios de ellos destruidos, reducidos a vestigios de lo que fueron. Aquella destrucción no había sido antes vista en ninguno de los pronunciamientos del siglo xix. Era nueva. Pero la ciudad empezaba a estar una vez más de pie, a pesar de los destrozos. Entre las tropas del Imperio había un sinnúmero de ingenieros —americanos y británicos, sobre todo— que trabajaban en la prolongación del ferrocarril de Veracruz, en el tramo de Camarón a Puebla. Las calles estaban todas adoquinadas, bastante limpias, con su canal de desagüe en el centro. "Las barren prisioneros encadenados", observó Khevenhüller.[7] Eran en su mayoría oaxaqueños que llegaron a la ciudad conducidos por Bazaine. Vivían encerrados en un solo convento, junto con sus soldaderas. "Estas mujeres les hacen todo el trabajo doméstico a los hombres, por supuesto sin paga. Cargan el equipaje, planchan, lavan, guisan, y cada convoy tiene la apariencia de las expediciones militares europeas durante la guerra de los Treinta Años".[8]

Porfirio recibía en el fuerte de Loreto las noticias de Oaxaca. La reconstrucción de la ciudad acababa de comenzar luego de su ocupación por el Cuerpo Expedicionario, con el apoyo de las autoridades del Imperio. Ellas pagaron 20 000 pesos en indemnizaciones a los propietarios de las casas destruidas por el Ejército de Oriente: la mitad habría de ser cubierta por el tesoro de la nación, y la otra mitad, como sería divulgado, por Maximiliano y Carlota. Muchos oaxaqueños abrazaron entonces al Imperio. En marzo trabajaban ya, al lado del prefecto del emperador, incluso los hombres más cercanos al mismo presidente Juárez, como su concuño Manuel Dublán, nombrado director del Instituto, y su amigo de confianza Miguel Castro, electo miembro del Consejo de Gobierno. Algunos no podían dar crédito, sobre todo los que vivían más alejados. "Tantas bajezas, tantas humillaciones y tantas adulaciones por personas de quienes menos podía esperarse semejante conducta", gimió Matías Romero.[9] Juárez parecía aún más incrédulo con su conducta: "han perdido completamente toda idea de dignidad y de vergüenza".[10] Entre los hombres adheridos al Imperio había también varios muy cercanos al general

Díaz, como Manuel Ortega, hecho regidor de la ciudad, y Francisco Vasconcelos, designado secretario del ayuntamiento, así como Cenobio Márquez, quien aceptó ser responsable de la guardia del departamento de Oaxaca. Todos estaban ahí por convicción —eran liberales, como el prefecto del Imperio— aunque varios también por necesidad, como lo trataría de explicar años después el propio Ortega al presidente Juárez. "¿Podría recurrir a la fuga sin recursos", le preguntó, "y dejando a más en abandono a estas familias que custodiaba, y a más a la del general Díaz, prisionero de los franceses en la sierra, donde figuraba mi hija Delfina?"[11]

Desde su celda en el fuerte de Loreto, el general Díaz mantenía también contacto con los jefes que sobrevivían del Ejército de Oriente, como Luis Pérez Figueroa, a quien incluso le mandó su despacho de general a Oaxaca. Era uno de los pocos de sus hombres que permanecían aún en el estado. El resto había salido ya, entre ellos su hermano Félix, el Chato, sorprendido en la Sierra de Ixtlán durante la rendición del Ejército de Oriente, entonces activo en la zona de Tlacotalpan a las órdenes del general Alejandro García. Félix era un guerrillero muy hábil, que emboscó por esos días a una columna del Ejército Francés. Así lo refirió la emperatriz Carlota en una carta donde lamentó que, durante el combate, había perdido la vida el comandante Maréchal. "Salió con cincuenta egipcios, lo que me pareció bastante imprudente", dijo, "y fue a dar con la guerrilla del Chato Díaz que nadie sabía que estaba ahí".[12] Murieron en aquella acción varios *egipcios* —en realidad nubios, negros vestidos todos de blanco, altos y dignos, enviados por el jedive Ismail a Napoleón para la expedición a México. Pero la relación con el general García, quien tenía bastante relajada la disciplina de sus hombres, terminó por hacer crisis en Tlacotalpan. "Por causa de algunas objeciones que el coronel Díaz hizo al servicio militar de aquella zona", dijo su hermano, "comenzó a hacerse poco simpático para aquellos patriotas y para su jefe el general Alejandro García".[13] Así lo supo él mismo desde su prisión en Puebla, por lo que le sugirió dejar el país por un tiempo y viajar hacia los Estados Unidos para ofrecer ahí sus servicios al gobierno de Juárez por conducto de Matías Romero.

Nueva York era por aquellas fechas una ciudad donde estaban refugiados muchos de los dirigentes más prominentes de la República, entre ellos los generales Berriozábal y González Ortega, así como también don Manuel Doblado, recluido ya por la enfermedad que lo habría de vencer ahí, sin poder volver a México. "Hace poco más de un mes llegó a Nueva York el coronel don Félix Díaz, y a poco vino a verme a esta ciudad, donde se alojó en mi casa", informó Romero desde Washington. "Me refirió que después de haber caído prisionero su hermano el general don Porfirio Díaz, la posición que él guardaba era muy violenta, pues cada día que al frente de la fuerza con que operaba en los estados del Oriente atacaba con algún vigor al enemigo, lo amenazaban con que su hermano sería sacrificado. Al fin, según me dijo, su hermano mismo le envió alguna indicación de que sería conveniente encargase el mando de su fuerza a otra persona y se eclipsase por algún tiempo. A consecuencia de esto me aseguró que se había venido a este país".[14] Romero le propuso salir a Chihuahua, aunque el Chato, dijo, insistía en Oaxaca. Al cabo de unos días regresó en tren a Nueva York, donde tomó un vapor a La Habana con la intención de establecer contacto, desde ahí, con el gobierno del presidente Juárez. Llevaba con él una carta que Matías Romero acababa de escribir, concebida para mostrar a sus compañeros en México. Era una especie de manifiesto. "Mi querido amigo", le expresaba el ministro de Juárez en los Estados Unidos. "El término de la Guerra Civil en este país a favor de la Unión, decide la contienda en México en contra de Maximiliano en principio".[15] Era la verdad —y esa verdad era monumental.

La Unión acababa de triunfar sobre la Confederación en los Estados Unidos, con lo que dio fin a una guerra de secesión que costó más de un millón de vidas, librada sobre todo en los estados del Sur. Hasta apenas unos meses antes, el resultado parecía indeciso. "¿No es de verdad extraño?", preguntó entonces el gran poeta Walt Whitman, partidario del Norte. "México es el único país al que realmente hemos agredido, y ahora es el único que reza por nosotros y por nuestra victoria, con oración genuina".[16] Era extraño... y no lo era. México acababa de perder, hacía apenas un puñado de años, más de la mitad de su territorio contra los *Yankees* que comandaba entonces el mismo general, Winfield Scott, que al comienzo de la Guerra Civil era el comandante en jefe de las fuerzas de la Unión. El propio Juárez lo había combatido como gobernador de Oaxaca. Pero la historia tomó de pronto un giro no previsto, con el estallido en México de la guerra de Reforma. Los partidos en disputa terminaron identificados con los países que mejor representaban los ideales por los que luchaban: los liberales con los norteamericanos y los conservadores con los europeos. Sus inclinaciones persistieron durante la guerra de Intervención. Así, los republicanos, sucesores de los liberales, refrendaron su adhesión al gobierno de los Estados Unidos, representado por la Unión, y los monarquistas, a su vez, herederos de los conservadores, apoyaron a los estados sublevados contra la autoridad de ese gobierno, en la Confederación. Por ella también estaba inclinado el emperador de Francia, interesado en influir en el Continente Americano. No era el único. Otros países fueron intervenidos en aquellos tiempos por las potencias de Europa, además de México —entre ellos el Perú y la isla de Santo Domingo. Pero Washington estaba paralizado por la Guerra Civil. "Sólo Dios puede saber hasta dónde se extienden los proyectos agresivos del Viejo Mundo si los Estados Unidos permanecen, como hasta aquí, indiferentes a la Doctrina de Monroe", lamentó Juárez, cuya diplomacia estaba centrada en obtener el apoyo de Washington en su lucha contra la Intervención y el Imperio.[17]

Las cosas cambiaron en la primavera de 1865. Una luz alumbró de pronto la vida de la República, que atravesaba entonces por los días más obscuros de su lucha contra la Intervención. Aquella luz vino de fuera: la Confederación fue derrotada por la Unión. El 2 de abril, el general Ulysses Grant, sucesor de Scott al mando de las fuerzas de la Unión, rompió por el centro la línea de defensa de la Confederación, que una semana más tarde fue derrotada por completo en Appomattox. El presidente Abraham Lincoln, al anunciar la noticia, expuso en un discurso su política de reconstrucción en términos muy generosos hacia el Sur. Pero no habría de vivir para celebrar la victoria. La noche del 14 de abril, al asistir al teatro, Lincoln murió asesinado por un actor partidario de la Confederación. Fue sucedido por el vicepresidente Andrew Johnson. Matías Romero analizó con frialdad los hechos que acababan de ocurrir. "Conjeturando sobre el resultado de estos cambios en lo que ellos pueden afectar nuestros intereses, creo que nosotros hemos ganado con ellos", dijo, para luego explicar en una línea lo que quería decir. "El señor Johnson estará mejor dispuesto de lo que el señor Lincoln podría estarlo, a vindicar la Doctrina de Monroe".[18]

La Doctrina de Monroe postulaba que América debía ser para los americanos —en otras palabras, que Washington debía combatir la influencia que ejercían en el continente las potencias de Europa. Ese principio guiaba su diplomacia. La Intervención en México, sin embargo, había coincidido con la Guerra Civil en los Estados Unidos. Ante ese hecho, el presidente Lincoln, a cambio de la neutralidad de Francia durante la guerra de secesión en su país, ofreció la neutralidad de su gobierno durante la invasión en México. Prohibió la venta de armas al gobierno de Benito Juárez. El triunfo de la Unión —más que la muerte de Lincoln, como suponía Romero— hizo cambiar las cosas en Washington. El 3 de mayo de 1865, así, el presidente Johnson publicó un decreto que habría de modificar el curso de la Intervención. "Se rescinden y anulan las órdenes del Ejecutivo", afirma, "que prohíben la exportación de armas".[19] Los Estados Unidos serían, a partir de entonces, una fuente de abastecimiento de armas para las fuerzas que combatían en México por la República, así como también —lo sugería el decreto— un opositor más activo de la Intervención. Francia lo comprendió sin necesidad de más señales. Unos meses después, de hecho, su ministro en Washington comenzó a discutir con el gobierno de Johnson los términos del retiro de las tropas del Cuerpo Expedicionario.

México no vivía aislado del mundo: lo que pasaba fuera de sus fronteras afectaba su existencia. Nadie lo sabía mejor que el emperador Maximiliano, cuya elevación en el país era impensable sin el apoyo de Francia. Así lo debió cavilar al conocer la noticia del triunfo de la Unión en los Estados Unidos, que acababa de ocurrir unas semanas antes de su visita, en junio, a la ciudad de Puebla. Pasó ahí varios días, alojado con su esposa en el Palacio Episcopal. La gente lo veía caminar en los alrededores de la Plaza de Armas. Era alto y delgado, incluso guapo, no obstante el mentón sin carácter que trataba de disimular bajo la barba. Todos conocían ya sus virtudes y sus defectos, después de convivir con él desde hacía un año. "El emperador Maximiliano poseía excelentes cualidades", escribió un oficial del Ejército Francés, que lo observó de cerca en México. "Era bueno, afable, inteligente, instruido, pero aunque despertaba un fuerte encanto en quienes estaban en contacto con él, le faltaba la decisión y la fuerza de voluntad necesarias para salir avante en una situación tan difícil; el empeño en organizar su palacio, reglamentar la etiqueta de su corte y distribuir los altos cargos domésticos o gubernamentales a los familiares que lo habían acompañado a México, parecía haber absorbido una valiosa parte de su tiempo. La emperatriz, mujer con una gran inteligencia, con un enorme vigor moral y con un carácter enérgico, se unió a las labores del emperador".[20]

Maximiliano y Carlota tenían ya por esas fechas diferencias muy profundas con la Iglesia. Los franceses, que los sostenían con sus armas, eran contrarios a la restitución de los poderes y los bienes del clero en México. También los ministros del gabinete, cuyas convicciones eran compartidas por el mismo emperador. Entre los monarquistas del país había desde luego reaccionarios, personajes concentrados en preservar sus intereses y sus fueros, pero había también patriotas, hombres preocupados en la estabilidad de la nación, en la defensa de sus fronteras ante la amenaza de los Estados Unidos, para lo cual creían que necesitaban tener el apoyo de una potencia de Europa. Uno de ellos era el historiador conservador de tendencia moderada José Fernando Ramírez, ministro de Negocios Extranjeros de Maximiliano. Hacía apenas unos meses, por conducto de Ramírez, el emperador había dejado en claro su postura frente a la Iglesia en un mensaje dirigido al nuncio, monseñor Pietro Meglia. "Maximiliano, ciudadano y miembro de la comunidad cristiana, se inclina con respeto y sumisión ante la autoridad espiritual del padre común de los fieles", decía, "pero Maximiliano, emperador y representante de la soberanía mexicana, no reconoce en la tierra poder superior al suyo".[21] Había sido necesario hacer esta advertencia antes de dar a conocer el decreto que, un mes después, anunciaba la tolerancia de todos los cultos en el territorio del Imperio, así como también la decisión de establecer la Administración de Bienes Nacionalizados, que confirmaba las leyes de Juárez relativas a la expropiación de las propiedades de la Iglesia. Todas las operaciones de desamortización ejecutadas sin fraude, sujetas a derecho, fueron declaradas legítimas por el emperador de México. Y así, sin haber obtenido nada de lo que había pedido, que era de hecho el regreso al pasado, el nuncio apostólico salió del país. No hubo concordato del Imperio con la Santa Sede.

EVASION DE PUEBLA

"Querida Fina, espero impaciente a Pacheco", decía la nota. "Espero que a su regreso me escribas con él. La lectura de las cartas de ustedes es el único goce que queda a tu tío que te quiere, Porfirio".[1] Fechada el 13 de julio de 1865, dirigida a la *señorita Delfina Díaz*, la nota estaba redactada en puño y letra del ex general en jefe del Ejército de Oriente. Pacheco era su hombre de confianza. Estaba emparentado, al parecer, con su cuñado, el padrastro de Delfina. Le servía entonces de correo, pues él mismo permanecía aún en el fuerte de Loreto. Es posible saberlo con certeza por una entrada del 14 de julio en el diario del conde Carl Khevenhüller. "En el fuerte de Loreto", dice, "aquí en Puebla, está prisionero el general enemigo Porfirio Díaz. Es un hombre respetable".[2] ¿Había tenido ya ocasión de platicar con él? ¿O sólo repetía lo que decían sus compañeros? Ambos llegarían a ser, con el tiempo, amigos muy queridos. Pero estaban antes destinados a combatir, frente a frente, en las batallas del ocaso del Imperio.

Hacia finales de julio, principios de agosto, Porfirio fue sacado de su prisión en el fuerte de Loreto. Pudo ver entonces a sus pies, fuera ya de su celda, la pendiente del cerro de San Cristóbal y, más allá, en el valle, las cúpulas y los campanarios que destacaban sobre la ciudad de Puebla. Sus guardias lo transfirieron al convento de Santa Catalina de Siena, uno de los más antiguos de la ciudad, construido en el siglo XVII, vacío y lúgubre, a pesar de que conservaba en el templo algunos de sus retablos, que lograron escapar a la guerra de

Reforma. "Estaba situada mi celda en el primer piso del edificio", recordaría Porfirio, "en una capilla que había sido celda de una monja milagrosa, en la cual había un pozo, cuya agua tenía, según la tradición, virtudes medicinales".[3] Con él estaba también Justo Benítez, quien permanecía encerrado a su lado desde su llegada al fuerte de Loreto, a pesar de haber firmado su adhesión al Imperio, pero que sería puesto en libertad en ese momento, ahí en Puebla. Díaz refiere en sus memorias que empezó a cavar un túnel en su celda, donde el pozo le servía para depositar la tierra que sacaba de su obra, pero que no pudo avanzar más porque al poco tiempo fue trasladado de nuevo a otra prisión.

El convento de la Compañía estaba ubicado en el corazón de la ciudad de Puebla, hacia el este de la Catedral. La magnitud del edificio, que ocupaba toda la manzana, habla de la riqueza de los jesuitas en el siglo XVIII. Por esos tiempos era ya la sede del Colegio Carolino, nombre con el que los poblanos conocían al antiguo Colegio del Espíritu Santo. El rigor de la prisión, ahí, disminuyó de inmediato para Porfirio. Comenzó a salir a tomar baños, por ejemplo, aunque siempre acompañado por un sargento que lo seguía como su sombra, a todas partes. Era incómodo, por lo que al cabo de unos días optó por suspender esas salidas. Así lo supo el jefe de sus guardias, el barón Janos Csismadia, teniente de un regimiento de húsares del Cuerpo de Voluntarios de Austria, que le propuso escoltarlo él mismo cuando saliera del convento de la Compañía. En una ocasión, lo invitó a almorzar a su casa luego de tomar el baño, para después ir con él a la plaza de toros, ubicada frente al penitenciario, un convento que tenía sus muros perforados por las balas. Csismadia lo volvió a invitar a la semana siguiente, pero Díaz evadió la invitación: no quería aparecer como cercano a los oficiales del Imperio. Su trato con él, así, estuvo limitado a las salidas a los baños. Hablaban en español, que Csismadia había aprendido en Puebla. Pasaron los días. "Después de una conversación amistosa", escribió Porfirio, "me manifestó que me iba a dejar en libertad en la ciudad, que su trato conmigo le había hecho comprender que yo era un oficial honorable, y que le bastaba que yo supiera que si abusaba de la libertad que me iba a conceder, perdería él su empleo de primer teniente en el Ejército Austriaco y su título de barón, y que no volvería a presentarse a su gobierno ni a su familia".[4] Luego comunicó a los guardias que el prisionero tenía autorizado salir sin avisar, todos los días, desde el toque de diana hasta la señal de la retreta. Esta consideración hizo que Csismadia fuera puesto en arresto por el general Franz Thun, quien regresó por esos días a la ciudad, luego de hacer campaña en la serranía de Puebla. Thun estaba irritado por el fracaso de su expedición. Amonestó a los prisioneros. Aumentó el servicio de centinelas en el interior del convento. Ordenó la clausura de las ventanas que daban a la calle, no obstante que tenían rejas de hierro. Díaz comenzó entonces a planear su evasión de Puebla, ayudado sin duda por las libertades que acababa de recibir de Csismadia.

A principios de septiembre, Justo Benítez salió de Puebla con destino a Veracruz. Había sido acordado que debía viajar a Nueva York para establecer contacto, ahí, con el ministro Matías Romero y que, para no correr el riesgo de ser aprehendido, conocida su amistad con el general de la República, debía salir de la ciudad antes de la fuga, planeada para la noche del 15 de septiembre, día de San Porfirio. Así estaba proyectado. "Benítez, quien como usted sabe me ha acompañado siempre con lealtad y desinterés sin igual, va para esa encargado de historiarles el pasado y de recabar instrucciones y elementos para el porvenir", le comunicó Díaz a Romero. "Tenga usted la bondad de recibir sus informes como propios y de apoyar eficazmente sus pedidos cerca de nuestro respetable amigo, el señor presidente".[5] Para proveer a Benítez de los fondos necesarios para su viaje, Díaz solicitó a don José de Teresa, banquero amigo suyo, un giro de 1 000 pesos sobre Nueva York, así como también 200 pesos en oro para los gastos del viaje hasta Veracruz. Justo llegaría hacia fines de septiembre a los Estados Unidos, como lo comentaría en una carta el cubano Pedro Santacilia, amigo de Juárez desde Nueva Orleans, su yerno desde hacía un par de años, entonces a cargo de toda su familia en Nueva York. "Ha llegado Benítez el oaxaqueño", dijo. "Nos ha asegurado que, del 14 al 16, debió haberse fugado Porfirio de Puebla".[6]

El general Porfirio Díaz había sido ayudado en los preparativos de su fuga por la facilidad de movimiento que le permitió el teniente

Csismadia. No quería que su evasión fuera vista como una prueba de deslealtad. Tenía que justificar su conducta, para lo cual aprovechó los rigores impuestos a su prisión por el general Franz Thun. Así lo hizo en la carta que dirigió él mismo al propio Thun, fechada el 14 de septiembre en Puebla. "Muy señor mío", le decía, "el teniente Csismadia, que tiene una idea justa de mi carácter, supo asegurarme, dándome toda la franqueza que le fue posible, sin tomarse ni la libertad de exigir mi palabra de honor, que nunca habría comprometido. Con el señor Csismadia sólo tenía la obligación que tácitamente me impuse de no comprometer su responsabilidad, generosa y oficiosamente empeñada a mi favor; nada contraje expresamente al aceptar su gracia, que tampoco solicité, y sin embargo nunca he estado más afianzado en mi prisión que durante el goce de aquélla. Pero usted, que no conoce a los mexicanos sino por apasionados informes, que cree que entre ellos no hay más que hombres sin honor y sin corazón, y que para conservarlos no hay otros medios que la custodia y los muros, me ha puesto en absoluta libertad".[7] Díaz guardó con él la carta que escribió a Thun. Su fuga estaba planeada para la noche del 15 de septiembre, pero fue pospuesta: no era posible huir de su prisión en un momento en que las calles estaban llenas de gente, iluminadas por las fiestas que celebraban la Independencia. Decidió esperar a la semana siguiente. Entonces, la víspera de la evasión, remitió su carta a Thun con una nota dirigida a un jefe de voluntarios de Austria con quien tenía amistad en Puebla. La nota decía así: "Le ruego que desentendiéndose por un momento de su calidad de militar imperialista, juzgue mi conducta con toda su caballerosa justificación, porque sentiría mucho que tuviera usted mala opinión de su servidor".[8] Le preocupaba que los austriacos llegaran a pensar que había roto su palabra.

La fuga estaba prevista para el 20 de septiembre, miércoles, hacia la medianoche. Porfirio tenía caballos y monturas listas, a cargo de su criado, en una casa que arrendaba por medio de una amistad en Puebla. Uno de sus confidentes era el mayor Juan de la Luz Enríquez, veracruzano de Tlacotalpan, condiscípulo del Chato en el Colegio Militar, que combatía a su lado desde la invasión del Cuerpo Expedicionario. La noche de la fuga, el mayor Enríquez invitó a jugar naipes a todos los compañeros de prisión, para mantenerlos distraídos y reunidos, y evitar así que anduvieran sueltos por los corredores. Díaz llevaba tres reatas enrolladas en forma de esfera, con una en su equipaje, más un puñal facilitado por su criado. Esa noche, luego del toque de queda, caminó hacia una azotehuela donde el paso de los prisioneros no llamaba la atención, pues estaban ahí los inodoros. "Me dirigí a ese lugar llevando conmigo las tres reatas envueltas en un lienzo gris", recordó, "y una vez cerciorado de que no había otra persona en la azotehuela, las arrojé a la azotea, y con la otra reata que me quedaba lacé una canal de piedra, que me pareció muy fuerte, lo que hice con muchas dificultades, porque no podía distinguir la canal".[9] Una vez afianzada, luego de probar su resistencia, subió por la cuerda a la azotea, donde la recogió enseguida para guardarla con las otras tres que acababa de lanzar. Las azoteas del convento estaban llenas de centinelas, pero él, oculto tras las bóvedas, avanzó a rastras hacia el sitio donde planeaba escapar: la calle de San Roque. "Tenía muy a menudo que suspender mi marcha y explorar con el tacto el terreno por donde tenía que pasar", dijo, "porque había sobre las azoteas muchos pequeños pedazos de vidrio que hacían ruido al tocarlos, y porque eran muy frecuentes los relámpagos".[10] Caminó por el pretil de la ventana que daba hacia la guardia de prevención, resbaladizo por las lluvias de septiembre. No había señales de que hubiera sido descubierto, así que continuó. "Bajé a la azotehuela de la casa del capellán, en momentos en que entraba un joven que vivía en ella y que probablemente venía del teatro, pues estaba alegre y tarareando una pieza", relató después. "A poco salió con una vela encendida y se acercó al lugar donde yo estaba. Me escondí para que no me viera y esperé a que regresara".[11]

Porfirio permaneció totalmente quieto, sin hacer ruido, hasta que sintió que había pasado suficiente tiempo, que el joven estaba ya dormido. Entonces continuó su marcha por las azoteas, alrededor de los claustros, hasta llegar al último, aquel donde solía estar la Casa de Ejercicios Espirituales de la Compañía. Era su destino. Ahí, parado en lo alto de la calle de San Roque, descubrió una estatua de piedra de San Ignacio de Loyola, en la esquina con el callejón de Alatriste. Fijó su reata en la base que le servía de pedestal, para bajar por ahí.

Pero aguardó. "Me pareció que si descendía yo de esa esquina para la calle, podía ser visto por algún transeúnte en el acto de descolgarme por la cuerda", explicó, "y por ese motivo me propuse bajarme a un lote del ex convento que estaba cercado pero no edificado todavía".[12] Los muros del edificio tenían, ahí, más de 13 metros de altura. Al comenzar a descender con ayuda de sus reatas, anudadas unas a otras, escuchó de pronto, abajo, una estampida de puercos. ¿Cómo? ¿Qué sucedía? El alboroto lo sobrecogió. Una vez en tierra trató de calmar a los puercos, que no paraban de chillar: temía que llegara su dueño, pensando que alguien los quería robar. Pero no pasó nada. Al buscar su daga notó que la había perdido —y entendió: había caído sobre el chiquero al descender por el muro, era la causa de los chillidos de los puercos. Subió entonces la cerca del lote que daba a la calle, fuera ya de su prisión, para caminar por el callejón de Alatriste hacia el hospital de San Roque. En aquel callejón sería colocada, muchos años después, una placa de talavera aún visible, que dice así: *El 20 de septiembre de 1865 por este lugar se fugó el general Porfirio Díaz, prisionero de los franceses después del sitio de Oaxaca, valiéndose de un cable amarrado a una estatua de San Ignacio.* La gente lo llama el callejón de la Fuga.

Díaz caminó hasta la casa donde lo aguardaba su criado, el señor Julián Martínez. Era un indio de unos cincuenta años de edad, humilde, primitivo, calvo, originario de Oaxaca. Fue él quien había conseguido la daga, las cuerdas, los caballos para escapar. El general Thun lo interrogó después con insistencia, pero sin resultado —"por el aspecto de idiotismo que Martínez sabía dar a su actitud", según un compañero de Díaz.[13] Esa noche esperaba en la casa la llegada de su general, junto con un guía de a caballo. Los tres salieron a galope por la garita de Teotimehuacán, donde pasaron sin ser detenidos, por lo que continuaron en dirección al paso de Santa María del Río. Galoparon en la obscuridad por cerca de 2 kilómetros. Escucharon de repente gritos que les marcaban el alto, pero no eran guardias sino indios metidos en una rampa de arcilla, resbalosa con las lluvias, que al oír el tropel de gentes a caballo temieron que fueran a caer sobre ellos, como en efecto sucedió. Los tres fueron a dar al fondo, sobre los indios y los burros. "Después de cambiar las excusas que eran posibles, salimos por el lado opuesto y seguimos nuestro camino, evitando el paso por los lugares poblados, por cuyo motivo tuvimos alguna vez que cruzar grandes sembrados de maíz ya seco, cuyas mazorcas golpearon mucho nuestras rodillas y las cabezas de nuestros caballos".[14] En la mañana del 21 de septiembre llegaron por fin a las orillas del río Mixteco.

Aquel día, los telegramas de alarma comenzaron a sonar en todas las oficinas del Imperio. "El prisionero de guerra, jefe de los disidentes, don Porfirio Díaz, huyó esta noche de la prisión", comunicó el general Thun al prefecto de Puebla. "Sírvase Vuestra Señoría ordenar la más eficaz vigilancia para lograr su reaprehensión".[15] El propio Thun, furioso, ofreció una gratificación de 1 000 pesos por la captura del fugitivo. La noticia de la evasión llegó aquella misma mañana hasta la capital de México. "El señor prefecto del departamento de Puebla en telegrama que acabo de recibir me dice lo siguiente: *Hoy se ha fugado de la prisión militar el general don Porfirio Díaz en unión de otro individuo cuyo nombre ignoro*", manifestó el titular de Gobernación al Ministerio de Guerra. "He dictado todas las providencias convenientes para su aprehensión".[16] Don Juan de Dios Peza, ministro de Guerra, escribió entonces al mariscal Bazaine para decirle que acababa de dictar —en Puebla, Veracruz y Oaxaca, informó— "las disposiciones más violentas para conseguir la aprehensión del expresado Díaz".[17] La noticia fue propagada, así, en todos los rincones del país. El que fuera general en jefe del Ejército de Oriente estaba una vez más en pie de guerra, por las montañas del Sur.

8

EN PIE DE GUERRA

Porfirio Díaz atravesó a nado el río Mixteco, para seguir con su guía y su criado hacia el rancho del coronel Bernardino García, quien estaba al frente de un grupo de guerrilleros bajo las órdenes del general Juan Álvarez. Había quedado de ver a García en Santa María del Río el día de su evasión de Puebla. Pero como no le pudo notificar el cambio de fecha de la fuga, tuvo que marchar hasta su rancho, ya en el estado de Guerrero. La mañana del 22 de septiembre de 1865 ambos salieron a caballo a la cabeza de un puñado de hombres armados con sables y pistolas, y algunos con fusiles. Hubo un enfrentamiento. "En este momento que son las cuatro de la tarde he tenido noticias ciertas que en el rancho de Tlacotepec ha llegado don Porfirio Díaz con otros tres en su compañía, y como con doscientos caballos que se le han reunido", afirma una comunicación de la subprefectura de Tepeaca.[1] Díaz y García acababan de caer sobre la guardia de Tehuitzingo, en Puebla. La sorprendieron sin resistencia y le quitaron sus armas y sus municiones, y luego reclutaron en el pueblo a los voluntarios que llegaban de los alrededores. "Así comencé bajo muy buenos auspicios mi tercera campaña contra la intervención extranjera".[2]

Díaz avanzó con su gente hasta Piaxtla, donde le exigió al cura del lugar la mitad de los fondos destinados a las fiestas de los santos, mismos que recolectó antes de cruzar una vez más el río Mixteco, en dirección a Tlapa. Ahí escribió una carta llena de noticias a su amigo Justo Benítez, quien estaba por arribar en esos días a Nueva York. "Como te había anunciado me fugué el 20 en la noche, escalando el convento de la Compañía", le refirió, para luego preguntarle si tenía consigo ("para mandártela en caso contrario, pues sentiría que fueran a creer que me manejé indecentemente") una copia de la misiva que le dirigió al general Thun.[3] Mencionó luego, con arrogancia, a sus compañeros de prisión: "Ni unos ni otros son capaces de salir *chiarínicamente* como yo salí; por consiguiente, si se quejan de que no los invité, eso fue porque no son capaces de seguirme".[4] Evocaba con esa expresión a los acróbatas del Circo Chiarini, ya famoso, ubicado en la explanada del convento de San Agustín, en Puebla. "El 22", reseñó, "entré a Tehuitzingo a la cabeza de veinte caballos y espanté a la guarnición de aquel pueblo que huyó y dejó en mi poder veinticinco fusiles; el 23 entré a los pueblos de Chinantla y Piaxtla".[5] Le confirmó que pensaba buscar recursos en La Providencia, la hacienda del general Juan Alvarez. Pero no estaba optimista. "Según los informes recibidos hasta hoy, La Providencia es el pequeño Pekín y difícilmente se consigue ayuda para el que no sea suriano; por consiguiente, toda mi esperanza para no ponerme en ridículo está en ti", le recalcó, para volver a insistirle al final: "Todo lo que te exijo es que me facultes para girar, diciéndome contra quién, en qué plaza y hasta qué cantidad. Por Dios, que veas este negocio con empeño, que es de vida o de muerte".[6] La carta, escrita en Tlapa, habría de tardar tres meses en llegar a su destino en Washington.

Benítez encontró en Nueva York al ministro Matías Romero, a quien le reseñó los objetivos de su viaje, para que fueran comunicados por su conducto al presidente Juárez. Así lo hizo Romero: el general Díaz —informó— acababa de escapar ese mes de su prisión en Puebla, luego de enviar a su secretario en misión con el Supremo Gobierno. La misión era la siguiente. Primero, explicar los acontecimientos que precedieron a la rendición de Oaxaca; segundo, saber si, al volver en campaña, reasumiría el mando en jefe de la Línea de Oriente con las facultades que tenía antes de la capitulación de la ciudad o si quedaría subordinado a otro jefe; tercero, pedir al gobierno cinco mil fusiles, con sus municiones, para preparar la toma de Oaxaca, y cuarto, solicitar una subvención en numerario, lo más alta posible, para el sustento de las fuerzas que iban a ser organizadas en las montañas del Sur. Benítez le comunicaría después él mismo al presidente Juárez la estrategia acordada con Díaz para restablecer las hostilidades en la Línea de Oriente. "Habíamos combinado que apoyándose en una brigada del Sur, si podía conseguirla de don Juan Álvarez, viniera a situarse en Miahuatlán para conmover el Valle Grande, amagar a Oaxaca y dejar a su retaguardia seguros los puertos del estado, por donde esperábamos que se le mandaría un convoy de armas y municiones", resumió Benítez. "Acaso por la realización de este plan se haya ido directamente a La Providencia".[7] Su propósito, añadió, era permanecer en Puebla, Guerrero y Oaxaca, sin avanzar a Veracruz, a pesar de tener fuerzas ahí, para no crear con su presencia dificultades al general Alejandro García, quien estaba a cargo de la Línea de Oriente desde la capitulación de Oaxaca. Esta era, en una nuez, la estrategia del general Díaz: buscar recursos en La Providencia para después marchar por las Mixtecas hacia Miahuatlán, donde poder amenazar la zona de los Valles sin perder el control de los puertos del Pacífico, en los que tenía previsto recibir las armas que pudieran ser enviadas desde San Francisco de California, ya sin restricciones para su exportación a México.

No paró de llover por el resto de septiembre, día y noche, por lo que Porfirio tuvo que permanecer en Tlapa. Su intención era marchar de inmediato hacia La Providencia, no obstante el estado de los caminos, pero recibió noticias de que el coronel Jesús Visoso, quien lo perseguía desde su evasión de Puebla, andaba con sus tropas en los alrededores de Tulcingo. Así, la madrugada del 1 de octubre, al escampar, partió con sus hombres en esa dirección, para sorprenderlo por completo en el atrio de la iglesia del poblado. Estaba eufórico con su victoria sobre Visoso. "Le maté cuarenta y uno, le dispersé todos, le quité cuanto tenía y ya me tienes armado caballero", le escribió a Justo.[8] No le mencionó que el enemigo había dejado, junto con el armamento, una cantidad muy respetable de dinero: alrededor de 4 000 pesos en oro que conservaba en su pagaduría. Porfirio tuvo dificultad para hacer entender a su gente que ese dinero no era del que primero lo tomó, sino de las fuerzas que formaban entre todos para combatir la Intervención. Nombró un pagador para su ejército. Y así comenzó la contabilidad que habría de cerrar un año, nueve meses y dos semanas después, al ocupar la capital de la República para recibir al presidente Juárez.

Porfirio Díaz era respetado desde hacía tiempo como un jefe valiente y honorable, pero su fama creció de golpe en el país a partir de su evasión de Puebla. Parecía superior al común de los mortales. Unos oían hablar de su victoria en Tulcingo, otros lo suponían en Tlacotalpan, algunos más pensaban que acababa de tomar Morelia… Comenzaba a ser una leyenda.

LA PROVIDENCIA

Por su clima y por su geografía, el estado de Guerrero estaba a salvo de las incursiones del Cuerpo Expedicionario de Francia, su territorio aún bajo control del general Juan Alvarez, quien residía en la hacienda La Providencia. Porfirio Díaz emprendió la marcha hacia allá, luego de dejar al cuidado de uno de sus oficiales el botín de Tulcingo. El viaje debió tomarle varios días. Cruzó todo el este de Guerrero, entre la Sierra de Tenango y la Sierra de Malinaltepec, hasta llegar a la cuenca del río Papagayo, que siguió en dirección a La Providencia. La propiedad estaba situada en las faldas de las montañas, a seis horas a caballo de Acapulco, en los terrenos de la vieja hacienda de la Brea, así llamada porque producía la brea necesaria para calafatear los barcos que llegaban maltrechos a ese puerto del Pacífico. Alvarez la adquirió a mediados de los treinta, para bautizarla con el nombre de La Providencia. Estaba situada a unos 600 metros sobre el nivel del mar, atravesada por una infinidad de arroyos que bajaban a golpes desde las montañas de pinos hasta el litoral, cubierto de palmeras. El clima era benigno y bondadoso en los alrededores de la casa de la hacienda. Porfirio debió llegar ahí durante la primera semana de octubre.

El general Juan Alvarez era el último sobreviviente de los caudillos que pelearon en las guerras de la Independencia. Estaba por cumplir setenta y seis años de edad en aquel otoño de 1865. "Alvarez es un hombre astuto, reflexivo, y capaz de dirigir masas de hombres organizadas", escribió un contemporáneo suyo, que también luchó con los insurgentes de México. "Su aspecto es serio, su marcha pausada, su discurso frío y desaliñado. Pero se descubre siempre bajo aquel exterior lánguido, una alma de hierro y una penetración poco común".[1] Tenía el cabello ya completamente blanco, patillas espesas y ariscas que le llegaban hasta la barbilla, ojos negros y penetrantes, uno de ellos un poco más abierto que el otro. Porfirio lo veía entonces por primera vez, aunque no era en absoluto una persona ajena a su vida. Todo lo contrario. Había votado por él en el Portal del Palacio de Oaxaca, durante el plebiscito organizado por Santa Anna, en los días de la revolución de Ayutla. Había pasado un cargamento de armas por el Istmo de Tehuantepec, sanas y salvas, para mandarlas a él desde el puerto de La Ventosa, en los tiempos más difíciles de la guerra de Reforma. Ambas cosas las sabía, sin duda, don Juan Alvarez. Y quizás sabía también que el padre de Porfirio, don José de la Cruz, había peleado con el general Vicente Guerrero, como él, durante las guerras de la Independencia.

Díaz reveló en su correspondencia los pormenores de su paso por La Providencia. "Fui bien recibido en todas las poblaciones y en el cuartel general del Sur", escribió. "El gobernador se hallaba dispuesto a darme todo lo que tenía, es decir armas y municiones, pero nada de dinero porque no lo tenía. Podía haber dispuesto de cualquier número de fuerzas del Sur, a condición de que las pagase desde que las alistara".[2] Don Juan era ya muy anciano, por lo que delegaba sus responsabilidades en el hijo, don Diego, quien tenía a su cargo el gobierno del estado de Guerrero. Ambos daban protección en su propiedad a personajes muy diversos, unidos por su voluntad de luchar contra la Intervención. Entre ellos destacaba el escritor Ignacio Manuel Altamirano, originario de Tixtla, al norte de La Providencia. Altamirano escribió a finales de octubre al presidente Juárez para relatarle las novedades en la hacienda de los Alvarez. "Porfirio Díaz se ha fugado de su prisión de Puebla y en este momento está aquí a mi lado conversando con los amigos", le dijo. "Ya usted considerará si hemos tenido gusto de abrazarlo y de hablar con él".[3] Altamirano y Díaz tenían amistad desde su encuentro años atrás en la ciudad de México, donde fueron diputados en la segunda legislatura del Congreso de la Unión. Ambos eran entonces muy jóvenes. Porfirio vivía solo en la ciudad, lejos de su familia; Ignacio Manuel acababa de contraer matrimonio con Margarita Pérez Gavilán. La vida ahora los reunía de nuevo, en las montañas del Sur. El general le habló de su evasión en Puebla, de su enfrentamiento en Tulcingo con las fuerzas de Visoso, de sus planes para volver a los Valles de Oaxaca. Muchos ahí fueron inspirados por sus palabras para tomar las armas. "¡Ojalá que pudiera irme con Díaz!", exclamó Altamirano. "También me iría; pero a la sombra mía viven diez personas de mi familia, y ¿cómo dejarlas aquí en la miseria?"[4] Una de las personas que dependían de Tata Nacho, como le decían, era una niña de siete años llamada Catalina, medio hermana de su esposa Margarita. Acababa de adoptarla como hija, junto con sus tres hermanas. Catalina Altamirano, quien sería con los años la esposa de un hombre muy ilustre del Porfiriato, gustaba recordar, ya grande, que el general Díaz la solía pasear en hombros por los campos de La Providencia.

El general Francisco Leyva era uno de los militares que radicaban por esas fechas en La Providencia. Llevaba cinco meses ahí, procedente de Acapulco, adonde llegó luego de pasar un tiempo refugiado en la Alta California. Con él estaban otros jefes del Ejército de la República, entre ellos el teniente coronel Manuel Aburto, quien acababa de retornar a México después de vivir como prisionero en Francia. Ambos sumaron ahí sus fuerzas al general Porfirio Díaz, al igual que los alrededor de veinte soldados de la guardia nacional de Oaxaca, cabos y sargentos sobre todo, que permanecían replegados en La Providencia desde principios del año, cuando fueron sorprendidos en las Mixtecas por la capitulación del Ejército de Oriente. Porfirio planeó con ellos su salida de la hacienda. Diego Alvarez dotó a sus hombres con doscientos fusiles de percusión; dio órdenes a las autoridades del estado para que los pueblos de la región les proporcionaran víveres; instruyó, en fin, a uno de sus oficiales para que pusiera a su disposición, a cambio de un salario, un batallón de trescientos soldados de la guardia nacional de Chilapa. Con esos elementos era ya posible comenzar a operar con seriedad.

A comienzos de noviembre, Porfirio salió con su contingente de La Providencia, acompañado a caballo por el general Juan Alvarez, junto con su hijo don Diego. Llegaron al rancho de Jaltianguis, varios kilómetros al norte, que pertenecía a La Providencia. Ahí tuvo lugar la despedida. Don Juan parecía conmovido. "Al despedirse de mí", escribiría Díaz en sus memorias, ya viejo él mismo, "me regaló unas pistolas y otros objetos de uso privado, útiles para la campaña; y con esa franqueza que tienen los ancianos para con los jóvenes, y que se acentúa más cuando se consideran hombres superiores, me manifestó la pena que le causaba no poder acompañarme por su avanzada edad; y con ese motivo me dijo, señalando a su hijo don Diego, que él no era como los muchachos de ahora, que sólo viven al calor del hogar".[5] Diego Alvarez debió resentir el comentario de su padre. Era él mismo un hombre de cincuenta y tres años de edad, hecho y derecho, gobernador de Guerrero, general de la República, activo durante la revolución de Ayutla y la guerra de Reforma, y ahora también contra la Intervención. Aunque era verdad que vivía bajo la sombra de su padre, allá en La Providencia. Tenía un bigote tupido y recortado que debió temblar por un instante. Díaz recuerda que, a partir de ese momento, sintió una corriente de frío en su relación con él.

Porfirio subió por la cuenca del río Papagayo en dirección de Tixtla, donde vio al cacique de la región, tiempo después aliado suyo, el general Vicente Jiménez, quien puso a su disposición un batallón de Chilapa. Ahí debió conocer la noticia de los fusilamientos de Uruapan, noticia que llegó también por esos días hasta La Providencia. Acababan de ser fusilados dos generales del Ejército de la República: el general de división José María Arteaga y el general de brigada Carlos Salazar. Díaz los conocía a los dos: Arteaga era el vencedor del combate de las Cumbres de Acultzingo y Salazar era uno de los héroes de la victoria en Puebla contra las columnas de Lorencez. Por su obesidad, el general Arteaga había tenido que caminar hacia el paredón apoyado en el brazo de Salazar. Su ejecución provocaría una nota de extrañamiento del gobierno de los Estados Unidos al ministro de Francia. Porque no era común, para un general, morir así. ¿Qué había sucedido? Ambos jefes venían de ser derrotados en la batalla de Santa Ana Amatlán. Su fusilamiento tuvo lugar en parte como represalia: ellos mismos habían ejecutado al prefecto del Imperio en Uruapan. Pero también, en parte, como resultado de un decreto que acababa de firmar el emperador Maximiliano. Este decreto condenaba a muerte a "todos los que pertenecieren a bandas o reuniones armadas que no estén legalmente autorizadas, proclamen o no algún pretexto político, cualquiera que sea el número de los que formen la banda" (Artículo 1º), sobre todo a "los que perteneciendo a las bandas de que habla el artículo anterior, fueren aprehendidos en función de armas" (Artículo 2º).[6] A partir de ese decreto, y sobre todo luego de la noticia de las ejecuciones, Porfirio sabía que sería fusilado si era apresado de nuevo por las fuerzas del Imperio.

En el poblado de Tlapa, a su regreso de Tixtla, el general Díaz sufrió un ataque de malaria, algo común entonces en las montañas del Sur. Al conocer esa noticia, el coronel Jesús Visoso, su perseguidor, acercó sus fuerzas a Tlapa. Porfirio estaba ya recuperado, pero afectó tener una gravedad que no tenía. En la noche, sin dar aviso, levantó de golpe a sus fuerzas para emprender la marcha hasta Comitlipa, donde acampaba Visoso. Llegó en la madrugada del 4 de diciembre, antes de clarear: lo sorprendió, lo derrotó y le quitó sus armas y sus municiones, y además varios caballos. "Le hice sesenta y un muertos", escribió después en un informe, "veinticuatro prisioneros, a más tres oficiales que fueron pasados por las armas, y cinco heridos".[7] Incorporó a los prisioneros para formar, junto con el piquete de cabos y sargentos encontrados en La Providencia, el Batallón Fieles de Oaxaca, cuyo mando dio al capitán José Guillermo Carbó, recién fugado de Puebla. Unos días más tarde estaba de regreso en Tlapa. Ahí decidió que había llegado el momento de partir a la ofensiva. El 11 de diciembre despidió a todas las tropas del estado de Guerrero para salir con las suyas por las montañas, en una marcha de tres jornadas, hacia la región de Silacayoapan, para después ocupar Tlaxiaco. "El señor general Díaz ha vuelto a tomar el mando de la Línea de Oriente, obteniendo antes con tropas de este estado dos triunfos en Tulcingo y Comitlipa de que ya dio a usted conocimiento mi hijo Diego", escribió el general Juan Alvarez a don Benito Juárez. "En la actualidad se encuentra el señor Díaz en las Mixtecas".[8]

PRORROGA DE JUAREZ

"Muy apreciable señor", apuntó él mismo en una nota al presidente Juárez, "aunque me he prohibido de escribir a usted mientras no feche en Oaxaca, puedo mientras llenar mi deseo de saludarlo afectuosamente. Su servidor y amigo, Porfirio Díaz".[1] El general Díaz estaba por aquel entonces reducido a la guerra de guerrillas, al sur de las Mixtecas. Vivía en las montañas: aislado, incomunicado, ignorante todavía del desenlace que acababa de tener la controversia que, a lo largo de un año, enfrentó al presidente Benito Juárez con el general Jesús González Ortega. Conocía esa controversia, ya vieja, que discutía con sus compañeros de prisión en Puebla. El presidente Juárez terminaba su periodo al frente del gobierno del país en diciembre de 1865. Había sido imposible, en el curso de aquel año, llevar a cabo las elecciones previstas para elegir a su sucesor, pues las tropas del Imperio tenían el control de la mayor parte del territorio en México. Así, a punto de finalizar el año, aún no había una persona designada para ocupar la Presidencia de la República. La Constitución preveía que, al terminar el periodo del presidente, en caso de no haber un sucesor designado conforme a la ley, la vacante sería cubierta por el titular de la Suprema Corte de Justicia, que desde hacía ya cuatro años era Jesús González Ortega. El general González Ortega, sin embargo, residía entonces en los Estados Unidos. Había solicitado autorización del presidente Juárez para cruzar la frontera, con el fin de continuar la lucha en otro estado del país, pero había permanecido allá, sin comisión ni licencia, para buscar ser reconocido por el gobierno de Washington como presidente de México.

Don Benito no simpatizaba con la idea de prorrogar su mandato, aunque tampoco con la posibilidad de abandonar la Presidencia de la República. Era un hombre respetuoso de la ley, pero pensaba que él defendería, mejor que nadie, los intereses de la República. Permaneció durante meses indeciso. "Yo estoy en un potro, porque todos hacen depender de mi resolución la suerte futura del país", le escribió a su yerno. "Ya debe usted suponer cómo estará mi cabeza".[2] Muchos insistían en que los funcionarios de la nación, elegidos por el voto, tenían que seguir en sus funciones hasta que pudieran ser organizadas nuevas elecciones. Otros argumentaban que la ley trazaba ya, con claridad, el camino que había que seguir. Nadie sabía con certeza, así, qué iba a pasar en diciembre. Tres semanas antes de finalizar su mandato, entonces, luego de consultar a los miembros de su gabinete, don Benito Juárez tomó la decisión de prorrogar su mandato en México. Para ello expidió dos decretos en Paso del Norte, allá en Chihuahua, ambos rubricados por Sebastián Lerdo de Tejada, su ministro de Relaciones Exteriores y Gobernación. Uno anunciaba la prórroga de su gobierno hasta que el país pudiera elegir a un nuevo presidente, decisión sustentada legalmente en las amplias facultades que le había dado el Congreso al estallar la guerra, y otro acusaba a González Ortega de abandono del cargo de presidente de la Suprema Corte de Justicia, así como también de deserción en tanto general del Ejército Republicano, al residir sin comisión ni licencia en los Estados Unidos durante las hostilidades, por lo cual ordenaba su detención en el caso de que quisiera entrar a México.

La decisión de Juárez provocó una cadena de reacciones entre los dirigentes de la República. Estuvieron a favor, entre otros, los generales Mariano Escobedo, Vicente Riva Palacio, Diego Alvarez, Ramón Corona y Francisco Naranjo, y en contra, en cambio, los generales Miguel Negrete, José María Patoni y Manuel de Quezada. A favor, el ministro Matías Romero, pero, en contra, dos amigos cercanos de Juárez, los licenciados Manuel Ruiz y Guillermo Prieto. El propio don Benito le escribió a Porfirio para darle a conocer los decretos, que tuvo el cuidado de mandarle junto con el acuerdo en que lo reponía en el mando de la Línea de Oriente. Díaz recibió la correspondencia el 2 de febrero de 1866 en Atoyaquillo, una ranchería cercana a Putla, en la frontera con Guerrero. "Quedo enterado de los decretos sobre retención del mando supremo y encausamiento de González Ortega; han sido muy bien recibidos, y sólo murmuró Ruiz y nuestros enemigos que fundaban grandes esperanzas en una crisis que, con rabia, ven conjurada".[3] Así respondió el general al presidente, pero no publicó de inmediato los decretos: esperó tres meses para hacerlo. Díaz sabía que el tema era delicado. Quizá leyó el manifiesto de González Ortega contra la prórroga; acaso esperó para conocer la reacción de los otros estados de la República. O tal vez tuvo trabas que juzgó insalvables. El caso es que dejó pasar el tiempo. "Es inútil hablar de mis opiniones", escribió al final, austero y altanero, "porque siempre las revela mi conducta, que consiste en la obediencia absoluta, o en mi absoluta separación de toda posición oficial, cuando mis convicciones no me permiten estar de acuerdo con la política que se sigue. En el presente caso, el paso dado por el presidente no solamente me parece oportuno, sino la única conducta que puede conducir a la salvación de la República".[4] Por fin publicaba los decretos. El ministro Romero consideró tan importante su respuesta que la hizo del conocimiento del gobierno de los Estados Unidos.

En Atoyaquillo, aquel 2 de febrero, Díaz abordó también el tema del dinero con el presidente Juárez. "Usted debe suponer cómo estoy en cuanto a recursos y lo mucho que podría hacer teniéndolos", escribió con franqueza, "pero si la situación de usted también es mala en ese ramo, no pido; sólo quiero que usted sepa, para primera oportunidad, que necesito mucho".[5] Comentó que tenía que despedir a masas de voluntarios que no podía armar, que veía que la gente perdía la esperanza, que él mismo corría el riesgo de perder su prestigio. Hacía apenas unos días había tenido que licenciar a ciento cuarenta hombres porque no podía mantenerlos sin extorsionar a los pueblos. En este sentido, Díaz escribió también al ministro de México en Washington. Lamentó con él, una vez más, no recibir recursos. "Crea usted que cualquier cantidad por insignificante que fuera me valdría más ahora que millones después".[6] Sus hombres no tenían vestuario, estaban apenas armados, una porción de ellos con lanzas nada más, que era lo que podía fabricar en el monte. Así también, es verdad, andaba la mayoría de los soldados que peleaban contra el Imperio. La gente los llamaba *chinacos*, una palabra que venía del náhuatl *tzinacatl* —o sea, andrajoso. Los chinacos del Ejército de la República.

La prórroga del gobierno de Juárez, a pesar de las restricciones que padecía en ese momento, tuvo el efecto de fortalecer la causa de la República, pues los republicanos, en su mayoría, permanecieron unidos alrededor de la figura del presidente de México. Pero no fue eso, desde luego, lo que habría de cambiar el curso de la guerra, sino algo que, una vez más, vino de fuera: la decisión del emperador Napoleón de retirar del país las tropas del Cuerpo Expedicionario. La relación de fuerzas acababa de cambiar hacía unos meses en América del Norte, con el triunfo de la Unión en la guerra de secesión de los Estados Unidos: el presidente Andrew Johnson estaba opuesto a la presencia de los franceses en México. Y acababa de cambiar también en Europa, con el surgimiento de una amenaza en el corazón del continente, que afectaba la integridad de los países del centro: el canciller Otto von Bismarck buscaba la unificación de los alemanes en torno de Prusia, entre ellos los que habitaban en Alsacia y Lorena. La expedición a México, por lo demás, no había sido nunca popular en Francia, en parte por los gastos que era necesario hacer para lograr la consolidación del Imperio. No tenían sentido. A principios de 1866, así, Napoleón III comunicó a Maximiliano su decisión de salir de México. Con ello violaba las cláusulas de la Convención de Miramar, que postulaban que las tropas del Cuerpo Expedicionario permanecerían en el país hasta la consolidación del Imperio. "Vuestra Majestad se cree forzado, por una súbita presión, a no poder observar los solemnes tratados que hemos firmado hace apenas dos años", le respondió Maximiliano. "Por mi parte, guiado por el honor, trataré de arreglarme con mis compatriotas en una forma que esté en armonía con la dignidad y lealtad de un Habsburgo".[7] La carta está fechada el 18 de febrero. En ella es visible el desprecio de aquel Habsburgo por ese Bonaparte. Maximiliano, sin embargo, estaba conmocionado por la noticia de que perdería el apoyo de los cañones de Francia. Escribió la carta, además, en el momento de recibir la noticia de una tragedia. En Río Frío, rumbo a Puebla, acababa de ser asaltado y asesinado el barón Frédéric d'Huart, quien regresaba de México luego de notificar a la emperatriz Carlota del advenimiento de su hermano al trono de Bélgica. Su asesinato precipitó el desprestigio del Imperio entre las monarquías de Europa.

GUERRILLERO

Porfirio supo en Tlapa que una columna de imperialistas marchaba hacia sus posiciones en Guerrero. Tuvo que salir a su encuentro a la cabeza de sus hombres. El 25 de febrero de 1866 acampó en una ranchería llamada Lo de Soto, cerca de Ometepec. Ahí armó a un grupo de vecinos para formar con ellos un puesto de avanzada en el camino a Oaxaca. Pero los vecinos abandonaron su puesto sin regresar al campamento, por lo que no tuvo aviso de la presencia del enemigo —más de quinientos soldados— hasta el momento de escuchar los disparos a su alrededor. Estuvo a punto de ser aprehendido. "Al oír los primeros tiros salí de un jacal que me servía de alojamiento, y me encontré con la caballería enemiga a muy corta distancia, que comenzó a dispararme sus armas", escribió. "No tuve más recursos que volver al mismo jacal; tomé mis pistolas que estaban en mi montura, y no pudiendo salir por la puerta porque por allí me amagaba el enemigo, me abrí paso rompiendo por la parte posterior la cerca del jacal que era de mimbre, e hice otro tanto con otros dos jacales que seguían".[1] Ahí encontró de casualidad a un oficial con unos hombres a caballo, que regresaban del río. Con ellos hizo resistencia, apoyado por el Batallón Fieles de Oaxaca, para retirar en orden a sus fuerzas hacia Ometepec. "Hubo una pérdida terrible y fue la muerte del virtuoso y amable joven Manuel Aburto", escribió después Ignacio Manuel Altamirano, quien estaba en correspondencia con el general Díaz. "Le llevaron junto a un arroyo que se llama Panamá donde le dieron una muerte atroz; pero murió vitoreando la República".[2] Altamirano acababa de pasar junto con él varios meses en La Providencia. Sabía que era amigo de Guillermo Prieto, que dejaba viuda a su esposa con dos niños en la ciudad de México.

La derrota de los republicanos fue celebrada una semana más tarde en la ciudad de Oaxaca. "Anoche nos ha aturdido una música que recorría todas las calles acompañada de los traidores, contando que han derrotado a Porfirio", escribió José Maza, el cuñado del presidente Juárez.[3] Era cierto. Debilitado por la derrota, para no exponer a sus tropas, el general Díaz salió hacia los bajos del río Quetzala, en Guerrero. "En la falta absoluta de recursos en que yo estaba", recordó, "podía vivir allí de la pesca con mis soldados por espacio de una semana, poco más o menos, en cuyo tiempo nos llegaron algunos recursos enviados de La Providencia por el general Alvarez, a quien referí lo ocurrido en Lo de Soto".[4] Porfirio dice en sus memorias que recibió un refuerzo de doscientos hombres. En realidad fue mayor. "Un refuerzo de cuatrocientos hombres y tres cañones, que Alvarez le envió de Guerrero, le permitió retomar la ofensiva", afirma el testimonio de un francés que tuvo acceso a los archivos del Cuerpo Expedicionario.[5] Con ese refuerzo, el general Díaz arrebató a los imperialistas, el 28 de marzo, el poblado de Jamiltepec, en la costa de Oaxaca.

Jamiltepec habría de ser, en las semanas por venir, la base de las operaciones de la guerrilla. Porfirio encontró ahí un escondite con armas del enemigo, algunas de las cuales conservaban aún el empaque de fábrica; recolectó varias otras más en los poblados, pues tenía las listas con los nombres de los reclutas que las acababan de recibir de parte de las autoridades. Eran en total, escribió en una carta, "más de cuatrocientas armas de fuego".[6] Predominaban los fusiles Enfield, mejores que los que le mandó el general Juan Alvarez luego de lo de Lo de Soto, los cuales pudo devolver entonces a La Providencia. No había escasez de armas en aquel momento. Los fusiles Springfield empezaban a fluir, también, desde los Estados Unidos. El gobierno de Washington no tenía relaciones con el Imperio, no las tuvo nunca; reconocía nada más a la República. Pero su apoyo a la causa, que fue sólo moral durante la Guerra Civil, era ya también material desde el triunfo de la Unión. Meses atrás había sido levantada la prohibición de exportar armas a México. Los Estados Unidos eran aún renuentes a venderlas directamente al gobierno de la República, porque ello implicaba un acto de hostilidad hacia Francia. Pero lo hacían de otras maneras. Una de ellas era por conducto del general Ulysses Grant, el jefe del ejército de la Unión, quien ante la prudencia de su gobierno había aceptado la responsabilidad de solicitar un número de armas para venderlas, en secreto, al enviado de Juárez. "El general Grant, a quien veo con frecuencia y que está bien impuesto de nuestra situación, ha tenido empeño especial en facilitarnos, bajo su responsabilidad, algunos fusiles", dijo Matías Romero.[7] Habrían de ser, con el tiempo, decenas de miles de fusiles.

El general Porfirio Díaz permaneció en Jamiltepec para dar un respiro a sus tropas y reorganizar sus fuerzas con las armas quitadas al enemigo, y para recibir ahí, en abril, al coronel Manuel González, quien llegó al frente de más de treinta oficiales, en su mayoría huidos con él de la ciudad de Puebla. Debieron haber quedado asombrados por el aspecto del general: flaco y sucio, con la piel curtida por el sol. Llevaba sombrero de fieltro, pero estaba todo el tiempo al descampado, fuera de los techos, al lado de sus hombres. "Yo no solamente no me abrigaba del sol", escribió después, con esa vanidad de niño que era su característica, "sino que se los tenía a mal a los oficiales que lo hacían".[8] No pudo situar a los oficiales recién incorporados en las filas, por lo que los agregó a su Estado Mayor. En esas condiciones estaban, entre otros, el mayor Juan de la Luz Enríquez y el capitán Carlos Pacheco. Ambos tenían unos años menos que él. Juan de la Luz era originario de Veracruz. Había combatido junto con la reacción durante la guerra de Reforma, como la mayoría de los cadetes del Colegio Militar. Peleó con los conservadores hasta la llegada de los franceses, cuando ofreció sus servicios al Ejército de la República, en Orizaba. El general Díaz le reconoció su empleo de mayor. Estuvo con él en Puebla, en México, en Querétaro y en Oaxaca, y luego durante su prisión en el convento de la Compañía. "Era hombre de gran valor personal", recordaría después. "Tenía mucho empuje, grande amor propio y mucha fuerza física, tanto más notable cuanto que su estatura era muy baja, por lo cual le llamaban, por cariño, Juan Chiquito".[9] Carlos Pacheco, a su vez, era oriundo de Chihuahua. Había luchado desde el principio con los liberales, en el norte de México. Con el grado de teniente fue miembro de la Brigada de Sinaloa que acompañó a Díaz en la marcha desde Querétaro hasta Oaxaca. "En aquella ciudad lo ascendí a capitán", diría él, para luego evocar sus meses en prisión, en los que fue, dijo, "tratado muy severamente por los austriacos".[10] Enríquez y Pacheco serían ambos protagonistas de la campaña que, a punto de comenzar entonces en Oaxaca, culminaría un año después con la ocupación de la ciudad de México.

El 14 de abril, la guerrilla de Porfirio Díaz ocupó Putla, al norte de Jamiltepec. La guarnición fue sorprendida, sin hacer resistencia. "El resultado fue un triunfo completo", afirma su parte, "quitando al enemigo setenta fusiles, veintiún mosquetes, treinta lanzas y cuarenta caballos ensillados".[11] Más tarde, luego de conseguir unas mulas para conducir el botín, subió hacia las Mixtecas, pero en Tlaxiaco recibió noticias de que una columna de imperialistas avanzaba hacia él desde Oaxaca, por lo que salió del estado en dirección a Tlapa. Ahí publicó, al inicio de mayo, los decretos relativos a la prórroga del presidente Juárez y al encausamiento del general González Ortega.

Ahí también volvió a insistir, en todas sus cartas, sobre la falta de recursos —"recursos que tanto necesito para ponerme en actividad y abandonar las escaramuzas de que me ocupo, como de un mero pasatiempo", dijo a Matías Romero.[12] Su presupuesto era tan austero que los soldados recibían apenas 12 centavos al día, mientras que los oficiales servían en sus filas sin percibir de hecho un salario. "Algunos dirán que debería yo exigir préstamos a los pueblos", agregó, "pero no creo que ésta es la marcha que debo seguir. No quiero extorsionar".[13] Había aprendido la lección de Oaxaca, cuando los pueblos le dieron la espalda por los abusos que sufrían del Ejército de Oriente. Tenía entonces que pensar en otra cosa para conseguir recursos, que era lo que necesitaba. "Todos los pueblos que están a mi alcance me llaman y me ofrecen las armas que les ha dado el Imperio", explicó a Justo Benítez. "Con esa conducta nada de plata puedo sacarles cuando los toco, y me conformo con los víveres y forraje que me dan de muy buena gana".[14] Los amigos que estaban en correspondencia con él conocían este problema. "Yo sigo en relación con Porfirio que lucha con la escasez de recursos", le dijo Altamirano al presidente Juárez. "A tenerlos, Oaxaca sería suya".[15]

Hacia mediados de mayo, Porfirio dejó Tlapa. Su guerrilla era demasiado pesada para vivir a cuestas de aquel poblado, amigo suyo, que era muy pobre. Salió hacia el sur de Puebla, donde recibió el parte del triunfo de los republicanos en Soyaltepec, Oaxaca. Alrededor de cien austriacos acababan de morir a manos de las fuerzas que comandaba el general Luis Pérez Figueroa. ¡Cien austriacos! Fue el hecho de armas más notable de su tiempo. "Hombre de una actividad extraordinaria y de gran talento natural organizador", refirió Porfirio de su amigo Luis, "no tenía instinto militar, y sentía gran repugnancia por la disciplina y hasta por la nomenclatura militar, pues llamaba legiones a sus batallones y pelotones a sus compañías; sin embargo, la organización sui géneris que daba a sus tropas él la entendía y manejaba bien, y en esa forma derrotó a los austriacos en Soyaltepec".[16] Un par de meses después, las guerrillas de Pérez Figueroa darían otro golpe de muerte en Oaxaca. Habrían de liquidar a don Juan Bautista Carriedo, sorprendido mientras dormía en su casa de la villa de Etla, donde era subprefecto del Imperio. Carriedo era uno de los hombres más ilustres del estado, uno de los pensadores que habían sentido atracción por el Imperio de Maximiliano, igual que los sabios que trabajaban junto con él en la ciudad de México, como José Fernando Ramírez y Manuel Orozco y Berra. Todo el estado sintió su muerte, no sólo los imperialistas.

Porfirio trató de tomar por asalto, al inicio de junio, la plaza de Chiautla. Hizo lo que siempre hacía: marchar por la montaña, lejos de los poblados, para tomar al enemigo de sorpresa. Estaba ya cerca del pueblo sin haber sido notado, esperaba nada más el toque de diana para comenzar el asalto cuando fue sobrecogido, en el silencio de la madrugada, por el estampido de un fusil, detonado sin querer por uno de sus soldados. El resto de su tropa —soñolienta, aún medio dormida— empezó a disparar sus armas en todas direcciones, creyendo que sufría un ataque del enemigo. Ya no le fue posible asaltar Chiautla. No sólo eso: en los disparos, hechos sin ton ni son, fue golpeado su tambor, un oaxaqueño, por un balazo que le destrozó la rodilla. "Lo llevé en camilla con mucho trabajo por varios días y me ocurrió con él un episodio verdaderamente raro", relataría Díaz.[17] Fue necesario, dijo, amputar la pierna del herido, para lo cual encontró a un inglés que pasaba por médico en Xochihuahuetan, al sur de Chiautla. El general lo obligó a realizar la operación. Para ello le preparó una navaja de afeitar y un serrucho de carpintero, y le dio, en sustitución del cloroformo, una botella con aguardiente de caña. Al momento de comenzar la operación, el paciente, totalmente borracho, aulló del dolor. Y el inglés, impresionado por la sangre y por el grito, palideció, sufrió un vértigo y cayó ahí mismo desmayado. "Comprendiendo yo que en este estado no era posible que quedara pendiente la operación, me vi obligado a continuarla, sin embargo de que nunca había hecho ninguna, pero por haber presenciado muchas sabía cómo se hacían", refirió Díaz, al explicar la manera en que cortó y subió la carne para serruchar el hueso, después de comprimir la arteria, habituado desde chico a descuartizar animales, primero en la curtiduría, luego durante las cacerías en la montaña. "Pude terminar mi operación como si fuera yo cirujano, pero tenía la íntima convicción de que estaba tan mal hecha que el paciente no podía sobrevivir muchas horas; pero con gran sorpresa vi que se repuso y vive todavía en Oaxaca, en donde recibe su pensión como soldado retirado del Estado".[18] Porfirio le contaría esta historia a su amigo Matías, quien la recogería para la posteridad en la edición de sus *Memorias*. Entonces no la sabía, ni conocía más que una fracción de sus actividades, ya que el general apenas le mandaba parte de sus operaciones en las Mixtecas. "Porque me ha dado pena", le anotó en el papel membretado con las iniciales *MR*, que aún conservaba de él, "dirigir a usted y al gobierno oficialmente parte de operaciones de guerrillas".[19] Díaz estimaba que era, antes que nada, un general de división, no un guerrillero.

9

LA MUJER DE HUAMUXTITLAN

En julio de 1866, el general Porfirio Díaz estableció su cuartel de guerra en el pueblo de Huamuxtitlán, al este de Guerrero, unos 100 kilómetros al sur de Chiautla. Huamuxtitlán había sido parte de Puebla hasta la fundación del estado de Guerrero a mediados del siglo XIX. Pertenecía al distrito de Tlapa, donde lindaba con Olinalá, Xochihuahuetan, Cualac y Alpoyeca, y más allá también con el estado de Oaxaca, en el sitio en que iniciaban las Mixtecas. El paisaje era montañoso, dominado por los cerros del Chapulín y el Pajarito. La población estaba localizada al margen del río Tlapaneco, un afluente del Mezcala. El clima era cálido. La gente, para vivir, tejía sombreros de palma y cultivaba maíz y frijol, y en las tierras más bajas plátano y caña de azúcar.

A partir de su evasión del convento de la Compañía, el general Díaz frecuentaba la zona donde convergían, en la pobreza, los estados de Puebla, Guerrero y Oaxaca. Era su retaguardia desde hacía cerca de un año. Conservaba relaciones ahí, que buscó aquel verano, pues necesitaba dinero. El general Juan Álvarez le había dicho que no tenía nada en La Providencia; el ministro Matías Romero le había reiterado que no le podía mandar nada desde los Estados Unidos; él mismo había decidido no exigir nada a los pueblos de las Mixtecas. ¿Qué podía entonces hacer? Decidió ejercer presión sobre los propietarios de la región, amigos suyos, para convencerlos de ser sus aliados en la guerra y en la paz. Recibió 1 000 pesos de Mariano Ruiz, finquero de Silacayoapan, y después 500 pesos de Juan Ibarra, dueño de una finca en el valle de Huamuxtitlán. Ibarra habría de conservar su relación con él en los años por venir, ya terminada la guerra, cuando lo apoyó, en calidad de elector, durante la votación que lo enfrentó con don Benito Juárez.

Porfirio radicó por un tiempo en el pueblo, para recabar fondos y organizar a sus tropas, y para planear la campaña de Oriente. Estaba en paz, tranquilo, lejos del enemigo. Las lluvias abundaban en aquel verano: había que estar a cubierto, bajo un techo. En ese tiempo de sosiego tuvo relaciones con una mujer, a la que quizá ya conocía de sus meses anteriores en la zona. Las relaciones fueron cálidas, habrían de perdurar en los años por venir, pero duraron apenas unos días. Un hombre y una mujer desnudos, abrazados a sus cuerpos, vencidos un instante por el placer, mientras afuera se morían y se mataban en la guerra. En la segunda semana de julio —entre el 10 y el 15, y quizá más bien hacia el 15— ambos concibieron a una niña que habría de nacer cuarenta semanas después, a la que su madre hubo de bautizar con el nombre de Dionisia Amancia de Jesús, allá en la parroquia de Santa María Huamuxtitlán. Dionisia Amancia sería luego conocida como Amantina y, más adelante, como Amada. Fue la persona, en el mundo, a la que más quiso Porfirio. La primera. Su amada hija Amada.

La madre vivía en Huamuxtitlán. Su nombre era Rafaela Quiñones. Hacía trabajo de intendencia, sin duda, para el general Porfirio Díaz. Preparaba la comida, remendaba el traje de campaña, lavaba la ropa sobre las piedras del río. Debió ser india, pues su hija heredó los rasgos; tal vez bonita, pues ella también lo fue. Las indias del pueblo hablaban mixteco, la lengua de la región. Díaz estaba familiarizado con su sonido y su vocablo por su madre, mixteca ella misma de Magdalena Yodocono. ¿Hablaban ambos una mezcla de mixteco y español? Es posible. Rafaela era muy joven, quizás adolescente, pues habría de contraer matrimonio más de veinte años después, allá en Huamuxtitlán. Porfirio era más grande. Tenía entonces treinta y cinco años de edad. Había conocido otras mujeres, por supuesto, pero ella es la primera que, con absoluta certeza, es posible saber que tuvo intimidad con él. Su estancia en el poblado está documentada en toda su correspondencia. El 15 de julio escribió una carta desde Huamuxtitlán a José Godoy, cónsul de México en San Francisco de California, para pedir un envío de armas a un puerto de Guerrero. Acompañó esa carta con otra más, redactada el 16 de julio, ahí mismo, que le dirigió al general Diego Alvarez en La Providencia. Más adelante, el 28 de julio, escribió también a Matías Romero desde Huamuxtitlán. Estaba feliz. "Puedo asegurar a usted que todo marcha a mi satisfacción", le dijo.[1]

Porfirio permaneció alrededor de tres semanas en Huamuxtitlán, donde planeó los detalles del ataque que daría ese verano, desde México hasta el Istmo de Tehuantepec. A principios de agosto, en Xochihuahuetan, sitio en que estableció su campamento, recibió una nota del general Mariano Trujeque conducida por uno de sus asistentes, hermano del teniente coronel Manuel Travesí, oficial de su Estado Mayor. Le ofrecía poner sus armas al servicio de la República con todas sus fuerzas, que permanecían con él en el rancho de Tacache. Igual lo habían hecho ya otros imperialistas, entre ellos el coronel Jesús Visoso, entonces cautivo en la ciudad de Puebla. Trujeque había luchado con los *patricios* desde los años del Istmo de Tehuantepec. Fue uno de los oficiales beneficiados por la amnistía al término de la guerra de Reforma, pero pasó de nuevo con los imperialistas al comienzo de la Intervención. Díaz conocía su carácter, voluble e inconstante, por lo que le pareció verosímil su disposición. Decidió salir acompañado por un ayudante hacia Tacache. Sus oficiales, avisados, convinieron en seguirlo de cerca, fuera de su vista, hasta ese rancho. El general pasó sin ser reconocido un puesto de avanzada de Trujeque, para arribar más tarde con su ayudante a Tacache. "En los momentos de desmontar junto a la puerta del jacal donde estaba alojado Trujeque, hicieron fuego de otro que había al lado opuesto de la pequeña plaza, sobre mí y mi ayudante", recordó Porfirio, quien no había desmontado, por lo que pudo huir a caballo, seguido por los imperialistas, hasta dar con la fuerza que formaba su Estado Mayor.[2] Trujeque le ofreció después una disculpa: dijo que lo había reconocido un jefe que no estaba de acuerdo con él. "Yo quedé en duda de la verdad de lo ocurrido, porque si hubiera sido efecto de un plan preconcebido, bastaba que me hubiera dejado poner pie en tierra para que hubiera sido dueño de mí y de mi ayudante", escribió Díaz.[3] La duda sería despejada un mes después, en las puertas de Huajuapan.

La incorporación del coronel Jesús Visoso ocurrió sin problemas, a diferencia de la de Trujeque. "Aprovechando el estado de distracción en que actualmente se encuentra el ejército invasor, por las operaciones de las fuerzas republicanas en el interior del país, he dispuesto hacer un movimiento general de los pequeños elementos de guerra con que cuento en los estados de México, Puebla, Oaxaca, Tlaxcala y Chiapas, y ha comenzado a realizarse el día 10 del corriente, con buen éxito hasta ahora", escribió don Porfirio Díaz al ministro de Guerra del presidente Juárez. "En ese día el coronel ciudadano Jesús M. Visoso sublevó ciento cincuenta infantes de la guarnición de Chiautla".[4] Visoso había sido batido por Díaz en todos los combates, desde su fuga del convento de la Compañía. Las autoridades del Imperio estaban sospechosas, lo mantenían en cautiverio en la ciudad de Puebla. Desde ahí, el coronel de los imperialistas ofreció sus servicios a la República. Díaz los aceptó, a condición de que trajera con él una fuerza de respeto. Y así sería. El 10 de agosto, Visoso huyó de Puebla por la noche para sublevar a la guarnición de Chiautla. Mató ahí mismo a su comandante, para después encontrar al general Díaz en el pueblo de Chila de la Sal. Puso en su poder ciento cincuenta infantes, cincuenta caballos, un obús de montaña y todo el depósito de armamento de la guarnición de Chiautla. El *movimiento general* acababa de estallar en la Línea de Oriente.

El golpe debía ser simultáneo en todos los puntos, de acuerdo con las órdenes del jefe de la Línea de Oriente. Así, a mediados de agosto, el general Francisco Leyva avanzó hacia el norte para organizar las partidas de republicanos que estaban dispersas en la zona de Cuernavaca; el general Alejandro García intensificó sus acciones en los alrededores de Tlacotalpan; el general Luis Pérez Figueroa embistió con su fuerza la plaza de Tehuacán; el general Vicente Ramos asaltó Tepeji, para seguir hacia San Juan Ixcaquistla; el general Juan N. Méndez avivó las operaciones de guerrillas en las montañas de Puebla; el coronel Manuel López Orozco irrumpió por la Costa Chica rumbo a Sola; el coronel José Segura atacó la guarnición de los austriacos en Huajuapan, y el coronel Pedro Gallegos, en fin, al frente de sus juchitecos, acometió Tequisistlán para cortar así el camino de Tehuantepec a Oaxaca. El propio general Porfirio Díaz dirigió sus tropas hacia Acatlán y Tepeji, rumbo a Huajuapan. Algunos de esos destacamentos eran pesados, como el de Pérez Figueroa, quien movió ochocientos infantes y doscientos caballos por la Cañada; otros eran ligeros, como el de Segura, quien llevó ciento sesenta guerrilleros por las Mixtecas. Sus órdenes comprendían operaciones en los estados de México, Puebla, Veracruz y Chiapas, además de Oaxaca. Toda la Línea de Oriente. "Respecto a lo que sucederá en la misma fecha por Tlaxcala, Texmelucan, Huamantla, etcétera, nada debo decir aún, puesto que tú conoces ese plan que es viejo", le anotó Porfirio a su amigo Justo Benítez la madrugada del 12 de agosto en Xochihuahuetan, luego de resumirle su proyecto de campaña para el Oriente. "Pero no puedo seguir escribiéndote porque son las dos de la mañana y me esperan los caballos ensillados y formada la tropa".[5] Justo conocía ese plan, en efecto, que le venía de describir al ministro de su país en Washington. El general Díaz proyectaba avanzar con unos mil soldados de caballería hacia el estado de Tlaxcala para —le dijo— "establecer desde allí un radio de expansión que llegaría fácilmente hasta las últimas vertientes que mueren en el valle de México".[6]

Con recursos sumamente cortos, sin ayuda del gobierno de la República, pero con el apoyo de las comunidades, a las que movilizó gracias a los préstamos que pudo obtener de los finqueros de la zona, ellos mismos muy pobres, Porfirio Díaz empezó a reconstruir el Ejército de Oriente. Tenía con él a sus oficiales de confianza, evadidos de Puebla luego de su fuga de la Compañía, reunidos a su columna desde la primavera, allá en Jamiltepec —hombres de arrojo como los coroneles Manuel González y Juan Espinosa y Gorostiza, el mayor Juan de la Luz Enríquez, el capitán Carlos Pacheco y el teniente Santiago Pou. Sus medios crecían, sin auxilio de fuera. Con excepción de los rifles facilitados por Alvarez en La Providencia, lisos y viejos, y que después le devolvió, todas las armas en su poder —lanzas, mosquetes, fusiles, obuses de montaña— habían sido arrebatados al enemigo a lo largo de ese año: en Tehuitzingo, en Piaxtla, en Tulcingo, en Comitlipa, en Jamiltepec, en Putla, en Chiautla, en San Juan Ixcaquistla. Y también las municiones, aunque ellas con más dificultad. "Maximiliano me favorece con el armamento que reparte a los pueblos", dijo Porfirio, para reconocer que había un problema: "carezco de municiones, porque de esto sí escasea mucho Maximiliano".[7] Estableció talleres y maestranzas en los pueblos, para poder producir la pólvora y el hierro que necesitaba. Sabía que Diego Alvarez tenía alrededor de mil cargas de parque, almacenadas en un pueblo de La Providencia. Trató de obtener algo. "El general Díaz, por mi conducto, pidió parque por cinco o seis veces para operar sobre Puebla y no se lo enviaron", le dijo Altamirano al presidente Juárez. "Entró al estado de Oaxaca con cosa de tres mil hombres y volvió a pedir siquiera cien cargas ¡y le mandaron con repugnancia ocho…! Díaz está indignado".[8] Todo había cambiado para entonces en La Providencia, lamentó con don Benito. "Don Juan está tan decrépito que ha perdido el uso de sus facultades y no es más que un autómata. Sépalo usted. Por eso don Diego está así".[9]

A finales de agosto, Díaz llegó a San Juan Ixcaquistla para reunirse con el general Vicente Ramos, un hombre ya grande, originario de Puebla, activo con los liberales desde la Reforma. El levantamiento de la guarnición, organizado por Ramos, hizo que Mariano Trujeque dejara el rancho de Tacache para buscar refugio con los alrededor de trescientos austriacos que residían en Huajuapan. Díaz marchó así por la barranca de Chazumba, sin tocar poblados ni caminos, con una columna de mil doscientos hombres, para salir el 5 de septiembre al valle de Huajuapan. Nadie lo esperaba. Vio pastar a la caballada del general Trujeque. "Dije a los remonteros que se retiraran para el pueblo y dijeran a Trujeque que lo esperaba yo afuera", recordaría después. "Le dirigí un pequeño recado escrito, en que le prevenía que ensillara y saliera a incorporarse conmigo".[10] Estaba tan cerca del pueblo que oyó tocar botasilla cuando entró la caballada. Pasó un momento, hasta que vio salir al general de los imperialistas. Pensó que iba a cumplir sus indicaciones, por lo que, con su fuerza ya formada, avanzó más de un tiro de mosquete para salir a su encuentro. Trujeque entonces rompió sus fuegos sobre su columna. Porfirio no lo volvería a ver hasta la toma de Puebla. Permaneció un par de días frente a Huajuapan, que no pudo tomar, por lo que marchó por la montaña rumbo a Tlaxiaco. Ahí supo que la guarnición de Oaxaca acababa de partir en su persecución con una fuerza de por lo menos mil quinientos hombres de las tres armas, que comandaba el general Carlos Oronoz. No tenía manera de enfrentarla, era peligrosa, así que decidió salir hacia Chalcatongo. "Después de algunos días", escribió, "con mucha escasez de víveres y forrajes, así como de municiones, pues llovía mucho y no era posible secar la poca pólvora que podíamos elaborar, empezaron a desmoralizarse mis soldados, entre otras causas por la inacción, y a desertar en partidas".[11] Entendió que necesitaba dar un golpe para recuperar la iniciativa.

EL CHATO

La noche del 14 de septiembre de 1866 el general Díaz supo que los puestos de avanzada sobre los caminos que convergían en Chalcatongo acababan de ser abandonados por sus fuerzas, desanimadas desde la retirada de Tlaxiaco. Mandó cubrir de inmediato esas vías. "Yo permanecí en la directa de Chalcatongo a Tlaxiaco con mi clarín, pensando en lo que haría yo al día siguiente para interrumpir el periodo de desmoralización que se iniciaba en mis fuerzas", recordó el general al evocar esa noche, en que de pronto, dijo, sintió pasos de caballo. "Permanecí quieto hasta que tuve los bultos a la vista, y entonces me adelanté con mi clarín a sorprenderlos, resultando que eran un hombre a caballo y un indio a pie que le servía de guía. El de a caballo era un español llamado Eugenio Durán".[1] La noche estaba ya muy avanzada. El camino permanecía encharcado por las lluvias. Durán ocultó las razones de su marcha, hasta que supo con seguridad que estaba frente a Porfirio Díaz. Entonces abrió su corazón. "Me entregó unos pequeños pedazos de papel escrito que traía con la firma de mi hermano, en que me avisaba que aprovechando el estado de debilidad en que quedó la ciudad de Oaxaca con la salida de Oronoz a perseguirme, la amagaba tan de cerca, que pocos días antes había penetrado por las calles de San Juan de Dios hasta la plaza del mercado", escribió Porfirio. "Entonces supe que mi hermano estaba en el país y que se encontraba en actitud guerrera, pues creía yo que se hallaba todavía en los Estados Unidos".[2] Durán agregó que, por la incursión del Chato, el general Oronoz abandonaba Tlaxiaco en ese instante para regresar a Oaxaca. "Con esta noticia ya no me cuidé más de los caminos. Subí violentamente al cuartel general en compañía de Durán; antes de llegar mandé tocar diana y en seguida llamada de honor. Acudieron a mi alojamiento con toda prontitud los jefes y oficiales. Les leí los papeles que acababa de recibir; les manifesté que el enemigo abandonaba Tlaxiaco en esos momentos, y mandé dar el primer toque de marcha".[3] Entre las diez y las once de la mañana, el general Díaz ocupó Tlaxiaco. Era el 15 de septiembre. Acababa de cumplir treinta y seis años de edad. Serían los más gloriosos de su vida, pues en los próximos doce meses todo, absolutamente todo, le iba a salir bien.

Aquel día, luego de pedir recursos a los comerciantes, el general Díaz emprendió la marcha hacia Oaxaca, por el camino de Nochixtlán. Haber tomado la iniciativa contra el enemigo había cambiado por completo el ánimo de sus soldados. En un paraje llamado Santa Cruz Andallas tuvo el gusto de estrechar a su hermano Félix. Hacía ya cerca de dos años que no lo veía. Platicó con él. Conoció los detalles de su viaje a los Estados Unidos: su paso por Nueva York en los días en que agonizaba ahí Manuel Doblado, su traslado a Washington para visitar a Matías, su vuelta a la costa del Atlántico con el fin de zarpar en un vapor hacia La Habana. El Chato le habló de su marcha por Texas para llegar a Nuevo León, donde tuvo contacto con el general Francisco Naranjo; de su recorrido por aquellas tierras inmensas y despobladas para ver al presidente Benito Juárez en Paso del Norte; de su campaña con los coroneles Luis Terrazas y Sóstenes Rocha, con quienes tuvo la gloria de tomar por asalto la plaza de Chihuahua. Fue entonces, le dijo a Porfirio, esa primavera, que confirmó que había escapado de su prisión en Puebla, que estaba activo en la región de las Mixtecas. Tomó la decisión de partir en su búsqueda. Comenzó un periplo que lo habría de llevar a cruzar el país en toda su extensión, desde la ciudad de Chihuahua hasta los Valles de Oaxaca. No existe por desgracia un registro de aquella travesía, que debió ser extraordinaria. Porfirio dice que marchó primero hacia Tampico. ¿Viajó en diligencia por las llanuras de Texas, lejos de la guerra, para después tomar un vapor hasta ese puerto del Golfo? ¿O hizo más bien el recorrido a caballo, largo y laborioso, por las montañas y los desiertos del Norte, hasta llegar a la desembocadura del Pánuco? En Tampico, como fuera, comenzó a descender hacia el sur del país por las selvas de la Huasteca. Siguió a caballo por las montañas de Veracruz, lejos de Puebla, para no enfrentar a los austriacos, hasta llegar a Oaxaca por el camino de la Cañada. Aquel viaje le tomó más de tres meses. Estaba en el valle de Etla desde el verano, más o menos por los días en que, sin contacto con él, Porfirio reorganizaba sus fuerzas en el pueblo de Huamuxtitlán. Félix fue herido en la acción de Jayacatlán, cerca de Etla, por una columna superior a la suya, a la que sin embargo venció para después penetrar hasta las calles del mercado de Oaxaca. Estaba aún herido cuando su hermano lo abrazó en Santa Cruz Andallas.

Porfirio y Félix pelearon juntos en la batalla de Nochixtlán, con la que comenzó la campaña que culminaría en la toma de Oaxaca. Conocían aquel poblado, próspero en otro tiempo, en el que había sido párroco su protector, don José Agustín Domínguez. Supieron que un destacamento de húsares estaba en los alrededores, por lo que el 23 de septiembre, antes del alba, salieron en su persecución con su caballería, dejando el resto de sus tropas con el coronel González. Hacia el amanecer llegaron a Nochixtlán. Los húsares acababan de partir, pero los alcanzaron en el camino, donde los batieron: recogieron a tres muertos y a ocho heridos, y tomaron sus armas y sus caballos. No fue una victoria de importancia, pero significó un parteaguas. Las condiciones de la guerra habían cambiado por completo en el curso de ese mes. En la Sierra Norte, los indios estaban rebelados contra el Imperio, por lo que Félix salió hacia allá para darles organización, con instrucciones de amagar la plaza de Oaxaca si el enemigo la debilitaba partiendo en persecución de Porfirio. Pero los acontecimientos más importantes ocurrieron en el Istmo. Díaz conoció por esas fechas los detalles de la batalla que acababa de tener lugar un par de semanas atrás en Juchitán. Los juchitecos, entre los que destacaba el coronel Pedro Gallegos, su compañero en la guerra contra los *patricios*, derrotaron por completo a una columna de imperialistas encabezada por Juan Pablo Franco, el prefecto del emperador Maximiliano en Oaxaca. Así lo informó él mismo a Justo Benítez en una carta que le envió desde San Miguel Peras. "Franco, que con seiscientos hombres iba a hacer la pacificación de Chiapas y Tabasco, fue derrotado en Juchitán. Dejó ochenta y seis muertos, dos piezas, todas sus municiones, y regresó a Oaxaca con cincuenta infantes y veintitantos caballos".[4] Otros informes aseguraban que los muertos llegaban a cerca de doscientos, entre ellos treinta y tres franceses. "Me haces ya muchísima falta y te espero con ansia", le dijo a su *muy querido hermano*. "Creo que antes de un mes ocuparé la ciudad".[5] Los acontecimientos demostrarían que su cálculo no estaba tan disparatado.

La batalla de Juchitán fue la primera gran derrota del Imperio en Oaxaca. Ocurrió un mes antes que la de Miahuatlán. La columna de Franco fue liquidada sin misericordia: sus jefes murieron, sus tropas fueron devastadas, los sobrevivientes abandonaron más de trescientos fusiles con sus cajas de parque, además de dos obuses de montaña que serían luego entregados a Porfirio Díaz. Ese desastre ilustra en Oaxaca el declive del Imperio en el resto de México. A partir del verano de 1866 habían sido suspendidos los envíos de tropas desde Austria, inmersa en una guerra contra Prusia que culminaría por esos días en la derrota de Sadowa. "Aquí se observa cómo el círculo se estrecha cada vez más", anotó uno de los jefes del Cuerpo de Voluntarios, cercano a Maximiliano, "y la imposibilidad de una permanencia en tales circunstancias y que todo esfuerzo y lucha son inútiles".[6] El Cuerpo Expedicionario, a su vez, preparaba su regreso a Francia, acelerado por la presión del gobierno de los Estados Unidos, ya resuelto en su rechazo a la Intervención, así como por la amenaza de un país que surgía como potencia del otro lado de su frontera: Prusia. Todo presagiaba el fin: no había manera de sostener la monarquía sin el apoyo del Viejo Continente. La emperatriz Carlota, entonces, zarpó por esas fechas rumbo a Europa, para buscar una entrevista con Napoleón. Su salida fue vista en el país como el comienzo del final. Todos la comentaban. Muchos incluso la cantaban, en los versos compuestos por el escritor y general Vicente Riva Palacio, publicados en el periódico que tenía en Huetamo, el *Pito Real*. Prendieron como pólvora por los estados de Michoacán, Guerrero y Oaxaca. Porfirio los conocía. El propio don Benito los escuchaba en Chihuahua. Los chinacos los cantaban alrededor del fuego, a menudo acompañados por un ritmo de polka, que tocaban muy despacio:

Y en tanto los chinacos
Que ya cantan victoria
Guardando tu memoria
Sin miedo ni rencor,
Dicen mientras el viento
Tu embarcación azota:
Adiós mamá Carlota,
Adiós mi tierno amor.[7]

Aquel verano, Carlota habló con Napoleón en el palacio de Saint-Cloud; sin éxito, como le confesó a Maximiliano. "Tesoro entrañablemente amado, mañana por la mañana me marcho hacia Miramar por Milán, esto te indica que no he logrado nada", le dijo, para luego reseñarle sus entrevistas con el emperador de los franceses, a quien consideraba, de verdad, *el principio del mal en el mundo*, alguien que deseaba *suprimir el bien*. "Para mí es el diablo en persona y en nuestra última entrevista de ayer tenía una expresión como para poner los pelos de punta".[8] Al otro extremo del océano, en un continente lejano y exótico, el general Porfirio Díaz conoció muy pronto la noticia de su fracaso, pues hacía apenas unos días que acababa de ser inaugurado (gracias a Napoleón...) el cable que unió por el Atlántico a los Estados Unidos con Francia. "Como aquí estamos en comunicación diaria con Europa por el cable submarino", le escribió ese mes el cónsul de su país en San Francisco de California, "sabemos que despechada Carlota de haber sido mal acogida su solicitud con Napoleón, se ha marchado para Miramar, resuelta a no volver a México".[9] Porfirio debió recibir esta carta —fascinado por el milagro de la tecnología— hacia el final de septiembre, en los Valles de Oaxaca. Por aquellos días, Carlota acababa de enloquecer en la ciudad de Roma. Muerta de sed y de hambre, porque creía que todos a su alrededor la querían envenenar, la emperatriz había bebido en una cazuela el agua de la Fontana di Trevi y había tomado con sus manos las castañas que ardían sobre un sartén en la Piazza Navona, y luego había ingerido, como purgante, la tinta que contenía el frasco de su médico en Roma. En el momento de naufragar, el 1 de octubre, escribió en una nota su despedida a Max: "Muy querido tesoro, debo separarme de ti. Dios me llama a él. Agradezco toda la felicidad que me has dado siempre".[10] Después, una nube ensombreció su juicio. Habría de sobrevivir, sin uso de razón, durante cerca de dos tercios de siglo, una eternidad, hasta el año en que un piloto llamado Charles Lindberg voló por primera vez en un avión de hélice sobre el Atlántico.

10

MIAHUATLAN

Porfirio Díaz salió de San Miguel Peras, en las Mixtecas, hacia los Valles de Oaxaca. Ahí supo que el general Carlos Oronoz acababa de partir en su persecución a la cabeza de una columna de más de mil hombres. Oronoz tenía el mando de la guarnición de la capital del estado. Era un hombre ya maduro, reservado, oriundo de Xalapa. Había dedicado toda su vida, desde los años de la secesión de Texas, al servicio en el Ejército de México. Fue por un tiempo gobernador de Veracruz. Habría de sobrevivir a la guerra para residir hasta una edad muy avanzada en la ciudad que lo vio nacer, en paz, rodeado por su familia. Todo esto no lo sabía en ese momento, mientras avanzaba con sus tropas en persecución del general Díaz, quien al tener noticias suyas en Ejutla marchó con sus columnas hacia Miahuatlán, donde llegó el 2 de octubre de 1866.

San Andrés Miahuatlán era un pueblo de alrededor de cuatro mil habitantes, en su mayoría zapotecos, situado al sur de los Valles de Oaxaca, sobre las faldas de la Sierra de Cuixtla. La región tenía fama de ser rica, abundante en ranchos de ganado, productora de maíz, frijol, higuerilla y grana. El general Díaz fue alojado en una casa del pueblo, donde las autoridades llegaron a verlo con sus bastones de mando. Hizo un reconocimiento de los alrededores. Luego, obligado por la necesidad, mandó requisar la pólvora que existía en el pueblo, abundante por esos días en que las mayordomías preparaban las fiestas de la Virgen del Rosario, patrona de Miahuatlán. Acababan de finalizar las lluvias: el campo mostraba ya las primeras flores del otoño.

El 3 de octubre, los soldados emplearon la mañana para limpiar sus armas y llenar con pólvora los cartuchos de cartón de sus fusiles. Pasadas las tres de la tarde, el general Díaz fue notificado por uno de sus centinelas que las fuerzas de Oronoz avanzaban hacia Miahuatlán. Estaban ya cerca: era posible ver el polvo que levantaban sus columnas en su marcha. El general ordenó que los fusiles fueran armados, que las tropas fueran puestas en alerta, que las mulas fueran cargadas de inmediato con los bagajes. Había dos caminos en el pueblo: uno que salía hacia el oeste, rumbo a Cuixtla, por la loma de los Nogales, y otro que partía hacia el norte, rumbo a Oaxaca, por la colina de los Zavaletas. Era preciso, antes que nada, avanzar hacia el norte para enfrentar al enemigo, con el fin de proteger el camino de la retaguardia. Así lo hizo Díaz junto con su escolta, seguido después por toda la caballería, luego de dar instrucciones al coronel Manuel González de retroceder con la infantería por el camino de Cuixtla, aquel que cruzaba por lo alto la loma de los Nogales. Su ubicación le había parecido ventajosa durante el reconocimiento de la víspera. "Seguí yo mi marcha hasta una colina que parte por la mitad la carretera para Oaxaca", habría de recordar Porfirio, "y que distará como 1 kilómetro de la plaza de Miahuatlán. Mi escolta y ayudantes fueron colocados en línea de tiradores sobre la cumbre de la colina".[1] Esta colina, la de los Zavaletas, habría de ser fundamental para el desarrollo de la batalla que tuvo lugar ese día en Miahuatlán. Pues ella impidió al enemigo ver lo que sucedía detrás. Oronoz creyó que había ahí, tras la colina, una fuerza con la que tenía que combatir, por lo que hizo alto para montar sus obuses de montaña, que venían cargados a lomo de mula. Esa operación le permitió un respiro a Díaz, quien a su vez pudo disimular, tras la colina, los movimientos de cincuenta de sus hombres, a los que dio orden de permanecer ocultos en las milpas que había a la izquierda del camino, cerca del camposanto del pueblo.

Oronoz preparaba sus fuerzas para enfrentar a los republicanos sobre la colina de los Zavaletas cuando más atrás, al oeste del pueblo, observó que salía su infantería por el camino de Cuixtla. Pensó que huía, protegida por la caballería que permanecía en la cima de la colina que tenía enfrente. Entonces ordenó atacar. Al ver eso, Díaz mandó tocar alto al coronel Manuel González, quien avanzaba ya por la loma de los Nogales a la cabeza de su columna, y ordenó al general Vicente Ramos, a su lado, contramarchar hacia la plaza del pueblo, al frente de sus caballos, para unir sus fuerzas a las de González. Quería estar seguro de que esa orden fuera cumplida, por lo que dio instrucciones al jefe de su Estado Mayor de cuidar su ejecución, permaneciendo junto a Ramos. El jefe era el coronel Juan Espinosa y Gorostiza, a quien le pesaba todavía —dos años más tarde, luego del sitio de Oaxaca, luego de la prisión en Puebla, luego de la guerra de guerrillas que libraba en las Mixtecas— la fama de cobarde que la tropa le había endilgado a raíz de la batalla de San Antonio Nanahuatipan. "Apenas había yo dado algunos pasos, cuando Ramos manifestó al coronel Espinosa su propósito de defenderse, diciéndole que él no sabía retirarse sin pelear, porque no era cobarde", escribió

381

Díaz. "Espinosa le repuso que mi propósito era pelear, y que para lograrlo con buen éxito era indispensable que él cumpliera exactamente con la orden que yo le había dado".[2]

Porfirio regresó a galope hacia Miahuatlán, donde permaneció solo, con un clarín, en una de las bocacalles, por la que vio pasar en retirada toda su caballería, encabezada por Ramos, seguida de cerca por la caballería de Oronoz. Entonces observó con asombro que un grupo de miahuatecos, escondidos a la derecha del camino a Oaxaca, organizados por su cuenta, disparaban a quemarropa contra las tropas del Imperio. Al escucharlos, sin recibir orden, hicieron fuego a su vez los tiradores que permanecían ocultos en las milpas, a la izquierda del camino a Oaxaca. Aquel ataque contra sus flancos tomó por sorpresa al enemigo, lo que permitió a la caballería de Ramos atravesar sin problemas el pueblo para unir su columna con la infantería de González. Díaz salió entonces de la bocacalle junto con su clarín para, oculto por una barranca, avanzar hacia donde lo esperaban sus fuerzas, unidas ya en la loma de los Nogales, al oeste de Miahuatlán. El sitio sería descrito así por uno de sus oficiales: "una loma prolongada de sur a norte, defendida por el río que forma un foso natural".[3] Al otro lado, en un bloque, podía observar las tropas de Oronoz. Dio la orden al general Ramos de avanzar por el río hacia el norte —a lo largo de su lecho, para no levantar polvo— con el fin de situar la caballería, sin ser vista, a espaldas del enemigo. Espinosa y Gorostiza, a su vez, permaneció a su lado, al mando de una línea de tiradores de Chiautla. "Estuvo siempre cerca de mí, y con frecuencia me decía: Fíjese usted en mí, mi general, y no dé oídos a lo que le cuenten, no soy cobarde… En efecto, fue uno de los jefes que pelearon con más valor y sangre fría en ese reñido combate".[4]

El general Díaz aguardaba con sus jefes en la cima de la loma de los Nogales. La caballería estaba ya, en sus cálculos, a espaldas del enemigo, sobre el río de Miahuatlán. Los tiradores de las milpas permanecían ocultos junto al camposanto, sin salir del maizal para no delatar su debilidad. Era ya tarde. Díaz sabía que no tenía suficientes municiones para sostener una batalla demasiado larga. La artillería del enemigo, además, disparaba sobre sus posiciones en todo lo largo de la loma. Entonces dio a sus hombres la orden de atacar, como había sido convenido: con tres puntos agudos de clarín, luego de atención. Sus fuerzas rompieron fuego con sus fusiles —él mismo descendió al frente del Batallón Fieles de Oaxaca, que comandaba su amigo del Instituto, José Guillermo Carbó, a quien le abría paso en la vanguardia Espinosa y Gorostiza. A su derecha atacó con sus hombres el coronel Manuel González. Todos bajaron por la loma de los Nogales, cruzaron el río, chocaron con la línea de Oronoz. Así lo habría de narrar Díaz. "Al caer el sol, observando que el enemigo no emprendía un ataque general, y encontrándome muy escaso de parque, me decidí a atacarlo", refirió en su parte, "descendiendo de las alturas que ocupaba sobre la línea del enemigo. Al atravesar el río que separaba nuestras posiciones, se introdujo el desorden en el campo del enemigo, y al atacarlos, sus batallones emprendieron la fuga".[5] La caballería de Ramos acababa de cargar al sable por la espalda de la fuerza de Oronoz. Capturó todos los caballos de la oficialidad, lo cual habría de ser fatal para los franceses del Cuerpo Expedicionario, que perdieron sus monturas, por lo que no pudieron escapar hacia Oaxaca.

El combate había durado cerca de cuatro horas. Estaba por caer la noche. Porfirio salió a caballo en persecución de los soldados que, después de tirar sus fusiles, corrían en desorden por el campo. Regresó al cabo de un par de horas. Ordenó recoger las armas y los heridos. Pero no todo había concluido. "Ocurrió después de la batalla de Miahuatlán", reveló, "un incidente deplorable, que me ha apenado profundamente, y que fue cometido en un primer impulso, sin la meditación debida, y que he lamentado mucho".[6] Entre los prisioneros capturados al enemigo estaba Manuel Alvarez, apodado el Nene, quien había sido cercano a él durante el sitio de Oaxaca, en calidad de miembro de su Estado Mayor. Díaz sufrió muchas deserciones en aquellos días, pero esa en especial lo impresionó, por la amistad que tenía con Alvarez. Era ya de noche. El general, exaltado por la violencia de la batalla, lo vio venir hacia él en la obscuridad. "Me indigné grandemente", escribió, "y arremetiéndole mi caballo le descargué un golpe con mi sable que tenía desnudo en la mano, cayendo sobre él en el acto las lanzas y sables de mi escolta, y quedó muerto. No obstante que yo habría mandado fusilar a Alvarez, como mandé fusilar al día siguiente a todos los oficiales prisioneros traidores, el hecho de haberle inferido personalmente la primera lesión me apena y amarga constantemente".[7] Es la única vez que describe, en sus memorias, la forma como mató a un hombre. Manuel Alvarez aparecería en la lista de muertos en combate, no en la de los oficiales que, por traidores, "fueron pasados por las armas conforme a la ley de 25 de enero de 1862".[8] Pero no fue ni muerto en combate ni pasado por las armas, sino fulminado por aquel golpe de sable.

La historia del capitán Manuel Alvarez era similar, pero inversa, a la trayectoria del subteniente José Carballido, quien murió también en Miahuatlán. Carballido fue uno de los desertores en los días del sitio de Oaxaca. Díaz lo volvió a ver un año después, en Jamiltepec. A diferencia de Alvarez, sin embargo, no había permanecido con el enemigo: estaba de nuevo con los republicanos. El general ordenó su detención. "Creyendo que lo iba yo a mandar fusilar", recordó después, "me pidió Carballido, una vez que pasé cerca de su prisión, que le concediera morir como soldado, batiendo al enemigo. Le permití que se rehabilitara sirviendo como soldado raso en nuestras filas".[9] Era inteligente y valiente, sabía, pero su constitución no le permitía soportar las fatigas de la campaña, pues sufría úlceras en los pies, por lo que, para remediar su situación, lo pasó a la fuerza de caballería y, al final, lo colocó entre los soldados de su escolta. Una bala le atravesó el estómago en Miahuatlán. Díaz lo encontró entre los heridos, al término de la batalla. "Cuando le dije que no tenía nada serio, me contestó: Mi general, aquí acabé, cumpliendo con mi deber. Al volver en la noche, de la persecución que hice al enemigo, busqué a Carballido cuya suerte me interesaba, y encontré su cadáver ya rígido, pues había muerto a poco de la herida".[10]

El 4 de octubre fueron pasados por las armas todos los jefes y oficiales capturados al enemigo durante la batalla de Miahuatlán. Veintidós en total, según informó después el parte de guerra, en una relación que detallaba sus nombres y sus empleos. Con el paso del tiempo, al escribir sus memorias, el general Díaz sintió que debía explicar su conducta en Miahuatlán. Ofreció dos razones para justificar los fusilamientos, además de la necesidad de proceder con rigor para desmoralizar al enemigo: una, la orden del gobierno de Juárez de ejecutar a todos los mexicanos aprehendidos con las armas en la mano al servicio del invasor (la llamada *ley de 25 de enero*) y, dos, la obligación de actuar en represalia frente al decreto del enemigo que mandaba fusilar a quienes combatían por la independencia de su país (la instrucción conocida como *ley de 3 de octubre*, firmada por Maximiliano). Esa era la realidad de la guerra, afirmó Porfirio. "No se puede juzgar de sucesos pasados sino colocándose en la situación que guardaban las cosas cuando ellos tuvieron lugar, y esto no es fácil hacerlo cuando han pasado muchos años y todo ha vuelto a su estado regular y normal", reflexionó, para añadir que la vida de los extranjeros capturados al término de la batalla fue en cambio respetada, "pues aunque los considerábamos invasores, no tenían la mancha de traidores".[11] Así lo confirma el testimonio de un francés, publicado más tarde en los periódicos. "Nos dejó casi completamente en libertad", dijo, "primero en Oaxaca y después en la cercana aldea de Zimatlán".[12]

Los republicanos dedicaron el día a recoger y sepultar a los muertos, que sumaban varias decenas. Muchos eran miembros del Cuerpo Expedicionario de Francia. Veinte de ellos murieron durante la batalla, además de tres que, heridos, sucumbieron en el hospital de campaña establecido en el pueblo. Porfirio los vio combatir hasta el final, a pie, ya sin caballos, en las faldas de la loma de los Nogales. Pertenecían al 8° Batallón de Cazadores, que mandaba Zacharie Testard. El capitán Testard había estudiado, con distinción, en la Escuela de Saint-Cyr. Fue herido en la batalla de Malakoff, durante la guerra de Crimea; combatió después en Italia y Argelia, y fue por un tiempo ordenanza de Elie Forey, con quien llegó a México. Acababa de tomar hacía unos meses, cansado de las funciones de ordenanza, el mando de su batallón. "Eminentes virtudes militares", decía su expediente. "Constitución muy fuerte. Intrépido y sin embargo de una bondad extrema. Individuo con un gran porvenir".[13] Muchos años después, al comienzo de su exilio, durante la visita que hizo a Los Inválidos, el general Díaz habría de recordar el brío de Zacharie

Testard, caído en la loma de los Nogales, que por instrucciones suyas fue sepultado con honores en el camposanto de Miahuatlán. Su perro, dijo, no dejaba que nadie se acercara al cadáver de Testard: fue necesario apaciguarlo para recoger su espada, que se mandó después a su familia por conducto de Bazaine. Gustave Niox, presente en aquel encuentro, ya general, conocía también al muchacho del que hablaban, a quien había evocado medio siglo atrás ("un valiente oficial francés, el jefe de batallón Testard") en su testimonio sobre la guerra de Intervención.[14] Muchos otros, con él, habían sido sorprendidos por la muerte aquel día de octubre de 1866. Díaz hizo llegar a sus mandos los documentos y las condecoraciones de todos los caídos, a quienes habría de erigir un obelisco en las afueras del pueblo: *A la memoria de los oficiales y soldados franceses que murieron combatiendo en Miahuatlán, a 3 de octubre de 1870, en testimonio de su valentía, el ciudadano general Porfirio Díaz les hizo levantar este monumento.*

La tarde del 5 de octubre, luego de reorganizar sus batallones, en los que refundió los prisioneros de la clase de tropa, el general Díaz pasó revista de guerra en Miahuatlán. Acababa de redactar el parte de la batalla, que le envió al gobierno del presidente Juárez en Chihuahua. En él dio cuenta del botín arrebatado al enemigo: dos obuses de montaña, trescientos treinta fusiles, treinta y siete mosquetes y cinco rifles, así como también, dijo, cuarenta y ocho mulas cargadas con municiones de artillería (granadas para los obuses) e infantería (cartuchos con bala para los fusiles). El botín incluía comida para la tropa: 36 arrobas de galleta y 17 libras de café, además de sal y tabaco en abundancia. El enemigo, en fin, acababa de perder un total de trescientos noventa y nueve hombres, entre muertos, heridos y prisioneros. "Hoy marcho para Oaxaca", concluyó el parte, "cuya plaza ha sido ocupada por el ciudadano coronel Félix Díaz, reduciéndose el enemigo a Santo Domingo, el Carmen y cerro de la Soledad".[15] Los chinacos de la República estaban mal armados, mal vestidos y mal disciplinados, en contraste con los soldados del Imperio. En atención a todas esas consideraciones, Porfirio Díaz habría de escribir, con razón, estas palabras: "Considero la victoria de Miahuatlán como la batalla más estratégica de las que sostuve durante la guerra de Intervención, y la más fructuosa en resultados, pues ella me abrió las puertas de las ciudades de Oaxaca, Puebla y México".[16]

LA CARBONERA

Todo sucedió en un puñado de días en aquel otoño de 1866. El general Carlos Oronoz, huyendo sin parar, arribó el 5 de octubre al frente de los restos de sus columnas a la capital del estado, seguido de cerca por Díaz, quien pernoctó el 6 en El Vergel y el 7 en Ocotlán, y llegó el 8 a Oaxaca. Su hermano Félix ocupaba ya la Plaza de Armas. Una guarnición de trescientos soldados, en su mayoría austriacos y franceses, permanecía en control de los conventos del norte de la ciudad. Al establecer su cuartel en la hacienda de Aguilera, el general Díaz dirigió una carta a Oronoz donde le hacía notar que era imposible conservar en el estado, sin apoyo ya de los franceses, el régimen de la monarquía ("que pugna con el carácter y hábitos del pueblo oaxaqueño") y que, por otro lado, él mismo era capaz de tomar la plaza por asalto ("pero con efusión de sangre y pérdidas de consideración"), y que concluía así: "Usted se servirá pesar el valor de estas razones, y después de meditarlas, se servirá también contestarme dentro de seis horas".[1] No hubo respuesta. El 9 de octubre, no obstante lo anterior, el general dirigió una comunicación más a los extranjeros que formaban el grueso de la guarnición. "Después de haber demostrado un valor digno de una mejor causa, de haber visto caer a su comandante, a sus oficiales y a casi todos sus camaradas, ya solos, abandonados en el campo de batalla y considerando imposible cualquier resistencia", escribió, "este puñado de hombres, la mayoría heridos, se rindieron. Siendo yo mismo soldado, los respeto como enemigos vencidos y desarmados y los trato como tales".[2] Tampoco hubo respuesta, por lo que procedió a estrechar el sitio de la ciudad.

Los días transcurrieron con lentitud. Una calle nada más dividía las posiciones de los enemigos. Podía ocurrir el asalto en cualquier momento. Entonces, la noche del 16 de octubre Porfirio levantó el sitio para marchar al encuentro de las fuerzas del general Luis Pérez

Figueroa, que llegaban por la Sierra Norte. El encuentro tuvo lugar al día siguiente por la mañana, en San Juan del Estado. Ambos regresaron juntos a Etla, para hacer creer a Oronoz que retomaban el sitio de Oaxaca. Pero a la una de la mañana del 18 de octubre salieron hacia el noroeste por el camino de Huitzo. Acababan de tener noticia de que una columna de más de mil soldados avanzaba de Puebla en dirección a Oaxaca en auxilio de Oronoz. No había tropas suficientes para conservar el sitio y salir a combatir al enemigo, por lo que decidieron salir a combatir.

Hacia el mediodía, luego de marchar sin descanso toda la noche y toda la mañana, los exploradores anunciaron la presencia del enemigo en las lomas de La Carbonera. Díaz dispuso a sus hombres para el combate: el general Luis Pérez Figueroa a su derecha, con la artillería, y el coronel Fidencio Hernández a su izquierda, apoyado por tiradores de los batallones Patria y Morelos, y por último, en el centro, el coronel Félix Díaz, a la cabeza de un batallón de la Sierra Norte. Las fuerzas de la retaguardia quedaron al mando de los coroneles Manuel González y Juan Espinosa y Gorostiza, y la caballería a las órdenes del general Vicente Ramos. Eran en total mil seiscientos republicanos, contra mil trescientos imperialistas: austriacos, franceses, polacos, húngaros, bohemios y flamencos, y algunos mexicanos. Los imperialistas estaban uniformados de azul y rojo, y calzados con botas de cuero; los republicanos, en cambio, una mezcla de mixtecos y mulatos, iban al combate sin fornituras, con huaraches y pantalones de manta. "Nuestra ropa estaba desgarrada por la espalda", recuerda uno de ellos. "Luchamos encuerados en La Carbonera".[3] El general vestía de gris, añade, con sombrero de fieltro.

Un soldado llamado Tomás Pizarro describió para la posteridad el comienzo de la batalla de La Carbonera, aquel 18 de octubre de 1866. "Nosotros salimos por la mañana de Etla, para encontrar a los imperialistas que venían de Huauclilla", escribió en su relato. "Probablemente ellos no nos esperaban porque aún venían en columna de camino".[4] Es verdad que no los esperaban, pero reaccionaron de inmediato al ver que estaban frente al enemigo. "Inmediatamente formaron en columna por división: la infantería al centro y la caballería sobre las alas, y sus cuatro piezas de artillería en batería", prosiguió su relato. "Este fue un momento solemne; el silencio más completo reinaba en toda la línea y eran las dos y catorce minutos de la tarde cuando tronó el primer tiro de cañón".[5] Las fuerzas en disputa chocaron entonces en las lomas de La Carbonera. Hubo ataques sostenidos por cerca de una hora, hasta que Díaz hizo uso de las reservas que mandaba Juan Espinosa y Gorostiza.

"La susceptibilidad del coronel Espinosa y Gorostiza por la mala opinión que se tenía de su valor", recordó luego Porfirio, "llegó al extremo de extraviarlo de una manera lastimosa en esta batalla. Con mi ayudante, el capitán Casimiro Casas, le mandé orden de atacar con su columna. El capitán Casas, que lo acompañaba en ese movimiento, estaba impaciente porque le parecía que el coronel Espinosa no conducía su fuerza con la prisa debida, y le decía con frecuencia: Más aprisa, mi coronel... Espinosa y Gorostiza le contestaba: Yo sé lo que hago. Casas le replicó: ¿Qué, tiene usted miedo, mi coronel? A lo que repuso Gorostiza: Yo no tengo miedo, ya veremos después si tengo o no miedo".[6] Tenía razón Espinosa y Gorostiza al no precipitar la marcha de su columna, formada por trescientos cincuenta hombres montados a caballo, pues no era conveniente que llegaran fatigados a la batalla. Su carga, al chocar al fin, trató de ser contenida por la caballería del enemigo, húngara en su mayoría, pero sin éxito. Fue reforzada por las tropas del coronel Díaz y del general Pérez Figueroa, que obligaron a los imperialistas a salir en desbandada por las lomas de La Carbonera. "Terminada la jornada", siguió Porfirio, "buscó Espinosa a Casas, y le dijo: Ahora me debe usted preguntar si tengo miedo, veremos ahora quién de los dos lo tiene, saque usted su pistola y defiéndase. Casas le contestó: Mi coronel, no puedo hacer armas contra mi jefe. Entonces Espinosa y Gorostiza le disparó los cinco tiros de su pistola, dejándolo destrozado y muerto en el acto".[7] Así lo contó Díaz a partir de lo que relató, muy alterado, el propio Espinosa y Gorostiza. Pero no lo castigó. Un par de semanas más tarde, por el contrario, lo nombró miembro de la comisión que negoció la rendición de la plaza de Oaxaca. Acaso adivinaba la tragedia que lo consumía. Porque Espinosa y Gorostiza era visto, por los hombres que luchaban con él, como un catrín, un señoritingo que tenía miedo a las balas. Eran en su mayoría hombres de pueblo, muchos de ellos sin instrucción, que mantenían vivo el mito de su cobardía porque les daba poder frente a un personaje que, por su origen, tenía algo que les resultaba inaccesible.

El general Porfirio Díaz persiguió con su caballería a los imperialistas que huían, para volver hacia el anochecer a su campamento en la montaña. Ahí, a la luz de una vela, dictó a su secretario el parte de La Carbonera. "Son las siete de la noche y me encuentro en el paraje de Las Minas, después de 3 leguas de persecución al enemigo, teniendo en mi poder trescientos noventa y seis prisioneros austriacos, polacos y húngaros, de los cuales siete son oficiales", afirmó Díaz. "Tengo también cuatro piezas rayadas de montaña, más de seiscientas carabinas y un buen surtido de municiones, costándome algunas pérdidas bastante lamentables. El Supremo Gobierno me perdonará que le dé este parte sinóptico en lugar del detallado que daré más tarde, pero no tengo tiempo para más".[8] Pernoctó en Huitzo, para regresar al día siguiente con sus tropas a Oaxaca, donde escribió al gobierno un parte más elaborado desde su cuartel en la hacienda de Aguilera. Junto con los cerca de cuatrocientos imperialistas capturados durante la batalla, dijo, alrededor de trescientos más le habían sido entregados como prisioneros por la gente de los pueblos. La victoria fue contundente. Unas semanas después, ya concluida la campaña en Oaxaca, él mismo habría de recibir la respuesta del Ministerio de Guerra a su parte de Las Minas. "Se ha enterado con satisfacción el ciudadano presidente de la República, por la comunicación que con fecha 18 de octubre dirige usted a este Ministerio, de la victoria que obtuvo usted con las fuerzas a su mando", le comunicó el general Ignacio Mejía.[9] Porfirio tenía una relación antigua y difícil con Mejía. El general era, desde hacía un par de años, ministro de Guerra del presidente Juárez. Había vivido el exilio en Europa, había logrado viajar a Nueva York, había recibido instrucciones ahí para regresar a México. Salió entonces en ferrocarril hacia el suroeste, a través de las Grandes Llanuras, para llegar a Kansas, con el objeto de continuar después por otros medios hacia el norte de México. "Hice este viaje en la diligencia que corría veinte días con sus noches, saliendo de Kansas City a Santa Fe, Nuevo México, y de allí a Paso del Norte, porque todos los puertos estaban ocupados por los franceses", recordaría Mejía.[10] Vio por fin al presidente Juárez en Chihuahua, donde recibió el cargo de ministro de Guerra. Habría de ser uno de los ministros más notables del gobierno de la República.

Porfirio Díaz no ignoraba el significado que tenía la batalla que acababa de ganar. "Con la victoria de La Carbonera no sólo se conquista Oaxaca, sino que todo el estado, con excepción de Tehuantepec, queda libre de imperialistas", le confió, con razón, a un aliado de Puebla.[11] La clave de la victoria fue la noticia que tuvo del avance del enemigo hacia Oaxaca para socorrer a la guarnición —noticia que llegó a sus manos un par de días antes del encuentro en La Carbonera. ¿Cuál era su origen? Díaz afirma en sus memorias que interceptó a los austriacos una comunicación en que avisaban de su marcha al general Oronoz. Es posible que así haya sido. Pero hay una segunda posibilidad, que no excluye a la primera. Antonia Labastida vivía en 1866 en Tehuacán, un pueblo por el que pasaban todos los que viajaban entre Puebla y Oaxaca. Era la tía —y la informante— de Porfirio. Al tener noticia del avance de los imperialistas en apoyo de la guarnición de Oronoz, sitiada por los republicanos, le mandó una nota en clave hasta su cuartel en los Valles. "Querido compadre, hoy salieron los mozos. Llevan 10 000 pesos en plata, 500 en oro, seis piezas de manta y todas las medicinas. Su comadre que lo estima, Antonia Labastida".[12] Así le decía el mensaje, escrito en un trozo de papel. "Quería decir", señala un historiador que lo tuvo en sus manos, "*un mil de infantes, quinientos dragones, seis piezas de artillería y parque abundante*".[13] Los imperialistas formaban, en efecto, una fuerza de mil quinientos soldados de las tres armas, según el parte de guerra; tenían con ellos, además, municiones en abundancia, aunque sólo cuatro cañones, no seis, de acuerdo con los testigos. Si esto es así, el general le debió a su tía —ella que era *más molesta que un chayote en el ojo*— la información que le permitió derrotar a los imperialistas en La Carbonera. Doña Antonia moriría quince años después, pero en el recuerdo de los oaxaqueños viviría para siempre. La plazuela de la Sangre de

Cristo, sembrada con fresnos, sería más tarde bautizada como jardín Antonia Labastida, acaso a instancias de Porfirio. A nadie habría de sorprender ese homenaje, pues su papel en el triunfo de La Carbonera era conocido por los habitantes de Oaxaca. "La señora Labastida de Lanza prestó muchos servicios a la causa de la libertad y al triunfo del sistema republicano, y tuvo grande amistad con los principales autores de la Reforma", recapitularía un cronista del siglo XIX. "Personas bien informadas nos han comunicado que a un aviso oportuno de la señora Labastida debió el general Díaz haber llevado a cabo el golpe maestro que dio a las fuerzas imperiales en La Carbonera".[14]

OCUPACION DE OAXACA

El 21 de octubre de 1866 Porfirio Díaz hizo marchar a todos sus prisioneros, más de setecientos, por las calles de Oaxaca, para luego concentrarlos en el panteón de San Miguel. Mandó al coronel Manuel González a estrechar, por el norte, el sitio de los conventos del Carmen y Santo Domingo, e instruyó al capitán Carlos Pacheco para aislarlos del fuerte del cerro de la Soledad. Hizo trabajos de fortificación y de zapa: construyó revestimientos para resistir el fuego de la artillería y cavó brechas con minas en dirección a los monasterios que tenía en su poder el enemigo. Carlos Oronoz sabía que todo estaba perdido. Acababa de recibir una nota de la guarnición de Puebla que le advertía que era imposible socorrerlo —la nota, confiscada al correo que la llevaba, había caído en manos de los republicanos: "el propio Porfirio Díaz la envió al general Oronoz".[1] Los franceses y los austriacos lo presionaban para negociar. Así pues, el 31 de octubre al amanecer, luego de cesar el fuego, después de tocar parlamento para acordar la entrega de la plaza por medio de comisiones nombradas por las partes, dirigió este mensaje al general en jefe de los republicanos: "Le suplico, si lo tiene a bien, que a las nueve de la mañana de hoy se reúnan las expresadas comisiones en el teatro de esta capital".[2] Félix Díaz y Juan Espinosa y Gorostiza, bajo la autoridad del general Luis Pérez Figueroa, pactaron ese día la rendición de la plaza de

Oaxaca con Oronoz, quien nombró a la cabeza de su comisión al general Juan Ortega, el mismo que hacía unos meses estuvo a punto de aprehender a Porfirio en la acción de Lo de Soto. Fue acordado que los jefes de los imperialistas serían prisioneros de guerra —con garantía de la vida. A las cinco de la tarde, las guarniciones del Carmen y Santo Domingo salieron a pie, desarmadas, hacia la plazuela de la Sangre de Cristo, encabezadas por Oronoz; a las siete de la noche, ambos conventos fueron ocupados por el coronel González. El general Carlos Oronoz habría de sobrevivir a la caída del Imperio —y a la muerte de Juárez, Lerdo y González— para morir en Xalapa en los albores del siglo XX, sin haber servido jamás a los gobiernos de la República, como lo habría de notar un oficial del Ejército de Oriente. Fue uno de los muy pocos que tuvo, dijo, "la dignidad suficiente para no pedir un asiento en el banquete del triunfo".[3]

El general Díaz reasumió el 1 de noviembre el mando político y militar del estado de Oaxaca, y ese mismo día, fechando desde la ciudad, escribió al presidente Juárez. "Por los impresos y comunicaciones que ya mandé a usted dándole cuenta de mis operaciones, sabrá usted mis movimientos y victorias y el estado feliz en que me hallo", le decía, para luego contarle sus hazañas, desde Nochixtlán hasta La Carbonera, y anunciarle sus planes sobre Puebla. "Sólo me agobia y entorpece mis planes la falta de recursos pecuniarios en que me encuentro, pues, escasa mi hacienda y aumentada la fuerza, los trabajos cada día son mayores".[4] Pero no le pedía nada —sólo le informaba: "Veré lo que hago para tener lo preciso y ver lo menos que gravo al pueblo".[5] Unos días más tarde redactó también el parte de la toma de Oaxaca, que dirigió a su vez al Ministerio de Guerra. "*El pueblo que quiere ser libre, lo es*", afirmó, recalcando todas las palabras. "Al dar cuenta al ciudadano presidente con esta nota, le suplico tenga la bondad de felicitarlo a mi nombre, el de los buenos mexicanos que me enorgullezco de mandar y de los pueblos de este estado, donde vio la primera luz, que es libre ya".[6] El presidente habría de leer ambos documentos, la carta y el parte, un mes después, en la ciudad de Chihuahua. "Me parece excelente", diría entonces, feliz con la noticia. "Díaz es un buen chico".[7]

En el curso de noviembre, la caballería del Chato Díaz amenazó Tehuacán. Por un momento, los franceses temieron un ataque en esa zona, vital para ellos que preparaban ya por esos días su repliegue a Veracruz, con el propósito de embarcar sus fuerzas hacia Europa. Porfirio, sin embargo, no los acosó. "Permaneció en Oaxaca, licenció a una parte de sus tropas y manifestó, con su actitud, su voluntad de evitar cualquier conflicto con los franceses", refirió un oficial del Cuerpo Expedicionario.[8] La guerra no era ya contra la Intervención, que fallecía, sino contra el Imperio, que trataba de sobrevivir en México. A mediados de noviembre, Díaz escribió en ese sentido a Matías Romero. "Con la llegada de Castelnau", le dijo, "Maximiliano se salió de México y está en una finca próxima a Orizaba. Se ignora el objeto, pero según todas las probabilidades está en expectativa del desenlace, para estar inmediato a Veracruz. Le ha servido de pretexto la enfermedad de Carlota".[9] El general François Castelnau, ayudante de Napoleón, había sido mandado a México con la misión de promover la abdicación de Maximiliano para justificar así, ante los ojos del mundo, la evacuación de los soldados del Cuerpo Expedicionario. Pero no era claro que su misión fuera a tener éxito. Un par de semanas más tarde, de hecho, Porfirio volvió a escribir a Matías para comunicarle que Maximiliano, todavía indeciso, estaba en comunicación con dos emisarios del pasado, en Orizaba. Los generales Miguel Miramón y Leonardo Márquez, resurgidos del olvido, acababan de desembarcar en Veracruz para ofrecer sus espadas al servicio del Imperio.

Al asumir el trono de México, años atrás, el emperador Maximiliano había tratado de reconciliar a los mexicanos con el nombramiento de los miembros de su gabinete, en su mayoría liberales moderados, afines en sus ideas al mando del Cuerpo Expedicionario de Francia. Con ese gabinete, sin embargo, el emperador no logró el acercamiento de los liberales sino el resentimiento de los conservadores. Los primeros lo rechazaban porque, a pesar de ser un político progresista, era un príncipe europeo y los segundos lo resistían porque, a pesar de ser un príncipe europeo, era un político progresista. Ante la posibilidad de una ruptura con quienes eran, comoquiera, sus aliados, Maximiliano siguió el consejo de la jefatura del Ejército Francés —mandó al extranjero a los generales que más prestigio tenían entre los conservadores: Miguel Miramón salió para cursar estudios de artillería en Berlín y Leonardo Márquez dejó el país para encabezar una misión en Constantinopla. Había el temor de que pudiera estallar, por su conducto, el descontento entre los sectores afines a la jerarquía de la Iglesia. Hacía ya dos años de eso. En el otoño de 1866 todo era diferente. Con la partida de los franceses, ante el fracaso de su política de reconciliación, el emperador volvía a estar en las manos de sus aliados de origen: los conservadores. Esa fue la coyuntura que permitió a Miramón y a Márquez volver a México para conferenciar con Maximiliano, quien tenía aún que decidir si quería, en tales condiciones, permanecer al frente del Imperio.

Maximiliano estaba instalado desde hacía un mes cerca de Orizaba, en la hacienda de Jalapillas, propiedad de la familia Bringas. Al llegar ahí, postrado, tenía la convicción de que debía abdicar. Mandó embarcar sus archivos en un buque de guerra de Austria que fondeaba en Veracruz; puso a la venta las piezas de artillería de su propiedad, para con el producto de la transacción auxiliar a los inválidos del Cuerpo de Voluntarios; comunicó a su familia, en fin, su intención de viajar a finales del año a Viena. Acababa de recibir una nota relativa a la enfermedad de Carlota, seguida por una carta que confirmaba la partida del Cuerpo Expedicionario. No había que insistir. Su salud mejoró con los días. Junto con su médico de cabecera, por las mañanas, cazaba insectos y mariposas en los jardines de Jalapillas. Había decidido renunciar al trono: estaba por fin en paz. Pero su destino iba a ser otro. Los miembros de su gabinete, dominado ya por los conservadores, arremetieron contra su decisión. El país no podía ser abandonado en esas circunstancias, le explicaron; tampoco los mexicanos que lo secundaron en su patria de adopción. Su madre le escribió desde Viena, también, para decirle que sería mal recibido en Austria. Así, presionado por su sentido del honor, titubeante de nuevo, Maximiliano convocó a sus colaboradores a un Consejo de Ministros para decidir el futuro del Imperio. Eran dieciocho consejeros, entre ellos cuatro ministros, instalados todos en la hacienda de Jalapillas. Tomaron su decisión el 28 de noviembre: diez de los dieciocho votaron contra la abdicación, encabezados por uno de los líderes del partido de la reacción, don Teodosio Lares. El emperador, entonces, decidió permanecer en el país, como adujo en la proclama del 1 de diciembre de 1866, fechada en Orizaba: "Nuestros Consejos de Ministros y de Estado, por nos convocados, opinaron que el bien de México exige aún nuestra permanencia en el poder".[10]

La proclama de Maximiliano habría de prolongar por varios meses la guerra que libraban, en todo el país, los ejércitos de la República contra las fuerzas del Imperio. "El estado de Oaxaca se halla en plena paz con excepción del distrito de Tehuantepec", anotó el general Díaz, "pero hoy mismo ha salido mi hermano con las fuerzas suficientes para restablecer el orden por aquellos rumbos".[11] Era el 10 de diciembre. El Batallón Libres de Oaxaca acababa de salir hacia el Istmo, bajo las órdenes del Chato. Estaba planeado que la columna fuera después alcanzada por el propio Porfirio, quien la víspera de su partida dejó el gobierno del estado en manos del general Alejandro García, entonces segundo en el mando de la Línea de Oriente. García tenía problemas en el frente de Sotavento. Una parte de sus tropas estaba levantada contra él. Había sido desconocido por las autoridades de Acayucan y Minatitlán. Después de La Carbonera, incluso, los inconformes acudieron con sus quejas al general Díaz, quien entonces lo mandó llamar, luego de nombrar en su lugar al general Rafael Benavides. "Llegado el general García en la creencia de que sería sometido a juicio o postergado por su jefe", diría un testimonio cercano a los hechos, "fue nombrado gobernador del estado, con notoria extrañeza de amigos y enemigos".[12] Esa fue la decisión que tomó Porfirio para zanjar los desórdenes que ponían en riesgo el frente de Sotavento, dictada también por su gratitud hacia García por haberle devuelto sin chistar la jefatura de la Línea de Oriente, a raíz de su evasión de Puebla. Un par de meses después, luego de la campaña del Istmo, lo habría de nombrar gobernador de Veracruz.

El 12 de diciembre, el general Porfirio Díaz partió hacia el Istmo de Tehuantepec con un batallón de la Costa Chica y las guardias nacionales de Tlapa y Chiautla. Había en esa zona más de mil hombres armados que sostenían el Imperio, a las órdenes del coronel Remigio Toledo. Porfirio lo conocía. Remigio era nativo de Tehuantepec, donde la gente lo apodaba Víbora. Había peleado en todos los bandos a lo largo de su vida. Apoyó el Plan del Hospicio en favor de Santa Anna y después, antes de su triunfo, el Plan de Ayutla en contra de Santa Anna. Fue *patricio* durante las guerras del Istmo, contrario a la autoridad de Juárez, pero firmó la protesta del ayuntamiento de Tehuantepec contra la Intervención, favorable a la causa de Juárez. Estuvo presente con el grado de subteniente en el sitio de Puebla, donde convivió y combatió al lado de Díaz. Así lo describe un istmeño que lo conoció: "de cuerpo erguido, mirada astuta, color moreno claro, de movimientos rápidos y nerviosos".[13] Era un hombre muy hábil, que inspiraba desconfianza. Fue hecho prisionero por los franceses, escapó de prisión, obtuvo el mando de la guarnición en Tehuantepec, defeccionó después a favor del Imperio. Llegó a ser prefecto imperial, cargo que le sirvió para hacer una fortuna, enriquecido con las exacciones que les imponía a los comerciantes de la región. Todo eso lo sabía Porfirio, quien sabía también que ese hombre era el amante de Juana Catarina Romero, su informante durante los años de guerra en el Istmo. Juana Cata era una mujer inteligente y ambiciosa, sin demasiados escrúpulos, que admitiría más tarde, al testificar en un juicio, su relación con Toledo. Los istmeños contaban que, hacia el final de la guerra, ella conoció por él, en secreto, el lugar en la colina de Guiengola donde tenía enterradas sus monedas de oro; que ese era el origen de su fortuna, la cual habría de ser con los años una de las más grandes de Tehuantepec.

El general Díaz marchó sin novedad hasta Jalapa, para luego seguir hacia Guevea por el camino de Lachitova, un rancho con un terreno desmontado para la cría de ganado, rodeado por la selva cerrada y arisca del Istmo. Ahí dejó oculto en un arroyo al Chato, su hermano, al mando del Batallón Libres de Oaxaca, con órdenes de batir al enemigo por la espalda al oír los disparos en Lachitova. Así lo haría Félix. "A los primeros disparos que mi artillería hizo sobre el enemigo", refirió su hermano, "lo batió por la espalda, decidida y rudamente".[14] El enemigo salió disperso hacia la selva, en grupos muy pequeños, uno de los cuales iba formado por Remigio Toledo, quien habría de huir a Guatemala. Era el 19 de diciembre. Los republicanos avanzaron para ocupar al día siguiente, sin resistencia, la ciudad de Tehuantepec. Permanecieron unos días ahí. Era la primera vez que Porfirio pisaba de nuevo las calles de arena del lugar donde pasó los años más duros de la guerra de Reforma. Muchos de sus conocidos vivían aún en la ciudad; otros habían ya fallecido. Al ser urgente su presencia en Oaxaca, para empezar la campaña sobre Puebla y México, emprendió poco después la marcha de regreso, dejando una guarnición de juchitecos en Tehuantepec, secundada por una compañía del Batallón Fieles de Oaxaca en San Bartolo Yautepec, a las órdenes de Carlos Pacheco. En las semanas por venir, el capitán Pacheco, ascendido a mayor, habría de batir por completo a las bandas de imperialistas que restaban en el Istmo, antes de ser llamado por Díaz para cumplir su destino en la ciudad de Puebla.

11

PREPARATIVOS PARA LA CAMPAÑA

El 10 de enero de 1867 el general Porfirio Díaz entró a la ciudad de Oaxaca de regreso de Tehuantepec, con el propósito de preparar la campaña sobre Puebla. Su regreso coincidió con el arribo del cargamento de armas que condujo desde los Estados Unidos el general Pedro Baranda, acompañado por el licenciado Justo Benítez. Díaz habría de estrenar esas armas frente a Puebla.

Los republicanos de Oaxaca necesitaban eso sobre todo, armas y municiones, para la campaña sobre Puebla. Porfirio había sido enfático —imperativo y brusco, inclusive— en sus cartas a Matías Romero. Quería mil carabinas Spencer, le dijo, para infantería; quería quinientas carabinas Spencer de cañón más pequeño, para caballería; y quería quinientas pistolas de cilindro, quinientos sables de munición y por lo menos cuatro mil granadas de artillería, para las piezas quitadas al enemigo en La Carbonera. Las armas eran, entonces, su preocupación más absorbente. Acababa de recibir quince cajas de parque de percusión, que el general Alejandro García le entregó a uno de sus oficiales en Tuxtepec. Y acababa de recoger un cargamento de quinientos fusiles Springfield, que el general Diego Alvarez le dijo que estaban a su disposición en Boca de Tecuanapa, al sur de la costa de Guerrero. Díaz mandó al coronel Luis Mier y Terán —con él de nuevo desde aquel otoño— a pagarlas y recogerlas, y a traerlas en recuas de mulas a Oaxaca. Pero la aportación más grande, sin lugar a dudas, fue la del general Pedro Baranda. Había sido posible, por fin, lanzar en los Estados Unidos una emisión de bonos garantizada por el gobierno de México. La emisión fue de varios millones de pesos. El ministro Matías Romero hizo uso de una fracción del producto (50 000 pesos en bonos) para celebrar un contrato con la casa de comercio John W. Corlies & Company de Nueva York, por medio del cual compró un total de veinte mil fusiles Enfield. Estos fusiles fueron puestos en manos del general Baranda, comisionado por el general Alejandro García para adquirir armas en los Estados Unidos para la Línea de Oriente.

Las armas encargadas al general Baranda llegaron a Oaxaca por conducto de Justo Benítez. Luego de vivir más de un año en los Estados Unidos, el licenciado Benítez zarpó de Nueva York en el vapor *Vixen* con destino a Minatitlán, junto con el general Baranda. Ambos iban encargados de llevar a su país las armas adquiridas por el ministro Romero. El vapor sufrió averías, por lo que tuvo que esperar unos días en Norfolk, Virginia, antes de seguir su viaje hacia Minatitlán, por las aguas inciertas y turbias del Golfo de México. Otro barco, cargado también con armas para los republicanos, el *Suwanee*, naufragó por esos días en un temporal, antes de llegar a Veracruz. Porfirio estaba preocupado. "Sírvase usted decirme lo que sepa de nuestro amigo Justo, a quien esperaba tener a mi lado en esta fecha y cuya falta aun de cartas, me está poniendo con cuidado", solicitó a Romero.[1] Durante la campaña de Tehuantepec, poco después, recibió por fin un correo de Benítez procedente de Acayucan, en el que le decía que acababa de desembarcar en Minatitlán. Lo vio en enero, a su regreso del Istmo. "Llegó felizmente el licenciado Benítez con el convoy que me remitió el señor Romero", escribió entonces al presidente Juárez. "Dentro de pocos días ya podré cambiar e igualar el armamento de nuestra fuerza".[2]

En el curso de enero de 1867 Porfirio Díaz reorganizó sus tropas en toda la Línea de Oriente. El general Vicente Ramos, su compañero de lucha en las Mixtecas, acababa de fallecer en esos días ("ha sucumbido a varios ataques reiterados de apoplejía", informó el *Boletín Oficial del Cuartel General de la Línea de Oriente*).[3] Fue necesario sustituir a los caídos, dar ascensos, hacer nombramientos para poder crecer. Díaz otorgó el grado de general de brigada a Manuel González y a Faustino Vázquez Aldana —grado que recibiría también, un par de meses después, su hermano Félix. Reconstruyó sus columnas, terminó de armarlas, mejoró los haberes de las clases de tropa, fijó los de los jefes y oficiales en el nivel que tenían al estallar la guerra. Y así comenzó a renacer, a tomar de nuevo forma, el Ejército de Oriente. Hubo un problema —bastante curioso— que tuvo que enfrentar. Había prometido a los miembros de las guardias nacionales del estado, convocados después de su evasión de Puebla, que los dejaría en libertad, con sus armas, en el momento de tomar la ciudad de Oaxaca. Debió así licenciar a todos aquellos que exigieron el cumplimiento de su promesa. Había que suplirlos —y había sobre todo que crecer fuera de Oaxaca. Tuvo que extender su acción a los estados de Puebla, Veracruz, Tlaxcala y México. Con ese fin mandó instrucciones al general Juan N. Méndez y al coronel Juan Espinosa y Gorostiza a Puebla, al general Ignacio Alatorre a Veracruz, al general Luis Pérez Figueroa al norte de Oaxaca, al coronel Cristóbal Palacios al oriente de Tlaxcala, al general Francisco Leyva a Cuernavaca y al general Rafael Cuellar a Chalco y a Xochimilco, en el estado de México. Los casos de Cuellar y Leyva eran diferentes a los otros. Desde hacía varios años, Díaz había sugerido al gobierno de Juárez la conveniencia de incorporar a la Línea de Oriente los distritos 2 y 3 de México, que serían con el tiempo los estados de Hidalgo y Morelos, así como también el Distrito Federal. El gobierno nunca le concedió esa autoridad, pero ahora, a punto de comenzar la ofensiva, las cosas eran distintas para el general. "Creyó de su deber advertir

1. El general Ignacio Zaragoza, ministro de Guerra del presidente Juárez en vísperas de la Intervención.

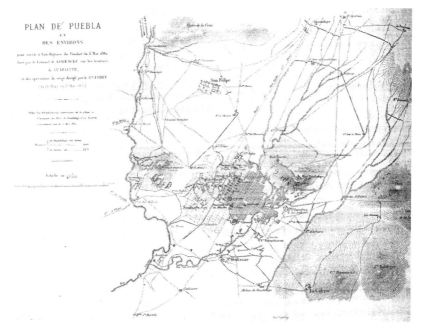

2. Plano de la ciudad de Puebla realizado por el Cuerpo Expedicionario de Francia.

3. Fotografía de las ruinas causadas por la guerra en
la ciudad de Puebla.

4. Bandera del 2º Batallón de la guardia nacional de Oaxaca, acribillada durante la batalla del 5 de mayo de 1862.

5. Carta de Porfirio Díaz a su hermana Nicolasa: "Yo nunca había tenido más gusto ni día más grande que el día memorable 5 de mayo, día grande y de gloria".

6. Retrato de Nicolasa Díaz, hermana de Porfirio.

7. Tarjeta de visita del general Porfirio Díaz.   8. Tarjeta de visita del coronel Félix Díaz.

9. Plano de la marcha estratégica del general Díaz, desde Querétaro hasta Oaxaca.

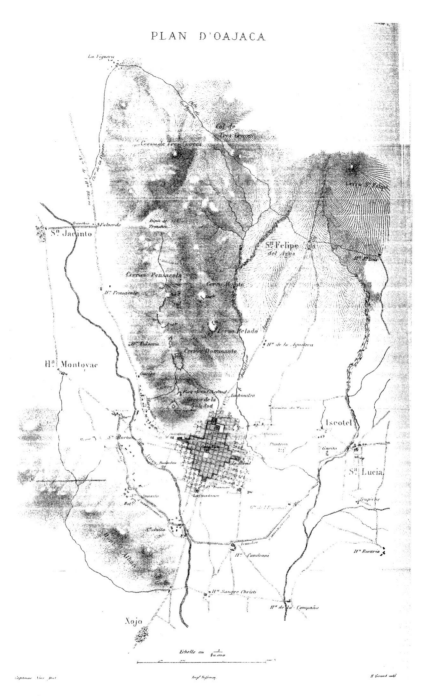

PLAN D'OAJACA

10. Plano de la ciudad de Oaxaca realizado por el Cuerpo Expedicionario de Francia.

11. La emperatriz Carlota.　　　12. El emperador Maximiliano.

13. El general Porfirio Díaz (al centro) acompañado por los entonces coroneles Luis Pérez Figueroa (izquierda), Manuel González (de pie) y Félix Díaz (derecha).

14. El general José López Uraga, apoyado en su bastón y su pata de palo, veterano de la guerra contra los Estados Unidos.

15. El general Porfirio Díaz, jefe del Ejército de Oriente, durante el sitio de Oaxaca.

16. El mariscal Achille Bazaine, jefe del Cuerpo Expedicionario, durante el sitio de Oaxaca.

17. Esquina del convento de la Compañía, en Puebla, por donde escapó el general Díaz la noche del 20 de septiembre de 1865.

18. Retrato al óleo del general Juan Álvarez, jefe del Plan de Ayutla, dueño de la hacienda La Providencia, patriarca de las montañas del Sur.

19. Fotografía de la calle de la Palma con la iglesia de Santo Domingo al fondo, en Oaxaca, tomada por Teobert Maler.

20. El general imperialista Carlos Oronoz, hecho prisionero en 1866, con garantía de la vida, por el Ejército de Oriente.

21. El prefecto imperial Juan Pablo Franco, fusilado el 30 de enero de 1867 en el pasajuego del Llano de Guadalupe.

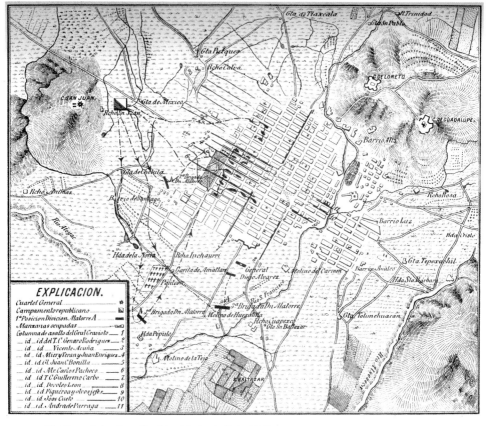

EXPLICACION.

Cuartel General
Campamento republicano
1ª Posicion Divicion Alatorre A
Manzanas ocupadas
Columna de asalto del Gral Cravioto ___ 1
___ id. del T.C. Genaro Rodriguez ___ 2
___ id. ___ id. ___ Vicente Acuña ___ 3
___ id. ___ id. Mier y Teran y Juan Enriques 4
___ id. ___ id. Gl. Juan Bonilla ___ 5
___ id. ___ id. Mr. Carlos Pacheco ___ 6
___ id. ___ id. T.C. Guillermo Carbo ___ 7
___ id. ___ id. Porcleo Leon ___ 8
___ id. ___ id. Figueroa y otros jefes ___ 9
___ id. ___ id. Jose Cuelo ___ 10
___ id. ___ id. Andrade Parraga ___ 11

22. Plano del asalto a Puebla el 2 de abril de 1867.

23. El general imperialista Mariano Trujeque,
ejecutado en Puebla por el Ejército de Oriente.

24. El general Manuel González luego de perder el brazo durante el sitio de Puebla.

25. El mayor Carlos Pacheco luego de perder el brazo y la pierna durante el asalto a Puebla.

26. El conde Carl Khevenhüller, jefe del Cuerpo de Voluntarios de Austria.

27. El general Leonardo Márquez, lugarteniente del Imperio.

28. Porfirio Díaz, general en jefe del Ejército de Oriente.

29. Mariano Escobedo, general en jefe del Ejército del Norte.

30. Fotografía de Delfina Ortega.

31. Daguerrotipo de Porfirio Díaz.

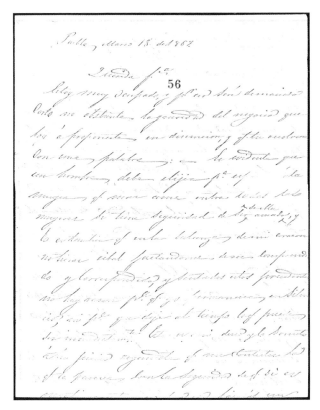

32. Carta de Porfirio Díaz a su sobrina Delfina: "Es evidente que un hombre debe elegir para esposa a la mujer que más ame entre todas las mujeres si tiene seguridad de ser de ella amado, y lo es también que en la balanza de mi corazón no tienes rival".

33. Benito Juárez, presidente de la República.

34. Monumento levantado con motivo de la entrada de Juárez a la ciudad de México el 15 de julio de 1867.

en enero de 67, que si no se disponía otra cosa, se vería en el caso de dar por concluida la campaña de su cargo en los límites del estado de México, que no podría traspasar", afirma un relato basado en su testimonio, para agregar que, mientras esperaba la respuesta, mandó ocupar los distritos de Chalco y Texcoco, "e hizo respetar su acción sobre esa línea como una necesidad para sus operaciones sobre Puebla".[4] El general Díaz recibiría, al final, jurisdicción sobre los distritos en cuestión, pero la habría de recibir dos meses después, ya frente a Puebla. Había sido necesario adelantarse.

Durante los preparativos para la campaña sobre Puebla, el general Díaz inauguró, el 15 de enero, la Academia de Niñas en Oaxaca. Hubo discursos y versos en el acto, que presidió la directora, doña Guadalupe Orozco de Enciso; también música de orquesta, que acompañó a los estudiantes del Instituto que entonaron el *Himno a las Ciencias*. Entre los concurrentes al acto, ese sábado, debió estar la señorita Delfina Díaz, su sobrina, a la que frecuentaba desde su llegada a Oaxaca. Porfirio asegura en sus memorias que, durante los meses de lucha, había notado que las mujeres ejercían una influencia más bien perniciosa en los hombres —"bastante para entibiar el entusiasmo de mis soldados y hacerlos desistir de su propósito de pelear por la independencia de su patria".[5] Estableció así, no obstante su carencia de recursos, la Academia de Niñas, bajo la vigilancia del Instituto de Ciencias y Artes y la protección del gobierno de Oaxaca. Había dos tipos de clases: la primera de moral, lectura, gramática, aritmética, costura, bordado y canto, y la segunda de geografía, historia, gramática, ortografía, francés, inglés, dibujo y piano. Su reglamento resultaba un tanto vago. "La Academia recibirá en sus clases a todas las niñas que deseen instruirse, sin distinción de países y origen", decía el Artículo 12º.[6] Tenía el propósito de mejorar la condición moral e intelectual de las mujeres del estado, sin hacer explícita su intención de nivelar las diferencias que existían entre las mujeres y los hombres con respecto a muchas de las disposiciones de la Reforma, en particular las que normaban las relaciones con la Iglesia. Aquello en concreto no habría de cambiar. Durante el resto del siglo XIX, las mujeres tenderían a sostener una opinión distinta a la de los hombres, sus maridos, sobre el papel que debía desempeñar la religión en México.

En los días que precedieron la partida de los republicanos hubo también un saldo de cuentas con el pasado. Fue juzgado Juan Pablo Franco, el prefecto del Imperio. Franco había escapado de Oaxaca luego de la batalla de Miahuatlán, aprovechando la escolta que llevaba el obispo de Antequera durante su traslado a Puebla. En México buscó a Manuel Dublán. Ambos tenían a sus familias en Oaxaca, por lo que planearon regresar por ellas hasta los límites de Puebla. Uno era prefecto imperial, otro era procurador imperial: los dos estaban comprometidos. Dublán decidió permanecer en Puebla, pero Franco, incauto, continuó hasta Tehuacán. Encontró ahí a toda su familia, en efecto, con la que emprendió el camino de regreso, pero fue detenido en Tecamachalco por una fuerza de republicanos al mando del teniente coronel Ignacio Sánchez Gamboa, quien lo condujo a Acatlán. Ahí, Sánchez Gamboa lo despojó de sus objetos de valor: su anillo, su reloj y el prendedor de su corbata, y le ofreció dejarlo en libertad a cambio de una suma de dinero muy elevada: 5 000 pesos según unos, 10 000 pesos según otros. Franco trató de reunir el dinero, hizo libranzas para cubrir el pago, pero antes de poder huir llegó a Acatlán el coronel Espinosa y Gorostiza, quien insistió en llevarlo prisionero hasta la ciudad de Oaxaca.

Juan Pablo Franco permaneció más de dos semanas preso e incomunicado, al lado sólo de su madre, quien lo habría de acompañar hasta el cadalso. El 26 de enero enfrentó a un consejo de guerra, que lo condenó a la pena de muerte. Los militares que presidieron el juicio consideraron que, por haber escapado de la ciudad, no había querido aceptar las garantías de la capitulación. Ese mismo día, con una fuerza de caballería, el general Díaz salió de Oaxaca. "Hoy, a las doce, se me notificó la sentencia de muerte", escribió Franco a su esposa la noche siguiente. "Estoy conforme y tranquilo y pudiera decirte sin pesar, si sólo se tratara de mi vida que ofrezco a Dios, pero te dejo a ti que has sido la tierna y fiel compañera de mi existencia, a nuestros amados hijos, a mi desgraciada mamá y demás familia, y esto destroza mi corazón".[7] La sociedad estaba sacudida por la severidad de la pena. Juan Pablo Franco, un hombre afable y caballeroso, no fue cruel ni tuvo excesos al frente del gobierno de Oaxaca, aunque durante su mandato —como lo recordó el tribunal— fueron incendiados los poblados de Cotahuixtla, Nacaltepec y Jayacatlán por ayudar a los guerrilleros de la República. Dejaba tres hijos pequeños, dos niñas y un niño, una madre y una esposa, chiapaneca ella, doña Inés Larráinzar. Decenas de mujeres de la sociedad escribieron para solicitar el perdón al general en jefe de la Línea de Oriente. Así lo hizo también un amigo de Matías Romero. Incluso el propio Franco. "Interpuso el recurso de indulto que le negué", afirma tajante Porfirio, que conocía él mismo a unos guerrilleros muy jóvenes de Cuicatlán, los Heras, amigos suyos, ejecutados por órdenes de Franco, a los que les mandó hacer por esas fechas una inscripción en el panteón de San Miguel.[8] Muchos otros, como ellos, habían muerto también en la lucha contra el Imperio. Ahora había que hacer justicia. El 30 de enero a las siete de la mañana, acusado de traición a la patria, don Juan Pablo Franco murió con su crucifijo en la mano frente a un pelotón de fusilamiento en el pasajuego del Llano de Guadalupe.

Porfirio Díaz estaba ya en Acatlán al conocer la noticia de la ejecución de Franco. Permaneció ahí un par de semanas, en espera del resto de sus fuerzas, atendiendo con sus secretarios la carga de su correspondencia. Recibió entonces, conducido por sus guardias de avanzada, la visita de un hombre llamado Charles Burnouf, quien arribaba a su cuartel en comisión de Maximiliano. Burnouf le comunicó que el emperador contemplaba zarpar en la fragata *Novara* con destino a Europa, que por esa razón le pedía respetar su marcha hasta Veracruz. El Cuerpo Expedicionario, en efecto, acababa de partir por esos días de la capital de México. Era posible que fuera seguido por el emperador. "Burnouf me dijo que esto era todo lo que Maximiliano le había encargado le manifestase", afirma Díaz en sus memorias, "pero él agregó como opiniones personales y como informes que me daba, que Maximiliano tenía un alto concepto de mí, y que si pudiera contar con mi cooperación, se descartaría de los conservadores que lo rodeaban y de los militares de ese partido".[9] El señor Burnouf le manifestó para concluir que, en ese caso, el emperador le concedería el mando de todas sus fuerzas, para poner así el país en manos de los liberales. Porfirio dice que sintió que el archiduque en persona, por su conducto, le hacía llegar ese mensaje, por lo que dio por terminada la entrevista, luego de darle su respuesta. El comisionado pasó el resto del día en el poblado, donde el general hizo desfilar una y otra vez a sus hombres, pocos, alrededor de trescientos, para hacerlo creer que tenía muchos. Era el 14 de febrero. Antes del anochecer, con el comisionado aún con él, redactó una circular que narraba su visita, para darla a conocer a los gobernadores de la Línea de Oriente. "Se ha presentado en esta villa el señor Burnouf, enviado por Maximiliano, con el objeto de ofrecerme el mando de las fuerzas que se han encerrado en Puebla y México", reveló. "Haciéndome un verdadero esfuerzo para contestar con serenidad, lo he hecho diciendo: que como general en jefe del Cuerpo de Ejército que el Supremo Gobierno se sirvió encomendarme, no puedo tener con el archiduque otras relaciones que las que la ordenanza y leyes militares permiten con el jefe de una fuerza enemiga".[10]

Maximiliano no fue el único que buscó por esas fechas a Díaz. También lo hizo el mariscal Achille Bazaine por conducto de Charles Thiele, a quien sondeó en la ciudad de México. "Thiele era un francés inteligente, ilustrado, buen escritor, sereno y de iniciativa, que se me presentó en las Mixtecas", escribió Porfirio, "y deseando aprovecharme de sus buenas condiciones, lo puse en mi secretaría particular con el carácter de auxiliar, pues el secretario era don Manuel Travesí".[11] Estuvo con él en Miahuatlán y La Carbonera; fue intérprete durante la rendición de la plaza de Oaxaca; partió más tarde hacia la ciudad de México para, otra vez en calidad de traductor, ayudar a negociar el canje de prisioneros propuesto al Ejército de Oriente por el Cuerpo Expedicionario. El intercambio tuvo lugar en Tehuacán. Luego de recuperar a los republicanos que aún quedaban en manos de los franceses, Díaz le entregó a Bazaine, en añadidura de lo pactado, cerca de mil prisioneros más, todos ellos extranjeros, con la condición de que fueran embarcados de inmediato en Veracruz. Así ocurrió. Thiele tuvo entonces una entrevista con el mariscal Bazaine, quien por su conducto le mandó un mensaje al jefe del

Ejército de Oriente. Le propuso en venta sus armas y sus municiones —alrededor de seis mil fusiles y cuatro millones de cápsulas— "a precios fabulosamente bajos".[12] Le pedía, por ejemplo, 1 peso por fusil... El ministro Matías Romero acababa de comprar fusiles (sin bayoneta) en 2 pesos con 50 centavos por unidad en el comercio John W. Corlies & Company de Nueva York, lo cual era de hecho una ganga, como él mismo reconoció, pues el general Plácido Vega tenía la experiencia de comprar fusiles (con bayoneta) en 16 pesos por unidad en el comercio William Platte & Company de San Francisco. Porfirio Díaz estaba al tanto de los precios en el mercado: entendió que la razón que explicaba la oferta de los franceses era que no tenían vehículos para conducirlos a Veracruz. Acaso ni capacidad en su flota para embarcarlos. El Cuerpo Expedicionario contaba entonces con cerca de cuarenta buques para transportar un total de casi veintiocho mil setecientos soldados —más trescientos cincuenta caballos— hasta los puertos de Europa. Ya no había cupo para más. Díaz optó así por rechazar el ofrecimiento de los fusiles. "Teniendo que dejarlos", hizo notar, "me era más barato ocuparlos como propiedad del enemigo que comprarlos aun a vil precio. Entonces expedí una circular a todas las plazas, incluyendo a las ocupadas por el enemigo".[13] La circular fue publicada en la villa de Acatlán. "Teniendo noticia este cuartel general de que al retirarse el ejército invasor ha puesto en venta parte de su convoy que no puede embarcar, se servirá usted advertir al público que todos los bagajes, transportes, material de guerra y proveeduría que pertenezcan o hayan pertenecido a dicho ejército, serán ocupados por las autoridades constitucionales", afirmó el general Díaz. "Son contrabando de guerra, y pertenecen por lo mismo a la República".[14]

Junto con la oferta de venta de armas, el comandante del Cuerpo Expedicionario hizo, al parecer, otra propuesta más al jefe del Ejército de Oriente, asimismo por medio de Charles Thiele. Era muy grave. El general Díaz aludió a ella, sin abundar más, en una de sus cartas a Matías Romero. "El mariscal Bazaine, por medio de una tercera persona, ofreció entregarme las ciudades que poseía, así como también a Maximiliano, Márquez, Miramón, etcétera, con tal de que yo accediera a una propuesta que me hizo, y la cual deseché por no parecerme honrosa", escribió a su amigo en Washington.[15] ¿Cuál era esa propuesta? La de entregarle la capital del país y la cabeza del emperador a cambio de que desconociera al presidente Juárez, con el fin de que el Ejército Francés pudiera tratar con otro gobierno antes de embarcar sus fuerzas en Veracruz. "Sus palabras textuales fueron: *Dígale usted al general Díaz que yo pagaré con usura el brillo con que nuestra bandera pueda salir de México*".[16] Porfirio rechazó la propuesta, que era en efecto deshonorable. Así lo manifestó a Thiele, para que lo comunicara al mariscal Bazaine. Veinte años más tarde, el mariscal negaría haber hecho ese ofrecimiento al general del Ejército de Oriente, quien a su vez le habría de responder que estaba dispuesto a rectificar lo que afirmó en su carta, pero que para ello necesitaba antes —"pues el conocimiento que de él tengo no me autoriza a dudar de su caballerosidad"— un desmentido al respecto del señor Thiele, quien radicaba entonces, dedicado a la fotografía, en la ciudad de Guatemala.[17] El desmentido no tuvo lugar, por lo que el incidente, que permanecía confuso, jamás pudo ser aclarado.

A fines de febrero, Porfirio Díaz llegó con sus fuerzas a Ixcaquixtla, en el sur del estado de Puebla. Ahí lo alcanzó el general Luis Pérez Figueroa procedente del norte de Oaxaca, seguido por el general Manuel González con una brigada de infantería formada en la capital del estado, entre cuyos oficiales estaban José Guillermo Carbó, Juan de la Luz Enríquez y Carlos Pacheco. Díaz siguió a Tepeaca, donde protegió la incorporación de un batallón organizado por el coronel Juan Espinosa y Gorostiza. Continuó la marcha hacia Huamantla, para recibir al general Juan N. Méndez, quien arribó con los indios que venía de levantar en la Sierra de Tetela. En Huamantla recibió también al general Ignacio Alatorre, al frente de una columna movilizada por él en Veracruz. Eran en total alrededor de cuatro mil hombres, a los que hubo que dar forma de inmediato. Díaz estableció dos divisiones: la primera al mando del general Alatorre, la segunda a las órdenes del general Méndez. Había conocido a los dos en Puebla, siendo ambos coroneles, en vísperas de la victoria que obtuvieron contra los zuavos de Lorencez. Tenía más cercanía con

Méndez, un indio de Puebla, pero sentía más respeto por Alatorre, un hombre de barba tupida y pelo rizado y obscuro que parecía conquistador, corpulento, blanco de piel, originario de Sonora. Ignacio Alatorre era apenas un poco más joven que Porfirio. Ingresó a los trece años, igual que él, al Seminario de Guadalajara, que dejó más tarde para formar parte de la guardia nacional de Jalisco. Su vida de soldado tuvo un inicio exótico. Combatió en la Baja California contra los filibusteros de William Walker, después sometió en Guaymas a un aventurero sin fortuna, el conde Gaston de Raousset-Boulbon. Luchó con el partido de la reacción durante la guerra de Reforma, siguió al general Leonardo Márquez al triunfo de los liberales, pero luego, acogido a la amnistía, secundó al gobierno de Benito Juárez en el momento de la Intervención. Fue uno de los pilares de la victoria sobre Lorencez en Puebla, a la cabeza de una brigada que defendió el fuerte de Loreto. Un año más tarde, al caer la ciudad, huyó de los franceses durante su traslado a Veracruz. Estuvo activo en los alrededores de Xalapa, donde fue ascendido a general de brigada por el presidente Juárez. En Huamantla recibió el nombramiento de jefe de la 1ª División del Ejército de Oriente. "Es hombre de muy buena inteligencia, de gran valor personal", escribió Porfirio.[18] Don Ignacio Alatorre, que comenzó la carrera de las armas como subteniente, habría de llegar a ser uno de los generales de división más eficaces y leales del siglo XIX.

Díaz estaba obligado a mantener a los miles de hombres que tenía bajo su mando. Acababa de crear, al salir del estado de Oaxaca, la comisaría del Ejército de Oriente. Don Francisco Uriarte, propietario que sería después su socio, le facilitó 6 000 pesos con el fin de cubrir los gastos de la campaña hasta Acatlán. A partir de entonces tuvo que conseguir él mismo los recursos para sobrevivir sobre la marcha, sin extorsionar a los poblados por los que pasaba. El hacendado Cirilo Gil le prestó 10 000 pesos en Ixcaquixtla. "Pero en Huamantla no había por lo pronto recursos para moverse ni era posible permanecer allí sin arruinar a todo el distrito", escribiría un testigo. "Se convocó una junta de personas acomodadas para que cuotizándose entre sí, con proporción a sus capitales, facilitaran a la comisaría la cantidad de 30 000 pesos en clase de préstamo. Hecha la cuotización, los prestamistas ofrecieron individualmente donativos voluntarios por menos de la mitad de sus respectivas cuotizaciones, y el general en jefe que comprendía los motivos de esta justa desconfianza en los pactos con la autoridad, aceptó con una marcada sonrisa de benevolencia la conversión propuesta".[19] Los donativos serían todos reintegrados un mes más tarde, luego de ser tomada la ciudad de Puebla.

El 1 de marzo fue dada a conocer en Huamantla una proclama del general en jefe del Ejército de Oriente. Estaba dirigida a todos los mexicanos: a los que luchaban por la República, también a los que sostenían el Imperio. Era similar a la que, durante la guerra de Reforma, él mismo dirigió a los oaxaqueños al dejar atrás el Istmo para avanzar hacia los Valles. Ahora emprendía el camino, con miles de hombres, para el interior del país. "Mexicanos", dijo a los republicanos, "los ciudadanos que se agrupan bajo las banderas del Ejército de Oriente, continuarán su marcha con la inquebrantable resolución de que han dado pruebas en repetidos combates y en largas y penosas campañas. Muy pronto estrecharemos la mano a nuestros hermanos del Norte, de Occidente y del Centro".[20] Luego dirigió sus palabras a los imperialistas. "Mexicanos, los que os habéis extraviado: la República es bastante grande y poderosa para ser magnánima. Nadie piensa en inundar el suelo con raudales de sangre; el Congreso de la Unión y el Gobierno Supremo, a quien ha sido delegada la representación nacional, atesoran los más santos deseos para mitigar los rigores de la ley en favor de la generalidad de los desgraciados".[21] La proclama del general en jefe terminaba con palabras relativas al final de la contienda. "El pueblo será llamado a elegir a sus mandatarios", dijo para concluir. "Por nuestra parte, cumplidos nuestros votos y satisfechos nuestros deseos, sólo pediremos en recompensa *el pleno goce de las garantías constitucionales* reconquistadas con la ayuda de nuestras armas".[22] Las palabras subrayadas eran suyas. Díaz pedía, para las elecciones, *el pleno goce de las garantías constitucionales.* Era un indicio —el primero— de que sus aspiraciones eran ya políticas.

Desde su nombramiento al frente del Ejército de Oriente, más de tres años atrás, el general Díaz sentía que había hecho todo solo, sin ayuda del gobierno del presidente Juárez. Así sentía que había pasado durante la campaña que culminó con la ocupación de Oaxaca por el mariscal Bazaine, cuando fue abandonado por el gobierno de la República, perdido en los desiertos de Chihuahua, y así sentía también que había pasado durante la campaña que detonó él mismo con su fuga de la ciudad de Puebla. En todos esos años no recibió más armas del gobierno que las que, gracias a Matías Romero, llegaron en aquel invierno desde Nueva York. Por eso pensaba que no tenía deuda con nadie. Y que podía combatir y triunfar él solo, y llegar al frente de sus hombres hasta la ciudad de México. Y que podía gobernar, como lo había ya hecho en el Istmo de Tehuantepec y, más tarde, en todos los estados de la Línea de Oriente. También sabía que era un personaje de leyenda en la imaginación del pueblo, que cantaba sus hazañas en un corrido bastante popular por esas fechas, cuyo estribillo decía así:

Ya viene Porfirio Díaz,
Ya viene con sus chinacos,
Pa que corran los franceses
Y los mochos retiznados.[23]

12

LA SOBRINA DEL GENERAL

Delfina Díaz tenía veintiún años en la primavera de 1867. Sus rasgos eran muy distintos a los de sus tíos, en los que predominaba la sangre de los mixtecos. Ella era de piel blanca, talle esbelto, mirada soñolienta y cabello largo, castaño y brillante, peinado con caireles. En la familia la llamaban Fina. Había pasado su infancia en Oaxaca, en el solar de la calle de Cordobanes, hasta el momento del matrimonio de su madre con Francisco Pacheco. Su tío Porfirio la conoció de niña, convivió con ella, la dejó de ver a los nueve años, al tener que huir de la ciudad por haber apoyado, con su firma, la rebelión contra la dictadura de Santa Anna. La vio de nuevo más tarde, convertida ya en mujer, durante los azares de la guerra de Reforma. Delfina —"a quien había tomado cariño desde que era niña", le reveló a uno de sus biógrafos— vivía entonces con Nicolasa.[1] En algún momento comenzó a verla con deseo. ¿Cuándo ocurrió eso? ¿A su regreso de Tehuantepec, cuando Fina estaba a punto de cumplir quince años? ¿Al volver a Oaxaca con el mando de la Línea de Oriente, cuando tenía ya dieciocho años? ¿En el momento de rendir Oronoz la capital del estado, cuando era una mujer de veintiún años? Porfirio la frecuentó aquel invierno en Oaxaca. Quizá la besó por primera vez ahí. Es lo que sugieren las cartas que le mandó por esos días, escritas todas en papel azul cuadriculado, doblado en tres. "Que te conserves buena desea quien te ama como un loco, y se despide con un ardiente beso y un abrazo muy estrecho", le declaró en una de ellas, firmada en Acatlán.[2] "Un abrazo a Nicolasa y para ti la vida y el alma de tu tío", le confió en otra, fechada en Ixcaquixtla.[3] El general estaba enamorado de su sobrina. Pero su relación con ella permanece sin ser aclarada: es un misterio.

Durante la marcha hacia Puebla, el general Díaz estuvo todo el tiempo en contacto con Delfina. "Queridísima Fina, me ha complacido la lectura de tu amable carta", le decía. "No tengas cuidado: hasta donde pueda sin comprometer mi honra me conservaré, puesto que necesito volver a verte y puesto que como te lo he hecho conocer prácticamente gozo al obsequiar tus deseos cuando los comprendo".[4] La carta, dirigida a la *señorita Delfina Díaz*, escrita por él mismo, tenía las faltas de ortografía típicas de su tiempo, similares a las del general Miguel Miramón en las misivas que mandaba por esas fechas a su esposa, Concha Lombardo. "Querida Fina", le decía en otra carta, "ahora que está el Chato en esa y que puedes salir con él a pasear te mando el tordillo por ser el que he destinado para tu uso mientras en México te consigo un árabe, el más bonito que haya".[5] Porfirio escribía todas las semanas a su sobrina. Su relación con ella habría de cristalizar el mismo día en que culminó la campaña sobre Puebla.

El Ejército de Oriente llegó hacia principios de marzo a los alrededores de Puebla, para ocupar sin resistencia el cerro de San Juan.

"Tengo la honra de participar a usted que el día 8 del presente, a las dos de la tarde, hice avanzar mis tropas para los puntos de los alrededores de la ciudad", informó Díaz al general Mejía, el ministro de Guerra. "Al día siguiente quedó establecido el cuartel general en este punto y a las cuatro y diez minutos de la tarde hice disparar mi primer cañonazo sobre la plaza".[6] Tenía alrededor de treinta bocas de fuego, entre ellas las doce piezas fundidas en la maestranza de Oaxaca, así como también los diez obuses de montaña tomados al enemigo en Miahuatlán, La Carbonera y el monasterio de Santo Domingo. El día que disparó aquel cañonazo sobre la plaza, Díaz envió a un oficial de su confianza hasta Cuernavaca para invitar al general Diego Alvarez a incorporar sus fuerzas al Ejército de Oriente. Eran en total alrededor de mil quinientos hombres divididos en dos brigadas, que don Diego, diría más tarde Porfirio, "ha tenido la patriótica deferencia de poner a mis órdenes" —un apoyo muy importante, ya que por esos días el Cuerpo de Ejército de Oriente recibió instrucciones de reforzar al general Mariano Escobedo, quien iniciaba entonces el sitio de Querétaro.[7] Para atender esa orden, Díaz habría de mandar hacia el Bajío al general Juan N. Méndez con una parte de su división, aumentada por las fuerzas que comandaban los generales Vicente Jiménez y Vicente Riva Palacio, jefes los dos de las brigadas del Sur. Así, el general Méndez llegaría con seis mil hombres a Querétaro —hombres que le fueron sustraídos al Ejército de Oriente. Ello sería, con el tiempo, una fuente de tensión.

Porfirio Díaz estuvo alojado durante el sitio de Puebla en la casa de Manuel María de Zamacona, ubicada al oeste de la ciudad, en lo alto del cerro de San Juan. Zamacona tenía a su familia en Cholula, donde él mismo pasaba las noches, pero trabajaba durante el día con el jefe del Ejército de Oriente, a quien conocía desde principios de los sesenta, cuando los dos eran colegas en la Cámara de Diputados. Abogado de renombre nacido en Puebla, antiguo ministro de Juárez, hombre culto y refinado, don Manuel María era uno de los personajes más influyentes de la República. "Conocedor a fondo del francés y el inglés", escribiría uno de sus contemporáneos, "de trato afable y maneras de gran señor, hasta su aspecto de ministro europeo de alguna monarquía constitucional contribuía a su prestigio".[8] El político más ilustrado del país habría de convivir un mes entero, en su casa, con el jefe del ejército que formaban los chinacos. Acaso sospechaban ambos que su relación —muy desigual, por sus formas de ser— estaba destinada a perdurar a lo largo de los años. Así sería. "Yo me felicito por la casualidad que nos reunió en el cerro de San Juan, que me hizo conocer a usted, llamarlo con insistencia a mi ayuda e introducirlo con sincero agrado a mi amistad", le escribiría Porfirio años después, cuando los dos estaban ya confabulados contra Juárez.[9]

El general del Ejército de Oriente estaba al mando de miles de soldados, que tenía que alimentar, vestir, armar y transportar. La consolidación de sus fuentes de recursos fue, por eso, una de sus tareas más importantes. Díaz mandó crear una garita en Apizaco, para que pagaran ahí sus impuestos todos los bienes que fueran conducidos a la ciudad de México. Impuso también un gravamen del 1 por ciento al capital raíz o mobiliario de la zona bajo su jurisdicción. Envió al coronel Luis Mier y Terán a la ciudad de Orizaba para negociar un anticipo de dinero con el jefe de hacienda del estado de Veracruz. Por medio de un inspector, en fin, reorganizó las aduanas del sur del Golfo, donde habilitó el puerto de Alvarado. "Reparadas las líneas telegráficas de Veracruz y México por los Llanos y por Río Frío", escribió uno de sus colaboradores, "el cuartel general se hacía obedecer en toda la extensión de su mando, desde Tabasco y Chiapas hasta Pachuca y Toluca".[10] El general Díaz tenía ya, en efecto, el mando del estado de México. Así lo supo a mediados de marzo. "En consideración al mejor éxito de las operaciones militares, y sabiendo el ciudadano presidente de la República la aproximación de usted con sus fuerzas hacia la ciudad de México, se ha servido acordar lo siguiente", decía el oficio del Ministerio de Guerra. "Que el Distrito Federal, así como el primer, segundo y tercer distrito del estado de México, queden incorporados a la línea de demarcación del mando de usted".[11] Las instrucciones —que le llegaron a Porfirio por medio de José Antonio Gamboa, amigo de Oaxaca— contenían también la orden de no realizar nombramientos *políticos* en la ciudad de México. El general entendía el recelo y la cautela del presidente, y estaba agradecido con la extensión de la línea de su mando. "Son tantas pruebas de estimación y confianza que agradecer al ciudadano presidente de la República que al recibir ésta, mi gratitud no tiene límites", le escribió al ministro de Guerra.[12]

Los días transcurrieron sin novedad hasta el 18 de marzo, que estaba destinado a ser inolvidable. Ese lunes, Porfirio recibió un parte del general Ignacio Alatorre. "Tengo el honor de poner en el superior conocimiento de usted que en la mañana de hoy ha sido ocupada la manzana de los cuarteles de San Marcos", le decía. "En esta función de armas ha sido herido el general en jefe de la 2ª Brigada de la 1ª División, ciudadano Manuel González".[13] La ocupación de la manzana de los cuarteles de San Marcos, donde estaba situado el mesón de Nobles Barones, costó varias bajas al Ejército de Oriente. Porfirio lo sabía —y sabía también que una de ellas era el general González. La manzana estaba bajo su línea de mando, por lo que, al escuchar esa mañana el fuego de fusilería, subió hacia la azotea de una de las casas, donde fue herido en el brazo por una bala que le destrozó el codo. "Yo, que también había oído fuego muy nutrido", escribió Díaz, "acudí y entré en momentos en que bajaban por una escalera al general González".[14] Lo vio muy pálido, cubierto de sangre. Dio instrucciones para contener la hemorragia; fue a verlo él mismo al hospital de campaña. González tenía el cuerpo marcado por las heridas de las guerras en su país. Destacaba la cicatriz del tiro sufrido en el pómulo izquierdo durante la acción de Jamapa y la marca del lanzazo recibido en el pecho durante la batalla de Calpulalpan, y también las quemaduras de la metralla que lo alcanzó durante la refriega de Tamasola. En Puebla padeció una herida más, que lo dejaría mutilado. Pues fue necesario amputar su brazo, el derecho. El general sería conocido como el Manco por el resto de su vida.

Aquel 18 de marzo, apresurado por los sucesos de la mañana, Porfirio, desde su cuartel en el cerro de San Juan, le propuso matrimonio a Delfina. "Querida Fina, estoy muy ocupado y por eso seré demasiado corto no obstante la gravedad del negocio que voy a proponerte en discusión y que tú resolverás con una palabra", le decía en la carta, redactada por él mismo con su letra inclinada y alargada, a menudo difícil de leer. "Es evidente que un hombre debe elegir para esposa a la mujer que más ame entre todas las mujeres si tiene seguridad de ser de ella amado, y lo es también que en la balanza de mi corazón no tienes rival, faltándome de ser comprendido y correspondido; y sentados estos precedentes, no hay razón para que yo permanezca en silencio ni para que deje al tiempo lo que puede ser inmediatamente. Este es mi deseo y lo someto a tu juicio".[15] Porfirio le proponía matrimonio: si aceptaba sería su esposa y si no aceptaba, le decía muy tranquilo, "te adoptaré judicialmente por hija para darte un nuevo carácter que te estreche más a mí, y me abstendré de casarme mientras vivas para poder concentrar en ti todo el amor de un verdadero padre".[16] Le comunicaba, en efecto, que la quería como marido o como padre, inconsciente de que su relación había sido siempre incestuosa. "Si mi propuesta es de tu aceptación avísame para dar los pasos convenientes y puedes decírselo a Nicolasa, pero si no es así te ruego que nadie sepa el contenido de ésta, que tú misma procures olvidarla y la quemes", concluía. "No me propongas dificultades para que yo te las resuelva, porque perderíamos mucho tiempo en una discusión epistolar. Si me quieres dime sí, o no, claro y pronto. Yo no puedo ser feliz antes de tu sentencia, no me la retardes".[17] Porfirio, sin firmar la carta, la mandó con un propio hasta Oaxaca. La respuesta le habría de llegar a finales del mes

Durante los días que siguieron a la jornada del 18 de marzo, memorable, el general Díaz recibió con insistencia notificaciones relativas a Querétaro, donde desde hacía ya un mes estaba atrincherado el emperador Maximiliano al lado de sus generales, encabezados por Leonardo Márquez, Miguel Miramón y Tomás Mejía. La ciudad permanecía rodeada por el Ejército del Norte, bajo las órdenes de Mariano Escobedo. Por medio de sus cartas, Díaz lo mantenía informado de la situación que guardaba la línea a su mando, en el frente de Oriente. Eran cartas redactadas con una especie de irreverencia que parece deliberada. "Las operaciones sobre esta plaza, Puebla, avanzan día a día, momento a momento", le dijo, "y llegados a cierto estado me encontraré en libertad de continuar apresurándolas yo mismo o de ir violentamente a reunirme con ustedes, dejando este costal de ratones bien pespunteado".[18] Porfirio no tenía suficientes hombres para completar el sitio de Puebla. Nunca pudo cerrar el círculo por el norte, para cortar la comunicación que tenían con la ciudad los fuertes de Loreto y Guadalupe, pues nunca logró tomar el monasterio de San Francisco. Pero consiguió en cambio, con su caballería, aislar ambos fuertes del exterior. Con esa excepción, que era importante, controlaba el templo de la Merced, al noroeste, y la iglesia de Nuestra Señora de la Luz, al sureste, así como también el convento de San Agustín, al sur de la ciudad, luego de mandar quemar, en la explanada, la estructura de madera del Circo Chiarini. Sus esfuerzos daban resultados, poco a poco. Pero el general Ignacio Mejía, ministro de Guerra, insistía en que saliera en apoyo de Querétaro. Díaz le contestaba que había mandado ya, con una división, al general Juan N. Méndez, con lo que cumplía las instrucciones de apoyar a Escobedo. "Comprenderá que no me es posible abandonar el asedio de la plaza de Puebla", le manifestó al general Mejía, con un poco de impaciencia, "porque perdería mi centro natural de acción, mi única fuente de recursos, exponiéndome a perder la extensa línea comprendida desde Matamoros Izúcar hasta Paso del Macho, incomunicándome de Oaxaca donde existe la maestranza y dando lugar a que el enemigo de esta plaza se comunicara con la de Veracruz".[19]

El 30 de marzo los imperialistas incendiaron una casa de la manzana que ocupaba con sus fuerzas el general Francisco Carreón, hacia el sur de la ciudad de Puebla. La casa estaba llena de muebles dejados ahí por la familia que la había abandonado, así que ardió de inmediato. Díaz acudió al sitio en el acto. "Hice poner al efecto una mesa en el centro del cuarto, y sobre ella coloqué un caldero del rancho de la tropa, el cual lo mandé llenar de agua", escribió, "mientras yo, parado sobre la mesa, con una jícara arrojaba agua del caldero a las vigas del techo".[20] El piso de arriba sucumbió de pronto, a causa del fuego, y las vigas de los bajos no resistieron el golpe. "Al oír el primer estruendo brinqué desde la mesa para la puerta de salida", prosiguió el general, "pero el techo siempre me alcanzó y quedé cubierto de escombros de medio cuerpo para abajo".[21] Luis Mier y Terán acudió en auxilio de su amigo, atrapado por las vigas que ardían aún entre los escombros. "Me jalaba de tal manera de los brazos que temía yo que me los arrancara, porque Terán era muy nervioso, y cuando había dificultades se ponía peor, pero un ayudante fue a traer una palanca de maniobra de una pieza de sitio, y con esa me sacó, levantando las vigas que estaban sobre mí".[22] Sus botas quedaron entre los escombros. "Sufrí unas quemaduras en los muslos", recordó más tarde. "Me paré, vi que mis piernas estaban buenas, y me fui en seguida a los baños de Carreto, que quedaban en la misma manzana, y mandé que fueran a traerme ropa, porque la que tenía estaba toda quemada. Como se empezó a propalar en mi campamento que yo había muerto en ese incendio, recorrí en seguida la línea para que me vieran todos los soldados, y luego me fui al cerro de San Juan".[23] Estuvo a punto de perecer en el momento en que la vida le iba a dar lo que deseaba.

Fue por aquellos días de primavera, a fines de marzo, que Porfirio Díaz recibió el correo que esperaba de Oaxaca. La respuesta estaba escrita en el mismo papel de la carta donde él le había pedido ser su esposa. "Mi muy querido Porfirio, tengo ante mis ojos tu amable carta de fecha 18 del presente", leyó. "No sé cómo comenzar mi contestación; mi alma, mi corazón y toda mi máquina se encuentran profundamente conmovidos al ver los conceptos de aquella. Yo quisiera en este instante estar delante de ti para hablar todo lo que siento y que mis palabras llegaran a ti como son en sí, pero ya que la Providencia me tiene separada de tu presencia tengo que darte la respuesta tan franca y clara como tú me lo suplicas, pero me permitirás el que antes te diga que varias reflexiones me ocurren que debiera exponértelas previamente, pero sacrifico este deber sólo porque te quiero dar una prueba de que vivo tan sólo para ti, y que sin perjuicio de que alguna vez tenga derecho a explicarte las citadas reflexiones, me resuelvo con todo el fuego de mi amor a decirte que gustosa recibiré tu mano como esposo a la hora que tú lo dispongas, esperando que mi resolución franca la recibirás no como una ligereza que rebaje mi dignidad, sino por no hacerte sufrir incertidumbres dolorosas".[24] Así escribió Delfina, con una caligrafía que era sorprendentemente parecida a la de Porfirio. "Nada de esto sabe Tía porque no me pareció

el decírselo yo, sino que tú se lo digas", le dijo para concluir. "Te ruego que te cuides mucho sin ajar tu buen nombre, y entre tanto saber que es y será tuya".[25] Delfina no firmaba la carta. Porfirio, radiante de felicidad, la dobló y la guardó.

En el momento de recibir esa noticia de Oaxaca, el general en jefe del Ejército de Oriente recibió otra noticia más, esta vez originaria de la ciudad de México. Todo llegaba al mismo tiempo a su culminación.

2 DE ABRIL

La noche del 30 de marzo de 1867, el día del incendio, Porfirio Díaz recibió un parte del general Francisco Leyva, acuartelado en Tlalpan con dos mil hombres de infantería y caballería, en que le notificaba que el general Leonardo Márquez, procedente del sitio de Querétaro, había llegado a la ciudad de México, había organizado ahí una columna de alrededor de cuatro mil hombres y había emprendido con ella su marcha hasta San Cristóbal Ecatepec. Márquez tenía instrucciones de reunir elementos de guerra en la capital para regresar tras sus pasos a socorrer al emperador Maximiliano en Querétaro, pero en México recibió una comunicación en la que le solicitaba auxilio la guarnición de Puebla. La guarnición tenía órdenes de no capitular; así lo sabía su jefe, el general Manuel Noriega. "Espero del valor de Vuestra Señoría que la plaza se sostendrá a todo trance hasta mi llegada", le escribió el propio Márquez, quien dirigió sus pasos hacia San Cristóbal Ecatepec.[1] Desde ese punto era posible continuar lo mismo para Querétaro que para Puebla, por lo que Díaz ordenó que le transmitieran informes de sus movimientos hora con hora, por la línea de telégrafo que acababa de tender hasta Tlalpan por la cuesta de Río Frío. El 31 de marzo supo por el telégrafo que Márquez seguía su marcha por los Llanos de Apan, lo cual indicaba que su objetivo era Puebla.

"Al principio dudé sobre qué camino debía yo tomar", confesaría Porfirio en una carta, "si el de levantar el sitio y marchar a

encontrar a Márquez, o esperar su llegada, o asaltar inmediatamente la ciudad".[2] Salir a batir al enemigo implicaba levantar el sitio,
lo que provocaría la desmoralización de su fuerza, porque no tenía
suficientes tropas para dividirlas —es decir, para rodear la plaza y
confrontar, a la vez, al ejército que avanzaba desde México. Esperar
su llegada implicaba quedar atrapado entre dos fuegos, cada uno de
ellos superior al suyo. Y asaltar la plaza parecía una locura, pues su
fuerza era similar a la del enemigo, que tenía por supuesto la ventaja
de combatir atrás de sus trincheras: la ciudad estaba resguardada, en
efecto, por una línea de barricadas y baluartes erizados de artillería.
Unos pensaban que había que marchar hacia Querétaro, aunque eso
supusiera perder el contacto con la Línea de Oriente; otros creían
incluso que lo más prudente era emprender la retirada hacia Oaxaca.
Entre todas las razones que pesaron en el ánimo del general en jefe,
además de las militares, debieron estar las afectivas. Porfirio acababa
de recibir la respuesta que esperaba de Delfina. Era un hombre que
veía hacia adelante, no hacia atrás. Así, en el curso del 31 de marzo
tomó la decisión de asaltar la plaza. Empezó a sacar a los heridos
hacia Tehuacán, para ponerlos a salvo en caso de fracasar la ofensiva
sobre Puebla. Eso fue interpretado por amigos y enemigos como
parte de sus preparativos de retirada. Entre los heridos estaban dos
de sus mejores oficiales, con quienes no podría contar para el asalto:
el general Manuel González y el coronel Juan Espinosa y Gorostiza.

La mañana del 1 de abril, los clarines y los tambores de las reservas
formadas al pie del cerro de San Juan hicieron los honores de costumbre al general Díaz, quien luego de recorrer las líneas regresaba a
su cuartel rodeado por su Estado Mayor. Fue servido el almuerzo en
la casa de Manuel María de Zamacona. Con él estaban Justo Benítez
y Juan José Baz, uno de los que argumentaban a favor de marchar
hacia Querétaro. Don Manuel María, quien hacía los honores de la
mesa, recuerda que Porfirio estaba tan contento en el almuerzo que
le dijo al oído que tenía *presentimiento* de que celebraría el aniversario
del 5 de mayo en la ciudad de México. "El general Díaz se retiró tras
esto a su recámara, que era la misma que habitó durante el sitio de 63
el general Forey", escribió. "Los jefes de la línea fueron llegando su-

cesivamente, y la tarde se ocupó en un consejo secreto".[3] Díaz mandó llamar al general Ignacio Alatorre, cuartel maestre del Ejército de Oriente. "Fue el primer jefe a quien comuniqué mi propósito de asaltar a Puebla el 2 de abril", revelaría más tarde. "Lo comprendió perfectamente bien".[4] Al anochecer empezaron a llegar los jefes en los que habían pensado para dirigir las columnas del asalto.

"El perímetro atrincherado del enemigo tenía una forma elíptica, casi parabólica, cuyo diámetro mayor se extendía de sur a norte", recordaría en sus memorias el general Díaz. "En consecuencia, el convento del Carmen era uno de los puntos más distantes de la plaza, y esa circunstancia me sugirió la idea de hacer sobre él un ataque falso que llamara fuertemente la atención del enemigo".[5] Con ese fin determinó la formación de diecisiete columnas de asalto. Tres iban a ser empleadas en el ataque sobre el Carmen, un convento en ruinas al sur de Puebla; las demás, catorce, en el ataque contra el oeste de la ciudad, frente al cerro de San Juan. La idea era concentrar la atención de los imperialistas en el sur (con el ataque falso al Carmen) para luego detonar la ofensiva en el oeste (con el ataque verdadero sobre Puebla). La junta con los jefes de las columnas tuvo lugar por la noche. Inclinados sobre un mapa de la ciudad, Díaz y Alatorre le señalaron a cada uno de ellos la fuerza que debía llevar y la trinchera que debía tomar el 2 de abril. Algunos eran muy cercanos a Porfirio. El coronel Luis Mier y Terán, su amigo del alma, debía asaltar la barricada de la calle de Miradores; el coronel Manuel Santibáñez, *patricio* del Istmo en la Reforma, el convento de San Agustín; el coronel Vicente Acuña, oriundo de Veracruz, la fortificación de Iglesias; el teniente coronel José Guillermo Carbó, amigo de los años en el Instituto, la trinchera del Noviciado; el teniente coronel Genaro Rodríguez, jefe de un batallón de zapadores, el fuerte de Belén; el teniente coronel Francisco Vázquez, que tenía fama de temerario, la manzana de Malpica; el mayor Carlos Pacheco, su compañero desde los tiempos del ataque a Taxco, la calle de la Siempreviva. Varios de ellos estaban destinados a morir en el asalto.

Protegidas por la obscuridad, las diecisiete columnas, integradas en promedio por ciento treinta hombres cada una, marcharon en silencio hacia los puntos por donde debían emprender el asalto. El general Díaz partió a su vez hacia la Alameda Vieja. Ahí tenía, a su izquierda, las columnas que debían comenzar el ataque contra las trincheras del oeste y, a su derecha, las columnas que debían dar el embate contra el convento del Carmen, al sur de Puebla. Por falta de municiones había tenido que recoger todos los cartuchos de la caballería, que permaneció formada fuera de la ciudad, alrededor de los fuertes de Loreto y Guadalupe. Díaz le dio instrucciones de permanecer en su lugar, incluso si oía disparos, con el pretexto de impedir que el enemigo tratara de romper el sitio para huir en dirección de Márquez, pues sabía que entre sus jefes había gente de reputación tan mala que podía causar desórdenes en el momento del asalto a Puebla. Contaba para el ataque con dos mil trescientos hombres, más los setecientos a caballo que permanecieron inactivos, armados sólo con sus sables. Para defender la plaza, el enemigo, a su vez, tenía asimismo unos tres mil soldados, con más de sesenta cañones.

"A las tres menos quince minutos de la mañana del 2 de abril", escribió el general Díaz, "rompí el fuego en brecha sobre las trincheras del Carmen".[6] No tenía cañones de sitio, sólo de montaña, más ligeros, pero con ellos comenzó a batir al enemigo por el sur. Al ser agotadas las municiones de la artillería, muy pocas, ordenó la carga de la primera columna del ataque, seguida después por la segunda, continuada al último por la tercera, cada una de las cuales avanzó un poco más, todas ellas con pérdidas, pues marchaban al descubierto por un camino que era largo. Una de esas columnas, la que atacó por la calle del Deán, estaba mandada por el general Luis Pérez Figueroa, su compañero de Oaxaca. El general ignoraba que formaba parte de una embestida que era falsa, en el sentido de que tenía por objetivo distraer al enemigo. "Ni él ni los jefes de las otras dos sabían cuál era mi propósito", diría Porfirio.[7] Así tenía que ser, para que todos embistieran con la convicción de que debían tomar el Carmen. Al ser rechazada la última de sus columnas, que dejó varios cadáveres en el foso del convento, llegó por fin el momento de la verdad. El general Díaz había colocado frente a la casa de Zamacona, en lo alto del cerro de San Juan, a sus espaldas, un bastidor del que colgaban hasta el suelo unas mantas empapadas en espíritu de trementina. Al pie de las mantas aguardaba un jefe, con orden de prenderlas en el momento de escuchar tres puntos agudos de corneta. Díaz veía que el enemigo tenía ya todas sus reservas concentradas en el Carmen. Era lo que quería. Entonces dio la señal a sus clarines, escalonados desde su posición en la Alameda Vieja hasta la cima del cerro de San Juan. Eran las cuatro de la madrugada.

La luz del fuego, pequeña al principio, comenzó a crecer en lo alto del cerro, hasta ser de pronto inmensa. Era la señal. Estallaron los cañones; brillaron en la obscuridad de la noche, como cintas de fuego, los fogonazos de los fusiles que dieron el asalto, entre los clamores de la batalla. Las trincheras de los defensores de la plaza —artilladas, protegidas por una sucesión de fosos— estaban al final de las calles que debían ser tomadas por las columnas de asalto. Así, los asaltantes tenían que recorrer, antes de llegar a ellas, el canal de fuegos que lanzaban las ventanas, las aspilleras, los balcones y las azoteas de las casas que daban a las calles, y tenían que enfrentar además el fuego de la fusilería que recibían de frente, desde las trincheras. "En algunos casos ese canal de fuegos laterales era hasta de 100 metros de largo", señaló Díaz.[8] El combate duró en todo su vigor tal vez quince minutos. En ese lapso, las calles de la ciudad quedaron regadas con los cadáveres de los jefes, oficiales y soldados del Ejército de Oriente. Fueron más de ciento cincuenta. Tres jefes de columna perecieron en el ataque: el coronel Vicente Acuña, el teniente coronel Genaro Rodríguez y el teniente coronel Francisco Vázquez, quien penetró por una brecha abierta por la artillería, en la manzana de Malpica. El coronel Acuña, jefe del 6º Batallón de Línea, era manco, pues había perdido un brazo años atrás en la batalla de Tlapacoyan. Así dirigió una de las columnas más numerosas del asalto, contra la fortificación de Iglesias. Porfirio lo encontró al entrar a caballo a la Plaza de Armas, al amanecer, tirado en el piso sobre un charco de sangre, vivo aún, en una esquina del Portal de Mercaderes. El coronel le alcanzó a decir, los ojos brillantes, que lo habían matado, pero que habían ganado.

Una de las muertes más lamentables del asalto fue la de Santiago Pou, teniente del 2º Batallón de Cazadores. Era joven, honrado y valiente. "Un tipo de caballero andante de la Edad Media", habría de recordar Porfirio. "Su honradez rayaba en quijotismo, y hasta servía de burla a sus compañeros de armas, que no podían comprender, en muchos casos, hasta dónde llega la lealtad y rectitud de un hombre honrado".[9] Era sobrino de don José de Teresa, banquero de abolengo establecido en Puebla. Trabajaba de cajero en su casa de comercio pero, entusiasmado por la causa de la República, partió en busca del general en las montañas del Sur luego de su fuga de Puebla. "Siendo hombre honrado, antes de dejar su destino, hizo un arqueo de la caja, y puso las llaves en la bolsa de la bata de su tío".[10] Díaz le dio grado de teniente, lo armó con un mosquete y un machete del Sur, y lo tuvo a su lado en las batallas de Putla, Nochixtlán, Miahuatlán, La Carbonera y Oaxaca. "Peleó como un león en el asalto del 2 de abril", recordó después en las memorias que dedicó a sus compañeros de armas, al evocar su imagen, moribundo a consecuencia de sus heridas, echado en el Portal del Cazador. "Si hubiera sobrevivido, habría figurado notablemente, porque tenía todas las condiciones que hacen un buen soldado y un gran ciudadano".[11]

Algunos de los jefes que lideraron el asalto no murieron, pero quedaron mutilados —como el mayor Carlos Pacheco, quien dirigía una columna de cien cazadores de Oaxaca, con los que tomó la trinchera de la calle de la Siempreviva. Al dar comienzo el asalto, un casco de granada lo hirió en la pantorrilla (la izquierda), pero continuó hasta el foso de la trinchera, que atravesó con ayuda de los sacos de paja que traían sus soldados para pasar esos fosos; ahí lo hirió un proyectil en la mano (la izquierda), pero siguió de frente. En el momento de reorganizar a su tropa volvió a sufrir una herida a causa de un disparo hecho desde el atrio de la Catedral, que le perforó el fémur de la pierna (la izquierda), por lo que cayó ahí mismo, ya en la Plaza de Armas. Su asistente lo cargó en hombros para tratar de ponerlo a salvo, pero recibió una herida más que le destrozó del todo el brazo (el derecho esta vez). Sufrió cuatro heridas a lo largo del asalto, a la cabeza de una columna en la que sobrevivieron sólo veintinueve soldados. Pacheco sería nombrado teniente coronel por su comportamiento, pero quedó inutilizado para la guerra, por lo que Díaz lo recomendó con Juárez para que lo nombrara administrador de correos en Puebla. Meses más tarde, desde ahí, le escribió a su general para remitirle su retrato —"el que le dará una idea de cómo he quedado", le dijo.[12] Estaba sostenido por unas muletas, le faltaba la pierna izquierda y el brazo derecho, era de hecho una persona muy diferente a la que había sido. "He recibido su retrato que me ha causado mucha impresión", le respondió Porfirio, "porque a pesar de saber su estado no me hacía cargo de él, como ahora de bulto he palpado".[13] No podía sospechar que el hombre que veía en esa fotografía, completamente disminuido, habría de remontar la adversidad para ocupar los puestos más altos en el gobierno de la República.

Entre las columnas que atacaron la ciudad, aquella madrugada, había grupos muy pequeños que tenían instrucciones de utilizar las escaleras empleadas por el servicio del alumbrado para subir por los balcones y las azoteas, al pasar sus compañeros, y sembrar el desorden en las casas ocupadas por los imperialistas. Tuvieron éxito: la confusión hizo presa de sus adversarios. Algunos huyeron hacia el norte de la ciudad, en dirección a los fuertes de Loreto y Guadalupe; otros permanecieron dentro de la plaza, replegados en los parapetos del convento de San Agustín y los campanarios de la Catedral. Pero también ellos, al final, huyeron o cayeron prisioneros. El coronel Mier y Terán fue el primero de los asaltantes en llegar a la Plaza de Armas. Hizo repicar ahí las campanas de todas las iglesias. El general Díaz, al frente de las reservas que atacaban el Carmen, el último en sucumbir, entró a la ciudad montado en su caballo por la calle de Cholula. La tropa lo vio al amanecer, en la Plaza de Armas.

—¡El general! ¡Viva el general! —gritaron los soldados del Ejército de Oriente, que dispararon sus fusiles al aire, bajo la sombra obscura y alargada de la Catedral.[14]

La noticia de la toma de Puebla fue anunciada de inmediato, por telégrafo, a todas las autoridades que dependían del gobierno de la República. "Son las seis de la mañana, hora en que he tomado esta plaza por asalto", informó el general Porfirio Díaz.[15] En esos momentos, cuando sonaban aún disparos a su alrededor, sobre todo en algunos sitios de la ciudad, como San Agustín, comenzaron las ejecuciones de los oficiales de la guarnición de Puebla. Ocurrieron en desorden, de acuerdo con el jefe del Estado Mayor del Ejército de Oriente. Las primeras de ellas fueron, señaló, "llevadas a cabo en el calor del combate, al romper la línea atrincherada de la plaza".[16] Así murieron, al parecer, los generales al mando de la guarnición, Febronio Quijano y Mariano Trujeque. Eran casos muy distintos. Trujeque había luchado contra Díaz desde los tiempos ya remotos de la batalla de Santa María, allá en Tehuantepec, durante la Reforma. Tuvieron después varios choques más durante la Intervención: en el rancho de Tacache, en las puertas de Huajuapan, ahora en Puebla. Ya viejo, don Porfirio habría de recordar con uno de sus vice-ministros el fin del general Trujeque. "Sacado de una farmacia en que buscara refugio", le contó, "de orden superior lo fusilaron fuerzas al mando de don Diego Alvarez, en plena calle, alegando él en su abono que tenía muchos hijos… Era un buen jefe, pero sanguinario y falso para con los enemigos".[17] Don Febronio Quijano, superior de Trujeque, era en cambio un hombre sin tacha en las filas del Ejército. Había sido capitán de artillería durante la guerra contra Texas y coronel de artillería en los tiempos de la invasión de los Estados Unidos. "Fiel a los gobiernos que lo han empleado", decía su hoja de servicios.[18] "Hombre de levantado corazón, caballeroso y firme en sus compromisos", reconocía un autor de la República.[19] Su fusilamiento causó impresión en todos los habitantes de la ciudad, pues era un hombre afable y venerable, ya grande, que estaba herido de una pierna, por lo que tuvo que ser cargado al lugar de su ejecución, en el atrio del convento de San Agustín.

A pesar de ser desarregladas, las ejecuciones habían sido ordenadas por el general Díaz, quien a su vez había recibido instrucciones en ese sentido del Ministerio de Guerra. "He tenido la honra de recibir la circular expedida por ese Ministerio con fecha 4 del presente en que tiene a bien resolver que no se pacte con los enemigos de la República capitulación o arreglo alguno que los libre del castigo que merecen por la enormidad de sus crímenes", escribió pocos días antes del asalto al general Mejía. "Todo lo que será cumplido por este cuartel general conforme a lo mandado por esa superioridad".[20] El 2 de abril fueron ejecutados varios de los jefes más destacados de la guarnición de Puebla. Muchos. Díaz debía enfrentar, todavía, la amenaza del general Márquez en los Llanos de Apan, el desafío de los fuertes de Loreto y Guadalupe, que no claudicaban aún, al mando del general Manuel Noriega. Ello lo obligó a tomar, dice, "medidas de rigor y de energía, que en esos casos son verdaderamente indispensables, porque influyen de una manera decisiva en la moral de los soldados", aunque acepta que le causaron, añade, "tan penosa impresión, que desde entonces me propuse ponerles término".[21] Don Manuel María de Zamacona, según unos testimonios, intervino para que no ocurrieran más fusilamientos. Entre los jefes que sobrevivieron estaba el general Hermenegildo Carrillo, responsable de la posición del Carmen. Fue quien disparó los últimos balazos. Era un hombre sencillo y alegre, que durante la administración de Porfirio Díaz sería, hasta su muerte, comandante militar de la ciudad de México.

El general Díaz, después de recibir el parte de las ejecuciones, muy numerosas, y luego de visitar a los heridos, que ascendían a más de doscientos veinte, muchos de los cuales habrían de fallecer, redactó el informe de la toma de Puebla que dirigió al ministro de Guerra de Juárez. "Acabamos de tomar por asalto la plaza, el Carmen y demás puntos fortificados que el enemigo tenía en esta ciudad", le comunicó, "quitándole un numeroso tren de artillería y un depósito abundante de parque. Don Febronio Quijano, don Mariano Truje-que y otros veinte jefes y oficiales traidores fueron hechos prisioneros y ejecutados con arreglo a la ley. Una parte de la guarnición enemiga se ha refugiado en los cerros de Guadalupe y Loreto en espera del auxilio que trae don Leonardo Márquez, y éste, según los informes de mis exploradores, pernoctó ayer en San Nicolás con una división de tres a cuatro mil hombres y dieciocho piezas de artillería. Aún no puedo decir a usted las operaciones que me propongo efectuar, pero sí me creo en aptitud de asegurarle que los cerros sucumbirán y Márquez será batido, si no regresa luego que sepa el desastre que sufrieron sus cómplices. En uno y otro caso muy pronto estaré sobre el Valle para acudir en auxilio del Ejército del Norte o emprender sobre México, según mejor convenga".[22] Díaz hacía una descripción escueta y exacta no sólo de lo que acababa de pasar sino de lo que habría de suceder en las semanas por venir.

El 3 de abril, Porfirio escribió una carta al presidente Benito Juárez, quien entonces radicaba con su gobierno en San Luis Potosí. Acababa de dirigirle una nota, la víspera, por medio de su secretario, Justo Benítez. Ahora él mismo le escribía, en parte para explicarle sus decisiones, una en particular, pero sobre todo para manifestarle su felicidad por la toma de Puebla. El general Leyva había recibido orden del gobierno de la República para salir hacia Querétaro en apoyo del Ejército del Norte. Díaz le precisó que siguiera los pasos de Márquez, si iba a Querétaro, pero que permaneciera a su lado si dirigía sus fuerzas hacia Puebla. "Los movimientos del general Leyva están subordinados a los de Márquez", le indicó a don Benito. "No creo que con lo que he dispuesto haya sido mal interpretada la orden del Supremo Gobierno".[23] Luego de aclararle esta cuestión, delicada, el general le habló del asalto a la ciudad, del arrojo de su tropa frente al enemigo. "Habría deseado que la hubiese usted visto ayer lanzarse a la carrera sobre las trincheras enemigas", le dijo, "y arrebatarle, una tras otra, sus líneas, sin hacer caso de la metralla ni del nutrido fuego de fusilería y granadas de mano que de las azoteas y balcones nos arrojaba el enemigo".[24] Don Benito entendería de inmediato —cuando supo la noticia, un par de días más tarde— lo que significaba para la guerra la toma de Puebla. "Este importante suceso va a precipitar la caída de Querétaro y la ocupación de México", le confió a su yerno Santacilia.[25]

En el curso del 3 de abril, los prisioneros de la clase de tropa fueron incorporados a las filas del Ejército de Oriente. El general en jefe, luego de municionar a los soldados, dio orden de reunir la artillería en el cerro de San Cristóbal, al noreste de la ciudad, para dirigirla contra los fuertes de Loreto y Guadalupe. Una parte la colocó también alrededor del monasterio de San Francisco. Los jefes al mando de los fuertes sabían que el Ejército de Oriente contaba entonces con la artillería, muy numerosa, que venía de arrebatarles en la plaza de Puebla. Podían imaginar el impacto que su fuego tendría sobre sus posiciones. Habían visto marchar, además, a los dos mil soldados del general Francisco Leyva, quien acababa de llegar a Puebla. Tenían enfrente un total de cinco mil hombres en armas, más los cientos de prisioneros incorporados a sus filas. Márquez estaba todavía en camino, era cierto, pero los fuertes, con menos de mil hombres, no estaban en condiciones de resistir. Porfirio dejó que llegara la noche, para dar a sus jefes tiempo de reflexionar. "A las tres de la mañana del día 4", escribió, "se desprendió del cerro de Guadalupe un oficial con una linterna y un clarín, que tocaba parlamento. Mandé que fuera respetado y conducido hasta el cuartel general".[26] El oficial llevaba un portapliegos que pedía garantías para la rendición de la plaza. Así lo hizo, después, el cerro de Loreto. Díaz no contestó a ninguno de los dos, que vio regresar a sus puestos, pero hacia las cinco de la mañana observó que volvían a bajar emisarios de los fuertes. Les dijo que las posiciones debían ser rendidas a discreción, sin condiciones. Al retornar los emisarios con aquel mensaje notó, con la luz del amanecer, que salía del fuerte de Guadalupe don Manuel Noriega, general en jefe de la plaza de Puebla, seguido por su segundo al mando, el general Francisco Tamariz. Díaz conferenció con los dos en una cortadura que mediaba entre los fuertes. Ambos hicieron un intento final, desesperado, por obtener garantías, sin resultado, por lo que rindieron ahí mismo sus espadas. Recibieron entonces instrucciones para que salieran los defensores de los fuertes —primero los soldados, desarmados, seguidos de los jefes y oficiales. Noriega y Tamariz obedecieron. Combatían desde la década de los treinta en el Ejército. Noriega en particular era un hombre probo y honorable, aunque doblegado por el peso de su edad —"persona bondadosa, pero muy entrado en años, enfermo, apático y confiado", diría en relación a él alguien cercano al gobierno de la República.[27] El general sabía que estaba condenado a ser pasado por las armas.

"He ocupado los cerros y San Francisco, he hecho novecientos prisioneros, están en mi poder la artillería y el parque", escribió Díaz al ministro de Guerra la mañana del 4 de abril, en Puebla.[28] El botín incluía sesenta cañones montados, ciento treinta cañones sin montaje, seis mil fusiles, una fábrica de pólvora y un almacén de vestuario, junto con trenes, bagajes y centenares de miles de cartuchos (Puebla era una especie de almacén de las armas que llegaban desde Europa). Los prisioneros fueron conducidos a la ciudad: los generales, por disposición de Porfirio Díaz, fueron concentrados en un cuarto del Palacio Municipal, donde él mismo tenía sus habitaciones, y el resto de los oficiales en el Palacio Episcopal, a un costado de la Catedral. Los generales recibieron ahí la visita de familiares y sacerdotes, con los que permanecieron el resto de la mañana. ¿Qué hacer con todos ellos? Porfirio estaba inclinado por dejarlos libres, sin excepciones, pero sabía que había órdenes al respecto —y eran terminantes. "Ponerlos en absoluta libertad le parecía un acto tan magnánimo y trascendental, que temía que no mereciese la aprobación del gobierno", afirma uno de sus partidarios más adictos, ahí presente. *Va a creer Juárez que le disputo el porvenir*, decía a una persona que opinaba por la libertad".[29]

Hacia las tres o cuatro de la tarde, Porfirio salió de sus habitaciones, hizo llamar a los generales para que lo siguieran, escoltados, al Palacio Episcopal. Estaban reunidos ahí decenas de prisioneros, junto con algunos sacerdotes. El general en jefe les manifestó que todos sin excepción estaban sujetos a la pena de muerte, de acuerdo con las leyes vigentes en la República. Les expresó después que consideraba que, siendo tantos, el gobierno, al tener conocimiento de su caso, haría quizás alguna gracia. Sus palabras debieron producir un rayo de esperanza en el ánimo de los prisioneros, aunque los de graduación más alta permanecían aprensivos. Para eso, les previno el general, resultaba necesario mantenerlos en prisión. Pero estaba tan convencido del triunfo de su causa que, si se comprometían bajo sus firmas a presentarse cuando fueran llamados por él, si así lo exigía el gobierno, les ofrecía dejarlos ese instante en libertad. Los prisioneros, varios de los cuales estaban resignados a la muerte, reaccionaron atónitos, regocijados, estallaron de felicidad con la noticia. El Palacio Episcopal de Puebla vivió así, por un momento, la reconciliación que con los años viviría también el resto de México. "El entusiasmo rayó en delirio, y entre tantos abrazos, vivas y lágrimas de que era objeto, el general Díaz no pudo contener las suyas", recordó un testigo. "Lloró de emoción y contento".[30] En los tiempos por venir, testimonios muy diversos habrían de registrar —con amistad o con desprecio— el llanto de Porfirio Díaz. Este es acaso el primero. Díaz era una persona que ejercía un control tan estricto sobre sí mismo, sobre sus emociones, que necesitaba el desahogo de las lágrimas. Había vivido cinco años de sufrimientos y esperanzas en la guerra contra la Intervención y el Imperio. En ese tiempo conoció de todo: tragedias jamás vistas como la hecatombe de San Andrés Chalchicomula y explosiones de júbilo desconocidas para él, como la que le produjo la victoria del general Ignacio Zaragoza frente a Puebla. Padeció esos años la vergüenza del asalto a Taxco, las humillaciones del sitio de Oaxaca, la prisión en Puebla, las penurias de la guerra de guerrillas en las Mixtecas. Descubrió el amor. Tuvo sueños, ilusiones y desencantos. Sufrió hambre y sed. Mató y mandó matar, y vio morir a amigos muy queridos, en su mayoría jóvenes de talento que tenían sus vidas por delante. Hacía apenas unos días, él mismo estuvo a punto de perecer, carbonizado bajo el techo de una casa en llamas. La carga que llevaba a cuestas —gigantesca— pareció desaparecer por un instante en el Palacio Episcopal de Puebla. Faltaban aún tres meses para la rendición de México. Pero sabía que había vencido frente a la adversidad y el odio, y por eso lloraba de emoción y de contento.

Los prisioneros comenzaron a pasar a firmar el documento de compromiso que les hizo leer en voz alta el general Díaz. Luego de firmarlo, les dijo, podían salir en libertad. Pasaron todos, uno por uno, entre ellos, al final, el coronel Vital Escamilla, quien durante la fuga del general —hacía ya más de un año, en Puebla— había ofrecido de su peculio una recompensa por su captura, adicional a la del conde Franz Thun. Por esa razón temía ser reconocido en el momento de firmar. Entonces, el coronel Jesús Visoso, hasta poco antes imperialista, amigo y compadre del coronel Escamilla, intercedió a su favor ante Porfirio Díaz. "Escamilla trató de excusarse conmigo, diciendo que suponía que habrían llegado a mi conocimiento ciertas calumnias vertidas en su contra. Le contesté que, en efecto, había llegado a mi poder un ejemplar de su circular, que conservaba en mi cartera. Lo saqué y se lo devolví, diciéndole que celebraba mucho que no hubiera llegado el caso de que yo hubiera sido aprehendido, ni de que él hubiera tenido necesidad de gastar su dinero", dijo luego

Porfirio, sensible al dramatismo de aquel acto en el Palacio Episcopal. "Después ha sido uno de mis más leales amigos, sin embargo de que sus ideas políticas son contrarias a las mías".[31] Escamilla sería con el tiempo diputado en el Congreso de la Unión.

La tarde del 4 de abril, luego de su encuentro con los prisioneros, el general Díaz mandó redactar una circular dirigida a todos los gobernadores de la Línea de Oriente. "En uso de las amplias facultades de que me hallo investido por el ciudadano presidente de la República", decía, "he tenido a bien disponer que los prisioneros hechos por el Ejército de Oriente en las batallas de Miahuatlán y La Carbonera, en la ocupación de esa ciudad de Oaxaca, en el asalto de esta plaza, y en la rendición de los fuertes de Guadalupe y Loreto, se les permita residir en el lugar que elijan bajo la vigilancia de la autoridad local y a disposición del Supremo Gobierno".[32] Díaz mandó la circular a San Luis Potosí, para que fuera del conocimiento del presidente. Don Benito la anotó él mismo con su propia mano: "Enterado y dígasele que remita una relación nominal con expresión de las clases en que figuraban dichos prisioneros y el punto a que han ido a residir, para acordar lo conveniente".[33] Aquel indulto le cayó mal, como sería evidente en su correspondencia. "Me parece bien que siga usted la regla que ha usado de no fusilar a la clase de tropa que caiga prisionera", le volvió a insistir después. "En cuanto a los cabecillas prominentes y a los jefes, oficiales y soldados en quienes concurran circunstancias agravantes, debe usarse con ellos todo el rigor de la ley".[34] La gracia concedida a los prisioneros habría de ser, en las semanas por venir, una fuente de tensión entre los dos, adicional a la relacionada con el apoyo que había que dar al Ejército del Norte. Juárez era un hombre más inflexible, más severo, más reverente de las leyes, también más rencoroso y, por ello, más propenso a la venganza. No era fácil para él olvidar, lo que lo inclinaba en principio a eliminar a sus enemigos. Díaz en cambio perdonaba con facilidad, era uno de los rasgos distintivos de su personalidad, lo que lo predisponía, más bien, a cooptar a sus adversarios. La rigidez de Juárez le ayudó a sostener un gobierno sin fisuras durante la Reforma, la Intervención y el Imperio, pero le haría difícil el trabajo de reconciliación que había que llevar a cabo en los años de la restauración de la República, para lo cual era necesario, indispensable, una figura más conciliadora, como la que representaba el general Díaz.

Luego de rubricar la circular que concedía la libertad a los prisioneros, Porfirio firmó un poder ("con la misma pluma y sobre la misma mesa") para su matrimonio con Delfina.[35] La gracia que acababa de conceder estaba relacionada, no hay duda, con los sentimientos que inspiraba este poder. "En la capital de Puebla de Zaragoza, a 4 de abril de 1867, ante mí, el escribano y testigos, el ciudadano general en jefe Porfirio Díaz, soltero que expresó ser natural de Oaxaca, mayor de edad, y a quien certifico conocer, dijo: que tiene contratado casarse con la señorita doña Delfina Díaz, natural de Oaxaca", afirmaba el documento, que otorgaba poder, en efecto, "al ciudadano licenciado Juan de Mata Vázquez, presidente del Supremo Tribunal de Justicia de Oaxaca, para que en su nombre y representando su persona se despose con la expresada doña Delfina Díaz".[36] Todo fue protocolizado por el escribano José Agustín Melgarejo. El matrimonio por poder tendría lugar a mediados del mes, después de conseguir de las autoridades una dispensa por el impedimento de consanguinidad, ya que, como declaraba la solicitud, "el general Díaz es tío de la señorita Díaz".[37] En ese momento, Delfina, al fin reconocida por su padre, recibió también el apellido que llevaría por el resto de su vida: Ortega.

Había terminado la campaña en Puebla. Era necesario, ahora, salir en persecución de Leonardo Márquez. Pero faltaba aún concluir este capítulo, antes de proseguir. Díaz redactó con ese fin, secundado por Benítez, su secretario, la proclama que habría de dar a conocer al día siguiente a los soldados del Ejército de Oriente. "Compañeros de armas, quiero ser el primero en pagar tributo a vuestro heroísmo", proclamaba el general en jefe. "Habéis escrito otra fecha memorable en la ciudad donde Zaragoza eternizó su nombre el 5 de mayo. El 2 de abril de 1867 se registrará desde hoy en el calendario de las glorias nacionales. Mucho esperaba de vosotros: os he visto acudir sin armas al llamamiento de la Patria, para armaros en Miahuatlán y en La Carbonera, en Jalapa y en Oaxaca, con los fusiles quitados al enemigo. Habéis combatido desnudos y hambrientos, dejando a la espalda un rastro de gloria, y sin embargo, vuestras hazañas en Puebla han ido más allá de mi esperanza".[38] La proclama aseguraba que la guerra que desgarraba a la nación no podía ya prolongar más su duración. El Ejército de Oriente había demostrado que nada lo podía vencer. "¿Quién osará medirse con los vencedores de Puebla?", preguntaba. "¿Qué general no tendría orgullo en hallarse a vuestra cabeza? Mientras cuente con vosotros, se reputará invencible vuestro amigo, Porfirio Díaz".[39] La tropa, que veneraba a su general, sintió aquella proclama en lo más hondo.

13

DERROTA DE LEONARDO MÁRQUEZ

La tarde del 5 de abril de 1867 la caballería del Ejército de Oriente partió hacia Tlaxcala, seguida por la infantería y la artillería, una parte de la cual fue remitida a Querétaro en apoyo del Ejército del Norte. El general Díaz arribó a Apizaco por la madrugada, para continuar después hacia Huamantla. Alcanzó a Leonardo Márquez en la hacienda de San Diego Notario, donde chocó con su caballería, formada por húngaros y polacos al mando del coronel Carl Khevenhüller. Fue derrotado. El ejército a sus órdenes perdió más de cincuenta soldados, entre ellos el teniente coronel Ignacio Sánchez Gamboa, el mismo que, meses atrás, capturó, despojó y entregó al prefecto imperial de Oaxaca, don Juan Pablo Franco. Además de sus soldados, varios de ellos jefes y oficiales, perdió también una multitud de sus caballos, que permanecieron tendidos en el campo de batalla. Siguió aun así, sin parar, en persecución de los imperialistas, quienes ante la superioridad de los republicanos optaron por replegar sus fuerzas hacia la ciudad de México. Supo entonces que el coronel Jesús Lalanne, con alrededor de mil hombres, estaba acantonado cerca de la hacienda de San Nicolás el Grande, donde permanecía la columna de Márquez. Le dio la orden de atacarlo, para obstaculizar su marcha hacia la capital de México. Lalanne era varios años más joven que Díaz, a quien conocía por haber combatido juntos —años atrás, un día de gloria— frente a la ciudad de Puebla. Acató la orden, a pesar de que sus fuerzas representaban apenas la cuarta parte de las del enemigo. La batalla tuvo lugar el 8 de abril en Zotoluca, entre San Lorenzo y San Nicolás el Grande, haciendas situadas al oriente de Calpulalpan, en el corazón de los Llanos de Apan. Lalanne fue derrotado por completo —"huyó a toda prisa hacia el este, dejando a doscientos prisioneros", apuntó en su diario Khevenhüller— pero cumplió el propósito de retardar la marcha del general Márquez.[1]

Porfirio Díaz alcanzó al enemigo en la hacienda de San Lorenzo, que comenzó a rodear en el curso de la noche, con el apoyo de una columna de cuatro mil caballos a las órdenes del general Amado Guadarrama, a quien Escobedo tenía ahí en observación de Márquez. Díaz le dio instrucciones de cerrar, por el sur y por oeste, el sitio que él mismo comenzaba por el norte y por el este. El tiroteo continuó sin parar hasta el día siguiente, 9 de abril, cuando fue interrumpido por un aguacero que cayó en la tarde. Los imperialistas estaban en el casco; los republicanos en el campo, a su alrededor. Leonardo Márquez comprendió que no podía dejar que el sitio fuera cerrado, con su tropa sin alimento. Tuvo entonces una de esas ocurrencias que le dieron fama como militar de genio. "Hizo salir un carro con dinero, conducido por unos cincuenta húngaros, por donde estaba el grueso de la caballería de Guadarrama", recordaría Porfirio. "Esto causó algún desorden en las tropas de Guadarrama, que batieron a esa escolta de húngaros y se dedicaron al pillaje del carro".[2] El general Márquez aprovechó ese desorden para, la madrugada del 10 de abril, protegido por la obscuridad, luego de abandonar una parte de sus trenes y sus cañones, romper el sitio para salir con sus fuerzas de la hacienda de San Lorenzo. Avanzó sin parar hacia el suroeste, por el camino de carretas que pasaba por Calpulalpan hasta Texcoco, en dirección a la ciudad de México. Ahí iba a estar a salvo. Pero antes tenía que atravesar la barranca de San Cristóbal.

"A las cuatro de la madrugada llegamos a un valle bastante estrecho bordeado por rocas desnudas y atravesado en el centro por una profunda barranca", escribió el coronel Khevenhüller. "Podía pasarse por un puente de piedra que había sido medio destruido por los disidentes".[3] En previsión del repliegue de Márquez, en efecto, el general Díaz había dado la instrucción de destruir el único medio que había para atravesar la barranca de San Cristóbal. El puente fue desaterrado, sus maderos quedaron desnudos, pero no pudieron ser quemados porque en ese momento llegaron las avanzadas de Márquez. Sus ingenieros lo comenzaron a reparar con la luz del amanecer. No era difícil hacerlo, pero cometieron el error de meter sus instrumentos de zapa en un carro que quedó atorado a la mitad, con sus ruedas atascadas en los claros de los maderos. Las columnas, así, tuvieron que cruzar por sus flancos, poco a poco, obstruidas por el carro. En esos momentos llegó Díaz con la caballería del general Leyva, seguido más tarde por la caballería del general Guadarrama. Ordenaron a sus fuerzas disparar, desde la orilla, contra los imperialistas amontonados en el puente. "No siendo posible conducir nuestra artillería y nuestros carros por el sendero estrecho", recordaría más tarde Márquez, "nos vimos en la necesidad de dejarlos donde ya no fue posible que siguieran, inutilizando los cañones, derribándolos hasta el fondo de barrancas profundas".[4] No dio más detalles, pero su decisión provocó un terremoto que cimbró la tierra. Junto con sus cañones, el general de los imperialistas arrojó al precipicio sus reservas de pólvora, sus cajas de municiones e incluso sus proyectiles ya cargados. "Se produjo una terrible explosión", registró Khevenhüller, "con un estruendo parecido al de los truenos".[5] Los soldados fueron arrojados al suelo por la presión del aire; los caballos tiraron a sus jinetes para correr, enloquecidos, hacia las montañas. Porfirio reveló en una de sus cartas que el enemigo sufrió en ese puente, en el curso de aquella mañana de abril, "más de cien muertos y trescientos prisioneros".[6] Los soldados del Imperio acababan de ser vencidos por los chinacos de la República. Hubo nada más un fusilamiento, un oficial ejecutado en el puente de San Cristóbal, por la razón que habría de explicar el general en jefe del Ejército de Oriente. Era ésta: "Al ver desfilar nuestras fuerzas, dijo en voz alta y en tono de burla y desprecio: ¡Con qué baraja hemos perdido! Y como esta exclamación era ofensiva a nuestro ejército, y convenía sostener su moral y su respeto, se le mandó fusilar".[7]

La fatiga provocada por la persecución del enemigo era tan grande que el general Díaz no juzgó prudente continuar la marcha con sus fuerzas tras los restos del ejército de Márquez. Mandó que lo siguiera nada más el general Leyva. Sus tropas eran de la zona, por lo que resultaba más fácil para ellas encontrar alimento y alojamiento. "Leyva siguió la persecución en toda esa noche", relató después en sus memorias, "y fue poderosamente ayudado por todos los indios cazadores de patos que hay por el rumbo del Peñón, en los pueblos situados en las márgenes de los lagos de Texcoco y Chalco".[8] Es lo que habría de explicar que, al llegar a la capital, los imperialistas tuvieran entre sus filas un número tan alto de heridos con municiones de escopeta: las que los indios utilizaban para cazar patos. El general Guadarrama, mientras eso pasaba, peinó con su caballería la zona de San Cristóbal, donde habría de recoger un total de dos mil prisioneros: toda la infantería de Márquez. Al anochecer, Díaz escribió a Juárez de camino hacia Texcoco. Acababa de mandar llamar a Delfina de Oaxaca. "Creo, señor, que puede usted emprender su marcha para la ciudad de México, cuyas puertas tendré el honor de abrir al Supremo Gobierno", le manifestó a don Benito. "Aunque no ocupáramos desde luego la capital, el gobierno podría establecerse sin la menor dificultad en Pachuca, Toluca o San Angel. Pero yo digo a usted que creo que todo esto ha concluido".[9]

Los imperialistas apenas pudieron llegar a la capital, por el camino de Texcoco. Y no todos: un puñado. "Márquez entró a México con cosa de cuarenta que lo acompañaban y en partidas pequeñas entraron cosa de quinientos austriacos y franceses", escribió en su relación de los hechos el general Amado Guadarrama.[10] Así los vio el secretario de la embajada de Austria en México, el doctor Ernst Schmitt. "Fui corriendo a la garita de San Lázaro para contemplar el espectáculo, para mí completamente nuevo y desconsolador, de un ejército derrotado hasta la disolución total", relató. "De los cinco mil hombres que sólo pocos días antes habían desfilado ante mí acompañados por la alegre resonancia de las cornetas, posé los ojos en un puñado de figuras hambrientas y rendidas, a las que bien se les notaba que habían gastado el último resto de sus fuerzas en llegar a la ciudad".[11]

LA PRINCESA, LA MONJA, LA ESPOSA Y LA HIJA

El general Porfirio Díaz pasó apenas una noche en Texcoco. Emprendió de inmediato la marcha con sus columnas para establecer sus líneas de aproche al occidente de la ciudad de México, sobre los terraplenes que formaban las riberas del río Consulado. Llegaba con más de cien cañones, la mayoría de los cuales había sido arrebatada al enemigo. Empezó a estrechar el círculo, por todos lados. Al oriente de la ciudad armó canoas de madera con piezas de montaña para cerrar la línea en el área que ocupaban las lagunas de Texcoco y Chalco. Estableció su cuartel general en la villa de Guadalupe, donde en el curso de abril tuvo entrevistas con los personajes más variados del Imperio.

Uno de los primeros en solicitar una entrevista con el general fue el padre August Fischer, alemán de origen, carnicero en su juventud, acogido más tarde por los jesuitas, confesor de Maximiliano durante los años del Imperio. Porfirio lo recibió en la hacienda de los Morales. "El padre Fischer me propuso la abdicación de Maximiliano, a condición de que se le permitiera salir del país, sin exigirle responsabilidad por todos los hechos ocurridos", narra en sus memorias, donde afirma que le respondió que no tenía facultades para decidir eso, por lo que lo mandó de regreso a la ciudad de México.[1] Luego le pidió una cita la princesa Agnes Salm-Salm, a quien él llama en sus memorias "una señora de los Estados Unidos, casada con un oficial prusiano que estaba en Querétaro al servicio de Maximiliano".[2] La entrevista, más formal que la del padre Fischer, habría de tener su desenlace un mes después, en San Luis Potosí.

Agnes Elizabeth Winona Leclerc Joy tuvo desde muy joven una vida de aventuras en los Estados Unidos. Era una mujer de acción: hacía acrobacias en los espectáculos de equitación que tan populares eran entre los americanos, hasta que les puso fin el estallido de la Guerra Civil. También era una mujer de mundo: estaba bien relacionada con la élite de su país por medio de su familia, originaria de Massachusetts. Su padre era general en el ejército de la Unión. A los diecisiete años de edad contrajo matrimonio con el príncipe Felix Salm-Salm, nacido en Prusia, quien combatía en las filas de los estados del Norte. Con él vivió las peripecias de la guerra, donde fue distinguida por su labor en los hospitales de campaña. Terminadas las hostilidades, la pareja viajó a México para ofrecer sus servicios al Imperio de Maximiliano. A la llegada de los republicanos, la princesa Salm-Salm vivía alojada en Tacubaya, en casa de Friedrik Hube, ex cónsul de Hamburgo en México. Ella recuerda que tuvo un sueño ahí —un sueño que le reveló que debía ayudar al emperador Maximiliano a salir de Querétaro, para lo cual tenía que lograr antes la capitulación de los jefes del Cuerpo de Voluntarios. Con ese fin cruzó las líneas del enemigo hasta llegar a la ciudad de México, donde buscó a los jefes, el barón Alphons von Kodolitsch y el conde Carl Khevenhüller. La princesa los vio a los dos. "Quién sabe cómo habrá atravesado las líneas (se dice que a besos)", anotó en su diario Khevenhüller.[3] Después solicitó ayuda a la esposa del licenciado Juan José Baz, quien le ofreció una carta de introducción para Porfirio Díaz.

La entrevista tuvo lugar el 18 de abril por la tarde, en la villa de Guadalupe. Más de cincuenta personas aguardaban su turno, en la antesala del cuartel, para ver al general en jefe de la Línea de Oriente. Ella estaba acompañada por el señor Hube. Era una mujer de veintidós años de edad: rubia, firme, atractiva, con fama de coqueta. "Hice llegar mi tarjeta a Porfirio Díaz y fui inmediatamente recibida", afirma en sus memorias la princesa Salm-Salm. "El general es un hombre de talla mediana, de aspecto muy agradable y ojos negros muy inteligentes. Vestía un uniforme azul con botonaduras de oro, pantalón azul obscuro y botas altas. Me recibió muy cortésmente y me tendió la mano. Me dijo que sus oficiales le habían comunicado que iba a ofrecer las condiciones de los oficiales extranjeros con relación a la rendición y que estaba dispuesto a escuchar lo que tenían que decir".[4] El uniforme de Díaz era austero, en comparación con el del general Escobedo, como habría de notar después la princesa Salm-Salm. Los tres tomaron café. Hube habló a favor de un acuerdo ("las lágrimas le nublaron los ojos") para la rendición de la plaza.[5] Salm-Salm le solicitó un salvoconducto para viajar a Querétaro, con el objeto de ver a Maximiliano. Estaba segura, le dijo, que luego de conocer la situación en la capital aceptaría capitular. La entrevista terminó en ese momento. "El general respondió", dice la princesa, "que no estaba en su poder hacer promesas con respecto al emperador y a sus tropas en Querétaro. Tenía a sus órdenes solamente una mitad del ejército y no podía negociar más que con relación a México".[6] Los términos de la entrevista fueron conocidos de inmediato en el cuartel general. La princesa solicitaba respetar la vida de los extranjeros que permanecían al lado del emperador, para que pudieran regresar a Europa. "Solicitaba también que se le otorgara a Maximiliano la garantía de la vida", en palabras de un general del Ejército de Oriente.[7] Pero eso era algo que nada más podía otorgar el presidente de la República, como Porfirio lo hizo explícito en la carta que le envió a don Benito sobre su entrevista con Salm-Salm. "No pudiendo yo conceder la garantía pedida", le dijo, "la he devuelto a México".[8]

La princesa Salm-Salm obtuvo al fin un salvoconducto para salir a Querétaro por medio de Juan José Baz. El salvoconducto decía así: "La señora Salm-Salm, que entregará a usted esta carta, es persona muy estimable por sus prendas personales y tiene relaciones de parentesco con el presidente Johnson".[9] La ayuda de Baz resulta extraña, pues él mismo habría de ser uno de los más fervientes partidarios de la ejecución de Maximiliano. Pero se explica porque la princesa le dijo sólo la mitad de la verdad: que quería salvar a su marido, el príncipe Salm-Salm. No le dijo que quería salvar también la vida del emperador. Tuvo con ese fin una entrevista en Querétaro con el general Escobedo, para seguir después a San Luis Potosí en busca del presidente Juárez, a quien imploró por la vida del emperador, echada a sus pies, abrazada a sus rodillas en la residencia del gobierno de la República.

El día que Porfirio entrevistó a la princesa Salm-Salm en el cuartel del Ejército de Oriente, su hermano Félix, comandante militar de Oaxaca, excitó al gobierno del estado a consumar, sin más demoras, la exclaustración de las monjas que aún permanecían en los conventos de la Compañía, la Soledad, los Siete Príncipes y San José. "Esta excitación provocó en la sociedad oaxaqueña honda sensación", escribió un cronista de la ciudad.[10] Fue tanta la sensación, en efecto, que la prensa adicta a los hermanos Díaz tuvo que salir en defensa del Chato. "Ni por un momento se le puede increpar que tuviera el deseo de alterar la armonía", dijo, "con una exigencia inconveniente e inoportuna".[11] La exigencia era eso sobre todo: inoportuna. Aquel día, 18 de abril, era Jueves Santo. Acababa de tener lugar el matrimonio de Porfirio con Delfina —matrimonio civil, no religioso, algo insólito para su tiempo, que debió resentir la Iglesia. Díaz confirmaba así su fama de jacobino. Había exigido la "exclaustración de monjas" al gobernador de Puebla, en el momento de asaltar la plaza; había mandado después él mismo una carta a Juan María Maldonado, el gobernador de Oaxaca, en la que lo llamaba a observar la ley decretada al respecto por el presidente Juárez.[12] Maldonado tenía que ordenar la publicación de la ley, para extinguir las órdenes de las religiosas y expropiar sus bienes, y hacer el inventario de los objetos de sus conventos en el estado, para ser vendidos. El gobernador renunció luego de recibir la carta, sin exclaustrar a las monjas, por lo que Porfirio nombró en su lugar al licenciado Miguel Castro, quien habría de publicar el decreto para su desaparición en Oaxaca.

"Fueron exclaustradas setenta y seis monjas", registró un cronista.[13] Todas ellas fueron sacadas de sus conventos por la noche, cuando las calles de la ciudad permanecían desiertas, para ser reubicadas en casas de particulares. Eran doce recoletas de la Soledad, catorce concepcionistas de la Concepción y al menos cuarenta y cinco capuchinas de los Siete Príncipes y San José. También cinco hermanas dominicas de Santa Catarina, entre ellas sor Martina Castañeda, una de las trece catarinas que habían sido expulsadas de su convento al dar inicio la guerra de Intervención. Vivía desde entonces en el monasterio que habitaban las religiosas de la Inmaculada Concepción de la Virgen María. Con la ley que las exclaustró llegó a su fin, esa noche, la vida en los conventos de Oaxaca.

"Ayer salió de esta ciudad con destino a México la esposa y familia del ciudadano general en jefe del Ejército de Oriente", anunció *El Pabellón Nacional.* "Les deseamos en su tránsito las mayores felicidades".[14] Delfina y Nicolasa partieron de Oaxaca el 23 de abril, por lo que les tocó la excitación de Félix, pero no la exclaustración ordenada por el licenciado Castro. Fina llevaba ya una semana de casada. Acababa de recibir, antes de su matrimonio, una carta de Porfirio. "Dale al Chato un abrazo y una merecida felicitación por el despacho de general que le mando por este correo", le decía, para luego preguntar en un aumento, sin poder resistir la curiosidad: "Dime si el Chato y Tía saben ya nuestro negocio y qué dijeron, lo mismo que tu papá".[15] ¿Qué podían opinar Félix y Nicolasa? Félix era amante entonces de una adolescente, Felipa Prieto, con quien concibió por esas fechas a un hijo, antes de salir también él hacia la ciudad de México, donde alcanzaría a su hermana Nicolasa, soltera todavía, aunque cerca ya de contraer nupcias con un oficial del Ejército de Oriente. El doctor Manuel Ortega, entonces catedrático de historia natural en el Instituto, era a diferencia de ambos un hombre muy formal, rodeado de una familia bastante numerosa, procreada con su esposa, doña Serafina.

Los caminos eran malos en Oaxaca. Delfina tuvo que soportar el sol y el polvo del estiaje, para no lidiar con las aguas del verano. Los caballos sufrían mucho, siempre, pero sobre todo en temporada de lluvias, que hacían intransitables los caminos. ¿Iba montada en el tordillo que le había regalado Porfirio? ¿O iba más bien en una carroza improvisada por su escolta, soportando —paciente y resignada— los golpes y las sacudidas del viaje por el camino de rueda que los franceses acababan de abrir hasta los Valles? Viajaba sin duda por un campo sin vida, devastado por la guerra. "En los caminos podían verse los burros y los caballos reventados, muertos por la fatiga, pudriéndose rápidamente, corrompiendo el aire y sirviendo de pasto a los perros y zopilotes", escribió una mujer que recorrió por esas fechas el país.[16] Por todas partes había poblados en ruinas, tierras abandonadas por sus dueños, hombres armados con lanzas y rifles, algunos de ellos asaltantes de caminos. A veces era mejor caminar, para descansar, pues el trayecto era largo y laborioso. Había que atravesar una cordillera de montañas que parecía no tener fin al salir de los Valles de Oaxaca, en dirección a Puebla. Eran varias jornadas a caballo.

"Querida Fina, te pongo nada más estos renglones para que no te alarmes. La casa de don José de Teresa es mi casa en Puebla, a ella deben llegar ustedes y avisarme por el telégrafo. Adiós querida esposa, un abrazo a Tía".[17] Porfirio la volvió a buscar a finales de abril, sin tener aún noticias suyas. Dirigió la carta a Puebla, a casa de don José, amigo suyo, hombre de recursos, con quien estaba previsto que pasaran una temporada Delfina y Nicolasa. "Muy querida Fina, supongo que cuando ésta llegue a tus manos estarás ya en esa ciudad", le escribió él mismo, para darle a continuación los nombres de unas señoritas a las que podía visitar en Puebla. "Tengo otras amistades, pero no te las presento porque son de la clase alta y quiero que si han de ser amigas tuyas te busquen ellas a ti".[18] No le daba noticias de la evolución del sitio en la capital, aunque le sugería que la plaza iba a tardar poco en caer. "Veré si la campaña me deja un día o dos para ir a verte", concluyó, "si no te iré a traer hasta la toma de México. Dale a Tía un estrecho abrazo y dispón del más amante y leal de los esposos: el tuyo".[19]

Porfirio debió recibir por esos días de abril el aviso del nacimiento de su hija, concebida en las montañas del Sur durante la guerra contra el Imperio. Había sabido él mismo la noticia de su concepción en el momento de finalizar la campaña de Oaxaca, tal vez al emprender la marcha sobre Puebla, cuando hacía la corte a Delfina. Dio entonces su consentimiento para reconocer el resultado de su unión con la mujer de Huamuxtitlán, por lo que, a principios de abril, Dionisia Amancia de Jesús fue bautizada por el cura de la parroquia como, dice el acta, "hija natural del general Díaz y de Rafaela Quiñones".[20] Nació el día que su padre comenzaba la persecución de Leonardo Márquez en los Llanos de Apan, una semana antes de tener lugar su matrimonio con Delfina.

RELACIONES CON MARIANO ESCOBEDO

Desde su cuartel de Guadalupe, el general Díaz mandó tender una línea de telégrafo hasta Querétaro, para tener una comunicación más fluida con Mariano Escobedo, general en jefe del Ejército del Norte. Ambos eran personajes muy distintos. Nacido en Nuevo León, el general Escobedo tenía, como soldado, una experiencia más amplia, que abarcaba toda la mitad del siglo XIX. Era veterano de la lucha contra la invasión de los Estados Unidos, la revolución de Ayutla, la campaña contra los apaches en el Norte, la guerra a favor de la Reforma. Conoció a Porfirio, unos años menor, durante el sitio de Puebla. Estuvo con él en la marcha del Ejército de Oriente hasta Oaxaca, pero ahí, inconforme con su mando, partió en comisión hacia San Juan Bautista de Tabasco, para seguir después en vapor a Nueva York. Entendió entonces que no tenía sentido salir hacia Chihuahua en búsqueda del presidente Juárez, como tenía previsto, ni regresar a Oaxaca con la ilusión de socorrer a Díaz, por lo que volvió a su estado: Nuevo León. Ahí comenzó a crecer. Ganó la batalla de Santa Gertrudis, que permitió recuperar el control sobre Tamaulipas, y más adelante la batalla de San Jacinto, donde tuvo el honor de vencer al general Miguel Miramón. En la primavera de 1867, cuando Díaz estrechaba el cerco de la capital, Escobedo comenzaba en forma el sitio de Querétaro. Su relación era tensa, pues ambos disputaban el control de una parte de las fuerzas de la República. Esa tensión afectó también las relaciones que tenían ellos, a su vez, con el gobierno de la República.

Al llegar al valle de México tras los restos del enemigo, Porfirio Díaz supo que el general Amado Guadarrama, con quien planeaba completar el cerco de la capital, acababa de recibir instrucciones de Escobedo para regresar a Querétaro ("inmediatamente", según la nota del jefe del Ejército del Norte).[1] Entonces, Porfirio instruyó a su vez al general Juan N. Méndez, quien estaba delegado en Querétaro, para que ("importando muchísimo al buen servicio de la República la presencia de usted personalmente y de la brigada del estado de Puebla") dejara las fuerzas de Escobedo para volver de inmediato hacia el valle de México.[2] Ese mismo día, haciendo un esfuerzo por contener la voz, escribió también al presidente Juárez. "El regreso del general Guadarrama", le señaló, "cambia completamente mi plan de operaciones; pero lo acepto todo con tal de que en Querétaro tengamos pronto el buen resultado que esperamos".[3] Le decía que acababa de mandar llamar a Méndez, junto con la brigada de Puebla que dirigía el general Ramón Márquez Galindo. "Suplico a usted muchísimo que, en caso de cualquier demora en este negocio, dicte sus órdenes para facilitar su buen desenlace".[4] Una semana más tarde, sin embargo, recibió con estupor la noticia de que no podría contar en México con la brigada de Puebla. "El general Escobedo me dice que el Supremo Gobierno ordenó que no se obsequiase mi llamado", volvió a escribir a Juárez, a quien dio las razones que explicaban su solicitud de la brigada, motivadas por la necesidad de reforzar el sitio contra la ciudad de México. "No pretendo que usted revoque sus órdenes, sino sólo que quede impuesto de los motivos que tuve para disponer el regreso del general Márquez Galindo".[5] Así, la brigada de Puebla permaneció en Querétaro, pero el general Méndez, en cambio, volvió a las filas del Ejército de Oriente. Díaz lo nombró gobernador y comandante militar de Puebla, para después escribir, una vez más, al presidente Juárez. "Si las órdenes de usted, para que se detuviese en Querétaro, hubiesen llegado oportunamente, habría obedecido el señor Méndez, pero a mí me hacía cambiar toda mi combinación", le dijo sin amabilidades. "Con todo, si usted desea que vuelva al Ejército de Operaciones, lo mandaré, aunque le agradecería mucho que quede tal cual está hoy".[6] Sus palabras, así dichas, lindaban en la insubordinación. Eran las de un hombre acostumbrado a mandar, que no quería ya que lo mandaran, pero tenían detrás una razón de peso: el comandante militar de Puebla, Diego Alvarez, estaba levantado contra su gobernador, el licenciado Rafael García. Para resolver el problema, Díaz le dio los dos cargos al general Juan N. Méndez.

A principios de mayo fue planteada la posibilidad de que el jefe del Ejército de Oriente saliera rumbo a Querétaro, para asumir también el mando del Ejército del Norte. "Yo quedaría plenamente satisfecho", le dijo Escobedo, algo servil, "con sólo que usted me hiciera el honor de considerarme digno de cooperar bajo sus órdenes a la salvación de la República".[7] Díaz le respondió el 3 de mayo, escueto y altivo, para comunicarle sus condiciones. "Para el buen resultado de esto, debe usted tener presente que se necesitan tres cosas: prime- ro, profunda reserva", le dijo, "segundo, recursos pecuniarios, por- que separado de los estados de la línea, usted comprenderá que voy a privarme de sus rentas, y tercero, víveres, porque no podría man- darlos acopiar sin positivo mal resultado de nuestros proyectos".[8] La petición de recursos y víveres asustó a Escobedo, quien por esos días, además, vio mejorar la moral de sus tropas, por lo que le volvió a es- cribir más adelante para comentar ("si no hubiere usted ya emprendi- do su marcha y considerare, en vista de lo expuesto, no sea prudente venir") que tal vez no era ya totalmente necesaria su movilización hacia Querétaro.[9] La nota confirmó los informes que Díaz tenía ya sobre la situación del Ejército del Norte, por lo que tomó la decisión de permanecer en el valle de México, decisión que facilitó la carta que recibió por esas fechas de Benito Juárez. El presidente le dejaba a su arbitrio marchar en auxilio de Querétaro, aunque le sugería más bien permanecer en asedio de México. "Obsequiaré cumplidamente sus instrucciones con tanto más gusto cuanto que están en perfecto acuerdo con mis sentimientos", le respondió el jefe del Ejército de Oriente.[10] Don Benito debió recibir con alivio esa nota, porque a partir de su altercado por las tropas había dejado de recibir cartas de Porfirio. "No hemos vuelto a tener noticia —¿lo creerá usted?— desde aquella fecha", le confesó a su yerno. "Ya le he mandado dos extraordinarios".[11]

La ciudad de Querétaro fue ocupada el 15 de mayo por las fuer- zas del Ejército del Norte. El emperador Maximiliano cayó prisio- nero, al igual que todos sus generales, entre los que destacaba Mi- guel Miramón, delatado por el médico que decía cuidarlo, un doctor apellidado Licea. Escobedo hizo ocho mil prisioneros. Luego de la ocupación, la mayoría de sus fuerzas salió hacia la capital del país para quedar a las órdenes del jefe del Ejército de Oriente. Formaban un total de catorce mil soldados de las tres armas, que Díaz solici- tó fueran acompañados de los víveres y las pasturas del campo de Querétaro, porque estaban muy empobrecidas las tierras del valle de México. El 22 de mayo llegó así la división del general Vicente Riva Palacio, seguida por la brigada de Ramón Márquez Galindo; llegó también, más tarde, el general Ramón Corona, militar de renombre, al frente del Ejército de Occidente. "Formamos por todos unos treinta y cinco mil hombres", escribió por esos días Porfirio.[12] El juicio del emperador había ya comenzado, por lo que permitió salir de la ciudad a sus defensores, ambos abogados de prestigio: Rafael Martínez de la Torre y Mariano Riva Palacio, el padre de Vicente. No obstante lo anterior, los habitantes de la capital pensaban que aún vivían bajo la protección del Imperio. Los periódicos negaban la caída de Querétaro.

El 24 de mayo, el general Díaz estableció su cuartel en Tacubaya, donde tuvo el gusto de recibir a su esposa Delfina. Había pasado todo ese mes en Puebla, hospedada en casa de su amigo José de Teresa. "Tú eres lo que más amo", le dijo en una de sus cartas, que le enviaba con frecuencia para darle tranquilidad, pues estaba nerviosa: temía que un pedazo de plomo fuera a poner fin a su felicidad. "Procuraré no exponerme sin provecho, pero no cuidarme al grado de hacerme indigno mexicano e indigno de tu amor. Quiero que nunca te avergüences de ser mi esposa".[13] Le mandó a su criado Camilo Cortés, para que permaneciera con ella en Puebla. "Dime si trajiste tu caballo tordillo, y si se conserva bien, porque la yegua árabe se me ha enfermado y tardará mucho para estar útil. Ponme un retrato tuyo en un guardapelo que pueda yo llevar".[14] Los días transcurrieron así, sin novedad, a la espera del desenlace del sitio de México. "Mi Fina muy amada, nada ocurre que merezca referirte: estoy bueno y deseoso de concluir esta faena para tener el gusto de estar contigo y ocuparme de ti", le dijo en otra carta Porfirio. "Hazme favor de hacer a mi nombre una visita al general Manuel González e informarme cómo se siente de su herida, saludándolo lo mismo que su señora".[15] González estaba aún convaleciente en la ciudad, luego de la operación que le amputó el brazo, acompañado por su esposa Laura. El Chato Díaz, amigo suyo, llegó por esas fechas a Puebla. Lo vio también. Es posible que Delfina y Nicolasa salieran con él, escoltadas por su caballería, hacia el valle de México, porque llegaron a finales del mes a Tacubaya. El 31 de mayo, Díaz escribió una carta detallada y afectuosa al presidente Juárez. Le relataba el disgusto que acababa de tener con los Riva Palacio y la impresión que le produjo el general Corona, y añadía estas palabras: "Para concluir participaré a usted que me casé con doña Delfina Ortega y que hoy tengo mi familia en esta ciudad con el objeto de que conozca la capital y pueda regresar a nuestro estado".[16]

14

RENDICIÓN DE MÉXICO

El hambre comenzó a hacer estragos en la ciudad de México. "Hace mucho que no hay pan", apuntó en su diario un oficial del Cuerpo de Voluntarios. "Lo que más nos falta es sal. Los caballos están débiles como moscas debido a la falta de forraje. La gente en la calle se cae y se muere de hambre".[1] Las mulas de carga, heridas o hambrientas, eran sacrificadas todos los días para tener algo de carne. No había mucho más que dar a los soldados y a los habitantes de la capital, que permanecía sitiada desde hacía dos meses, acosada día y noche por los cañones de la República. "La ciudad está vacía y lúgubre", registró el mismo oficial. "Las tiendas y las posadas se mantienen cerradas. Ya no hay carros. Sólo los pobres hambrientos recorren las calles".[2] Todo era distinto en el pueblo donde tenía su cuartel el Ejército de Oriente. Tacubaya fue el asilo de las familias, ricas y pobres, que lograron escapar de México por la garita de la Viga. Ahí estaban instalados los comerciantes que normalmente vendían sus productos en los mercados de la capital. "Desde uno a otro extremo", asienta un testimonio, "la calle principal se veía llena de puestos de ropa, mercería, semillas, carnes y demás artículos".[3] Ese pueblo, ubicado al suroeste del valle, apoyado sobre una colina, estaba comunicado por un tranvía tirado por mulas que hacía sólo veinte minutos hasta México, a través del bosque de Chapultepec. Aquellos veinte minutos dividían entonces realidades muy distintas. Porfirio sabía que la rendición de la ciudad era cuestión de tiempo, pero estaba consciente de que las cosas no podían seguir así por mucho tiempo más. "Es necesario que esto acabe pronto", afirmó, "porque, de lo contrario, al regreso de la paz, y si pasa en la guerra el tiempo de las siembras, va a sentirse una escasez espantosa todo el año".[4] Por eso era cada vez más difícil contener a los oficiales que lo presionaban para tomar la plaza por asalto.

El 9 de junio de 1867 el general Díaz escuchó desde su cuartel un fuego de cañón muy nutrido en toda la línea del enemigo, seguido de fusilería en las trincheras que tenían sus hombres a lo largo del río de la Piedad, sobre todo en el puente de los Cuartos. Era un intento de Leonardo Márquez, desesperado, por romper el cerco de los republicanos sobre la ciudad de México. El general Márquez tenía alrededor de diez mil hombres en armas al interior de la plaza. Durante el sitio, con esa energía de tirano que infundía en sus tropas una especie de terror, había vuelto a tomar la iniciativa. Sometió a las autoridades, ordenó reclutamientos, mandó fundir balas de cañón, incrementó las fortificaciones que rodeaban a la ciudad. La caída de Querétaro, sin embargo, selló la suerte de México. Márquez trató de escapar para salvar los elementos que le restaban, pero fue rechazado por las fuerzas al mando de los coroneles Luis Mier y Terán y Jesús Lalanne. Cientos de muertos y heridos quedaron tendidos en la zona del puente de los Cuartos. Porfirio Díaz estrechó entonces el cerco a la ciudad. El general Ramón Corona permaneció con el Ejército de Occidente en la villa de Guadalupe, el general Vicente Riva Palacio siguió en Mexicaltzingo con el Ejército del Sur, pero el general Félix Díaz, quien estaba en Coyoacán con una división de caballería, avanzó hacia los llanos de Narvarte y el general Francisco Naranjo, por su parte, marchó con sus caballos hacia la hacienda de los Morales. La derrota en el puente de los Cuartos precipitó así la rendición de las fuerzas que formaban la guarnición de la ciudad de México.

Los primeros en rendir sus armas fueron los extranjeros. Eran más o menos unos mil. Los austriacos del Cuerpo de Voluntarios y los belgas de la Guardia de la Emperatriz habían sido licenciados desde comienzos de 1867. La mayoría partió en los barcos de los franceses: los belgas en el *Rhône* y los austriacos en el *Var* y el *Allier*. En aquel verano, sin embargo, permanecían aún alrededor de ochocientos austriacos fieles a Maximiliano. Carl Khevenhüller formó con ellos un regimiento de caballería, el de los *húsares rojos*, así llamados por su uniforme, hecho con la tela que los zuavos dejaron al salir de México. Los húsares tenían la blusa roja, el dormán rojo, el pantalón rojo. Khevenhüller libró con ellos batallas tan importantes como la de San Diego Notario, donde abatió a la caballería de Díaz. Estaba ahora en la capital, sin información sobre Maximiliano. La noticia de su captura le fue confirmada por el barón Eduard von Lago, embajador de Austria, quien el 16 de junio le mandó un papelito con un mensaje introducido en un cigarro, que le llevó un indio desde Tacubaya. "Por medio de la presente le doy, estimado conde, parte oficial de que el emperador Maximiliano se encuentra preso en Querétaro", le dijo el embajador, quien le ordenó evitar, por esa razón, "todo derramamiento ulterior de sangre".[5] Aquella noche, Khevenhüller reunió a sus oficiales para comunicarles que les había sido prescrita la neutralidad: ya no estaban a las órdenes de los generales Ramón Tavera y Leonardo Márquez. "La misma noche acudí al general Tavera", escribió Khevenhüller. "El pobre anciano se espantó tanto que sólo logró pronunciar: ¡Está bien, está bien!"[6] Después fue a ver al general Márquez, quien desde hacía semanas vivía rodeado de sus oficiales más adictos en un convento localizado en las líneas del frente, al margen de la ciudad de México. "Márquez se encontraba a la orilla de un balcón y me miró, desconfiado", relató. "Me aproximé a él y le dije con firmeza: Excelencia, usted nos ha ocultado la captura del emperador, ahora estamos enterados".[7] El general tenía una cicatriz que disimulaba bajo la barba, ya entrecana. Daba miedo. Inspiraba odio, también, aunque no a todos. Algunos lo veían con simpatía —o tal vez con compasión. "Era un bueno y animado conversador, muy instruido, muy perspicaz y exacto en sus juicios y en sus críticas", notó un español que lo conoció en la capital por aquellos días, y que no lo habría de olvidar, "viva efigie del caudillo de fratricidas guerras, casi por igual aborrecido de los conservadores y de los liberales, y agradable y simpático en su trato, siempre que podía descargarse del peso de su personalidad política en un círculo indiferente a ella".[8]

Khevenhüller envió después un mensaje al general Porfirio Díaz, quien lo citó al día siguiente en un lugar muy extraño, por temor a Márquez: al principio del acueducto de Chapultepec. Había dos acueductos que llegaban hasta la ciudad de México: uno de ellos era el de Chapultepec, que daba comienzo en el manantial situado al pie de la colina del castillo para, en el otro extremo, verter sus aguas en la fuente del paseo de Bucareli. "A las once de la mañana fui, vestido de civil, hasta el final del paseo, donde comienza el acueducto alto y hermoso, parecido a los romanos", registró en su diario Khevenhüller. "Allí encontré apoyada una escalera y un hoyo en el conducto. Me metí en éste. Durante al menos una hora tuve que caminar encorvado, con el agua fría hasta el pecho, hasta que por fin descubrí una apertura por la que salí. Allí me aguardaba el ayudante de Porfirio Díaz".[9] Khevenhüller ofreció no tomar parte en ningún combate que tuviera por objeto defender la ciudad: su objetivo era no hacer más difícil la situación de su soberano. El ayudante de Díaz le informó que los extranjeros podían salir en libertad de la plaza: las tropas debían entregar sus monturas y sus armas, los oficiales podían conservarlas, y el gobierno de la República, por su lado, cubriría los costos de su transporte hasta Veracruz. Poco después, Khevenhüller izó la bandera blanca en el Palacio Nacional.

El 19 de junio, fecha de la capitulación de los austriacos, Porfirio Díaz recibió al general Ramón Tavera en la llamada casa de Alfaro de Tacubaya —una construcción de finales del siglo XVIII, frente a Chapultepec— en presencia del general Ignacio Alatorre. Almorzaron juntos. Tavera luchaba con el partido de la reacción desde los tiempos de la Reforma. Fue ministro de Guerra en el Imperio, más adelante comandante de la plaza de México. Conocía el rigor de la *ley de 25 de enero*, proclamada por Juárez. Era oriundo de Taxco, donde vivía parte de su familia, así que conocía también, sin duda, los pormenores del saqueo de Díaz a su paso por esa región con el Ejército de Oriente. Temía por su vida, por lo que solicitó garantías. El jefe de los republicanos le respondió que no podía exigir condiciones para rendir la plaza, de modo que volvió sin acuerdo. A la mañana siguiente, el 20 de junio, mandó al cuartel de Tacubaya un mensaje con Marcus Otterbourg, cónsul de los Estados Unidos en México, hombre conocido por su inclinación al Imperio, en el que repetía su petición de garantías al jefe del Ejército de Oriente. Al terminar de leer la nota, el general Díaz ordenó a Otterbourg que regresara en ese instante —y cuando vio que iba más allá de la estatua de Carlos IV, en la glorieta donde daba inicio el paseo de Bucareli, mandó reventar el fuego de sus cañones sobre la ciudad de México. Sus tropas, entonces, avanzaron hacia las garitas de la capital. "En esos momentos, el vigilante del Caballero Alto avisó que en las torres de Catedral había una bandera blanca", escribió Porfirio, en referencia al torreón del castillo de Chapultepec. "Mandé suspender el fuego y entonces se vio que en todas las trincheras de la plaza se había puesto la misma bandera. En el acto cesaron los fuegos de cañón, salió un coche también con bandera blanca por la calzada de la Reforma, llamada entonces del Emperador".[10] Iban en ese coche, a rendir la plaza, los representantes de Tavera. El general Alatorre los recibió, con órdenes de no aceptar más que una rendición sin condiciones. El acta de capitulación fue rubricada por él mismo en el castillo de Chapultepec. Entonces, Díaz informó a Tavera que al día siguiente pasaría, luego del toque de diana, a tomar posesión de la ciudad de México.

"Poco he visto o recuerdo tan pavoroso como aquella tristísima noche del jueves 20 de junio de 1867", escribió un habitante de la capital que tenía relaciones de amistad con los hombres del Imperio.[11] Había luna llena, era Jueves de Corpus. Muchos corrían por las calles, buscaban refugio de las persecuciones y los saqueos que creían inevitables con la llegada del Ejército de la República. Así transcurrió toda la noche del jueves, como una pesadilla. El cuartel de Tacubaya, mientras tanto, respiraba un ambiente tranquilo y sereno. A las tres de la madrugada del 21 de junio, Porfirio Díaz envió un telegrama al ministro de Guerra. "Tengo el honor de participar a usted que la plaza de México se ha rendido", le decía. "En este momento salgo para la ciudad, con objeto de dictar órdenes convenientes para la seguridad de la tranquilidad pública".[12] Los capitalinos temían el pillaje de los vencedores, que la propaganda de los imperialistas pintaba como turbas de harapientos en armas. Estaban aterrados. Muchos no durmieron en sus casas esa noche. "Por fortuna, todo sucedió muy a la inversa de lo que se temía", rememoró un testigo de los acontecimientos. "A las seis de la mañana del viernes 21, los cohetes y los repiques anunciaron que el ejército liberal tomaba posesión de la ciudad, sin que ocurriera el más mínimo desagradable incidente".[13]

El Artículo 2º del convenio para la ocupación de la ciudad de México, firmado en Chapultepec, decía así: "Las vidas, propiedades y libertad de los habitantes pacíficos de la plaza quedan bajo la garantía y protección del ciudadano general Díaz".[14] Con ese fin, en el momento de la ocupación entraron nada más los cuerpos del servicio de policía; el resto de las tropas permaneció fuera de las garitas de México. Aquel servicio de policía, a su vez, estableció puestos de vigilancia en todas las manzanas de la ciudad, dirigidos por los jefes que merecían la confianza de Díaz, varios de ellos miembros del Batallón Libres de Oaxaca. El día de la ocupación, además, el general ordenó repartir carne de res y sacos de harina en todas las plazas, como una prevención contra el pillaje ("a la vez que excusa por el rigor con que me proponía castigarlo", comentó él mismo en sus memorias).[15] La introducción y la venta de pulque, licor y cerveza quedaron prohibidas, así como también los juegos de azar y las armas de fuego. Todo daño contra los edificios, tanto los públicos como los particulares, fue castigado con severidad por las autoridades. El propio Porfirio residió por una semana más en Tacubaya, con el Ejército de Oriente. Así tuvo lugar, sin derramamiento de sangre, con orden, la ocupación de la ciudad de México.

PRISIONEROS DE LA REPUBLICA

Los defensores de los puntos fortificados en la ciudad de México no esperaron la llegada de las fuerzas de la República, como tenían ordenado, por lo que, al ser ocupada la plaza, había nada más un prisionero: el general Ramón Tavera, junto con un puñado de oficiales del Imperio. Por eso, una de las primeras disposiciones de las autoridades de la República fue ordenar la presentación de todos los militares y funcionarios que ocuparon cargos de importancia con Maximiliano. Tenían para ello un plazo de veinticuatro horas; pasado ese plazo, quienes ignoraran la presentación serían castigados con la pena de muerte. Esa orden fue publicada junto con otra más, que daba un plazo de cuarenta y ocho horas a las religiosas de la ciudad para que desocuparan los conventos que las albergaban. Ambas órdenes fueron transmitidas por medio de Juan José Baz, nombrando jefe político de la ciudad de México por el general Porfirio Díaz. Baz había llegado al país en la primavera, con un cargamento de armas de los Estados Unidos. Estaba con el Ejército de Oriente desde el sitio de Puebla. Para cumplir las instrucciones mandó fijar bandos en todas las esquinas de la ciudad. Los militares y los funcionarios del Imperio comenzaron, entonces, a poner sus personas a disposición de las autoridades de la República.

El convento de Santa Brígida concentró a los generales del Imperio, entre los que destacaban Ramón Tavera, Agustín Zires, Carlos Palafox e Ignacio Mora y Villamil, así como también Vicente Rosas Landa; el convento de Regina, a su vez, estuvo destinado a los coroneles y los comandantes, y el convento de la Enseñanza, en fin, a los dignatarios del Imperio, personalidades como el obispo Agustín Carpena, el prefecto imperial Jesús López Portillo, el padre August Fischer y el historiador Manuel Orozco y Berra. Luego de un tiempo, en atención a su edad, el general Díaz liberó a Orozco y Berra y a Carpena. Los demás permanecieron encerrados, aunque rodeados de comodidades, algo que todos sabían, a pesar de que sus mujeres, llorosas, iban por la calle vestidas de negro, en señal de luto. Entre los prisioneros hechos ese día en la capital estaban también los extranjeros. Los austriacos, luego de entregar sus fusiles y caballos, fueron concentrados en el Palacio Nacional; los franceses, en cambio, pudieron conservar sus armas en el convento de San Pedro y San Pablo. Eran apenas unos doscientos, pero tenían peso. No todos los cuadros del Cuerpo Expedicionario habían regresado con Bazaine. Algunos permanecieron leales al Imperio; otros más ofrecieron sus servicios a la República, entre ellos varios de los que participaron en el sitio de México. Luego de hacer la cuenta de todos ellos, Porfirio Díaz dio parte al Ministerio de Guerra. "Acompaño a esta nota copia del acta de capitulación, levantada y ratificada en Chapultepec", escribió, para añadir esto: "Suplico al ciudadano presidente que en vista del acta adjunta, se sirva transmitirme sus instrucciones, teniendo presente que el número de prisioneros es inmenso y para disminuirlo he dispuesto que los subalternos permanezcan solamente radicados en la ciudad, a reserva de lo que disponga el Supremo Gobierno".[1]

Aquel 21 de junio, día de la capitulación, luego de desarmar a sus *húsares rojos*, el coronel Carl Khevenhüller regresó a su casa en la calle de San José del Real, cerca de la Plaza de Armas. "Por la tarde me hizo llamar Porfirio Díaz", apuntó en su diario. "Por mucho tiempo me escudriñó, entonces se aproximó a mí, me dio la mano".[2] Era común en el país estrechar la mano: a todos, inclusive a los sirvientes, algo que a los extranjeros les intrigaba, como también lo notó la princesa Salm-Salm. Ambos hablaron en español. Díaz evocó, pensativo, la batalla de San Diego Notario. "A continuación dijo en voz baja: Su emperador fue fusilado... Lo miré. Había recibido la terrible noticia muy poco tiempo antes, pero no la quería creer. ¡Así que era cierto! ¡Murió!"[3] Khevenhüller afirma que el general le dijo que la ejecución había sucedido contra su voluntad, pero no es verosímil que así haya sido. Porfirio era favorable a la ejecución de Maximiliano, como lo sugiere una comunicación escrita unas semanas antes a Matías Romero. "Ignoro el caso que hará el señor presidente de la recomendación del emperador de Austria a favor de su hermano, y prohijada por el señor Seward", le dijo, "pero a la verdad es muy triste que hoy fueran eficaces respetos y consideraciones para salvar del muy justo castigo a un aventurero".[4]

El emperador Maximiliano acababa de ser fusilado en el cerro de las Campanas, junto a Querétaro. La víspera de la ocupación de la capital, los republicanos dispararon granadas sin carga que llevaban en su interior copias del parte en que daban la noticia de su ejecución. Nadie la quiso creer: ¿cómo era posible que los rebeldes osaran ejecutar a un príncipe de sangre, cuya suerte sería vengada por las potencias de Europa? Pero eran ciertas. Max había conocido la muerte de joven, al ver agonizar a un marinero de la flota de Austria.

Quizás entonces, en la víspera de su trance, recordó la impresión que le causó aquel episodio. "No había hasta entonces visto morir a nadie", anotó. "Fue horrible para mí, y sin embargo me pareció mucho más fácil morir de lo que me había figurado".[5] El emperador cayó junto con sus generales, ambos hombres muy notables, Miguel Miramón y Tomás Mejía. Mejía era un indio de la Sierra Gorda de Querétaro, uno de los jefes más nobles del Ejército, a cuya generosidad debía la vida —lo capturó y lo perdonó— el propio general Mariano Escobedo. Miramón, el joven Macabeo, el adolescente que combatió a los *Yankees* en Chapultepec, el presidente más joven en la historia de su país, era uno de los personajes del siglo xix —"hombre de gran espíritu, de gran arrojo, de gran poder de fascinación sobre el soldado", en palabras de don Justo Sierra.[6] El general Díaz, que no lo conocía salvo por su hermano, pero que lo respetaba, habría de guardar, hasta el día de su muerte en el exilio, las mancuernas de oro del general Miramón, que tenían grabadas a los lados el águila de México.

Hacia fines de junio, Porfirio dejó Tacubaya para residir en la ciudad de México, junto con Delfina y Nicolasa. "Tomó para su habitación una pequeña casa de barrio", dice un testimonio, "amueblada modestamente con un menaje arrendado".[7] No quiso tomar posesión del Palacio Nacional: estableció su cuartel en el Colegio de Minas. ¿Qué debía hacer con los prisioneros (eran cientos) que estaban concentrados en la Ciudadela? ¿Y qué debía hacer, en particular, con los generales y los dignatarios del Imperio? No lo sabía, a pesar de que las órdenes eran terminantes: tenía que hacer caer sobre ellos *todo el rigor de la ley*. Díaz optó por reservar la información que transmitía, para tener un margen de maniobra, pero con ello provocó los cuestionamientos que le llegaron por esos días de Querétaro y San Luis Potosí. "Señor ministro de la Guerra, no he recibido ninguna noticia de México", telegrafió Escobedo al general Ignacio Mejía.[8] El ministro le respondió de inmediato, para comentar que tampoco él había recibido noticias de la capital, por lo que había escrito de nuevo, "diciéndole al general Díaz que obedeciera exactamente la orden que se le dio sobre los prisioneros", y añadir: "Ignoro por qué guarda tanto silencio".[9] Mejía dirigió entonces un mensaje más severo a Díaz. "Me manda decir a usted el mismo ciudadano presidente", le recalcó, molesto, "que oportunamente se comunicó a usted, por la vía telegráfica, cómo debía usted obrar desde luego con los referidos prisioneros, y que con posteridad se dijo a usted, por la misma vía, remitiera a este Ministerio una relación nominal de los enunciados prisioneros, con los informes respectivos, a fin de acordar en el particular lo que fuera conveniente".[10] Las órdenes, lo sabía, eran refundir en sus filas a los prisioneros de la clase de tropa. Así había sido hecho. Pero las órdenes también eran conservar a los extranjeros a disposición del Supremo Gobierno. Esa instrucción no había sido obedecida en su totalidad: los franceses permanecían armados y los austriacos tenían garantías para salir del país, avaladas por el Ejército de Oriente. Respecto de los dirigentes del Imperio, que debían ser castigados, estaban prófugos los generales más importantes, Leonardo Márquez y Tomás O'Horan, así como el dignatario de más alto rango, Santiago Vidaurri, jefe de gabinete del emperador Maximiliano. Los demás estaban presos, aunque sin juicios iniciados en su contra. Esos juicios habrían de ser compasivos, con la venia del presidente Juárez. El general Tavera, por ejemplo, condenado al destierro por el resto de su vida, sería amnistiado, con lo que pudo morir en México.

Los extranjeros, franceses y austriacos, fueron puestos en libertad desde finales de junio. Porfirio vio de nuevo al barón Janos Csismadia, el oficial con el que hizo amistad durante su cautiverio en Puebla. Estaba entre los prisioneros. Había ascendido a mayor. "Lo puse desde luego en libertad", dijo el general, "y él aprovechó mi amistad personal para conseguir muchos favores y consideraciones para todos sus compatriotas".[11] Tuvo contacto también con el conde Khevenhüller, a quien le impuso la obligación de cuidar los archivos y los muebles del Palacio Nacional. "Díaz se ha conducido como caballero frente a nosotros", apuntó en su diario el jefe de los húsares. "Es un soldado y no uno de esos malditos abogados fracasados como Lerdo, el espíritu maligno del intrigante Juárez. Porfirio se ganó el respeto de los habitantes de México así como de su ejército, que lo idolatra. Nos guarde Dios si Escobedo lo reemplaza. Díaz tiene, por cierto, una ambición colosal: quiere llegar a ser presidente, se le nota".[12] Khevenhüller lo vio de nuevo más tarde, antes de la llegada de Juárez. Entonces recibió su pasaporte, para salir a Veracruz. Zarpó en un vapor que cruzó el Golfo de México, rumbo a Nueva Orleans. Ahí remontó el río Mississippi hasta Saint Louis, para seguir en tren a Chicago y Nueva York. Visitó las cataratas del Niágara. Tomó después un vapor hacia Southampton. Pasó por Londres y París, y luego por Praga y Viena, hasta llegar al castillo de Kammerburg, en Bohemia. Ahí escribió esta nota, en el momento de volver al fin a casa: "Qué monótono y triste me pareció todo aquí".[13]

La tarde del 30 de junio, luego de un sitio de más de cien días, fue por fin ocupada por los soldados del general Alejandro García la plaza de Veracruz, la última en caer en poder de la República. García dictó de inmediato las disposiciones convenientes para la reorganización de la aduana. "Dígnese poner lo expuesto en el superior conocimiento del ciudadano presidente de la República, felicitándolo por el feliz término de la guerra", dijo el general Díaz al ministro de Guerra.[14] El mensaje, enviado por telegrama, después por extraordinario, fue recibido el 2 de julio por Benito Juárez, quien pasaba entonces por la hacienda de Jaral, en el Bajío, ya camino a la ciudad de México. Unos días más tarde, el 5 de julio, tuvo lugar en la misma capital, en el Teatro Principal, una función en obsequio de Porfirio Díaz, a la que asistieron varios jefes del Ejército de Oriente. Dio principio con una obertura de la orquesta del teatro, seguida con una comedia en tres actos titulada *Por derecho de conquista*. Las mujeres de la ciudad entregaban, en ese acto, una faja de honor al general Díaz. Luego de entonar el himno nacional, la actriz Ana Cejudo leyó un poema en su homenaje:

> Ciñe esta faja de honor
> Que las damas mexicanas
> Ofrecen a tu valor,
> Y sea el blasón mejor
> Que honre en la vejez tus canas.[15]

Porfirio recibió por esas fechas otros honores más, entre ellos el que le otorgó la Comisión Municipal, que le dio las gracias por el orden que impuso durante la ocupación de la ciudad de México. Los días, así, transcurrieron sin novedad, hasta que fue conocida la noticia de la aprehensión de Santiago Vidaurri, el caudillo de Coahuila y Nuevo León. Vidaurri había sido uno de los gobernadores que hicieron posible el triunfo del Plan de Ayutla contra el general Santa Anna. En sus filas comenzaron a crecer oficiales de la talla de Ignacio Zaragoza y Mariano Escobedo. Tuvo siempre una relación conflictiva y rebelde con Juárez, con quien rompió al comienzo de la Intervención. Ello contribuyó a su adhesión al Imperio. En los meses del ocaso fue jefe de gabinete de Maximiliano, en su calidad de ministro de Hacienda. Con esos títulos huyó del sitio de Querétaro junto con el general Márquez, para regresar a la ciudad de México. Ahí conoció la noticia de la toma de Puebla, seguida por la acción de San Cristóbal, donde fue batido por completo el ejército de Márquez. Vidaurri temía por su vida, dada su relación con Juárez, por lo que no acató la orden de presentación hecha por Díaz al ocupar la ciudad de México. El 8 de julio por la mañana fue descubierto en una casa de la calle de San Camilo, donde estaba refugiado con la connivencia de un americano sin honor llamado Taylor, quien después de sobornarlo, al no poder sacarle más dinero, lo delató y lo entregó a las autoridades de la República. "Lo mandé pasar por las armas inmediatamente, sin más diligencia judicial que la identificación de su persona", afirmó en sus memorias Porfirio Díaz, "tanto porque había incurrido en las penas establecidas por las leyes vigentes y por mis circulares que acababa de expedir, cuanto por la parte principal que había tomado en la prolongación de la guerra, sosteniendo la causa imperialista, y para que su ejecución sirviera de ejemplo a los que no habían cumplido con mis órdenes".[16] Santiago Vidaurri, decepcionado de la política, envejecido, deseaba escapar para consagrar su vida a los trabajos del campo. No lo pudo hacer. El día de su aprehensión, luego de ser identificado en el ayuntamiento, fue conducido en un coche de sitio a la plazuela de Santo Domingo. Y ahí, frente a los muros que ven al oriente, a las cuatro de la tarde en punto, fue fusilado por la espalda, con lujo de crueldad. "La fuerza que formaba el cuadro tenía su banda al frente, y ésta ejecutaba valses, danzas, polkas y los *Cangrejos*, mientras llegaba el ajusticiado", reveló *El Boletín Republicano*, el periódico del Ejército de Oriente.[17] Era un escándalo. Díaz ordenó abrir una investigación para hacer, por ese motivo, un extrañamiento al responsable del pelotón de fusilamiento. Aquel mismo día mandó prorrogar el término para la presentación de los generales y dignatarios del Imperio. Varios llegaron a la cita, entre ellos el hijo del propio Vidaurri, pero permanecieron fugitivos otros más, encabezados por Márquez.

Don Leonardo Márquez, general de división, lugarteniente del Imperio, era quizás el hombre más buscado por las autoridades de la República. El culpable de los crímenes perpetrados en Tacubaya durante la guerra de Reforma; el responsable de la captura y la muerte de Melchor Ocampo, Santos Degollado y Leandro Valle en los tiempos anteriores a la guerra de Intervención. Su castigo resultaba necesario —indispensable— para purificar al país, para vivir con la conciencia de haber hecho justicia. Pero el general de la reacción estaba desaparecido desde la víspera de la ocupación de la ciudad de México. Hubo quien pensó que debía tener la protección de alguno de los partidarios de la República (corrió el rumor de que fue escondido por la esposa de Juan José Baz). Pero fue otro, al parecer, el refugio que lo mantuvo a salvo. "Logró escapar de México, dícese que después de haber estado varios días oculto en un nicho del cementerio de los Angeles", escribió el español Enrique Olavarría y Ferrari.[18] "Supe que el traidor Márquez se hizo arrastrar a través de las líneas dentro de un cuero de vaca", comentó a su vez el austriaco Khevenhüller. "Los pillos siempre tienen buena suerte".[19] El general logró escapar de la ciudad de México, atravesar sin ser identificado una de las zonas más pobladas del país hasta llegar, meses después, al puerto de Veracruz. Ahí consiguió tomar un barco con destino a Cuba, donde viviría fuera del alcance de la justicia en los años y los lustros por venir, en La Habana. Tuvo una vida extrañamente dilatada. Había nacido en un país llamado todavía la Nueva España. Y habría de morir al comenzar el siglo xx, después de ver triunfar en México a la revolución que derrocó a Porfirio Díaz. Su vida estuvo desde niño (su padre era capitán) identificada con el Ejército. Ingresó al cumplir diez años a una compañía de caballería en Lampazos, Nuevo León; luchó en la campaña de Texas; peleó a bayoneta en la batalla de la Angostura, contra los Estados Unidos. Era ya general cuando Porfirio cursaba todavía sus estudios en el Instituto de Ciencias y Artes de Oaxaca. Viviría hasta los noventa y tres años de edad, luego de cerca de medio siglo de exilio, rumiando sus victorias y sus derrotas en los tiempos borrascosos pero inolvidables de la Reforma y la Intervención.

ENCUENTRO Y DESENCUENTRO

El presidente Benito Juárez tenía planeado llegar a la ciudad de México por Tlalnepantla. Su regreso a la capital había sido lento y laborioso, a causa sobre todo de las lluvias, que volvían intransitables los caminos. Era necesario reparar los vehículos de su comitiva, maltrechos con los socavones y los derrumbes que tenían que atravesar. Quería también, sin duda, recibir las ovaciones de los mexicanos que lo miraban pasar en su carruaje. La mayoría lo veía por primera vez. ¿Cómo era el presidente? "Era un hombre un poco por debajo de la talla media", escribió una persona que lo observó de cerca por aquellos días, "con un rostro indio obscuro, que no lo desfiguraba sino que lo hacía más interesante una gran cicatriz que lo marcaba. Tenía ojos muy negros y penetrantes".[1] Juárez pernoctó en Dolores, Querétaro y San Juan del Río. El 12 de julio, el general Porfirio Díaz partió a su encuentro 2 kilómetros adelante de Tlalnepantla. Díaz tenía el mando de la capital desde hacía tres semanas. Sus fuerzas estaban reducidas a cerca de la mitad de las que tenía el día de la ocupación. Licenció una parte y despidió otra parte, y quedó con un ejército de veinte mil hombres, todos vestidos, armados y municionados, gracias al equipo que había dejado el enemigo. Con ese ejército recibió al presidente de la República.

¿Cómo fue el encuentro del general Díaz con don Benito Juárez, aquella mañana de julio de 1867? Emotivo, sin duda: llevaba ya más de cuatro años de no verlo, desde su entrevista en San Luis Potosí, en el momento de partir al frente del Ejército de Oriente, en la marcha hacia Oaxaca. Emotivo, pero también tenso. Así lo habría de recordar años más tarde el propio general con uno de sus biógrafos, hermano masón, compañero diputado en la segunda legislatura del Congreso de la Unión. Don Benito, le confió, venía solo en un coche, seguido por don Sebastián Lerdo de Tejada, sentado a su vez en uno de esos carros que la gente llamaba *guayines* en la ciudad de México. El presidente, sintió él, respondió mal a su saludo. "Me recibió con aire adusto", habría de recordar.[2] Don Sebastián, por el contrario, descendió de su vehículo, caminó hacia él para invitarlo a subir a su *guayín*, muy amable. Ambos continuaron la marcha hacia Tlalnepantla, precedidos por el coche en que seguía, siempre solo, don Benito Juárez.

¿Por qué fue adusto el recibimiento de Juárez? Las razones de sus reticencias ante Díaz eran diversas, pero estaban enmarcadas en un hecho tan grande como la restauración de la República. La guerra los había cambiado a los dos: los había envejecido y los había engrandecido, y también los había nivelado. Porfirio sentía, sin duda, que no debía seguir subordinado a don Benito. Que podía incluso disputarle el poder. Así lo había comenzado a hacer ya, de hecho, desde hacía algunos meses. Los ejemplos abundaban. El presidente debió sentir, respecto del asunto de los prisioneros, que el general, al ofrecer una amnistía, asumía facultades que no le correspondían. Y debió sentir, respecto del traslado de tropas ordenado por él para fortalecer el sitio de Querétaro, que el jefe del Ejército de Oriente, por sus resistencias a ceder más fuerzas, coqueteaba de plano con la indisciplina frente al Supremo Gobierno. Juárez estaba molesto, también, con el nombramiento de Juan José Baz. Había pedido no designar al gobernador del Distrito Federal. Díaz supuso que el objeto de la petición era vetar para aquel puesto al señor Baz, quien había desempeñado ya esa posición en el pasado, para la cual estaba facultado, por lo que decidió nombrarlo no gobernador del distrito sino jefe político de la capital. "Nada me dijo después sobre este incidente el señor Juárez, pero comprendí que no sin razón le había desagradado mi conducta", habría de revelar él mismo, al explicar en su descargo que necesitaba nombrar una autoridad en el momento de ocupar la capital.[3] Tenía la costumbre. Había dado el nombramiento a todos los gobernadores de los estados que formaban la Línea de Oriente: Chiapas (José Pantaleón Domínguez), Tabasco (Gregorio Méndez), Veracruz (Alejandro García), Oaxaca (Miguel Castro), Puebla (Rafael García), Tlaxcala (Miguel Lira Ortega) y México (Vicente Riva Palacio), además de Juan José Baz en el Distrito Federal.

Pero el tema que más contribuyó a enturbiar la relación entre Juárez y Díaz tenía que ver con el ministro plenipotenciario de Francia ante la corte de Maximiliano, el señor Alphonse Dano. Poco antes de la ocupación de la capital, Dano, por medio del consulado de los Estados Unidos, había solicitado permiso para salir de México. El general remitió la solicitud al presidente. "Usted me hará el favor de indicarme, desde luego, lo que debo hacer", le dijo.[4] La respuesta de don Benito lo dejó frío: el presidente le daba la orden de reducir a prisión al ministro Dano, para poner a disposición del Supremo Gobierno el archivo de la legación de Francia. Porfirio no ignoraba que aquello equivalía a cometer un atentado contra el derecho de gentes, por lo que le respondió que no juzgaba prudente seguir ese procedimiento. Le pidió eximirlo de llevarlo a cabo y, si él insistía, le ofreció su renuncia, para entregar el mando de sus tropas a un jefe que pudiera cumplir la orden. El general no recibió respuesta a su carta, tampoco a las otras que envió en el curso de la semana, por lo que optó por hacer lo que había ofrecido al presidente: al tomar la capital, rendido el enemigo, le hizo llegar su renuncia por escrito. "Considerando ya innecesarias las facultades omnímodas que me ha conferido, e inútil mi permanencia en el encargo de general en jefe del Ejército y Línea de Oriente, que sin merecimiento mío me encomendó, hago formal dimisión de dicho cargo, dando al presidente y a su digno ministro las más rendidas gracias por la confianza con que me han honrado", escribió ese día al Ministerio de Guerra.[5] Otros jefes ofrecieron también sus renuncias al ser ocupada la capital, como el general Riva Palacio. Pero la de Díaz era distinta: iba más allá de una formalidad por la historia que tenía detrás —la del ministro de Francia ante la corte de Maximiliano.

Juárez no reaccionó a la carta de renuncia, ni tampoco a los telegramas que Porfirio le volvió a mandar respecto de Dano. La cuestión era delicada. El ministro de Francia, que insistía en tener una escolta para viajar a Veracruz, envió por esas fechas un cable a París en el que dijo que no tenía permitido salir de México. Hacia principios de julio circuló el rumor de que el emperador Napoleón III iba a mandar una flota de guerra hacia las costas del país para exigir a Dano. Algunos llegaron a pensar, incluso, que el ministro había sido fusilado por orden de Juárez. "¡Ha corrido la voz siniestra de la muerte del señor ministro Dano!", le escribió al presidente un amigo de París, el ex cónsul Armand Montluc.[6] El asunto pesaba todavía en el momento del encuentro en las afueras de Tlalnepantla, aquel 12 de julio de 1867. El general Díaz, que había escrito, que había ofrecido renunciar, todo sin respuesta, juzgó necesario tocar el tema con el ministro de Relaciones y Gobernación de Juárez. Iba con él a su lado, sentados ambos en el *guayín*, seguidos por los soldados de la escolta, los empleados de los ministerios, los indios que arreaban a las mulas cargadas de petacas. "Pregunté al señor Lerdo por qué no se habían contestado mis cartas", recordó en sus memorias, "y me dijo que, en su concepto, había yo tenido razón en no prestarme a cumplir esa orden que pudo haber comprometido al gobierno, y di así por terminado este incidente".[7]

La comitiva del presidente Juárez siguió en sus carruajes hasta Tlalnepantla, para ser recibida con un almuerzo por el jefe del distrito, el licenciado José Aguirre. "Cuando nos llamaba a almorzar el licenciado", escribió Porfirio, "me llamó el presidente, que a la sazón platicaba en voz baja con sus secretarios de Estado, y delante de ellos me manifestó que hacía algunos días que estaba sin haberes la escolta que lo acompañaba".[8] Aquella escolta era gigantesca: estaba formada por un regimiento, dos batallones y media batería, pero el general le respondió de inmediato que tenía fondos para cubrir esa necesidad. La noticia puso de buen humor al presidente, quien entonces le comentó, más animado, que hacía días que tampoco cobraba sus sueldos el personal de los ministerios de Estado. El general le contestó que tenía fondos suficientes para cubrir esos salarios. La impresión de abundancia contribuyó a destensar la relación entre los dos. Esa misma tarde, la comitiva siguió hacia Chapultepec, donde por la noche hubo una cena en el castillo, en la que tocó la banda del Cuerpo de Voluntarios de Austria. El general Díaz solicitó al presidente Juárez esperar unos días en Chapultepec, para dar tiempo al ayuntamiento de terminar los preparativos de la recepción en la ciudad de México. Ella iba a ser financiada, como todo lo demás, por la comisaría del Ejército de Oriente.

Durante el sitio de México, el general Porfirio Díaz había pagado con puntualidad los haberes de sus soldados, así como los gastos del territorio donde ejercía el mando, con las rentas de los estados que formaban parte de la Línea de Oriente. Todos los días, entre las nueve de la mañana y las dos de la tarde, las horas de acuerdo, el general atendía junto con sus secretarios los asuntos relativos a las contribuciones, los rezagos, las erogaciones, las existencias y las atenciones de la comisaría. "Llevaba en la cartera, en ligeros apuntes, la balanza diaria de los fondos públicos", afirma un testimonio.[9] La transparencia con la que manejó los recursos sorprendió a todos en el momento en que hizo entrega de ellos, al día siguiente de recibir al presidente Juárez. "Al dimitir hoy nuevamente el cargo de general en jefe del Ejército y Línea de Oriente, juntamente con las amplias facultades con que el Supremo Gobierno me había investido, tengo el honor de manifestar a usted que quedan a su disposición en la comisaría general del ejército la cantidad de 104 000 pesos", escribió el 13 de julio al ministro de Hacienda de Juárez.[10] En realidad eran 115 701 pesos: 104 000 de la comisaría del Ejército de Oriente, más 3 517 de la Administración de Rentas, más 8 184 de la Oficina de Contribuciones. Ningún otro jefe del Ejército de la República entregó con esa pulcritud sus cuentas, por lo que la noticia —por la impresión de orden y de honestidad que daba— provocó un sentimiento de respeto en México.

En los días previos a la recepción de Juárez en la capital, durante sus entrevistas en Chapultepec, el general Díaz debió insistir con él en su renuncia al mando del Ejército de Oriente. No había recibido aún respuesta del Ministerio de Guerra. Pero era claro que debía ser aceptada su renuncia. En primer lugar, estaban ya cumplidos los objetivos para los que había recibido las facultades que tenía y, en segundo lugar, no podía ejercer esas facultades con el presidente ya en la capital de la República, sin menoscabar la unidad del Supremo Gobierno. Porfirio Díaz enumeró una vez más estas razones para resignar a sus credenciales, incluso para dejar el mando del Ejército de Oriente, en una carta que dirigió de nuevo al general Ignacio Mejía, titular del Ministerio de Guerra. Eran palabras que no dejaban dudas. "Insisto, pues", le dijo, "empeñosamente en la manifestación y renuncia que contiene mi citada nota, y ruego a usted que al dar cuenta de la presente al jefe de la Nación se sirva presentarle de nuevo el homenaje de mi gratitud por las distinciones con que se ha servido honrarme".[11] La carta llegó a manos del presidente la víspera del día que emprendió la marcha hacia la capital.

El monumento levantado con motivo de la entrada del presidente de la República a la ciudad de México, enorme y austero, aparecía coronado por un frontón, que tenía este nombre en el tímpano: *Juárez*. Estaba edificado al descampado, sobre la calzada que salía desde Chapultepec, con las cúpulas de la ciudad al fondo y, más atrás, los ríos, los lagos y las montañas que bordeaban el valle de México. El 15 de julio, a las nueve de la mañana, el presidente Benito Juárez comenzó su recorrido a bordo de una carretela, acompañado por los ministros de su gabinete: Ignacio Mejía, José María Iglesias y Sebastián Lerdo de Tejada. Al arribar al monumento recibieron el homenaje de las autoridades de la ciudad, representadas por Juan José Baz. Unas niñas vestidas de blanco le entregaron una corona de laureles de oro a don Benito, quien al contestar a la bienvenida depositó una ofrenda de flores en el altar a la Patria construido ahí por Baz. Continuó en dirección del paseo de Bucareli, que recorrió hasta la estatua de Carlos IV. Siguió por las calles de la Acordada y Corpus Christi, al lado de la Alameda —la vía que el propio Porfirio habría de llamar en su honor, décadas más tarde, durante las fiestas del Centenario, la avenida Juárez. Luego recorrió las calles de San Francisco, la Profesa y Plateros, para entrar por fin a la Plaza de Armas bajo un arco de triunfo pequeño y hermoso, el mismo que había sido erguido con motivo de la llegada de Maximiliano y Carlota a la ciudad de México. Al entrar a la Plaza de Armas, el presidente Juárez fue recibido con todos los honores por el general Porfirio Díaz. Resonaron en ese momento las cuarenta y cinco campanas de la Catedral, la mayor de las cuales era la llamada Santa María de Guadalupe. Porfirio tenía con él una bandera que acababa de mandar hacer para que fuera izada por don Benito. El presidente le había dicho en una de sus cartas, durante la guerra, que volverían a izar la bandera en el Palacio Nacional y él ("recordando su expresión de entusiasmo") había prohibido izarla hasta que no lo hiciera el jefe de la Nación.[12]

Al mediodía, don Benito recibió con su gabinete las felicitaciones de sus amigos en los salones del Palacio Nacional. Después pasó revista, desde el balcón, a las tropas de la República: la Plaza de Armas estaba cubierta de árboles, sobre todo frente al atrio de la Catedral. A la una de la tarde estaba programado un banquete para tres mil personas en la Alameda, pero tuvo que ser interrumpido por un aguacero que dejó las calles anegadas, cubiertas por los farolillos de papel que decoraban la ciudad de México. Todo transcurrió en orden, en cambio, durante la comida que el general Díaz y el licenciado Baz dieron al presidente y a su gabinete en el salón de actos del Colegio de Minas. En el momento del brindis, don Benito describió con humildad el papel desempeñado a lo largo de la guerra por la Presidencia. Habló después su ministro de Relaciones Exteriores y Gobernación. "El ciudadano Lerdo de Tejada pronunció un elocuente y enérgico discurso", comentó *El Siglo XIX*. "Habló de la necesidad imperiosa de castigar a los traidores con la equidad que exige la paz de la República".[13] Aquella tarde, en un tono muy distinto, más conciliador, el presidente Juárez mandó a la prensa un manifiesto dirigido a todos los mexicanos, en el que recapitulaba las lecciones aprendidas durante la guerra de Intervención. El Supremo Gobierno, dijo, no estaba guiado por el odio. "Su deber ha sido, y es, pesar las exigencias de la justicia con todas las consideraciones de la benignidad", afirmó, para después añadir estas palabras, concebidas con el ánimo de consolidar la concordia en el interior del país, así como también en sus relaciones con el extranjero: "Que el pueblo y el gobierno respeten los derechos de todos. Entre los individuos, como entre las naciones, el respeto al derecho ajeno es la paz".[14]

Porfirio fue uno de los mexicanos que leyeron el manifiesto del presidente Juárez, en que les reiteraba su gratitud a los soldados de la República. "En nombre de la Patria agradecida", les decía, "tributo el más alto reconocimiento a los buenos mexicanos que la han defendido y a sus dignos caudillos. El triunfo de la Patria, que ha sido el objeto de sus nobles aspiraciones, será siempre su mayor título de gloria y el mejor premio de sus heroicos esfuerzos".[15] Uno de los aludidos era él. Había combatido durante más de una docena de años al lado de los liberales, siempre con Benito Juárez: primero por el Plan de Ayutla, después a favor de las leyes de Reforma, más adelante por la independencia de su país, contra la Intervención y el Imperio, en defensa de los ideales de la República. Y en ese tiempo había aprendido también a gobernar, al principio en el Istmo de Tehuantepec y, al final, en todos los estados que formaban la Línea de Oriente, la región más poblada de México. Estaba lleno de fuerza, con ambiciones y sueños para la reconstrucción de su país. Era muy joven al terminar la guerra: tenía apenas treinta y seis años. Le quedaba por delante más de la mitad de su vida —la más importante.

ANEXOS

Notas

EL ORIGEN

1

Mesón de la Soledad

[1] Acta de bautismo de Porfirio Díaz (libro 77, folio 164, partida 847 del Archivo de la Mitra de Oaxaca).

[2] Salvador Quevedo y Zubieta, *Porfirio Díaz (septiembre 1830-septiembre 1865): ensayo de psicología histórica*, Librería de la viuda de Bouret, París/México, 1906, p. 27. Nicolasa y Félix, los hermanos de Porfirio, fueron bautizados los dos al día siguiente de su nacimiento, también por Luis Castellanos en la Catedral de Oaxaca.

[3] Basilio Rojas, *Efemérides oaxaqueñas*, El Avance, México, 1962-1968, vol. ii, p. 31. El libro de Rojas está basado en información dada a conocer entre 1911 y 1913 por el periódico *El Avance* de Oaxaca. La entrada relativa al 8 de mayo de 1912 dice así: "Hoy salieron para Europa los señores Francisco de la Cajiga, Lauro Candiani, Gustavo Bellón, Carlos Bonavides. (Estos señores estuvieron en París con el general Porfirio Díaz, quien les dijo que no había nacido en Oaxaca, como generalmente es sabido, sino en un rancho en el camino de Etla a Oaxaca.)" (*idem*). Agradezco la referencia al profesor José Francisco Ruiz Cervantes, académico de la Universidad Autónoma Benito Juárez de Oaxaca. Eduardo Alonso Hernández, cronista de San Sebastián Etla, afirma que los Mori llegaron a principios del siglo xix a la hacienda Molinos de Lazo, en Etla. Ahí adquirieron el rancho La Borcelana, que significa bacinica, pues estaba situado en una hondonada en el camino real a Oaxaca. Ahí tuvo lugar el matrimonio de Petrona Mori y José de la Cruz Díaz. Ahí está documentado que nació una de sus hijas, Manuela. Y ahí también, en Etla, viven aún los descendientes de la hermana de Petrona, la señora Florentina Mori, casada con José Cervantes.

[4] Acta de bautismo de Porfirio Díaz (libro 77, folio 164, partida 847 del Archivo de la Mitra de Oaxaca).

[5] Juan B. Carriedo, *Estudios históricos y estadísticos del estado oaxaqueño*, Talleres Gráficos de Adrián Morales, México, 1949, vol. II, p. 133. Carriedo registra el estado de cosas en la ciudad en la década de los cuarenta, cuando publicó su libro, pero es válido suponer que la situación no era distinta en el curso de los treinta, cuando el mesón de la Soledad estuvo a cargo de los Díaz. Ello hace aún más alejada de lo normal la experiencia de niño que tuvo Porfirio. Existen fotografías del mesón tomadas a finales del siglo XIX. En ellas está basada la descripción que hago del edificio. Pero es posible que haya sido en parte demolido en 1864, durante el sitio de Oaxaca.

[6] Citado por Charles R. Berry, *La Reforma en Oaxaca: una microhistoria de la revolución liberal (1856-1876)*, Era, México, 1989, p. 27. Berry cita al padre José Mariano Galíndez, quien dio su sermón en 1844, y habla más adelante de las propiedades que tenía la Iglesia en Oaxaca. "En 1848, un recuento cuadra por cuadra de las casas de la ciudad arrojó un total de 1 526 viviendas", dice. "De este número de casas, cuando menos 1 102, o cerca del 72 por ciento, eran propiedad de diversas instituciones eclesiásticas" (*op. cit.*, p. 164). Berry asume que la propiedad en Oaxaca era más o menos similar entre 1848 y 1856; yo asumo que también era parecida entre 1830 y 1848. Ambos por las mismas razones: porque la ciudad no creció en esos años de crisis que padeció el estado.

[7] Citado por Samuel Salinas Alvarez, *Historia de los caminos de México*, Banco Nacional de Obras y Servicios Públicos, México, 1994, vol. I, p. 267.

[8] Eduard Mühlenpfordt, *Ensayo de una descripción fiel de la República de Méjico, con especial referencia a su geografía, etnografía y estadística: el estado de Oajaca*, Codex Editores, México, 1993, p. 23.

[9] *Ibidem*, p. 25.

[10] *Ibidem*, p. 32.

Calvario del general Vicente Guerrero

[1] *El Oajaqueño Constitucional*, 3 de febrero de 1831. Hemeroteca Nacional de México. Este periódico era adverso a la causa de Guerrero.

[2] Citado por Jorge Fernando Iturribarría, *Historia de Oaxaca: de la consumación de la Independencia a la iniciación de la Reforma (1821-1854)*, Imprenta del Gobierno de Oaxaca, Oaxaca, 1935, p. 163.

[3] *El Oajaqueño Constitucional*, 13 de febrero de 1831. Hemeroteca Nacional de México.

[4] *Calendario de Galván para el año de 1847*, Tipografía de Rafael, México, 1846, pp. 55-56.

[5] Citado por Andrés Portillo, *Oaxaca en el centenario de la Independencia nacional*, Oaxaca, Imprenta del Estado, 1910, p. 76-a. Cada cuarta página de este libro

está numerada, por lo que la letra que añado yo al final del número indica de qué página se trata.

[6] Jorge Fernando Iturribarría, *Historia de Oaxaca: de la consumación de la Independencia a la iniciación de la Reforma (1821-1854)*, Imprenta del Gobierno de Oaxaca, Oaxaca, 1935, p. 188.

[7] Citado en *ibidem*, p. 174.

El padre

[1] Acta de matrimonio de José Díaz y Petrona Mori, Guadalupe, 4 de mayo de 1809, en Porfirio Díaz, *Memorias*, Conaculta, México, 1994, vol. II, p. 212.

[2] *Idem*. Porfirio Díaz afirma que su padre nació hacia 1784, aunque la evidencia indica que nació más bien hacia 1780, pues tenía veintinueve años al contraer nupcias en 1809. El acta de su matrimonio lo llama José Faustino, pero su testamento, dictado por él antes de morir, lo nombra José de la Cruz, al igual que la fe de bautismo de su hijo Porfirio. Es probable, de hecho, que su nombre fuera José de la Cruz Faustino.

[3] Hubert H. Bancroft, *Vida de Porfirio Díaz*, Compañía Historia de México, México, 1887, p. 18. Bancroft es el autor de la primera biografía seria de Porfirio Díaz. Es claro que mucha de su información provino del propio Díaz, quien luego la elaboraría en las memorias que le dictó a Matías Romero. Pero su biografía es problemática porque tiene, al mismo tiempo, errores que son graves. Por esa razón sólo ha sido utilizada en casos muy concretos, cuando parece evidente que la fuente es el propio Díaz.

[4] Porfirio Díaz, *Memorias*, Conaculta, México, 1994, vol. I, p. 30.

[5] *Idem*.

[6] *Idem*.

[7] Salvador Quevedo y Zubieta, *Porfirio Díaz (septiembre 1830-septiembre 1865): ensayo de psicología histórica*, Librería de la viuda de Bouret, París/México, 1906, p. 53.

[8] José Antonio Gay, *Historia de Oaxaca*, Porrúa, México, 2000, p. 488.

[9] *Idem*.

[10] Porfirio Díaz, *Memorias*, Conaculta, México, 1994, vol. I, p. 31.

[11] Francisco Vasconcelos, *Costumbres oaxaqueñas del siglo XIX*, Ediciones Bibliográficas del Ayuntamiento de Oaxaca de Juárez, Oaxaca, 1993, p. 19. Las rentas de las casas que pertenecían a la orden de San Francisco estaban destinadas a proporcionar a los presos de la cárcel, cada día, una tasa de atole y tres tortillas.

[12] Francisco Vasconcelos, *Costumbres oaxaqueñas del siglo XIX*, Ediciones Bibliográficas del Ayuntamiento de Oaxaca de Juárez, Oaxaca, 1993, p. 33.

Aceites y vinagres

[1] *El Zapoteco*, 28 de marzo de 1833. Hemeroteca Nacional de México.

[2] Citado por Fernando Díaz y Díaz, *Santa Anna y Juan Alvarez frente a frente*, SEP, México, 1972, p. 66. La carta de Santa Anna está dirigida al coronel Manuel Reyes Veramendi.

[3] Citado por José Fuentes Mares, *Santa Anna, el hombre*, Grijalbo, México, 1982, pp. 86-87.

[4] Citado en *ibidem*, p. 85.

[5] Citado por Fernando Díaz y Díaz, *Santa Anna y Juan Alvarez frente a frente*, SEP, México, 1972, p. 63.

[6] Ignacio Mejía, "Autobiografía", *El Imparcial*, 5-12 de diciembre de 1906. Hemeroteca Nacional de México.

[7] *Idem.*

[8] *Idem.*

[9] *Idem.*

[10] *Idem.*

Muerte

[1] *El Día*, 3 de mayo de 1833. Hemeroteca Nacional de México.

[2] *Idem.*

[3] Guillermo Prieto, *Memorias de mis tiempos*, Editores Mexicanos Unidos, México, 2002, p. 62.

[4] *El Día*, 10 de mayo de 1833. Hemeroteca Nacional de México.

[5] *Idem.*

[6] *El Día*, 7 de mayo de 1833. Hemeroteca Nacional de México. La estimación que hace *El Día* (20 000 habitantes) está por abajo de los 25 000 habitantes estimados aquel mismo año por Eduard Mühlenpfordt (*Ensayo de una descripción fiel de la República de Méjico, con especial referencia a su geografía, etnografía y estadística: el estado de Oajaca*, Codex Editores, México, 1993, p. 33) pero por arriba de los 18 118 habitantes estimados por José María Murguía y Galardi (citado por Charles R. Berry, *La Reforma en Oaxaca: una microhistoria de la revolución liberal (1856-1876)*, Era, México, 1989, p. 222) y por arriba también de los 17 306 habitantes estimados más tarde por José Antonio Gay (citado por Andrés Portillo, *Oaxaca en el Centenario de la Independencia Nacional*, Oaxaca, Imprenta del Estado, 1910, p. 145-a). Juan Bautista Carriedo calcula que murieron en la ciudad de Oaxaca 2 076 habitantes a causa de la cólera de 1833 (*Estudios históricos y estadísticos del estado oaxaqueño*, Talleres Gráficos de Adrián Morales, México, 1949, vol. II, p. 110).

[7] *El Día*, 7 de mayo de 1833. Hemeroteca Nacional de México.

[8] Testamento de José de la Cruz Díaz, Oaxaca, 16 de octubre de 1833 (legajo 79, caja 1, documento 2 de la Col. Porfirio Díaz, Universidad Iberoamericana, México).

[9] *Idem.*

[10] *Idem.*

[11] Francisco Vasconcelos, *Costumbres oaxaqueñas del siglo XIX*, Ediciones Bibliográficas del Ayuntamiento de Oaxaca de Juárez, Oaxaca, 1993, p. 38.

[12] Acta de defunción de José de la Cruz Díaz (libro 32, folio 77, partida 535 del Archivo de la Mitra de Oaxaca).

[13] *El Día*, 10 de diciembre de 1833. Hemeroteca Nacional de México.

[14] *Idem.*

[15] *Idem.*

[16] *Idem.*

2

La madre

[1] Porfirio Díaz, *Memorias*, Conaculta, México, 1994, vol. I, p. 31.

[2] Recibo por el arrendamiento del mesón de la Soledad, Oaxaca, 9 de junio de 1834, en Alberto María Carreño (ed.), *Archivo del general Porfirio Díaz*, Editorial Elede, México, 1947-1961, vol. II, p. 354 (el recibo aparece en una fotografía entre las páginas 12 y 13 del volumen II).

[3] Genaro García, *Porfirio Díaz, sus padres, niñez y juventud*, Imprenta del Museo Nacional, México, 1906, p. 20.

[4] Acta de bautismo de Petrona Mori, en Porfirio Díaz, *Memorias*, Conaculta, México, 1994, vol. II, p. 211.

[5] Salvador Quevedo y Zubieta, *Porfirio Díaz (septiembre 1830-septiembre 1865): ensayo de psicología histórica*, Librería de la viuda de Bouret, París/México, 1906, p. 46. Pascual Cortés, a su vez, era hijo de Mateo Cortés y Felipa Cortés, y Juliana Nicolás, por su lado, era hija de Baltasar Nicolás y Engracia.

[6] Citado por Salvador Quevedo y Zubieta, *Porfirio Díaz (septiembre 1830-septiembre 1865): ensayo de psicología histórica*, Librería de la viuda de Bouret, París/México, 1906, p. 47.

[7] *Ibidem*, p. 45.

[8] Eduard Mühlenpfordt, *Ensayo de una descripción fiel de la República de Méjico, con especial referencia a su geografía, etnografía y estadística: el estado de Oajaca*, Codex Editores, México, 1993, p. 80.

NOTAS

Oaxaca

[1] Juan B. Carriedo, *Estudios históricos y estadísticos del estado oaxaqueño*, Talleres Gráficos de Adrián Morales, México, 1949, vol. II, p.123.

[2] Citado por Carlos Lira Vázquez, *Oaxaca rumbo a la modernidad: arquitectura y sociedad (1790-1910)*, UAM, México, 2008, p. 22. Los nombres de todas las calles mencionadas aquí son los nombres antiguos de las calles de Oaxaca. Su correspondencia puede ser verificada en Andrés Portillo, *Oaxaca en el Centenario de la Independencia Nacional*, Oaxaca, Imprenta del Estado, 1910.

[3] Eduard Mühlenpfordt, *Ensayo de una descripción fiel de la República de Méjico, con especial referencia a su geografía, etnografía y estadística: el estado de Oajaca*, Codex Editores, México, 1993, p. 33.

[4] Francisco Vasconcelos, *Costumbres oaxaqueñas del siglo XIX*, Ediciones Bibliográficas del Ayuntamiento de Oaxaca de Juárez, Oaxaca, 1993, p. 10.

[5] Eduard Mühlenpfordt, *Ensayo de una descripción fiel de la República de Méjico, con especial referencia a su geografía, etnografía y estadística: el estado de Oajaca*, Codex Editores, México, 1993, p. 21.

La Federación y el Centro

[1] Eduard Mühlenpfordt, *Ensayo de una descripción fiel de la República de Méjico, con especial referencia a su geografía, etnografía y estadística: el estado de Oajaca*, Codex Editores, México, 1993, p. 7. "El censo general realizado por un decreto del congreso", escribió Mühlenpfordt, "con fecha de 2 de marzo de 1830, registró una población de 693 000 habitantes, cifra que podría aproximarse bastante a la realidad" (*idem*). En esos años, según otras estimaciones, la población del estado era de sólo 484 014 habitantes —véase Charles R. Berry, *La Reforma en Oaxaca: una microhistoria de la revolución liberal (1856-1876)*, Era, México, 1989, p. 225.

[2] Manuel Martínez Gracida, *Cuadros sinópticos de los pueblos, haciendas y ranchos del estado libre y soberano de Oaxaca*, Imprenta del Estado, Oaxaca, 1883, p. 2.

[3] *El Regenerador*, 3 de agosto de 1835. Fondo Manuel Brioso y Candiani, Biblioteca Francisco de Burgoa, Oaxaca.

[4] Mathieu de Fossey, *Viaje a México*, Conaculta, México, 1994, p. 192.

[5] Andrés Portillo, *Oaxaca en el centenario de la Independencia Nacional*, Oaxaca, Imprenta del Estado, 1910, p. 21-a.

[6] Jorge Fernando Iturribarría, *Historia de Oaxaca: de la consumación de la Independencia a la iniciación de la Reforma (1821-1854)*, Gobierno del estado de Oaxaca, Oaxaca, 1935, p. 226.

[7] Citado por Peter Guardino, *El tiempo de la libertad: la cultura política popular en Oaxaca (1759-1850)*, UABJO-UAM, Oaxaca, 2009, p. 342. El pasquín fue descubierto en la noche del miércoles 4 de octubre de 1837.

[8] *El Regenerador*, 2 de noviembre de 1840. Fondo Manuel Brioso y Candiani, Biblioteca Francisco de Burgoa, Oaxaca. El periódico hacía referencia a la carta que José Gutiérrez Estrada acababa de escribir, en agosto, al general Anastasio Bustamante.

Solar del Toronjo

[1] Francisco Vasconcelos, *Costumbres oaxaqueñas del siglo XIX*, Ediciones Bibliográficas del Ayuntamiento de Oaxaca de Juárez, Oaxaca, 1993, p. 38. La edad de Desideria Díaz está calculada a partir de la información vertida en su acta de defunción, que indica que nació hacia 1820. La edad de Manuela Díaz, a su vez, está calculada a partir de la de Desideria, quien fue seguida por el nacimiento de dos hermanos, Cayetano y Pablo. Así, Manuela debió haber nacido alrededor de 1824 (su acta de defunción sugiere un año demasiado remoto, el de 1821). Para el resto de los hermanos Díaz existen actas de bautismo en el Archivo de la Mitra.

[2] Francisco Vasconcelos, *Costumbres oaxaqueñas del siglo XIX*, Ediciones Bibliográficas del Ayuntamiento de Oaxaca de Juárez, Oaxaca, 1993, p. 38.

[3] Salvador Quevedo y Zubieta, *Porfirio Díaz (septiembre 1830-septiembre 1865): ensayo de psicología histórica*, Librería de la viuda de Bouret, París/México, 1906, p. 58.

[4] Genaro García, *Porfirio Díaz, sus padres, niñez y juventud*, Imprenta del Museo Nacional, México, 1906, p. 20.

[5] Testamento de José de la Cruz Díaz, Oaxaca, 16 de octubre de 1833 (legajo 79, caja 1, documento 2 de la Col. Porfirio Díaz; Universidad Iberoamericana, México).

[6] *Idem*.

[7] Venta de la casa que Petrona Mori hace a Francisco Mora ante el escribano Juan Pablo Mariscal, Oaxaca, 15 de junio de 1850 (libro 313, foja 160 del Archivo Histórico de Notarías, Biblioteca Francisco de Burgoa, Oaxaca).

[8] Salvador Quevedo y Zubieta, *Porfirio Díaz (septiembre 1830-septiembre 1865): ensayo de psicología histórica*, Librería de la viuda de Bouret, París/México, 1906, p. 59.

[9] Eduard Mühlenpfordt, *Ensayo de una descripción fiel de la República de Méjico, con especial referencia a su geografía, etnografía y estadística: el estado de Oajaca*, Codex Editores, México, 1993, p. 36.

[10] Venta de la casa que Petrona Mori hace a Francisco Mora ante el escribano Juan Pablo Mariscal, Oaxaca, 15 de junio de 1850 (libro 313, foja 160 del Archivo Histórico de Notarías, Biblioteca Francisco de Burgoa, Oaxaca).

[11] Salvador Quevedo y Zubieta, *Porfirio Díaz (septiembre 1830-septiembre 1865): ensayo de psicología histórica*, Librería de la viuda de Bouret, París/México, 1906, pp. 60-61. Era común tener árboles de fruta en los patios de las casas, sobre todo toronjos, como lo dijo un viajero que pasó por Oaxaca hacia mediados del siglo XIX. "Si el exterior de las habitaciones es ingrato y desnudo", escribió, "el interior aparece casi siempre encantador: un vasto zaguán conduce a un patio cuadrado, rodeado de ordinario de un pórtico muy gracioso, plantado de granados, de naranjos y de una especie de cítrico de frutas redondas llamado toronjo" (Désiré Charnay, *Ciudades y ruinas americanas*, Conaculta, México, 1994, p. 104).

[12] Porfirio Díaz, *Memorias*, vol. I, Conaculta, México, 1994, p. 30.

[13] *Ibidem*, pp. 30-31.

[14] *El Día*, 31 de diciembre de 1837. Fondo Manuel Brioso y Candiani, Biblioteca Francisco de Burgoa, Oaxaca.

[15] *Idem*.

3

El día y la noche

[1] Francisco Vasconcelos, *Costumbres oaxaqueñas del siglo XIX*, Ediciones Bibliográficas del Ayuntamiento de Oaxaca de Juárez, Oaxaca, 1993, p. 14. Francisco Vasconcelos (1837-1916) era sobrino del comerciante Joaquín Vasconcelos, protector de Porfirio, y sería tío del escritor José Vasconcelos, autor de *Ulises criollo*. Escribió sus memorias alrededor de 1910, en las que recreó la vida en Oaxaca por medio de un personaje llamado *doña Bibiana*, nacida en 1820.

[2] *Ibidem*, p. 5.

[3] *Ibidem*, pp. 6-7.

[4] *Ibidem*, p. 7.

[5] *Idem*.

[6] *Ibidem*, pp. 11-12.

[7] *Ibidem*, p. 12.

[8] *Ibidem*, p. 13.

[9] Eduard Mühlenpfordt, *Ensayo de una descripción fiel de la República de Méjico, con especial referencia a su geografía, etnografía y estadística: el estado de Oajaca*, Codex Editores, México, 1993, p. 30. Dice al respecto Vasconcelos: "El alumbrado público comenzó por dos faroles apoyados en arbotantes de fierro y alimentados con manteca derretida en las Casas Municipales (donde hoy está el Palacio de los Poderes del Estado) y cuatro en las mismas condiciones en otras tantas columnas piramidales que adornaban una gran fuente de mármol en el

centro de la Plaza de Armas" (Francisco Vasconcelos, *Costumbres oaxaqueñas del siglo XIX*, Ediciones Bibliográficas del Ayuntamiento de Oaxaca de Juárez, Oaxaca, 1993, p. 13).

[10] Francisco Vasconcelos, *Costumbres oaxaqueñas del siglo XIX*, Ediciones Bibliográficas del Ayuntamiento de Oaxaca de Juárez, Oaxaca, 1993, p. 16.

[11] Eduard Mühlenpfordt, *Ensayo de una descripción fiel de la República de Méjico, con especial referencia a su geografía, etnografía y estadística: el estado de Oajaca*, Codex Editores, México, 1993, p. 31.

[12] Francisco Vasconcelos, *Costumbres oaxaqueñas del siglo XIX*, Ediciones Bibliográficas del Ayuntamiento de Oaxaca de Juárez, Oaxaca, 1993, p. 18.

Guerra, sequía y pobreza

[1] Porfirio Díaz, *Memorias*, Conaculta, México, 1994, vol. I, p. 41).

[2] Genaro García, *Porfirio Díaz, sus padres, niñez y juventud*, Imprenta del Museo Nacional, México, 1906, p. 20.

[3] Salvador Quevedo y Zubieta, *Porfirio Díaz (septiembre 1830-septiembre 1865): ensayo de psicología histórica*, Librería de la viuda de Bouret, París/México, 1906, p. 63.

[4] Porfirio Díaz, *Memorias*, Conaculta, México, 1994, vol. I, p. 41.

[5] *Ibidem,* p. 110.

[6] Juan B. Carriedo, *Estudios históricos y estadísticos del estado oaxaqueño*, Talleres Gráficos de Adrián Morales, México, 1949, vol. II, p. 135.

[7] Francisco Vasconcelos, *Costumbres oaxaqueñas del siglo XIX*, Ediciones Bibliográficas del Ayuntamiento de Oaxaca de Juárez, Oaxaca, 1993, p. 45.

[8] *El Regenerador*, 14 de mayo de 1838. Fondo Manuel Brioso y Candiani, Biblioteca Francisco de Burgoa, Oaxaca.

[9] *Idem.*

[10] *El Día*, 1 de abril de 1839. Fondo Manuel Brioso y Candiani, Biblioteca Francisco de Burgoa, Oaxaca.

[11] Manuel Martínez Gracida, *Cuadros sinópticos de los pueblos, haciendas y ranchos del estado libre y soberano de Oaxaca*, Imprenta del Estado, Oaxaca, 1883, p. 8.

[12] *El Regenerador*, 18 de julio de 1839. Fondo Manuel Brioso y Candiani, Biblioteca Francisco de Burgoa, Oaxaca.

[13] *El Regenerador*, 15 de julio de 1839. Fondo Manuel Brioso y Candiani, Biblioteca Francisco de Burgoa, Oaxaca.

[14] *Idem.*

[15] *Idem.*

[16] *Idem.*

[17] *El Regenerador*, 26 de octubre de 1839. Fondo Manuel Brioso y Candiani, Biblioteca Francisco de Burgoa, Oaxaca.

¹⁸ *El Regenerador*, 30 de diciembre de 1839. Fondo Manuel Brioso y Candiani, Biblioteca Francisco de Burgoa, Oaxaca.

¹⁹ *Idem.*

²⁰ Mathieu de Fossey, *Viaje a México*, Conaculta, México, 1994, p. 191. Juan B. Carriedo da las siguientes cifras respecto a la población del estado y la capital en la década de los cuarenta del siglo xix: 464 553 habitantes en Oaxaca y 18 118 habitantes en la ciudad de Oaxaca.

4

José María Crespo, preceptor de Porfirio

¹ Porfirio Díaz, *Memorias*, Conaculta, México, 1994, vol. i, p. 35.

² *Idem.*

³ *El Regenerador*, 25 de noviembre de 1839. Fondo Manuel Brioso y Candiani, Biblioteca Francisco de Burgoa, Oaxaca.

⁴ *Idem.*

⁵ *Idem.*

⁶ *El Regenerador*, 12 de julio de 1841. Fondo Manuel Brioso y Candiani, Biblioteca Francisco de Burgoa, Oaxaca. Entre los alumnos mencionados por *El Regenerador*, premiados en su clase, no aparece el nombre de Porfirio Díaz.

⁷ Justo Sierra, *Juárez: su obra y su tiempo*, unam, México, 2006, p.82.

⁸ Carta de José María Crespo a Porfirio Díaz, Chacaltianguiz, 12 de julio de 1867, en Alberto María Carreño (ed.), *Archivo del general Porfirio Díaz*, Editorial Elede, México, 1947-1961, vol. iv, pp. 91-92. La edad de Crespo, así como el año en que comenzó su carrera, se desprenden de estas líneas: "Porfirio amado, tengo cincuenta y cuatro años de edad, gastados en el servicio público veintinueve" (*idem*).

⁹ Carta de José María Crespo a Porfirio Díaz, Chacaltianguiz, 12 de julio de 1867, en Alberto María Carreño (ed.), *Archivo del general Porfirio Díaz*, Editorial Elede, México, 1947-1961, vol. iv, p. 92.

¹⁰ Nota de respuesta de Porfirio Díaz a José María Crespo, en Alberto María Carreño (ed.), *Archivo del general Porfirio Díaz*, Editorial Elede, México, 1947-1961, vol. iv, p. 92. En su carta, Crespo preguntaba por la suerte de su hijo Antonio, quien luchó por la República. El general Díaz le pidió a su secretario responder así: "Buenas palabras; que su hijo no tiene novedad; que ya se le recomienda al gobernador de Veracruz" (*ibidem*).

¹¹ Citado por Peter Guardino, *El tiempo de la libertad: la cultura política popular en Oaxaca (1759-1850)*, uabjo-uam, Oaxaca, 2009, p. 413. La constitución del estado databa de 1825. En 1848 el gobernador Benito Juárez informó al congreso

del estado que había 476 escuelas en Oaxaca (Brian Hamnett, *Juárez, el benemérito de las Américas*, Biblioteca Nueva, Madrid, 2006, p. 104). Muy pocas para una población que giraba entonces alrededor de los 700 000 habitantes.

[12] Eduard Mühlenpfordt, *Ensayo de una descripción fiel de la República de Méjico, con especial referencia a su geografía, etnografía y estadística: el estado de Oajaca*, Codex Editores, México, 1993, p. 14.

[13] Porfirio Díaz, *Memorias*, Conaculta, México, 1994, vol. I, p. 35.

[14] Mathieu de Fossey, *Viaje a México*, Conaculta, México, 1994, p. 204. El pintor Lucas Villafañe, profesor de dibujo en el Instituto de Ciencias y Artes, realizó en 1845 uno de los cuadros más reveladores de la vida de Oaxaca en el siglo XIX, el de la Alameda de León (actualmente en posesión de la Biblioteca Francisco de Burgoa). El cuadro es idealista, muchas de sus figuras están vestidas a la europea, por lo que debe ser contrastado con las imágenes que más adelante tomaron los fotógrafos que visitaron la ciudad, entre ellos Désiré Charnay y Teobert Maler.

General Antonio de León

[1] *El Regenerador*, 13 de septiembre de 1841. Fondo Manuel Brioso y Candiani, Biblioteca Francisco de Burgoa, Oaxaca. Las noticias de los accidentes mencionados en las líneas anteriores también fueron dados a conocer por *El Regenerador*.

[2] Francisco Vasconcelos, *Costumbres oaxaqueñas del siglo XIX*, Ediciones Bibliográficas del Ayuntamiento de Oaxaca de Juárez, Oaxaca, 1993, p.10.

[3] *Ibidem*, p. 41. Vasconcelos dice que el pronunciamiento ocurrió en septiembre de 1846. Es un error: fue en 1842.

[4] Andrés Portillo, *Oaxaca en el Centenario de la Independencia Nacional*, Oaxaca, Imprenta del Estado, 1910, p. 91-a.

[5] *Idem*.

[6] Juan B. Carriedo, *Estudios históricos y estadísticos del estado oaxaqueño*, Talleres Gráficos de Adrián Morales, México, 1949, vol. II, p. 88.

[7] Andrés Portillo, *Oaxaca en el Centenario de la Independencia Nacional*, Oaxaca, Imprenta del Estado, 1910, p. 91-a.

[8] Juan B. Carriedo, *Estudios históricos y estadísticos del estado oaxaqueño*, Talleres Gráficos de Adrián Morales, México, 1949, vol. II, pp. 88-89.

[9] Andrés Portillo, *Oaxaca en el Centenario de la Independencia Nacional*, Oaxaca, Imprenta del Estado, 1910, p. 91-a.

[10] *El Regenerador*, 30 de octubre de 1843. Fondo Manuel Brioso y Candiani, Biblioteca Francisco de Burgoa, Oaxaca.

5

Seminario Conciliar de la Santa Cruz

[1] Hubert H. Bancroft, *Vida de Porfirio Díaz*, Compañía Historia de México, México, 1887, p. 61. Petrona era devota, dice, "pero no con exceso" (*ibidem*).

[2] Porfirio Díaz, *Memorias*, Conaculta, México, 1994, vol. I, p. 31. José de la Cruz era religioso, dice, "sin ser fanático" (*ibidem*).

[3] *Ibidem*, p. 36.

[4] Eutimio Pérez, *Recuerdos históricos del episcopado oaxaqueño*, Imprenta de Lorenzo San Germán, Oaxaca, 1888, p. 114.

[5] Citado por *El Día*, 24 de junio de 1839. Fondo Manuel Brioso y Candiani, Biblioteca Francisco de Burgoa, Oaxaca.

[6] *El Regenerador*, 23 de marzo de 1843. Fondo Manuel Brioso y Candiani, Biblioteca Francisco de Burgoa, Oaxaca. Morales y Jasso, confirma un testimonio de la época, "trabajó un reglamento para el Seminario, que era su ídolo y afán" (Juan B. Carriedo, *Estudios históricos y estadísticos del estado oaxaqueño*, Talleres Gráficos de Adrián Morales, México, 1949, vol. I, p.235).

[7] *El Regenerador*, 23 de marzo de 1843. Fondo Manuel Brioso y Candiani, Biblioteca Francisco de Burgoa, Oaxaca.

[8] *Idem*.

[9] Citado por *El Regenerador*, 26 de agosto de 1844. Fondo Manuel Brioso y Candiani, Biblioteca Francisco de Burgoa, Oaxaca.

[10] *Idem*.

[11] Porfirio Díaz, *Memorias*, Conaculta, México, 1994, vol. I, p. 35. El texto completo dice así: "En 1843, cuando contaba yo trece años de edad, entré al Colegio Seminario Conciliar de Oaxaca", para después añadir lo siguiente: "Por haber entrado a la clase a mediados del año escolar, no pude examinarme al terminar éste, y a principios del año siguiente de 1844, entré a la nueva cátedra de mínimos de la que era profesor el presbítero don Macario Rodríguez" (*idem*). En realidad ingresó en 1844 (no en 1843, aunque es cierto que tenía aún trece años) y presentó sus exámenes en 1845 (no en 1844), y su profesor de mínimos fue Francisco López (no Macario Rodríguez).

[12] Porfirio Díaz, *Memorias*, Conaculta, México, 1994, vol. I, p. 35.

[13] *Ibidem*, p. 79. Así fue relatada por Díaz la muerte de su amigo Joaquín Ortiz: "En un encuentro que tuvo con Manzano, quien se había pronunciado por la reacción, le mataron el caballo, y no pudiendo escaparse por la circunstancia de lo raquítico de su constitución, fue alcanzado y muerto por el enemigo" (*ibidem*, p. 80).

[14] *Ibidem*, p. 37.

[15] *Idem*.

[16] *Idem*.

[17] Andrés Portillo, *Oaxaca en el centenario de la Independencia Nacional*, Oaxaca, Imprenta del Estado, 1910, p. 148-a. Fray Tomás de Monterroso era miembro de la orden de Predicadores.

Delfina

[1] Mathieu de Fossey, *Viaje a México*, Conaculta, México, 1994, p. 189. Otro autor habría de confirmar lo dicho por Fossey: "La enorme sequedad de la atmósfera y la luz deslumbrante de la meseta, causan aquí numerosas afecciones oftalmológicas" (Désiré Charnay, *Ciudades y ruinas americanas*, Conaculta, México, 1994, p. 104).

[2] José Antonio Gay, *Historia de Oaxaca*, Porrúa, México, 2000, p. 442.

[3] *El Regenerador*, 13 de marzo de 1845. Fondo Manuel Brioso y Candiani, Biblioteca Francisco de Burgoa, Oaxaca.

[4] Acta de bautismo de Delfina Ortega (libro 88, folio 133, partida 1065 de los archivos de la Mitra de Oaxaca).

[5] Hubert H. Bancroft, *Vida de Porfirio Díaz*, Compañía Historia de México, México, 1887, p. 476.

[6] Porfirio Díaz, *Memorias*, Conaculta, México, 1994, vol. I, p. 31.

[7] Venta de la casa que Petrona Mori hace a José Paulino González ante el escribano Francisco Ortiz y Quintas, Oaxaca, 17 de diciembre de 1841 (libro 353, foja 255-V del Archivo Histórico de Notarías, Biblioteca Francisco de Burgoa, Oaxaca). La parte más relevante del documento dice así: "Doña Petrona Mori de esta naturaleza y vecindad, a quien doy fe conozco, dijo: que en la venta de una casa que contrató con el ciudadano José Paulino González se suscitaron diferencias con éste, por lo que fue necesario se siguieran autos; pero estando éstos en el día concluidos, aquél le ha exigido le otorgue la correspondiente escritura de venta para poder entregarle el resto del dinero que falta para el completo de los 375 pesos en que la trataron" (*idem*). La casa la había comprado, añade, "su finado esposo don José Díaz en 100 pesos al muy reverendo padre fray José Porres, comendador que fue del convento de Nuestra Señora de la Merced de esta ciudad en 22 de enero de 828" (*idem*).

[8] Venta de la casa que Petrona Mori hace a José Paulino González ante el escribano Francisco Ortiz y Quintas, Oaxaca, 17 de diciembre de 1841 (libro 353, foja 255-V del Archivo Histórico de Notarías, Biblioteca Francisco de Burgoa, Oaxaca).

[9] Venta de la casa que Petrona Mori hace a José Paulino González ante el escribano Francisco Ortiz y Quintas, Oaxaca, 17 de diciembre de 1841 (libro 353, foja 257 del Archivo Histórico de Notarías, Biblioteca Francisco de Burgoa, Oaxaca).

[10] Porfirio Díaz, *Memorias*, Conaculta, México, 1994, vol. i, p. 41. Es desde luego posible que Porfirio Díaz comenzara su trabajo de zapatero después de 1845-1846.

[11] *Idem*. "Llegué a hacer zapatos finos, botas buenas, y naturalmente a mucho menos costo del que tenían compradas en la zapatería", diría Porfirio (*idem*). Algunos de sus conocidos también fabricaban zapatos para ayudar a sus economías, entre ellos Francisco Vasconcelos, el compañero del Seminario.

Invasión de los Yankees

[1] Citado por Salvador Quevedo y Zubieta, *Porfirio Díaz (septiembre 1830-septiembre 1865): ensayo de psicología histórica*, Librería de la viuda de Bouret, París/México, 1906, p. 77.

[2] Porfirio Díaz, *Memorias*, Conaculta, México, 1994, vol. i, p. 40.

[3] *La Unión Nacional*, 25 de abril de 1846. Fondo Manuel Brioso y Candiani, Biblioteca Francisco de Burgoa, Oaxaca. La tensión con los Estados Unidos databa del otoño de 1844, al ser planteada entonces la anexión de Texas.

[4] *La Unión Nacional*, 2 de mayo de 1846. Fondo Manuel Brioso y Candiani, Biblioteca Francisco de Burgoa, Oaxaca.

[5] *La Unión Nacional*, 23 de junio de 1846. Fondo Manuel Brioso y Candiani, Biblioteca Francisco de Burgoa, Oaxaca.

[6] Citado por Carlos Sánchez Silva, *Ensayos juaristas*, Carteles Editores, Oaxaca, 2009, p. 14.

[7] *La Unión Nacional*, 6-9 de octubre de 1846. Fondo Manuel Brioso y Candiani, Biblioteca Francisco de Burgoa, Oaxaca. La lista de contribuyentes a la guerra decía así: "Benito Juárez, abogado, el haber de tres fusileros durante la guerra del Norte, y pide se le descuente su importe del sueldo que actualmente disfruta y que debe vencer en el presente mes como regente de la corte de justicia (...) Nicolás Arpides, zapatero, ofrece 1 peso mensual durante el tiempo de la guerra, y exhibió en el acto lo del presente (...) José María Díaz Ordaz, 10 pesos por mes durante la guerra" (*La Unión Nacional*, 6 de octubre de 1846). Así también: "Manuel Ortega y Reyes, médico, da 4 reales mensuales por el tiempo de la guerra, y exhibió los primeros" (*La Unión Nacional*, viernes 9 de octubre de 1846).

[8] Ignacio Mejía, "Autobiografía", *El Imparcial*, 5-12 de diciembre de 1906. Hemeroteca Nacional de México. Los datos relativos a la decadencia de la Iglesia en Oaxaca están basados en Brian Hamnett, *Juárez, el benemérito de las Américas*, Biblioteca Nueva, Madrid, 2006, pp. 99-103.

[9] *La Unión Nacional*, 7 de noviembre de 1846. Fondo Manuel Brioso y Candiani, Biblioteca Francisco de Burgoa, Oaxaca.

[10] Citado por Salvador Quevedo y Zubieta, *Porfirio Díaz (septiembre 1830-septiembre 1865): ensayo de psicología histórica*, Librería de la viuda de Bouret, París/México, 1906, p. 77. Las calificaciones fueron publicadas el 11 de enero de 1847.

[11] Porfirio Díaz, *Memorias*, Conaculta, México, 1994, vol. I, p. 36. Díaz sitúa la plática de su maestro, y la visita al gobernador, en el año de 1846. Es un error: la plática y la visita ocurrieron en 1847, entre el 16 de febrero y el 25 de mayo, cuando Guergué era gobernador de Oaxaca.

[12] *Idem.*

[13] *Idem.*

[14] *Idem.*

[15] Citado por *La Unión Nacional*, 17 de agosto de 1846. Fondo Manuel Brioso y Candiani, Biblioteca Francisco de Burgoa, Oaxaca.

[16] Citado por Jorge L. Tamayo (ed.), *Benito Juárez: documentos, discursos y correspondencia*, Secretaría del Patrimonio Nacional, México, 1964-1970, vol. I, p. 462.

[17] Citado por Ralph Roeder, *Juárez y su México*, FCE, México, 1980, p. 112. Entre 1823 y 1847 hubo 36 gobernadores en Oaxaca: 6 constitucionales y 30 interinos.

[18] Ignacio Mejía, "Autobiografía", *El Imparcial*, 5-12 de diciembre de 1906. Hemeroteca Nacional de México.

[19] Guillermo Prieto, *Memorias de mis tiempos*, Editores Mexicanos Unidos, México, 2002, p. 360. Prieto hace en su libro un retrato muy vívido de la batalla librada contra los norteamericanos en el Molino del Rey (pp. 359-367).

[20] *El Espíritu de la Independencia*, 23 de septiembre de 1847. Fondo Manuel Brioso y Candiani, Biblioteca Francisco de Burgoa, Oaxaca.

[21] *Idem.* Los oaxaqueños tuvieron alrededor de 700 bajas —entre muertos, heridos y prisioneros— al terminar la batalla del Molino del Rey.

[22] Porfirio Díaz, *Memorias: 1830-1867 (tomo II)*, Tipografía de la Oficina Impresora de Estampillas, México, 1893, p. 263.

[23] *Ibidem*, p. 262.

[24] Francisco Vasconcelos, *Memorias*. Las memorias, inéditas, son accesibles al público en el Fondo Luis Castañeda Guzmán de la Biblioteca Juan de Córdoba, en Oaxaca. Yo debo mi copia a la generosidad del profesor José Francisco Ruiz Cervantes, académico de la Universidad Autónoma Benito Juárez de Oaxaca.

[25] *La Unión Nacional*, 6 de octubre de 1846. Fondo Manuel Brioso y Candiani, Biblioteca Francisco de Burgoa, Oaxaca.

[26] Porfirio Díaz, *Memorias*, Conaculta, México, 1994, vol. I, p. 41.

[27] Citado por *El Espíritu de la Independencia*, 2 de noviembre de 1847. Fondo Manuel Brioso y Candiani, Biblioteca Francisco de Burgoa, Oaxaca. Poco antes de asumir Juárez el gobierno de Oaxaca, sucedió este episodio, muy curioso: "el pronunciamiento de Sabas Alonso, oficial del Batallón Trujano, quien estando de guardia un día en que los soldados del cuerpo salieron a lavar su ropa al río, se pronunció con la guardia que mandaba, introdujo plebe que armó, y cuando

regresó la fuerza franca se encontró con que no pudo entrar porque había salido desarmada y el fuerte estaba pronunciado. Este pronunciamiento, que fue liberal, dejó establecido el gobierno y dio margen a la elección de gobernador a favor del señor don Benito Juárez" (Francisco Vasconcelos, *Costumbres oaxaqueñas del siglo XIX*, Ediciones Bibliográficas del Ayuntamiento de Oaxaca de Juárez, Oaxaca, 1993, pp. 41-42). ¿Participó acaso Porfirio Díaz en este pronunciamiento que involucró a su cuerpo, el Batallón Trujano?

[28] Citado por Carlos Sánchez Silva, *Ensayos juaristas*, Carteles Editores, Oaxaca, 2009, pp. 18-19. Los datos relativos al progreso de la guardia nacional están en Brian Hamnett, *Juárez, el benemérito de las Américas*, Biblioteca Nueva, Madrid, 2006, pp. 54-55.

[29] Citado por Peter Guardino, *El tiempo de la libertad: la cultura política popular en Oaxaca (1759-1850)*, UABJO-UAM, Oaxaca, 2009, p. 350.

[30] *El Espíritu de la Independencia*, 1 de enero de 1848. Fondo Manuel Brioso y Candiani, Biblioteca Francisco de Burgoa, Oaxaca.

[31] *El Espíritu de la Independencia*, 8 de marzo de 1848. Fondo Manuel Brioso y Candiani, Biblioteca Francisco de Burgoa, Oaxaca.

[32] Citado por *El Espíritu de la Independencia*, 29 de abril de 1848. Fondo Manuel Brioso y Candiani, Biblioteca Francisco de Burgoa, Oaxaca.

[33] *El Espíritu de la Independencia*, 26 de abril de 1848. Fondo Manuel Brioso y Candiani, Biblioteca Francisco de Burgoa, Oaxaca. La indemnización de los Estados Unidos a México fue de 15 000 000 dólares —no 19 000 000, como por error indicó la editorial de *El Espíritu de la Independencia*.

6

El rompimiento

[1] *La Crónica*, 3 de julio de 1848. Fondo Manuel Brioso y Candiani, Biblioteca Francisco de Burgoa, Oaxaca.

[2] *Idem*.

[3] *La Crónica*, 24 agosto 1849. Fondo Manuel Brioso y Candiani, Biblioteca Francisco de Burgoa, Oaxaca. "El plano de esta ciudad levantado por el ingeniero don Antonio Diebith, litografiado e iluminado", dice el aviso, "se halla de venta en la tesorería general del estado al precio de 2 pesos" (*idem*).

[4] Genaro García, *Porfirio Díaz, sus padres, niñez y juventud*, Imprenta del Museo Nacional, México, 1906, p. 24.

[5] Citado por Salvador Quevedo y Zubieta, *Porfirio Díaz (septiembre 1830-septiembre 1865): ensayo de psicología histórica*, Librería de la viuda de Bouret, París/México, 1906, p. 78.

[6] *Idem.*

[7] Porfirio Díaz, *Memorias*, Conaculta, México, 1994, vol. I, p. 36.

[8] *Idem.*

[9] Eutimio Pérez, *Recuerdos históricos del episcopado oaxaqueño*, Imprenta de Lorenzo San Germán, Oaxaca, 1888, p. 114.

[10] Porfirio Díaz, *Memorias*, Conaculta, México, 1994, vol. I, p. 37.

[11] *Idem.*

[12] *Idem.*

[13] *Ibidem*, pp. 37-38.

[14] *Ibidem*, p. 38.

[15] *Ibidem*, p. 37.

[16] Désiré Charnay, *Ciudades y ruinas americanas*, Conaculta, México, 1994, p. 121.

[17] Porfirio Díaz, *Memorias*, Conaculta, México, 1994, vol. I, p. 37.

[18] *Idem*, p. 37.

[19] *Ibidem*, p. 38.

[20] *La Crónica*, 31 de diciembre de 1849. Fondo Manuel Brioso y Candiani, Biblioteca Francisco de Burgoa, Oaxaca.

[21] *Idem.*

[22] *Idem.* Al enumerar a todos los asistentes, el cronista de la ceremonia dijo esto en un pie de página: "Sentimos mucho que ni el ilustrísimo señor obispo ni su vicario general hubieran asistido" (*idem*).

[23] *Idem.*

[24] Porfirio Díaz, *Memorias*, Conaculta, México, 1994, vol. I, p. 38. Díaz afirma, por error, que aquella noche los discursos fueron pronunciados por Manuel Iturribarría y Bernardino Carbajal. Los oradores fueron, más bien, Antonio Falcón y Lope San Germán.

[25] *La Crónica*, 31 de diciembre de 1849. Fondo Manuel Brioso y Candiani, Biblioteca Francisco de Burgoa, Oaxaca.

[26] Porfirio Díaz, *Memorias*, Conaculta, México, 1994, vol. I, p. 38. Porfirio Díaz afirma en sus memorias que conoció a Juárez en una función de premios en el Instituto, aquella que lo llevó a dejar el Seminario por el Instituto. A finales de 1849, Díaz terminó sus estudios en el Seminario y, a principios de 1850, inició sus estudios en el Instituto. La función de premios a la que hacen referencia sus memorias es, por lo tanto, aquella con la que comenzaron los cursos de 1850. El profesor Francisco José Ruiz Cervantes, con quien discutí todo esto, me señaló la fecha en que ocurrió esa función de premios, de acuerdo con *La Crónica*: el 28 de diciembre de 1849. Quiero aprovechar este espacio para darle las gracias por su generosidad.

[27] Porfirio Díaz, *Memorias*, Conaculta, México, 1994, vol. I, p. 37.

[28] *Ibidem*, p. 38.

[29] *Idem.*

[30] *Idem.*

[31] *Ibidem*, p. 39.

[32] *Idem.*

[33] Venta de la casa que Petrona Mori hace a Francisco Mora ante el escribano Juan Pablo Mariscal, Oaxaca, 15 de junio de 1850 (libro 313, foja 160 del Archivo Histórico de Notarías, Biblioteca Francisco de Burgoa, Oaxaca).

[34] *Idem.*

[35] Porfirio Díaz, *Memorias*, Conaculta, México, 1994, vol. I, p. 39.

Instituto de Ciencias y Artes

[1] Citado por Carlos Sánchez Silva, "El establecimiento del federalismo y la creación del Instituto de Ciencias y Artes del Estado de Oaxaca", *Testimonios del Cincuentenario: Universidad Autónoma Benito Juárez de Oaxaca*, UABJO, Oaxaca, 2006, p. 37.

[2] Benito Juárez, *Apuntes para mis hijos*, Ayuntamiento de Oaxaca, Oaxaca, 2011, p. 20. Los recuerdos de Juárez respecto al Instituto, escritos hacia el final de su vida, estaban marcados por sus recuerdos del papel que desempeñó ese colegio durante las guerras de la Reforma y la Intervención.

[3] Citado por Rafael de Zayas Enríquez, *Benito Juárez: su vida, su obra*, SEP, México, 1972, p. 54. La cita es de Manuel Dublán, concuño de Juárez, director del Instituto en tiempos de Maximiliano.

[4] Francisco Vasconcelos, *Costumbres oaxaqueñas del siglo XIX*, Ediciones Bibliográficas del Ayuntamiento de Oaxaca de Juárez, Oaxaca, 1993, p. 16.

[5] Juan B. Carriedo, *Estudios históricos y estadísticos del estado oaxaqueño*, Talleres Gráficos de Adrián Morales, México, 1949, vol. II, pp. 169-170. El segundo volumen de este libro fue publicado en Oaxaca en 1849.

[6] *Ibidem*, p. 170. Esos esfuerzos culminaron en el reglamento de 1852, que significó un parteaguas en la evolución del Instituto.

[7] Benito Juárez, *Apuntes para mis hijos*, Ayuntamiento de Oaxaca, Oaxaca, 2011, p. 20. "En 1831 había en el Seminario ocho cátedras, 20 *colegiales* y 230 *capenses*. En el Instituto, 117 alumnos" (Juan B. Carriedo, *Estudios históricos y estadísticos del estado oaxaqueño*, Talleres Gráficos de Adrián Morales, México, 1949, vol. II, p. 111). En 1848 había aún pocos alumnos inscritos en el Instituto, apenas 130, pero para 1849 había ya 308.

[8] Porfirio Díaz, *Memorias*, Conaculta, México, 1994, vol. I, p. 39.

[9] Citado por Salvador Quevedo y Zubieta, *Porfirio Díaz (septiembre 1830-septiembre 1865): ensayo de psicología histórica*, Librería de la viuda de Bouret, París/México, 1906, p. 116. En enero de 1854, Porfirio Díaz fue sinodal en el examen de dibujo de José Guillermo Carbó, quien llegaría a ser general en el ejército de México.

[10] Porfirio Díaz, *Memorias*, Conaculta, México, 1994, vol. I, p.39.

[11] Citado por Harry Bernstein, *Matías Romero: 1837-1898*, FCE, México, 1973, p. 22.

[12] *Idem.*

[13] Venta de la casa que Petrona Mori hace a Isidro Colmenares ante el escribano Ambrosio Ocampo, Oaxaca, 13 de abril de 1850 (libro 340, foja 480-V del archivo Histórico de Notarías, Biblioteca Francisco de Burgoa, Oaxaca).

[14] Venta de la casa que Petrona Mori hace a Francisco Mora ante el escribano Juan Pablo Mariscal, Oaxaca, 15 de junio de 1850 (libro 313, foja 158 del Archivo Histórico de Notarías, Biblioteca Francisco de Burgoa, Oaxaca).

[15] *Idem.*

[16] *Idem.*

[17] Porfirio Díaz, *Memorias*, Conaculta, México, 1994, vol. I, p. 45. Díaz menciona este trabajo en el contexto de 1853, pero su relación con Pardo, muy antigua, sugiere que lo tuvo desde antes, probablemente desde sus comienzos en el Instituto, cuando necesitaba con urgencia un ingreso, luego de abandonar el Seminario.

[18] *Ibidem*, p. 31.

[19] *La Crónica*, 29 de enero de 1849. Fondo Manuel Brioso y Candiani, Biblioteca Francisco de Burgoa, Oaxaca. "La manía por ir en busca de oro va en aumento de día en día", añadía el periódico (*ibidem*).

[20] Citado por Salvador Quevedo y Zubieta, *Porfirio Díaz (septiembre 1830-septiembre 1865): ensayo de psicología histórica*, Librería de la viuda de Bouret, París/México, 1906, pp. 116-117.

[21] Porfirio Díaz, *Memorias*, Conaculta, México, 1994, vol. I, p. 40.

Lucha por la vida

[1] Función de premios del Instituto de Ciencias y Artes, 1 de enero de 1851 (serie Institutos Educativos, caja 37, expediente 1 del Fondo Luis Castañeda Guzmán, Biblioteca Juan de Córdoba, Oaxaca).

[2] Porfirio Díaz, *Memorias*, Conaculta, México, 1994, vol. I, p. 43.

[3] Carl Khevenhüller, "Tres años en México", en Brigitte Hamann, *Con Maximiliano en México: del diario del príncipe Carl Khevenhüller (1864-1867)*, FCE, México, 1989, p. 118.

[4] Porfirio Díaz, *Memorias*, Conaculta, México, 1994, vol. I, p. 42.

[5] *Idem.*

[6] *Idem.*

[7] *La Crónica*, 8 de junio de 1849. Fondo Manuel Brioso y Candiani, Biblioteca Francisco de Burgoa, Oaxaca.

⁸ Francisco Vasconcelos, *Costumbres oaxaqueñas del siglo XIX*, Ediciones Bibliográficas del Ayuntamiento de Oaxaca de Juárez, Oaxaca, 1993, p. 42.

⁹ *La Crónica*, 3 de enero de 1852. Fondo Manuel Brioso y Candiani, Biblioteca Francisco de Burgoa, Oaxaca.

¹⁰ Porfirio Díaz, *Memorias*, Conaculta, México, 1994, vol. II, p. 41 y p. 38.

¹¹ Enrique Krauze y Fausto Zerón-Medina, *Porfirio: el origen (1830-1854)*, Clío, México, 1993, p. 70. El dato ha sido retomado por otros autores, por ejemplo Pablo Serrano Alvarez, *Porfirio Díaz y el Porfiriato: cronología (1830-1915)*, INEHRM, México, 2012, p. 12. Pero no existe ningún documento que demuestre que esa sea, en efecto, la fecha del inicio de Porfirio Díaz en la masonería en Oaxaca. El señor Luis Calleja, actual gran secretario de la Gran Logia de Libres y Aceptados Masones del Estado de Oaxaca, autor de una historia de la masonería en el estado, no tiene registrada la fecha —dijo en comunicación conmigo— en que Porfirio fue iniciado por don Marcos Pérez.

¹² Rafael de Zayas Enríquez, *Benito Juárez: su vida, su obra*, SEP, México, 1972, p. 329.

¹³ Citado por Charles R. Berry, *La Reforma en Oaxaca: una microhistoria de la revolución liberal (1856-1876)*, Era, México, 1989, p. 28. León XII condenó la masonería el 13 de mayo de 1826. Antonio de León fundó la logia Esfuerzo de la Virtud el 25 de abril de 1828. José Mariano Galíndez pronunció su sermón en la iglesia de la Soledad el 18 de diciembre de 1841.

7

Don Benito Juárez

¹ *La Crónica*, 25 de julio de 1852. Fondo Manuel Brioso y Candiani, Biblioteca Francisco de Burgoa, Oaxaca. Había dos listas relativas a las faltas en la clase de derecho canónico durante el mes de junio de ese año: "con previo aviso y motivo justo" y "sin ningún aviso" (*idem*). Porfirio había faltado una vez con aviso y ninguna vez sin aviso. Existen otras listas más de faltas y asistencias que pueden ser leídas en el Archivo Histórico del Estado de Oaxaca (fondo Educación, sección Instrucción Pública, serie Título de Ciencias).

² Porfirio Díaz, *Memorias*, Conaculta, México, 1994, vol. I, p. 43.

³ Rafael de Zayas Enríquez, *Benito Juárez: su vida, su obra*, SEP, México, 1972, p. 330.

⁴ *Idem*.

⁵ Porfirio Díaz, *Memorias*, Conaculta, México, 1994, vol. I, p. 43.

⁶ Benito Juárez, *Apuntes para mis hijos*, Ayuntamiento de Oaxaca, Oaxaca, 2011, p. 9.

[7] Rafael de Zayas Enríquez, *Benito Juárez: su vida, su obra*, SEP, México, 1972, p. 330.

[8] *Idem.*

[9] Citado por Salvador Quevedo y Zubieta, *Porfirio Díaz (septiembre 1830-septiembre 1865): ensayo de psicología histórica*, Librería de la viuda de Bouret, París/México, 1906, p. 117.

[10] Francisco Vasconcelos, *Costumbres oaxaqueñas del siglo XIX*, Ediciones Bibliográficas del Ayuntamiento de Oaxaca de Juárez, Oaxaca, 1993, p. 42. El Plan del Hospicio sería también conocido con el nombre de Plan de Jalisco.

[11] Benito Juárez, *Apuntes para mis hijos*, Ayuntamiento de Oaxaca, Oaxaca, 2011, p. 32.

Aventuras con el Chato

[1] Porfirio Díaz, *Memorias*, Conaculta, México, 1994, vol. I, p. 44.

[2] *Idem.*

[3] *Ibidem*, p. 45. Marcos Pérez fue reducido a prisión el 23 de octubre de 1853, fue liberado a principios de 1854 y más tarde, el 6 de abril, fue desterrado a Tehuacán. Las visitas de los hermanos Díaz debieron haber ocurrido a fines de octubre o a principios de noviembre, ya que la epidemia de cólera, que terminó hacia noviembre, hacía estragos todavía en Oaxaca, según el testimonio de Porfirio.

[4] *Ibidem*, p. 46.

[5] *Ibidem*, p. 40.

[6] *Ibidem*, p. 45.

[7] Porfirio Díaz, *Memorias*, Conaculta, México, 1994, vol. I, p. 47.

[8] *Ibidem*, p. 48.

[9] Andrés Portillo, *Oaxaca en el Centenario de la Independencia Nacional*, Oaxaca, Imprenta del Estado, 1910, p. 160bis-d. El promedio de las inhumaciones en el panteón había sido de alrededor de 600 personas por año en la década de los cuarenta, según el cuadro que proporciona Portillo. Así que la cifra de muertes fue multiplicada por cuatro. Murieron de cólera en 1853, de hecho, más personas de las que murieron en la epidemia terrible de 1833, en términos absolutos, pero sobre todo relativos a la población que tenía en 1853 la ciudad de Oaxaca, menor a la que registraba en 1833.

[10] Porfirio Díaz, *Memorias*, Conaculta, México, 1994, vol. I, p. 47.

[11] Citado por Salvador Quevedo y Zubieta, *Porfirio Díaz (septiembre 1830-septiembre 1865): ensayo de psicología histórica*, Librería de la viuda de Bouret, París/México, 1906, p. 117.

[12] Porfirio Díaz, *Memorias*, Conaculta, México, 1994, vol. I, p. 110.

[13] Carta de Ignacio Martínez Pinillos al Ministerio de Guerra, Oaxaca, 6 de febrero de 1854 (tomo I, foja 4 del Expediente de Félix Díaz. Archivo Histórico de la Secretaría de la Defensa Nacional).

[14] Hoja de servicios de Felipe Díaz, Chapultepec, 18 de julio de 1854 (tomo I, foja 7 del Expediente de Félix Díaz. Archivo Histórico de la Secretaría de la Defensa Nacional). La hoja de servicios está firmada por el coronel de infantería Miguel Echegaray en papel membretado de la 1ª Compañía del Colegio Militar. El Chato afirmaba ser, en su hoja de servicios, "hijo de don Porfirio y de doña Petrona Mori" (*idem*). Tuvo siempre con su hermano mayor una relación filial.

[15] Hoja de servicios de Felipe Díaz, Chapultepec, 18 de julio de 1854 (tomo I, foja 9 del Expediente de Félix Díaz. Archivo Histórico de la Secretaría de la Defensa Nacional).

[16] Porfirio Díaz, *Memorias*, Conaculta, México, 1994, vol. I, p. 110.

[17] *Idem*.

[18] Carl Khevenhüller, "Tres años en México", en Brigitte Hamann, *Con Maximiliano en México: del diario del príncipe Carl Khevenhüller (1864-1867)*, FCE, México, 1989, p. 180.

[19] Porfirio Díaz, *Memorias*, Conaculta, México, 1994, vol. I, p. 42.

[20] Citado por *La Crónica*, 30 de julio de 1852. Fondo Manuel Brioso y Candiani, Biblioteca Francisco de Burgoa, Oaxaca. El bibliotecario, Rafael Unquera, violaba con su ausencia el Artículo 5º del Capítulo IV de la Ley Orgánica del Instituto, que decía así: "El bibliotecario no podrá tener otro empleo o comisión que impida su asistencia personal a la biblioteca" (*idem*).

[21] Porfirio Díaz, *Memorias*, Conaculta, México, 1994, vol. I, p. 42.

[22] Citado por *La Crónica*, 1 de agosto de 1852. Fondo Manuel Brioso y Candiani, Biblioteca Francisco de Burgoa, Oaxaca. Respecto de la situación de las bibliotecas de la ciudad a fines de los cuarenta, existe esta relación: "Las bibliotecas son las del Instituto, y que posee 2 105 volúmenes, la de Santo Domingo, que contiene 2 400 obras en 5 416 volúmenes, y la del Seminario, que se compone de 1 541 obras en 2 944 volúmenes" (Juan B. Carriedo, *Estudios históricos y estadísticos del estado oaxaqueño*, Talleres Gráficos de Adrián Morales, México, 1949, vol. II, p. 133). Según otra fuente, sin embargo, para 1857 había ya 3 902 volúmenes en la biblioteca del Instituto (Charles R. Berry, *La Reforma en Oaxaca: una microhistoria de la revolución liberal (1856-1876)*, Era, México, 1989, p. 238). Así que la biblioteca del Instituto creció sin precedentes entre 1849 y 1857. (Otra de las obligaciones del bibliotecario, entre paréntesis, era abrir por lo menos una hora al día el museo del colegio.)

[23] Porfirio Díaz, *Memorias*, Conaculta, México, 1994, vol. I, p. 48.

[24] *Ibidem*, p. 42.

LA REFORMA

1

Plan de Ayutla

[1] Citado por Fernando Díaz y Díaz (ed.), *Santa Anna y Juan Alvarez frente a frente*, SEP, México, 1972, p. 116.

[2] *Ibidem*, pp. 115-116.

[3] Citado por Nemesio García Naranjo, *Porfirio Díaz*, Casa Editorial Lozano, San Antonio Texas, 1930, p. 38.

[4] Citado por Genaro García, *Porfirio Díaz, sus padres, niñez y juventud*, Imprenta del Museo Nacional, México, 1906, p. 33.

[5] Eutimio Pérez, *Recuerdos históricos del episcopado oaxaqueño*, Imprenta de Lorenzo San Germán, Oaxaca, 1888, p.115.

Plebiscito de Su Alteza Serenísima

[1] *Periódico Oficial*, 1 de diciembre de 1854. Fondo Manuel Brioso y Candiani, Biblioteca Francisco de Burgoa, Oaxaca.

[2] Citado por Salvador Quevedo y Zubieta, *Porfirio Díaz (septiembre 1830-septiembre 1865): ensayo de psicología histórica*, Librería de la viuda de Bouret, París/ México, 1906, pp. 134-135.

[3] *Ibidem*, pp. 135-136.

[4] *Ibidem*, p. 136.

[5] *Periódico Oficial*, 7 de diciembre de 1854. Fondo Manuel Brioso y Candiani, Biblioteca Francisco de Burgoa, Oaxaca.

[6] *Idem*.

[7] *Idem*.

[8] *Idem*. El *Diario Oficial del Gobierno de la República Mexicana* reprodujo este artículo el 18 de diciembre de 1854, con el título "Elección en Oaxaca". Era la primera vez que aparecía en la prensa de la capital, aunque sin su nombre, la figura de Porfirio.

[9] Jorge Fernando Iturribarría, *La generación oaxaqueña del 57*, Universidad de Oaxaca, Oaxaca, 1956, p. 70.

[10] Porfirio Díaz, *Memorias*, Conaculta, México, 1994, vol. I, p. 49.

[11] *Idem*.

[12] *Idem*.

[13] *Idem*.

[14] *Ibidem*, p. 50.

[15] *Idem*. El texto es ambiguo, pues lo que describe puede ser leído como la continuación de lo que le sucedió en la jornada del 1 de diciembre. Pero al parecer la persecución se dio hasta mediados de diciembre, entre el 7 y el 14, cuando fue declarado un crimen haber votado por Juan Alvarez.

[16] Citado por Genaro García, *Porfirio Díaz, sus padres, niñez y juventud*, Imprenta del Museo Nacional, México, 1906, p. 49. La circular fue publicada el 27 de diciembre de 1854 en el *Diario Oficial del Gobierno de la República Mexicana*.

[17] *Periódico Oficial*, 28 de diciembre de 1854. Fondo Manuel Brioso y Candiani, Biblioteca Francisco de Burgoa, Oaxaca.

[18] Porfirio Díaz, *Memorias*, Conaculta, México, 1994, vol. I, p. 51.

[19] *Idem*.

[20] *Idem*. La calle de Manero (así llamada pues ahí tenía varias casas Víctor de Manero) está localizada, con otro nombre, en el costado oriente del Palacio de Gobierno. Porfirio Díaz pasó por ahí cuando caminaba hacia su casa desde la calle de Plateros, junto a San Agustín, donde vivía Marcos Pérez. Esto permite deducir que él mismo residía en el sur de Oaxaca. El historiador Jorge Fernando Iturribarría dice, además, lo siguiente: "Vivía cerca del puente del río Atoyac" (*Porfirio Díaz ante la historia*, Carlos Villegas García, México, 1967, p. 6). Es muy probable que sí, por la información que da Porfirio sobre la costumbre de llevar a su caballo a beber al Atoyac.

[21] Porfirio Díaz, *Memorias*, Conaculta, México, 1994, vol. I, p. 52.

[22] *Idem*.

[23] *Periódico Oficial*, 28 de diciembre de 1854. Fondo Manuel Brioso y Candiani, Biblioteca Francisco de Burgoa, Oaxaca. Francisco Herrera, que Porfirio en sus memorias llama por error José María Herrera, se pronunció con sus fuerzas el 19 de diciembre de 1854 en las Mixtecas.

[24] Porfirio Díaz, *Memorias*, Conaculta, México, 1994, vol. I, p. 52.

[25] *Ibidem*, p. 53.

[26] *Idem*.

[27] *Ibidem*, p. 54.

[28] Salvador Quevedo y Zubieta, *Porfirio Díaz (septiembre 1830-septiembre 1865): ensayo de psicología histórica*, Librería de la viuda de Bouret, París/México, 1906, p. 147.

Jefe político de Ixtlán

[1] Porfirio Díaz, *Memorias: 1830-1867 (tomo II)*, Tipografía de la Oficina Impresora de Estampillas, México, 1893, p. 263.

[2] Porfirio Díaz, *Memorias*, Conaculta, México, 1994, vol. I, pp. 54-55.

[3] *Ibidem*, p. 55.

[4] Francisco Vasconcelos, *Costumbres oaxaqueñas del siglo XIX*, Ediciones Bibliográficas del Ayuntamiento de Oaxaca de Juárez, Oaxaca, 1993, p. 42.

[5] Oficio de Porfirio Díaz a la Secretaría de Gobierno, Oaxaca, 1 de septiembre de 1855 (fondo Gobernación, sección Gobierno de los Distritos, serie Ixtlán del Archivo Histórico del Estado de Oaxaca. Ex convento de los Siete Príncipes). Cenobio Márquez era entonces secretario de Gobierno. Porfirio Díaz invocaba, para prestar juramento, la parte 2ª del Artículo 38 del reglamento del 30 de diciembre de 1850, en vez de la parte 19ª del Artículo 37 del reglamento del 18 de agosto de 1853. Tenía entonces veinticuatro años.

[6] Nota de respuesta de Cenobio Márquez al oficio de Porfirio Díaz a la Secretaría de Gobierno, Oaxaca, 1 de septiembre de 1855 (fondo Gobernación, sección Gobierno de los Distritos, serie Ixtlán del Archivo Histórico del Estado de Oaxaca. Ex convento de los Siete Príncipes).

[7] Porfirio Díaz, *Memorias*, Conaculta, México, 1994, vol. I, p.56. Una de sus primeras responsabilidades fue la fundación de escuelas en Ixtlán. "Se ha mandado en este partido, por orden del gobierno del departamento a que pertenece, establecer en cada uno de sus pueblos una escuela municipal, y se están actualmente tomando providencias para cumplir con la citada orden, de manera que a fines del mes que cursa habrá tenido su total efecto", afirma un documento firmado por Porfirio Díaz (*Noticia de las escuelas de primeras letras*, Ixtlán, 5 de noviembre de 1855 —fondo Instrucción Pública, sección Instrucción de los Distritos, serie Ixtlán del Archivo Histórico del Estado de Oaxaca. Ex convento de los Siete Príncipes).

[8] Exposición de José María Díaz Ordaz a la legislatura del estado, Oaxaca, 1858, en Jorge L. Tamayo (ed.), *Benito Juárez: documentos, discursos y correspondencia*, Secretaría del Patrimonio Nacional, México, 1964-1970, vol. II, p. 147.

[9] Francisco Vasconcelos, *Costumbres oaxaqueñas del siglo XIX*, Ediciones Bibliográficas del Ayuntamiento de Oaxaca de Juárez, Oaxaca, 1993, p. 42.

[10] Porfirio Díaz, *Memorias*, Conaculta, México, 1994, vol. I, p. 56.

[11] Exposición de José María Díaz Ordaz a la legislatura del estado, Oaxaca, 1858, en Jorge L. Tamayo (ed.), *Benito Juárez: documentos, discursos y correspondencia*, Secretaría del Patrimonio Nacional, México, 1964-1970, vol. II, p. 148.

[12] Porfirio Díaz, *Memorias*, Conaculta, México, 1994, vol. I, p. 57. En un documento fechado en Oaxaca el 21 de enero de 1856, Díaz afirma tener lo siguiente en el convento de San Agustín: cien fusiles de 19 adarmes, cien paradas, mil cápsulas, diez neceseres y dos llaves maestras (Fondo Militar del Archivo Histórico del Estado de Oaxaca. Ex convento de los Siete Príncipes). Todo era propiedad de la 1ª Compañía de la Guardia Nacional del partido de Ixtlán.

[13] Porfirio Díaz, *Memorias*, Conaculta, México, 1994, vol. I, p. 59.

[14] Eutimio Pérez, *Recuerdos históricos del episcopado oaxaqueño*, Imprenta de Lorenzo San Germán, Oaxaca, 1888, p. 119.

[15] Porfirio Díaz, *Memorias*, Conaculta, México, 1994, vol. I, p. 39. Díaz afirma, por error, que eso sucedió en 1857. Fue en 1856, cuando era todavía jefe político de Ixtlán.

[16] *Idem*.

[17] *Ibidem*, p. 59.

[18] *Idem*.

[19] Citado por Salvador Quevedo y Zubieta, *Porfirio Díaz (septiembre 1830-septiembre 1865): ensayo de psicología histórica*, Librería de la viuda de Bouret, París/México, 1906, p. 156. El documento está firmado por Benito Juárez como gobernador y por Manuel Dublán como secretario de Gobierno.

[20] Acta de defunción de Manuela Díaz (libro de defunciones de 1856, folio 245 del Archivo de la Mitra de Oaxaca). El acta dice así: "En la capital del obispado de Oaxaca a 13 días del mes de marzo de 1856, falleció Manuela Díaz, natural de Etla y vecina de esta ciudad de treinta y cinco años de edad, viuda de Francisco Vicente Pacheco. Recibió los santos sacramentos y se sepultó en el panteón" (*ibidem*). Es probable que ella fuera todavía más joven. Agradezco a Selene del Carmen García Jiménez su apoyo para dar con el acta de defunción de Manuela Díaz.

[21] Porfirio Díaz, *Memorias*, Conaculta, México, 1994, vol. I, p. 111.

[22] *Idem*.

2

Ixcapa

[1] Citado por Carlos Lira Vázquez, *Oaxaca rumbo a la modernidad: arquitectura y sociedad (1790-1910)*, UAM, México, 2008, p. 79.

[2] Citado por Jorge L. Tamayo (ed.), *Benito Juárez: documentos, discursos y correspondencia*, Secretaría del Patrimonio Nacional, México, 1964-1970, vol. II, p. 241.

[3] Manuel Martínez Gracida, *Efemérides oaxaqueñas: 1853-1892*, Tipografía de El Siglo XIX, México, 1892, vol. I, p. 71.

[4] Citado por Charles R. Berry, *La Reforma en Oaxaca: una microhistoria de la revolución liberal (1856-1876)*, Era, México, 1989, p. 57.

[5] Benito Juárez, *Apuntes para mis hijos*, Ayuntamiento de Oaxaca, Oaxaca, 2011, p. 49.

[6] Parte de Manuel Velasco al gobierno de Oaxaca, Ixcapa, 14 de agosto de 1857, en *La Democracia*, 23 de agosto de 1857. Fondo Manuel Brioso y Candiani, Biblioteca Francisco de Burgoa, Oaxaca.

[7] Porfirio Díaz, *Memorias*, Conaculta, México, 1994, vol. I, p. 62. Porfirio afirma que el teniente coronel Velasco, luego de reconocer al enemigo, "nos manifestó con alguna imprudencia, porque lo hizo delante de la tropa, que el enemigo

era muy superior a nuestras fuerzas y que era necesario retirarse sin combatir" (*idem*). Su versión de la batalla puede ser comparada con el parte de guerra de Velasco, reproducido por él mismo en Porfirio Díaz, *Memorias: 1830-1867 (tomo II)*, Tipografía de la Oficina Impresora de Estampillas, México, 1893, pp. 7-10.

[8] Porfirio Díaz, *Memorias*, Conaculta, México, 1994, vol. i, p. 63.

[9] Parte de Manuel Velasco al gobierno de Oaxaca, Ixcapa, 14 de agosto de 1857, en *La Democracia*, 23 de agosto de 1857. Fondo Manuel Brioso y Candiani, Biblioteca Francisco de Burgoa, Oaxaca.

[10] *Idem.*

[11] *Idem.* Velasco lo llama en su parte "el sargento Rutia" (*idem*).

[12] Salvador Quevedo y Zubieta, *Porfirio Díaz (septiembre 1830-septiembre 1865): ensayo de psicología histórica*, Librería de la viuda de Bouret, París/México, 1906, p. 166. El doctor Quevedo y Zubieta era autopsista del Hospital de Sangre en la ciudad de México.

[13] Porfirio Díaz, *Memorias*, Conaculta, México, 1994, vol. i, p. 64.

[14] *Idem.*

[15] Carta de Antonia Labastida a Porfirio Díaz, Puebla, 9 de febrero de 1869, en Alberto María Carreño (ed.), *Archivo del general Porfirio Díaz*, Editorial Elede, México, 1947-1961, vol. vii, p. 215.

[16] Porfirio Díaz, *Memorias*, Conaculta, México, 1994, vol. i, p. 64. *La Democracia* publicó el parte de la batalla de Ixcapa el 23 de agosto, luego de recibirlo el 19 de agosto, y Díaz regresó a Oaxaca, según sus memorias, el 30 de septiembre de 1857.

[17] Circular de Benito Juárez a las autoridades del estado, Oaxaca, 25 de octubre de 1857, en Jorge L. Tamayo (ed.), *Benito Juárez: documentos, discursos y correspondencia*, Secretaría del Patrimonio Nacional, México, 1964-1970, vol. ii, p. 271.

Plan de Tacubaya

[1] Carta de José María Díaz Ordaz sobre la Academia de Jurisprudencia en Oaxaca, *El Regenerador*, 9 de septiembre de 1844. Fondo Manuel Brioso y Candiani, Biblioteca Francisco de Burgoa, Oaxaca. Entre sus miembros, muchos de los cuales eran presbíteros, estaba también Cenobio Márquez.

[2] Citado por *La Democracia*, 25 de octubre de 1857. Fondo Manuel Brioso y Candiani, Biblioteca Francisco de Burgoa, Oaxaca.

[3] Citado por Charles R. Berry, *La Reforma en Oaxaca: una microhistoria de la revolución liberal (1856-1876)*, Era, México, 1989, p. 62.

[4] Plan de Tacubaya, Tacubaya, 17 de diciembre de 1857, en Jorge L. Tamayo (ed.), *Benito Juárez: documentos, discursos y correspondencia*, Secretaría del Patrimonio Nacional, México, 1964-1970, vol. ii, p. 279.

[5] *Idem.*

[6] *Boletín Oficial*, 21 de diciembre de 1857. Fondo Manuel Brioso y Candiani, Biblioteca Francisco de Burgoa, Oaxaca. El órgano del gobierno agregaba esto: "Nuestro amigo el demócrata Juárez, el amigo del pueblo, se encuentra preso e incomunicado" (*idem*).

[7] Porfirio Díaz, *Memorias*, Conaculta, México, 1994, vol. I, p. 74.

[8] *Ibidem*, pp. 70-71. Porfirio encontró al coronel Mejía en el momento de subir a las habitaciones del gobernador Díaz Ordaz, en Santo Domingo. "Sin saludarlo seguí mi camino, hablando en voz alta", recordó, "y él comprendió mi enojo y tuvo la fina delicadeza y atención de no darse por ofendido, sino que por el contrario, me dijo en voz alta para que yo lo oyera bien: Calma, calma, Porfirio, así era yo cuando era joven" (*idem*).

[9] *Ibidem*, p. 69.

[10] *Ibidem*, p. 70.

[11] *Ibidem*, p. 72. El relato de Porfirio Díaz coincide en su esencia con el de los otros testigos que dejaron un registro del asalto, Ignacio Mejía y Tiburcio Montiel, a cuyos testimonios tuvo acceso Manuel Martínez Gracida para escribir su *Historia de Oaxaca: años de 1852 a 1860*, inédita hasta la fecha, mencionada por Charles R. Berry, *La Reforma en Oaxaca: una microhistoria de la revolución liberal (1856-1876)*, Era, México, 1989, pp. 246-247.

[12] Parte de Ignacio Mejía al gobierno de Oaxaca, Oaxaca, 16 de enero de 1858, *Boletín Oficial*, 18 de enero de 1858. Fondo Manuel Brioso y Candiani, Biblioteca Francisco de Burgoa, Oaxaca. La ruta por la que descendió el capitán Díaz ese 16 de enero de 1858 es aún hoy conocida en Oaxaca como la calle Porfirio Díaz.

[13] Andrés Portillo, *Oaxaca en el Centenario de la Independencia Nacional*, Oaxaca, Imprenta del Estado, 1910, p. 177-d.

[14] Porfirio Díaz, *Memorias*, Conaculta, México, 1994, vol. I, p. 74.

[15] Porfirio Díaz, *Memorias: 1830-1867 (tomo II)*, Tipografía de la Oficina Impresora de Estampillas, México, 1893, p. 254.

[16] Citado por Andrés Portillo, *Oaxaca en el Centenario de la Independencia Nacional*, Oaxaca, Imprenta del Estado, 1910, p. 177-d.

[17] Citado por Jorge Fernando Iturribarría, *La generación oaxaqueña del 57*, Universidad de Oaxaca, Oaxaca, 1956, p. 75.

[18] *Boletín Oficial*, 18 de enero de 1858. Fondo Manuel Brioso y Candiani, Biblioteca Francisco de Burgoa, Oaxaca.

[19] Manuel Martínez Gracida, *Efemérides oaxaqueñas: 1853-1892*, Tipografía de El Siglo XIX, México, 1892, vol. I, p. 79. El 17 de enero de 1858, dice el autor, "los reaccionarios José María Rodríguez y Lázaro Valverde se introducen a Peras, cometen allí varios excesos y amagan de muerte a la familia del capitán Porfirio Díaz" (*idem*).

²⁰ Parte de Ignacio Mejía al gobierno de Oaxaca, Jalapa, 25 de febrero de 1858, en Porfirio Díaz, *Memorias: 1830-1867 (tomo II)*, Tipografía de la Oficina Impresora de Estampillas, México, 1893, p. 34.

²¹ Porfirio Díaz, *Memorias*, Conaculta, México, 1994, vol. I, p. 82.

²² Parte de Ignacio Mejía al gobierno de Oaxaca, Tehuantepec, 28 de febrero de 1858, *La Democracia*, 4 de marzo de 1858. Fondo Manuel Brioso y Candiani, Biblioteca Francisco de Burgoa, Oaxaca.

²³ Carta de Mauricio López a Benito Juárez, Tehuantepec, 1 de marzo de 1858, en Jorge L. Tamayo (ed.), *Benito Juárez: documentos, discursos y correspondencia*, Secretaría del Patrimonio Nacional, México, 1964-1970, vol. II, p. 309. Los juchitecos eran a menudo llamados *tecos*; los españoles de la región aliados de los conservadores, a su vez, eran conocidos como *patricios*. En su carta, fray Mauricio hace referencia a los señores Miguel Conde y Francisco Conde, al cura Francisco Ramos, al presbítero Ramón Ortega y al jefe de los *patricios*, el español Manuel Barreiro. Miguel Conde, español, era conocido por sus seguidores como comandante general del territorio del Istmo.

3

Comandante de Tehuantepec

¹ Porfirio Díaz, *Memorias*, Conaculta, México, 1994, vol. I, p. 83.

² Ignacio Mejía, "Autobiografía", *El Imparcial*, 5-12 de diciembre de 1906. Hemeroteca Nacional de México.

³ Porfirio Díaz, *Memorias*, Conaculta, México, 1994, vol. I, p. 83.

⁴ *Idem.* "Por elementos de defensa le dieron tan solo 150 hombres, algunos cajones de parque y una deuda por cobrar de 1 000 pesos", diría más tarde una de las primeras biografías de Díaz, editada por Ireneo Paz, al hacer mención de la jefatura del Istmo (*Datos biográficos del general de división ciudadano Porfirio Díaz, con acopio de documentos históricos*, Patria, México, 1884, p. 13).

⁵ Ignacio Mejía, "Autobiografía", *El Imparcial*, 5-12 de diciembre de 1906. Hemeroteca Nacional de México. Mejía evocaba los sucesos del verano de 1850.

⁶ Porfirio Díaz, *Memorias*, Conaculta, México, 1994, vol. I, p. 84.

⁷ *Idem.* Díaz afirma, por error, que la batalla tuvo lugar el 12 de abril. Fue en realidad el 12 de mayo de 1858.

⁸ Parte de Porfirio Díaz al gobierno de Oaxaca, Tehuantepec, 17 de mayo de 1858, *La Democracia*, 20 de mayo de 1858. Fondo Manuel Brioso y Candiani, Biblioteca Francisco de Burgoa, Oaxaca.

⁹ *La Democracia*, 20 de mayo de 1858. Fondo Manuel Brioso y Candiani, Biblioteca Francisco de Burgoa, Oaxaca.

Tiempos de prueba

[1] Charles Brasseur, *Viaje por el Istmo de Tehuantepec*, SEP-FCE, México, 1981, pp. 149-150.

[2] *Ibidem*, p. 151.

[3] Porfirio Díaz, *Memorias*, Conaculta, México, 1994, vol. I, p. 85.

[4] *Idem*. "Una partida de tantas que forman los dispersos de Jalapa de que está plagado este distrito", escribió Díaz en un informe, "se llevaron la correspondencia oficial y particular" (oficio de Porfirio Díaz a la Secretaría de Gobierno, Tehuantepec, 4 de abril de 1858 —fondo Gobernación, sección Gobierno de los Distritos, serie Tehuantepec del Archivo Histórico del Estado de Oaxaca. Ex convento de los Siete Príncipes).

[5] Porfirio Díaz, *Memorias*, Conaculta, México, 1994, vol. I, p. 85.

[6] Mathias Gustav Hermesdorf, "On the Isthmus of Tehuantepec", en *Journal of the Royal Geographical Society of London*, John Murray, Londres, 1862, p. 545.

[7] Charles Brasseur, *Viaje por el Istmo de Tehuantepec*, SEP-FCE, México, 1981, p. 147. "Sin otro motivo que su aversión por la sangre española", dice la cita, "Juchitán y los indios en general, así como la porción más morena de los mestizos, escogieron el partido llamado liberal" (*idem*).

[8] Porfirio Díaz, *Memorias*, Conaculta, México, 1994, vol. I, p. 87.

[9] *Ibidem*, p. 85.

[10] Carta de Porfirio Díaz a la Tesorería del Gobierno de Oaxaca, Tehuantepec, 23 de agosto de 1858 (legajo 79, caja 1, documento 7 de la Col. Porfirio Díaz, Universidad Iberoamericana, México). El titular de la Tesorería era el coronel Luis Fernández del Campo. Existen otras referencias a la enfermedad que tuvo Díaz por esas fechas, como ésta: "Porfirio Díaz sufrió una fiebre, que hizo temer por su vida" (Ireneo Paz (ed.), *Datos biográficos del general de división ciudadano Porfirio Díaz, con acopio de documentos históricos*, Patria, México, 1884, p. 16).

[11] Carta de Porfirio Díaz a Benito Juárez, Tehuantepec, 23 de agosto de 1858, en Jorge L. Tamayo (ed.), *Benito Juárez: documentos, discursos y correspondencia*, Secretaría del Patrimonio Nacional, México, 1964-1970, vol. II, p. 395.

[12] Porfirio Díaz, *Memorias*, Conaculta, México, 1994, vol. I, p. 89.

[13] Nombramiento firmado por José María Díaz Ordaz, Oaxaca, 7 de octubre de 1858, en Salvador Quevedo y Zubieta, *Porfirio Díaz (septiembre 1830-septiembre 1865): ensayo de psicología histórica*, Librería de la viuda de Bouret, París/México, 1906, p. 180.

[14] Porfirio Díaz, *Memorias*, Conaculta, México, 1994, vol. I, p. 86.

[15] *Idem*.

[16] *La Democracia*, 30 de noviembre de 1858. Fondo Manuel Brioso y Candiani, Biblioteca Francisco de Burgoa, Oaxaca.

[17] Citado por *La Democracia*, 16 de noviembre de 1858. Fondo Manuel Brioso y Candiani, Biblioteca Francisco de Burgoa, Oaxaca. La cita corresponde al Artículo 1º del decreto de Díaz Ordaz. Había pocas excepciones a esa orden.

[18] Désiré Charnay, *Ciudades y ruinas americanas*, Conaculta, México, 1994, p. 127. Según su libro de viaje, Charnay llegó a Veracruz en noviembre de 1857. Pasó varios meses en la ciudad de México, hasta el otoño de 1858, cuando —"en los últimos días de septiembre"— salió por Tehuacán hacia Oaxaca (*op. cit.*, p. 91). En Oaxaca permaneció alrededor de cinco meses en espera de su equipo de fotografía, que nunca llegó, por lo que tuvo que hacer él mismo, con nitratos, cristales, colodiones y sulfatos de hierro, el material necesario para su fotografía. Charnay describe con detalle las fotografías que tomó de las ruinas de Mitla, aunque no hace mención de ningún retrato hecho a los habitantes de la ciudad de Oaxaca.

[19] Porfirio Díaz, *Memorias*, Conaculta, México, 1994, vol. i, p. 87. Entre los juchitecos que estaban en tratos con los tehuantepecanos, Díaz menciona a Antonio Abad López.

[20] Informe de Porfirio Díaz a la Secretaría de Gobierno, Tehuantepec, 6 de septiembre de 1858 (fondo Gobernación, sección Gobierno de los Distritos, serie Tehuantepec del Archivo Histórico del Estado de Oaxaca. Ex convento de los Siete Príncipes). "Velas en Tehuantepec", publicó en aquel entonces el periódico *La Democracia*. "Una *vela* es un timbre de honor, un aniversario de familia, una noche de embriagante holgorio (…) Una noche no es bastante para divertirse uno a sus anchuras, son necesarias cuatro o cinco, y en todas ellas se ha de bailar la *Zandunga* y de cantar la *Llorona*" (*La Democracia*, 19 de noviembre de 1857. Fondo Manuel Brioso y Candiani, Biblioteca Francisco de Burgoa, Oaxaca).

[21] Porfirio Díaz, *Memorias*, Conaculta, México, 1994, vol. i, p. 87.

Compañía Louisiana de Tehuantepec

[1] Carta de Porfirio Díaz a Matías Romero, Juchitán, 28 de diciembre de 1858, en Alberto María Carreño (ed.), *Archivo del general Porfirio Díaz*, Editorial Elede, México, 1947-1961, vol. i, pp. 233-234.

[2] Carta de Porfirio Díaz a Matías Romero, Juchitán, 28 de diciembre de 1858, en Alberto María Carreño (ed.), *Archivo del general Porfirio Díaz*, Editorial Elede, México, 1947-1961, vol. i, p. 234.

[3] Eduard Mühlenpfordt, *Ensayo de una descripción fiel de la República de Méjico, con especial referencia a su geografía, etnografía y estadística: el estado de Oajaca*, Codex Editores, México, 1993, p. 54. El primero en sugerir el paso entre los océanos por el Istmo de Tehuantepec fue el conquistador Hernán Cortés a principios del siglo xvi, en una de sus cartas de relación al emperador de España.

[4] Désiré Charnay, *Ciudades y ruinas americanas*, Conaculta, México, 1994, p. 264.

[5] *La Democracia*, 28 de octubre de 1858. Fondo Manuel Brioso y Candiani, Biblioteca Francisco de Burgoa, Oaxaca.

[6] Citado por *La Democracia*, 31 de marzo de 1859. Fondo Manuel Brioso y Candiani, Biblioteca Francisco de Burgoa, Oaxaca.

[7] *Idem.*

[8] *Idem.*

[9] *Idem.*

[10] Citado en *idem.*

[11] Citado en *idem.* "Don Porfirio Díaz es un joven de cosa de treinta años: se explica con fuego y facilidad y está dotado de una fisonomía expresiva y animada" (*idem*).

[12] *Idem.*

[13] Citado por *La Democracia*, 12 de julio de 1859. Fondo Manuel Brioso y Candiani, Biblioteca Francisco de Burgoa, Oaxaca. El artículo del *Times* fue publicado el 25 de mayo de 1859.

[14] Carta de Benito Juárez a Pedro Santacilia, Veracruz, 1 de abril de 1859, en *Correspondencia Juárez-Santacilia: 1858-1867*, Secretaría de Marina, México, 1972, p. 4. El gobierno de Juárez fue reconocido por los Estados Unidos el 6 de abril de 1859, día en que MacLane presentó sus credenciales en Veracruz.

[15] Tratado de Tránsito y Comercio entre los Estados Unidos Mexicanos y los Estados Unidos de América, Veracruz, 14 de diciembre de 1859, en Jorge L. Tamayo (ed.), *Benito Juárez: documentos, discursos y correspondencia*, Secretaría del Patrimonio Nacional, México, 1964-1970, vol. III, p. 752.

[16] Justo Sierra, *Juárez: su obra y su tiempo*, UNAM, México, 2006, p. 168.

[17] Citado en *ibidem*, p. 136.

[18] *Ibidem*, p. 153.

[19] *Ibidem*, p. 171. Sierra es el único historiador que menciona el paso de Degollado por Tehuantepec. Es probable que su fuente fuera el propio Díaz.

[20] Charles Brasseur, *Viaje por el Istmo de Tehuantepec*, SEP-FCE, México, 1981, p. 126. Santos Degollado permaneció en el Istmo hasta principios de junio, información que es posible saber por la nota siguiente, escrita en Veracruz el 14 de junio: "En la tarde del domingo 12 ha llegado a esta ciudad, por la vía de Tehuantepec, el excelentísimo señor ministro de la Guerra don Santos Degollado" (*La Democracia*, 26 de junio de 1859. Fondo Manuel Brioso y Candiani, Biblioteca Francisco de Burgoa, Oaxaca). Luego de Veracruz, don Santos siguió para Tampico.

[21] Citado por Justo Sierra, *Juárez: su obra y su tiempo*, UNAM, México, 2006, p. 156. La declaración de Benito Gómez Farías fue hecha en 1896. Pero ella no explica por qué Juárez dio la orden de sacrificar a sus hombres en Tacubaya, una vez levantado el sitio contra Veracruz. Es probable, más bien, que el ataque de los liberales fuera mal planeado. El general Ignacio Zaragoza, incluso, anunció a Degollado su decisión de retirar sus fuerzas del lugar, decisión que no pudo haber tomado contra una orden en sentido contrario del presidente Juárez.

4

Aliados, amantes y espías

[1] Charles Brasseur, *Viaje por el Istmo de Tehuantepec*, SEP-FCE, México, 1981, pp. 148-149.

[2] *Ibidem*, p. 152. Brasseur calculó que tenía "entre cuarenta y cuarenta y cinco años" (*idem*).

[3] Carta de Mauricio López a Benito Juárez, Tehuantepec, 1 de marzo de 1858, en Jorge L. Tamayo (ed.), *Benito Juárez: documentos, discursos y correspondencia*, Secretaría del Patrimonio Nacional, México, 1964-1970, vol. II, p.309.

[4] Charles Brasseur, *Viaje por el Istmo de Tehuantepec*, SEP-FCE, México, 1981, p. 147. Así coincidían otros observadores. "El bajo clero es ordinariamente pobre y está estrechamente unido a sus feligreses, siendo más accesible a las ideas de libertad", diría por esos mismos años una escritora. "Al contrario, la alta jerarquía pertenece desde hace mucho tiempo al partido conservador" (Paola Kolonitz, *Un viaje a México en 1864*, SEP-FCE, México, 1984, p. 169).

[5] Porfirio Díaz, *Memorias*, Conaculta, México, 1994, vol. I, p. 86.

[6] *Idem*.

[7] Charles Brasseur, *Viaje por el Istmo de Tehuantepec*, SEP-FCE, México, 1981, p. 152.

[8] *Idem*.

[9] *Ibidem*, p. 158.

[10] *Ibidem*, pp. 158-159.

[11] *Ibidem*, p. 159.

[12] *Idem*.

[13] *Ibidem*, p. 160. Alguien que pudo haber sido la *Didjazá*, según Francie Chassen-López, experta en el tema, era Bernarda Zárate, descendiente de la última cacica de Tehuantepec, doña Magdalena Zúñiga y Cortés. Pero ella tenía apenas trece años de edad en 1859.

[14] Citado por Francie Chassen-López, "Mitos, mentiras y estereotipos: el reto de la biografía feminista", en Mílada Bazant (coord.), *Biografía: métodos, metodologías y enfoques*, El Colegio Mexiquense, Zinacantepec, 2013, p. 157. Juana Catarina Romero nació el 24 de noviembre de 1837 y fue bautizada tres días más tarde por su madrina, Eduviges Gallegos. En 1843, un censo parroquial menciona a María Clara Josefa Romero como mujer soltera con una hija. Juana Cata, así, pudo haber sido hija única.

[15] *El Imparcial*, 25 de enero de 1907. Hemeroteca Nacional de México. La cita completa dice así: "A su llegada a Tehuantepec, el señor presidente fue a visitar a doña Juana C. de Romero, una de las damas más ricas de aquí, y que durante la guerra de Intervención (*sic*) prestó algunos servicios al señor general Díaz" (*idem*).

Juana Cata los prestó durante la Reforma, no durante la Intervención, cuando, por el contrario, fue la amante del prefecto imperial de Maximiliano. Por otro lado, la información sobre las señales de fuego que le hacía a Porfirio, apostado en el cerro de Guiengola, aparecen en César Rojas Pétriz, "La joven Juana Cata y la guerra de Reforma", *Dáani Béedxe*, septiembre-octubre de 1993. Rojas Pétriz basa su información en los escritos de Gustavo Toledo Morales, contemporáneo de Juana Catarina Romero (aunque no le quiso dar acceso a ellos a la investigadora Francie Chassen-López).

[16] John McLeod Murphy, "The Isthmus of Tehuantepec", en *Journal of the Royal Geographical Society of London*, junio de 1859.

[17] Désiré Charnay, *Ciudades y ruinas americanas*, Conaculta, México, 1994, p. 263.

[18] Teobert Maler, *Vistas de Oaxaca: 1874-1876*, Casa de la Ciudad, Oaxaca, 2006, p. 39.

[19] Citado por Francie Chassen-López, "Mitos, mentiras y estereotipos: el reto de la biografía feminista", en Mílada Bazant (coord.), *Biografía: métodos, metodologías y enfoques*, El Colegio Mexiquense, Zinacantepec, 2013, pp. 163-164. Esta descripción fue hecha por el tehuano Miguel Ríos, quien era partidario de Apolinar Márquez, don Puli, el adversario de Juana Cata en Tehuantepec. La descripción, así, está permeada por su enemistad —véase Miguel Ríos, "Istmeños notables: don Apolinar Márquez", *Istmo*, 25 de septiembre de 1941.

[20] José del Pino, "Una carta contra los porfiristas sobrevivientes", *Guchachi Reza*, noviembre-diciembre de 1993. La referencia me la proporcionó Francie Chassen-López, quien la cita en su artículo "A Patron of Progress: Juana Catarina Romero, the Nineteenth Century *Cacica* of Tehuantepec", en *Hispanic American Historical Review*, agosto de 2008. José del Pino era un anarquista del Istmo que en febrero de 1915 informó así a Venustiano Carranza, después de la ejecución de su hermano Jesús en el Istmo: "Juana Cata Romero, comerciante de Tehuantepec (la verdad es amarga, pero es preciso), ésta fue cuartelera y concubina del general Díaz en tiempos de la Santa Guerra de Reforma (1858), cuando éste operó por el Istmo (…) Durante el reinado de Díaz fue colmada de honores y nadie osó decirle cosa alguna, siendo amiga íntima del clero con quien tiene estrechas relaciones" (*idem*). Es cierto que fue aliada de Porfirio Díaz a lo largo de su gobierno y que tuvo amistad con Eulogio Gillow, el primer arzobispo de Oaxaca. Pero es indudable, también, que había construido un cacicazgo en la región que los revolucionarios estaban ansiosos de destruir, para lo cual era conveniente identificarle antes con el Dictador.

[21] Citado por Francie Chassen-López, "Mitos, mentiras y estereotipos: el reto de la biografía feminista", en Mílada Bazant (coord.), *Biografía: métodos, metodologías y enfoques*, El Colegio Mexiquense, Zinacantepec, 2013, p. 164. Estas palabras fueron escritas por Miguel Ríos, el enemigo de Juana Cata.

[22] Salvador Quevedo y Zubieta, *Porfirio Díaz (septiembre 1830-septiembre 1865): ensayo de psicología histórica*, Librería de la viuda de Bouret, París/México,

1906, p. 183. Esta afirmación aparece en una nota al pie de la página, que agrega lo siguiente: "La abstinencia sexual era la regla en un comandante no dispuesto a dejarse cortar el pelo por las Dalilas tehuanas" (*idem*). La nota de Quevedo y Zubieta, algo gratuita, puede ser también interpretada como una forma de responder a los rumores que ya desde entonces había sobre los amoríos de Porfirio en el Istmo. Pero la sobriedad de Díaz, en este respecto, era conocida de todo el mundo. "Sus necesidades genésicas las cubría con recursos siempre misteriosos", escribió otro autor que lo observó de cerca (Francisco Bulnes, "Rectificaciones y aclaraciones a las *Memorias* del general Díaz", en Porfirio Díaz, *Memorias*, Conaculta, México, 1994, vol. I, p. 301).

[23] Charles Brasseur, *Viaje por el Istmo de Tehuantepec*, SEP-FCE, México, 1981, p. 188.

[24] Porfirio Díaz, *Memorias*, Conaculta, México, 1994, vol. I, p. 85. La hoja de servicios de Díaz afirma que recibió el grado de teniente coronel el 6 de julio de 1859, pero su archivo contiene un documento en el que Manuel Dublán, secretario de Gobierno de Oaxaca, firma su ascenso el propio 17 de junio de 1859, día de la acción de la Mixtequilla. Existía entonces desde antes, en efecto, el deseo de ascenderlo.

[25] Informe de Porfirio Díaz a la Secretaría de Gobierno, Tehuantepec, 25 de junio de 1859 (fondo Gobernación, sección Gobierno de los Distritos, serie Tehuantepec del Archivo Histórico del Estado de Oaxaca. Ex convento de los Siete Príncipes).

[26] Carta de Porfirio Díaz a Santos Degollado, Tehuantepec, 25 de junio de 1859 (tomo I, foja 127 del Expediente de Porfirio Díaz. Archivo Histórico de la Secretaría de la Defensa Nacional). En sus memorias, Díaz recuerda el episodio. "Me dirigí también al señor Juárez en Veracruz, y en respuesta recibí de él 2 000 pesos", dijo, "de que fue conductor el teniente coronel don Francisco Loaeza, siendo ésta una de las pocas ocasiones que recibí auxilio pecuniario del gobierno" (*Memorias*, Conaculta, México, 1994, vol. I, p. 86).

Leyes de Veracruz

[1] *La Democracia*, 25 de enero de 1859. Fondo Manuel Brioso y Candiani, Biblioteca Francisco de Burgoa, Oaxaca.

[2] Citado por Jorge L. Tamayo (ed.), *Benito Juárez: documentos, discursos y correspondencia*, Secretaría del Patrimonio Nacional, México, 1964-1970, vol. II, p. 481.

[3] Justo Sierra, *Juárez: su obra y su tiempo*, UNAM, México, 2006, p. 166.

[4] Carta de José Fernando Ramírez a José María Hidalgo, Orizaba, 12 de mayo de 1865, en Jorge L. Tamayo (ed.), *Benito Juárez: documentos, discursos y correspondencia*, Secretaría del Patrimonio Nacional, México, 1964-1970, vol. X, pp. 45-46.

⁵ Decreto de Miguel Castro, Oaxaca, 23 de julio de 1859 (legajo 30, fondo Gobernación, serie Decretos Impresos de 1859 del Archivo Histórico del Estado de Oaxaca. Ex convento de los Siete Príncipes).

⁶ Manuel Martínez Gracida, *Efemérides oaxaqueñas: 1853-1892*, Tipografía de El Siglo XIX, México, 1892, vol. I, pp. 92-93.

⁷ *La Democracia*, 26 de julio de 1859. Fondo Manuel Brioso y Candiani, Biblioteca Francisco de Burgoa, Oaxaca.

⁸ *Calendario de Mariano Galván para 1861*, Tipografía de M. Murguía, México, 1860, p. 50. Así coincide también el biógrafo de José Agustín Domínguez: "Cuando supo que en Veracruz se preparaban las leyes (…) todo fue para él una fuente de profundos dolores y pesares que inundaron su corazón y lo condujeron al sepulcro el día 25 de julio de 1859" (Eutimio Pérez, *Recuerdos históricos del episcopado oaxaqueño*, Imprenta de Lorenzo San Germán, Oaxaca, 1888, pp. 119-120).

⁹ Eulogio Gillow, *Apuntes históricos*, Ediciones Toledo, México, 1990, p. 118. Gillow señaló, entre las causas de su defunción, las siguientes: "sus muchas mortificaciones, el peso de los años y las tristes emergencias de la situación política del país" (*idem*). Pero daría también, en otro libro, esta versión, algo distinta: "Se encontraba gravemente enfermo el señor obispo Domínguez (…) habiendo sucumbido el obispo el lunes de la Semana Santa" (*Reminiscencias*, Imprenta de El Heraldo de México, Los Angeles, 1920, p. 174). En todo caso, el incidente ocurrió el lunes o el jueves de la Semana Santa.

¹⁰ Francisco Vasconcelos, *Costumbres oaxaqueñas del siglo XIX*, Ediciones Bibliográficas del Ayuntamiento de Oaxaca de Juárez, Oaxaca, 1993, p. 39. Los funerales del obispo tuvieron el carácter de sus antecesores, como lo indica su biógrafo. "Su cadáver, previas las fúnebres ceremonias que el Venerable Cabildo celebró con la magnificencia acostumbrada, fue sepultado en la capilla de San Pedro de la Santa Iglesia Catedral" (Eutimio Pérez, *Recuerdos históricos del episcopado oaxaqueño*, Imprenta de Lorenzo San Germán, Oaxaca, 1888, p. 120).

¹¹ Porfirio Díaz, *Memorias*, Conaculta, México, 1994, vol. I, p. 39.

¹² *Ibidem*, p. 32.

¹³ Decreto de Miguel Castro, Oaxaca, 13 de julio de 1859 (legajo 16, fondo Gobernación, serie Decretos Impresos de 1859 del Archivo Histórico del Estado de Oaxaca. Ex convento de los Siete Príncipes).

¹⁴ Porfirio Díaz, *Memorias*, Conaculta, México, 1994, vol. I, p. 32.

¹⁵ Acta de defunción de Petrona Mori, en *ibidem*, p. 154. Doña Petrona murió a los 65 años, no a los 68 como dice el acta. "Falleció de diarrea" (*idem*).

¹⁶ Citado por Carlos Lira Vázquez, *Oaxaca rumbo a la modernidad: arquitectura y sociedad (1790-1910)*, UAM, México, 2008, p. 47. El panteón de San Miguel estaba delimitado por una barda desde 1834. El ayuntamiento comisionó al profesor de dibujo, Francisco Bonequi, para proyectar un cementerio en forma en 1839. Fue el único edificio público construido en Oaxaca, junto con el Palacio de Gobier-

no, en el estilo neoclásico que había sido introducido desde finales del siglo XVIII con la fundación de la Real Academia de San Carlos en la ciudad de México.

[17] Mathias Gustav Hermesdorf, "On the Isthmus of Tehuantepec", en *Journal of the Royal Geographical Society of London*, John Murray, Londres, 1862, p. 553.

[18] Porfirio Díaz, *Memorias*, Conaculta, México, 1994, vol. I, p. 88.

[19] *Idem.*

[20] *Ibidem*, p. 88.

[21] *Ibidem*, p. 89.

5

Travesía por el Istmo

[1] Porfirio Díaz, *Memorias*, Conaculta, México, 1994, vol. I, p. 90.

[2] *Idem.*

[3] *Idem.*

[4] Charles Brasseur, *Viaje por el Istmo de Tehuantepec*, SEP-FCE, México, 1981, p. 91. Brasseur recorrió el río en mayo, en el estiaje. "Su curso es amplio, aunque poco profundo; sus aguas, de una transparencia sorprendente, corren con lentitud entre montones de piedras negras y de árboles tirados" (*idem*).

[5] Mathias Gustav Hermesdorf, "On the Isthmus of Tehuantepec", en *Journal of the Royal Geographical Society of London*, John Murray, Londres, 1862, p. 541. Hermesdorf hacía referencia a la navegación en barco de vapor, pero la navegación en cayuco debió ser difícil y peligrosa por las mismas razones. Es él quien indica que el Jumuapa era "generalmente llamado río de la Puerta" (*idem*).

[6] Charles Brasseur, *Viaje por el Istmo de Tehuantepec*, SEP-FCE, México, 1981, p. 78.

[7] Citado por Wendy Call, *No Word for Welcome: The Mexican Village faces the Global Economy*, University of Nebraska Press, Lincoln, 2011, p. 45. La autora cita el diario de John K. Hackett, quien en la primavera de 1858 hizo el viaje de San Francisco a Nueva Orleans por el Istmo de Tehuantepec. Le tomó tres semanas, una semana menos de lo que tomaba hacer el viaje por Panamá.

[8] Mathias Gustav Hermesdorf, "On the Isthmus of Tehuantepec", en *Journal of the Royal Geographical Society of London*, John Murray, Londres, 1862, pp. 539-540.

[9] Charles Brasseur, *Viaje por el Istmo de Tehuantepec*, SEP-FCE, México, 1981, p. 34. Así resumió lo que significaba para él la selva: "lujo de luz, de agua y de vegetación" (*ibidem*).

[10] Charles Brasseur, *Viaje por el Istmo de Tehuantepec*, SEP-FCE, México, 1981, p. 39.

[11] *Ibidem*, pp. 44-45.

[12] Porfirio Díaz, *Memorias*, Conaculta, México, 1994, vol. I, p. 91.

[13] *Idem.*

[14] Mathias Gustav Hermesdorf, "On the Isthmus of Tehuantepec", en *Journal of the Royal Geographical Society of London*, John Murray, Londres, 1862, p. 547.

[15] Porfirio Díaz, *Memorias*, Conaculta, México, 1994, vol. I, p. 91.

[16] *Ibidem*, p. 96.

[17] *Ibidem*, pp. 95-96.

[18] Ignacio Manuel Altamirano, "El general Domingo de Goicuría", en Jorge L. Tamayo (ed.), *Benito Juárez: documentos, discursos y correspondencia*, Secretaría del Patrimonio Nacional, México, 1964-1970, vol. XIV, p. 537.

[19] Oficio del Ministerio de Guerra a José María Pérez Hernández, Veracruz, 2 de noviembre de 1859 (tomo I, foja 137 del Expediente de Porfirio Díaz. Archivo Histórico de la Secretaría de la Defensa Nacional). El ministro de Guerra era el general Santos Degollado.

[20] Oficio de Porfirio Díaz al Ministerio de Guerra, Tehuantepec, 12 de noviembre de 1959 (legajo 79, caja 1, documento 10 de la Col. Porfirio Díaz, Universidad Iberoamericana, México).

[21] *Idem.* El oficio decía así: "Es casi indudable que lo que el enemigo ambiciona, a más de mi depósito, es la posesión de un puerto" *(idem).*

[22] Oficio (bis) de Porfirio Díaz al Ministerio de Guerra, Tehuantepec, 12 de noviembre de 1959 (legajo 79, caja 1, documento 11 de la Col. Porfirio Díaz, Universidad Iberoamericana, México).

[23] Carta de Melchor Ocampo a Porfirio Díaz, Veracruz, 22 de noviembre de 1959 (legajo 79, caja 1, documento 12 de la Col. Porfirio Díaz, Universidad Iberoamericana, México).

[24] Porfirio Díaz, *Memorias*, Conaculta, México, 1994, vol. I, p. 97.

[25] Parte de Porfirio Díaz al Ministerio de Guerra, Juchitán, 26 de noviembre de 1959 (legajo 79, caja 1, documento 13 de la Col. Porfirio Díaz, Universidad Iberoamericana, México). La acción continuó, dijo, "hasta las ocho y tres cuartos, hora en que ya no fue posible molestar a la caballería que huyó rumbo a Oaxaca" *(idem).*

[26] Citado por Porfirio Díaz, *Memorias: 1830-1867 (tomo II)*, Tipografía de la Oficina Impresora de Estampillas, México, 1893, p. 44.

[27] Porfirio Díaz, *Memorias*, Conaculta, México, 1994, vol. I, p. 96.

[28] Parte de Eustaquio Manzano a la Jefatura de la División, Santiago Astata, 27 de noviembre de 1857, en Porfirio Díaz, *Memorias: 1830-1867 (tomo II)*, Tipografía de la Oficina Impresora de Estampillas, México, 1893, pp. 45-46. Díaz transcribe también, en su totalidad, el parte de guerra del coronel Ignacio Ojeda *(op. cit.*, pp. 49-50).

[29] Parte de José María Cobos al Ministerio de Guerra, Oaxaca, 29 de noviembre de 1859 (legajo 79, caja 1, documento 15 de la Col. Porfirio Díaz, Uni-

versidad Iberoamericana, México). El ministro de Guerra de Miramón era el general Antonio Corona.

[30] Carta de Antonio Corona a José María Cobos, México, 2 de diciembre de 1859 (legajo 79, caja 1, documento 16 de la Col. Porfirio Díaz, Universidad Iberoamericana, México).

[31] *Idem.*

[32] *Boletín de la Sierra*, 8 de diciembre de 1859 (tomo I, foja 137 del Expediente de Porfirio Díaz. Archivo Histórico de la Secretaría de la Defensa Nacional).

[33] Carta de Melchor Ocampo a Porfirio Díaz, Veracruz, 21 de diciembre de 1859 (legajo 79, caja 1, documento 17 de la Col. Porfirio Díaz, Universidad Iberoamericana, México). Ocampo acababa de firmar el tratado con MacLane.

[34] Comunicación de Benito Juárez al gobierno de Oaxaca, Veracruz, 22 de diciembre de 1859, en Alberto María Carreño (ed.), *Archivo del general Porfirio Díaz*, Editorial Elede, México, 1947-1961, vol. I, p. 235. Aquel 22 de diciembre, justamente, Miguel Castro dejó de ser gobernador interino de Oaxaca, pues tomó de nuevo posesión del cargo José María Díaz Ordaz.

[35] James Creelman, *Entrevista Díaz-Creelman*, UNAM-Instituto de Historia, México, 1963, p. 24. La traducción de Mario Julio del Campo fue ajustada en este caso, por mí, a partir del texto de la entrevista en inglés, que también es reproducida en la edición de la UNAM.

6

Camino a los Valles

[1] Proclama de Porfirio Díaz, San Lorenzo Albarradas, 20 de enero de 1860, *Boletín de la Sierra*, 23 de enero de 1860. Fondo Manuel Brioso y Candiani, Biblioteca Francisco de Burgoa, Oaxaca.

[2] Porfirio Díaz, *Memorias*, Conaculta, México, 1994, vol. I, p. 98.

[3] *Ibidem*, p. 99.

[4] Parte de Juan Espejo a la Jefatura de la División, Tlacolula, 23 de enero de 1860, en Porfirio Díaz, *Memorias: 1830-1867 (tomo II)*, Tipografía de la Oficina Impresora de Estampillas, México, 1893, p. 50.

[5] Citado por Carlos Lira Vázquez, *Oaxaca rumbo a la modernidad: arquitectura y sociedad (1790-1910)*, UAM, México, 2008, p. 89. *El Orden Social* confirmaba también, en aquel número, la muerte de José María Díaz Ordaz.

[6] Francisco Vasconcelos, *Costumbres oaxaqueñas del siglo XIX*, Ediciones Bibliográficas del Ayuntamiento de Oaxaca de Juárez, Oaxaca, 1993, p. 13.

[7] Porfirio Díaz, *Memorias*, Conaculta, México, 1994, vol. I, p. 101.

[8] *Boletín de la Sierra*, 8 de febrero de 1860. Fondo Manuel Brioso y Candiani, Biblioteca Francisco de Burgoa, Oaxaca.

[9] Carta de Vicente Rosas Landa a Benito Juárez, cerro de la Soledad, 14 de febrero de 1860, en Jorge L. Tamayo (ed.), *Benito Juárez: documentos, discursos y correspondencia*, Secretaría del Patrimonio Nacional, México, 1964-1970, vol. II, p. 610.

[10] *Boletín de la Sierra*, 23 de enero de 1860. Fondo Manuel Brioso y Candiani, Biblioteca Francisco de Burgoa, Oaxaca.

[11] Carta de Vicente Rosas Landa a Benito Juárez, cerro de la Soledad, 25 de febrero de 1860, en Jorge L. Tamayo (ed.), *Benito Juárez: documentos, discursos y correspondencia*, Secretaría del Patrimonio Nacional, México, 1964-1970, vol. II, p. 617.

[12] Carta de Vicente Rosas Landa a Benito Juárez, cerro de la Soledad, 29 de marzo de 1860, en Jorge L. Tamayo (ed.), *Benito Juárez: documentos, discursos y correspondencia*, Secretaría del Patrimonio Nacional, México, 1964-1970, vol. II, p. 676.

[13] Carta de Vicente Rosas Landa a Benito Juárez, cerro de la Soledad, 2 de abril de 1860, en Jorge L. Tamayo (ed.), *Benito Juárez: documentos, discursos y correspondencia*, Secretaría del Patrimonio Nacional, México, 1964-1970, vol. II, p. 677.

[14] Porfirio Díaz, *Memorias*, Conaculta, México, 1994, vol. I, p. 23.

[15] *Ibidem*, p. 111.

[16] Oficio de la Comandancia General del Departamento del Valle de México al Ministerio de Guerra, México, 21 de enero de 1860 (tomo I, foja 10 del Expediente de Félix Díaz. Archivo Histórico de la Secretaría de la Defensa Nacional). En este oficio, el Chato aparece por vez primera con el nombre de *Félix*.

[17] Oficio de la Jefatura del Estado Mayor del Ejército al Ministerio de Guerra, México, 22 de marzo de 1860 (tomo I, foja 13 del Expediente de Félix Díaz. Archivo Histórico de la Secretaría de la Defensa Nacional). Respecto a su nombre, Porfirio Díaz indica que el Chato lo cambió, dice, "por causas que nunca le oí referir" (*Memorias*, Conaculta, México, 1994, vol. I, p. 112).

Toma de Oaxaca

[1] Porfirio Díaz, *Memorias*, Conaculta, México, 1994, vol. I, p. 23.

[2] Parte de Vicente Rosas Landa al Ministerio de Guerra, Analco, 14 de mayo de 1860, en Alberto María Carreño (ed.), *Archivo del general Porfirio Díaz*, Editorial Elede, México, 1947-1961, vol. I, p. 252. Pedro Ampudia era el ministro de Guerra.

[3] Parte de Vicente Rosas Landa al Ministerio de Guerra, Teococuilco, 12 de mayo de 1860, en Alberto María Carreño (ed.), *Archivo del general Porfirio Díaz*, Editorial Elede, México, 1947-1961, vol. I, p. 249. Así describió Rosas Landa a la fuerza de oaxaqueños que comandaba: "Cuatro quintas partes de la fuerza se

compone de indígenas auxiliares sin espíritu militar, sin organización ni disciplina hasta el grado de no saber formar" (*idem*).

[4] Parte de Vicente Rosas Landa al Ministerio de Guerra, Analco, 14 de
mayo de 1860, en Alberto María Carreño (ed.), *Archivo del general Porfirio Díaz*,
Editorial Elede, México, 1947-1961, vol. I, p. 254.

[5] Carta de Vicente Rosas Landa a Benito Juárez, Chiltepec, 18 de mayo de
1860, en Jorge L. Tamayo (ed.), *Benito Juárez: documentos, discursos y correspondencia*,
Secretaría del Patrimonio Nacional, México, 1964-1970, vol. II, p. 706.

[6] Parte de Porfirio Díaz al Ministerio de Guerra, rancho de la Parada, 16 de
mayo de 1860, en Alberto María Carreño (ed.), *Archivo del general Porfirio Díaz*,
Editorial Elede, México, 1947-1961, vol. I, p. 257.

[7] Carta de Pedro Ampudia a Vicente Rosas Landa, Veracruz, 31 de mayo de
1860, en Alberto María Carreño (ed.), *Archivo del general Porfirio Díaz*, Editorial
Elede, México, 1947-1961, vol. I, p. 256.

[8] Parte de Cristóbal Salinas al Ministerio de Guerra, Oaxaca, 13 de agosto
de 1860, en Alberto María Carreño (ed.), *Archivo del general Porfirio Díaz*, Editorial
Elede, México, 1947-1961, vol. I, p. 261.

[9] Porfirio Díaz, *Memorias*, Conaculta, México, 1994, vol. I, p. 108.

[10] *Ibidem*, p. 110.

[11] Citado por Salvador Quevedo y Zubieta, *Porfirio Díaz (septiembre 1830-sep-
tiembre 1865): ensayo de psicología histórica*, Librería de la viuda de Bouret, París/
México, 1906, p. 217. El autor cita *La Victoria* del 2 de septiembre de 1860.

[12] *Idem*. La exclamación de Juárez, explica el autor, "nos ha sido comunicada
por uno que la oyó" (*idem*).

[13] Porfirio Díaz, *Memorias*, Conaculta, México, 1994, vol. I, pp. 108-109.

[14] *Ibidem*, p. 109.

Hacia la ciudad de México

[1] Porfirio Díaz, *Memorias*, Conaculta, México, 1994, vol. I, p. 109.

[2] Justo Sierra, *Juárez: su obra y su tiempo*, UNAM, México, 2006, p. 222.

[3] Porfirio Díaz, *Memorias*, Conaculta, México, 1994, vol. I, p. 114.

[4] Carl Khevenhüller, *Tres años en México*, en Brigitte Hamann, *Con Maximiliano en México: del diario del príncipe Carl Khevenhüller (1864-1867)*, FCE, México,
1989, p. 113.

[5] Guillermo Prieto, *Memorias de mis tiempos*, Editores Mexicanos Unidos,
México, 2002, p. 185.

[6] *Ibidem*, p. 186.

[7] Ignacio Mejía, "Autobiografía", *El Imparcial*, 5-12 de diciembre de 1906.
Hemeroteca Nacional de México.

[8] Manuel Martínez Gracida, *Efemérides oaxaqueñas: 1853-1892*, Tipografía de El Siglo XIX, México, 1892, vol. I, p. 178.

[9] Porfirio Díaz, *Memorias*, Conaculta, México, 1994, vol. I, p. 116.

[10] *Ibidem*, p. 115. El decreto del general González Ortega fue publicado el 27 de diciembre de 1860. La fuerza de los Rurales, a su vez, sería creada por el presidente Juárez el 5 de mayo de 1861.

7

Diputado en el Congreso de la Unión

[1] Carl Khevenhüller, "Tres años en México", en Brigitte Hamann, *Con Maximiliano en México: del diario del príncipe Carl Khevenhüller (1864-1867)*, FCE, México, 1989, p. 115.

[2] Carta de Porfirio Díaz a Félix Díaz, México, 5 de mayo de 1861 (fondo CXIX-I, carpeta I, legajo 1 del Epistolario de Porfirio Díaz. Centro de Estudios de Historia de México CARSO).

[3] Nota sobre Félix Díaz, México, 19 de agosto de 1861 (tomo I, foja 19 del Expediente de Félix Díaz. Archivo Histórico de la Secretaría de la Defensa Nacional). El Chato fue al final rehabilitado, por lo que fue confirmado su despacho de teniente coronel, que había sido firmado por don Benito el 10 de mayo de 1861.

[4] Nemesio García Naranjo, *Porfirio Díaz*, Casa Editorial Lozano, San Antonio Texas, 1930, p. 78.

[5] Acta de la sesión del 4 de junio de 1861 de la Cámara de Diputados, en Jorge L. Tamayo (ed.), *Benito Juárez: documentos, discursos y correspondencia*, Secretaría del Patrimonio Nacional, México, 1964-1970, vol. IV, p. 493.

[6] *Ibidem*, p. 496.

[7] *Idem*.

[8] Citado por Salvador Quevedo y Zubieta, *Porfirio Díaz (septiembre 1830-septiembre 1865): ensayo de psicología histórica*, Librería de la viuda de Bouret, París/México, 1906, p. 230. Quevedo y Zubieta escribe lo que parece ser la descripción más veraz del episodio de la garita de la Tlaxpana. El propio Porfirio Díaz es confuso al relatar este suceso (*Memorias*, Conaculta, México, 1994, vol. I, pp. 116-118). Ignacio Mejía no lo menciona en su parte de guerra, hecho ese mismo día —véase Alberto María Carreño (ed.), *Archivo del general Porfirio Díaz*, Editorial Elede, México, 1947-1961, vol. I, p. 263. Francisco Bulnes tampoco le da crédito al relato de Porfirio. "No aparece ni un solo periódico", escribió, "que indique que el general Díaz intervino en la refriega" ("Rectificaciones y aclaraciones a las *Memorias* del general Díaz", en Porfirio Díaz, *Memorias*, Conaculta, México, 1994, vol. II, p. 256).

[9] Citado por Salvador Quevedo y Zubieta, *Porfirio Díaz (septiembre 1830-septiembre 1865): ensayo de psicología histórica*, Librería de la viuda de Bouret, París/México, 1906, p. 232.

Jalatlaco

[1] Justo Sierra, *Juárez: su obra y su tiempo*, UNAM, México, 2006, p. 292. Sierra afirma que el encuentro sucedió "en los primeros días de julio" (*idem*). La fecha exacta de la salida de la capital de González Ortega está sustentada en este documento: "Ha marchado de esta capital al frente de una fuerza el señor diputado coronel don Porfirio Díaz, unida a la división que manda el ciudadano general Jesús González Ortega" (oficio de la secretaría del Congreso de la Unión, México, 2 de julio de 1861 —tomo I, foja 235 del Expediente de Porfirio Díaz. Archivo Histórico de la Secretaría de la Defensa Nacional).

[2] Porfirio Díaz, *Memorias*, Conaculta, México, 1994, vol. I, pp. 119-120.

[3] *Ibidem*, p. 121. La descripción de la batalla de Jalatlaco está basada en los recuerdos del propio Díaz, así como en los dos partes escritos al respecto por el general González Ortega, el 14 y 22 de agosto de 1861, reproducidos en Porfirio Díaz, *Memorias: 1830-1867 (tomo II)*, Tipografía de la Oficina Impresora de Estampillas, México, 1893, pp. 67-72. El propio Díaz le dio parte por escrito al general en jefe, pero al parecer no fue remitido al Ministerio de Guerra.

[4] Porfirio Díaz, *Memorias*, Conaculta, México, 1994, vol. I, p. 122. Era común leer palabras como estas en la prensa, respecto a Carbajal: "El famoso guerrillero Antonio Carbajal, de tan triste celebridad por estas comarcas" (*El Cronista de México*, 7 de febrero de 1865. Hemeroteca Nacional de México).

[5] Carta de Antonio Carbajal a Jesús González Ortega, San Antonio Calpulalpan, 7 de septiembre de 1861, en Jorge L. Tamayo (ed.), *Benito Juárez: documentos, discursos y correspondencia*, Secretaría del Patrimonio Nacional, México, 1964-1970, vol. V, p. 18. "Identificada su persona por la falta de la pierna", le dijo Carbajal, "fue pasado por las armas en el acto" (*idem*). Aquel 7 de septiembre, Porfirio Díaz votó en la Cámara de Diputados por la continuidad de Juárez en la Presidencia. Así que es probable que estuviera en el recinto cuando, poco después, llegó en un cesto la cabeza de Ruiz Cobos.

[6] Porfirio Díaz, *Memorias*, Conaculta, México, 1994, vol. I, p. 121. En otro lado, Díaz afirma que no eran 10 cañones sino 7 y que los prisioneros no eran 700 sino 600 (o 300, según González Ortega).

[7] Parte de Jesús González Ortega al Ministerio de Guerra, Jalatlaco, 14 de agosto de 1861, en Porfirio Díaz, *Memorias: 1830-1867 (tomo II)*, Tipografía de la Oficina Impresora de Estampillas, México, 1893, p. 67.

⁸ Parte de Jesús González Ortega al Ministerio de Guerra, México, 22 de agosto de 1861, en Porfirio Díaz, *Memorias: 1830-1867 (tomo II)*, Tipografía de la Oficina Impresora de Estampillas, México, 1893, p. 71. "El combate duró tres horas y media y se habría prolongado hasta el amanecer si la noble ambición de gloria no hubiera arrastrado al bravo coronel don Porfirio Díaz, jefe de las fuerzas de Oaxaca, y a su valiente oficialidad, a atacar de frente a la parroquia y cementerio, lo que dio por resultado que el enemigo abandonara estos puntos de donde era arrojado, dispersándose absolutamente a las tres de la mañana del día 14" (*op. cit.*, p. 70). González Ortega, junto con su parte, mandó también otro mensaje a Zaragoza, con la generosidad que lo caracterizaba: "Me avergonzaría seguir mandando el Ejército si el coronel Díaz no fuera ascendido a general" (citado por Justo Sierra, *Juárez: su obra y su tiempo*, UNAM, México, 2006, p. 293).

⁹ Orden del general Ignacio Zaragoza, México, 23 de agosto de 1861 (tomo I, foja 236 del Expediente de Porfirio Díaz. Archivo Histórico de la Secretaría de la Defensa Nacional).

¹⁰ Citado por Salvador Quevedo y Zubieta, *Porfirio Díaz (septiembre 1830-septiembre 1865): ensayo de psicología histórica*, Librería de la viuda de Bouret, París/México, 1906, p. 239. Quevedo y Zubieta estaba presente como legislador en la Cámara de Diputados. El ministro de Hacienda era José Higinio Núñez.

¹¹ Citado por Justo Sierra, *Juárez: su obra y su tiempo*, UNAM, México, 2006, p. 256.

¹² Porfirio Díaz, *Memorias*, Conaculta, México, 1994, vol. I, p. 126.

¹³ *Ibidem*, pp. 126-127.

¹⁴ Parte de Ignacio Mejía al Ministerio de Guerra, Tula, 22 de octubre de 1861, en Jorge L. Tamayo (ed.), *Benito Juárez: documentos, discursos y correspondencia*, Secretaría del Patrimonio Nacional, México, 1964-1970, vol. V, p. 134. El parte de Mejía coincide con el relato de Díaz, aunque da un itinerario un poco distinto de su desplazamiento hacia Pachuca.

¹⁵ Porfirio Díaz, *Memorias*, Conaculta, México, 1994, vol. I, p. 127.

¹⁶ Carta de Ignacio Zaragoza a Ignacio Mejía, México, 24 de octubre de 1861, en Jorge L. Tamayo (ed.), *Benito Juárez: documentos, discursos y correspondencia*, Secretaría del Patrimonio Nacional, México, 1964-1970, vol. V, p. 137. Zaragoza volvió a felicitar a Mejía una semana después, para añadir: "Le suplico me haga favor de hacer iguales felicitaciones en mi nombre al ciudadano general Díaz" (*idem*).

Moratoria

¹ Carta de Benito Juárez a Juan Antonio de la Fuente, México, 27 de julio de 1861, en Jorge L. Tamayo (ed.), *Benito Juárez: documentos, discursos y correspondencia*, Secretaría del Patrimonio Nacional, México, 1964-1970, vol. IV, p. 690.

[2] Ley para el arreglo de la hacienda pública del 17 de julio de 1861, en Jorge L. Tamayo (ed.), *Benito Juárez: documentos, discursos y correspondencia*, Secretaría del Patrimonio Nacional, México, 1964-1970, vol. IV, p. 646.

[3] Carta de Ignacio Zaragoza a Ignacio Mejía, México, 11 de diciembre de 1861, en Jorge L. Tamayo (ed.), *Benito Juárez: documentos, discursos y correspondencia*, Secretaría del Patrimonio Nacional, México, 1964-1970, vol. V, p. 347.

[4] Carta de Benito Juárez a Matías Romero, México, 27 de diciembre de 1861, en Jorge L. Tamayo (ed.), *Benito Juárez: documentos, discursos y correspondencia*, Secretaría del Patrimonio Nacional, México, 1964-1970, vol. V, pp. 483-485).

[5] Carta de Ignacio Mejía a José López Uraga, Orizaba, 24 de diciembre de 1861, en Jorge L. Tamayo (ed.), *Benito Juárez: documentos, discursos y correspondencia*, Secretaría del Patrimonio Nacional, México, 1964-1970, vol. V, p. 478.

[6] Discurso de clausura de Benito Juárez, México, 15 de diciembre de 1861, en Jorge L. Tamayo (ed.), *Benito Juárez: documentos, discursos y correspondencia*, Secretaría del Patrimonio Nacional, México, 1964-1970, vol. V, p. 403.

[7] Citado por Rafael de Zayas Enríquez, *Benito Juárez: su vida, su obra*, SEP, México, 1972, pp. 300-301. La cita es del periodista y combatiente Ireneo Paz.

LA INTERVENCION

1

Intervención en Francia

[1] Manifiesto de la Coalición, Veracruz, 10 de enero de 1862, en Jorge L. Tamayo (ed.), *Benito Juárez: documentos, discursos y correspondencia*, Secretaría del Patrimonio Nacional, México, 1964-1970, vol. V, p. 548.

[2] Ley para castigar los delitos contra la Nación, México, 25 de enero de 1862, en Jorge L. Tamayo (ed.), *Benito Juárez: documentos, discursos y correspondencia*, Secretaría del Patrimonio Nacional, México, 1964-1970, vol. V, pp. 605-606.

[3] Carta de Ignacio Mejía a Porfirio Díaz, Cotaxtla, 6 de febrero de 1862, en Jorge L. Tamayo (ed.), *Benito Juárez: documentos, discursos y correspondencia*, Secretaría del Patrimonio Nacional, México, 1964-1970, vol. V, p. 677.

[4] Carta de Ignacio Mejía a Benito Juárez, San Andrés Chalchicomula, 7 marzo 1862, en Jorge L. Tamayo (ed.), *Benito Juárez: documentos, discursos y correspondencia*, Secretaría del Patrimonio Nacional, México, 1964-1970, vol. VI, p. 55.

[5] Porfirio Díaz, *Memorias*, Conaculta, México, 1994, vol. I, p. 131.

[6] Manuel Santibáñez, *Reseña histórica del Cuerpo de Ejército de Oriente*, Tipografía de la Oficina Impresora del Timbre, México, 1892-1893, vol. I, p. 49.

[7] Carta de Ignacio Zaragoza a Benito Juárez, Xalapa, 8 de marzo de 1862, en Jorge L. Tamayo (ed.), *Benito Juárez: documentos, discursos y correspondencia*, Secretaría del Patrimonio Nacional, México, 1964-1970, vol. vi, p. 79.

[8] Citado por Suzanne Desternes y Henriette Chandet, *Maximiliano y Carlota*, Diana, México, 1967, p. 136.

[9] Citado por José C. Valadés, *Maximiliano y Carlota en México*, Diana, México, 1993, p. 34.

[10] Manifiesto de Benito Juárez, México, 12 de abril de 1862, en Jorge L. Tamayo (ed.), *Benito Juárez: documentos, discursos y correspondencia*, Secretaría del Patrimonio Nacional, México, 1964-1970, vol. vi, p. 245.

[11] Carta de Ignacio Zaragoza a Ignacio Mejía, cañada de Ixtapa, 14 de abril de 1862, en Jorge L. Tamayo (ed.), *Benito Juárez: documentos, discursos y correspondencia*, Secretaría del Patrimonio Nacional, México, 1964-1970, vol. vi, p. 255.

[12] Citado por Rafael de Zayas Enríquez, *Benito Juárez: su vida, su obra*, SEP, México, 1972, p. 205.

[13] Porfirio Díaz, *Memorias*, Conaculta, México, 1994, vol. i, p. 132.

[14] Carta de Ignacio Zaragoza a Ignacio Mejía, Ingenio, 20 de abril de 1862, en Jorge L. Tamayo (ed.), *Benito Juárez: documentos, discursos y correspondencia*, Secretaría del Patrimonio Nacional, México, 1964-1970, vol. vi, p. 364. El relato de la captura de Félix está basado en esta carta del general Zaragoza. Porfirio Díaz ofrece una versión algo distinta (*Memorias*, Conaculta, México, 1994, vol. i, p. 132).

[15] Porfirio Díaz, *Memorias*, Conaculta, México, 1994, vol. i, p. 132. El relato de la fuga de Félix está basado en los recuerdos de la esposa del general Prim, mexicana de nacimiento, quien pasó en ese momento en una litera rumbo a Córdoba, al lado de Millans —véase Salvador Quevedo y Zubieta, *Porfirio Díaz (septiembre 1830-septiembre 1865): ensayo de psicología histórica*, Librería de la viuda de Bouret, París/México, 1906, pp. 247-251. Así dice al respecto otro historiador: "Millans del Bosch se interpuso y, empleando la sorpresa o el engaño, protegió la fuga del Chato, que a todo correr de su caballo se perdió en el fondo de un platanar" (Justo Sierra, *Juárez: su obra y su tiempo*, UNAM, México, 2006, p. 393).

[16] Citado por Gustave Niox, *La expedición a México: relato político y militar*, El Colegio de Puebla, Puebla, 2012, p. 127.

[17] Carta de Ignacio Zaragoza a Benito Juárez, Palmar, 29 de abril de 1862, en Jorge L. Tamayo (ed.), *Benito Juárez: documentos, discursos y correspondencia*, Secretaría del Patrimonio Nacional, México, 1964-1970, vol. vi, p. 407.

[18] Telegrama de Ignacio Zaragoza al Ministerio de Guerra, Puebla, 4 de mayo de 1862, en Jorge L. Tamayo (ed.), *Benito Juárez: documentos, discursos y correspondencia*, Secretaría del Patrimonio Nacional, México, 1964-1970, vol. vi, p. 426.

5 de mayo

[1] Porfirio Díaz, *Memorias*, Conaculta, México, 1994, vol. i, p. 135.

[2] Carta de Ignacio Zaragoza a Ignacio Mejía, Ixtapa, 26 de abril de 1862, en Jorge L. Tamayo (ed.), *Benito Juárez: documentos, discursos y correspondencia*, Secretaría del Patrimonio Nacional, México, 1964-1970, vol. vi, p. 383.

[3] Respuesta de Miguel Negrete a Antonio Taboada, Puebla, mayo de 1862, en Jorge L. Tamayo (ed.), *Benito Juárez: documentos, discursos y correspondencia*, Secretaría del Patrimonio Nacional, México, 1964-1970, vol. vi, pp. 489-490.

[4] Porfirio Díaz, *Memorias*, Conaculta, México, 1994, vol. i, p. 136.

[5] *Ibidem*, p. 137.

[6] Telegrama (1) de Ignacio Zaragoza al Ministerio de Guerra, Puebla, 5 de mayo de 1862, en Jorge L. Tamayo (ed.), *Benito Juárez: documentos, discursos y correspondencia*, Secretaría del Patrimonio Nacional, México, 1964-1970, vol. vi, p. 436.

[7] Parte de Porfirio Díaz a Ignacio Zaragoza, Puebla, 6 de mayo de 1862, en Jorge L. Tamayo (ed.), *Benito Juárez: documentos, discursos y correspondencia*, Secretaría del Patrimonio Nacional, México, 1964-1970, vol. vi, p. 446.

[8] Porfirio Díaz, *Memorias*, Conaculta, México, 1994, vol. i, p. 140.

[9] Gustave Niox, *La expedición a México: relato político y militar*, El Colegio de Puebla, Puebla, 2012, p.134. El príncipe Georges Bibesco, miembro del Estado Mayor de Lorencez, publicaría después su testimonio, muy parecido al de Niox —véase Pedro Angel Palou, *5 de mayo: 1862*, Gobierno del Estado de Puebla, Puebla, 2000, pp. 92-97.

[10] Parte de Porfirio Díaz a Ignacio Zaragoza, Puebla, 6 de mayo de 1862, en Jorge L. Tamayo (ed.), *Benito Juárez: documentos, discursos y correspondencia*, Secretaría del Patrimonio Nacional, México, 1964-1970, vol. vi, p. 446.

[11] Parte de Porfirio Díaz a Ignacio Zaragoza, Puebla, 6 de mayo de 1862, en Jorge L. Tamayo (ed.), *Benito Juárez: documentos, discursos y correspondencia*, Secretaría del Patrimonio Nacional, México, 1964-1970, vol. vi, pp. 446-448. Quiero dar aquí las gracias al capitán Martín Martínez Baizábal por la entrevista que tuve con él sobre las armas utilizadas en México durante la guerra de Intervención.

[12] Porfirio Díaz, *Memorias*, Conaculta, México, 1994, vol. i, p. 141.

[13] *Idem*.

[14] Parte de Ignacio Zaragoza al Ministerio de Guerra, Puebla, 9 de mayo de 1862, en Jorge L. Tamayo (ed.), *Benito Juárez: documentos, discursos y correspondencia*, Secretaría del Patrimonio Nacional, México, 1964-1970, vol. vi, p. 442.

[15] Telegrama (2) de Ignacio Zaragoza al Ministerio de Guerra, Puebla, 5 de mayo de 1862, en Jorge L. Tamayo (ed.), *Benito Juárez: documentos, discursos y correspondencia*, Secretaría del Patrimonio Nacional, México, 1964-1970, vol. vi, p. 438.

[16] Porfirio Díaz, *Memorias*, Conaculta, México, 1994, vol. I, p. 141.

[17] Carta de Porfirio Díaz a Nicolasa Díaz, Puebla, 10 de mayo de 1862 (fondo CXIX-I, carpeta I, legajo 4 del Epistolario de Porfirio Díaz. Centro de Estudios de Historia de México CARSO).

[18] Carta de Ignacio Mejía a Benito Juárez, Puebla, 7 de mayo de 1862, en Jorge L. Tamayo (ed.), *Benito Juárez: documentos, discursos y correspondencia*, Secretaría del Patrimonio Nacional, México, 1964-1970, vol. VI, p. 465. Las cifras de muertos y heridos en la batalla, desglosadas, están tomadas de Gustave Niox, *La expedición a México: relato político y militar*, El Colegio de Puebla, Puebla, 2012, p. 135.

[19] Carta de Porfirio Díaz a Nicolasa Díaz, Puebla, 10 de mayo de 1862 (fondo CXIX-I, carpeta I, legajo 4 del Epistolario de Porfirio Díaz. Centro de Estudios de Historia de México CARSO).

[20] Gustave Niox, *La expedición a México: relato político y militar*, El Colegio de Puebla, Puebla, 2012, p. 137.

[21] Citado en *ibidem*, p. 139.

[22] Citado por Jean Meyer, *Yo, el francés: crónicas de la Intervención Francesa en México (1862-1867)*, Tusquets, México, 2000, p. 72. Meyer cita las palabras del capitán Paul Guinard.

[23] Telegrama de Ignacio Zaragoza al Ministerio de Guerra, Puebla, 9 de mayo de 1862, en Jorge L. Tamayo (ed.), *Benito Juárez: documentos, discursos y correspondencia*, Secretaría del Patrimonio Nacional, México, 1964-1970, vol. VI, p. 475.

[24] Eulogio Gillow, *Reminiscencias*, Imprenta de El Heraldo de México, Los Angeles, 1920, p. 127. El comentario de Díaz fue hecho en 1877, en un brindis, durante una exposición en Puebla a la que estaba invitado Gillow.

[25] Citado por Jean Meyer, *Yo, el francés: crónicas de la Intervención Francesa en México (1862-1867)*, Tusquets, México, 2000, pp. 72-73.

2

Celebración y duelo

[1] Carta de Porfirio Díaz a Nicolasa Díaz, Tehuacán, 1 de junio de 1862 (fondo CXIX-I, carpeta I, legajo 5 del Epistolario de Porfirio Díaz. Centro de Estudios de Historia de México CARSO).

[2] Carta de Ignacio Zaragoza a Miguel Blanco, Acultzingo, 16 de junio de 1862, en Jorge L. Tamayo (ed.), *Benito Juárez: documentos, discursos y correspondencia*, Secretaría del Patrimonio Nacional, México, 1964-1970, vol.VI, p.661.

[3] Carta de Porfirio Díaz a Nicolasa Díaz, Huatusco, 28 de agosto de 1862 (fondo CXIX-I, carpeta I, legajo 8 del Epistolario de Porfirio Díaz. Centro de Estudios de Historia de México CARSO).

⁴ Carta de Porfirio Díaz a Nicolasa Díaz, Huatusco, 4 de septiembre de 1862 (fondo CXIX-I, carpeta I, legajo 10 del Epistolario de Porfirio Díaz. Centro de Estudios de Historia de México CARSO).

⁵ *Idem.* La carta termina con estas palabras: "Yo no le deseo así a Márquez los sudores que esta santa señora nos ha hecho pasar" (*ibidem*).

⁶ Andrés Portillo, *Oaxaca en el centenario de la Independencia Nacional*, Oaxaca, Imprenta del Estado, 1910, p. 160-a.

⁷ *Idem.*

⁸ Carta de Ignacio Zaragoza a Ignacio Mejía, Acatzingo, 14 de julio de 1862, en Jorge L. Tamayo (ed.), *Benito Juárez: documentos, discursos y correspondencia*, Secretaría del Patrimonio Nacional, México, 1964-1970, vol. VI, p. 732. Zaragoza añade esto al final de la carta: "He estado clueco en estos días que he tenido de visita a mi chiquita. Le hago a usted esta confidencia porque usted tiene hijos y los quiere como yo" (*op. cit.*, p. 733).

⁹ Manuel Santibáñez, *Reseña histórica del Cuerpo de Ejército de Oriente*, Tipografía de la Oficina Impresora del Timbre, México, 1892-1893, vol. VI, p. 185.

¹⁰ Carta de Jesús González Ortega a Benito Juárez, Puebla, 22 de noviembre de 1862, en Jorge L. Tamayo (ed.), *Benito Juárez: documentos, discursos y correspondencia*, Secretaría del Patrimonio Nacional, México, 1964-1970, vol. VII, p. 136.

¹¹ *Ibidem*, p. 135.

¹² Discurso de Benito Juárez, Puebla, 4 de diciembre de 1862, en Jorge L. Tamayo (ed.), *Benito Juárez: documentos, discursos y correspondencia*, Secretaría del Patrimonio Nacional, México, 1964-1970, vol. VII, p. 153.

¹³ *Ibidem*, p. 154.

¹⁴ Carta de Porfirio Díaz a Nicolasa Díaz, Huamantla, 8 de octubre de 1862 (fondo CXIX-I, carpeta I, legajo 18 del Epistolario de Porfirio Díaz. Centro de Estudios de Historia de México CARSO).

Coronel Manuel González

¹ Carta de Porfirio Díaz a Nicolasa Díaz, Puebla, 15 de febrero de 1863 (fondo CXIX-I, carpeta I, legajo 24 del Epistolario de Porfirio Díaz. Centro de Estudios de Historia de México CARSO).

² Porfirio Díaz, *Memorias*, Conaculta, México, 1994, vol. I, p. 153.

³ Carta de Manuel González a Benito Juárez, México, 17 de abril de 1862 (tomo I, foja 67 del Expediente de Manuel González. Archivo Histórico de la Secretaría de la Defensa Nacional).

⁴ *Idem.*

⁵ Carta de Manuel González a Rómulo Cuellar, México, 27 de diciembre de 1888, en Carlos González Montesinos, *El general Manuel González: el manco de*

Tecoac, México, Impresión Comunicación Gráfica, 2000, p.66. El propio Díaz había votado por incluir a todos en la amnistía, sin excepciones, durante la sesión dedicada a ese tema en la Cámara de Diputados.

[6] Porfirio Díaz, *Memorias*, Conaculta, México, 1994, vol. I, p. 154. Díaz está equivocado al agregar que González era entonces teniente coronel, pues era ya coronel en el Ejército.

Sitio de Puebla

[1] Carta de Porfirio Díaz a Nicolasa Díaz, Puebla, 4 de marzo de 1863 (fondo CXIX-I, carpeta I, legajo 26 del Epistolario de Porfirio Díaz. Centro de Estudios de Historia de México CARSO).

[2] *Idem*. Los días comenzaron sin embargo a pasar sin novedad: el enemigo, a la vista, no atacaba la línea del Ejército de Oriente. "Ya ni las mujeres le tienen miedo", volvió a escribir Díaz, en un tono muy distinto al de la carta en que invocaba a Dios. "Los cerros son el paseo de moda y todas las tardes están coronados por crinolinas y sombrillas que vienen a ver al enemigo en su campo" (carta de Porfirio Díaz a Nicolasa Díaz, Puebla, 17 de marzo de 1863 —fondo CXIX-I, carpeta I, legajo 29 del Epistolario de Porfirio Díaz, Centro de Estudios de Historia de México CARSO).

[3] Carta de Porfirio Díaz a Nicolasa Díaz, Puebla, 4 de marzo de 1863 (fondo CXIX-I, carpeta I, legajo 26 del Epistolario de Porfirio Díaz. Centro de Estudios de Historia de México CARSO). Díaz añadió después esta postdata: "Te mandaré un retrato grande pintado al óleo" (*idem*). Un ejemplo más de todos los retratos y fotografías que mandó por esas fechas a Oaxaca.

[4] Porfirio Díaz, *Memorias*, Conaculta, México, 1994, vol. I, p. 151.

[5] Carta de Jesús González Ortega a Ignacio Comonfort, Puebla, 31 de marzo de 1863, en Porfirio Díaz, *Memorias*, Conaculta, México, 1994, vol. I, p. 178.

[6] *Idem*.

[7] Citado por *El Siglo XIX*, 16 de septiembre de 1867. Hemeroteca Nacional de México. El parte de Porfirio Díaz de la acción del 3 de abril de 1863 en Puebla está reproducido en Jorge L. Tamayo (ed.), *Benito Juárez: documentos, discursos y correspondencia*, Secretaría del Patrimonio Nacional, México, 1964-1970, vol. VII, pp. 471-472.

[8] Carta de Félix Díaz a Jesús González Ortega, Puebla, 4 de abril de 1863, en Heriberto Frías, *General Félix Díaz*, El Progreso Industrial, México, 1901, p. 20.

[9] Gustave Niox, *La expedición a México: relato político y militar*, El Colegio de Puebla, Puebla, 2012, p. 212. Los oaxaqueños estaban orgullosos de su papel en Puebla. "¡Renombre eterno a los defensores de Zaragoza!", exclamó por esos días el periódico del gobierno, en la primera plana. "Oaxaca está allí con su bandera ensangrentada,

pero llena de luz (…) El general Díaz es un héroe" (*La Victoria*, 24 de abril de 1863. Fondo Manuel Brioso y Candiani, Biblioteca Francisco de Burgoa, Oaxaca).

[10] Parte de Jesús González Ortega al Supremo Gobierno, Zacatecas, 16 de septiembre de 1863, en Jorge L. Tamayo (ed.), *Benito Juárez: documentos, discursos y correspondencia*, Secretaría del Patrimonio Nacional, México, 1964-1970, vol. VII, p. 593.

[11] Ignacio Mejía, "Autobiografía", *El Imparcial*, 5-12 de diciembre de 1906.

[12] Parte de Jesús González Ortega al Supremo Gobierno, Zacatecas, 16 de septiembre de 1863, en Jorge L. Tamayo (ed.), *Benito Juárez: documentos, discursos y correspondencia*, Secretaría del Patrimonio Nacional, México, 1964-1970, vol. VII, p. 595.

[13] Orden del Cuerpo de Ejército de Oriente, Puebla, 17 de mayo de 1863, en Jorge L. Tamayo (ed.), *Benito Juárez: documentos, discursos y correspondencia*, Secretaría del Patrimonio Nacional, México, 1964-1970, vol. VII, p. 603.

[14] *Idem.*

[15] Parte de Elie Forey al Ministerio de Guerra, Puebla, 20 de mayo de 1863, en Jorge L. Tamayo (ed.), *Benito Juárez: documentos, discursos y correspondencia*, Secretaría del Patrimonio Nacional, México, 1964-1970, vol. VII, p. 613.

[16] Carta de los generales del Ejército de Oriente, Puebla, 18 de mayo de 1863, en Jorge L. Tamayo (ed.), *Benito Juárez: documentos, discursos y correspondencia*, Secretaría del Patrimonio Nacional, México, 1964-1970, vol. VII, p. 606.

[17] Porfirio Díaz, *Memorias*, Conaculta, México, 1994, vol. I, p.179. Manuel Santibáñez confirma que Díaz escapó la noche del 21 de mayo con Berriozábal.

3

Reencuentro con Matías Romero

[1] Citado por Jorge L. Tamayo (ed.), *Benito Juárez: documentos, discursos y correspondencia*, Secretaría del Patrimonio Nacional, México, 1964-1970, vol. VII, p. 637.

[2] Rafael de Zayas Enríquez, *Benito Juárez: su vida, su obra*, SEP, México, 1972, p. 63. "Sus ideas", añadió Zayas Enríquez, "no nacían en la explosión que deslumbra, pero que es efímera; sino que se formaban por cristalización, que es lo que tiene solidez y perdura" (*ibidem*).

[3] Justo Sierra, *Juárez: su obra y su tiempo*, UNAM, México, 2006, p. 73.

[4] Porfirio Díaz, *Memorias*, Conaculta, México, 1994, vol. I, p.182. Existe también esta versión sobre las deserciones ocurridas ese verano de 1863 en el Monte de las Cruces: "Un batallón de guardia nacional, de la extrema retaguardia, experimentó pánico, se desorganizó y quiso huir; entonces el general Díaz, en aquellas circunstancias verdaderamente críticas, se mostró a la altura de su de-

ber; hizo que la fuerza a su mando hiciera alto, y fusiló a seis de los aterrorizados, pero ni diezmó a las fuerzas, ni formó a las tropas como para solemne ejecución" (Francisco Bulnes, "Rectificaciones y aclaraciones a las *Memorias* del general Díaz", en Porfirio Díaz, *Memorias*, Conaculta, México, 1994, vol. II, p. 274).

[5] Carta de Manuel Doblado a Felipe Berriozábal, Guanajuato, 22 de junio de 1863, en Jorge L. Tamayo (ed.), *Benito Juárez: documentos, discursos y correspondencia*, Secretaría del Patrimonio Nacional, México, 1964-1970, vol. VII, p. 764.

[6] Carta de Porfirio Díaz a Matías Romero, Acámbaro, 3 de julio de 1863 Porfirio Díaz, *Memorias: 1830-1867 (tomo II)*, Tipografía de la Oficina Impresora de Estampillas, México, 1893, p. 103.

[7] Carta de Porfirio Díaz a Matías Romero, Huatusco, 21 de junio de 1862, en Porfirio Díaz, *Memorias*, Conaculta, México, 1994, vol. II, p. 183. En esa carta, Díaz le hablaba también de sus victorias: "Tres veces hemos tenido la gloria de medir nuestras armas con el invasor; en una de ellas (5 de mayo) hemos tenido la gloria de humillarlo" (*idem*).

[8] Matías Romero, *Diario personal (1855-1865)*, El Colegio de México, México, 1960, p. 527.

[9] Matías Romero, *Diario personal (1855-1865)*, El Colegio de México, México, 1960, p. 530.

[10] *Ibidem*, p. 532.

[11] *Ibidem*, p. 533.

[12] Carta de Guillermo Prieto a Porfirio Díaz, San Luis Potosí, 13 de julio de 1863, en Alberto María Carreño (ed.), *Archivo del general Porfirio Díaz*, Editorial Elede, México, 1947-1961, vol. IV, p. 27. La carta aparece por equivocación fechada en 1864, cuando Díaz estaba en Oaxaca y Prieto en Monterrey. El año correcto debe ser 1863, cuando ambos mantenían contacto porque trabajaban de cerca con Juárez, en el Bajío.

[13] Matías Romero, *Diario personal (1855-1865)*, El Colegio de México, México, 1960, p. 533.

[14] *Ibidem*, p. 536.

[15] Carta de Porfirio Díaz a Matías Romero, San Juan del Río, 12 de agosto de 1863, en Porfirio Díaz, *Memorias: 1830-1867 (tomo II)*, Tipografía de la Oficina Impresora de Estampillas, México, 1893, p. 104.

[16] Carta de Matías Romero a Porfirio Díaz, San Luis Potosí, 15 de agosto de 1863, en Jorge L. Tamayo (ed.), *Benito Juárez: documentos, discursos y correspondencia*, Secretaría del Patrimonio Nacional, México, 1964-1970, vol.VIII, p. 93.

[17] Carta de Porfirio Díaz a Matías Romero, San Juan del Río, 18 de agosto de 1863, en Porfirio Díaz, *Memorias: 1830-1867 (tomo II)*, Tipografía de la Oficina Impresora de Estampillas, México, 1893, p. 105.

[18] *Idem*.

[19] *Ibidem*, p. 106.

Epopeya del Ejército de Oriente

[1] *El Regenerador*, 2 de noviembre de 1840. Fondo Manuel Brioso y Candiani, Biblioteca Francisco de Burgoa, Oaxaca. El periódico transcribe, con su nombre, las ideas de Gutiérrez Estrada.

[2] Carta de Porfirio Díaz a Matías Romero, Acámbaro, 3 de julio de 1863, en Porfirio Díaz, *Memorias: 1830-1867 (tomo II)*, Tipografía de la Oficina Impresora de Estampillas, México, 1893, p. 103.

[3] Citado por Rafael de Zayas Enríquez, *Benito Juárez: su vida, su obra*, SEP, México, 1972, p. 99. El autor no revela el nombre de la persona que cita.

[4] Carta de Ignacio Comonfort a José López Uraga, San Luis Potosí, 23 de septiembre de 1863, en Jorge L. Tamayo (ed.), *Benito Juárez: documentos, discursos y correspondencia*, Secretaría del Patrimonio Nacional, México, 1964-1970, vol. VIII, p. 177.

[5] Carta de Porfirio Díaz a Matías Romero, San Juan del Río, 22 de agosto de 1863, en Porfirio Díaz, *Memorias: 1830-1867 (tomo II)*, Tipografía de la Oficina Impresora de Estampillas, México, 1893, p. 107. Los sinaloenses eran, de plano, "cero a la izquierda", por lo que Díaz pedía a Romero lo siguiente: "Insista usted a todo trance en que el presidente mande por la Brigada de Sinaloa" (*idem*).

[6] Porfirio Díaz, *Memorias*, Conaculta, México, 1994, vol. I, p. 187.

[7] *Ibidem*, p. 188.

[8] *Idem*.

[9] Adrián Valadés, "La marcha de Díaz hacia Oaxaca durante la Intervención", *Historia Mexicana*, julio-septiembre de 1957. Valadés era maestro en Mazatlán. Escribió su testimonio durante la primavera de 1867, en Durango, luego de desertar él mismo al final del sitio de Oaxaca. El dato es relevante pues su testimonio, que es honesto y detallado, está también escrito con algo de resentimiento.

[10] Adrián Valadés, "La marcha de Díaz hacia Oaxaca durante la Intervención", *Historia Mexicana*, julio-septiembre de 1957.

[11] Parte de Porfirio Díaz al Ministerio de Guerra, Taxco, 29 de octubre de 1863, en Manuel Santibáñez, *Reseña histórica del Cuerpo de Ejército de Oriente*, Tipografía de la Oficina Impresora del Timbre, México, 1892-1893, vol. II, p. 110. Así describe Díaz, en su parte de guerra, las condiciones de la rendición de Taxco: "A la diana de hoy, al comenzar el cañoneo que debía preceder al asalto, se me presentaron unos comisionados de la plaza, anunciándome que sus defensores estaban dispuestos a rendirse, con tal que se les garantizase la vida. Con este incidente suspendí mi ataque, y manifesté a los comisionados que habiendo una expresa prevención suprema de fusilar a todo traidor que se aprehenda con las armas en la mano, sólo el Supremo Gobierno tiene facultades para relajarla; y en consecuencia mi promesa, si se rendían, se reduciría a no ejecutarlos por ahora, sino presentar el caso a ese Supremo Gobierno y proceder según su resolución.

Sobre estas bases se verificó la entrega de la plaza, quedando en mi poder su comandante Marcos Toledo, 18 individuos entre oficiales y regidores y 251 de clase de tropa" (*op. cit.*, vol. II, pp. 110-111).

[12] *El Cronista de México*, 13 de noviembre de 1863. Hemeroteca Nacional de México. El periódico tradujo lo que acababa de ser publicado, la víspera, por *L'Estafette*. Así describe la entrevista que tuvo con Díaz la comisión que rindió la plaza de Taxco: "El general juarista mostróse muy indignado al principio; declaró que, habiendo perdido 50 hombres, un capitán, tres tenientes y su mejor amigo y compatriota el coronel Tolsá, no le quedaba por hacer otra cosa que tomar la plaza a viva fuerza y vengarse de los taxqueños. Acabó, sin embargo, por apaciguarse; deploró las calamidades que causan las guerras civiles, y prometió, si los habitantes deponían las armas, perdonarles la vida, respetar sus familias y propiedades, y dejarles en libertad" (*ibidem*). El historiador Niceto de Zamacois habría de basar su relato de la toma de Taxco, palabra por palabra, aunque con un tono modificado a favor de Díaz, en este texto de *El Cronista de México* —véase Niceto de Zamacois, *Historia general de Méjico: desde sus tiempos más remotos hasta nuestros días*, J. F. Parres y Compañía, Barcelona, vol. XVI, pp. 801-811. Tolsá, por cierto, no era *coronel* sino comandante, ni era el *mejor amigo* de Díaz. Pero el saqueo de la ciudad fue real. "Tan luego como fue ocupada la plaza, se dio orden de que fueran saqueados el templo católico y algunas casas de particulares", corrobora un oficial de Díaz. "En medio del desorden, tan perjudicial a la subordinación y disciplina, fue saqueada, entre otras varias casas, la de Jecker" (Adrián Valadés, "La marcha de Díaz hacia Oaxaca durante la Intervención", *Historia Mexicana*, julio-septiembre de 1957).

[13] *El Cronista de México*, 13 de noviembre de 1863. Hemeroteca Nacional de México.

[14] Parte de Porfirio Díaz al Ministerio de Guerra, Taxco, 29 de octubre de 1863, en Manuel Santibáñez, *Reseña histórica del Cuerpo de Ejército de Oriente*, Tipografía de la Oficina Impresora del Timbre, México, 1892-1893, vol. II, p. 112.

[15] Adrián Valadés, "La marcha de Díaz hacia Oaxaca durante la Intervención", *Historia Mexicana*, julio-septiembre de 1957.

[16] *Idem*.

[17] Carta de Porfirio Díaz a Benito Juárez, Apango, 8 de noviembre de 1863, en Jorge L. Tamayo (ed.), *Benito Juárez: documentos, discursos y correspondencia*, Secretaría del Patrimonio Nacional, México, 1964-1970, vol. VIII, p. 300. "No ataqué enseguida a Iguala, porque era obra de tiempo y yo ni quiero gastarlo aquí, ni podría hacerlo impunemente", escribe Díaz al comentar la toma de Taxco, respecto de la cual dice que "dio por resultado, después de recogido todo, 271 prisioneros de los cuales 18 entregué a Pinzón, entre jefes, oficiales, padres y regidores; 163 fusiles con siete cajas de parque, un obús de montaña con todos sus útiles y 52 tiros" (*op. cit.*, p. 301).

[18] Adrián Valadés, "La marcha de Díaz hacia Oaxaca durante la Intervención", *Historia Mexicana*, julio-septiembre de 1957.

[19] Porfirio Díaz, *Memorias*, Conaculta, México, 1994, vol. I, p. 184. Díaz sabía, en efecto, que aquella zona era peligrosa. "Respecto de su regreso", le acababa de escribir a Matías Romero en San Luis Potosí, "tengo que encargar a usted que no lo haga por la vía recta porque se está poniendo muy insegura" —véase Porfirio Díaz, *Memorias: 1830-1867 (tomo II)*, Tipografía de la Oficina Impresora de Estampillas, México, 1893, p.107.

[20] Carta de Martín Rull a Benito Juárez, Celaya, 20 de noviembre de 1863, en Jorge L. Tamayo (ed.), *Benito Juárez: documentos, discursos y correspondencia*, Secretaría del Patrimonio Nacional, México, 1964-1970, vol. VIII, p. 312.

4

Jefe de la Línea de Oriente

[1] Carta de Porfirio Díaz a Nicolasa Díaz, Yaunipero, 24 de noviembre de 1863 (fondo CXIX-I, carpeta I, legajo 32 del Epistolario de Porfirio Díaz. Centro de Estudios de Historia de México CARSO).

[2] Porfirio Díaz, *Memorias*, Conaculta, México, 1994, vol. I, p. 189. El 3 de diciembre de 1863 Porfirio dio parte al presidente Juárez de las dificultades que le puso Cajiga al llegar a Oaxaca.

[3] Carta de Justo Benítez a Benito Juárez, Oaxaca, 14 de mayo de 1858, en Jorge L. Tamayo (ed.), *Benito Juárez: documentos, discursos y correspondencia*, Secretaría del Patrimonio Nacional, México, 1964-1970, vol. II, p. 371.

[4] Porfirio Díaz, *Memorias*, Conaculta, México, 1994, vol. II, p. 37.

[5] Carta de Justo Benítez al gobierno de Oaxaca, Oaxaca, 10 de marzo de 1862, *La Victoria*, 16 de marzo de 1862. Fondo Manuel Brioso y Candiani, Biblioteca Francisco de Burgoa, Oaxaca. El gobernador de Oaxaca era Ramón Cajiga. "Suplico al ciudadano gobernador que disponga de mí para la guerra con el extranjero", dijo Benítez en esa carta (*ibidem*).

[6] Carta de Justo Benítez a Porfirio Díaz, México, 3 de julio de 1868, en Alberto María Carreño (ed.), *Archivo del general Porfirio Díaz*, Editorial Elede, México, 1947-1961, vol. VII, pp. 5-6.

[7] Carta de Justo Benítez a Porfirio Díaz, México, 3 de julio de 1868, en Alberto María Carreño (ed.), *Archivo del general Porfirio Díaz*, Editorial Elede, México, 1947-1961, vol. VII, p. 6.

[8] *La Victoria*, 3 de enero de 1864. Hemeroteca Pública Néstor Sánchez Hernández, Oaxaca.

[9] *Idem*.

[10] Manifiesto de Porfirio Díaz al Cuerpo Expedicionario, Oaxaca, 15 de febrero de 1864, en *La Victoria*, 22 de mayo de 1864. Hemeroteca Pública Néstor Sánchez Hernández, Oaxaca. "Os ofrezco todo esto", decía Porfirio, "sobre la garantía de mi palabra de honor y con la seguridad de las altas facultades con que estoy autorizado por el ciudadano presidente constitucional de la Nación" (*idem*).

[11] Porfirio Díaz, *Memorias*, Conaculta, México, 1994, vol. II, p. 40.

[12] *Ibidem*, p. 38.

[13] *La Victoria*, 14 de abril de 1864. Hemeroteca Pública Néstor Sánchez Hernández, Oaxaca. Díaz tomó muy en serio la rebelión de Dublán, por lo que deja ver *La Victoria*: "Circula el rumor de que Porfirio Díaz ha concentrado en Oaxaca todas las fuerzas escalonadas en la Mixteca, por temor de un pronunciamiento en la capital del estado" (*idem*).

[14] Porfirio Díaz, *Memorias*, Conaculta, México, 1994, vol. I, p. 201.

[15] Carta de Porfirio Díaz a Matías Romero, Oaxaca, 12 de abril de 1864, en Porfirio Díaz, *Memorias: 1830-1867 (tomo II)*, Tipografía de la Oficina Impresora de Estampillas, México, 1893, p. 111. Diversos testimonios confirman que las fuerzas de Díaz ascendían entonces a 6 mil hombres, tanto los enemigos (Gustave Niox) como los amigos (Adrián Valadés).

[16] Carta de Porfirio Díaz a Matías Romero, Oaxaca, 12 de abril de 1864, en Porfirio Díaz, *Memorias: 1830-1867 (tomo II)*, Tipografía de la Oficina Impresora de Estampillas, México, 1893, p. 112.

[17] Carta de Porfirio Díaz a Matías Romero, Oaxaca, 3 de mayo de 1864, en Porfirio Díaz, *Memorias: 1830-1867 (tomo II)*, Tipografía de la Oficina Impresora de Estampillas, México, 1893, p. 113.

[18] Carta de Porfirio Díaz a Matías Romero, Oaxaca, 26 de julio de 1864, en Porfirio Díaz, *Memorias: 1830-1867 (tomo II)*, Tipografía de la Oficina Impresora de Estampillas, México, 1893, p. 121. "Estoy por aquí tan arrinconado", agregó Díaz, "que nunca es de más cualquier informe por atrasado que sea" (*idem*).

[19] Carta de Benito Juárez a Matías Romero, Monterrey, 14 de julio de 1964, en Jorge L. Tamayo (ed.), *Benito Juárez: documentos, discursos y correspondencia*, Secretaría del Patrimonio Nacional, México, 1964-1970, vol. IX, pp. 247-248. Juárez hacía referencia en su carta a Plácido Vega y Jesús García Morales, en esos momentos los hombres fuertes de Sinaloa.

[20] Porfirio Díaz, *Memorias*, Conaculta, México, 1994, vol. I, p. 192. Un testigo de aquellos hechos habría de comentar también su caso. "Uno de los oficiales que más se distinguió por sus desmanes en el estado de Chiapas fue un teniente coronel Alcántara (...) El general Díaz no guardó indiferencia, sino que amonestó a Alcántara por conducto del coronel Angulo, jefe de la Brigada de Sinaloa, previniéndole que se abstuviera de aquel exhibicionismo indignante, bajo el amago de que se procedería contra él si no lo hacía" (Adrián Valadés, "La marcha de

Díaz hacia Oaxaca durante la Intervención", *Historia Mexicana*, julio-septiembre de 1957). Porfirio Díaz lo dio de baja el 31 de mayo de 1864.

[21] *Idem.*

[22] Oficio de Porfirio Díaz a la Comandancia Militar de Oaxaca, Oaxaca, 27 de mayo de 1864 (Col. Porfirio Díaz Mori, expediente 1864 del Archivo Histórico del Estado de Oaxaca. Ex convento de los Siete Príncipes).

[23] Carta de Benito Juárez a Matías Romero, Monterrey, 15 de mayo de 1964, en Jorge L. Tamayo (ed.), *Benito Juárez: documentos, discursos y correspondencia*, Secretaría del Patrimonio Nacional, México, 1964-1970, vol. IX, p. 79. La frase dice así: "Me aseguran que nuestro Porfirio derrotó completamente una fuerza francotiradora que había en Acatlán" (*idem*).

[24] Juan Espinosa y Gorostiza, "Discurso pronunciado en la alameda central de Oaxaca, en celebridad del aniversario del 5 de mayo de 1864", *La Victoria*, 8 de mayo de 1864. Hemeroteca Pública Néstor Sánchez Hernández, Oaxaca.

[25] *Idem.*

5

Maximiliano

[1] Paola Kolonitz, *Un viaje a México en 1864*, FCE-SEP, México, 1984, p. 57.

[2] Proclama de Maximiliano de Habsburgo, Veracruz, 28 de mayo de 1864, en Jorge L. Tamayo (ed.), *Benito Juárez: documentos, discursos y correspondencia*, Secretaría del Patrimonio Nacional, México, 1964-1970, vol. IX, p. 87.

[3] Citado por Suzanne Desternes y Henriette Chandet, *Maximiliano y Carlota*, Diana, México, 1967, p. 52. En aquel viaje de 1856, Maximiliano expresó su opinión sobre Napoleón. "Es uno de esos hombres que en el primer momento no tienen nada de atrayente", escribió, "pero que con la gran tranquilidad y la noble sencillez de su carácter logran producir una impresión favorable duradera" (citado por Egon Caesar Conte Corti, *Maximiliano y Carlota*, FCE, México, 1993, p. 42).

[4] Citado por José C. Valadés, *Maximiliano y Carlota en México*, Diana, México, 1993, p. 133.

[5] Citado por Egon Caesar Conte Corti, *Maximiliano y Carlota*, FCE, México, 1993, p. 251.

[6] Paola Kolonitz, *Un viaje a México en 1864*, FCE-SEP, México, 1984, p. 59.

[7] Paola Kolonitz, *Un viaje a México en 1864*, FCE-SEP, México, 1984, p. 63.

[8] *Ibidem*, pp. 63-64.

[9] *Ibidem*, p. 66.

[10] *Ibidem*, p. 73.

[11] Citado por José C. Valadés, *Maximiliano y Carlota en México*, Diana, México, 1993, p. 167.

[12] Paola Kolonitz, *Un viaje a México en 1864*, FCE-SEP, México, 1984, pp. 84 y 85.

[13] Protesta de la guarnición de Oaxaca contra el Imperio, Oaxaca, 21 de junio de 1864 (Col. Porfirio Díaz Mori, expediente 1864 del Archivo Histórico del Estado de Oaxaca. Ex convento de los Siete Príncipes).

[14] Circular de Porfirio Díaz, Oaxaca, 27 de junio de 1864, en Jorge L. Tamayo (ed.), *Benito Juárez: documentos, discursos y correspondencia*, Secretaría del Patrimonio Nacional, México, 1964-1970, vol. IX, p. 110. La circular de Díaz fue publicada por el *New York Herald*. Jorge L. Tamayo, al comentarla, no duda de su autenticidad.

[15] Reportaje del *New York Herald* del 15 de julio de 1864, en Jorge L. Tamayo (ed.), *Benito Juárez: documentos, discursos y correspondencia*, Secretaría del Patrimonio Nacional, México, 1964-1970, vol. IX, p. 111.

[16] *La Victoria*, 1 de agosto de 1864. Hemeroteca Pública Néstor Sánchez Hernández, Oaxaca.

[17] Matías Romero, *Diario personal (1855-1865)*, El Colegio de México, México, 1960, p. 625.

San Antonio Nanahuatipan

[1] Adrián Valadés, "La marcha de Díaz hacia Oaxaca durante la Intervención", *Historia Mexicana*, julio-septiembre de 1957.

[2] Porfirio Díaz, *Memorias*, Conaculta, México, 1994, vol. I, p. 199.

[3] *Idem*. Porfirio lo recordaría así en una carta a su tío: "Murió en la acción de San Antonio Nanahuatipan, haciéndose notable por su valor, como tenía de costumbre" (carta de Porfirio Díaz a Ignacio Mejía, Tehuacán, 29 de octubre de 1867, en Alberto María Carreño (ed.), *Archivo del general Porfirio Díaz*, Editorial Elede, México, 1947-1961, vol. V, p. 271). La prensa del estado comentó su muerte: era un muchacho, dijo, "lleno de vida y esperanzas (...) para quien nada pudo el retraimiento del egoísmo ni las dulzuras de la paz doméstica" (*La Victoria*, 19 de agosto de 1864. Hemeroteca Pública Néstor Sánchez Hernández, Oaxaca).

[4] Adrián Valadés, "La marcha de Díaz hacia Oaxaca durante la Intervención", *Historia Mexicana*, julio-septiembre de 1957. Valadés siempre es crítico de Díaz. Pero así coincide también otro testimonio, que es más bien apologético. "Los soldados que con tanto arrojo combatían por la República", dice, "no eran los impasibles veteranos que fueran de desear para tan noble causa. Viendo que el enemigo desaparecía, que nadie les resistía y que los carros de equipajes y víveres quedaban a su merced en la plaza, se abalanzaron sobre ellos, sin atender a los ruegos, ni a las amenazas de los jefes. La presa era legítima, pero su captura extemporánea e imprudente, y el resultado fue fatal" (Rafael García, "Relación

de los sucesos que tuvieron lugar en Oaxaca durante el tiempo que ocupó aquella ciudad el general Díaz de 1863 a 1865", en Alberto María Carreño (ed.), *Archivo del general Porfirio Díaz*, Editorial Elede, México, 1947-1961, vol. ii, p. 251).

[5] Narcisse Faucher de Saint-Maurice, *Deux ans au Mexique*, Darveau, Quebec, 1881, pp. 121-122. Así lo consignó también un oficial del Ejército de Oriente, al hablar de San Antonio Nanahuatipan: "Una sola compañía rechaza a una columna de tres mil hombres" (Adrián Valadés, "La marcha de Díaz hacia Oaxaca durante la Intervención", *Historia Mexicana*, julio-septiembre de 1957). La reconstrucción de la batalla está basada en estos dos testimonios, complementados por los de Porfirio Díaz y Rafael García.

[6] Ignacio Escudero, *Historia militar del general Porfirio Díaz*, Cosmos, México, 1975, p. 82. El general Escudero menciona que la batalla "costó más de dos mil hombres a la división del general Díaz" (*idem*). La cifra, al parecer, incluye a los muertos, los heridos, los prisioneros, los dispersos y los desertores. La columna perdió su cohesión después de la derrota. Respecto a los muertos en concreto, las cifras no son claras. Niox dice nada más que "el enemigo sufrió pérdidas considerables" (citado por Porfirio Díaz, *Memorias*, Conaculta, México, 1994, vol. i, p. 198). El propio Díaz lo concede: "Tuve que retirarme con pérdidas muy considerables de oficiales y soldados" (*idem*). Un relato pormenorizado del fin de la batalla, al parecer fidedigno, escrito por un oficial del Cuerpo Expedicionario que fue también periodista, afirma lo siguiente: "Comenzó entonces una terrible carnicería, y el enemigo huyó derrotado, dejando 384 muertos en el terreno, un gran número de heridos, 40 prisioneros, 200 fusiles, diversos equipajes y numerosas municiones" (Narcisse Faucher de Saint-Maurice, *Deux ans au Mexique*, Darveau, Quebec, 1881, p. 123).

[7] Porfirio Díaz, *Memorias*, Conaculta, México, 1994, vol. i, pp. 198-199. "Es lamentable que el coronel Espinosa y Gorostiza se hubiera encontrado con ese obstáculo que él creyó insuperable", escribió Porfirio, "porque su concurrencia me hubiera permitido tomar el pueblo de San Antonio" (*idem*). Ignacio Escudero y Bernardo Reyes popularizarían esta misma versión de la batalla, achacando también a Espinosa y Gorostiza la derrota —véase Ignacio Escudero, *Historia militar del general Porfirio Díaz*, Editorial Cosmos, México, 1975, p. 82, y Bernardo Reyes, *El general Porfirio Díaz*, Ballescá y Compañía, México, 1903, pp. 137-139.

[8] Porfirio Díaz, *Memorias*, Conaculta, México, 1994, vol. i, p. 199.

[9] Juan Espinosa y Gorostiza, "Discurso pronunciado en la alameda central de Oaxaca, en celebridad del aniversario del 5 de mayo de 1864", *La Victoria*, 8 de mayo de 1864. Hemeroteca Pública Néstor Sánchez Hernández, Oaxaca. Espinosa y Gorostiza vio de cerca la muerte desde muy joven. Durante la batalla de Tacubaya, según una nota, "se vio casi cortado, y debido a un azar grande, y a su sangre fría, pudo librarse de la suerte que le reservaba el cruento Márquez" (*El Monitor Republicano*, 24 de diciembre de 1868. Hemeroteca Nacional de México).

[10] Carta de Carlota de Coburgo a Eugenia de Montijo, México, 27 de agosto de 1864, en Jorge L. Tamayo (ed.), *Benito Juárez: documentos, discursos y correspondencia*, Secretaría del Patrimonio Nacional, México, 1964-1970, vol. IX, p. 301.

[11] Paola Kolonitz, *Un viaje a México en 1864*, FCE-SEP, México, 1984, p. 69.

[12] Rafael García, "Relación de los sucesos que tuvieron lugar en Oaxaca durante el tiempo que ocupó aquella ciudad el general Díaz de 1863 a 1865", en Alberto María Carreño (ed.), *Archivo del general Porfirio Díaz*, Editorial Elede, México, 1947-1961, vol. II, p. 251. Durante junio de 1865, García redactó en Oaxaca su relación de los hechos, hecha en forma de carta que, según parece, mandó después a Juárez por conducto de Matías Romero.

[13] Proclama de José María Ballesteros, Oaxaca, 22 de agosto de 1864, en Manuel Santibáñez, *Reseña histórica del Cuerpo de Ejército de Oriente*, Tipografía de la Oficina Impresora del Timbre, México, 1892-1893, vol. II, p. 201. "¡La jornada de San Antonio", dijo la proclama, "en que han quedado tantos franceses, con su jefe, fuera de combate, es doblemente prueba de un grande arrojo y una ardiente bravura!" (*idem*). Adrián Valadés también afirma que falleció en esa acción el jefe de los franceses. Pero es incorrecto: sólo fue herido en un brazo.

[14] Proclama de Porfirio Díaz, Oaxaca, 23 de agosto de 1864, en Porfirio Díaz, *Memorias: 1830-1867 (tomo II)*, Tipografía de la Oficina Impresora de Estampillas, México, 1893, pp. 128-129. El razonamiento decía así: "No debí librar la suerte del estado a combates parciales en que sin poner en juego nuestros grandes elementos de guerra, un descalabro podía ser de trascendentales consecuencias. Confiando por tal motivo la defensa de la Cañada y de la Mixteca a los bravos guardias nacionales de aquellos pueblos, concentré al Valle los cuerpos de la división de operaciones, no en medrosa fuga como si hubiera sido vencida, sino con la calma y entereza de una operación meditada y prudente para el mejor resultado de la campaña" (*idem*). La proclama concluía con estas palabras, en las que el general imploraba el apoyo de los oaxaqueños, que sabía que no tenía: "Si queréis ser libres y conservar la reputación de invencibles que habéis merecido, ayudadme con abnegación y seremos aún los vencedores. Yo combatiré con vosotros y por vosotros, mientras cuente con vuestra cooperación" (*idem*).

6

Descomposición en Oaxaca

[1] Citado por *La Victoria*, 20 de septiembre de 1864. Hemeroteca Pública Néstor Sánchez Hernández, Oaxaca.

² Carta de Porfirio Díaz a Juan Pablo Franco, Oaxaca, 31 de agosto de 1864, en Jorge L. Tamayo (ed.), *Benito Juárez: documentos, discursos y correspondencia*, Secretaría del Patrimonio Nacional, México, 1964-1970, vol. IX, p. 381.

³ Francisco Vasconcelos, *Memorias*. Las memorias son inéditas, están accesibles al público en el Fondo Luis Castañeda Guzmán de la Biblioteca Juan de Córdoba, en Oaxaca.

⁴ *El Regenerador*, 14 de agosto de 1843. Fondo Manuel Brioso y Candiani, Biblioteca Francisco de Burgoa, Oaxaca. El propietario del mesón de la Soledad era en 1843 don Ramón Castillo, quien arrendaba el edificio al convento de Santa Catarina. El mesón funcionó como tal al menos hasta 1859. En 1864 pudo haber sido demolido, pues estaba fuera del sistema de amurallamiento que tenía como eje el convento de la Soledad, según el mapa publicado en el *Journal Universel*, reproducido en Carlos Lira Vázquez, *Oaxaca rumbo a la modernidad: arquitectura y sociedad (1790-1910)*, UAM, México, 2008.

⁵ Informe de Manuel Gamboa al emperador Maximiliano, en Jorge L. Tamayo (ed.), *Benito Juárez: documentos, discursos y correspondencia*, Secretaría del Patrimonio Nacional, México, 1964-1970, vol. IX, pp. 694-695. Gamboa sugiere en su informe que Díaz fue apresado por los zuavos en el momento de tratar de escapar de Oaxaca —o sea, que no fue voluntariamente hacia el cuartel del mariscal Bazaine. Ello es incompatible con toda la evidencia conocida: la junta de guerra del 8 de febrero, la carta de Díaz a Bazaine, el testimonio de Niox…

⁶ Informe de Manuel Gamboa al emperador Maximiliano, en Jorge L. Tamayo (ed.), *Benito Juárez: documentos, discursos y correspondencia*, Secretaría del Patrimonio Nacional, México, 1964-1970, vol. IX, p. 695. La destrucción con el fuego, dijo, "sólo sirvió para sembrar mayor miseria en la ciudad" (*idem*).

⁷ Informe de Manuel Gamboa al emperador Maximiliano, en Jorge L. Tamayo (ed.), *Benito Juárez: documentos, discursos y correspondencia*, Secretaría del Patrimonio Nacional, México, 1964-1970, vol. IX, pp. 696-697. "El robo era otro vicio desarrollado de manera alarmante", coincide un oficial del Ejército de Oriente (Adrián Valadés, "La marcha de Díaz hacia Oaxaca durante la Intervención", *Historia Mexicana*, julio-septiembre de 1957).

⁸ Adrián Valadés, "La marcha de Díaz hacia Oaxaca durante la Intervención", *Historia Mexicana*, julio-septiembre de 1957. Díaz afirma en sus memorias que los *borlados* (menciona a Dublán, Carbó y Cajiga) "fueron los que más perjuicios me hicieron durante el sitio, fomentando el descontento y la deserción entre mis soldados" (Porfirio Díaz, *Memorias*, Conaculta, México, 1994, vol. I, p. 201). Otro testimonio coincide en que los *borlados* trabajaban en efecto para socavar su relación con la tropa, "procurando desprestigiar al general con los soldados y jefes, poniendo dificultades" (Francisco Vasconcelos, *Memorias*).

⁹ Adrián Valadés, "La marcha de Díaz hacia Oaxaca durante la Intervención", *Historia Mexicana*, julio-septiembre de 1957.

[10] *Idem.*

[11] Carta de Porfirio Díaz a Matías Romero, Oaxaca, 15 de noviembre de 1864, en Porfirio Díaz, *Memorias: 1830-1867 (tomo II)*, Tipografía de la Oficina Impresora de Estampillas, México, 1893, p. 126. "A todo estoy dispuesto", le decía Porfirio. "Dios dirá del porvenir" (*idem*).

[12] *Idem.*

[13] *Ibidem*, p. 127.

[14] Carta de José López Uraga a Porfirio Díaz, México, 18 de noviembre de 1864, en Jorge L. Tamayo (ed.), *Benito Juárez: documentos, discursos y correspondencia*, Secretaría del Patrimonio Nacional, México, 1964-1970, vol. IX, p. 508.

[15] Carta de Porfirio Díaz a José López Uraga, Oaxaca, 27 de noviembre de 1864, en Jorge L. Tamayo (ed.), *Benito Juárez: documentos, discursos y correspondencia*, Secretaría del Patrimonio Nacional, México, 1964-1970, vol. IX, p. 509.

[16] *Ibidem*, p. 510.

[17] Carta de Porfirio Díaz a José María Ballesteros, Oaxaca, 27 de noviembre de 1864, en Jorge L. Tamayo (ed.), *Benito Juárez: documentos, discursos y correspondencia*, Secretaría del Patrimonio Nacional, México, 1964-1970, vol. IX, pp. 512-513.

[18] Carta de José López Uraga a Porfirio Díaz, San Francisco, 6 de agosto de 1877, en Alberto María Carreño (ed.), *Archivo del general Porfirio Díaz*, Editorial Elede, México, 1947-1961, vol. XXI, pp. 60-61 (la carta aparece en una fotografía entre las páginas 60 y 61).

Capitulación

[1] Gustave Niox, *La expedición a México: relato político y militar*, El Colegio de Puebla, Puebla, 2012, p. 334. "Primeramente, había que abrir una ruta transitable para el paso de los convoyes" (*op. cit.*, p. 332). Con estas palabras comienza Niox su relato de la campaña de Oaxaca.

[2] *Ibidem*, p. 335. Niox agrega este dato sobre los jefes del Ejército de Oriente: "Desplegaban la mayor energía y no se demoraban ante ninguna consideración para organizar la resistencia. Se habían apoderado de los vasos sagrados de las iglesias para obtener dinero y de las campanas para fundir balas de cañón o utilizarlas como barrenos delante de los atrincheramientos" (*op. cit.*, p. 334). Lo anterior explica, en parte, el resentimiento de las comunidades.

[3] Carta de Porfirio Díaz a Matías Romero, Oaxaca, 17 de diciembre de 1864, en Porfirio Díaz, *Memorias: 1830-1867 (tomo II)*, Tipografía de la Oficina Impresora de Estampillas, México, 1893, pp. 136-137.

[4] Parte de Félix Díaz al jefe del Ejército de Oriente, San Isidro, 18 de diciembre de 1864, en Porfirio Díaz, *Memorias*, Conaculta, México, 1994, vol. I, p. 215. Félix escribió luego a Porfirio: "Como los húsares del Imperio, después de lo de

San Isidro, ya no se desprenden sobre nuestros jinetes, tuve que retirarme a la garita del Marquesado" (carta de Félix Díaz a Porfirio Díaz, garita del Marquesado, 22 de diciembre de 1864, en Manuel Santibáñez, *Reseña histórica del Cuerpo de Ejército de Oriente*, Tipografía de la Oficina Impresora del Timbre, México, 1892-1893, vol. II, pp. 227-228). El Chato fue de los muy contados jefes que no desertaron. "La caballería de Félix Díaz, que salió de la plaza a principios del mes, intentó inútilmente regresar ahí", confirma un testimonio del enemigo (Gustave Niox, *La expedición a México: relato político y militar*, El Colegio de Puebla, Puebla, 2012, p. 336).

[5] Manifiesto de Porfirio Díaz, Oaxaca, 21 de diciembre de 1864, *La Victoria*, 25 de diciembre de 1864. Hemeroteca Pública Néstor Sánchez Hernández, Oaxaca. En su manifiesto, Díaz evocó también la *ley de 25 de enero*: "cúmplase pues una vez la ley y caiga su peso sobre los transgresores" (*idem*).

[6] Rafael García, "Relación de los sucesos que tuvieron lugar en Oaxaca durante el tiempo que ocupó aquella ciudad el general Díaz de 1863 a 1865", en Alberto María Carreño (ed.), *Archivo del general Porfirio Díaz*, Editorial Elede, México, 1947-1961, vol. II, p. 259.

[7] Porfirio Díaz, *Memorias*, Conaculta, México, 1994, vol. I, p. 210.

[8] *Ibidem*, p. 212. Circuló por esos días una anécdota, probablemente falsa. Oaxaca estaba dividida del Marquesado por una raya, llamada *la rayita*. Al comenzar el sitio, el oficial responsable del punto escribió a Porfirio: "Piquetes en la rayita. No puedo obrar. ¿Qué hago?", a lo que Díaz respondió: "Púrguese" (citado por Carlos Lira Vázquez, *Oaxaca rumbo a la modernidad: arquitectura y sociedad (1790-1910)*, UAM, México, 2008, p. 69).

[9] Gustave Niox, *La expedición a México: relato político y militar*, El Colegio de Puebla, Puebla, 2012, p. 335.

[10] Carl Khevenhüller, *Tres años en México*, en Brigitte Hamann, *Con Maximiliano en México: del diario del príncipe Carl Khevenhüller (1864-1867)*, FCE, México, 1989, p. 115.

[11] Gustave Niox, *La expedición a México: relato político y militar*, El Colegio de Puebla, Puebla, 2012, p. 333. "Porfirio Díaz había mandado erigir obras en suelo firme en terraplenes cercanos. Disponía de 7 mil hombres aproximadamente, de los cuales 3 mil de tropas regulares, el resto formado por contingentes de serranos, hábiles tiradores, a quienes se les había armado con rifles americanos" (*ibidem*). Díaz tenía más bien 4 500 hombres, de acuerdo con los historiadores oaxaqueños, como Manuel Martínez Gracida.

[12] Carta de Justo Benítez a Matías Romero, Oaxaca, 10 de enero de 1865, en Jorge L. Tamayo (ed.), *Benito Juárez: documentos, discursos y correspondencia*, Secretaría del Patrimonio Nacional, México, 1964-1970, vol. IX, p. 586. La carta estaba escrita, aclara, "por ocupación y encargo del general en jefe" (*ibidem*).

[13] Rafael García, "Relación de los sucesos que tuvieron lugar en Oaxaca durante el tiempo que ocupó aquella ciudad el general Díaz de 1863 a 1865",

en Alberto María Carreño (ed.), *Archivo del general Porfirio Díaz*, Editorial Elede, México, 1947-1961, vol. II, p. 256. ¿Qué pasó en aquel combate? Faucher de Saint-Maurice, en sus memorias de campaña, dijo así: "Esa acción les costó 111 muertos. Por nuestra parte (...) no tuvimos más que 2 muertos y 27 heridos" (Narcisse Faucher de Saint-Maurice, *Deux ans au Mexique*, Darveau, Quebec, 1881, pp. 149-150). Pero agrega que Bazaine reaccionó furioso contra el comandante que dirigió el ataque en la hacienda de Aguilera: "Era una sorpresa de noche y no un ataque de día lo que deseaba hacer ejecutar sobre ese punto" (*op. cit.*, p. 151). El propio Díaz manifiesta lo siguiente: "Sufrimos grandes pérdidas por una y otra parte" (Porfirio Díaz, *Memorias*, Conaculta, México, 1994, vol. I, p. 214).

[14] Narcisse Faucher de Saint-Maurice, *Deux ans au Mexique*, Darveau, Quebec, 1881, p. 154.

[15] Porfirio Díaz, *Memorias*, Conaculta, México, 1994, vol. I, p. 215.

[16] *El Cronista de México*, 7 de febrero de 1865. Hemeroteca Nacional de México.

[17] Adrián Valadés, "La marcha de Díaz hacia Oaxaca durante la Intervención", *Historia Mexicana*, julio-septiembre de 1957. "El terror y la deserción cundieron como una gangrena fatal", afirma otro testimonio. "No había día que la baja fuera menos de 80 hombres, que en los más llegaban a 100, y en los últimos días pasaban de ese guarismo" (Rafael García, "Relación de los sucesos que tuvieron lugar en Oaxaca durante el tiempo que ocupó aquella ciudad el general Díaz de 1863 a 1865", en Alberto María Carreño (ed.), *Archivo del general Porfirio Díaz*, Editorial Elede, México, 1947-1961, vol. II, p. 259).

[18] Porfirio Díaz, *Memorias*, Conaculta, México, 1994, vol. I, p. 215.

[19] *Ibidem*, p. 218. Díaz afirma en sus memorias que salió de la plaza hacia las diez de la noche, pero los testimonios de los franceses coinciden en que su contacto con ellos ocurrió hacia la una de la madrugada del 9 de febrero. Esta es la narración de la rendición de la ciudad hecha por el comandante en jefe del Ejército Francés en Oaxaca: "Las noches del 6 al 7 y del 7 al 8 fueron consagradas a caminar trabajosamente por el estrecho espinazo que debía aproximarnos del cerro de la Linterna a la parte saliente de las obras enemigas. El 8 en la tarde nos hallábamos a 150 metros de aquella parte saliente, no permitiendo la configuración del terreno avanzar más. El asalto estaba resuelto. Todas las órdenes habían sido dadas; todas las tropas ocupaban la línea de combate, impacientes de abordar al enemigo a la bayoneta, cuando Porfirio Díaz vino a la una de la madrugada a ponerse a nuestra discreción él, sus oficiales y sus tropas. Al amanecer ocupamos los reductos de las alturas y tomamos posesión de la ciudad" (parte de Achille Bazaine al Ministerio de Guerra, Oaxaca, 10 de febrero de 1865, en Jorge L. Tamayo (ed.), *Benito Juárez: documentos, discursos y correspondencia*, Secretaría del Patrimonio Nacional, México, 1964-1970, vol. IX, p. 688).

[20] Porfirio Díaz, *Memorias*, Conaculta, México, 1994, vol. I, p. 218. Faucher de Saint-Maurice menciona el nombre del oficial que recibió a Díaz: el subteniente Jules Lebourg.

[21] Porfirio Díaz, *Memorias*, Conaculta, México, 1994, vol. I, pp. 218-219.

[22] *Ibidem*, p. 219. "Me reprochó el mariscal Bazaine que hubiera yo roto la protesta que aseguraba había firmado en Puebla, de no volver a tomar las armas contra la Intervención; y aunque yo negué haber firmado tal documento, el mariscal Bazaine ordenó en el acto a su secretario, el coronel Napoléon Boyer, que estaba presente, que trajera el libro en que se encontraban las protestas suscritas en Puebla" (*idem*). Boyer, un hombre de bigote negro caído, empezó a leer en voz alta los nombres de los que habían firmado su rechazo a la Intervención. "Cuando el coronel Boyer llegó a mi manifestación, suspendió su lectura y pasó el libro al mariscal Bazaine, quien lo tomó, lo leyó y lo cerró, sin decirme una palabra más sobre este incidente" (*idem*).

[23] Carta de Achille Bazaine a Porfirio Díaz, Madrid, 10 de diciembre de 1886, en Jorge L. Tamayo (ed.), *Benito Juárez: documentos, discursos y correspondencia*, Secretaría del Patrimonio Nacional, México, 1964-1970, vol. IX, pp. 684-685.

[24] Carta de Porfirio Díaz a Achille Bazaine, México, 11 de enero de 1887, en Jorge L. Tamayo (ed.), *Benito Juárez: documentos, discursos y correspondencia*, Secretaría del Patrimonio Nacional, México, 1964-1970, vol. IX, p. 686.

[25] Carta de Porfirio Díaz a Achille Bazaine, Oaxaca, 8 de febrero de 1865, en Jorge L. Tamayo (ed.), *Benito Juárez: documentos, discursos y correspondencia*, Secretaría del Patrimonio Nacional, México, 1964-1970, vol. IX, p. 682. La carta sería dada a conocer el 9 de noviembre de 1922 por *El Universal*, junto con un artículo escrito por Juan Sánchez Azcona, amigo de Alfonso Bazaine, hijo del mariscal de Francia. Sánchez Azcona la reprodujo incluso con una fotografía. Pero la carta no era un secreto. El testimonio de Rafael García, por ejemplo, evoca los términos en los que fue redactada cuando afirma que el general Díaz "se dirigió con su acuerdo al mariscal Bazaine, provocando una entrevista para el abandono de la plaza, ofreciéndole pasar él mismo al lugar que se creyera conveniente para la conferencia, y las más amplias garantías, si se aceptaba la plaza para ese objeto" (Rafael García, "Relación de los sucesos que tuvieron lugar en Oaxaca durante el tiempo que ocupó aquella ciudad el general Díaz de 1863 a 1865", en Alberto María Carreño (ed.), *Archivo del general Porfirio Díaz*, Editorial Elede, México, 1947-1961, vol. II, p. 262).

[26] Manuel Santibáñez, *Reseña histórica del Cuerpo de Ejército de Oriente*, Tipografía de la Oficina Impresora del Timbre, México, 1892-1893, vol. II, p. 243.

[27] Carta de Achille Bazaine a Maximiliano de Habsburgo, Oaxaca, 9 de febrero de 1865, en Jorge L. Tamayo (ed.), *Benito Juárez: documentos, discursos y correspondencia*, Secretaría del Patrimonio Nacional, México, 1964-1970, vol. IX, p. 682. El 12 de febrero, Maximiliano pudo leer la carta, que fue publicada el 14 de febrero por *El Cronista de México*.

7

Prisionero del Imperio

[1] Porfirio Díaz, *Memorias*, Conaculta, México, 1994, vol. I, p. 222.

[2] Carl Khevenhüller, "Tres años en México", en Brigitte Hamann, *Con Maximiliano en México: del diario del príncipe Carl Khevenhüller (1864-1867)*, FCE, México, 1989, p. 174.

[3] *Ibidem*, p. 122.

[4] *Ibidem*, p. 89.

[5] *Ibidem*, pp. 122-123.

[6] *Ibidem*, p. 112.

[7] *Ibidem*, p. 121.

[8] *Ibidem*, p. 126.

[9] Carta de Matías Romero a Benito Juárez, Washington, 14 de abril de 1865, en Jorge L. Tamayo (ed.), *Benito Juárez: documentos, discursos y correspondencia*, Secretaría del Patrimonio Nacional, México, 1964-1970, vol. IX, p. 733. "Parece que todo sentimiento de dignidad, de pundonor y de respeto, asimismo, ha desaparecido allí con el general Díaz", añadió Romero (*ibidem*).

[10] Carta de Benito Juárez a Pedro Santacilia, Chihuahua, 25 de mayo de 1865, en Jorge L. Tamayo (ed.), *Benito Juárez: documentos, discursos y correspondencia*, Secretaría del Patrimonio Nacional, México, 1964-1970, vol. IX, p. 810. "Porfirio sigue preso en Puebla y me temo que ahora atenten contra su vida", agregó Juárez (*ibidem*).

[11] Carta de Manuel Ortega a Benito Juárez, Oaxaca, 22 de septiembre de 1867, en Jorge L. Tamayo (ed.), *Benito Juárez: documentos, discursos y correspondencia*, Secretaría del Patrimonio Nacional, México, 1964-1970, vol. XII, p. 456. Ortega solicitaba en esta carta su rehabilitación.

[12] Carta de Carlota de Coburgo a Eugenia de Montijo, Chapultepec, 8 de marzo de 1865, en Jorge L. Tamayo (ed.), *Benito Juárez: documentos, discursos y correspondencia*, Secretaría del Patrimonio Nacional, México, 1964-1970, vol. IX, p. 658. Existen varios otros testimonios de los *egipcios*. "Los batallones de negros que Napoleón había recibido como amistoso obsequio del jedive egipcio Ismail", escribió Khevenhüller, "habían sufrido ya muchas bajas y siempre tenían que ir al frente, pues, como me lo indicaron unos oficiales franceses, sólo habían de emplearse como *chair-à-paté*. Eran nubios color negro azabache en trajes blancos, con el fez sobre el cráneo" (Carl Khevenhüller, "Tres años en México", en Brigitte Hamann, *Con Maximiliano en México: del diario del príncipe Carl Khevenhüller (1864-1867)*, FCE, México, 1989, pp. 110-111).

[13] Porfirio Díaz, *Memorias*, Conaculta, México, 1994, vol. II, p. 9.

[14] Carta de Matías Romero a Sebastián Lerdo de Tejada, Washington, 20 de junio de 1865, en Matías Romero (ed.), *Correspondencia de la Legación Mexicana en*

Washington durante la Intervención Extranjera (1860-1868), Imprenta del Gobierno, México, 1870-1892, vol. v, p. 396. Félix Díaz salió de México a principios de mayo, desde Tlacotalpan. Permaneció un mes en los Estados Unidos, entre Washington y Nueva York, donde el 21 de junio zarpó en un vapor hacia La Habana, para buscar ahí la forma de llegar al norte de México.

[15] Carta de Matías Romero a Félix Díaz, Washington, 18 de junio de 1865, en Matías Romero (ed.), *Correspondencia de la Legación Mexicana en Washington durante la Intervención Extranjera (1860-1868)*, Imprenta del Gobierno, México, 1870-1892, vol. v, p. 397.

[16] Citado por Enrique Krauze, *Redentores: ideas y poder en América Latina*, Debate, México, 2011, p. 45.

[17] Carta de Benito Juárez a Matías Romero, Monterrey, 29 de junio de 1864, en Jorge L. Tamayo (ed.), *Benito Juárez: documentos, discursos y correspondencia*, Secretaría del Patrimonio Nacional, México, 1964-1970, vol. ix, p. 179.

[18] Carta de Matías Romero a Benito Juárez, Washington, 15 de abril de 1865, en Jorge L. Tamayo (ed.), *Benito Juárez: documentos, discursos y correspondencia*, Secretaría del Patrimonio Nacional, México, 1964-1970, vol. x, pp. 15-16.

[19] Decreto que levanta la prohibición para exportar armas de los Estados Unidos, Washington, 4 de mayo de 1865, en Jorge L. Tamayo (ed.), *Benito Juárez: documentos, discursos y correspondencia*, Secretaría del Patrimonio Nacional, México, 1964-1970, vol. x, p. 26.

[20] Gustave Niox, *La expedición a México: relato político y militar*, El Colegio de Puebla, Puebla, 2012, p. 292.

[21] Citado en *ibidem*, p. 304. La carta de Ramírez a Meglia está fechada en México el 29 de enero de 1865. El decreto que estableció poco después la libertad de credos en el país, dice así: "Maximiliano, emperador de México, habiendo oído a nuestro Consejo de Ministros y de Estado, hemos venido en decretar y decretamos lo siguiente: Artículo 1º El Imperio protege la religión católica, apostólica, romana, como religión del Estado. 2º Tendrán amplia y franca tolerancia en el territorio del Imperio todos los cultos que no se opongan a la moral, a la civilización o a las buenas costumbres. Para el establecimiento de un culto se recabará previamente la autorización del gobierno" (*El Diario del Imperio*, 27 de febrero de 1865. Hemeroteca Nacional de México). Entre los políticos moderados en el gabinete de Maximiliano, además de José Fernando Ramírez, estaba Pedro Escudero y Echanove, ministro de Justicia.

Evasión de Puebla

[1] Carta de Porfirio Díaz a Delfina Ortega, Puebla, 13 de julio de 1865 (caja 1, expediente 3, foja 1 del Fondo Rafael Chousal. Archivo Histórico de la UNAM).

[2] Carl Khevenhüller, "Tres años en México", en Brigitte Hamann, *Con Maximiliano en México: del diario del príncipe Carl Khevenhüller (1864-1867)*, FCE, México, 1989, p. 140.

[3] Porfirio Díaz, *Memorias*, Conaculta, México, 1994, vol. I, p. 222.

[4] *Ibidem*, p. 224.

[5] Carta de Porfirio Díaz a Matías Romero, Puebla, 1 de septiembre de 1865, en Porfirio Díaz, *Memorias: 1830-1867 (tomo II)*, Tipografía de la Oficina Impresora de Estampillas, México, 1893, p. 137. La carta fue redactada por el propio Benítez.

[6] Carta de Pedro Santacilia a Benito Juárez, Nueva York, 28 de septiembre de 1865, en Jorge L. Tamayo (ed.), *Benito Juárez: documentos, discursos y correspondencia*, Secretaría del Patrimonio Nacional, México, 1964-1970, vol. X, p. 189. Pedro Santacilia y Manuela Juárez contrajeron matrimonio el 22 de mayo de 1863 en la ciudad de México, pocos días antes de salir con don Benito hacia San Luis Potosí.

[7] Carta de Porfirio Díaz a Franz Thun, Puebla, 14 de septiembre de 1865, en Jorge L. Tamayo (ed.), *Benito Juárez: documentos, discursos y correspondencia*, Secretaría del Patrimonio Nacional, México, 1964-1970, vol. X, pp. 256-257. Algunos pensaron entonces que Díaz había sido ayudado por Csismadia, como lo muestra esta cita: "Porfirio Díaz se ha evadido de la cárcel en Puebla. Se afirma que el primer teniente Csismadia, de los húsares, sobornado con dinero, lo dejó pasar" (Carl Khevenhüller, "Tres años en México", en Brigitte Hamann, *Con Maximiliano en México: del diario del príncipe Carl Khevenhüller (1864-1867)*, FCE, México, 1989, p. 160). Muchos años después, algunos biógrafos de Díaz (como José López Portillo y Rojas, seguido por Francisco Bulnes) y algunos comentaristas de Francia (como Emile de Kératry) afirmaron que la fuga había sido realizada con el apoyo de la autoridad en Puebla. Esta hipótesis es desmentida por los documentos que desde entonces han salido a la luz, publicados por Alberto María Carreño y Jorge L. Tamayo, así como por los que permanecen inéditos en el Archivo Histórico de la Secretaría de la Defensa Nacional.

[8] Carta de Porfirio Díaz a Richard Kerschel, Puebla, 19 de septiembre de 1865 Porfirio Díaz, *Memorias*, Conaculta, México, 1994, vol. II, p. 187.

[9] Porfirio Díaz, *Memorias*, Conaculta, México, 1994, vol. I, p. 226.

[10] *Ibidem*, p. 227.

[11] *Idem.*

[12] *Ibidem*, p. 228. Díaz escribe en sus memorias que la estatua en cuestión era la del dominico San Vicente Ferrer; era en realidad la del jesuita San Ignacio de Loyola. El lote por donde bajó, a su vez, era el terreno donde sería construido, a finales del siglo XIX, el gimnasio del Colegio del Estado.

[13] Manuel Santibáñez, *Reseña histórica del Cuerpo de Ejército de Oriente*, Tipografía de la Oficina Impresora del Timbre, México, 1892-1893, vol. II, p. 278.

[14] Porfirio Díaz, *Memorias*, Conaculta, México, 1994, vol. I, p. 229.

[15] Circular de Franz Thun a la prefectura de Puebla, Puebla, 21 de septiembre de 1865, en Jorge L. Tamayo (ed.), *Benito Juárez: documentos, discursos y correspondencia*, Secretaría del Patrimonio Nacional, México, 1964-1970, vol. x, p. 257.

[16] Oficio del Ministerio de Gobernación al Ministerio de Guerra, México, 21 de septiembre de 1865 (tomo ii, foja 309 del Expediente de Porfirio Díaz. Archivo Histórico de la Secretaría de la Defensa Nacional). José María Esteva era el ministro de Gobernación y Juan de Dios Peza, a su vez, el ministro de Guerra.

[17] Carta de Juan de Dios Peza a Achille Bazaine, México, 21 de septiembre de 1865 (tomo ii, foja 311 del Expediente de Porfirio Díaz. Archivo Histórico de la Secretaría de la Defensa Nacional).

8

En pie de guerra

[1] Comunicación de la subprefectura de Tepeaca a la prefectura de Puebla, Tepeaca, 22 de septiembre de 1865 (tomo ii, foja 316 del Expediente de Porfirio Díaz. Archivo Histórico de la Secretaría de la Defensa Nacional).

[2] Porfirio Díaz, *Memorias*, Conaculta, México, 1994, vol. i, p. 231.

[3] Carta de Porfirio Díaz a Justo Benítez, Tlapa, 26 de septiembre de 1865, en Porfirio Díaz, *Memorias: 1830-1867 (tomo ii)*, Tipografía de la Oficina Impresora de Estampillas, México, 1893, pp. 138-139.

[4] Carta de Porfirio Díaz a Justo Benítez, Tlapa, 26 de septiembre de 1865, en Porfirio Díaz, *Memorias: 1830-1867 (tomo ii)*, Tipografía de la Oficina Impresora de Estampillas, México, 1893, p. 139. Díaz estaba tan orgulloso de su hazaña que repetiría la comparación en otra carta: "hice mi salto mortal con tanto lujo que debo tener celoso a Chiarini" (carta de Porfirio Díaz a Justo Benítez, Xochihuehuetlán, 2 de octubre de 1865, en Alberto María Carreño (ed.), *Archivo del general Porfirio Díaz*, Editorial Elede, México, 1947-1961, vol. ii, p. 272).

[5] Carta de Porfirio Díaz a Justo Benítez, Tlapa, 26 de septiembre de 1865, en Porfirio Díaz, *Memorias: 1830-1867 (tomo ii)*, Tipografía de la Oficina Impresora de Estampillas, México, 1893, p. 138.

[6] *Ibidem*, pp. 138-139.

[7] Carta de Justo Benítez a Benito Juárez, Nueva York, 19 de diciembre de 1865, en Jorge L. Tamayo (ed.), *Benito Juárez: documentos, discursos y correspondencia*, Secretaría del Patrimonio Nacional, México, 1964-1970, vol. x, p. 265.

[8] Carta de Porfirio Díaz a Justo Benítez, Xochihuehuetlán, 2 de octubre de 1865, en Alberto María Carreño (ed.), *Archivo del general Porfirio Díaz*, Editorial Elede, México, 1947-1961, vol. ii, p. 272. "No me abandones y te ofrezco ser buen muchacho", bromeó. "Tu hermano, Porfirio Díaz" (*idem*).

La Providencia

[1] Citado por Fernando Díaz y Díaz (ed.), *Santa Anna y Juan Alvarez frente a frente*, SEP, México, 1972, p. 64. La cita es de Lorenzo de Zavala, escrita en 1831.

[2] Carta de Porfirio Díaz a Matías Romero, Santa Lucía Monteverde, 14 de enero de 1866, en Jorge L. Tamayo (ed.), *Benito Juárez: documentos, discursos y correspondencia*, Secretaría del Patrimonio Nacional, México, 1964-1970, vol. x, p. 540.

[3] Carta de Ignacio Manuel Altamirano a Benito Juárez, La Providencia, 30 de octubre de 1865, en Jorge L. Tamayo (ed.), *Benito Juárez: documentos, discursos y correspondencia*, Secretaría del Patrimonio Nacional, México, 1964-1970, vol. x, p. 321. Altamirano comenta en su carta la victoria de Díaz sobre el coronel Visoso: "Perseguido aún por Visoso, llegó a Tlapa y poniéndose a la cabeza de nuestros soldados de ahí, volvió al encuentro de su perseguidor, lo derrotó, le quitó armas, etcétera, y 4 000 pesos, con prisioneros de los que fusiló a algunos. Después se vino para acá" (*ibidem*). Díaz menciona en sus memorias que fueron 3 000 pesos, pero tiene mayor credibilidad la cifra de Altamirano, por ser contemporáneo de los hechos.

[4] Carta de Ignacio Manuel Altamirano a Benito Juárez, La Providencia, 30 de octubre de 1865, en Jorge L. Tamayo (ed.), *Benito Juárez: documentos, discursos y correspondencia*, Secretaría del Patrimonio Nacional, México, 1964-1970, vol. x, pp. 321-322. Catalina, la hija adoptiva de Altamirano, sería más tarde la madre de Horacio Casasús, mi bisabuelo, quien nos contaba de las andanzas de niña de su mamá sobre los hombros del general Porfirio Díaz. Al hacer esta investigación descubrí que el momento que evocaba era éste: octubre de 1865, en La Providencia.

[5] Porfirio Díaz, *Memorias*, Conaculta, México, 1994, vol. I, p. 236.

[6] Decreto de Maximiliano de Habsburgo, México, 3 de octubre de 1865, en Jorge L. Tamayo (ed.), *Benito Juárez: documentos, discursos y correspondencia*, Secretaría del Patrimonio Nacional, México, 1964-1970, vol. x, p. 242.

[7] Carta de Porfirio Díaz a José Godoy, cuesta de Santa Rosa, 30 de diciembre de 1865, en Jorge L. Tamayo (ed.), *Benito Juárez: documentos, discursos y correspondencia*, Secretaría del Patrimonio Nacional, México, 1964-1970, vol. x, p. 269.

[8] Carta de Juan Alvarez a Benito Juárez, La Providencia, 2 de enero de 1866, en Fernando Díaz y Díaz (ed.), *Santa Anna y Juan Alvarez frente a frente*, SEP, México, 1972, p. 160.

Prórroga de Juárez

[1] Nota de Porfirio Díaz a Benito Juárez, Cuesta de Santa Rosa, 30 de diciembre de 1865, en Jorge L. Tamayo (ed.), *Benito Juárez: documentos, discursos y correspondencia*, Secretaría del Patrimonio Nacional, México, 1964-1970, vol. x, p. 272.

² Carta de Benito Juárez a Pedro Santacilia, Paso del Norte, 7 de septiembre de 1865, en Jorge L. Tamayo (ed.), *Benito Juárez: documentos, discursos y correspondencia*, Secretaría del Patrimonio Nacional, México, 1964-1970, vol. x, p. 183.

³ Carta de Porfirio Díaz a Benito Juárez, Atoyaquillo, 2 de febrero de 1866, en Jorge L. Tamayo (ed.), *Benito Juárez: documentos, discursos y correspondencia*, Secretaría del Patrimonio Nacional, México, 1964-1970, vol. x, p. 606.

⁴ Carta de Porfirio Díaz a Matías Romero, Tlapa, 9 de mayo de 1866, en Porfirio Díaz, *Memorias*, Conaculta, México, 1994, vol. i, p. 259. Díaz también estaba de acuerdo con respecto del encausamiento de González Ortega —"a mi juicio, bien fundado en la ordenanza militar y en los usos de la guerra" (*idem*).

⁵ Carta de Porfirio Díaz a Benito Juárez, Atoyaquillo, 2 de febrero de 1866, en Jorge L. Tamayo (ed.), *Benito Juárez: documentos, discursos y correspondencia*, Secretaría del Patrimonio Nacional, México, 1964-1970, vol. x, p. 605.

⁶ Carta de Porfirio Díaz a Matías Romero, Atoyaquillo, 2 de febrero de 1866), en Jorge L. Tamayo (ed.), *Benito Juárez: documentos, discursos y correspondencia*, Secretaría del Patrimonio Nacional, México, 1964-1970, vol. x, p. 605.

⁷ Carta de Maximiliano de Habsburgo a Luis Napoleón Bonaparte, Cuernavaca, 18 de febrero de 1866, en Jorge L. Tamayo (ed.), *Benito Juárez: documentos, discursos y correspondencia*, Secretaría del Patrimonio Nacional, México, 1964-1970, vol. x, p. 650.

Guerrillero

¹ Porfirio Díaz, *Memorias*, Conaculta, México, 1994, vol. i, p. 251. Otra versión de los hechos coincide con la del general: "Por una verdadera desgracia, estando él con su fuerza y la de López Orozco en un punto llamado Lo de Soto, cerca de Ometepec, el enemigo, en número de 550 infantes y dos piezas de montaña, cayó repentinamente y los sorprendió. La cosa pudo haber sido grave, porque el objeto del enemigo era coger a Díaz y a Leyva y se dirigieron luego a su casa y la rodearon; pero ya ellos estaban fuera y reunían a sus soldados, que repuestos pudieron rechazar al enemigo y evitar mayor mal" (carta de Ignacio Manuel Altamirano a Benito Juárez, La Providencia, 12 de marzo de 1866, en Jorge L. Tamayo (ed.), *Benito Juárez: documentos, discursos y correspondencia*, Secretaría del Patrimonio Nacional, México, 1964-1970, vol. x, p. 732). Altamirano hace referencia al coronel Manuel López Orozco, prefecto de Jamiltepec.

² Carta de Ignacio Manuel Altamirano a Benito Juárez, La Providencia, 12 de marzo de 1866, en Jorge L. Tamayo (ed.), *Benito Juárez: documentos, discursos y correspondencia*, Secretaría del Patrimonio Nacional, México, 1964-1970, vol. x, p. 732. El general Díaz da una versión algo distinta de la muerte de Aburto: "Por estar gravemente enfermo, y no habiéndose acordado de él sus compañeros que

fueron de los más desmoralizados, lo encontró el enemigo en la cama y lo asesinó" (Porfirio Díaz, *Memorias*, Conaculta, México, 1994, vol. I, p. 252).

[3] Carta de José Maza a Margarita Maza, Oaxaca, 3 de marzo de 1866, en Jorge L. Tamayo (ed.), *Benito Juárez: documentos, discursos y correspondencia*, Secretaría del Patrimonio Nacional, México, 1964-1970, vol. x, p. 709.

[4] Porfirio Díaz, *Memorias*, Conaculta, México, 1994, vol. I, p. 253. Un texto sobre los días pasados al borde del Quetzala dice así: "Con tan escasas municiones que se privaban hasta de la caza, vivían de la pesca que hacían ellos mismos, con redes prestadas por los vecinos; cocinaban sus viandas y lavaban también ellos mismos su ropa" (Ireneo Paz (ed.), *Datos biográficos del general de división ciudadano Porfirio Díaz, con acopio de documentos históricos*, Patria, México, 1884, p. 79).

[5] Gustave Niox, *La expedición a México: relato político y militar*, El Colegio de Puebla, Puebla, 2012, p. 462.

[6] Carta de Porfirio Díaz a Alejandro García, Rancho del Zapote, 13 de abril de 1866, en Salvador Quevedo y Zubieta, *El caudillo*, Editora Nacional, México, 1967, p. 50.

[7] Carta de Matías Romero a Sebastián Lerdo de Tejada, Washington, 8 de abril de 1866, en Jorge L. Tamayo (ed.), *Benito Juárez: documentos, discursos y correspondencia*, Secretaría del Patrimonio Nacional, México, 1964-1970, vol. x, p. 817.

[8] Porfirio Díaz, *Memorias*, Conaculta, México, 1994, vol. II, p. 179.

[9] Porfirio Díaz, *Memorias: 1830-1867 (tomo II)*, Tipografía de la Oficina Impresora de Estampillas, México, 1893, p. 259.

[10] *Ibidem*, p. 257.

[11] Carta de Porfirio Díaz a Luis Pérez Figueroa, Putla, 14 de abril de 1866, en Porfirio Díaz, *Memorias*, Conaculta, México, 1994, vol. I, p. 256.

[12] Carta de Porfirio Díaz a Matías Romero, Tlapa, 9 de mayo de 1866, en Porfirio Díaz, *Memorias*, Conaculta, México, 1994, vol. I, pp. 262-263.

[13] *Ibidem*, p. 264.

[14] Carta de Porfirio Díaz a Justo Benítez, Tlapa, 9 de mayo de 1866, en Porfirio Díaz, *Memorias: 1830-1867 (tomo II)*, Tipografía de la Oficina Impresora de Estampillas, México, 1893, p. 148.

[15] Carta de Ignacio Manuel Altamirano a Benito Juárez, La Providencia, 4 de agosto de 1866, en Jorge L. Tamayo (ed.), *Benito Juárez: documentos, discursos y correspondencia*, Secretaría del Patrimonio Nacional, México, 1964-1970, vol. xi, p. 166.

[16] Porfirio Díaz, *Memorias: 1830-1867 (tomo II)*, Tipografía de la Oficina Impresora de Estampillas, México, 1893, p. 256. "En Soyaltepec, lugar de la acción, fueron recogidos y quemados 93 cadáveres de austriacos" (carta de Porfirio Díaz a Matías Romero, Huamuxtitlán, 28 de julio de 1866, en Porfirio Díaz, *Memorias*, Conaculta, México, 1994, vol. I, p. 266).

[17] Porfirio Díaz, *Memorias*, Conaculta, México, 1994, vol. I, pp. 25-26.

¹⁸ *Ibidem*, p. 26. La operación que realizó está descrita con lujo de detalles en sus memorias.

¹⁹ Carta de Porfirio Díaz a Matías Romero, Huamuxtitlán, 28 de julio de 1866, en Porfirio Díaz, *Memorias*, Conaculta, México, 1994, vol. ɪ, p. 265.

9

La mujer de Huamuxtitlán

¹ Carta de Porfirio Díaz a Matías Romero, Huamuxtitlán, 28 de julio de 1866, en Porfirio Díaz, *Memorias*, Conaculta, México, 1994, vol. ɪ, p. 266. ¹

² Porfirio Díaz, *Memorias*, Conaculta, México, 1994, vol. ɪ, p. 260.

³ *Ibidem*, p. 261.

⁴ Parte de Porfirio Díaz al Ministerio de Guerra, Chiautla, 20 de agosto de 1866, en Porfirio Díaz, *Memorias*, Conaculta, México, 1994, vol. ɪ, pp. 269-270. El ministro de Guerra era ya el general Ignacio Mejía.

⁵ Carta de Porfirio Díaz a Justo Benítez, Xochihuahuetan, 12 de agosto de 1866, en Porfirio Díaz, *Memorias*, Conaculta, México, 1994, vol. ɪ, p.268.

⁶ Carta de Justo Benítez a Matías Romero, Nueva York, 10 de junio de 1866, en Jorge L. Tamayo (ed.), *Benito Juárez: documentos, discursos y correspondencia*, Secretaría del Patrimonio Nacional, México, 1964-1970, vol. xɪ, p. 19.

⁷ Carta de Porfirio Díaz a Justo Benítez, Xochihuahuetan, 12 de agosto de 1866, en Porfirio Díaz, *Memorias*, Conaculta, México, 1994, vol. ɪ, p. 269.

⁸ Carta de Ignacio Manuel Altamirano a Benito Juárez, Chilapa, 27 de octubre de 1866, en Jorge L. Tamayo (ed.), *Benito Juárez: documentos, discursos y correspondencia*, Secretaría del Patrimonio Nacional, México, 1964-1970, vol. xɪ, p. 577.

⁹ *Ibidem*, p. 579.

¹⁰ Porfirio Díaz, *Memorias*, Conaculta, México, 1994, vol. ɪ, p. 273.

¹¹ *Idem*.

El Chato

¹ Porfirio Díaz, *Memorias*, Conaculta, México, 1994, vol. ɪɪ, p. 10.

² *Idem*.

³ *Ibidem*, p. 11.

⁴ Carta de Porfirio Díaz a Justo Benítez, San Miguel Peras, 28 de septiembre de 1866, en Porfirio Díaz, *Memorias: 1830-1867 (tomo ɪɪ)*, Tipografía de la Oficina Impresora de Estampillas, México, 1893, p. 159. La batalla de Juchitán, que ocu-

rrió el 5 de septiembre de 1866, está descrita con detalle por Aurelio Martínez López, *Historia de la Intervención Francesa en el estado de Oaxaca*, Sin Editor, México, 1966, pp. 75-97.

[5] Carta de Porfirio Díaz a Justo Benítez, San Miguel Peras, 28 de septiembre de 1866, en Porfirio Díaz, *Memorias: 1830-1867 (tomo II)*, Tipografía de la Oficina Impresora de Estampillas, México, 1893, p. 159.

[6] Citado por Brigitte Hamann, *Con Maximiliano en México: del diario del príncipe Carl Khevenhüller (1864-1867)*, FCE, México, 1989, p. 172.

[7] Fragmento de *Adiós mamá Carlota* de Vicente Riva Palacio, en Jorge L. Tamayo (ed.), *Benito Juárez: documentos, discursos y correspondencia*, Secretaría del Patrimonio Nacional, México, 1964-1970, vol. XI, p. 312.

[8] Carta de Carlota de Coburgo a Maximiliano de Habsburgo, París, 22 de agosto de 1866, en Jorge L. Tamayo (ed.), *Benito Juárez: documentos, discursos y correspondencia*, Secretaría del Patrimonio Nacional, México, 1964-1970, vol. XI, p. 335.

[9] Carta de José Godoy a Porfirio Díaz, San Francisco de California, 29 de agosto de 1866, en Alberto María Carreño (ed.), *Archivo del general Porfirio Díaz*, Editorial Elede, México, 1947-1961, vol. IV, p. 30. Godoy abundaba en la carta sobre la postura del gobierno de Washington frente al Imperio: "Los Estados Unidos han tomado una actitud más resuelta, pues el presidente Johnson ha declarado nulo el decreto de Maximiliano mandando cerrar el puerto de Matamoros" (*idem*). Mariano Escobedo acababa de tomar en julio el puerto de Matamoros. El cable submarino acababa de ser inaugurado en agosto.

[10] Carta de Carlota de Coburgo a Maximiliano de Habsburgo, Roma, 1 de octubre de 1866, en Jorge L. Tamayo (ed.), *Benito Juárez: documentos, discursos y correspondencia*, Secretaría del Patrimonio Nacional, México, 1964-1970, vol. XI, p. 431.

10

Miahuatlán

[1] Porfirio Díaz, *Memorias*, Conaculta, México, 1994, vol. II, pp. 13-14.

[2] *Ibidem*, p. 19.

[3] Parte de Manuel González a Porfirio Díaz, Miahuatlán, 4 de octubre de 1866, en Porfirio Díaz, *Memorias: 1830-1867 (tomo II)*, Tipografía de la Oficina Impresora de Estampillas, México, 1893, p. 175.

[4] Porfirio Díaz, *Memorias*, Conaculta, México, 1994, vol. II, p. 21.

[5] Parte de Porfirio Díaz a Alejandro García, San Felipe del Agua, 11 de octubre de 1866, en Porfirio Díaz, *Memorias*, Conaculta, México, 1994, vol. II, p.

23. Así describe ese momento el parte del coronel Manuel González: "El combate era reñidísimo y general en toda la línea, las municiones se habían agotado completamente por nuestra parte, y usted en vista de lo crítico de la situación, dispuso dar una carga general con todas nuestras fuerzas de infantería y caballería, poniéndose a la cabeza de nuestras columnas, que guiadas por usted se arrojaron sobre la artillería del enemigo, venciendo todos los obstáculos, arrollando su línea de batalla y consiguiendo una cara pero completa victoria" (parte de Manuel González a Porfirio Díaz, Miahuatlán, 4 de octubre de 1866, en Porfirio Díaz, *Memorias: 1830-1867 (tomo II)*, Tipografía de la Oficina Impresora de Estampillas, México, 1893, p. 176).

[6] Porfirio Díaz, *Memorias*, Conaculta, México, 1994, vol. II, p. 21.

[7] Porfirio Díaz, *Memorias*, Conaculta, México, 1994, vol. II, p. 21.

[8] Relación de oficiales pasados por las armas, Miahuatlán, 5 de octubre de 1866 (tomo II, foja 371 del Expediente de Porfirio Díaz. Archivo Histórico de la Secretaría de la Defensa Nacional).

[9] Porfirio Díaz, *Memorias*, Conaculta, México, 1994, vol. I, p. 217.

[10] *Idem.*

[11] Porfirio Díaz, *Memorias*, Conaculta, México, 1994, vol. II, p. 20.

[12] Citado por *El Globo*, 17 de septiembre de 1867. Hemeroteca Nacional de México. La cita, que aparece en la página 2, es del francés Louis Chalière: "Porfirio Díaz es un hombre muy honrado (...) La manera con que se condujo con nosotros, sus prisioneros, fue casi amistosa. Nos dejó casi completamente en libertad, primero en Oaxaca y después en la cercana aldea de Zimatlán, que nos fijó por residencia. Hizo erigir un monumento en el cementerio de Miahuatlán, en honor de los soldados y oficiales franceses muertos en el combate" (*idem*).

[13] Citado por Jean Meyer, *Yo, el francés: crónicas de la Intervención Francesa en México (1862-1867)*, Tusquets, México, 2000, p. 39. En México, durante la Intervención, murieron alrededor de 225 oficiales del Cuerpo Expedicionario. La mitad a causa de las enfermedades y la otra mitad en acciones de guerra. Cuatro oficiales murieron en Miahuatlán, además de Testard, junto con trece soldados, entre ellos Charles Mayer, quien había llegado al país en la Legión Extranjera con la ilusión de ascender en el escalafón (hijo natural, soltero, con apenas cuatro meses en México).

[14] Gustave Niox, *La expedición a México: relato político y militar*, El Colegio de Puebla, Puebla, 2012, p. 501.

[15] Parte de Porfirio Díaz al Ministerio de Guerra, Miahuatlán, 6 de octubre de 1866, en Porfirio Díaz, *Memorias*, Conaculta, México, 1994, vol. II, p. 19.

[16] Porfirio Díaz, *Memorias*, Conaculta, México, 1994, vol. II, p. 16. Las fuerzas que combatieron hasta morir en la loma de los Nogales eran éstas: 700 republicanos contra 1 400 imperialistas (según las memorias de Díaz) o 2 000 republicanos contra 1 200 imperialistas (según los cálculos de Niox). Bernardo Reyes

afirma que Díaz tenía 900 y Oronoz 1 400; Ignacio Escudero, a su vez, dice que Díaz tenía 600 y Oronoz 1 100.

La Carbonera

[1] Carta de Porfirio Díaz a Carlos Oronoz, Oaxaca, 8 de octubre de 1866, en Porfirio Díaz, *Memorias: 1830-1867 (tomo II)*, Tipografía de la Oficina Impresora de Estampillas, México, 1893, p. 202.

[2] Citado por Gustave Niox, *La expedición a México: relato político y militar*, El Colegio de Puebla, Puebla, 2012, p. 502.

[3] Citado por Carleton Beals, *Porfirio Díaz*, Domes, México, 1982, p.152. Beals entrevistó, medio siglo después de los hechos, a uno de los soldados de Díaz que lucharon en La Carbonera.

[4] Testimonio de Tomás Pizarro escrito la noche del 18 de octubre de 1866, citado por Manuel Santibáñez, *Reseña histórica del Cuerpo de Ejército de Oriente*, Tipografía de la Oficina Impresora del Timbre, México, 1892, vol. II, pp. 378-379.

[5] *Ibidem*, p. 379.

[6] Porfirio Díaz, *Memorias*, Conaculta, México, 1994, vol. II, p. 29.

[7] *Idem*.

[8] Parte de Porfirio Díaz al Ministerio de Guerra, Las Minas, 18 de octubre de 1866 (tomo II, foja 388 del Expediente de Porfirio Díaz. Archivo Histórico de la Secretaría de la Defensa Nacional). El parte también está publicado en Porfirio Díaz, *Memorias*, Conaculta, México, 1994, vol. II, p. 26. Hay otro informe que da cifras algo distintas a las de su parte a Ignacio Mejía. Habla ahí de "un reñido combate, que duró como hora y media", en el que capturó, afirma, "416 prisioneros austriacos, 4 piezas rayadas, con más de 300 granadas y botes de metralla, sobre 700 carabinas y fusiles" (carta de Porfirio Díaz a Rafael García, Oaxaca, 21 de octubre de 1866, en Salvador Quevedo y Zubieta, *El caudillo*, Editora Nacional, México, 1967, pp. 86-87). Las carabinas eran en su mayoría austriacas, aunque había también unas francesas del sistema Minié. Con ellas capturó cerca de cien mil cartuchos.

[9] Carta de Ignacio Mejía a Porfirio Díaz, Durango, 31 de octubre de 1866 (tomo II, foja 390 del Expediente de Porfirio Díaz. Archivo Histórico de la Secretaría de la Defensa Nacional).

[10] Ignacio Mejía, "Autobiografía", *El Imparcial*, 5-12 de diciembre de 1906. Hemeroteca Nacional de México.

[11] Carta de Porfirio Díaz a Rafael García, Oaxaca, 21 de octubre de 1866, en Salvador Quevedo y Zubieta, *El caudillo*, Editora Nacional, México, 1967, p. 87.

[12] Mensaje de Antonia Labastida a Porfirio Díaz, Tehuacán, 14 de octubre de 1866, en Manuel Brioso y Candiani, "Una heroína oaxaqueña que en dos puntos aventajó a doña Josefa Ortiz de Domínguez", *Ex Alumnos*, 31 de agosto de 1944.

Quiero dar las gracias, por esta referencia, al profesor José Francisco Ruiz Cervantes, académico de la Universidad Autónoma Benito Juárez de Oaxaca.

[13] Manuel Brioso y Candiani, "Una heroína oaxaqueña que en dos puntos aventajó a doña Josefa Ortiz de Domínguez", *Ex Alumnos*, 31 de agosto de 1944. El artículo de Brioso y Candiani termina con esta nota: "Don Manuel Martínez Gracida me entregó la copia de la carta que escribió doña Antonia" (*idem*).

[14] Andrés Portillo, *Oaxaca en el Centenario de la Independencia Nacional*, Oaxaca, Imprenta del Estado, 1910, p. 160-a. Hay otros historiadores de Oaxaca que hacen referencia a esta carta, entre ellos el más importante del siglo xx. "En estas operaciones se hallaba el general Díaz, cuando recibió un mensaje de su espía y amiga, doña Antonia Labastida, en que le daba cuenta, desde Tehuacán, de la salida de la fuerza austro-traidora, que iba en auxilio de Oronoz. Aquella carta parecía la remisión de efectos de comercio" (Jorge Fernando Iturribarría, *La generación oaxaqueña del 57*, Universidad de Oaxaca, Oaxaca, 1956, p. 88).

Ocupación de Oaxaca

[1] Gustave Niox, *La expedición a México: relato político y militar*, El Colegio de Puebla, Puebla, 2012, p. 502.

[2] Nota de Carlos Oronoz a Porfirio Díaz, Oaxaca, 31 de octubre de 1866, en Porfirio Díaz, *Memorias: 1830-1867 (tomo II)*, Tipografía de la Oficina Impresora de Estampillas, México, 1893, pp. 202-203. Los imperialistas fueron declarados, al rendir sus armas, "prisioneros de guerra del general Díaz con garantía de la vida, que en todos casos será respetada bajo la fe de la palabra de honor del expresado señor general y de los jefes que forman la comisión" (Acuerdo para la rendición de la plaza, Oaxaca, 31 de octubre de 1866, *op. cit.*, p. 203).

[3] Manuel Santibáñez, *Reseña histórica del Cuerpo de Ejército de Oriente*, Tipografía de la Oficina Impresora del Timbre, México, 1892, vol. II, p. 368.

[4] Carta de Porfirio Díaz a Benito Juárez, Oaxaca, 1 de noviembre de 1866, en Jorge L. Tamayo (ed.), *Benito Juárez: documentos, discursos y correspondencia*, Secretaría del Patrimonio Nacional, México, 1964-1970, vol. XI, pp. 472-473.

[5] *Ibidem*, p. 473.

[6] Parte de Porfirio Díaz al Ministerio de Guerra, Oaxaca, 6 de noviembre de 1866 (tomo II, foja 407 del Expediente de Porfirio Díaz. Archivo Histórico de la Secretaría de la Defensa Nacional).

[7] Nota de Benito Juárez a Pedro Santacilia, Chihuahua, 7 de diciembre de 1866, en Jorge L. Tamayo (ed.), *Benito Juárez: documentos, discursos y correspondencia*, Secretaría del Patrimonio Nacional, México, 1964-1970, vol. XI, p. 627.

[8] Gustave Niox, *La expedición a México: relato político y militar*, El Colegio de Puebla, Puebla, 2012, p. 502.

⁹ Carta de Porfirio Díaz a Matías Romero, Oaxaca, 11 de noviembre de 1866, en Porfirio Díaz, *Memorias: 1830-1867 (tomo II)*, Tipografía de la Oficina Impresora de Estampillas, México, 1893, p. 227. Los austriacos veían con desprecio a Castelnau. "Creo que el brillo de sus uñas y la inclinación de las puntas de su bigote tienen mayor importancia para él que las cuestiones políticas de México", escribió Carl Khevenhüller ("Tres años en México", en Brigitte Hamann, *Con Maximiliano en México: del diario del príncipe Carl Khevenhüller (1864-1867)*, FCE, México, 1989, p.185).

¹⁰ Proclama de Maximiliano de Habsburgo, Orizaba, 1 de diciembre de 1866, en Jorge L. Tamayo (ed.), *Benito Juárez: documentos, discursos y correspondencia*, Secretaría del Patrimonio Nacional, México, 1964-1970, vol. XI, p. 600).

¹¹ Carta de Porfirio Díaz a Matías Romero, Oaxaca 10 de diciembre de 1866, en Porfirio Díaz, *Memorias: 1830-1867 (tomo II)*, Tipografía de la Oficina Impresora de Estampillas, México, 1893, p. 235.

¹² Ireneo Paz (ed.), *Datos biográficos del general de división ciudadano Porfirio Díaz, con acopio de documentos históricos*, Patria, México, 1884, p. 93. El libro, editado por Paz, está basado en el testimonio del propio Díaz, así como también en los recuerdos de personas entonces cercanas a él como Justo Benítez y Manuel María de Zamacona.

¹³ Citado por Francie Chassen-López, "Mitos, mentiras y estereotipos: el reto de la biografía feminista", en Mílada Bazant (coord.), *Biografía: métodos, metodologías y enfoques*, El Colegio Mexiquense, Zinacantepec, 2013, p. 163. La cita es de Miguel Ríos, tehuano, enemigo de Toledo, autor de un libro sobre Tehuantepec.

¹⁴ Porfirio Díaz, *Memorias*, Conaculta, México, 1994, vol. II, p. 32.

11

Preparativos para la campaña

¹ Carta de Porfirio Díaz a Matías Romero, Oaxaca, 26 de noviembre de 1866, en Porfirio Díaz, *Memorias: 1830-1867 (tomo II)*, Tipografía de la Oficina Impresora de Estampillas, México, 1893, p. 229. Benítez zarpó de Nueva York el 11 de noviembre de 1866 en el vapor *Vixen*; llegó un mes después a Minatitlán. El *Suwanee* naufragó el 4 de diciembre de 1866.

² Carta de Porfirio Díaz a Benito Juárez, Oaxaca, 17 de enero de 1867, en Jorge L. Tamayo (ed.), *Benito Juárez: documentos, discursos y correspondencia*, Secretaría del Patrimonio Nacional, México, 1964-1970, vol. XI, p. 677.

³ *Boletín Oficial del Cuartel General de la Línea de Oriente*, 2 de diciembre de 1866. Fondo Manuel Brioso y Candiani, Biblioteca Francisco de Burgoa, Oaxaca.

⁴ Ireneo Paz (ed.), *Datos biográficos del general de división ciudadano Porfirio Díaz, con acopio de documentos históricos*, Patria, México, 1884, p. 96.

[5] Porfirio Díaz, *Memorias*, Conaculta, México, 1994, vol. II, p. 31.

[6] Citado por el *Boletín Oficial del Cuartel General de la Línea de Oriente*, 2 de diciembre de 1866. Fondo Manuel Brioso y Candiani, Biblioteca Francisco de Burgoa, Oaxaca.

[7] Carta de Juan Pablo Franco a Inés Larráinzar, Oaxaca, 27 de enero de 1867, en Porfirio Díaz, *Memorias*, Conaculta, México, 1994, vol. II, p. 55.

[8] Porfirio Díaz, *Memorias*, Conaculta, México, 1994, vol. II, p. 51. Los hermanos Heras murieron fusilados en diciembre de 1865. La inscripción que les mandó hacer Díaz dice así: *Ignacio y Zacarías Heras fueron para la patria brazo fuerte, para la libertad timbre de gloria, por eso sobreviven a su muerte, por eso los conserva nuestra historia.* Agradezco la referencia a Diódoro Carrasco, pariente lejano de aquellos muchachos de Cuicatlán.

[9] *Ibidem*, p. 62.

[10] Circular de Porfirio Díaz, Acatlán, 14 de febrero de 1867, en Ireneo Paz (ed.), *Datos biográficos del general de división ciudadano Porfirio Díaz, con acopio de documentos históricos*, Patria, México, 1884, p. 97.

[11] Porfirio Díaz, *Memorias*, Conaculta, México, 1994, vol. II, p. 43.

[12] *Ibidem*, p. 42. Bazaine ofrecía asimismo uniformes de soldados y caballos y mulas con sus arneses y monturas. Con respecto a los fusiles, el final de la guerra de secesión en los Estados Unidos bajó la demanda, los abarató, lo cual explica la diferencia de precios entre los que adquirió Plácido Vega en 1863 y los que compró Matías Romero en 1866.

[13] Porfirio Díaz, *Memorias*, Conaculta, México, 1994, vol. II, p. 42.

[14] Circular (bis) de Porfirio Díaz, Acatlán, 14 de febrero de 1867, en Ireneo Paz (ed.), *Datos biográficos del general de división ciudadano Porfirio Díaz, con acopio de documentos históricos*, Patria, México, 1884, p. 95. "Esta circular fue extraordinariamente fructuosa para el ejército, al grado que me permitió presentar al presidente Juárez a su arribo a la capital, 21 mil hombres perfectamente vestidos, armados y municionados" (Porfirio Díaz, *Memorias*, Conaculta, México, 1994, vol. II, pp. 42-43).

[15] Carta de Porfirio Díaz a Matías Romero, Guadalupe Hidalgo, 3 de mayo de 1867, en Porfirio Díaz, *Memorias*, Conaculta, México, 1994, vol. II, p. 44. Romero comunicó la carta al gobierno de los Estados Unidos. Su publicación en Francia, más tarde, habría de suscitar el desmentido de Bazaine que provocaría el intercambio epistolar con el general Díaz. La misma carta fue publicada, íntegra, en una versión algo distinta, que dice así: "No extraño las proposiciones que le hicieron a usted los franceses; a mí me las hizo Bazaine, ofreciéndome entregar las ciudades que ocupaban, y a Maximiliano, Márquez, Miramón, etcétera, etcétera, si yo accedía a una proposición que me hacía y que, siendo una cosa no muy regular, deseché" —véase Porfirio Díaz, *Memorias: 1830-1867 (tomo II)*, Tipografía de la Oficina Impresora de Estampillas, México, 1893, p.242. El propio Matías Romero

había ya dado a conocer la carta en cuestión en el tomo IX de la *Correspondencia de la Legación Mexicana en Washington durante la Intervención Extranjera (1860-1868)*.

[16] Porfirio Díaz, *Memorias*, Conaculta, México, 1994, vol. II, p. 43.

[17] Carta de Porfirio Díaz a Achille Bazaine, México, 11 de enero de 1887, en Porfirio Díaz, *Memorias*, Conaculta, México, 1994, vol. II, p. 46.

[18] Porfirio Díaz, *Memorias: 1830-1867 (tomo II)*, Tipografía de la Oficina Impresora de Estampillas, México, 1893, p. 253.

[19] Ireneo Paz (ed.), *Datos biográficos del general de división ciudadano Porfirio Díaz, con acopio de documentos históricos*, Patria, México, 1884, p. 99. El autor del texto es, al parecer, Justo Benítez, quien era secretario del Ejército de Oriente.

[20] Proclama de Porfirio Díaz, Huamantla, 1 de marzo de 1867, en Ireneo Paz (ed.), *Datos biográficos del general de división ciudadano Porfirio Díaz, con acopio de documentos históricos*, Patria, México, 1884, p. 100.

[21] *Idem.*

[22] *Ibidem*, pp. 100-101.

[23] Citado por Mateo Podan, *Porfirio Díaz: debe y haber*, Ediciones Botas, México, 1944, p. 12. "Así decía el estribillo de un corrido oaxaqueño y poblano de los años de 1866 (noviembre y diciembre) y 1867 (enero y febrero)", agrega el autor. "Era un corrido en que se celebraban los *albazos* de Porfirio Díaz, las derrotas de Visoso y las proezas de su batallón de Fieles de Oaxaca" (*idem*).

12

La sobrina del general

[1] Hubert H. Bancroft, *Vida de Porfirio Díaz*, Compañía Historia de México, México, 1887, p. 476.

[2] Carta de Porfirio Díaz a Delfina Ortega, Acatlán, 17 de febrero de 1867 (caja 1, expediente 3, foja 2 del Fondo Rafael Chousal. Archivo Histórico de la UNAM). El general Díaz estuvo en Oaxaca entre el 1 de noviembre y el 12 de diciembre de 1866, y después entre el 10 y el 26 de enero de 1867. Fueron los días en que tuvo lugar su romance con Delfina.

[3] Carta de Porfirio Díaz a Delfina Ortega, Ixcaquixtla, 21 de febrero de 1867 (caja 1, expediente 3, foja 3 del Fondo Rafael Chousal. Archivo Histórico de la UNAM).

[4] Carta de Porfirio Díaz a Delfina Ortega, Acatlán, 17 de febrero de 1867 (caja 1, expediente 3, foja 2 del Fondo Rafael Chousal. Archivo Histórico de la UNAM).

[5] Carta de Porfirio Díaz a Delfina Ortega, Ixcaquixtla, 21 de febrero de 1867 (caja 1, expediente 3, foja 3 del Fondo Rafael Chousal. Archivo Histórico de la UNAM).

⁶ Parte de Porfirio Díaz al Ministerio de Guerra, cerro de San Juan, 11 de marzo de 1867 (tomo III, foja 561 del Expediente de Porfirio Díaz. Archivo Histórico de la Secretaría de la Defensa Nacional).

⁷ *Idem*. Díaz afirma en sus memorias que las fuerzas de Diego Alvarez ascendían a 600, pero las fuentes contemporáneas aseguran que eran 1 500.

⁸ Justo Sierra, *Juárez: su obra y su tiempo*, UNAM, México, 2006, p. 298.

⁹ Carta de Porfirio Díaz a Manuel María de Zamacona, Oaxaca, julio de 1871, en Jorge L. Tamayo (ed.), *Benito Juárez: documentos, discursos y correspondencia*, Secretaría del Patrimonio Nacional, México, 1964-1970, vol. XV, p. 357. El borrador de la carta no contiene la fecha exacta.

¹⁰ Ireneo Paz (ed.), *Datos biográficos del general de división ciudadano Porfirio Díaz, con acopio de documentos históricos*, Patria, México, 1884, p. 103.

¹¹ Oficio del Ministerio de Guerra a Porfirio Díaz, Zacatecas, 15 de febrero de 1867 (tomo II, foja 484 del Expediente de Porfirio Díaz. Archivo Histórico de la Secretaría de la Defensa Nacional). El oficio también afirmaba lo siguiente: "Caso de que ocupe usted la ciudad de México conservará dicha plaza bajo un régimen estrictamente militar (…) Si las circunstancias hicieran necesarios algunos arreglos con el enemigo para ocupar la plaza, éstos se ceñirán a estipulaciones militares, sin tocar en manera alguna la parte política" (*idem*).

¹² Carta de Porfirio Díaz a Ignacio Mejía, cerro de San Juan, 15 de marzo de 1867 (tomo II, foja 491 del Expediente de Porfirio Díaz. Archivo Histórico de la Secretaría de la Defensa Nacional).

¹³ Parte de Ignacio Alatorre a Porfirio Díaz, cerro de San Juan, 18 de marzo de 1867 (tomo III, foja 568 del Expediente de Porfirio Díaz. Archivo Histórico de la Secretaría de la Defensa Nacional). Porfirio afirma en sus memorias, por error, que el asalto a la manzana ocurrió en la noche del 18 de marzo.

¹⁴ Porfirio Díaz, *Memorias*, Conaculta, México, 1994, vol. II, p. 67.

¹⁵ Carta de Porfirio Díaz a Delfina Ortega, cerro de San Juan, 18 de marzo de 1867 (fondo CXIX-1, carpeta 1, legajo 56 del Epistolario de Porfirio Díaz. Centro de Estudios de Historia de México CARSO). La carta entera dice así:

"Querida Fina, estoy muy ocupado y por eso seré demasiado corto no obstante la gravedad del negocio que voy a proponerte en discusión y que tú resolverás con una palabra.

"Es evidente que un hombre debe elegir para esposa a la mujer que más ame entre todas las mujeres si tiene seguridad de ser de ella amado, y lo es también que en la balanza de mi corazón no tienes rival, faltándome de ser comprendido y correspondido; y sentados estos precedentes, no hay razón para que yo permanezca en silencio ni para que deje al tiempo lo que puede ser inmediatamente. Este es mi deseo y lo someto a tu juicio, rogándote que me contestes lo que te parezca con la seguridad de que si es negativamente no por eso bajarás un punto en mi estimación, y en ese caso te adoptaré judicialmente por hija para darte un nuevo carácter que te estreche más a mí, y me abstendré de casarme mientras vivas para poder concentrar en ti todo el amor de un verdadero padre.

"Si mi propuesta es de tu aceptación avísame para dar los pasos convenientes y puedes decírselo a Nicolasa, pero si no es así te ruego que nadie sepa el contenido de ésta, que tú misma procures olvidarla y la quemes. No me propongas dificultades para que yo te las resuelva, porque perderíamos mucho tiempo en una discusión epistolar. Si me quieres dime sí, o no, claro y pronto. Yo no puedo ser feliz antes de tu sentencia, no me la retardes.

"Hay en lo sublime del amor algo desconocido para el idioma pero no para el corazón, y para no tocar lo común en ellos me despido llamándome sencillamente tuyo".

[16] *Idem.*

[17] *Idem.*

[18] Carta de Porfirio Díaz a Mariano Escobedo, cerro de San Juan, 19 de marzo de 1867, en Jorge L. Tamayo (ed.), *Benito Juárez: documentos, discursos y correspondencia*, Secretaría del Patrimonio Nacional, México, 1964-1970, vol. xi, p. 863.

[19] Carta de Porfirio Díaz a Ignacio Mejía, cerro de San Juan, 21 de marzo de 1867, en Jorge L. Tamayo (ed.), *Benito Juárez: documentos, discursos y correspondencia*, Secretaría del Patrimonio Nacional, México, 1964-1970, vol. xi, p. 862.

[20] Porfirio Díaz, *Memorias*, Conaculta, México, 1994, vol. xi, p. 67. Es posible saber que el incendio ocurrió el 30 de marzo por la siguiente referencia: "El día 30 acaeció el incendio de la manzana Sur en que están los baños de Carreto: las llamas todo lo devoraban, las granadas caían como lluvia sobre aquel lugar de horror y de sangre, y el general Díaz al lado de Alatorre dictaba sus disposiciones, triunfaba de la muerte" (Guillermo Prieto, "El 2 de abril", *El Vigilante*, 11 de abril de 1880, reproducido por Ireneo Paz (ed.), *Datos biográficos del general de división ciudadano Porfirio Díaz, con acopio de documentos históricos*, Patria, México, 1884, p. 125). Porfirio afirma que los baños de Carreto estaban localizados en la manzana donde ocurrió el incendio.

[21] Porfirio Díaz, *Memorias*, Conaculta, México, 1994, vol. ii, p. 67.

[22] *Ibidem*, p. 67.

[23] *Ibidem*, pp. 67-68.

[24] Carta de Delfina Ortega a Porfirio Díaz, Oaxaca, 24 de marzo de 1867 (fondo cxix-i, carpeta i, legajo 56 del Epistolario de Porfirio Díaz. Centro de Estudios de Historia de México carso). La carta entera dice así:

"Mi muy querido Porfirio, tengo ante mis ojos tu amable carta de fecha 18 del presente. No sé cómo comenzar mi contestación; mi alma, mi corazón y toda mi máquina se encuentran profundamente conmovidos al ver los conceptos de aquella. Yo quisiera en este instante estar delante de ti para hablar todo lo que siento y que mis palabras llegaran a ti como son en sí, pero ya que la Providencia me tiene separada de tu presencia tengo que darte la respuesta tan franca y clara como tú me lo suplicas, pero me permitirás el que antes te diga que varias reflexiones me ocurren que debiera exponértelas previamente, pero sacrifico este deber sólo porque te quiero dar una prueba de que vivo tan sólo para ti, y que sin perjuicio de que alguna vez tenga derecho a explicarte las citadas reflexiones, me resuelvo con todo el fuego de mi amor a decirte que gustosa recibiré tu mano como esposo a la hora que tú lo dispongas, esperando que mi resolución franca la recibirás no como una ligereza que rebaje mi dignidad, sino por no hacerte sufrir incertidumbres dolorosas.

"Nada de esto sabe Tía porque no me pareció el decírselo yo, sino que tú se lo digas. En caso que dispongas cualquier cosa, te suplico que sea por conducto de nuestro pariente Pepe Valverde, pues sólo en éste tengo confianza.

"Te ruego que te cuides mucho sin ajar tu buen nombre, y entre tanto saber que es y será tuya".

25 *Idem.* Si transcurrieron seis días entre la redacción de la carta de Porfirio y su recepción en Oaxaca, debieron transcurrir otros seis días, en promedio, entre la redacción de la carta de Delfina y su recepción en Puebla.

2 de abril

1 Carta de Leonardo Márquez a Manuel Noriega, México, 27 de marzo de 1867, en Ireneo Paz (ed.), *Datos biográficos del general de división ciudadano Porfirio Díaz, con acopio de documentos históricos*, Patria, México, 1884, p. 105. En su carta, Márquez afirmaba que iba a salir con 8 000 hombres. Era una exageración. Partió de la ciudad de México con 3 840 hombres y 17 piezas de artillería.

2 Carta de Porfirio Díaz a Matías Romero, Guadalupe Hidalgo, 3 de mayo de 1867, en Porfirio Díaz, *Memorias*, Conaculta, México, 1994, vol. II, p. 77.

3 Manuel María de Zamacona, "El 2 de abril de 1867", *El Globo*, 2 de abril de 1868. Hemeroteca Nacional de México. El artículo aparece sin firma, aunque su autor es Zamacona, *redactor responsable* de *El Globo*. Zamacona recuerda que, durante el almuerzo, Porfirio le dijo así: "Tengo presentimiento de que celebraremos el aniversario del 5 de mayo, si no dentro de la capital de la República, al menos en sus inmediaciones" (*idem*).

4 Porfirio Díaz, *Memorias: 1830-1867 (tomo II)*, Tipografía de la Oficina Impresora de Estampillas, México, 1893, p. 254.

5 Porfirio Díaz, *Memorias*, Conaculta, México, 1994, vol. II, p. 70.

6 *Ibidem*, p. 74.

7 Porfirio Díaz, *Memorias: 1830-1867 (tomo II)*, Tipografía de la Oficina Impresora de Estampillas, México, 1893, p. 257.

8 Porfirio Díaz, *Memorias*, Conaculta, México, 1994, vol. II, p. 75.

[9] Porfirio Díaz, *Memorias: 1830-1867 (tomo II)*, Tipografía de la Oficina Impresora de Estampillas, México, 1893, p. 269.

[10] *Idem.*

[11] *Idem.*

[12] Carta de Carlos Pacheco a Porfirio Díaz, Puebla, 23 de agosto de 1867, en Alberto María Carreño (ed.), *Archivo del general Porfirio Díaz*, Editorial Elede, México, 1947-1961, vol. IV, p. 232.

[13] Nota de respuesta de Porfirio Díaz a Carlos Pacheco, en Alberto María Carreño (ed.), *Archivo del general Porfirio Díaz*, Editorial Elede, México, 1947-1961, vol. IV, p. 232.

[14] Citado por Ireneo Paz (ed.), *Datos biográficos del general de división ciudadano Porfirio Díaz, con acopio de documentos históricos*, Patria, México, 1884, p. 111.

[15] Telegrama de Porfirio Díaz a Rafael García, Puebla, 2 de abril de 1867, en Manuel Santibáñez, *Reseña histórica del Cuerpo de Ejército de Oriente*, Tipografía de la Oficina Impresora del Timbre, México, 1892, vol. II, p. 669. Además de informar a García, gobernador de Puebla, el general Díaz telegrafió al ministro de Guerra: "Hoy a las tres de la mañana he emprendido un asalto sobre la plaza y han sucumbido los traidores a las seis de la misma" (telegrama de Porfirio Díaz a Ignacio Mejía, Puebla, 2 de abril de 1867, en Jorge L. Tamayo (ed.), *Benito Juárez: documentos, discursos y correspondencia*, Secretaría del Patrimonio Nacional, México, 1964-1970, vol. XI, p. 866).

[16] Faustino Vázquez Aldana, "Carta a los redactores de *La Regeneración Social*", 27 de agosto de 1867, en Porfirio Díaz, *Memorias*, Conaculta, México, 1994, vol. II, p. 219.

[17] Federico Gamboa, *Mi diario*, Conaculta, México, 1995-1996, vol. V, p. 102. Gamboa narra en su diario la descripción que hizo Díaz en una reunión con su gabinete, el 3 de abril de 1910. Ella coincide, en general, con la que le hizo a uno de sus biógrafos, que dice así: "Trujeque se escondió en un trastienda, entre bultos de mercancías. De allí fueron a sacarlo algunos soldados republicanos. Sentenciado a muerte, conforme al sumario legalmente establecido, se entregó ante el caudillo a una demostración plañidera. ¡Mi mujer, mis hijos! clamaba sollozante (…) Conducido a la plaza para ser fusilado se detuvo de repente en un recodo que hacía la calle; se agazapó como para satisfacer una necesidad corporal provocada por la situación. Lo fusilaron en esa actitud" (Salvador Quevedo y Zubieta, *El caudillo*, Editora Nacional, México, 1967, pp. 121-122).

[18] Citado por Angel Pola en Porfirio Díaz, *Memorias*, Conaculta, México, 1994, vol. II, p. 80. Existe un testimonio en el sentido de que Díaz fusiló al general Quijano por no haber acatado su palabra de no disparar contra los asaltantes de Puebla el 2 de abril —véase Eduardo Gómez Haro, "Por qué el general Díaz fusiló al venerable general Quijano en Puebla", *El Nacional*, 20 de marzo de 1917, en Porfirio Díaz, *Memorias*, Conaculta, México, 1994, vol. II, pp. 78-80. Otros

autores han señalado, asimismo, que el general Díaz negoció con los imperialistas la toma de la ciudad de Puebla —de manera notable José López Portillo y Rojas. Pero a diferencia de López Portillo y Rojas, quien lo hace con la intención de atacar a Díaz, Gómez Haro lo hace con el ánimo de conocer la verdad sobre el fusilamiento de Quijano. ¿Pactó el general Díaz con la guarnición de Puebla? ¿Trató de pactar con ella su rendición, antes de tomar por asalto la plaza el 2 de abril? No hay evidencia de que así haya sido, fuera de las voces de algunos poblanos citados por Gómez Haro y López Portillo y Rojas. Más bien por el contrario. El asalto de la plaza suponía, para tener éxito, que el ataque fuera sorpresivo, algo que no podía suceder si el general en jefe entraba en tratos con el enemigo.

[19] Guillermo Prieto, "El 2 de abril", *El Vigilante*, 11 de abril de 1880, en Ireneo Paz (ed.), *Datos biográficos del general de división ciudadano Porfirio Díaz, con acopio de documentos históricos*, Patria, México, 1884, p. 123.

[20] Carta de Porfirio Díaz a Ignacio Mejía, cerro de San Juan, 24 de marzo de 1867 (tomo III, foja 548 del Expediente de Porfirio Díaz. Archivo Histórico de la Secretaría de la Defensa Nacional).

[21] Porfirio Díaz, *Memorias*, Conaculta, México, 1994, vol. II, pp. 77-78.

[22] Parte de Porfirio Díaz al Ministerio de Guerra, Puebla, 2 de abril de 1867 (tomo III, foja 556 del Expediente de Porfirio Díaz. Archivo Histórico de la Secretaría de la Defensa Nacional). Mejía conoció la noticia del asalto a Puebla gracias al general Escobedo, a quien escribió así: "He dado cuenta al ciudadano presidente de la República de la comunicación que me dirigió usted con fecha de ayer, transcribiendo el parte de la toma de la ciudad de Puebla el día 2 del actual. El ciudadano presidente se ha impuesto con mucha satisfacción de ese triunfo nuevo que honra los esfuerzos del benemérito Ejército de Oriente y de su digno jefe, y que es muy importante para apresurar el triunfo final de la causa de la República" (carta de Ignacio Mejía a Mariano Escobedo, San Luis Potosí, 5 de abril de 1867 —tomo III, foja 572 del Expediente de Porfirio Díaz. Archivo Histórico de la Secretaría de la Defensa Nacional). Su respuesta al general Díaz, en cambio, fue sorprendentemente austera: "Por la comunicación de usted del 2 del corriente, fechada en Puebla, se ha enterado el ciudadano presidente de la República, con satisfacción, de que al dar usted el parte al que me refiero acababa de tomar por asalto esa plaza" (carta de Ignacio Mejía a Porfirio Díaz, San Luis Potosí, 13 de abril de 1867 —tomo III, foja 557 del Expediente de Porfirio Díaz. Archivo Histórico de la Secretaría de la Defensa Nacional).

[23] Carta de Porfirio Díaz a Benito Juárez, Puebla, 3 de abril de 1867, en Jorge L. Tamayo (ed.), *Benito Juárez: documentos, discursos y correspondencia*, Secretaría del Patrimonio Nacional, México, 1964-1970, vol. XI, p. 869. Díaz estaba preocupado de que sus órdenes pudieran causar desagrado al gobierno de Juárez, por lo que ese mismo día escribió también a su ministro de Guerra, con la misma explicación: "Creo haber interpretado fielmente el espíritu de las órdenes del ciudadano

presidente de la República sobre el auxilio que mandó impartir al Ejército del Norte" (carta de Porfirio Díaz a Ignacio Mejía, Puebla, 3 de abril de 1867, en Jorge L. Tamayo (ed.), *Benito Juárez: documentos, discursos y correspondencia*, Secretaría del Patrimonio Nacional, México, 1964-1970, vol. xi, p. 868).

[24] Carta de Porfirio Díaz a Benito Juárez, Puebla, 3 de abril de 1867, en Jorge L. Tamayo (ed.), *Benito Juárez: documentos, discursos y correspondencia*, Secretaría del Patrimonio Nacional, México, 1964-1970, vol. xi, p. 870.

[25] Carta de Benito Juárez a Pedro Santacilia, San Luis Potosí, 5 de abril de 1867, en Jorge L. Tamayo (ed.), *Benito Juárez: documentos, discursos y correspondencia*, Secretaría del Patrimonio Nacional, México, 1964-1970, vol. xi, p. 873. "Querido Santa, hoy estábamos con mucho cuidado porque Márquez salió de Teotihuacán (…) para Puebla, sitiada por Porfirio (…) y temíamos una derrota que hubiera prolongado la guerra; pero esta noche hemos recibido la plausible noticia de que el mismo día 2 fue ocupada Puebla. Porfirio comunicó la noticia por telégrafo a Leyva que estaba en San Martín Texmelucan para que la transmitiese a Escobedo y éste nos la ha mandado por extraordinario" (*idem*).

[26] Porfirio Díaz, *Memorias*, Conaculta, México, 1994, vol. ii, p. 81.

[27] Guillermo Prieto, "El 2 de abril", *El Vigilante*, 11 de abril de 1880, en Ireneo Paz (ed.), *Datos biográficos del general de división ciudadano Porfirio Díaz, con acopio de documentos históricos*, Patria, México, 1884, p. 123. La versión de los defensores de Puebla puede ser leída en el relato que hace Manuel Noriega, "Carta a Ignacio de la Peza y Agustín Pradillo", en Porfirio Díaz, *Memorias*, Conaculta, México, 1994, vol. ii, pp. 220-232. Manuel Noriega, coronel desde 1835, general desde 1840, murió en la ciudad de México el 7 de enero de 1872, en "constante y dura pero honrosa pobreza" (*idem*). Francisco Tamariz, por su lado, activo desde 1839, murió en la ciudad de Puebla el 26 de febrero de 1869.

[28] Parte de Porfirio Díaz al Ministerio de Guerra, Puebla, 4 de abril de 1867, en Jorge L. Tamayo (ed.), *Benito Juárez: documentos, discursos y correspondencia*, Secretaría del Patrimonio Nacional, México, 1964-1970, vol. xi, p. 872.

[29] Ireneo Paz (ed.), *Datos biográficos del general de división ciudadano Porfirio Díaz, con acopio de documentos históricos*, Patria, México, 1884, pp. 111-112. El autor de estas palabras es, sin duda, la misma persona que *opinaba por la libertad*: Manuel María de Zamacona.

[30] *Ibidem*, p. 112.

[31] Porfirio Díaz, *Memorias*, Conaculta, México, 1994, vol. ii, p. 86.

[32] Circular de Porfirio Díaz, Puebla, 4 de abril de 1867, en Jorge L. Tamayo (ed.), *Benito Juárez: documentos, discursos y correspondencia*, Secretaría del Patrimonio Nacional, México, 1964-1970, vol. xi, p. 876.

[33] Nota de Benito Juárez a la circular de Porfirio Díaz, San Luis Potosí, 13 de abril de 1867, en Jorge L. Tamayo (ed.), *Benito Juárez: documentos, discursos y correspondencia*, Secretaría del Patrimonio Nacional, México, 1964-1970, vol. xi,

p. 876. El propio Díaz anotó la nota de Juárez con estas palabras, una semana después: "Con esta misma fecha pido a los señores gobernadores de los estados en que se hallen los citados prisioneros las noticias correspondientes para formar la relación que me pide esa superioridad con la especificación que se me ordena" (*op. cit.*, p. 877).

[34] Carta de Benito Juárez a Porfirio Díaz, San Luis Potosí, 27 de abril de 1867, en Jorge L. Tamayo (ed.), *Benito Juárez: documentos, discursos y correspondencia*, Secretaría del Patrimonio Nacional, México, 1964-1970, vol. XI, p. 883.

[35] Ireneo Paz (ed.), *Datos biográficos del general de división ciudadano Porfirio Díaz, con acopio de documentos históricos*, Patria, México, 1884, p. 113. "Hasta dónde pudo influir esta resolución en el perdón de los prisioneros", dice la cita, "es cosa que no nos permitimos discutir, pero que cualquiera comprenderá y se lo explicará" (*idem*).

[36] Poder de Porfirio Díaz para contraer matrimonio con Delfina Ortega, Puebla, 4 de abril de 1867 (registro número 53, testimonio de las actas matrimoniales de 1867 del Archivo Histórico del Registro Civil de Oaxaca. Ex convento de los Siete Príncipes). Los testigos eran Juan Paredes, Ignacio Mena y Jerónimo Urrutia, todos ellos de Puebla. Fue utilizado, añade el documento, "papel simple, por no haber del que corresponde" (*idem*). Con ese poder, Juan de Mata Vázquez acudió a las nueve de la mañana del 14 de abril al registro civil de la ciudad de Oaxaca, para formalizar el matrimonio de Porfirio Díaz con su sobrina, "la señorita doña Delfina Ortega Díaz, hija natural del ciudadano doctor Manuel Ortega y doña Manuela Díaz, difunta", señaló el acta del matrimonio, que tuvo lugar al día siguiente, el 15 de abril: "Y puestos en pie todos los concurrentes se procedió al acto de la celebración con todas las formalidades de estilo" (acta de matrimonio de Porfirio Díaz y Delfina Ortega, Oaxaca, 15 de abril de 1867 —registro número 53, testimonio de las actas matrimoniales de 1867 del Archivo Histórico del Registro Civil de Oaxaca. Ex convento de los Siete Príncipes). Firmaron el acta Juan de Mata Vázquez, Delfina Ortega, Miguel Castro, Francisco Candiani, Manuel Ortega y el gobernador del estado, don Juan María Maldonado.

[37] Solicitud de dispensa de José Valverde, Oaxaca, 13 de abril de 1867 (fondo CXIX-I, carpeta I, legajo 64 del Epistolario de Porfirio Díaz. Centro de Estudios de Historia de México CARSO). Al ser tío de su prometida el contrayente, señalaba la solicitud, "se haya en el caso del Artículo 8º de la Ley del Registro Civil" (*ibidem*).

[38] Proclama de Porfirio Díaz, Puebla, 5 de abril de 1867, en Ireneo Paz (ed.), *Datos biográficos del general de división ciudadano Porfirio Díaz, con acopio de documentos históricos*, Patria, México, 1884, p. 114.

[39] *Ibidem*, p. 115.

13

Derrota de Leonardo Márquez

[1] Carl Khevenhüller, "Tres años en México", en Brigitte Hamann, *Con Maximiliano en México: del diario del príncipe Carl Khevenhüller (1864-1867)*, FCE, México, 1989, p. 200. Khevenhüller llama en su diario "Lalannis" al coronel Jesús Lalanne. La marcha de Márquez, desde su salida hasta su regreso, está descrita en detalle en las páginas de su diario (*op. cit.*, pp. 197-204).

[2] Porfirio Díaz, *Memorias*, Conaculta, México, 1994, vol. II, p. 90. El parte de Guadarrama también hace alusión a los húngaros que menciona Díaz.

[3] Carl Khevenhüller, "Tres años en México", en Brigitte Hamann, *Con Maximiliano en México: del diario del príncipe Carl Khevenhüller (1864-1867)*, FCE, México, 1989, p. 201.

[4] Citado por Salvador Quevedo y Zubieta, *El caudillo*, Editora Nacional, México, 1967, p. 133.

[5] Carl Khevenhüller, "Tres años en México", en Brigitte Hamann, *Con Maximiliano en México: del diario del príncipe Carl Khevenhüller (1864-1867)*, FCE, México, 1989, p. 201.

[6] Carta de Porfirio Díaz a José Valverde, Texcoco, 11 de abril de 1867 (fondo CXIX-I, carpeta I, legajo 62 del Epistolario de Porfirio Díaz. Centro de Estudios de Historia de México CARSO). La carta de Díaz hace un resumen de sus acciones en esa campaña que vale la pena citar: "Después de la rendición de los fuertes de Guadalupe y Loreto salí en persecución de Márquez. Lo hice retroceder del camino que llevaba para Huamantla y vine después pisándole los talones hasta la hacienda de San Lorenzo. Allí estuvimos tiroteando dos días, él en la casa y nosotros en el campo, hasta que antier noche volvió a emprender su fuga, dejando en nuestro poder 62 carros de municiones. Lo alcancé con la caballería en el puente de San Cristóbal, en donde perdió todos sus trenes, más de 100 muertos y 300 prisioneros; siguió en fuga y también en persecución; nuestra caballería lo siguió destrozando y lo llevó hasta México, en donde sólo entró con sus jefes y oficiales, perdiendo en todo el camino mayor número de muertos y prisioneros y dispersándose el resto por los montes y barrancas" (*idem*). La batalla del puente de San Cristóbal (conocida también como batalla de San Lorenzo) ocurrió, en efecto, el 10 de abril de 1862.

[7] Porfirio Díaz, *Memorias*, Conaculta, México, 1994, vol. II, p. 92. Díaz agrega este dato: "Sus palabras fueron pronunciadas en medio de una gran masa de prisioneros que pudieron insolentarse con ese ejemplo" (*idem*).

[8] Porfirio Díaz, *Memorias*, Conaculta, México, 1994, vol. II, p. 91.

[9] Carta de Porfirio Díaz a Benito Juárez, camino de San Cristóbal a Tepetlaoxtoc, 10 de abril de 1867, en Jorge L. Tamayo (ed.), *Benito Juárez: docu-*

mentos, discursos y correspondencia, Secretaría del Patrimonio Nacional, México, 1964-1970, vol. XI, p. 875.

[10] Parte de Amado Guadarrama a Mariano Escobedo, Escalera, 12 de abril de 1867, en Jorge L. Tamayo (ed.), *Benito Juárez: documentos, discursos y correspondencia*, Secretaría del Patrimonio Nacional, México, 1964-1970, vol. XI, p. 878.

[11] Citado por Brigitte Hamann, *Con Maximiliano en México: del diario del príncipe Carl Khevenhüller (1864-1867)*, FCE, México, 1989, p. 204. Schmitt dice que eran *cinco mil* los hombres que salieron de la capital con el general Márquez. Khevenhüller aclara que "la columna consistía en unos cuatro mil hombres, austriacos, belgas y mexicanos" (*op. cit.*, p. 197).

La princesa, la monja, la esposa y la hija

[1] Porfirio Díaz, *Memorias*, Conaculta, México, 1994, vol. II, p. 98. El 13 de abril, general Díaz estableció su cuartel en Tacubaya, que debió dejar poco después para salir hacia Guadalupe. La entrevista con el padre Fischer ocurrió en ese momento de transición, por lo que tuvo lugar en la hacienda de los Morales.

[2] *Idem.*

[3] Carl Khevenhüller, "Tres años en México", en Brigitte Hamann, *Con Maximiliano en México: del diario del príncipe Carl Khevenhüller (1864-1867)*, FCE, México, 1989, p. 215. El pasaje en cuestión, poco cortés con la princesa, dice lo siguiente: "Varios días antes de la capitulación, se precipitó repentinamente a mi cuarto la princesa Salm, originalmente una artista ecuestre e hija de un pseudo-general americano. Quién sabe cómo habrá atravesado las líneas (se dice que a besos). Venía a instarme a que entregara la ciudad. Dije que lamentaba no haber recibido ninguna orden del emperador en ese sentido, y que por eso me era imposible. La Salm se volvió al punto" (*idem*).

[4] Agnes Salm-Salm, *Diez años de mi vida (1862-1872)*, Editorial José M. Cajica, Puebla, 1972, p. 339.

[5] *Ibidem*, p. 340.

[6] *Idem*. La princesa tenía una buena opinión del general en jefe. "Porfirio Díaz", dijo, "es un hombre de honor" (*op. cit.*, p. 306).

[7] Telegrama de Francisco Leyva a Rafael García, Guadalupe, 20 de abril de 1867, en Porfirio Díaz, *Memorias*, Conaculta, México, 1994, vol. II, p. 98.

[8] Carta de Porfirio Díaz a Benito Juárez, Guadalupe, 19 de abril de 1867, en Jorge L. Tamayo (ed.), *Benito Juárez: documentos, discursos y correspondencia*, Secretaría del Patrimonio Nacional, México, 1964-1970, vol. XI, p. 879. Esta carta permite saber la fecha en que ocurrió la entrevista: "Ayer se me presentó la princesa de Salm-Salm solicitando un salvoconducto para entrar a Querétaro y, como debe usted suponer, se lo negué" (*idem*).

⁹ Carta de Juan José Baz a Benito Juárez, Guadalupe, 26 de abril de 1867, en Jorge L. Tamayo (ed.), *Benito Juárez: documentos, discursos y correspondencia*, Secretaría del Patrimonio Nacional, México, 1964-1970, vol. xi, p. 880.

¹⁰ Manuel Martínez Gracida, *Efemérides oaxaqueñas: 1853-1892*, Tipografía de El Siglo XIX, México, 1892, vol. ii, p. 64.

¹¹ *El Pabellón Nacional*, 27 de abril de 1867. Fondo Manuel Brioso y Candiani, Biblioteca Francisco de Burgoa, Oaxaca.

¹² Carta de Porfirio Díaz a Rafael García, Puebla, 2 de abril de 1867, en Jorge L. Tamayo (ed.), *Benito Juárez: documentos, discursos y correspondencia*, Secretaría del Patrimonio Nacional, México, 1964-1970, vol. xi, p. 880. El general Díaz hacía referencia, en su carta, a la ley del 26 de febrero de 1863, expedida por el presidente Juárez para la exclaustración de las monjas, que comenzó a ser ejecutada en Puebla, Morelia, Guadalajara, Zacatecas y San Luis Potosí, y también en la ciudad de México (exceptuadas las hermanas de la Caridad y las religiosas de Guadalupe).

¹³ Andrés Portillo, *Oaxaca en el Centenario de la Independencia Nacional*, Oaxaca, Imprenta del Estado, 1910, p. 107-a. Portillo añade lo siguiente respecto de las monjas exclaustradas en 1867: "de las que hoy (enero 1 de 1909) viven cinco" (*idem*). Maldonado renunció al gobierno el 24 de abril; Castro publicó el decreto el 10 de mayo. Una semana después fueron exclaustradas todas las monjas de Oaxaca.

¹⁴ *El Pabellón Nacional*, 24 de abril de 1867. Fondo Manuel Brioso y Candiani, Biblioteca Francisco de Burgoa, Oaxaca.

¹⁵ Carta de Porfirio Díaz a Delfina Ortega, Texcoco, 11 de abril de 1867 (caja 1, expediente 3, foja 4 del Fondo Rafael Chousal. Archivo Histórico de la UNAM). La carta está dirigida a la *Señora Delfina Díaz de Díaz*, quien por esas fechas habría de recibir el apellido de su padre, Manuel Ortega. El despacho del Chato dice así: "Expídase despacho de grado de general de brigada del Ejército de la República al coronel de caballería permanente don Félix Díaz" (despacho de Ignacio Mejía, San Luis Potosí, 25 de marzo de 1867 —tomo i, foja 31 del Expediente de Félix Díaz. Archivo Histórico de la Secretaría de la Defensa Nacional).

¹⁶ Paola Kolonitz, *Un viaje a México en 1864*, FCE-SEP, México, 1984, p. 154.

¹⁷ Carta de Porfirio Díaz a Delfina Ortega, Guadalupe, 24 de abril de 1867 (caja 1, expediente 3, foja 5 del Fondo Rafael Chousal. Archivo Histórico de la UNAM).

¹⁸ Carta de Porfirio Díaz a Delfina Ortega, Guadalupe, 29 de abril de 1867 (caja 1, expediente 3, foja 6 del Fondo Rafael Chousal. Archivo Histórico de la UNAM).

¹⁹ *Idem.*

²⁰ Acta de bautismo de Amada Díaz (partida 85 del archivo de bautismos de 1867 de la parroquia de Santa María Huamuxtitlán, Guerrero). El acta dice así: "En esta iglesia parroquial de Santa María Huamuxtitlán, a 8 de abril de 1867,

yo don Manuel González de Jesús Abrego, cura párroco de esta foranía, bauticé solemnemente, puse óleo y crisma a Dionisia Amancia de Jesús de un día nacida, hija natural del general Díaz y de Rafaela Quiñones de esta cabecera. Fue el padrino Emigdio Pérez de esta cabecera, a quien advertí la obligación y parentesco espiritual que contrajo, y lo firmé, Manuel González Abrego" (*idem*). Amada Díaz nació, pues, el 7 de abril de 1867. Respecto del nombre de su madre, que fue causa de una confusión, quiero aquí reproducir una carta que escribí el 20 de febrero de 1999 a Ricardo Orozco, director general de *La Gaceta* del Centro de Estudios Históricos del Porfiriato (CEHIPO): "En la primera edición de mi libro *El exilio: un relato de familia* afirmaba que el nombre de la madre de Amada era Justa Saavedra. Sabía que Amada había nacido el 8 de abril de 1867 en Oaxaca y en los archivos de la Catedral de Oaxaca descubrí una partida de bautismo de una niña llamada *Amada* que había sido bautizada el 15 de abril y que era *hija natural* de Justa Saavedra (no se daba el nombre del padre). Supuse que se trataba de Amada Díaz, pues además el padrino de la niña, Juan N. Cerqueda, era amigo del general Díaz. Más tarde, al salir mi libro, una amiga investigadora, Raquel Barceló, me comentó que, a partir de la fecha del matrimonio de Amada que daba yo en mi libro, había buscado su ficha matrimonial en el Archivo General de la Nación. En la ficha correspondiente se afirmaba que Amada era hija de *Rafaela Quiñones*. Yo busqué después referencias sobre la señora Quiñones en el archivo de Porfirio Díaz de la Universidad Iberoamericana y ahí confirmé que, en efecto, la verdadera madre de Amada era una mujer de Huamuxtitlán, que entonces formaba todavía parte del estado de Oaxaca. A partir de ese descubrimiento hice las correcciones pertinentes a *El exilio*, de modo que desde la novena edición del libro, publicada en junio de 1994, aparece en sus páginas el nombre correcto de la madre de Amada: Rafaela Quiñones. Es esa misma versión —la verdadera— que cuento yo en mi último libro, *Historias del olvido*. Espero que estas líneas contribuyan a aclarar la confusión provocada por mi error original. Le mando un saludo cordial, Carlos Tello Díaz" (*La Gaceta* del CEIPO, marzo de 1999). Más tarde publiqué la siguiente nota, dirigida también al director de *La Gaceta*: "El acta del matrimonio religioso de Amada Díaz con Ignacio de la Torre se encuentra en el Archivo General de la Nación, galería 1, rollo 26 Z-E-538. Ahí se afirma que la madre de Amada era la señora Rafaela Quiñones y su padre el general Porfirio Díaz" (*La Gaceta* del CEHIPO, mayo de 1999).

Relaciones con Mariano Escobedo

[1] Nota de Mariano Escobedo a Ignacio Mejía, campo frente a Querétaro, 11 de abril de 1867 (tomo III, foja 595 del Expediente de Porfirio Díaz. Archivo Histórico de la Secretaría de la Defensa Nacional).

² Carta de Porfirio Díaz a Juan N. Méndez, Tacubaya, 14 de abril de 1867 (tomo III, foja 602 del Expediente de Porfirio Díaz. Archivo Histórico de la Secretaría de la Defensa Nacional).

³ Carta de Porfirio Díaz a Benito Juárez, Tacubaya, 14 de abril de 1867, en Jorge L. Tamayo (ed.), *Benito Juárez: documentos, discursos y correspondencia*, Secretaría del Patrimonio Nacional, México, 1964-1970, vol. XI, p. 902.

⁴ *Ibidem*, p. 903.

⁵ Carta de Porfirio Díaz a Benito Juárez, Guadalupe, 25 de abril de 1867, en Jorge L. Tamayo (ed.), *Benito Juárez: documentos, discursos y correspondencia*, Secretaría del Patrimonio Nacional, México, 1964-1970, vol. XI, p. 882. Ese mismo día, Díaz recibió por fin la felicitación de Juárez por la toma de Puebla, que tardó casi dos semanas en hacer: "Tenga usted la bondad de felicitar en mi nombre al señor Díaz y a sus dignos compañeros por este importante suceso" (carta de Benito Juárez a Justo Benítez, San Luis Potosí, 17 de abril de 1867, *op. cit.*, p. 881).

⁶ Carta de Porfirio Díaz a Benito Juárez, Guadalupe, 30 de abril de 1867, en Jorge L. Tamayo (ed.), *Benito Juárez: documentos, discursos y correspondencia*, Secretaría del Patrimonio Nacional, México, 1964-1970, vol. XI, p. 883.

⁷ Carta de Mariano Escobedo a Porfirio Díaz, campo frente a Querétaro, 28 de abril de 1867, en Jorge L. Tamayo (ed.), *Benito Juárez: documentos, discursos y correspondencia*, Secretaría del Patrimonio Nacional, México, 1964-1970, vol. XI, p. 910. "Vuelvo a exponerle las difíciles circunstancias en que me encuentro", le dijo Escobedo, "y de nuevo asegurarle que me será muy grato el que usted sea del mismo sentir que yo en cuanto a la importancia de su venida y que sea el que, como jefe de esta grande empresa, se cubra de la gloria del mando a que más que cualquier otro es acreedor por sus servicios y su pericia" (*idem*).

⁸ Carta de Porfirio Díaz a Mariano Escobedo, Guadalupe, 3 de mayo de 1867, en Jorge L. Tamayo (ed.), *Benito Juárez: documentos, discursos y correspondencia*, Secretaría del Patrimonio Nacional, México, 1964-1970, vol. XI, pp. 925-926.

⁹ Carta de Mariano Escobedo a Porfirio Díaz, campo frente a Querétaro, 5 de mayo de 1867, en Jorge L. Tamayo (ed.), *Benito Juárez: documentos, discursos y correspondencia*, Secretaría del Patrimonio Nacional, México, 1964-1970, vol. XI, p. 927.

¹⁰ Carta de Porfirio Díaz a Benito Juárez, Guadalupe, 9 de mayo de 1867, en Jorge L. Tamayo (ed.), *Benito Juárez: documentos, discursos y correspondencia*, Secretaría del Patrimonio Nacional, México, 1964-1970, vol. XI, p. 932. Díaz juzgó prudente agregar esto: "Al resolverme a marchar en auxilio del Ejército de Operaciones y después a permanecer aquí no he tenido, como usted debe suponerse, más objeto que el bien del país y la salvación de nuestra causa" (*op. cit.*, p. 933).

¹¹ Carta de Benito Juárez a Pedro Santacilia, San Luis Potosí, 3 de mayo de 1867, en Jorge L. Tamayo (ed.), *Benito Juárez: documentos, discursos y correspondencia*, Secretaría del Patrimonio Nacional, México, 1964-1970, vol. XI, p. 919. Díaz es-

cribía sus informes sobre todo a Romero, y más raras veces a Juárez. "Seguramente sigue el sistema que observó en Oaxaca y Puebla de no escribirme hasta no fechar su carta en la capital conquistada", escribió al respecto don Benito (carta de Benito Juárez a Pedro Santacilia, San Luis Potosí, 15 de mayo de 1867, en Benito Juárez y Pedro Santacilia, *Correspondencia Juárez-Santacilia: 1858-1867*, Secretaría de Marina, México, 1972, p. 358).

[12] Carta de Porfirio Díaz a Matías Romero, Tacubaya, 31 de mayo de 1867, en Jorge L. Tamayo (ed.), *Benito Juárez: documentos, discursos y correspondencia*, Secretaría del Patrimonio Nacional, México, 1964-1970, vol. XII, p. 45.

[13] Carta de Porfirio Díaz a Delfina Ortega, Guadalupe, 5 de mayo de 1867 (caja 1, expediente 3, foja 8 del Fondo Rafael Chousal. Archivo Histórico de la UNAM).

[14] Carta de Porfirio Díaz a Delfina Ortega, Guadalupe, 5 de mayo de 1867 (caja 1, expediente 3, foja 8 del Fondo Rafael Chousal. Archivo Histórico de la UNAM).

[15] Carta de Porfirio Díaz a Delfina Ortega, Guadalupe, 13 de mayo de 1867 (caja 1, expediente 3, foja 7 del Fondo Rafael Chousal. Archivo Histórico de la UNAM).

[16] Carta de Porfirio Díaz a Benito Juárez, Tacubaya, 31 de mayo de 1867, en Jorge L. Tamayo (ed.), *Benito Juárez: documentos, discursos y correspondencia*, Secretaría del Patrimonio Nacional, México, 1964-1970, vol. XII, p. 47.

14

Rendición de México

[1] Carl Khevenhüller, "Tres años en México", en Brigitte Hamann, *Con Maximiliano en México: del diario del príncipe Carl Khevenhüller (1864-1867)*, FCE, México, 1989, p. 208. La cita corresponde al 25 de mayo de 1867.

[2] *Ibidem*, p. 210.

[3] Ireneo Paz (ed.), *Datos biográficos del general de división ciudadano Porfirio Díaz, con acopio de documentos históricos*, Patria, México, 1884, p. 138.

[4] Carta de Porfirio Díaz a Benito Juárez, Tacubaya, 9 de junio de 1867, en Jorge L. Tamayo (ed.), *Benito Juárez: documentos, discursos y correspondencia*, Secretaría del Patrimonio Nacional, México, 1964-1970, vol. XII, p. 50.

[5] Citado por Brigitte Hamann, *Con Maximiliano en México: del diario del príncipe Carl Khevenhüller (1864-1867)*, FCE, México, 1989, p. 212.

[6] Carl Khevenhüller, "Tres años en México", en Brigitte Hamann, *Con Maximiliano en México: del diario del príncipe Carl Khevenhüller (1864-1867)*, FCE, México, 1989, p. 213.

[7] *Idem.* Khevenhüller tenía una muy mala opinión de Márquez: "Sólo su propia y miserable persona le interesaba" (*idem*).

[8] Enrique Olavarría y Ferrari, "Notas sobre la ocupación de la ciudad de México", en Alberto María Carreño (ed.), *Archivo del general Porfirio Díaz*, Editorial Elede, México, 1947-1961, vol. III, pp. 131-132.

[9] Carl Khevenhüller, "Tres años en México", en Brigitte Hamann, *Con Maximiliano en México: del diario del príncipe Carl Khevenhüller (1864-1867)*, FCE, México, 1989, p. 213.

[10] Porfirio Díaz, *Memorias*, Conaculta, México, 1994, vol. II, p. 111.

[11] Enrique Olavarría y Ferrari, "Notas sobre la ocupación de la ciudad de México", en Alberto María Carreño (ed.), *Archivo del general Porfirio Díaz*, Editorial Elede, México, 1947-1961, vol. III, p. 129.

[12] Telegrama de Porfirio Díaz al Ministerio de Guerra, Tacubaya, en Jorge L. Tamayo (ed.), *Benito Juárez: documentos, discursos y correspondencia*, Secretaría del Patrimonio Nacional, México, 1964-1970, vol. XII, p. 195.

[13] Enrique Olavarría y Ferrari, "Notas sobre la ocupación de la ciudad de México", en Alberto María Carreño (ed.), *Archivo del general Porfirio Díaz*, Editorial Elede, México, 1947-1961, vol. III, p. 132.

[14] Convenio para la ocupación de la ciudad de México, Chapultepec, 20 de junio de 1867, en Jorge L. Tamayo (ed.), *Benito Juárez: documentos, discursos y correspondencia*, Secretaría del Patrimonio Nacional, México, 1964-1970, vol. XII, p. 194.

[15] Porfirio Díaz, *Memorias*, Conaculta, México, 1994, vol. II, p. 128.

Prisioneros de la República

[1] Parte de Porfirio Díaz al Ministerio de Guerra, Tacubaya, 21 de junio de 1867 (tomo III, foja 623 del Expediente de Porfirio Díaz. Archivo Histórico de la Secretaría de la Defensa Nacional).

[2] Carl Khevenhüller, "Tres años en México", en Brigitte Hamann, *Con Maximiliano en México: del diario del príncipe Carl Khevenhüller (1864-1867)*, FCE, México, 1989, p. 217.

[3] *Idem.*

[4] Carta de Porfirio Díaz a Matías Romero, Guadalupe, 16 de mayo de 1867, en Alberto María Carreño (ed.), *Archivo del general Porfirio Díaz*, Editorial Elede, México, 1947-1961, vol. III, p. 121.

[5] Citado por Suzanne Desternes y Henriette Chandet, *Maximiliano y Carlota*, Diana, México, 1967, p. 36.

[6] Justo Sierra, *Juárez: su obra y su tiempo*, UNAM, México, 2006, p. 141.

[7] Ireneo Paz (ed.), *Datos biográficos del general de división ciudadano Porfirio Díaz, con acopio de documentos históricos*, Patria, México, 1884, p. 145.

⁸ Telegrama de Mariano Escobedo a Ignacio Mejía, Querétaro, 27 de junio de 1867 (tomo III, foja 630 del Expediente de Porfirio Díaz. Archivo Histórico de la Secretaría de la Defensa Nacional).

⁹ Telegrama de Ignacio Mejía a Mariano Escobedo, San Luis Potosí, 27 de junio de 1867 (tomo III, foja 630 del Expediente de Porfirio Díaz. Archivo Histórico de la Secretaría de la Defensa Nacional).

¹⁰ Telegrama de Ignacio Mejía a Porfirio Díaz, San Luis Potosí, 29 de junio de 1867 (tomo III, foja 625 del Expediente de Porfirio Díaz. Archivo Histórico de la Secretaría de la Defensa Nacional).

¹¹ Porfirio Díaz, *Memorias*, Conaculta, México, 1994, vol. I, p. 224. En julio de 1867, Díaz mandó una nota al general Alatorre, en Orizaba, en favor del señor "Csizmadi".

¹² Carl Khevenhüller, "Tres años en México", en Brigitte Hamann, *Con Maximiliano en México: del diario del príncipe Carl Khevenhüller (1864-1867)*, FCE, México, 1989, p. 220.

¹³ Citado por Brigitte Hamann, *Con Maximiliano en México: del diario del príncipe Carl Khevenhüller (1864-1867)*, FCE, México, 1989, p. 228.

¹⁴ Telegrama de Porfirio Díaz a Ignacio Mejía, México, 1 de julio de 1867 (tomo III, foja 675 del Expediente de Porfirio Díaz. Archivo Histórico de la Secretaría de la Defensa Nacional).

¹⁵ Citado por Ricardo Orozco, *Porfirio Díaz Mori: la ambición y la patria*, CEHIPO, México, 2015, p. 102. La comedia *Por derecho de conquista* era obra de Manuel Catalina y el poema en honor a Díaz, a su vez, estaba escrito por el español Sebastián Modellón.

¹⁶ Porfirio Díaz, *Memorias*, Conaculta, México, 1994, vol. II, p. 122.

¹⁷ Citado por Enrique Olavarría y Ferrari, "Notas sobre la ocupación de la ciudad de México", en Alberto María Carreño (ed.), *Archivo del general Porfirio Díaz*, Editorial Elede, México, 1947-1961, vol. III, p. 135.

¹⁸ *Ibidem*, p. 134.

¹⁹ Carl Khevenhüller, "Tres años en México", en Brigitte Hamann, *Con Maximiliano en México: del diario del príncipe Carl Khevenhüller (1864-1867)*, FCE, México, 1989, p. 223.

Encuentro y desencuentro

¹ Agnes Salm-Salm, *Diez años de mi vida (1862-1872)*, Editorial José M. Cajica, Puebla, 1972, p. 350. Salm-Salm lo vio en San Luis Potosí. Juárez tenía la cicatriz sobre el labio derecho.

² Citado por Salvador Quevedo y Zubieta, *El caudillo*, Editora Nacional, México, 1967, p. 176. El libro de Quevedo y Zubieta apareció originalmente en

1909, cuando vivía y gobernaba Porfirio Díaz. Su autor dice que deseaba hacer una biografía en la que hablara de su vida el propio Díaz. "Con este fin me dirigí a nuestro presidente, obtuve de él pacientes conversaciones en el curso de las cuales me prestó un ejemplar, escapado a la destrucción, de un libro titulado *Memorias del general Porfirio Díaz*" (*op. cit.*, p. 3). La narración de su encuentro con Juárez está basada, así, en sus conversaciones con Díaz.

[3] Porfirio Díaz, *Memorias*, Conaculta, México, 1994, vol. II, p. 125.

[4] Carta de Porfirio Díaz a Benito Juárez, Tacubaya, 9 junio de 1867, en Jorge L. Tamayo (ed.), *Benito Juárez: documentos, discursos y correspondencia*, Secretaría del Patrimonio Nacional, México, 1964-1970, vol. XII, p. 50.

[5] Carta de renuncia de Porfirio Díaz al Ministerio de Guerra, Tacubaya, 21 de junio de 1867, en Porfirio Díaz, *Memorias*, Conaculta, México, 1994, vol. II, p. 115. El propio Díaz recibió a su vez cartas de renuncia en esas fechas, como la del general Riva Palacio. "Terminada felizmente la guerra con la toma de la capital de la República (…) suplico a usted se sirva admitir la dimisión que hago ante usted del empleo de general y del gobierno del primer distrito del estado de México" (carta Vicente Riva Palacio a Porfirio Díaz, México, 22 de junio de 1867, en Manuel Santibáñez, *Reseña histórica del Cuerpo de Ejército de Oriente*, Tipografía de la Oficina Impresora del Timbre, México, 1892-1893, vol. II, p. 757).

[6] Carta de Armand Montluc a Benito Juárez, París, 24 de julio de 1867, en Jorge L. Tamayo (ed.), *Benito Juárez: documentos, discursos y correspondencia*, Secretaría del Patrimonio Nacional, México, 1964-1970, vol. XII, p. 182.

[7] Porfirio Díaz, *Memorias*, Conaculta, México, 1994, vol. II, p. 125.

[8] *Ibidem*, p. 124.

[9] Ireneo Paz (ed.), *Datos biográficos del general de división ciudadano Porfirio Díaz, con acopio de documentos históricos*, Patria, México, 1884, p. 132.

[10] Oficio de Porfirio Díaz al Ministerio de Hacienda, México, 13 de julio de 1867, en Porfirio Díaz, *Memorias*, Conaculta, México, 1994, vol. II, p. 190.

[11] Carta de renuncia de Porfirio Díaz al Ministerio de Guerra, México, 13 de julio de 1867, en Salvador Quevedo y Zubieta, *El caudillo*, Editora Nacional, México, 1967, p. 179.

[12] Porfirio Díaz, *Memorias*, Conaculta, México, 1994, vol. II, p. 124.

[13] Citado por Jorge L. Tamayo (ed.), *Benito Juárez: documentos, discursos y correspondencia*, Secretaría del Patrimonio Nacional, México, 1964-1970, vol. XII, p. 239.

[14] Manifiesto de Benito Juárez, México, 15 de julio de 1867, en Jorge L. Tamayo (ed.), *Benito Juárez: documentos, discursos y correspondencia*, Secretaría del Patrimonio Nacional, México, 1964-1970, vol. XII, pp. 249-250.

[15] *Ibidem*, p. 249.

Créditos fotográficos

PRIMER PLIEGO

1. Archivo General de la Nación.
2. Museo Nacional de las Intervenciones.
3. Colección Porfirio Díaz en la Universidad Iberoamericana.
4. Salvador Quevedo y Zubieta, *Porfirio Díaz (septiembre 1830-septiembre 1865). Ensayo de psicología histórica*, Librería de la viuda de Bouret, París/México, 1906, p. 60.
5. Salvador Quevedo y Zubieta, *Porfirio Díaz (septiembre 1830-septiembre 1865): ensayo de psicología histórica*, Librería de la viuda de Bouret, París/México, 1906, p. 85.
6. Arquidiócesis de Oaxaca.
7. Ayuntamiento de la ciudad de Oaxaca.
8. Museo Nacional de las Intervenciones.
9. Palacio de Gobierno de la ciudad de Oaxaca.
10. Centro Cultural San Pablo.
11. Alberto María Carreño (ed.), *Archivo del general Porfirio Díaz*, Editorial Elede, México, 1947-1961, vol. v, p. 452.
12. Bernardo Reyes, *El general Porfirio Díaz*, Ballescá y Compañía, México, 1903, p. 16.
13. Colección de Eduardo Rincón Gallardo y Díaz.
14. Instituto Iberoamericano de Berlín.
15. Colección de Carlos Tello Díaz.
16. Colección de José Ignacio Conde.
17. Alberto María Carreño (ed.), *Archivo del general Porfirio Díaz*, Editorial Elede, México, 1947-1961, vol. iii, p. 84.
18. Bernardo Reyes, *El general Porfirio Díaz*, Ballescá y Compañía, México, 1903, p. 45.
19. Colección de Olga Salazar.
20. Salvador Quevedo y Zubieta, *Porfirio Díaz (septiembre 1830-septiembre 1865). Ensayo de psicología histórica*, Librería de la viuda de Bouret, París/México, 1906, p. 186.

21. Colección de Ignacio García Téllez.
22. Alberto María Carreño (ed.), *Archivo del general Porfirio Díaz*, Editorial Elede, México, 1947-1961, vol. III, p. 20.
23. Museo Nacional de Historia del Castillo de Chapultepec.
24. Fototeca del Instituto Nacional de Antropología e Historia.
25. Archivo Casasola.
26. *México y sus alrededores*, Establecimiento Litográfico de Decaen Editor, México, 1855-1856, s. n.
27. Gustavo Casasola, *Biografía ilustrada del general Porfirio Díaz*, Ediciones Gustavo Casasola, México, 1970, p. 17.
28. Museo Nacional de Historia del Castillo de Chapultepec.
29. Museo Nacional de Historia del Castillo de Chapultepec.
30. Archivo Casasola.
31. Archivo Casasola.
32. Archivo Casasola.
33. *México y sus alrededores*, Establecimiento Litográfico de Decaen Editor, México, 1855-1856, s. n.
34. Archivo Casasola.
35. Archivo Casasola.
36. Mapoteca Orozco y Berra.
37. Hemeroteca Nacional de México.

SEGUNDO PLIEGO

1. Archivo Casasola.
2. Gustave Niox, *La expedición a México: relato político y militar*, El Colegio de Puebla, Puebla, 2012, p. 198.
3. Fototeca del Instituto Nacional de Antropología e Historia.
4. Bernardo Reyes, *El general Porfirio Díaz*, Ballescá y Compañía, México, 1903, p. 100.
5. Epistolario de Porfirio Díaz en el Centro de Estudios de Historia de México Carso.
6. Archivo Casasola.
7. Colección de José Ignacio Conde.
8. Colección de José Ignacio Conde.
9. Bernardo Reyes, *El general Porfirio Díaz*, Ballescá y Compañía, México, 1903, p. 133.
10. Gustave Niox, *La expedición a México. Relato político y militar*, El Colegio de Puebla, Puebla, 2012, p. 503.

11. Colección de José Ignacio Conde.
12. Arturo Aguilar Ochoa, *La fotografía durante el Imperio de Maximiliano*, UNAM, México, 1996, p. 32.
13. Colección de Othón Nikler.
14. Jorge L. Tamayo (ed.), *Benito Juárez. Documentos, discursos y correspondencia*, Secretaría del Patrimonio Nacional, México, 1964-1970, vol. v, p. 689.
15. Colección del Museo Real del Ejército en Bruselas.
16. Colección de José Ignacio Conde.
17. Salvador Quevedo y Zubieta, *Porfirio Díaz (septiembre 1830-septiembre 1865). Ensayo de psicología histórica*, Librería de la viuda de Bouret, París/México, 1906, p. 376.
18. Ralph Roeder, *Juárez y su México*, FCE, México, 1980, p. 672.
19. Instituto Iberoamericano de Berlín.
20. Archivo Casasola.
21. Colección de José Ignacio Conde.
22. Ignacio Escudero, *Historia militar del general Porfirio Díaz*, Cosmos, México, 1975, p. 134.
23. Archivo Casasola.
24. Colección de José Ignacio Conde.
25. Colección de José Ignacio Conde.
26. Arturo Aguilar Ochoa, *La fotografía durante el imperio de Maximiliano*, UNAM, México, 1996, p. 104.
27. Archivo Casasola.
28. Colección de José Ignacio Conde.
29. Fototeca del Instituto Nacional de Antropología e Historia.
30. Colección Porfirio Díaz en la Universidad Iberoamericana.
31. Colección del Museo Real del Ejército en Bruselas.
32. Epistolario de Porfirio Díaz en el Centro de Estudios de Historia de México Carso.
33. Archivo Casasola.
34. Colección del Museo Real del Ejército en Bruselas.

Bibliografía

ARCHIVOS

Archivo de la Mitra (Catedral de Oaxaca).
Archivo Histórico (Secretaría de la Defensa Nacional).
Archivo Histórico de Notarías (Biblioteca Francisco de Burgoa de Oaxaca).
Archivo Histórico del Estado (Ex Convento de los Siete Príncipes de Oaxaca).
Archivo Histórico del Registro Civil (Ex Convento de los Siete Príncipes de Oaxaca).
Colección Porfirio Díaz (Universidad Iberoamericana).
Epistolario de Porfirio Díaz (Centro de Estudios de Historia de México CARSO).
Fondo Luis Castañeda Guzmán (Biblioteca Juan de Córdoba de Oaxaca).
Fondo Manuel Brioso y Candiani (Biblioteca Francisco de Burgoa de Oaxaca).
Fondo Rafael Chousal (Universidad Nacional Autónoma de México).

OBRAS INEDITAS

Francisco Vasconcelos, *Memorias* (Biblioteca Juan de Córdoba de Oaxaca).
Manuel Martínez Gracida, *Galería de oaxaqueños ilustres y extranjeros distinguidos* (Biblioteca Francisco de Burgoa de Oaxaca).

CONSULTA GENERAL

Calendario de Galván, Imprenta de Murguía, México, 1858-1860.
Enciclopedia universal ilustrada, Espasa-Calpe, Madrid, 1973.
Diccionario Porrúa: historia, biografía y geografía de México, Porrúa, México, 1995.

LIBROS

Bancroft, Hubert, *Vida de Porfirio Díaz*, Compañía Historia de México, México, 1887.

Beals, Carleton, *Porfirio Díaz*, Editorial Domes, México, 1982.

Berry, Charles R., *La Reforma en Oaxaca: una microhistoria de la revolución liberal (1856-1876)*, Era, México, 1989.

Brasseur, Charles, *Viaje por el Istmo de Tehuantepec*, Fondo de Cultura Económica/ Secretaría de Educación Pública, México, 1981.

Brioso y Candiani, Manuel, *La evolución del pueblo oaxaqueño: desde la Independencia hasta el Plan de Ayutla (1821-1855)*, Imprenta de José Morán, México, 1941.

Bulnes, Francisco, *El verdadero Díaz y la Revolución*, Editorial del Valle de México, México, 1979.

Carreño, Alberto María (ed.), *Archivo del general Porfirio Díaz* (30 vols.), Editorial Elede, México, 1947-1961.

Carriedo, Juan Bautista, *Estudios históricos y estadísticos del estado oaxaqueño* (2 vols.), Talleres Gráficos de Adrián Morales, México, 1949.

Charnay, Désiré, *Ciudades y ruinas americanas*, Consejo Nacional para la Cultura y las Artes, México, 1994

Dalton, Margarita, *Breve historia de Oaxaca*, Fondo de Cultura Económica/El Colegio de México, México, 2004.

Desternes, Suzanne, y Henriette Chandet, *Maximiliano y Carlota*, Diana, México, 1967.

Díaz, Porfirio, *Memorias* (2 vols.), Consejo Nacional para la Cultura y las Artes, México, 1994.

———, *Memorias: 1830-1867 (tomo II)*, Tipografía de la Oficina Impresora de Estampillas, México, 1893.

Díaz y Díaz, Fernando (ed.), *Santa Anna y Juan Alvarez frente a frente*, Secretaría de Educación Pública, México, 1972.

Escudero, Ignacio, *Historia militar del general Porfirio Díaz*, Editorial Cosmos, México, 1975.

Fossey, Mathieu de, *Viaje a México*, Consejo Nacional para la Cultura y las Artes, México, 1994.

Frías, Heriberto, *General Félix Díaz*, El Progreso Industrial, México, 1901.

Fuentes Mares, José, *Santa Anna: el hombre*, Grijalbo, México, 1982.

García, Genaro, *Porfirio Díaz, sus padres, niñez y juventud*, Imprenta del Museo Nacional, México, 1906.

García Díaz, Bernardo, *Veracruz y sus viajeros*, Gobierno del Estado de Veracruz, México, 2001.

García Naranjo, Nemesio, *Porfirio Díaz*, Casa Editorial Lozano, San Antonio Texas, 1930.

Garner, Paul, *Porfirio Díaz, del héroe al dictador: una biografía política*, Planeta, México, 2003.

Gay, José Antonio, *Historia de Oaxaca*, Porrúa, México, 2000.

Gillow, Eulogio, *Reminiscencias*, Imprenta de El Heraldo de México, Los Angeles, 1920.

Gonzalbo Aizpuru, Pilar (ed.), *Historia de la vida cotidiana en México* (5 vols.), Fondo de Cultura Económica/El Colegio de México, México, 2004-2006.

González Montesinos, Carlos, *El general Manuel González: el manco de Tecoac*, Impresión Comunicación Gráfica, México, 2000.

Grant, Ulysses, *The Complete Personal Memoirs*, Sin Editor, Lexington, 2012.

Guardino, Peter, *El tiempo de la libertad: la cultura política popular en Oaxaca (1759-1850)*, Universidad Autónoma Benito Juárez de Oaxaca/Universidad Autónoma Metropolitana, Oaxaca, 2009.

Hamann, Brigitte, *Con Maximiliano en México: el diario del príncipe Carl Khevenhüller (1864-1867)*, Fondo de Cultura Económica, México, 1989.

Hamnett, Brian, *Juárez, el benemérito de las Américas*, Biblioteca Nueva, Madrid, 2006.

Hensel, Silke, *La élite política de Oaxaca entre ciudad, región y estado nacional: 1786-1835*, Universidad Autónoma Benito Juárez de Oaxaca/El Colegio de Michoacán, Oaxaca, 2012.

Iturribarría, Jorge Fernando, *Historia de Oaxaca: 1821-1877* (4 vols.), Imprenta del Gobierno de Oaxaca, Oaxaca, 1935-1956.

————, *La generación oaxaqueña del 57*, Universidad de Oaxaca, Oaxaca, 1956.

Juárez, Benito, *Apuntes para mis hijos*, Ayuntamiento de Oaxaca, Oaxaca, 2011.

———— y Pedro Santacilia, *Correspondencia Juárez-Santacilia: 1858-1867*, Secretaría de Marina, México, 1972.

Kolonitz, Paola, *Un viaje a México en 1864*, Fondo de Cultura Económica/Secretaría de Educación Pública, México, 1984.

Krauze, Enrique, *Porfirio Díaz, místico de la autoridad*, Fondo de Cultura Económica, México, 1987.

———— y Fausto Zerón-Medina, *Porfirio en Oaxaca*, Clío, México, 1993.

Lira Vázquez, Carlos, *Oaxaca rumbo a la modernidad: arquitectura y sociedad (1790-1910)*, Universidad Autónoma Metropolitana, México, 2008.

López Portillo y Rojas, José, *Elevación y caída de Porfirio Díaz*, Porrúa, México, 1975.

Maler, Teobert, *Vistas de Oaxaca: 1874-1876*, Casa de la Ciudad, Oaxaca, 2006.

Martínez Gracida, Manuel, *Cuadros sinópticos de los pueblos, haciendas y ranchos del estado libre y soberano de Oaxaca*, Imprenta del Estado, Oaxaca, 1883.

————, *Efemérides oaxaqueñas: 1853-1892* (2 vols.), Tipografía de El Siglo XIX, México, 1892.

Martínez López, Aurelio, *Historia de la Intervención Francesa en el estado de Oaxaca*, Sin Editor, México, 1966.

BIBLIOGRAFIA

Meyer, Jean, *Yo, el francés: crónicas de la Intervención Francesa en México (1862-1867)*, Tusquets, México, 2000.

Mühlenpfordt, Eduard, *Ensayo de una descripción fiel de la República de Méjico, con especial referencia a su geografía, etnografía y estadística: el estado de Oajaca*, Codex Editores, México, 1993.

Niox, Gustave, *La expedición a México: relato político y militar*, El Colegio de Puebla, Puebla, 2012.

Orozco, Ricardo, *Porfirio Díaz Mori: la ambición y la Patria*, Centro de Estudios Históricos del Porfiriato, México, 2015.

Palou, Pedro Angel, *5 de mayo: 1862*, Gobierno del Estado de Puebla, Puebla, 2000.

Paz, Ireneo (ed.), *Datos biográficos del general de división ciudadano Porfirio Díaz, con acopio de documentos históricos*, Patria, México, 1884.

————, *Los hombres prominentes de México*, México, Patria, 1888.

Pérez, Eutimio, *Recuerdos históricos del episcopado oaxaqueño*, Imprenta de Lorenzo San Germán, Oaxaca, 1888.

Portillo, Andrés, *Oaxaca en el Centenario de la Independencia Nacional*, Oaxaca, Imprenta del Estado, 1910.

Prieto, Guillermo, *Memorias de mis tiempos*, Editores Mexicanos Unidos, México, 2002.

Quevedo y Zubieta, Salvador, *Porfirio Díaz (septiembre 1830-septiembre 1865): ensayo de psicología histórica*, Librería de la viuda de Bouret, París/México, 1906.

————, *El caudillo*, Editora Nacional, México, 1967.

Reyes, Bernardo, *El general Porfirio Díaz*, Ballescá y Compañía, México, 1903.

Roeder, Ralph, *Juárez y su México*, Fondo de Cultura Económica, México, 1980.

Rojas, Basilio, *Efemérides oaxaqueñas* (3 vols.), El Avance, México, 1962-1968.

Romero, Matías, *Diario personal (1855-1865)*, El Colegio de México, México, 1960.

———— (ed.), *Correspondencia de la Legación Mexicana en Washington durante la Intervención Extranjera (1860-1868)* (10 vols.), Imprenta del Gobierno, México, 1870-1892.

Saint-Maurice, Faucher de, *Deux ans au Mexique*, Darveau, Quebec, 1881.

Salinas Alvarez, Samuel, *Historia de los caminos de México* (4 vols.), Banco Nacional de Obras y Servicios Públicos, México, 1994.

Salm-Salm, Agnes, *Diez años de mi vida (1862-1872)*, Editorial José M. Cajica, Puebla, 1972.

Sánchez Silva, Carlos, *Ensayos juaristas*, Carteles Editores, Oaxaca, 2009.

Santibáñez, Manuel, *Reseña histórica del Cuerpo de Ejército de Oriente* (2 vols.), Tipografía de la Oficina Impresora del Timbre, México, 1892-1893.

Sierra, Justo, *Juárez: su obra y su tiempo*, Universidad Nacional Autónoma de México, México, 2006.

BIBLIOGRAFIA

Tamayo, Jorge L. (ed.), *Benito Juárez: documentos, discursos y correspondencia* (15 vols.), Secretaría del Patrimonio Nacional, México, 1964-1970.

Taracena, Angel, *Efemérides oaxaqueñas*, Sin Editor, Oaxaca, 1941.

Tello Díaz, Carlos, *El exilio: un relato de familia*, Cal y Arena, México, 1994.

―――, *Historias del olvido*, Cal y Arena, México, 1998.

Tenorio Trillo, Mauricio, y Aurora Gómez Galvarriato, *El Porfiriato*, Centro de Investigación y Docencia Económicas/Fondo de Cultura Económica, México, 2006.

Vasconcelos, Francisco, *Costumbres oaxaqueñas del siglo XIX*, Ediciones Bibliográficas del Ayuntamiento de Oaxaca de Juárez, Oaxaca, 1993.

Zayas Enríquez, Rafael de, *Benito Juárez: su vida, su obra*, Secretaría de Educación Pública, México, 1972.

ARTICULOS

Brioso y Candiani, Manuel, "Una heroína oaxaqueña que en dos puntos aventajó a doña Josefa Ortiz de Domínguez", *Ex Alumnos*, 31 de agosto de 1944.

Bulnes, Francisco, "Rectificaciones y aclaraciones a las *Memorias* del general Díaz", en Porfirio Díaz, *Memorias* (vol. II), Consejo Nacional para la Cultura y las Artes, México, 1994.

Chassen-López, Francie, "A Patron of Progress: Juana Catarina Romero, the Nineteenth Century *Cacica* of Tehuantepec", *Hispanic American Historical Review*, Agosto de 2008.

―――, "Mitos, mentiras y estereotipos: el reto de la biografía feminista", en Mílada Bazant (coord.), *Biografía: métodos, metodologías y enfoques*, El Colegio Mexiquense, Zinacantepec, 2013.

Cosío Villegas, Daniel, "El Porfiriato: su historiografía o arte histórico", *Extremos de América*, Tezontle, México, 1949.

García, Rafael, "Relación de los sucesos que tuvieron lugar en Oaxaca durante el tiempo que ocupó aquella ciudad el general Díaz de 1863 a 1865", en Alberto María Carreño (ed.), *Archivo del general Porfirio Díaz* (vol. II), Editorial Elede, México, 1947-1961.

Gómez Haro, Eduardo, "Cómo y por qué debióse a una mujer uno de los más brillantes triunfos militares del general Porfirio Díaz", *El Nacional*, 2 de junio de 1921.

González, Luis, "Presentación", en Carleton Beals, *Porfirio Díaz*, Editorial Domes, México, 1982.

Hermesdorf, Mathias Gustav, "On the Isthmus of Tehuantepec", *Journal of the Royal Geographical Society of London*, John Murray, Londres, 1862.

Mejía, Ignacio, "Autobiografía", *El Imparcial*, 5-12 de diciembre de 1906.

Olavarría y Ferrari, Enrique, "Notas sobre la ocupación de la ciudad de México", en Alberto María Carreño (ed.), *Archivo del general Porfirio Díaz* (vol. III), Editorial Elede, México, 1947-1961.

Pino, José del, "Una carta contra los porfiristas sobrevivientes", *Guchachi Reza*, noviembre-diciembre de 1993.

Prieto, Guillermo, "El 2 de abril", *El Vigilante*, 11 de abril de 1880.

Rocha, Sóstenes, "2 de abril", *El Combate*, 1 de abril de 1888.

Ruiz Cervantes, Francisco José, "El Instituto de Ciencias y Artes de Oaxaca en tres tiempos (1852, 1913, 1932)", *Testimonios del Cincuentenario: Universidad Autónoma Benito Juárez de Oaxaca*, Universidad Autónoma Benito Juárez de Oaxaca, Oaxaca, 2006.

Sánchez Silva, Carlos, "El establecimiento del federalismo y la creación del Instituto de Ciencias y Artes del Estado de Oaxaca", *Testimonios del Cincuentenario: Universidad Autónoma Benito Juárez de Oaxaca*, Universidad Autónoma Benito Juárez de Oaxaca, Oaxaca, 2006.

Valadés, Adrián, "La marcha de Díaz hacia Oaxaca durante la Intervención", *Historia Mexicana*, julio-septiembre de 1957.

Zamacona, Manuel María de, "El 2 de abril de 1867", *El Globo*, 2 de abril de 1868.

Índice onomástico

Porfirio Díaz, de Carlos Tello Díaz
se terminó de imprimir en octubre de 2015
en los talleres de GRUPO INFAGON
Alcaicería No. 8, Col. Zona Norte Central de Abastos,
C.P. 09040, Iztapalapa, México, D.F.

CONACULTA   DEBATE